Uwe Sielert, Helga Marburger, Christiane Griese (Hrsg.)
Sexualität und Gender im Einwanderungsland

Sexualität und Gender im Einwanderungsland

Öffentliche und zivilgesellschaftliche Aufgaben –
ein Lehr- und Praxishandbuch

Herausgegeben von
Uwe Sielert, Helga Marburger, Christiane Griese

DE GRUYTER
OLDENBOURG

ISBN 978-3-11-051834-4
e-ISBN (PDF) 978-3-11-051835-1
e-ISBN (EPUB) 978-3-11-051843-6

Library of Congress Cataloging-in-Publication Data
A CIP catalog record for this book has been applied for at the Library of Congress.

Bibliografische Information der Deutschen Nationalbibliothek
Die Deutsche Nationalbibliothek verzeichnet diese Publikation in der Deutschen Nationalbiblio-
grafie; detaillierte bibliografische Daten sind im Internet über
http://dnb.dnb.de abrufbar.

© 2017 Walter de Gruyter GmbH, Berlin/Boston
Einbandabbildung: Mareandmare/Kollektion: iStock/Getty Images Plus
Satz: le-tex publishing services GmbH, Leipzig
Druck und Bindung: CPI books GmbH, Leck
♾ Gedruckt auf säurefreiem Papier
Printed in Germany

www.degruyter.com

Vorwort

Nicht erst die jüngste Fluchtmigration dokumentiert unmissverständlich, dass Deutschland über die Jahre zu einem der größten Einwanderungsländer der Welt geworden ist. Bereits mit dem Zuwanderungsgesetz von 2004 wurde ein Integrationsanspruch für Neuzuwander*innen eingeführt. Korrespondierend etablierte sich ausgehend vom Bereich der Sozialen Arbeit sukzessive das Konzept der Interkulturellen Öffnung als Struktur- und Handlungsmaxime in nahezu allen Sektoren öffentlicher bzw. öffentlich (mit-)finanzierter Dienstleistungen: pädagogischen, gesundheitlichen, kulturellen, behördlichen und administrativen. Zielkategorie war und ist dabei die Überwindung von gesellschaftlichen Disparitäten bzw. die Beseitigung von Zugangsbarrieren für Bürger*innen mit migrantischem Hintergrund zur Gewährleistung gleichberechtigter Partizipationschancen und -möglichkeiten an gesellschaftlichen Ressourcen.

Die Verabschiedung des Integrationsgesetzes im Mai des Jahres 2016 unterstreicht zum einen grundsätzlich die politische Akzeptanz von Einwanderung als dauerhaftem Phänomen wie zum anderen speziell die Notwendigkeit der Verbesserung von Aufnahme- und Versorgungssystemen und der Angebote frühzeitiger gesellschaftlicher Teilhabe. Interkulturelle Öffnung ist somit ein offener Prozess, der sich permanent an die aktuellen Ereignisse und Bedarfslagen einer Einwanderungsgesellschaft anzupassen hat. Mehr noch: Alle Ebenen gesellschaftlichen Lebens müssen sich strukturell und habituell transformieren.

Vor diesem Hintergrund fokussiert das Lehr- und Praxishandbuch Fragen von Sexualität und Gender im Einwanderungsland. Spätestens die Ereignisse der Kölner Silvesternacht und ihre Rezeption signalisieren in Bezug auf die Gestaltung von Zuwanderung Bedarfe, die über die Lösung von Grundfragen wie Versorgung, Unterbringung, Zugang zu Bildung, Arbeitsmarkt und sozialen Diensten hinausgehend zentrale Bedeutung für die demokratische, plurale und partizipative Verfasstheit der Gesellschaft haben. Längst überwunden geglaubte Debatten um unterschiedliche Vorstellungen und Praxen von Sexualität und Geschlechterverhältnissen, um „richtige" und „falsche" Normierungen werden reaktiviert, entzünden sich am Konstrukt „des Flüchtlings" und führen zu einer Entladung rassistischer Ressentiments. Dabei werden sowohl xenophobe Vorurteile und Stereotype sexualisierend legitimiert und generalisiert als auch – zumindest von einem Teil der Wortführer*innen – überkommene Geschlechterordnungen und Sexualitätskonzepte als verbindliche Referenz propagiert. Ein Rollback-Diskurs um Sexualität und Gender trifft offensichtlich eine Allianz mit kulturalisierenden Diskursen um sexuelle Gewalt, Sexismus und patriarchale Strukturen. Analyse und antidiskriminierende Positionierung sind hier gefordert.

Anders formuliert: Zuwanderung hat auch die Diversität an sexuellen Orientierungssystemen, Moralen, Verhaltensstandards und Praktiken erhöht. Dies eröffnet einerseits größere Optionen für eine individuelle Lebensgestaltung, andererseits ent-

https://doi.org/10.1515/9783110518351-201

stehen im gesellschaftlichen Miteinander dadurch auch Widersprüchlichkeiten, emotionale Barrieren und Verstörungen. Es gilt, Geschlecht(er), Geschlechterverhältnisse und Sexualität in der Einwanderungsgesellschaft neu auszuhandeln. Öffentliche und zivilgesellschaftliche Akteur*innen übernehmen dabei wichtige Aufgaben.

Das Lehr- und Praxishandbuch sondiert Rahmenbedingungen und Prämissen zum Verhältnis von Sexualität, Gender und Einwanderung sowie Sichtweisen und Deutungen dieser Zusammenhänge. Die intersektionale Verwobenheit der Kategorie Gender mit weiteren Differenz- und Diskriminierungskategorien wird dabei auch analysiert. Diskursive Annäherungen werfen Schlaglichter auf Phänomene und Prozesse von Ab- und Ausgrenzung, Zuschreibungen und Ethno-Nationalisierungen. Auch werden jüngste Forschungsbefunde präsentiert: zu sexueller Gewalt und Flucht, Männlichkeits- und Weiblichkeitskonzepten, Geschlechterordnungen im migrantischen bzw. postmigrantischen Kontext, zu Homophobie und rassistischen Markierungspraxen.

Beiträge aus öffentlichen und zivilgesellschaftlichen Handlungsfeldern präsentieren praxisnah und an konkreten Beispielen verschiedene Politiken, Strategien und Konzepte zum Umgang mit Sexualität und Gender. Im Fokus stehen dabei der Elementarbereich mit seinen sexualpädagogischen Aufgaben, der schulische Umgang mit vielfältigen geschlechtlichen und sexuellen Lebenswelten, sprachsensible Hochschullehre, Beratungsangebote für LSBTI* Geflüchtete, sexuelle Bildung in der Kinder- und Jugendhilfe, Coming-out-Beratung, migrantische Selbsthilfeinitiativen, sexualpädagogische Weiterbildung für den Bundesfreiwilligendienst, gewerkschaftliche Aktivitäten für eine Pädagogik der Vielfalt sowie Angebote der Bundeszentrale für gesundheitliche Aufklärung für Zuwander*innen. Die Zusammenstellung der Beiträge intendiert, sowohl einen möglichst weiten Bogen über unterschiedliche Arbeitsbereiche bzw. Organisationen und Initiativen zu spannen als auch ein möglichst vielfältiges Spektrum an Herangehensweisen, Methoden und Formaten abzubilden. Auf diese Weise wird auch der Dynamik des Feldes wie des Phänomens Rechnung getragen. Viele Akteur*innen entwickeln sehr eigenständig adressat*innen- und kontextorientiert Angebote, andere setzen als Betroffene eigene Akzente, andere suchen nach übergreifenden Lösungswegen.

Mit der Wahl des Formats eines Lehr- und Praxishandbuchs wird zwei besonders drängenden und miteinander verknüpften Sachlagen Rechnung getragen: Zum einen geht es darum, Wissensbestände zum Zusammenhang von Zuwanderung, Sexualität und Gender kompetenz- und handlungsfeldorientiert zu präsentieren, die die Professionalisierung von Akteur*innen im Bereich Sozialer und Bildungsarbeit in diesem bislang in ihrer Aus- und Weiterbildung weitgehend kaum berücksichtigten Segment vorantreibt. Zum anderen geht es darum, dass die skizzierten Entwicklungen zuerst an den unmittelbar davon betroffenen Handlungsorten Aktivitäten initiiert und die Sammlung von Erfahrungen mit unterschiedlichen Lösungsansätzen und -modellen bewirkt haben. In diesem Kontext hat sich nun das Bedürfnis artikuliert, diese Praxen zu sichten, zu reflektieren und in der jeweiligen Domäne zum Zwecke der konzeptionellen und organisationalen Selbstvergewisserung nutzbar zu machen. Gleichzeitig kann dadurch ein Ideentransfer in andere Handlungsfelder erfolgen.

Das Lehr- und Praxishandbuch richtet sich an eine breite Leser*innenschaft, an Studierende und Lehrende bildungs- und sozialwissenschaftlicher Studien- und Ausbildungsgänge an Universitäten, Hochschulen und Fachhochschulen, außerdem an Lehrende und Lernende in der Erwachsenenbildung bzw. Fort- und Weiterbildung sowie an haupt- und ehrenamtlich Tätige in Organisationen und Einrichtungen von Sozialer und Bildungsarbeit, die sich mit den adressierten Fragen von Sexualität und Gender im Einwanderungsland befassen.

Die Autor*innenschaft umfasst Vertreter*innen verschiedener Fachdisziplinen sowie Vertreter*innen aus der praktischen Arbeit in Kindertagesstätten, Schulen und Hochschulen, Beratungsstellen, Selbsthilfegruppen, Kinder- und Jugendhilfeeinrichtungen, Begegnungszentren, Fachverbänden und Stiftungen. Die unterschiedlichen theoretischen und praktischen Zugänge der an diesem Buch mitwirkenden Autor*innen gewährleisten eine multiperspektivische und mehrdimensionale Sicht auf die hier thematisierten Phänomene und Prozesse.

Uwe Sielert, Helga Marburger und Christiane Griese

Inhalt

Teil I: **Bedingungen und Prämissen
zum Zusammenhang von Sexualität, Gender
und Einwanderungsgesellschaft**

Christiane Griese und Helga Marburger

Zuwanderung, Interkulturelle Öffnung und gesellschaftliche Transformationen

Öffentliche und zivilgesellschaftliche Aufgaben

1 Erste Annäherung

Vier offizielle Texte mit jüngsten Erscheinungsdaten in der zweiten Jahreshälfte 2016 bzw. Anfang des Jahres 2017 aus dem Feld der Politik – drei davon *regierungsamtliche* Publikationen, eine aus dem *zivilgesellschaftlichen* Sektor – sollen in einem der ersten Orientierung dienenden Zugriff den Rahmen für die Verhandlung der hier anstehenden Thematik von Zuwanderung, Interkultureller Öffnung und gesellschaftlichen Transformationen markieren. Diese Texte werfen Schlaglichter auf Entwicklungs- und Konstituierungsprozesse sowie aktuelle Ausprägungen und Deutungen der hier interessierenden gesellschaftlichen Situationslage.

1.1 Facetten eines Bedingungsgefüges

Herausgeberin des ersten Textes ist die „Beauftragte der Bundesregierung für Migration, Flüchtlinge und Integration", ein Amt, das 1978 als „Amt des Beauftragten der Bundesregierung für Ausländerfragen" geschaffen, im Jahr 2002 unter der Kanzlerschaft von Gerhard Schröder mit der heutigen Bezeichnung umbenannt und im Jahr 2005 von der Bundeskanzlerin Angela Merkel im Kanzleramt angesiedelt und als Staatsminister*in für Integration in der Bedeutung aufgewertet wurde. Derzeitige Amtsinhaberin ist seit dem Jahre 2013 Aydan Özoğuz. Bei dem Text handelt es sich um eine 16-seitige Broschüre, die im Impressum als „Teil der Öffentlichkeitsarbeit der Bundesregierung" ausgewiesen wird. Erschienen ist die Broschüre im Juli 2016. Ihr Titel lautet „Einwanderungsland Deutschland. Die Fakten im Überblick". Adressiert sind somit Bürger*innen in Deutschland, denen von höchster Regierungsstelle durch „Fakten", d. h. „unwiderlegbar", ein Sachverhalt nahegebracht werden soll, von dem offensichtlich angenommen wird, dass dieser so (noch) nicht von allen zur Kenntnis genommen bzw. akzeptiert wird. Dieser Sachverhalt lautet „Deutschland ist ein Einwanderungsland" verbunden mit der Aussage „Einwanderung nach Deutschland – auch in großem Maße – ist nichts Neues" (Die Beauftragte der Bundesregierung 2016a, 6). Als Referenz für diese Feststellung dienen die Zu- und Abwanderungszahlen zwischen dem Jahr 1950 und der Gegenwart mit einem nahezu durchgängigen positiven Wanderungssaldo im sechsstelligen Bereich, dessen Höhepunkte im Jahr 1992 mit rund 700.000 Personen und im Jahr 2015 mit rund 1,14 Millionen Personen

https://doi.org/10.1515/9783110518351-001

liegen (vgl. Die Beauftragte der Bundesregierung 2016b, 17). Damit ist rein definitorisch Deutschland ein Einwanderungsland, d. h. „ein Staat, dessen Bevölkerung durch Einwanderung von Personen aus anderen Ländern stark anwächst" bzw. „in dem Einwanderer einen wesentlichen Teil der Bevölkerung stellen" (Webdefinitionen). Offensichtlich geht es jedoch bei dem Sachverhalt „Einwanderungsland" um mehr als einen positiven Wanderungssaldo, denn nach offiziellen Verlautbarungen der Politik war Deutschland fast ein halbes Jahrhundert lang – von den ersten Anwerbeverträgen für ausländische Arbeitskräfte im Jahr 1955 bis zur Reform des Staatsangehörigkeitsrechts im Jahr 1999 – ausdrücklich „kein Einwanderungsland". So hieß es beispielsweise noch in der Koalitionsvereinbarung von CDU/CSU und FDP im Jahr 1982 ganz explizit: „Die Bundesrepublik Deutschland ist kein Einwanderungsland. Es sind daher alle humanitär vertretbaren Maßnahmen zu ergreifen, um den Zuzug von Ausländern zu unterbinden" (zit. n. Meier-Braun 2015, 36).

Erst 1999 wurde in einer Broschüre der Beauftragten der Bundesregierung für Ausländerfragen zum neuen Staatsangehörigkeitsrecht erstmalig regierungsamtlich konstatiert: „Deutschland ist schon längst zum Einwanderungsland geworden" (Die Beauftragte der Bundesregierung 1999, 9). Im Jahr 2000 erklärte dann die Bundesregierung in ihrer Stellungnahme zum Sechsten Familienbericht des Bundesministeriums für Familie, Senioren, Frauen und Jugend „Familien ausländischer Herkunft": „Die Bundesregierung verschließt sich nicht länger der Tatsache, dass Deutschland ein Zuwanderungsland ist" (BMFSJ 2000, XXXI). Beide Aussagen beinhalten wohl eher die überfällige Konzidierung einer de facto gegebenen Situationslage, denn ein politisches Bekenntnis zur Rolle Deutschlands als Einwanderungsland.

Die aktuell vorgelegte, hier zitierte Broschüre kann als ein solch dezidiertes Bekenntnis gewertet werden und als politische Offensive, auch hiesige Bevölkerung für eine solche Sichtweise zu gewinnen bzw. eine solche (schon vertretene) Sichtweise regierungsamtlich zu bekräftigen. So wird in der Broschüre auch die Entwicklungsperspektive von einer rein zahlenmäßig zu konstatierenden Zuwanderung hin zur gesellschaftlichen Verfasstheit als Einwanderungsgesellschaft positiv bilanziert: „Deutschland ist ein Einwanderungsland, das sich immer mehr zu einer echten Einwanderungsgesellschaft entwickelt. Einwanderungsgesellschaft heißt, Vielfalt und gleichberechtigte Teilhabe als gelebte Selbstverständlichkeit zu begreifen. Dazu gehört auch, Diskriminierung und Benachteiligung entgegenzutreten. Alle Menschen in Deutschland müssen die Chance haben, ihren Platz zu finden und sich einzubringen – in der Schule, am Arbeitsmarkt, in allen Bereichen des gesellschaftlichen Lebens" (Die Beauftragte der Bundesregierung 1999, 17).

Die Beauftragte der Bundesregierung für Migration, Flüchtlinge und Integration ist auch Herausgeberin des zweiten hier referenziell ausgewählten Textes, und zwar der jüngsten seit März 1991 in zweijährigem Abstand erfolgten Berichtslegung ihres Amtes für den *Deutschen Bundestag* „Über die Lage der Ausländerinnen und Ausländer in Deutschland". Bereits in ihrem vorherigen Bericht von Oktober 2014 hatte sie angekündigt, dass der nächste Bericht „einen neuen treffenderen Titel" (Die Beauftragte der Bundesregierung 2014, 15) tragen soll. Der im Dezember 2016 den Abgeordnet*innen vorgelegte, ohne Anhänge 659 Seiten umfassende Lagebericht trägt die Überschrift „11. Bericht der Beauftragten der Bundesregierung für Migration, Flüchtlinge und Integration – Teilhabe, Chancengleichheit und Rechtsentwicklung in der Einwanderungsgesellschaft Deutschland" (Die Beauftragte der Bundesregierung 2016b).

Auch hier wird somit ein klarer *Paradigmenwechsel* vollzogen: von einem Lagebericht über ausländer- bzw. migrationsspezifische Themen und Entwicklungen hin zu einer gesamtgesellschaftlichen Betrachtungsweise mit dem Fokus auf Partizipation, Chancengleichheit und Rechtssicherheit als maßgebliche Eckpunkte für eine politisch zu gestaltende Einwanderungsgesellschaft. Denn, so die Beauftragte in ihrem Vorwort zu dem Bericht: „Integration ist kein Sonderformat für 17,1 Millionen Menschen mit familiären Einwanderungsgeschichten (Migrationshintergrund), sondern hat Auswirkungen auf alle 82 Millionen Menschen, die in unserem Land leben" (Die Beauftragte der Bundesregierung 2016b, 1).

Bei dem dritten Text handelt es sich um die Bekanntmachung des *Bundesministeriums für Bildung und Forschung* (BMBF) vom 15.11.2016 der „Richtlinie zur Förderung der Maßnahme ‚Migration und gesellschaftlicher Wandel' im Rahmen des Forschungsrahmenprogramms ‚Geistes-, Kultur- und Sozialwissenschaften'" (BMBF 2016). Mit dieser Ausschreibung wird die *empirische Basis* des Bedingungsgefüges von Zuwanderung und dem Wandel von gesellschaftlichen Strukturen und Prozessen auf die Agenda gesetzt. Auf einen für die konkrete Situationslage besonders wichtig erachteten Faktor verweist dabei folgende Feststellung:

> Im Laufe der letzten Jahrzehnte ist die ethnische, religiöse und kulturelle Zusammensetzung der Eingewanderten immer diverser geworden (Bundesanzeiger). Gefördert werden sollen daher Forschungsvorhaben, die den durch Migration ausgelösten gesellschaftlichen Wandel [...] unter dem Vorzeichen gesellschaftlicher Vielfalt in den Blick nehmen. [...] Insbesondere interessiert hier der Institutionenwandel, der durch Migrationsprozesse angestoßen wird, sowie der Wandel von Werten und Normen, einschließlich der Normen- und Wertekonflikte (BMBF 2016).

Begründet wird dieses forschungspolitische Engagement mit dem Bedarf an orientierenden Wissensbeständen „zur Akzeptanz von und zum Umgang mit Pluralität [...] und damit zur Stärkung des gesellschaftlichen Zusammenhalts" (BMBF 2016).

Stammen die drei ersten Texte aus dem *staatlichen Sektor*, ist der vierte Text dem *zivilgesellschaftlichen Sektor* zuzuordnen. Umschrieben wird damit jener Bereich innerhalb der Gesellschaft, der zwischen dem staatlichen, dem wirtschaftlichen und dem privaten Sektor verortet ist und auf dem freiwilligen, selbstorganisierten Engagement von Bürger*innen basiert, das nicht auf materiellen Gewinn, sondern gemeinwohlorientiert ausgerichtet ist. Dieses bürgerschaftliche Engagement formiert sich z. B. in Vereinen, Verbänden, Stiftungen, Initiativen und Projekten, die sehr unterschiedliche Formalisierungsgrade aufweisen können.

Als solch zivilgesellschaftlich positionierter Akteur ist die *Friedrich-Ebert-Stiftung* (FES) Herausgeberin der Broschüre „Miteinander in Vielfalt. Leitbild und Agenda für die Einwanderungsgesellschaft" (FES 2017). Erschienen im Februar 2017 enthält sie die Ergebnisse einer von der Stiftung einberufenen Expert*innenkommission mit rund 40 Vertreter*innen aus einem breiten Spektrum gesellschaftlicher Domänen. Diese Kommissionsbildung kann einerseits exemplarisch stehen für generelle, zentrale Aufgabenstellungen und strategische Ziele der FES als zivilgesellschaftlicher Institution in einer pluralen Gesellschaft: Förderung des gesellschaftlichen Dialogs, Stärkung von sozialem Zusammenhalt und politischer Teilhabe (vgl. FES Webauftritt). Andererseits ist sie ihre ganz konkrete Antwort auf die aktuelle Situationslage, wo „Fragen von Flucht, Migration und Integration die Bevölkerung polarisieren" (Molthagen in FES 2017, 49). Angesprochen ist damit der politisch-gesellschaftliche Kontext der jüngsten Fluchtmigration, der sog. Flüchtlingskrise des Jahres 2015 (vgl. Luft 2016), und der durch sie ausgelösten Welle der Hilfsbereitschaft und Willkommenskultur auf der einen Seite und den massiven Abschottungs- und Ausgrenzungsbestrebungen andererseits.

Diese konkrete Antwort der FES signalisiert die Notwendigkeit einer breiten, kooperativen Verantwortungsübernahme von *öffentlich-staatlichen* und *zivilgesellschaftlichen* Akteur*innen für die „Gestaltungsaufgabe Einwanderungsgesellschaft". So gehörten der Kommission Expert*innen an aus Politik, Verwaltung, Wissenschaft, Religionsgemeinschaften, Kultur und Medien sowie aus zahlreichen zivilgesellschaftlichen Organisationen (NGOs) wie beispielsweise ProAsyl, Flüchtlingshilfe-Initiative „ipso e care", Interkultureller Rat in Deutschland e. V. (vgl. FES 2017, 45f.). Der Titel der Broschüre, quasi Essenz der Kommissionsarbeit, weist auf die normative Referenz der Gestaltungsaufgabe: „Miteinander in Vielfalt" ist Programm und Programmatik für ein gesellschaftliches Zusammenleben, von den Kommissionsmitgliedern gemeinsam diskursiv entwickelt, um wiederum möglichst breit in einen demokratischen Diskussions- und Aushandlungsprozess zwischen Bürger*innen, zwischen Verbänden, Institutionen und Zivilgesellschaft sowie in und mit der Politik rückgeführt zu werden (vgl. FES 2017, 50).

Soweit die erste inhaltliche Skizzierung des komplexen Bedingungsgefüges von Zuwanderungsphänomenen, korrespondierenden materialen, organisationalen und mentalen Wandlungsprozessen bzw. Aushandlungen von Zugehörigkeiten, Anerkennungs- und Teilhabefragen. Bevor in den nächsten Kapiteln eine differenziertere Sondierung der einzelnen Dimensionen und Aspekte erfolgt, sind jedoch noch einige – ebenfalls einführende – begriffliche Justierungen erforderlich.

1.2 Begriffliche Justierungen

„Begriffe sind Werkzeuge der Wahrnehmung, der Herstellung und der Legitimation sozialer Realität" – diese Feststellung von Paul Mecheril (Mecheril 2016, 15) gilt in mehrfacher Hinsicht für die hier adressierte Thematik. Die Frage, ob die Begriffe

Zuwanderung, *Einwanderung* und *Einwanderungsgesellschaft* gewählt werden, ist keine rein wissenschaftlich-akademische Entscheidung, dies haben die einleitenden Überlegungen bereits gezeigt. Sie beinhalten zumindest die Einnahme einer bestimmten Perspektive, mit der die gegenwärtige und historische Entwicklung von Wanderungsphänomenen und ihre Auswirkungen auf die Aufnahmegesellschaft in den Blick kommen. Darüber hinaus werden die Begriffe oftmals nicht als deskriptive Definition gebraucht, sondern sind mehr oder minder mit sozialen Konnotationen verbunden. Die Aussage „Deutschland ist ein Einwanderungsland" – so wurde schon deutlich – meint vielfach mehr als den Verweis auf ein starkes Anwachsen der Bevölkerungszahl durch Zuwanderung von Personen aus anderen Staaten, sondern impliziert dann auch einen akzeptierten bzw. zu akzeptierenden Wandel des gesellschaftlichen Selbstverständnisses.

Die Frage einer mitschwingenden Normativität stellt sich beim Gebrauch des Begriffs *Einwanderungsgesellschaft* noch stärker, was die oben zitierten Texte ebenfalls dokumentieren. Auch hier sind sowohl sozialwissenschaftlich-analytische bzw. empirische als auch programmatische Gebrauchsweisen üblich. Die oben wiedergegebene Bilanzierung der Entwicklung Deutschlands hin zu einer „echten Einwanderungsgesellschaft" ist ein exemplarisches Beispiel für eine Verwendung des Begriffs als normative Zielkategorie.

Noch komplexer wird diese Mischung von Deskription und Normativität bei der Verwendung des Begriffs *Vielfalt*. Er fungiert sowohl als explizite Zielperspektive wie auch zur Realitätsbeschreibung, letzteres oft jedoch, ohne dass dabei eine Reflexion der dem Begriff anhaftenden positiven Konnotation und den damit verbundenen Deutungsmustern erfolgt.

Als Konsequenz dieser Überlegungen sind im Folgenden die jeweiligen Begriffsverwendungen zu *kontextualisieren*, sodass erkennbar wird, welche Bedeutungsradien und Verwendungsebenen jeweils aufgerufen sind. Mit dieser Vorgehensweise nicht zu lösen ist allerdings der Sachverhalt, der ebenfalls aus der Wirkmächtigkeit von Begriffen resultiert: das Phänomen der *Markierung* durch die Anwendung kategorialer Bezeichnungen und damit verbunden die Gefahr der *Zuschreibung*, *Ausgrenzung* und *Essentialisierung*. Solche Bezeichnungen sind etwa „Migrant*in", „Menschen mit Migrationshintergrund", „Flüchtling", die gerade auch aufgrund ihrer kategorialen Verwendung in Sozialstatistiken und in wissenschaftlicher Forschung diese Personen sowie ihre Nachkommen fortwährend als „anders" markieren und entsprechende Differenzen permanent reproduzieren. So hat nach der Definition des *Statistischen Bundesamts* eine Person einen Migrationshintergrund, wenn „die Person nicht auf dem Gebiet der heutigen Bundesrepublik Deutschland geboren wurde und im Jahr 1950 oder später zugewandert ist und/oder die Person keine deutsche Staatsangehörigkeit besitzt oder eingebürgert wurde. Darüber hinaus haben Deutsche einen Migrationshintergrund, wenn mindestens ein Elternteil der Person mindestens eine der unter Punkt 1 oder Punkt 2 genannten Bedingungen erfüllt" (Die Beauftragte der Bundesregierung 2016b, 15).

Diese Definition und ihre Anwendung signalisieren eindrücklich die genannte Problematik der dauerhaft-statischen Subsummierung von Personen unter eine dominante Zuordnungskategorie. Andererseits benötigen wissenschaftliche Untersuchungen von Systemstrukturen und gesellschaftlichem Wandel hinsichtlich Akzeptanz von und zum Umgang mit Pluralität solch kategoriale Bezeichnungen. Dies betrifft auch die genannten vom BMBF initiierten Forschungsvorhaben. Insbesondere Analysen von Diskriminierung und Ausschlüssen bzw. Öffnung in institutionellen Feldern können nicht empirisch durchgeführt werden, wenn keine kategoriale Bezeichnung vorliegt, entlang derer sich Disparitäten identifizieren lassen. Foroutan/Ikiz sehen darin unter Rückgriff auf Gayatri C. Spivak ein Dilemma, das nicht zu lösen ist. Sie plädieren daher für einen „strategischen Essentialismus". Mit anderen Worten: „Auf Kategorien kann zwar nicht verzichtet werden, aber es kann ein reflektierter Umgang mit diesen in der wissenschaftlichen Forschung bewusst verfolgt werden" (Foroutan/ Ikiz 2016, 140).

Diese Maßgabe wird für die folgenden Ausführungen übernommen: Auch die Rezeption von Forschungsbefunden, Politiken und konzeptionellen Entwürfen kann auf solch kategoriale Bezeichnungen nicht verzichten, ihr Gebrauch erfolgt jedoch in kritisch-reflektierter Distanz.

2 „Einwanderung nach Deutschland ist nichts Neues" – Sondierungen einer Sachlage

„Der Mikrozensus 2015 beziffert die Zahl der Personen mit Migrationshintergrund auf 17,1 Mio., das entspricht 21 % der Gesamtbevölkerung. Damit weist mehr als jede fünfte Person in Deutschland dieses Merkmal auf". Mit dieser Feststellung wird der 11. Bericht der Beauftragten der Bundesregierung für Migration, Flüchtlinge und Integration eröffnet (Die Beauftragte der Bundesregierung 2016b, 18). Die folgenden Ausführungen werfen einen historischen Blick auf die Ursachen und Bedingungen dieser demografischen Entwicklung. Auch wenn es bereits zu Beginn des 20. Jahrhunderts gezielte Anwerbung und damit Zuwanderung von Arbeitskräften ins damalige Deutsche Kaiserreich zur Bedarfsdeckung in der Industrie, im Bergbau und in der Landwirtschaft gab, beginnt der Rückblick mit der Zuwanderungsphase, die den zeitlichen Referenzpunkt für die amtliche Zuordnungskategorie „Person mit Migrationshintergrund" bildet: die 1950er-Jahre.

2.1 Arbeitsmigration der 1960er- und 1970er-Jahre in die BRD

Mit der ersten *bilateralen Anwerbevereinbarung* zwischen der Bundesrepublik Deutschland und Italien im Jahr 1955, der in den kommenden Jahren weitere Abkommen mit Spanien, Griechenland (1960), Türkei (1961), Portugal (1964) und Jugoslawien (1968) folgten, begann die Zuwanderung von insgesamt etwa zwölf Millionen sog. „Gastarbeiter*innen" (vgl. Oltmer 2013, 38 ff.). Hintergrund war der Arbeitskräftebedarf in der florierenden bundesdeutschen Wirtschaft jener Zeit („Wirtschaftswunder"), und zwar insbesondere im Bergbau, der Stahl- und Autoindustrie sowie im Hoch- und Tiefbau, der durch den einheimischen Arbeitskräftemarkt unter anderem bedingt durch Arbeitszeitverkürzungen, Ausbildungszeitverlängerung, Aufbau der Bundeswehr nicht mehr gedeckt werden konnte. Obwohl alle Akteure – Regierungen der Entsendeländer, Regierung der BRD, Wirtschaft wie auch die wandernden Einzelpersonen – ursprünglich sowohl von der Kurzfristigkeit der individuellen Wanderung als auch von einem grundsätzlich temporären Phänomen zur Regulierung der Arbeitsmärkte (Entlastung der Entsendeländer, Bedarfsdeckung des BRD-Marktes) und nicht von Einwanderung bzw. Auswanderung ausgingen, kam es in vielen Fällen zu einer *Verstetigung des Aufenthalts.* Der Zeitpunkt der Rückkehr wurde sukzessive hinausgeschoben – Sparleistungen für eine Existenzgründung im Herkunftsland hatten sich nicht wie geplant realisieren lassen bzw. die Situation auf dem heimatlichen Arbeitsmarkt, aber auch die allgemeinen Lebensbedingungen zum Teil – wie etwa in der Türkei – noch verschlechtert. Viele Betriebe wiederum revidierten ihre ursprünglichen „Rotations-Vorstellungen", die Segmentierung des Arbeitsmarkts, die Konzentration der ausländischen Beschäftigten in den oben genannten Branchen, erforderten zudem deren Daueranwesenheit.

Mit der steigenden Verweildauer der – mehrheitlich männlichen – Arbeitsmigrant*innen begann dann auch der Prozess des *Familiennachzugs,* der sich zusätzlich verstärkte, nachdem die Bundesregierung im Jahr 1973 einen bis heute geltenden *Anwerbestopp* für ausländische Arbeitskräfte erlassen hatte. Seitdem ist der Zuzug von Ausländer*innen in die BRD außer EU-Angehörigen in der Regel[1] nur noch Familienangehörigen bereits eingewanderter Personen[2] aus ehemaligen Anwerbeländern und anerkannten Flüchtlingen gestattet.

Dem Anwerbestopp vorausgegangen waren Jahre expansiver Ausländer*innenbeschäftigung. Denn als in den 1960er-Jahren sich die geburtenschwache Phase der letzten Kriegs- bzw. frühen Nachkriegsjahre in der bundesdeutschen Wirtschaft bemerkbar machte, gleichzeitig, bedingt durch den Bau der Berliner Mauer, der Zustrom an DDR-Fachkräften nahezu vollständig versiegte, hatte die westdeutsche Industrie in verstärktem Maße von der Möglichkeit Gebrauch gemacht, ausländische Arbeitskräfte ins Land zu holen: im Jahr 1960 erst 300.000, zählten sie im

---

1 Ausnahme bilden z. B. besonders nachgefragte Fachkräfte etwa im IT-Bereich oder im medizinischen Sektor sowie hochrangige Wissenschaftler*innen, Künstler*innen und Spitzenkräfte der Wirtschaft.
2 Voraussetzungen für Familiennachzug sind ein gesicherter Aufenthaltsstatus und der Nachweis von ausreichendem Wohnraum sowie den Lebensunterhalt für sich und seine Angehörigen sichern zu können.

Jahr 1965 bereits über eine Million, im Jahr 1971 wurde die Zwei-Millionen-Grenze überschritten, Ende des Jahres 1973 lag die Zahl bei 2,5 Millionen. Damit lag der Ausländer*innenanteil an allen Beschäftigten bei rund 12%.

Grund für den Anwerbestopp war die einsetzende Wirtschaftsrezession verbunden mit strukturellen Veränderungen insbesondere im industriellen Sektor (z. B. Rationalisierungen, Ersatz von manueller Fließbandarbeit durch computergesteuerte Fertigung, Ablösung der Kohle als Energieträger durch Öl bzw. Atomenergie) und damit sich abzeichnende Arbeitslosigkeit vor allem im Bereich un- und angelernter Tätigkeitsfelder, Arbeitsplätze, die insbesondere auch von ausländischen Arbeitskräften wahrgenommen wurden. Mehr oder weniger repressive Personalpolitik, aber auch Rückkehrprämien in Verbindung mit gestiegenen Arbeitsmarktchancen in den Herkunftsländern (insbesondere jene mit EG/EU-Zugehörigkeit) führten zu einer Rückkehrbewegung und damit zu einer Reduzierung der Zahl der ausländischen Erwerbspersonen. Dennoch kam es zeitgleich zu einer deutlichen Erhöhung der Zahl der *ausländischen Wohnbevölkerung*: Jene Arbeitskräfte, die sich eben nicht zur dauerhaften Rückkehr entschlossen, holten nun „sicherheitshalber" möglichst umgehend ihre Familien (Ehepartner*innen und minderjährige Kinder) nach und verlagerten damit nachhaltig ihren Lebensmittelpunkt – ließ der Anwerbestopp sie doch weitere Restriktionen auch für den Zuzug von Angehörigen fürchten.

Lag bis zum Anwerbestopp der Anteil der Erwerbspersonen bei den zuziehenden Ausländer*innen bei rund 80%, erfolgte seit Mitte der 1970er-Jahre eine klare Verschiebung zugunsten des Anteils an Kindern und Jugendlichen und damit die kontinuierliche demografische Umwandlung in „normale" Wohnbevölkerung.

2.2 Arbeitsmigration in den 1980er-Jahren in die DDR

Auch in der DDR gab es ausländische Arbeitskräfte (vgl. Marburger 1993). In den 1950er- und 1960er-Jahren diente ihre Anwesenheit jedoch nicht der Kompensation einheimischen Arbeitskräftemangels, sondern dem Wunsch, durch Arbeitskräfteaustausch und Qualifizierungsprogramme innerhalb der Partnerländer des *Rates für Gegenseitige Wirtschaftshilfe* (RGW) deren wirtschaftliche und soziale Annäherung zu fördern und speziell Entwicklungsdifferenzen auszugleichen. Entsprechend stand das Qualifizierungsmoment im Vordergrund der zwischenstaatlichen Arbeitskräftekooperation.

Dies änderte sich jedoch sukzessive in den 1970er- und 1980er-Jahren. Für die DDR-Regierung war unübersehbar geworden, dass die eigenen Planvorgaben zur Erhöhung der einheimischen Produktion nur bedingt durch Investitionen erreicht werden konnten, da hierfür das erforderliche Kapital fehlte. Daher suchte man unter anderem durch intensiven Arbeitskräfteeinsatz die zur Produktionssteigerung notwendigen Rationalisierungen und Modernisierungen zu kompensieren. Da der eigene

Arbeitskräftemarkt aufgrund der demografischen Entwicklung weitgehend ausgeschöpft war, bemühte man sich verstärkt um die Entsendung von Arbeitskräften aus dem RGW-Bereich, und zwar zunächst bei den osteuropäischen Partnerländern Polen, Ungarn und Bulgarien. Doch deren „freies" Arbeitskräftepotenzial war gering, da eigene ehrgeizige Wirtschaftspläne realisiert werden sollten.

„Erfolgreicher" waren die Regierungsabkommen mit Dritte-Welt-Ländern: Mit der Sozialistischen Republik Kuba (1978), mit der Volksrepublik Mosambik (1979), mit der Sozialistischen Republik Vietnam (1980), mit der Mongolischen Volksrepublik (1982), mit der Volksrepublik Angola (1985) und der Volksrepublik China (1985). Diese Staaten benötigten für die eigene geplante Industrieentwicklung dringend Fachkräfte, die – so die vertraglich begründete Erwartung – im Rahmen eines vier- bis maximal fünfjährigen Arbeitsverhältnisses in DDR-Betrieben ausgebildet werden sollten. Die zunehmenden Diskrepanzen zwischen erwarteter Qualifizierung und fachlichem Arbeitseinsatz wurden von den Abgabeländern mehr oder minder toleriert. Für Länder wie Mosambik und Vietnam, deren ökonomische Situation aufgrund des Bürgerkriegs bzw. der verheerenden Kriegsfolgen überaus angespannt war, bedeutete Auslandsbeschäftigung – zu welchen Konditionen auch immer – einen wichtigen Entlastungsfaktor für das eigene System. Dies hatte zur Folge, dass seit Mitte der 1980er-Jahre die Vietnames*innen mit einer Zahl von rund 60.000 den weitaus höchsten Anteil der ausländischen Arbeitskräfte in der DDR (66 %) ausmachten, gefolgt von den Mosambikaner*innen mit etwa 15.000 (17 %). Im Jahr 1989 lag die Gesamtzahl dieser sog. „Vertragsarbeitnehmer*innen" bei rund 93.000, das entsprach einem Ausländer*innenanteil von etwa einem Prozent an der erwerbstätigen Bevölkerung der DDR (vgl. Bade/Oltmer 2004, 90–94).

Für nahezu alle ausländischen Arbeitskräfte bedeutete die mit der politischen Wende in der DDR einsetzende ökonomische Umstrukturierung den Verlust ihres Arbeitsplatzes. Da ihre Verträge ohnehin zeitlich strikt befristet waren, kehrten die meisten daraufhin in ihre Heimatländer zurück bzw. wurden aufgrund des Systemwandels von ihren sozialistischen Regierungen zurückbeordert. Mehrere Tausend – vor allem Vietnames*innen, Mosambikaner*innen und Angolaner*innen – hatten sich jedoch im Hinblick auf die katastrophalen wirtschaftlichen und sozialen Verhältnisse in ihren Herkunftsländern entschieden, nicht zurückzukehren, sondern sich zu bemühen, auch über das Vertragsende hinaus eine längerfristige bzw. ständige Aufenthaltsmöglichkeit zu erreichen. Man hoffte auf eine aufenthaltsrechtliche Gleichstellung mit den Arbeitsmigrant*innen der alten Bundesländer, eine Regelung, die erst im Jahr 1993 nach hartnäckiger Intervention vor allem von staatlichen und kirchlichen Ausländer*innenbeauftragten politisch durchgesetzt werden konnte. Mit einem Beschluss der Innenministerkonferenz vom 14. Mai 1993 wurde eine *Bleiberechtsregelung* für diesen Personenkreis geschaffen, die auch den Nachzug von Ehegatten und Kindern unter 16 Jahren gestattete (vgl. Deutscher Bundestag Drucksache 12/6926).

2.3 Zuwanderung von Aussiedler*innen und Spätaussiedler*innen

Nicht unter die Bezeichnung „Ausländer*in", doch gleichwohl in die Kategorie der Personen mit Migrationshintergrund fällt die Zuwanderungsgruppe der *Aussiedler*innen* bzw. *Spätaussiedler*innen*. Sie zählen zu den größten und ältesten Zuwanderungsgruppen Deutschlands. Etwa 4,5 Millionen Menschen sind seit dem Jahr 1950 als Aussiedler*innen bzw. Spätaussiedler*innen ins Land gekommen, die meisten davon in den letzten 25 Jahren (vgl. BAMF 2013, 28ff.) Sie sind *Angehörige deutscher Minderheiten* aus Staaten Ost-, Ostmittel- und Südosteuropas, die den „Vertriebenen" aus den ehemaligen deutschen Ostgebieten in den Jahren unmittelbar nach Kriegsende (1945–1951) rechtlich gleichgestellt wurden, da auch sie aufgrund der faschistischen Politik und der Kriegsfolgen jahrzehntelang unter erheblichen Repressionen und Zwangsumsiedlung zu leiden hatten bzw. zum Teil immer noch unter „Vertreibungsdruck" stehen.

Aussiedler*innen bzw. Spätaussiedler*innen sind Deutsche im Sinne des Art. 116 des Grundgesetzes und können ihre deutsche Volkszugehörigkeit entsprechend dem deutschen Staatsangehörigkeitsrecht (Jus Sanguinis) an ihre Kinder weitergeben. Grundlage für die Anerkennung als Aussiedler*in bildete bis zum 31.12.1992 das *Bundesvertriebenengesetz* (BVFG) von 1953. *Deutscher Volkszugehöriger* im Sinne des BVFG ist, „wer sich in seiner Heimat zum deutschen Volkstum bekannt hat, sofern dieses Bekenntnis durch bestimmte Merkmale wie Abstammung, Sprache, Erziehung, Kultur bestätigt wird" (§ 6 Abs. 1 BVFG zit. n. BAMF 2013, 21). Zu Zeiten des Kalten Krieges waren die Ausreisehürden aus den kommunistischen Staaten so hoch, dass bis 1987 nur 1,4 Millionen Aussiedler*innen in die BRD kamen (im jährlichen Mittel zwischen 20.000 und 60.000). Hauptausreiseländer waren Polen, Rumänien, Ungarn und die ehemalige Tschechoslowakei.

Die Öffnung des Ostblocks und die Auflösung der Sowjetunion bewirkten jedoch einen rasanten Anstieg der Aussiedler*innenzahlen, die in den Jahren 1989 mit 377.055 und 1990 mit 397.067 ihren Höhepunkt erreichten.

Der deutliche Rückgang der Zahlen ab Mitte der 1990er-Jahre ist der kontinuierlichen Verschärfung der Aufnahmebedingungen geschuldet. Ab dem 1. Januar 1993 erfolgt die Anerkennung als „Spätaussiedler*in" auf der Basis des *Kriegsfolgenbereinigungsgesetzes*, das unter anderem festlegt, „dass nur noch diejenigen Deutschstämmigen als Spätaussiedler – so der neue Rechtsstatus – nach Deutschland kommen dürfen, die glaubhaft machen können, dass sie noch unter einem sog. Kriegsfolgenschicksal leiden, d. h. dass sich die Folgen des Zweiten Weltkriegs bis in die Gegenwart auf ihr Leben auswirken" (Tröster 2013, 79). Da zwischenzeitlich fast alle ehemaligen sozialistischen Ostblockstaaten „gutnachbarschaftliche" Beziehungen mit Deutschland pflegen, wurde lediglich noch bei Deutschstämmigen aus den Nachfolgestaaten der ehemaligen Sowjetunion von einem „kollektiven" Kriegsfolgenschicksal ausgegangen. Entsprechend kamen ab 1993 fast nur noch sog. „Russlanddeutsche" nach Deutschland, bis zum Jahr 2000 lagen diese jährlichen Zuzüge im unteren sechsstelligen, bis zum Jahr 2010 im fünfstelligen, seitdem nur noch im vierstelligen Bereich (vgl. BAMF 2013, 30ff.).

2.4 EU-Binnenmigration

Binnenmigration meint die dauerhafte Wanderung von Menschen innerhalb der Grenzen eines festgelegten geografischen Raumes. *EU-Binnenmigration* äußert sich entsprechend in Wanderungsbewegungen zwischen den Mitgliedstaaten der *Europäischen Union* (EU). Schon mit der Gründung der *Europäischen Wirtschaftsgemeinschaft* (EWG) im Jahr 1957 (Römische Verträge[3]), dem Vorläufer der heutigen EU, wurde neben dem Abbau von Zöllen und Handelsbarrieren die Freizügigkeit von Arbeitnehmer*innen als zentrale Bedingung eines gemeinsamen europäischen Marktes vereinbart. Diese Freizügigkeit trat mit der Vollendung der Zollunion im Jahr 1968 in Kraft.

Mit dem Vertrag von Maastricht (1993) wurde die europäische Wirtschaftsgemeinschaft zur *Europäischen Union* umgestaltet. Dazu gehörte insbesondere die Erweiterung des Bündnisses um eine politische Dimension mit der Etablierung einer gemeinsamen Außen- und Sicherheitspolitik sowie der Schaffung einer *Unionsbürgerschaft*. Die Freizügigkeit wurde auf alle Unionsbürger*innen ausgedehnt, auch wenn es keinen Bezug zum Arbeitsmarkt gibt. Inzwischen ist dieses Recht auch als ein Grundrecht der Unionsbürger*innen in der Grundrechte-Charta der EU (2010) verbrieft.

Zwischen den Jahren 1991 und 2003 – zum Unionsbündnis gehören in diesem Zeitraum 15 Staaten[4] – zogen jährlich zwischen 176.000 (1995) und 99.000 (2003) Unionsbürger*innen nach Deutschland zu. Etwa die gleiche Anzahl im jährlichen Mittel von gut 100.000 EU-Bürger*innen verließ Deutschland auch wieder. Mit der EU-Erweiterung im Jahr 2004 durch den Beitritt von zehn Staaten[5] aus Süd-, Mittel- und Osteuropa stiegen die Zuzugszahlen sprunghaft an. Insbesondere durch den Beitritt Polens erhöhte sich der Zuzug im Jahr 2004 auf 266.000, um bis 2009 auf rund 349.000 anzusteigen. Eine äquivalente Abwanderung erfolgte nicht. Zu einem weiteren Anstieg ab 2010 führte die Aufnahme Bulgariens und Rumäniens in die EU (2007). Die Zuzüge von Arbeitnehmer*innen aus diesen Staaten sind primär

---

3 Die sechs Gründungsstaaten und Unterzeichner der „Römischen Verträge" sind die Bundesrepublik Deutschland, Frankreich, Belgien, Niederlande, Luxemburg und Italien. Im Jahr 1973 erfolgt die „Norderweiterung" der EG um die Staaten Dänemark, Großbritannien und Irland, im Jahr 1981 die erste „Süderweiterung" mit Griechenland, im Jahr 1986 die zweite „Süderweiterung" mit Spanien und Portugal.
4 1995 traten der EU als weitere Staaten Österreich, Schweden und Finnland bei.
5 2004 traten der EU als weitere Staaten bei Ungarn, Tschechische Republik, Slowakei, Polen, Estland, Lettland, Litauen, Slowenien, Malta und Zypern.

der dortigen hohen Sockelarbeitslosigkeit und dem starken Lohngefälle zwischen Deutschland und diesen osteuropäischen Ländern geschuldet. Ebenfalls ab dem Jahr 2010 zogen auch vermehrt EU-Bürger*innen aus den südlichen von der Finanz- und Schuldenkrise betroffenen Staaten Griechenland, Spanien, Portugal und Italien nach Deutschland zu, sodass im Jahr 2014 die Zahl der Zuzüge von Unionsbürger*innen bereits 810.000 betrug. Bezogen auf alle ausländischen Zuwander*innen machte diese Gruppe im Jahr 2014 rund 2/3 aller Zuwander*innen aus, wie auch schon in den Jahren 2012 und 2013. 2004 waren es hingegen nur rund 1/3. Der Wanderungsüberschuss aus der Bilanzierung von EU-Zu- und Fortzügen zwischen den Jahren 2011 und 2014 lag im jährlichen Mittel bei rund 300.000 (Die Beauftragte der Bundesregierung 2016b, 32 und 698 Tab. 15; BiB 2017).

Der relative Rückgang von Zuzügen von EU-Bürger*innen an der Zahl aller ausländischen Zuwander*innen im Jahr 2015 auf rund 45 % ist keinem Rückgang an absoluten Zahlen geschuldet, sondern dem absoluten Anstieg an Zuzügen von ausländischen Zuwander*innen aus Nicht-EU-Staaten, und zwar insbesondere im Rahmen der *Fluchtmigration*. Nach Daten des Statistischen Bundesamts (vgl. Die Beauftragte der Bundesregierung 2016b, 698) sind im Jahr 2015 2.016.241 ausländische Personen nach Deutschland zugezogen, darunter 911.720 EU-Bürger*innen. Von den rund 1.100.000 Nicht-EU-Zuzügen entfielen rund 890.000 Zuzüge auf *Asylsuchende* (vgl. auch BMI Pressemitteilung 2016b).

2.5 Fluchtmigration

Zuzüge in die BRD – und auch in die DDR – auf der Basis von *Asyl-* und *Flüchtlingsrecht* hat es seit Beginn ihres Bestehens gegeben. Rechtliche Referenz bildet zum einen das Abkommen über die Rechtsstellung der Flüchtlinge vom 28. Juli 1951, die sog. *Genfer Flüchtlingskonvention* (GFK). Flüchtling im Sinne dieser völkerrechtlichen Vorgabe ist nach Art. 1 A Nr. 2 GFK eine Person, wenn sie sich „aus der begründeten Furcht vor Verfolgung wegen ihrer Rasse, Religion, Nationalität, Zugehörigkeit zu einer bestimmten sozialen Gruppe oder wegen ihrer politischen Überzeugung außerhalb des Landes befindet, dessen Staatsangehörigkeit sie besitzt und den Schutz dieses Landes nicht in Anspruch nehmen kann oder wegen dieser Befürchtung nicht in Anspruch nehmen will". Die zweite Referenz ist das *Grundgesetz* (GG). „Politisch Verfolgte genießen Asylrecht", lautete Art. 16 Abs. 2 S. 2 GG und lautet nach der asylrechtlichen Grundgesetzänderung 1993 Art. 16a Abs. 1 GG. Dem neuen Grundgesetzartikel wurde allerdings ein Absatz 2 hinzugefügt, der das Grundrecht auf Asylrecht wesentlich einschränkt.

Dieser *Grundgesetzänderung* vorangegangen war ein erheblicher Anstieg der Asylsuchenden nach dem Fall des Eisernen Vorhangs. In den 1950er- und 1960er-Jahren lagen die jährlichen Zahlen der Asylgesuche lediglich im drei- bis vierstelligen Bereich. Bis Anfang der 1970er-Jahre stammten die meisten Asylanträge von

Systemflüchtlingen aus Staaten des „Ostblocks"[6]. Ihre Aufnahme galt als humanitäre Aufgabe. Zugleich bot sie im damaligen Wettstreit der Systeme eine willkommene Möglichkeit, die Überlegenheit des „freiheitlich-demokratischen Westens" zu demonstrieren. Im Jahr des Anwerbestopps 1973 hatte es insgesamt erst knapp 5000 Asylsuchende gegeben. In den folgenden Jahren stiegen die Zahlen bis ins Jahr 1980 auf jährlich rund 100.000 an. Neben der weltweiten Zunahme von Menschenrechtsverletzungen, Krieg und Folter forcierte nicht zuletzt der Anwerbestopp, der Nicht-EG-Ausländer*innen die legale Einreise zur Arbeitsaufnahme in die BRD unterband, dass nun vermehrt von der Möglichkeit der Einreise mit Bezug auf Art. 16 Abs. 2 S. 2 GG Gebrauch gemacht wurde. Die Asylsuchenden stammten nun auch nicht mehr überwiegend aus den „Ostblockstaaten", sondern aus den „Ländern des Südens".

Im Zuge des zahlenmäßigen Anstiegs der Asylgesuche und vor dem Hintergrund von Wirtschaftskrise verbunden mit wachsender Erwerbslosigkeit wurde zunächst die Handhabung des Asylparagrafen verschärft. Der zentrale Begriff der *politischen Verfolgung* wurde immer mehr verengt, sodass kaum noch Asylanträge anerkannt wurden, und ein gesellschaftlich-politischer Diskurs um „Missbrauch von Asyl" (vgl. z. B. BpB 1992, 32ff.) wurde in Gang gesetzt. Da aus *humanitären Gründen*[7] auch bei Ablehnung der Asylanträge kaum Abschiebungen erfolgten, verblieben die meisten Asylsuchenden in der BRD über Jahre im Status der „Duldung". Ohne individuelles Asylverfahren, sondern kontingentiert aufgenommen wurden Anfang der 1990er-Jahre rund 345.000 bosnische und 35.000 kroatische Bürgerkriegsflüchtlinge aus dem ehemaligen Jugoslawien. Ebenfalls im Rahmen von Kontingenten und zeitgleich fanden jüdische Immigrant*innen aus der ehemaligen Sowjetunion Aufnahme, eine Maßnahme, die noch von der letzten, demokratisch gewählten DDR-Regierung[8] unter Lothar de Maizière im Mai 1990 initiiert und nach dem Beitritt von der BRD 1991 übernommen wurde. Parallel dazu stellten im Jahr 1991 rund 256.000 Personen und im Jahr 1992 rund 438.000 Personen individuell einen Asylantrag, die Hauptherkunftsländer dieser Antragsteller*innen waren Rumänien, Türkei, Irak, Jugoslawien, Afghanistan und Vietnam.

Vor diesem Hintergrund stieß die oben genannte grundgesetzliche Änderung des Asylparagrafen auf weitgehende gesellschaftliche Zustimmung. Abs. 2 Satz 1 des Art. 16a GG schränkt die Berufung auf das Grundrecht des Abs. 1 und damit den asylrechtlichen Grundrechtsschutz massiv ein, nämlich: „Auf Absatz 1 kann sich nicht berufen, wer aus einem Mitgliedstaat der Europäischen Gemeinschaften oder aus

---

6 Anträge wurden gestellt im Rahmen der Fluchtbewegungen nach der Niederschlagung der Erhebungen in Ungarn und Polen 1956 und des „Prager Frühlings" 1968.

7 Aufgrund des Gebots der Menschenwürde nach Art. 1 GG und des Rechts auf Leben und körperliche Unversehrtheit nach Art. 2 Abs. 2 GG dürfen Menschen nicht in ein Land abgeschoben werden, in dem sie von Menschenrechtsverletzungen oder Gefahren für Leib und Leben bedroht sind.

8 Im Laufe ihres Bestehens hatte die DDR auch Systemflüchtlinge aufgenommen, und zwar in Folge des Militärputschs in Griechenland (1967) und in Chile (1973).

einem anderen Drittstaat einreist, in dem die Anwendung des Abkommens über die Rechtsstellung der Flüchtlinge und der Konvention zum Schutze der Menschenrechte und Grundfreiheiten sichergestellt ist". Mit anderen Worten: Seit 1993 besteht in der BRD kein Asylgrundrecht bei Einreise aus sicheren Staaten.

Bereits 1993 war die BRD ausschließlich umgeben von EU-Mitgliedstaaten oder sog. sicheren Drittstaaten. Schon im Juni 1990 hatten die damals zwölf EG-Mitgliedstaaten das *Dubliner Übereinkommen* (DÜ) unterzeichnet, einen völkerrechtlichen Vertrag über die Bestimmung des zuständigen Staates für die Prüfung eines in einem Mitgliedstaat der Europäischen Gemeinschaft gestellten Asylantrags. Die zentrale Regel für die Zuständigkeit lautet: Der Staat, in den der bzw. die Asylsuchende nachweislich zuerst einreist, muss das Asylverfahren durchführen. Die DÜ trat im September 1997 in Kraft. Seit dem 1. März 2003 galt die *Dublin-II-Verordnung* als europarechtliche Verordnung als Nachfolgeregelung für die Europäische Union, im Juli 2013 trat die *Dublin-II-Verordnung* in Kraft (vgl. Luft 2016, 69 ff.).

Die Einschränkung des Asylgrundrechts bei Einreise aus einem EU-Mitgliedstaat bzw. sicheren Drittstaaten in Verbindung mit den Dubliner Regelungen führte – wie von der BRD-Politik intendiert – zu einem ganz erheblichen Rückgang der Asylanträge. Bereits im Jahr 1994 lag die Anzahl nur noch bei rund 127.000, ein Wert, der sich kontinuierlich bis zum Jahr 2007 auf rund 19.000 reduzierte, dann langsam wieder anstieg, um im Jahr 2012 bei 64.000, im Jahr 2013 bei rund 109.000, im Jahr 2014 bei 179.000 zu liegen (vgl. Die Beauftragte der Bundesregierung 2016b, 698).

Dieser Anstieg steht im Zusammenhang mit den politischen Instabilitäten in den nordafrikanischen Staaten („arabischer Frühling") wie den Bürgerkriegslagen im Nahen und Mittleren Osten (insbesondere Syrien, Irak, Afghanistan) und den dadurch ausgelösten Fluchtbewegungen sowie einer entsprechenden Überlastung der Staaten, die entlang der Flüchtlingsrouten oder nahe der Krisengebiete liegen, sodass diese die Dublin-Regelungen kaum mehr erfüllen konnten oder wollten (vgl. Luft 2016, 45 ff.). Den bisherigen Höhepunkt erreichte diese Entwicklung durch die Entscheidung von Bundeskanzlerin Angela Merkel vom 5. September 2015, die Grenzen Deutschlands für die Flüchtlinge aus Ungarn zu öffnen, die das Dublin-Verfahren in weiten Teilen faktisch ausgesetzt hat. In den Folgemonaten erfolgte ein nahezu unkontrollierter Zuzug von Asylsuchenden nach Deutschland. Das Statistische Bundesamt veröffentlichte zunächst die Zahl von 1,1 Millionen Asylsuchenden für das Jahr 2015, korrigierte dann jedoch die Zahl auf 890.000 (vgl. BMI Pressemitteilung 2016b). Das mit Abstand stärkste Herkunftsland war Syrien, gefolgt von Albanien, Kosovo, Afghanistan, Irak, Serbien, Mazedonien, Eritrea, Pakistan (BMI Pressemitteilung 2016a).

2.6 Einwanderungsland ohne Einwanderungsgesetz

„Ein modernes Einwanderungsland braucht ein ebensolches Einwanderungsgesetz" – so die Position der Grünen, mit der ihre Parteivorsitzende, Katrin Göring-

Eckardt, am 4. April 2017 den Entwurf der Partei für ein solches Einwanderungsgesetz öffentlich präsentierte. „Einwanderung wird nicht als Problem gesehen, sondern ist erwünscht und muss aktiv gestaltet werden", erläuterte der Mitverfasser Volker Beck das Leitmotiv (vgl. Der Tagesspiegel 5. 4. 2017, 5). Am 7. November 2016 hatte bereits der Fraktionsvorsitzende der SPD, Thomas Oppermann, das Konzept seiner Partei für ein Einwanderungsgesetz vorgestellt. Auch dieser Entwurf zielt darauf ab, Zuwanderung deutlich zu erleichtern und Hürden bei der Integration und Einbürgerung abzubauen.

Auch wenn die Unionsparteien sich zu solchen Vorstößen zurückhaltend äußern, markieren diese Initiativen doch einen zentralen Paradigmenwechsel in der *Zuwanderungspolitik*. Dieser *Paradigmenwechsel* erfolgt dabei in doppelter Hinsicht, und zwar zum einen in Form der Abkehr von einer durch *Ad-hoc-Regelungen* gesteuerten Zuwanderung hin zu einer langfristig ausgerichteten Planung, und zum anderen von einer auf *strikte Begrenzung* oder *Verhinderung* von Zuwanderung gerichteten Gesetzeslage hin zu einer Zuwanderung begünstigenden und positiv gestaltenden Gesetzeslage. Beispiele für solche Ad-hoc-Regelungen durchzogen die vorangehenden Ausführungen: die Regelungen zur Arbeitserlaubnis, zur Aufenthaltserlaubnis, zum Familiennachzug der sog. *Gastarbeiter*innen* in den 1950er- und 1960er-Jahren, die Regelungen rund um den Anwerbestopp für diese Migrant*innenklientel einschließlich Anwerbestopp-ausnahmeverordnungen, die Regelungen im Zusammenhang mit *Aussiedlung* und *Spätaussiedlung* insbesondere in Korrespondenz mit dem Anstieg der Zuzüge dieses Personenkreises nach dem Fall des Eisernen Vorhangs. Auch die Regelungen zu Aufnahme und Aufenthalt der sog. *Vertragsarbeitnehmer*innen* in der DDR folgten einem Ad-hoc-Prinzip ebenso die bundesdeutschen Regelungen zum Bleiberecht von Personen aus dieser Gruppe nach dem Ende der DDR. Die Änderungen der Ausführungsvorschriften wie die Grundgesetzänderung zum *Asylrecht* fügen sich ebenso in dieses Muster ein. Jüngster Beleg für die Steuerung durch Ad-hoc-Regelungen sind die reaktiven Verordnungen im Kontext der aktuellen *humanitären Aufnahme* von Geflüchteten und Asylsuchenden unter Aussetzung des Dublin-Systems.

Der von der Bundesregierung per Erlass verhängte Anwerbestopp, die Verabschiedung des Kriegsfolgenbereinigungsgesetzes wie auch die Grundgesetzänderung des Asylparagrafen sind zugleich als gesetzliche Maßnahmen zur Begrenzung bzw. Verhinderung von Zuwanderung zu bewerten. Diese Einschätzung steht ganz im Einklang mit den eingangs bereits referierten Statements der politischen Führung, Deutschland ausdrücklich *nicht* als Einwanderungsland zu verstehen, sondern „alle humanitär vertretbaren Maßnahmen zu ergreifen, um den Zuzug von Ausländern zu unterbinden" (zit. n. Meier-Braun 2015, 36). Und auch wenn seit dem Jahr 2000 die Bundesregierung sich nicht länger der „Tatsache [verschließt], dass Deutschland ein Zuwanderungsland ist" (BMFSJ 2000, XXXI), zielt auch in den Folgejahren die gesetzgeberische Entwicklung weiterhin dezidiert auf „Begrenzung". Dies dokumentiert sich unmissverständlich bereits im Titel des im Juli 2004 erlassenen und am 1. Januar 2005 in Kraft getretenen *Zuwanderungsgesetzes*. Der Titel lautet: „*Gesetz zur Steuerung und Begrenzung der Zuwanderung und zur Regelung des Aufenthalts und der*

Integration von Unionsbürgern und Ausländern (Zuwanderungsgesetz)" (BGBl 2004, 1950). Auch die Novellierung des Gesetzes im Jahr 2007 brachte neben Anpassungen an EU-Richtlinien eher noch weitere Verschärfungen für nicht Nicht-EU-Bürger*innen insbesondere beim Familiennachzug (vgl. Meier-Braun 2013, 123f.).

Die nicht zuletzt durch die jüngste Fluchtmigration erneut in Gang gekommene Debatte um adäquate gesetzlich Rahmungen für Zuwanderung kann als Chance betrachtet werden, hier zu angemesseneren Lösungen zu kommen. Dabei ist klar zu unterscheiden zwischen Flucht- und Asylfragen einerseits und Vorgaben für Einwanderung andererseits. Humanitäre Verpflichtungen, Menschenrechte dürfen nicht mit wirtschaftlichen und arbeitsmarktpolitischen Interessen verrechnet werden.

3 Öffentliche und zivilgesellschaftliche Aufgaben zur Gestaltung der Einwanderungsgesellschaft

Bei der Betrachtung von öffentlichen und zivilgesellschaftlichen Aufgaben zur Gestaltung der Einwanderungsgesellschaft lassen sich zwei Dimensionen grundsätzlich unterscheiden: Einerseits werden Ressourcen, Strukturen und Maßnahmepläne im Sinne *humanitärer Not- und Ersthilfen* bereit- und sichergestellt. Andererseits ergeben sich gesamtgesellschaftliche Aufgaben in Bezug auf die längerfristige bzw. dauerhafte Bleibeperspektive von Einwander*innen und den damit notwendigen komplexen Prozess des *Umbaus gesellschaftlicher Institutionen und Strukturen*.

3.1 Humanitäre Hilfen und Maßnahmen der Erstaufnahme

Aktuell existiert ein Netzwerk an öffentlichen Institutionen sowie zivilgesellschaftlicher Organisationen, die im Rahmen *humanitärer Ersthilfeeinsätze* (Bereitstellung von Unterkünften, Ernährung, Krankenversorgung und Schutz) Aufnahmeprozesse nach Maßgabe gesetzlicher Rahmenbedingungen bewältigen. Insbesondere die Länder und Kommunen übernehmen hier zentrale Aufgaben (vgl. Aumüller 2009). So beschloss beispielsweise die *Berliner Senatsverwaltung für Integration, Arbeit und Soziales* im Mai 2016 einen *„Masterplan Integration und Sicherheit"*, der die wesentlichen Aufgabenbereiche zur Bewältigung der Zuwanderung von Geflüchteten verbindlich benennt: Ankunft, Registrierung und Leistungsgewährung, Gesundheitsversorgung, Unterbringung und Wohnraum, Sprach- und Bildungsangebote, Integration in den Arbeitsmarkt, Sicherheit, Integrative und offene Stadtgesellschaft, aktive Teilhabe der Geflüchteten am gesellschaftlichen und kulturellen Leben (vgl. Senias 2016). Neben staatlichen Institutionen (wie Bundes- und Landesministerien, das Bundesamt für Migration und Flüchtlinge, kommunale Sozialämter, Arbeitsagenturen) engagieren sich im Rahmen dieser humanitären Hilfen vor allem auch Nicht-Regierungsorganisationen wie die *UNO-Flüchtlingshilfe, Unicef, Deutsches Rotes Kreuz* oder *ProAsyl*, außerdem kirchliche Trägerorganisationen wie *Diakonie* und *Caritas*. Dazu kommt ein hohes Potenzial an Engagement ehrenamtlich Tätiger sowohl im Rahmen der genannten Organisationen, als auch als engagierte Bürger*innen in Vereinen der Nachbarschaftshilfe, in Selbsthilfegruppen u. Ä., um Einwander*innen auch ganz individuell patenschaftlich zu unterstützen, z. B. bei der Erledigung von Behördengängen, bei Kontaktaufnahmen mit potenziellen Ausbildungsbetrieben und Vermieter*innen, bei der Lösung von Konflikten in Aufnahmeeinrichtungen. Insofern gilt die „Zivilgesellschaft" in diesem Aufgabenfeld als wichtige Akteurin für die zukunftsfähige Gestaltung der Einwanderungsgesellschaft, weil rasch, unbürokratisch, nachbarschaftlich und selbstorganisiert ein Kommunikations- und Handlungszusammenhang zwischen Einheimischen und Zugewanderten hergestellt wird. Außerdem übernehmen Ehrenamtliche oft auch Aufgaben, die staatlicherseits aufgrund knapper Ressourcen nicht (mehr) realisiert werden können (vgl. Richter 2016).

3.2 Etablierung von „Sonderdiensten"

Bereits seit den 1960er Jahren entwickelten sich innerhalb von öffentlichen Einrichtungen sog. *Sonderdienste*, die – entsprechend ihrer jeweiligen zentralen Aufgabenbereiche (Verwaltung, Bildung, Gesundheit, Soziale Arbeit) – auf die Anwesenheit von spezifischen Einwander*innengruppen (entsprechend nationaler, ethnischer, kultureller, religiöser, sexueller oder sprachlicher Herkunft) zielgruppenorientiert und bedarfsgerecht reagieren. Zuerst blieben diese migrationsbezogenen Dienste in der öffentlichen Wahrnehmung sowie im Selbstverständnis der Organisationen ein mehr oder weniger temporäres Provisorium, weil von einer zeitlich befristeten Bleibesituation der Einwander*innen ausgegangen wurde. Gleichwohl stellten solche Unterstützungsformate und -strukturen für die Migrant*innen den ersten Schritt zum Übergang in die Nutzung der *Regelangeboten* dar.

Das lässt sich z. B. in Bezug auf den Bildungsbereich exemplarisch verdeutlichen: Wurden in den 1960er-Jahren zur Realisierung der Schulpflicht der Kinder von „Gastarbeiter*innen" sog. Ausländerklassen eingerichtet, so sind es seit 2015 „Willkommensklassen", die nicht nur die rasche Beschulung von Flüchtlingskindern und -jugendlichen gewährleisten, sondern in deren Kontext auch Bedingungen zum Übergang in eine Regelklasse implementiert sind. Diese Maßnahmen fußen dabei auf einem *Regierungsauftrag „Sprach- und Bildungsangebote"*, für den wiederum in Berlin die Verantwortung bei der *Senatsverwaltung für Bildung, Jugend und Familie* liegt. Die gesetzliche (Handlungs-)grundlage dafür bildet § 43 (2) des Berliner Schulgesetzes: „Ausländische Kinder und Jugendliche, denen aufgrund eines Asylantrags der Aufenthalt in Berlin gestattet ist oder die hier geduldet werden, unterliegen der allgemeinen Schulpflicht" (Senbjf 2016). Ob bzw. wie lange die konkrete Beschulung der betroffenen Kinder bzw. Jugendlichen in einer „besonderen Lerngruppe" oder ob und wann sie in einer Regelklasse erfolgt, wird in § 17 geregelt: „Die Schulaufsichtsbehörde entscheidet auf Grundlage des Ergebnisses der Sprachstandsfeststellung, ob die Förderung in einer Regelklasse [...] oder zunächst in einer besonderen Lerngruppe [...] erfolgt" (Senbjf 2016).

3.3 Interkulturelle Öffnung – Genese, Reichweite, aktueller Entwicklungsstand

Angesichts der Tatsache, dass Zuwander*innen zunehmend Deutschland als zukünftigen bzw. langfristigen Bleibeort für sich und ihre Nachkommen wählten, standen die Einrichtungen der öffentlichen Hand zunehmend vor der Notwendigkeit, ihrer zentralen Verantwortung, *allen* Gesellschaftsmitglieder*innen gleiche und umfängliche Zugangs- und Partizipationschancen zu gewährleisten, auch gegenüber den Zuwander*innen nachzukommen. Inzwischen haben Organisationen wie Schule und Hochschule, Kinder- und Jugendhilfe, Altenpflege/-hilfe, Gesundheitsversorgung, Kultureinrichtungen, Medien, kommunale Verwaltung, soziale Dienste wie Beratungs- und Kriseneinrichtungen, aber auch Polizei und Feuerwehr darauf mit der Einführung von Prozessen der Interkulturellen Öffnung reagiert, die inzwischen „als Struktur- und Handlungsmaxime [...] in einer Einwanderungsgesellschaft [...] heute [als] unumgänglich" gilt (AWO Bundesverband e. V. 2016).

Historisch begann die konzeptionelle Entwicklung der Interkulturellen Öffnung seit Mitte der 1990er-Jahre. Als Impulsgeber gelten die von Hinz-Rommel 1995 formulierten *„Empfehlungen zur interkulturellen Öffnung sozialer Dienste"*. Bis heute haben die dort formulierten Grundprinzipien, Perspektiven und Handlungsmaximen (Hinz-Rommel 1995, 130–147) Gültigkeit und bilden den Referenzrahmen zur Begründung, Initiierung und Implementierung von Konzepten Interkultureller Öffnung in mittlerweile nahezu allen Sektoren öffentlich verantworteter Organisationen.

Interkulturelle Öffnung adressiert dabei einen strukturellen Wandel der jeweiligen (gesamten) Organisation. Insofern gilt Interkulturelle Öffnung als *Organisationsentwicklungsstrategie*, die „Zugangsbarrieren für Migranten zu Bildung, Kultur und Sozialen Diensten beseitigt. [...] Sie umfasst die Organisation als ganze und basiert auf einem Gesamtkonzept, das bestimmten Qualitätsstandards entspricht. Letztlich soll dieser Prozess dazu beitragen, dass alle Dienste und Angebote einer Organisation für jeden, unabhängig von seiner Herkunft, Religion, Weltanschauung, Lebensweise etc. offen stehen" (Fischer 2005, 14).

War die oben genannte impulsgebende Initiative der 1990er-Jahre aus den in der konkreten Praxis sozialer Arbeit gewonnenen Erfahrungen heraus entstanden (quasi „bottom up"), so ergeben sich seit Mitte der 2000er-Jahre Relevanz und Legitimation Interkultureller Öffnung aus den seitdem gültigen gesetzlichen Rahmungen („top down"): Grundlegend sind das europarechtlich verankerte Diskriminierungsverbot

(Charta der Grundrechte der EU Art. 21), das diesem folgende, in der Bundesrepublik erlassene Allgemeinen Gleichbehandlungsgesetz (2006) sowie die darauf fußenden ·Ländergesetzgebungen (z. B. „Gesetz zur Regelung von Partizipation und Integration in Berlin" 2010 oder das „Partizipations- und Integrationsgesetz" Baden-Württemberg, erlassen im Jahr 2015). Mit diesem Regelwerk sind die wichtigsten Parameter und Prozessabläufe zu einer umfassenden und nachhaltigen Interkulturellen Öffnung in allen Bereichen gesellschaftlichen Lebens juristisch gesetzt: von der Verordnungs- und Gesetzesebene über die organisationale Ebene von Einrichtungen, Diensten und Dienstleistungen, die Rekrutierungs- und Qualifizierungsebene über gezielte Interessenvertretungen und spezifische Adressierungen bis hin zum Evaluations- und Berichtswesen auf allen genannten Stufen.

Diese durch die *Europäische Union* sowie die Regierungen der Mitgliedstaaten gesetzlich fundierte Stoßrichtung auf Diskriminierungs*verbot* und Gleichstellungs-*gebot* forcierte die Etablierung von Interkultureller Öffnung in die Breite. Das heißt, weder Schul- noch Hochschulsystem, Kinder- und Jugendarbeit, Gesundheitsvorsorge, Krankenhäuser und Altenpflegeeinrichtungen noch Medien- und Kulturinstitutionen konnten sich seit Mitte der 2000er-Jahre dem gesamtgesellschaftlichen Anspruch entziehen, interkulturelle Leitbilder zu formulieren, organisationale Strukturen und Prozessabläufe sowie Dienstleistungen und Produkte kultursensibel zu modifizieren, Zugangsbarrieren für Migrant*innen abzubauen, Maßnahmen für ein interkulturelles Personalmanagement einzuführen (vgl. Griese/Marburger 2012). Insofern implizieren Konzept und Strategie der Interkulturellen Öffnung einen auf Veränderung der Organisation insgesamt gerichteten Anspruch:

> Es reicht eben nicht, freundliche Verlautbarungen über die Wertschätzung der Vielfalt zu veröffentlichen und eine Person mit Migrationshintergrund einzustellen, die dann für alle „Ausländer" zuständig ist. Der Kern der Organisation [...] muss auf den Prüfstand – es gilt zu untersuchen, ob dieser Kern im Sinne von Gerechtigkeit und Chancengleichheit mit der gesellschaftlichen Vielfalt korrespondiert. Wenn in diesen Tagen allerorten die Freiheit und die Eigenverantwortlichkeit der Individuen gefordert und gefördert wird, dann müssen auch die Voraussetzungen dafür erfüllt werden, dass Freiheit und Eigenverantwortlichkeit gelebt werden können – und das bedeutet die Herstellung von Barrierefreiheit. Dazu wird in vier verschiedenen Hinsichten eine Veränderung der Institutionen benötigt:

> 1. die Kultur der Institution (Verfassung, Regeln und Normen)
> 2. den Personalbestand
> 3. den materiellen Apparat
> 4. die grundsätzliche Ausrichtung der Strategien der Institution. [...]

> Eine interkulturelle Gestaltung der Institution, die den Namen auch verdient, muss in all diesen Dimensionen buchstäblich „ans Eingemachte" gehen (Terkessidis 2010, 142).

Es lässt sich zwar keine gesamtdeutsche Bilanz über den konkreten Entwicklungsstand finden, jedoch ist das Internet ein ergiebiges Portal, um Evaluationsberichte und Expertisen von Landesregierungen, Kommunen und Verwaltungseinheiten, sozialen Einrichtungen und Verbänden zu rezipieren, um die aktuelle Reichweite zu konstatieren. Auch lassen sich Beispiele aufzeigen, wie sich Institutionen auf der Basis des erreichten Entwicklungstands der Interkulturellen Öffnung im Sommer bzw. Herbst 2015 während des Eintreffens einer hohen Zahl an Geflüchteten als handlungsfähig erwiesen. Unbestreitbar zeigten sich dabei jedoch auch uneingelöste Lösungsversprechen der Interkulturellen Öffnungsstrategie, weiterhin bestehende Zugangsbeschränkungen, ausgrenzende Prozessstrukturen, Vorurteile und Diskriminierungstatbestände.

3.4 Interkulturelle Öffnung auf dem Prüfstand – kritische Debatten

Auch wenn Interkulturelle Öffnung weiterhin als wegweisende organisationale Strategie gilt, wurde und wird sie auch kritisch hinterfragt. Die problematisierenden Perspektiven richten sich dabei insbesondere auf den paradigmatisch zugrunde gelegten Referenzbegriff *Kultur* sowie damit in Zusammenhang stehende hegemoniale Prozesse des *Otherings*. Außerdem wird kritisch auf *statische* Momente des Konzepts der interkulturellen Öffnung verwiesen. Es wird dafür plädiert, Anforderungen an eine *einwanderungsadäquate Transformation* von Organisationen und Institutionen unter Berücksichtigung eines *postmigrantischen* Wandels zu formulieren.

Kulturbegriff, Kulturalisierungen und das Phänomen „Othering"

Die Interkulturelle Öffnung adressierte vor allem „Menschen mit Migrationshintergrund", die als kulturelle (nicht deutsche) Herkunftsgruppe mit je spezifischen kulturellen Merkmalen, Werten, Normen und Lebensstilen markiert wurden. Diese Adressierung geht von der Grundannahme aus, dass alle Menschen in eine je spezifische kulturelle Umwelt hineingeboren werden. Als theoretischer Referenzrahmen wird dabei auf den *erweiterten Kulturbegriff* nach Alexander Thomas rekurriert. Demnach wird Kultur verstanden als „ein universelles, für eine Gesellschaft, Organisation und Gruppe aber sehr typisches Orientierungssystem. Dieses Orientierungssystem wird aus spezifischen Symbolen gebildet und in der jeweiligen Gesellschaft usw. tradiert. Es beeinflusst das Wahrnehmen, Denken, Werten und Handeln aller ihrer Mitglieder und definiert somit deren Zugehörigkeit zur Gesellschaft usw. Kultur als Orientierungssystem strukturiert ein für die sich der Gesellschaft usw. zugehörig fühlenden Individuen spezifisches Handlungsfeld und schafft damit die Voraussetzungen zur Entwicklung eigenständiger Formen der Umweltbewältigung" (Thomas 2003, S. 22).

Dieses Orientierungssystem entfaltet im Prozess der Sozialisation eines jeden Individuums – so die Schlussfolgerung – Wirkung, indem es für jedes einzelne Kulturmitglied Normalitätsannahmen über erwünschte Denk- und Verhaltensmuster, Sicht- und Lebensweisen, Inszenierungen und Rollenbilder vorformuliert. Deren (vorerst unhinterfragte) Übernahme ist für den Einzelnen von Vorteil, da sie Orientierung in einer komplexen Welt erleichtern, Kommunikation und Kooperation verlässlich (vor-)strukturieren, gemeinsame Identität und Zugehörigkeit stiften. Insofern ließen sich kulturelle Merkmale einer kulturellen Gruppe identifizieren, die als Grundlage dienen, konkrete Bedarfe, Intentionen und Ziele einer interkulturellen Öffnung von Organisationen zu formulieren.

Vor dem Hintergrund der Vorstellung von Einwander*innen als vor allem kulturell geprägte Wesen, würden sie jedoch – so die kritischen Einwände – in einem hegemonialen Akt „kulturalistischer Überinterpretation" in erster Linie „in stereotyper Form als Mitglied einer anderen Kultur depersonalisiert und daraus [würde dann] undifferenziert ihr Verhalten erklärt" (Bredendieck 2015, 91). Somit würden auch auf Interkulturalität fokussierende Entwicklungskonzepte sich einer Prämisse bedienen, die " als Grenzmarkierung gesellschaftlicher Inklusions- und Exklusionsverfahren gekennzeichnet wird, das den Menschen auf seine Zugehörigkeit zu ethnischen Herkunfts- und Abstammungsgemeinschaften festleg[t] [...] und rassistische und ethno-nationalistische Ausgrenzungsstrategien im neuen Gewande fortschreib[t]" (Bender-Szymanski 2002, 153). Zusätzlich werden *kulturalisierende Zuschreibungen* als Teil *einer machtvollen Differenzordnung* identifiziert, da dadurch „bestimmte Zugehörigkeiten und Identitätspositionen politisch und kulturell gegenüber anderen symbolisch und materiell privilegiert" (Mecheril 2010, 205) werden.

Der referenzielle Zugriff auf eine kulturelle Herkunft und Eigenheit einer gesellschaftlichen Gruppe wird damit als eine Form der Markierung des „Anderen", des *Otherings* (Spivak 1985), identifiziert. Im *Othering* manifestiert sich nicht nur eine Bezeichnungs- und Unterscheidungspraxis, um Merkmale einfach bloß sichtbar zu machen, vielmehr werden im *Prozess der „VerAnderung"* hegemoniale und dichotome Zuschreibungs-, Bewertungs- und Abgrenzungsmodi angewendet über das, was „fremd und eigen", „normal und unnormal", „wert und unwert", „zugehörig und nichtzugehörig" ist (vgl. Foroutan/Ikiz 2016, 142).

Dass sich Initiativen, Maßnahmen und Verfahren für die Gestaltung von gesellschaftlichen Institutionen in einer Einwanderungsgesellschaft damit auch mit einem Dilemma konfrontiert sehen, können Debatten um *„Ethnic Monitoring"* veranschaulichen (vgl. Peucker 2009). Mit der Erfassung der ethnischen Herkunft bzw. Gruppenzugehörigkeit sollen und können Ungleichheiten aufgedeckt werden (z. B. für den Zugang zu höherer Bildung, zu kulturellen Einrichtungen, zu sozialen Dienstleistungen). Solche statistischen Daten dienen dann auch als Grundlage zur Analyse von Ursachen für Disparitäten, aber auch zur Evaluation der Wirksamkeit von Anti-Diskriminierungs- oder Fördermaßnahmen. Andererseits basiert das Monitoring (zwangsläufig) auf „statistischen Kategorieneinteilungen und institutionalisierten Fremdzuschreibungen" (Nghi Ha 2009), die wiederum zu Prozessen des *„Otherings"* beitragen.

Institutionelle Öffnung – postmigrantisch

Interkulturelle Öffnung als Strategie der Gestaltung der Einwanderungsgesellschaft gerät auch deshalb an ihre Grenzen, weil ihr Referenzfokus „kulturelle Herkunft" mit statischen Vorstellungen über (mitgebrachte) kulturelle Orientierungen sowie solchen über eine Resilienz gegenüber „fremdkulturellen" Einflüssen korreliert. Demgegenüber jedoch entfalten sich im sozialen Miteinander Dynamiken des Austauschs, der Aushandlung und der Transformation. Für diese Prozesse wurde Anfang/Mitte der 2000er-Jahre der Begriff *Transkulturalität* aufgegriffen bzw. insbesondere von migrantischen Forscher*innen genutzt, um die aktuelle gesellschaftliche und individuelle Situation der Menschen mit Migrationshintergrund als transkulturell zu beschreiben. Aus dem Dialog und dem Austausch verschiedener Kulturkonzepte entstehen nach dieser Auffassung hybride Kulturen; Individuen wie Gesellschaften tragen transkulturelle Elemente in sich (vgl. Ateş 2007; Datta 2005).

Aktuell, rund zehn Jahre nach der Fokussierung auf transkulturelle Entwicklungen, wird für diese Phänomene auch der Begriff *postmigrantisch* genutzt und diskutiert. Wenn dieser Begriff auch umgehend wiederum kritisch reflektiert wird, so bietet er doch für die Betrachtung und Gestaltung der Einwanderungsgesellschaft sowie notwendige organisationale Transformationen wichtige Einsichten. In einem Interview im April 2014 wurde Naika Foroutan, Leiterin des *Arbeitsbereichs „Integrationsforschung und Gesellschaftspolitik" des Berliner Instituts für Integrations- und Migrationsforschung* danach gefragt, was sich hinter dieser Bezeichnung verberge:

> Postmigrantische Gesellschaften sind Aushandlungsgesellschaften [...] Das Einwanderungsland Deutschland befindet sich in einem Prozess, in welchem Zugehörigkeiten, nationale (kollektive) Identitäten, Partizipation und Chancengerechtigkeit postmigrantisch, also nachdem die Migration erfolgt und nun von Politik, Wissenschaft und Öffentlichkeit als unumgänglich anerkannt worden ist, nachverhandelt und neu justiert werden. Der Präfix „post" steht dabei nicht für das Ende der Migration, sondern beschreibt gesellschaftliche Aushandlungsprozesse, die in der Phase nach der Migration erfolgen (Foroutan 2015).

Damit wird auch ein dezidierter Anspruch zur Mitgestaltung der Einwanderungsgesellschaft auf Seiten der Einwander*innen und ihrer Nachkommen formuliert.

4 Vielfalt als gesellschaftlicher Leitbegriff und neues Narrativ

Die bereits am Beginn dieses Beitrags genannte, im Frühjahr 2017 veröffentlichte Broschüre *„Miteinander in Vielfalt"* postuliert (FES 2017) *Vielfalt* als zentrales *„Leitbild für die Einwanderungsgesellschaft"*. Dieser Begriff wurde jedoch nicht erst von den Autor*innen dieser Agenda „erfunden", sondern hatte bereits in den Jahren zuvor politische Karriere gemacht. Den wichtigsten Ausgangspunkt dafür bildete die Bilanz unterschiedlicher gesellschaftlicher Akteure – und zwar europaweit –, „Multikulti" sei als zukunftsträchtiges Modell für die Gestaltung einer Einwanderungsgesellschaft gescheitert: „In den Jahren 2010/11 variieren Bundeskanzlerin Angela Merkel[9], der britische Premier David Cameron und der französische Präsident Nicolas Sarkozy in weithin beachteten Statements die Aussage, der Multikulturalismus sei als Konzept gescheitert oder gar tot. In der Tat stellen sozialwissenschaftliche Studien geradezu resignativ fest, dass der Multikulturalismus als politische Idee an Wirksamkeit verliert" (Blätte 2017, 165).

Galt das Modell der multikulturellen Gesellschaft in den 1980er-Jahren noch als parteiübergreifend akzeptabel, so änderte sich das in den 1990er-Jahren vor allem vor dem Hintergrund militärischer Auseinandersetzungen in ehemals multiethnischen Ländern wie Jugoslawien. Zur Jahrtausendwende entbrannte zwischen den politischen Lagern ein Streit um eine multikulturelle gesellschaftliche Ordnung – angefacht u. a. durch „Befunde" zur Existenz von Parallelgesellschaften –, der letztlich zur Diskreditierung des Multikulturalismus als „Multikulti-Schwärmereien" führte (vgl. Blätte 2017).

Auf der Suche nach einem neuen tauglichen Referenzpunkt für die Gestaltung der Einwanderungsgesellschaft betrat „Vielfalt" die politische Bühne. Als eine Manifestation des erreichten Bedeutungszuwachses kann die 2006 im Ergebnis einer *„Unternehmensinitiative zur Förderung von Vielfalt in Unternehmen und Institutionen"* formulierte und von mehr als 2450 Unternehmen und öffentlichen Einrichtungen unterzeichnete *„Charta der Vielfalt"* gelten, als deren Schirmherrin die Bundeskanzlerin, Angela Merkel, firmierte und die von der Beauftragte der Bundesregierung für Migration, Flüchtlinge und Integration, Aydan Özoğuz, unterstützt wurde. „Die Initiative will die Anerkennung, Wertschätzung und Einbeziehung von Vielfalt in der Unternehmenskultur in Deutschland voranbringen. Organisationen sollen ein Arbeitsumfeld schaffen, das frei von Vorurteilen ist. Alle Mitarbeiterinnen und Mitarbeiter sollen Wertschätzung erfahren – unabhängig von Geschlecht, Nationalität, ethnischer Herkunft, Religion oder Weltanschauung, Behinderung, Alter, sexueller Orientierung und Identität" (Charta der Vielfalt 2006).

Im Jahre 2013 im Rahmen des Bundestagswahlkampfs ist der Vielfaltsbegriff in den Wahlprogrammen aller Volksparteien, CDU/CSU, SPD, Bündnis 90/Die Grünen und FDP, angekommen (Blätte 2017, 168): Vielfalt wird zu diesem Zeitpunkt als gesellschaftliche Realität und „Geschäftsgrundlage" politischen Handelns konstatiert, anerkannt, positiv bewertet und als bewahrens-, ausbau- sowie weiter förderwürdig erklärt. Auch organisatorisch bildet sich das Bekenntnis zur Vielfalt in

---

9 „Der Ansatz für Multikulti ist gescheitert, absolut gescheitert!", formulierte Bundeskanzlerin Angela Merkel auf dem Deutschlandtag der Jungen Union in Potsdam im Oktober 2010.

den Parteien nun ab, indem entsprechend Plattformen, Arbeitsgemeinschaften und Netzwerke gegründet und Konferenzen veranstaltet werden (vgl. Blätte 207, 167).

Die *politische* Erfolgsgeschichte des Vielfaltsbegriffs hat vor allem damit zu tun, dass er grundlegend positiv konnotiert ist und breit in der Bevölkerung anschlussfähig. Er ist als alltagsgebräuchlicher Begriff virulent und bildet in der Selbstwahrnehmung der Menschen eine grundlegend positiv empfundene bzw. als wünschenswert angestrebte Situation ab: Wer hätte etwas dagegen, dass die Vielfalt der Flora und Fauna bestehen bleibt, dass jeder Einzelne Zugriff auf Medienvielfalt oder eine Vielfalt an Konsumangeboten hat; von der Möglichkeit der Vielfalt von Lebenskonzepten träumen junge Menschen, der digitale Raum erschließt eine Vielfalt von Identitäten usf. Bei der Suche nach der ursprünglichen Quelle stößt man dann auch auf den Bereich der Ökologie: Biologische Vielfalt bezeichnet gemäß der UN-Biodiversitäts-Konvention „die Variabilität unter lebenden Organismen jeglicher Herkunft, darunter unter anderem Land-, Meeres- und sonstige aquatische Ökosysteme und die ökologischen Komplexe, zu denen sie gehören" (Übereinkommen 1992).

Von Bukow wird der Begriff soziologisch im Kontext von globalem Wandel als Phänomen der Postmoderne eingeordnet:

> Vielfalt [nimmt] quantitativ und qualitativ massiv zu […]. Was bisher hier oder dort, gestern oder heute ins Blickfeld geriet, tritt jetzt gleichzeitig und ubiquitär ins Blickfeld. Es ist also nicht unbedingt die Vielfalt als solche, sondern das durch den gesellschaftlichen Wandelt evozierte Zusammentreffen von „diesem und jenem", was dazu nötigt, sich mit „Vielfalt" auseinander zu setzen. Man sieht sich gezwungen, Differentes zu registrieren, es differenziert einzuschätzen und insbesondere die Gleichwertigkeit zu prüfen, indem man es mit dem, was bislang üblich, vertraut und gewohnt war, vergleicht und neben das, bzw. an die Stelle von dem, was bislang galt, zu rücken (Bukow 2011, 36).

Mit dieser Einordnung von *Vielfalt* sowohl als Verfahrensgrundlage als auch als „Produkt eines operativen Verfahrens […], in ganz unterschiedlichen Kontexten Altes durch Neues, Eigenes durch Fremdes zu arrondieren" (Bukow 2011, 38), deutet sich auch eine problematisierende Sichtweise gegenüber dem vorher skizzierten, vor allem konsensförderlichen politisch-programmatischen Begriffsverständnis an. Wenn „Vielfalt" als politische „Beschwörungsformel" diffus bleibt, dann taugt sie zwar gerade in Zeiten von Krisen, Spannungen oder gar Spaltungsbewegungen in der Gesellschaft, um konsensbildend auf eine breite Identifikation zu rekurrieren. Ein so genutzter Begriff setzt sich jedoch auch dem Verdacht aus, verschleiernde Wirkung zu entfalten. Jenseits von Programmatik bleiben Differenz- und Dominanzverhältnisse zwischen den adressierten *vielen* Vielfaltskategorien (in Bezug auf verschiedene Alter, kulturelle Herkünfte, Geschlechter, sexuelle Identitäten …), die jeweils um Definitionsmacht ringen, nicht nur bestehen, sondern werden womöglich sogar verdeckt. Dann führte der Weg in eine neue „Vielfalts-Schwärmerei". Fakt ist jedoch, so Bukow, dass für die Realisierung einer „Vielfalts-Gesellschaft"

„zwangsläufig die ‚Karten des Zusammenlebens' neu gemischt werden" (Bukow 2011, 47) müssen. Und dies wiederum ist nicht zu haben, ohne dass überkommene Gewohnheiten, vertraute Identifikationsgrundlagen, bekannte Mechanismen usw. auf den Prüfstand gestellt werden und gegebenenfalls verloren gehen. Dabei kann die gleichstellende Anerkennung der Existenz von Vielfalt durchaus als schwieriger, emotional belastender Prozess erlebt werden.

Auch für *Sexualität und Gender* gilt Vielfalt als aktuelles Leitbild, das in gemeinsam von staatlichen und zivilgesellschaftlichen Akteuren initiierten Aktivitäten, Programmen und Maßnahmen prominent gesetzt ist. Ein Beispiel dafür ist die 2010 ins Leben gerufene Initiative *„Berlin tritt ein für Selbstbestimmung und Akzeptanz sexueller Vielfalt"* (ISV) als ein berlinweiter Aktionsplan gegen Homo- und Transphobie (Senias 2010). Federführend sind dabei die Senatsverwaltung für Arbeit, Integration und Frauen, die Landesstelle für Gleichbehandlung gegen Diskriminierung (LADS) sowie zahlreiche zivilgesellschaftliche Akteur*innen. In anderen Bundesländern wurden daraufhin ebenfalls entsprechende Initiativen und Netzwerke gestartet. Auch auf Bundesebene wird sexuelle Vielfalt adressiert. Das Jahr 2017 wurde von der *Antidiskriminierungsstelle des Bundes* zum Themenjahr für sexuelle Vielfalt (vgl. Themenjahr 2017) ausgerufen. Einen Höhepunkt bildete dabei der öffentlichkeitswirksam und parteiübergreifend sowie im Schulterschluss vor allem mit Vertreter*innen von LSBTI*-Organisationen gestaltete Internationale Tag gegen Homophobie, Biphobie und Transphobie am 17. Mai 2017.

In den folgenden Beiträgen dieses Bandes wird sich zeigen müssen, ob und wie sich der konzeptionelle Ansatz der Vielfalt als tragfähig für die Gestaltung der Einwanderungsgesellschaft in Bezug auf den Umgang mit Geschlecht(ern), Geschlechterverhältnissen und Sexualität in den unterschiedlichen Domänen und Institutionen erweist. Denn Sexualität und Gender bilden kulturelle Kernkategorien, die sowohl individuell wie gruppenbezogen höchst identitätsrelevant sind und damit zentral über Entwicklung und Stabilität der eigenen Persönlichkeit wie über soziale Zugehörigkeit bzw. Ausschlüsse entscheiden. Verstärkt wird dieses Faktum durch die zum Teil sehr enge Verflechtung dieser Kategorien mit religiösen und/oder weltanschaulichen Wert- und Normensystemen. Kulturelle Heterogenität wird daher in diesem sexualitäts- und genderbezogenen Bereich vielfach nicht als „kulturelle Vielfalt" positiv konnotiert, sondern als Angriff auf die eigene Identität, die eigenen Standards, Geschlechts- und Rollenbilder verstanden. Darüber hinaus sind Sexualitäts- und Geschlechterkonzepte konstitutiv für die Verfasstheit einer Gesellschaft auf all ihren Ebenen, insbesondere aber hinsichtlich des Anspruchs moderner Gesellschaften auf Gewährleistung von Gleichstellung und Chancengerechtigkeit ohne Ansehen von Geschlecht und sexueller Orientierung. Letzteres verweist wiederum auf den gesetzlich vorgegebenen normativen Referenzrahmen für das von der hiesigen Gesellschaft und ihren Mitgliedern zu akzeptierende Spektrum an Sexualitäts- und Gendervorstellungen/-praktiken ebenso wie auf nicht tolerable Normierungen und Praxen.

5 Vertiefungsaufgaben und -fragen

1. In diesem Beitrag haben Sie einen Überblick über die verschiedenen Migrant*in-nengruppen erhalten, die in die Bundesrepublik Deutschland zugewandert sind. Wählen Sie eine der Gruppen aus und sammeln Sie detaillierte Informationen, Daten, Forschungsergebnisse, die deren aktuelle Lebenslagen abbilden.

2. Trotz der im Beitrag aufgegriffenen kritischen Reflexionen über Interkulturelle Öffnung bleibt diese Organisationsentwicklungsstrategie für die institutionelle Gestaltung der Einwanderungsgesellschaft weiterhin zentral. Wählen Sie einen gesellschaftlichen Handlungsbereich aus und recherchieren Sie, welche staatlichen bzw. zivilgesellschaftlichen Akteure dort tätig sind. Wie schätzen Sie den Stand der interkulturellen Öffnung dort ein? Beziehen Sie dabei auch die problematischen Aspekte der Bezugsgröße „Kultur" mit ein.

3. Vielfalt als neues gesamtgesellschaftliches Narrativ hat Konjunktur. Sammeln Sie – zuerst allein – dem Begriff innewohnende Konnotationen. Diskutieren Sie anschließend Ihre Ergebnisse in einer Arbeitsgruppe. Prüfen Sie dabei Potenziale und Problematiken des Begriffs „Vielfalt" in Bezug auf dessen Funktionalität als politisches Leitbild.

Literatur

Ateş, Seyran (2007): Der Multikulti-Irrtum. Wie wir in Deutschland besser zusammenleben können. Berlin: Ullstein.

Aumüller, Jutta (2009): Die kommunale Integration von Flüchtlingen. In: Gesemann, Frank/Roth, Roland (Hrsg.): Lokale Integrationspolitik in der Einwanderungsgesellschaft. Migration und Integration als Herausforderung von Kommunen. Wiesbaden: VS, S. 111–130.

AWO: Arbeiterwohlfahrt (2016): Modellprojekt: Interkulturelle Öffnung der Hilfen zur Erziehung. URL: www.awo.org/index.php/abschlusstagung-des-modellprojektes-interkulturelle-oeffnung-der-hilfen-zur-erziehung (Letzter Aufruf: 13.03.2017).

BAMF: Bundesamt für Migration und Flüchtlinge (Hrsg.) (2013): (Spät-)Aussiedler in Deutschland. Eine Analyse aktueller Daten und Forschungsergebnisse. Forschungsbericht 20. URL: www.bamf.de/SharedDocs/Anlagen/DE/Publikationen/Forschungsberichte/fb20-spaetaussiedler.html (Letzter Aufruf: 15.04.2017).

Deutscher Bundestag Drucksache 12/6926. URL: www.bundestag.de/service/suche?suchbegriff=Drucksache+12 %2F6926 (Letzter Aufruf: 15.04.2017).

Die Beauftragte der Bundesregierung für Ausländerfragen/Bundesministerium des Innern (Hrsg.) (1999): Das neue Staatsangehörigkeitsrecht. Einbürgerung: fair, gerecht, tolerant. URL: www.bundesregierung.de/Content/Infomaterial/BMI/Das_neue_Staatsangehoerigkeitsrecht_-_Id_2243_de_150370.html (Letzter Aufruf: 15.04.2017).

Die Beauftragte der Bundesregierung für Migration, Flüchtlinge und Integration (2014): 10. Bericht der Beauftragten der Bundesregierung für Migration, Flüchtlinge und Integration über die Lage der Ausländerinnen und Ausländer in Deutschland (Oktober 2014). URL: www.bundesregierung.de/Content/Infomaterial/BPA/IB/10_Auslaenderbericht_2015.html (Letzter Aufruf: 15.04.2017).

Die Beauftragte der Bundesregierung für Migration, Flüchtlinge und Integration (Hrsg.) (2016a): Einwanderungsland Deutschland. Die Fakten im Überblick. URL: www.bundesregierung.de/ SiteGlobals/Forms/Webs/Breg/Suche/DE/Infomaterial/Solr_Infomaterial_Formular.html? nn=670294&sortOrder=dateOfIssue_dt+desc&ressort=320_ba-ib&resultsPerPage=15 (Letzter Aufruf: 15.04.2017).

Die Beauftragte der Bundesregierung für Migration, Flüchtlinge und Integration (2016b): 11. Bericht der Beauftragten der Bundesregierung für Migration, Flüchtlinge und Integration – Teilhabe, Chancengleichheit und Rechtsentwicklung in der Einwanderungsgesellschaft (Dezember 2016). URL: www.bundesregierung.de/Content/DE/Artikel/IB/Artikel/Allgemein/2016-12-06-lagebericht.html (Letzter Aufruf: 15.04.2017).

Bade, Klaus J./Oltmer, Jochen (Hrsg.) (2004): Normalfall Migration. ZeitBilder Band 15. Bonn: Bundeszentrale für politische Bildung.

Bender-Szymanski, Dorothea (2002). Interkulturelle Kompetenz bei Lehrerinnen und Lehrern aus der Sicht der empirischen Bildungsforschung. In: Auernheimer, Georg (Hrsg.): Interkulturelle Kompetenz und pädagogische Professionalität. Opladen: Leske + Budrich, S. 153–179.

BGBl: Bundesgesetzblatt Jahrgang 2004 Teil I Nr. 41, ausgegeben zu Bonn am 5. August 2004: Zuwanderungsgesetz. URL: www.bmi.bund.de/SharedDocs/Gesetzestexte/DE/ Zuwanderungsgesetz.pdf?__blob=publicationFile (Letzter Aufruf: 18.04.2017).

BiB: Bundesinstitut für Bevölkerungsforschung (2017): EU-Binnenmigration. URL: www. bib-demografie.de/SharedDocs/Glossareintraege/DE/E/eu_binnenmigration.html (Letzter Aufruf: 15.04.2017).

Blätte, Andreas (2017): Multikulti ist tot? Lang lebe die Vielfalt! In: Bieber, Christoph/Blätte, Andreas/Korte Karl-Rudolf/Switek, Niko (Hrsg.): Regieren in der Einwanderungsgesellschaft, Impulse zur Integrationsdebatte aus Sicht der Regierungsforschung. Wiesbaden: VS, S. 163–172.

BMBF: Bundesministerium für Bildung und Forschung (2016): Richtlinie zur Förderung der Maßnahme „Migration und gesellschaftlicher Wandel" im Rahmen des Forschungsrahmen-programms „Geistes-, Kultur- und Sozialwissenschaften". Bundesanzeiger vom 15.11.2016 URL: www.bmbf.de/foerderungen/bekanntmachung-1272.html (Letzter Aufruf: 15.04.2017).

BMFSJ: Bundesministerium für Familie, Senioren, Frauen und Jugend (2000): Familien ausländischer Herkunft. Sechster Familienbericht. Stellungnahme der Bundesregierung. Drucksache 14/4357. URL: www.bundestag.de/service/suche?suchbegriff=Drucksache+14 %2F4357 (Letzter Aufruf: 15.04.2017).

BMI: Bundesministerium des Innern (2016a): Pressemitteilung 06.01.2016. 2015: Mehr Asylanträge in Deutschland als jemals zuvor. URL: www.bmi.bund.de/SharedDocs/Pressemitteilungen/ DE/2016/01/asylantraege-dezember-2015.html (Letzter Aufruf: 15.04.2017).

BMI: Bundesministerium des Innern (2016b):Pressemitteilung 30.09.2016. 890.000 Asylsuchende im Jahr 2015. URL: www.bmi.bund.de/SharedDocs/Pressemitteilungen/DE/2016/09/ asylsuchende-2015.html (Letzter Aufruf: 15.04.2017).

BpB: Bundeszentrale für politische Bildung (Hrsg.) (1992): Informationen zur politischen Bildung. Ausländer. Heft 237, 4. Quartal 1992, München.

Bredendieck, Markus (2015): Menschliche Diversität und Fremdverstehen. Eine psychologische Untersuchung der menschlichen Fremdreflexion. Wiesbaden: Springer.

Bukow, Wolf-Dietrich (2011): Zur alltägliche Vielfalt von Vielfalt – postmoderne Arrangements und Inszenierungen. In: Allemann-Ghiona, Christina/Bukow, Wolf-Dietrich (Hrsg.): Orte der Diversität. Formate, Arrangements und Inszenierungen. Wiesbaden. VS, S. 35–54.

Charta der Vielfalt (2006): URL: www.charta-der-vielfalt.de/charta-der-vielfalt/ueber-die-charta.html (Letzter Aufruf: 12.04.2017).

Datta, Asit (Hrsg.) (2005): Transkulturalität und Identität. Bildungsprozesse zwischen Exklusion und Inklusion. Frankfurt a. M.: IKO.

FES: Friedrich-Ebert-Stiftung (Hrsg.) (2017): Miteinander in Vielfalt. Leitbild und Agenda für die Einwanderungsgesellschaft. URL: www.fes.de/de/themenportal-flucht-migration-integration/leitbild-miteinander-in-vielfalt/ (Letzter Aufruf: 15.04.2017).

FES Friedrich-Ebert-Stiftung. Web-Auftritt. URL: https://www.fes.de/de/ (Letzter Aufruf: 05.04.2017).

Fischer, Veronika (2005): Gesellschaftliche Rahmenbedingungen für die Entwicklung migrations-bedingter Qualifikationserfordernisse. In: Fischer, Veronika/Springer, Monika/Zacharaki, Ioanna (Hrsg.): Interkulturelle Kompetenz. Fortbildung – Transfer – Organisationsentwicklung. Schwalbach/Ts.: Wochenschau, S. 11–30.

Foroutan, Naika (2015): Die postmigrantische Gesellschaft. URL: www.bpb.de/gesellschaft/migration/kurzdossiers/205190/die-postmigrantische-gesellschaft (Letzter Aufruf: 10.04.2017).

Foroutan, Naika/Ikiz, Dilek (2016): Migrationsgesellschaft. In: Mecheril, Paul (Hrsg.): Handbuch Migrationspädagogik. Weinheim und Basel: Beltz, S. 138–151.

Griese, Christiane/Marburger, Helga (2012): Interkulturelle Öffnung – Genese, Konzepte, Diskurse. In: Griese, Christiane/Marburger, Helga (Hrsg.): Interkulturelle Öffnung. Ein Lehrbuch. München: Oldenbourg, S. 1–23.

Ha, Kein Nghi (2009): ,People of Color' als Diversity-Ansatz in der antirassistischen Selbst-benennungs- und Identitätspolitik. URL: https://heimatkunde.boell.de/2009/11/01/people-color-als-diversity-ansatz-der-antirassistischen-selbstbenennungs-und (Letzter Aufruf: 14.03.2017).

Hinz-Rommel, Wolfgang (1995): Empfehlungen zur interkulturellen Öffnung sozialer Dienste. In: Barwig, Klaus/Hinz-Rommel, Wolfgang (Hrsg.): Interkulturelle Öffnung sozialer Dienste. Freiburg i. Br.: Lambertus, S. 129–147.

Luft, Stefan (2016): Die Flüchtlingskrise. Ursachen, Konflikte, Folgen. München: C. H. Beck.

Marburger, Helga (Hrsg.) (1993): „Und wir haben unseren Beitrag zur Volkswirtschaft geleistet!" Eine aktuelle Bestandsaufnahme der Situation der Vertragsarbeitnehmer der ehemaligen DDR vor und nach der Wende. Frankfurt a. M.: IKO.

Mecheril, Paul (2010): Diversity Mainstreaming. In: Lange, Dirk/Polat, Ayca (Hrsg.): Migration und Alltag. Unsere Wirklichkeit ist anders. Schwalbach/Ts.: Wochenschau, S. 202–210.

Mecheril, Paul (2016): Migrationspädagogik – ein Projekt. In: Mecheril, Paul (Hrsg.): Handbuch Migrationspädagogik. Weinheim und Basel: Beltz, S. 8–30.

Meier-Braun, Karl-Heinz (2015): Einwanderung und Asyl. Die 101 wichtigsten Fragen. 2. aktualisierte Auflage. München: C. H. Beck.

Meier-Braun, Karl-Heinz (2013): Zuwanderungsgesetz. In: Meier-Braun, Karl-Heinz/Weber, Reinhold (Hrsg.): Deutschland Einwanderungsland. Begriffe – Fakten – Kontroversen. Stuttgart: Kohlhammer, S. 123–125.

Molthagen, Dietmar (2017): Nachwort der Friedrich-Ebert-Stiftung. In: Friedrich-Ebert-Stiftung (Hrsg.): Miteinander in Vielfalt. Leitbild und Agenda für die Einwanderungsgesellschaft. Berlin, S. 48–50. URL: www.fes.de/de/themenportal-flucht-migration-integration/leitbild-miteinander-in-vielfalt/ (Letzter Aufruf: 15.04.2017).

Oltmer, Jochen (2013): Anwerbeabkommen. In: Meier-Braun, Karl-Heinz/Weber, Reinhold (Hrsg.): Deutschland Einwanderungsland. Begriffe – Fakten – Kontroversen. Stuttgart: Kohlhammer, S. 38–41.

Peucker, Mario (2009): Ethnic Monitoring als Instrument von Antidiskriminierungspolitik? URL: https://heimatkunde.boell.de/2009/11/01/ethnic-monitoring-als-instrument-von-antidiskriminierungspolitik (Letzter Aufruf: 10.04.2017).

Richter, Saskia (2016): Zivilgesellschaft – Überlegungen zu einem interdisziplinären Konzept. In: Docupedia-Zeitgeschichte. URL: https://zeitgeschichte-digital.de/doks/frontdoor/index/index/docId/621 (Letzter Aufruf: 10.04.2017).

Senbjf: Senatsverwaltung für Bildung, Jugend und Wissenschaft (2016) (Hrsg.): Leitfaden zur Integration von neu zugewanderten Kindern und Jugendlichen in die Kindertagesförderung und die Schule. URL: www.berlin.de/imperia/md/content/senbildung/foerderung/ sprachfoerderung/leitfaden_zur_integration.pdf?start&ts=1456831195&file=leitfaden_zur_ integration.pdf (Letzter Aufruf: 07.03.2017).

Senias: Senatsverwaltung für Arbeit, Integration und Frauen, Landesstelle für Gleichbehandlung – gegen Diskriminierung (LADS) (Hrsg.) (2010): Initiative „Berlin tritt ein für Selbstbestimmung und Akzeptanz sexueller Vielfalt". URL: www.berlin.de/sen/lads/schwerpunkte/diversity/ beispiele-guter-praxis/isv/ (Letzter Aufruf 10.04.2017).

Senias: Senatsverwaltung Integration, Arbeit und Soziales (2016) (Hrsg.): Masterplan Integration und Sicherheit. URL: www.efb-berlin.de/fileadmin/templates/images/pdf-redakteure/ SENAT_160524-Masterplan-integration-und-sicherheit-kurz.pdf (Letzter Aufruf: 07.03.2017).

Spivak, Gayatari C. (1985): The Rani of Simur. In: Francis Barker et al (Hrsg.): Europe and its Others. Vol. 1. Colchester: University of Sussex.

Der Tagesspiegel 5. April 2017 S. 5.

Terkessidis, Mark (2010): Interkultur. Berlin: Suhrkamp.

Themenjahr für sexuelle Vielfalt (2017). URL: www.gleiches-recht-jede-liebe.de (Letzter Aufruf: 12.04.2017).

Thomas, Alexander (2003): Handbuch interkultureller Kommunikation und Kooperation. Göttingen: Vandenhoeck & Ruprecht.

Tröster, Irene (2013): (Spät-)Aussiedler – „neue, alte Deutsche". In: Meier-Braun, Karl-Heinz/Weber, Reinhold (Hrsg.): Deutschland Einwanderungsland. Begriffe – Fakten – Kontroversen. Stuttgart: Kohlhammer, S. 81–83.

Übereinkommen über die Biologische Vielfalt. Abgeschlossen in Rio de Janeiro am 5. Juni 1992. Stand am 4. Januar 2017. URL: www.admin.ch/opc/de/classified-compilation/19920136/201701040000/0.451.43.pdf (Letzter Aufruf 11.04.2017).

Webdefinitionen: Einwanderungsland. URL: www.google.de/?gws_rd=ssl#q=Einwanderungsland (Letzter Aufruf: 15.04.2017).

Uwe Sielert

Sexualität und Diversifizierung sexueller Lebenswelten und Identitäten im Migrationskontext

1 Worum geht es? Eine thematische Einleitung

Mit Überschriften werden in der Regel wichtige Botschaften des nachfolgenden Textes verbunden So auch in diesem Überblicksartikel, der den ersten Teil des Handbuchtitels „Sexualität und Gender" unter dem besonderen Aspekt der Migration beleuchtet und systematisiert. Diversifizierung meint in diesem Zusammenhang Deregulierung, Ausdifferenzierung, Vervielfältigung aller Teilaspekte, die sowohl im Alltagssprachgebrauch als auch in der Sexualwissenschaft mit einem weiten Verständnis von Sexualität verbunden werden. Gemeint ist die Deregulierung vermeintlich natürlicher oder bisher kulturell dominanter Muster des sexuellen Denkens, Fühlens und Verhaltens, also der gesamten sexuellen Sphäre. Dazu zählt auch die Ausdifferenzierung der Geschlechtervorstellungen, sexueller Orientierungen und Praktiken wie auch die Vervielfältigung von Intimbeziehungen. Der Begriff der Lebenswelten steht für die gewachsene Pluralität sozial zugeschriebener, erworbener und auch selbst gewählter menschlicher Lebenslagen und Milieukontexte einschließlich ihrer subjektiven Deutungen, die sich selbstverständlich auch auf die darin gelebte Sexualität auswirkt. Die damit zusammenhängenden Selbstverständnisse einzelner Menschen oder Gruppen, die sich immer aus schicksalhaft gegebenen, zugeschriebenen und selbst gewählten Selbstbeschreibungen zusammensetzen, können mit dem Begriff der sexuellen Identität bzw. Identitäten gekennzeichnet werden in Analogie zu anderen Segmenten individueller Gesamtidentität, etwa der körperlichen, politischen oder beruflichen Identität.

Schon hier muss angedeutet werden, dass der Identitätsbegriff nicht unproblematisch, aber letztlich auch nicht zu vermeiden ist. Er ist schwer zu ersetzen, weil Menschen ein Interesse daran haben, sich selbst, also auch ihr „sexuelles Selbst" bzw. ihre „sexuelle Identität" zumindest in Umrissen und punktuell zu definieren. Problematisch ist seine Verwendung zur individuellen oder kollektiven Ausschließlichkeit und dauerhaften Ein- bzw. Ausgrenzung des Nicht-Identitären, also des Anderen. Ein solches statisches und stereotyp-ausgrenzendes Verständnis sexueller Identität entspricht nie der gelebten Realität und verhindert vor allem jede Form von Veränderung, besserer Anpassung an gewandelte Lebenswelten, Wachstum und Entfaltung der eigenen Person. Es verhindert auch das Lernen voneinander und

https://doi.org/10.1515/9783110518351-002

Zusammenleben mit Menschen, die alle den Wunsch und das Recht haben, sich auch sexuell selbst zu definieren und im Lebensvollzug zu verändern.

Die Einbettung dieses Verständnisses von Sexualität, Lebenswelt und Identität in den Migrationszusammenhang unterstreicht noch einmal besonders die Diversifizierung von Lebensweisen und identitären Selbstverständnissen, vor allem aber deren Wandelbarkeit und Durchmischungen. Denn das ist das zentrale Thema dieses Handbuchs: Was bewirkt die Einwanderung von Menschen mit individuellen sexuellen Identitäten aber auch kollektiv erfahrenen kulturellen wie sozialen Lebensräumen und Lebensstilen im Aufnahmeland Deutschland? Was bewirkt sie in einer sich demokratisch und plural verstehenden Gesellschaft, deren sexuelle Sphäre in sich durch Emanzipationsbewegungen und Anerkennungskämpfe sexueller Minderheiten, auch durch zurückliegende Migrationseinflüsse stark ausdifferenziert ist und die derzeit mit alt bekannten aber auch neuen Sexualmoralen, Geschlechterverständnissen, Intimgemeinschaften und Sexualpraktiken konfrontiert wird? Menschenbilder und Gesellschaftsvorstellungen treffen aufeinander, Unbekanntes oder längst Vergessenes wird dramatisiert und auf „die Neuen" projiziert. Sexualität beweist sich wieder als affektiv besetzter Austragungsort für Kulturkämpfe, Ein- und Ausgrenzungsmanöver, für die Rückbesinnung auf vermeintlich Halt vermittelnde sexuelle Muster des natio-sozio-kulturellen Erbes samt ihrer pseudoreligiösen Legitimierungen. Dabei wächst durch die demokratische Bewältigung von (auch) sexueller Diversität durch substanzielle Toleranz und sexuelle Bildung zum einen die Chance, unvermeidbare Integrationsprozesse zu bewältigen. Zum anderen gelingt auch die Weiterentwicklung einer sexualfreundlichen und gewaltarmen Sexualkultur, auf deren Basis sich differente sexuelle Lebenswelten und Identitäten wechselseitig anerkennen und als Herausforderung für identitäre Lernprozesse begreifen können.

Das klingt hoffnungsvoll und für viele auch realitätsfremd angesichts berichteter oder auch tatsächlich erfahrener sexueller Gewalterfahrungen und ist sicherlich nicht voraussetzungslos. Auf jeden Fall gelingt das nicht, indem mit dem „normativen Bügeleisen" über die Komplexität der Sachverhalte und Situationen hinweggearbeitet wird. In kaum einem anderen Bereich sind Menschen wegen der situativen und ethischen Komplexität bei gleichzeitiger emotionaler Befangenheit so sehr vom Wissen wie der Urteilskraft überfordert wie in der sexuellen Sphäre ihres Lebens. Moralisieren erscheint dann vielen als ein gangbarer Weg, sich der Ungewissheit und vor allem der Selbstreflexion zu entledigen. Gut und Böse werden dann zu Krücken der Orientierung in einer individuell immer unkontrollierbar werdenden Welt. Das macht die Bewältigung des Alltags aber nur kurzfristig leichter und berücksichtigt nicht die soziale und moralischer Verantwortung aller gegenüber der (auch) sexuellen Selbstbestimmung des Einzelnen. Vor allem ist es kein Weg einer wissenschaftlich fundierten und demokratisch legitimierten Politik und Bildungsarbeit.

2 Was ist Sexualität?

Zu Beginn muss die Frage geklärt werden, welches Sexualitätsverständnis für die Beschreibung und Analyse der zu klärenden Sachverhalte am Nützlichsten ist. Im allgemeinen Sprachgebrauch bezeichnet Sexualität entweder sehr eng das Umgehen mit den Geschlechtsorganen, meint also genitales Verhalten und das damit verbundene Lusterleben. Oder alles wird mit Sexualität verbunden, „was wir daraus machen". So formuliert es die Sexualtherapeutin Offit und zählt in ihrer Definition Vieles dazu: Lust, Liebe, Prostitution, Pornografie, Eifersucht, Vergnügen, Gewalt, Streit, Pflicht, Freiheit, Ekstase, Todeswunsch, Technik, Zeitvertreib, Belohnung, Gesundheit und vieles mehr (vgl. Offit 1979, 16).

Auch im wissenschaftlichen Kontext gibt es enge und weite Definitionen. Die positivistisch-medizinisch orientierte amerikanische Sexualwissenschaft hat dazu beigetragen, dass der Bedeutungsgehalt von Sexualität auf das körperlich Wahrnehmbare, vor allem Messbare, reduziert wurde (vgl. Masters/Johnson 1980). Die sozialwissenschaftliche Erklärungskraft dieser eng auf Fortpflanzung und körperliche Lust ausgerichteten Sexualforschung blieb jedoch sehr begrenzt und war sexualpolitisch wie auch sexualpädagogisch nur zum Teil hilfreich.

Sowohl das persönliche Erleben als auch die historische Begriffsgeschichte und inzwischen der Mainstream der Sexualwissenschaft sprechen gegen diesen verkürzten Sexualitätsbegriff. Die meisten Menschen spüren in ihrem Alltagsleben – wenn auch in unterschiedlicher Stärke – die Zusammenhänge zwischen körperlicher Erregung, Erotik, Leidenschaft und Liebe einschließlich ihrer Spannungen und Widersprüche, erfahren also Sexualität als „Einheit des Widersprüchlichen". Sie kennen auch die Abhängigkeiten von inneren Gestimmtheiten, äußeren Anreizen und biografisch unterschiedlichen Lebensphasen. Bei Menschen mit Migrationsgeschichte kommen die bewusst oder unbewusst erfahrenen Differenzen soziokultureller Rahmung hinzu.

Nun ist das noch kein Argument für eine ebenso weite Definition im wissenschaftlichen Kontext. Andererseits sollten sich auch wissenschaftliche Begriffe bei allem Bemühen um Präzision nicht allzu weit vom Alltagsverständnis und -erleben der Menschen entfernen. Der Sexualwissenschaftler Volkmar Sigusch bezeichnet trotz aller Probleme mit Definitionsversuchen zur Sexualität (vgl. Sigusch 2005a, 225–237) und trotz seiner in der Regel abstrakt soziologischen Ausdrucksweise die Essenz der sinnlichen Liebe als den Kern eines nicht verdinglichenden Sexualitätsbegriffs folgendermaßen: Sie ist „eine Bedingung der Möglichkeit der Menschwerdung. Als wesentliche Quelle der Individuation tariert sie Nähe und Distanz aus und jene Gefühle, ohne die Liebe unmöglich ist: Wohllust und Wollust, Vertrauen in sich selbst und in andere" (Sigusch 2005b, 143).

Ausgehend von diesem existenziell-anthropologischen Kern der Sexualität gestaltet sich die sexuelle Sozialisation eines Menschen als ein komplexes Geschehen. Sie umfasst neben der Lust, Erotik und Sinnlichkeit die je individuellen Attraktivitätsmuster, sexuellen Identitäten und Orientierungen aber auch diverse Stufen der Intimität als Sphäre der Vertrautheit und wechselseitigen sozialen Durchdringung. Sexualität ist damit nichts Naturwüchsiges, enthält kaum Angeborenes, sondern muss sich in sozialen Interaktionen erst konstituieren, welche ihrerseits eingebunden sind in sozio-kulturelle Traditionen sowie gesellschaftliche Macht- und Herrschaftsverhältnisse. In diesem Sinne definiert auch die Weltgesundheitsorganisation (WHO) Sexualität:

> Sexualität bezieht sich auf einen zentralen Aspekt des Menschseins über die gesamte Lebens-spanne hinweg, der das biologische Geschlecht, die Geschlechtsidentität, die Geschlechterrolle, sexuelle Orientierung, Lust, Erotik, Intimität und Fortpflanzung einschließt. Sie wird erfahren und drückt sich aus in Gedanken, Fantasien, Wünschen, Überzeugungen, Einstellungen, Werten, Verhaltensmustern, Praktiken, Rollen und Beziehungen. Während Sexualität all diese Aspekte beinhaltet, werden nicht alle ihre Dimensionen jederzeit erfahren oder ausgedrückt. Sexualität wird beeinflusst durch das Zusammenwirken biologischer, psychologischer, sozialer, wirtschaft-licher, politischer, ethischer, rechtlicher, religiöser und spiritueller Faktoren (WHO 2006, 10).

In dieser WHO-Definition wird Sexualität als ein zentraler Aspekt des Menschseins definiert. Sexualität ist damit transkulturell und ein kulturübergreifend-sinnstiften-des Phänomen. Auf dieser Basis lässt sich Pluralität demokratisch fundieren und trotz der Akzeptanz von Differenzen lassen sich auch Gemeinsamkeiten formulieren.

Gleichzeitig wird durch die in der Definition zuletzt genannten Bedingungsfak-toren von Sexualität, nämlich ihre soziale, wirtschaftliche, politisch, ethische, recht-liche und religiöse Eingebundenheit die Notwendigkeit eröffnet, Besonderheiten soziokultureller und ethnischer Sexualkulturentwicklung in der Analyse von Migrati-onskontexten zu berücksichtigen.

3 Diversifizierung sexueller Lebenswelten und Identitäten

Für das Einwanderungsland Deutschland gilt seit Mitte des 20. Jahrhunderts – wie für alle westlichen kapitalistisch strukturierten Demokratien – ein durch grundlegende ökonomische und politische Prozesse bedingter rasanter Wandel der sexuellen Sphäre. Aus sexualsoziologischer Perspektive werden die wesentlichen Veränderungen vor dem Hintergrund empirischer Studien und theoretischer Analysen mit den Begriffen zunehmender Selbstbestimmung, Liberalisierung, Demokratisierung, Diversifizierung und Entinstitutionalisierung sowohl der Sexualmoral als auch des Sexualverhaltens beschrieben (vgl. Giddens 1993, Lautmann 2002, Schmidt 2004, Sigusch 2005b).

Die auch im Bereich der Sexualität zunehmende *Selbstbestimmung* orientiert sich am Menschenrecht auf freie Entfaltung der Persönlichkeit und garantiert schon Kindern und Jugendlichen – auf dem Weg zu diesem anspruchsvollen Ziel – das Recht auf eine ungestörte sexuelle Entwicklung, vor allem die Freiheit vor sexueller Fremdbestimmung. Die gewachsene Selbstbestimmung konnte sich nur im Kontext einer fort-schreitenden *Liberalisierung* der Sexualmoral und einer zunehmend sozioökonomisch ermöglichten Gleichberechtigung von Frauen und Männern entfalten. Der Kampf um Ankerkennung persönlicher und darin einbezogen auch sexueller Freiheiten ist einge-bettet in gewichtige Veränderungen im Arbeitsleben, im medizinischen und techno-logischen Sektor sowie durch politische Basisbewegungen und damit einhergehende rechtliche Reformen. Die Berufung auf die rechtlichen Grundlagen und ein gewach-senes Bewusstsein für Freiheit und Verantwortung hatte folglich eine zunehmende *Demokratisierung* der Entscheidungen auch über den sexuell persönlichen Lebensstil zur Folge. Die sehr verschiedenen Lebenswelten und zu bewältigenden Alltagsaufga-ben führten zur Diversifizierung sexueller Einstellungen, konkreter Verhaltensweisen und familiärer Lebensweisen. Die ohnehin vorhandene *Pluralisierung* in der deutschen Mehrheitsgesellschaft wird durch Einwanderungsbewegungen mit verschiedenen soziokulturellen und religiösen Grundeinstellungen noch einmal zusätzlich herausge-fordert. Statusorientierte bürgerliche Milieus treffen auf sozial entwurzelte oder auch hedonistisch-subkulturelle und multikulturelle Performermilieus. Auch innerhalb der großen Religionen unterscheiden sich fundamentalistisch-dogmatische Gruppen von weltoffenen Kirchen- bzw. Moschee- oder Synagogenbesucher*innen und spirituell orientierten Milieus mit schwacher konfessioneller Bindung (vgl. BZgA 2010a, 2010b, Religionsmonitor 2008). Diese mit unterschiedlichen materiellen, sozialen, kulturel-len sowie symbolischen Besonderheiten ausgestatteten Lebenswelten repräsentieren auch sehr unterschiedliche Formen des gelungenen Sexuallebens.

So variantenreich diese Lebensweisen auch sein mögen, von der sexuellen Absti-nenz über ehelich gebundene Sexualität bis zu einem intensiven Sexualleben in wech-selnden Partnerschaften, die meisten Menschen berufen sich dabei auf ihre eigene Entscheidung und orientieren ihr Verhalten nicht selbstverständlich an vorgegebenen institutionellen oder moralischen Mustern. Diese mit dem Begriff der *Entinstitutiona-lisierung* bezeichneten Prozesse führen nicht grundsätzlich zu mehr Selbstbezug und Beliebigkeit, sondern zu neuen, sich habitualisierenden Mustern, die mit einer mehr-heitlich gelebten Verhandlungsmoral (vgl. Schmidt 1996) und damit einhergehender Sensibilität gegenüber sexuellen Übergriffen und sexueller Gewalt verbunden sind. Letzteres hat auch zur Aufdeckung sexueller Missbrauchsverhältnisse in familiären und pädagogisch-institutionellen Kontexten beigetragen. Neue und flexible Instituti-onalisierungen und Verhaltensmuster werden gewählt, was sich deutlich an der Plu-ralisierung der Familienformen ablesen lässt. Wenn auch die weitaus meisten Kinder noch in Familien mit Vater und Mutter aufwachsen und die Ehe als Institution sich weiterhin großer Beliebtheit erfreut, hat die Vielfalt möglicher Lebensformen faktisch zugenommen. Singlehaushalte existieren neben Einelternfamilien, unverheiratete Paare mit Kindern neben Patchworkfamilien mit neu zusammengesetzten Eltern-Kind-Konstellationen und gleichgeschlechtlichen Partnerschaften mit und ohne Kinder neben den traditionellen Kernfamilien (vgl. Peuckert 2012).

Der Sexualwissenschaftler Volkmar Sigusch hat in seiner sexualsoziologischen Sprache den Strukturwandel der Sexualität in den letzten Jahrzehnten mit drei zentralen Begriffen auf den Punkt gebracht (vgl. Sigusch 2005a, 27 ff):

- *Dissoziation* der alten sexuellen Sphäre: Ehedem verpönte Begehrensformen wie der voreheliche und außereheliche Geschlechtsverkehr, Homosexualität, Pornografie sowie sexuelle Praktiken wie Masturbation, Gruppensexualität, Oral- und Analsexualität, sadomasochistische Spiele haben sich normalisiert.
- *Dispersion* der sexuellen Fragmente: Während im Zuge der 1980er-Jahre die Fragmentierung der Sexualität in Fortpflanzung, Lust, Erotik und Liebe stattfand, steht seit Ende der 1990er-Jahre der Aspekt der Entkörperlichung von Sexualität im Fokus. Neue technische Möglichkeiten und Zugänge durch die neuen Medien und das World Wide Web vermehrten die anonymen und entpersonalisierten sexuellen Möglichkeiten.
- *Diversifikation* der sexuellen Beziehung: Schon die 1968er-Studierenden-, Frauen- und Homosexuellenbewegungen kritisierten die bürgerliche Kleinfamilie und propagierten verschiedene Beziehungs-, Liebes- und Lebensformen. Vor dem Hintergrund der allen zugänglichen Kontrazeptionsmöglichkeiten, der zunehmenden Beteiligung der Frauen am Arbeitsmarkt, gesetzlich verbriefter Gleichstellung der Geschlechter und der Reform des Sexualstrafrechts in Richtung auf mehr Selbstbestimmung pluralisierten sich die potentiell möglichen Lebensweisen.

Die Enttabuisierung, die Besprech- und Kommunizierbarkeit, also „Diskursivierung" dieser sexuellen Vielfalt führte zur Ausbildung ebenso diverser sexueller Identitäten. Das gilt für jene Gruppen, die ihre vom Mainstream der Heteronormativität abweichenden Merkmale mittels Identitätspolitik zu eigenen Persönlichkeits- und Lebensstilen ausgeprägt haben und in der Regel mit dem Kürzel LSBTTIQ* (Lesbisch, Schwul, Bisexuell, Trans*, Inter*, Queer u.a.) gekennzeichnet werden, als auch für die je individuellen sexuellen Selbstdefinitionen, die mit der ganz spezifischen eigenen sexuellen Sozialisation der meisten Menschen zusammenhängen, die sich der Dominanzkultur zugehörig fühlen.

Der Begriff „sexuelle Identität" (oder auch: „das sexuelle Selbst") ist im wissenschaftlichen und gesellschaftlichen Diskurs noch keinesfalls definitorisch geklärt und wird je nach Kontext unterschiedlich gefüllt. Die folgende Arbeitsdefinition ist daher ein möglicher, sexualwissenschaftlich plausibler Vorschlag, der auch an eine persönlichkeitspsychologische Perspektive anschlussfähig ist (vgl. Burchardt 1999, Sielert 2015). Wenn die breite Definition der WHO von Sexualität zugrunde gelegt wird, welche „das biologische Geschlecht, die Geschlechtsidentität, sexuelle Orientierung, Lust, Erotik, Intimität und Fortpflanzung einschießt" (WHO 2006, 10) und wenn Identität als ein durch Lernprozesse veränderbares subjektives Wissens- und Gefühlskonstrukt verstanden wird, bedeutet *sexuelle Identität die je individuelle und subjektiv konstruierte Ausprägung zentraler Aspekte von Sexualität bei einem Menschen.* Die Frage, welches nun zentrale Aspekte von Sexualität sind und die sexuelle Identität eines Menschen beeinflussen, ist abhängig vom theoretischen Rahmenkonzept und empirisch gesicherter Plausibilität. In den meisten Diskursen, in denen von sexueller Identität die Rede ist, werden die *Geschlechtsidentität und* die *sexuelle Orientierung*, also die Richtung des Begehrens als zentral erachtet (vgl. Dreier u. a.): Weil die sich aber auch intern ausdifferenzieren und mit anderen Aspekten der Sexualität interagieren, sollten auch verschiedene *sexuelle Präferenzen* (sexuelle Motivation, Praktiken) und Formen der *Beziehungs- und Familiengestaltung*, also Konstruktionen von Generativität (biologische oder soziale Produktivität) in das Konstrukt der sexuellen Identität eingeschlossen werden. Alle diese verschiedenen Komponenten stehen – ähnlich wie das beim Konzept der Intersektionalität der Fall ist – in wechselnden Zusammenhängen, ohne deterministisch voneinander abhängig zu sein. Jede einzelne dieser Komponenten und vor allem das Verhältnis zueinander kann von den Menschen sehr unterschiedlich erlebt und gestaltet werden.

Jeder Mensch hat einen individuellen *Geschlechtskörper* – ein biologisches Geschlecht – mit je spezifischem Erscheinungsbild, aber auch genetischen, chromosomalen und hormonellen Besonderheiten, die sowohl die sichtbaren körperlichen Merkmale bestimmen als auch auf die subjektive Selbstwahrnehmung und das sexuelle Begehren einwirken. Das eigene Empfinden der *Geschlechtlichkeit* entspricht keinesfalls „naturgegeben" den Stereotypen des Männlichen – außenorientiert, kraftvoll, konfliktbereit und kopfgesteuert – oder des Weiblichen – innenorientiert, sensibel, beziehungsorientiert und gefühlvoll –, sondern kann zwischen den Polen alle Ausprägungen erfahren. Wo von dieser Möglichkeit Gebrauch gemacht wird, ist sie Ergebnis fortschreitender Gleichberechtigung und der Erfahrung, dass jeder Mensch vielfältiger begabt ist, als die soziale Zuschreibung einer männlichen oder weiblichen Geschlechtsrolle zulässt. Insofern sind unter spezifischen sozioökonomischen Voraussetzungen potenziell Spielräume gewachsen, sich abweichend vom biologischen Geschlecht in Selbstverständnis, Kleidung und Verhalten mit Merkmalen des Gegengeschlechts, also zunehmend androgyn zu präsentieren.

Allerdings kommen viele Menschen in Identitätskonflikte, die längerfristig ihr Geschlecht nicht so leben, wie es bei der Geburt zugewiesen wurde, und die gesellschaftlich dominante Toleranzgrenzen männlich-weiblicher Geschlechterdualität überschreiten. Dazu gehören vor allem jene, deren biologisches Geschlecht nicht eindeutig dem männlichen oder weiblichen zuzuordnen ist *(Intersexualität)* und in der Vergangenheit durch chirurgische und hormonelle Eingriffe in ihrer Kindheit „vereindeutigt" wurden. Dazu gehören auch Menschen, die sich mit ihrem persönlichen Erleben nicht in ihrem biologischen Geschlecht zu Hause fühlen und sich durch Verhalten, Gestus und Kleidung gegengeschlechtlich präsentieren *(Transgender)* oder diesen Geschlechtswechsel auch körperlich durch eine operative Geschlechtsumwandlung vollziehen (*Transsexualität*). Der Mann-Frau-Dualismus bereitet auch jenen Menschen Probleme, die keinem der beiden gängigen Geschlechter zugeordnet werden wollen und sich bewusst als *queer* (Agender) definieren. Jedenfalls sind die biologischen, sozialen und kulturellen Bedingungen von Geschlechtlichkeit weit komplexer als bisher angenommen wurde.

Ähnliches gilt für die *sexuelle Orientierung,* auch Sexualorientierung oder Geschlechtspartnerorientierung genannt. Sie bezeichnet das nachhaltige Begehren eines Partners aufgrund seiner Geschlechtszugehörigkeit. Es handelt sich um ein relativ dauerhaftes Selbstkonzept, also eine Persönlichkeitseigenschaft, die in konkretem Verhalten, z. B. körperlicher Intimität und einer sozialen Rolle, z. B. der Lebenspartnerschaft, sichtbar werden kann. Sexuelle Orientierungen treten in Erscheinung als *Heterosexualität,* bei der überwiegend Menschen des anderen Geschlechts, als *Homosexualität*, bei der überwiegend Menschen des gleichen Geschlechts sowie als *Bisexualität*, bei der Menschen beiderlei Geschlechts körperlich und emotional begehrt werden. Die jeweilige sexuelle Orientierung ist bei den meisten Menschen als ein körperlich, sozial und psychisch bedingter Teil der sexuellen Identität biografisch schon sehr früh angelegt. Allerdings kommen die nicht heterosexuellen Orientierungen erst während der Pubertät zu Bewusstsein (persönliches Coming-out) und werden je nach Umgebung und persönlicher Bedeutung früher oder später öffentlich gemacht (öffentliches Coming-out). Beide Formen des sich Bekennens zum persönlich vorherrschenden Begehren traten in der Vergangenheit auch in westlichen Gesellschaften aufgrund der öffentlichen Tabuisierung verzögert oder gar nicht ein. Heute dagegen kommt die sexuelle Orientierung früher ins Bewusstsein und wird von den meisten Homo- und Bisexuellen in westlich-kapitalistischen Wohlstandsgesellschaften – je nach Vertrauen in ihre unmittelbare Umgebung – nach und nach veröffentlicht.

Geschlechtsidentität und sexuelle Orientierung bleiben in der Regel ein ganzes Leben lang bestehen, werden aber in Einzelfällen und mit fortschreitender gesellschaftlicher Liberalisierung und sexueller Selbstbestimmung auch häufiger flexibler erlebt und im Rahmen selbst gewählter *psychischer Geschlechtsidentität* bzw. der umfassenderen *sexuellen Identität* gestaltet. So müssen sich auch bei körperlich uneindeutiger Geschlechtszuordnung eine zunächst positiv unterstützte männliche oder weibliche Geschlechtsidentität und eine spätere selbstbestimmte Intersexualität nicht widersprechen, wenn zuvor eine übermäßige Hormonbehandlung vermieden wurde. Ebenso kann sich vor allem bei leicht bisexueller Neigung die nach außen hin sozial dokumentierte sexuelle Orientierung gemäß wechselnder Lebensumstände durchaus verändern. Sowohl diese Erfahrung aus Realität und Beratungspraxis als auch der momentane Stand der Forschung weisen darauf hin, dass die Ursachen für alle sexuellen Kategorien in jedem individuellen Fall aus dem je unterschiedlichen Zusammenwirken von körperlichen Dispositionen, Sozialisationserfahrungen und eigener Entscheidung resultieren. Bei den meisten menschlichen Persönlichkeitsmerkmalen wirken diese drei Bedingungsfaktoren in unterschiedlicher Wirkmächtigkeit zusammen und führen zur je besonderen Individualität einer Persönlichkeit.

Inzwischen hat sich diese größere sexuelle Vielfalt der Lebens- und Liebesweisen in westeuropäischen Gesellschaften etabliert. Dennoch wirkt die Dominanzkultur der dichotomen Geschlechtszuweisung und Heterosexualität in Medien, Peergroups, auch Bildungsinstitutionen und erschwert vor allem Kindern und Jugendlichen mit abweichender Geschlechtsidentität die ohnehin nicht einfache Gestaltung ihrer sexuellen Identität. Immerhin spüren etwa 5 bis 10 % aller Kinder und Jugendlichen schon sehr früh, dass sie erheblich von der gesellschaftlichen Norm abweichen, weil eine homo- oder bisexuelle Orientierung dominiert oder weil sie eine Transgender- bzw. Queer-Identität entwickeln (vgl. Hillier 2010). Es handelt sich dabei um individuelle Ausprägungen vorhandener Dispositionen, die nur dann Lebenszufriedenheit zur Folge haben, wenn die Person sich auch von der Außenwelt gemäß der subjektiv gefühlten Geschlechtsidentität oder sexuellen Orientierung angenommen wissen kann. Es geht sexualpolitisch darum, Personen mit ungewöhnlicher körperlicher Konstitution oder mit einem von der Mehrheit abweichenden sexuellen Begehren ein menschenwürdiges Leben zu ermöglichen. Eine solche Anerkennung des Besonderen hat auch befreiende Auswirkungen auf alle anderen. Die Diskriminierung abweichender Identitätszuschreibungen führt implizit dazu, dass auch alle anderen Menschen in die „Normalität" fest definierter Geschlechtsrollen sowie des heterosexuellen Begehrens gezwungen werden. Die Einteilung der Menschen in Männer und Frauen, die hetero-, homo- oder bisexuell leben, und die gleichzeitige Diskriminierung homo- und bisexuellen Verhaltens beschränkt die sinnlich-emotionalen Kontakte auf eindeutig heterosexuelle Beziehungen. Die Angst, als homosexuell zu gelten, veranlasst in der Praxis vor allem Jungen, sich streng am gesellschaftlich vorgegebenen männlichen Verhaltenskodex zu orientieren.

Für Jugendliche mit Migrationshintergrund ist die sexuelle Identitätsfindung oft besonders schwierig. Die wenigsten Kinder oder Enkel von Migrant*innen bleiben den Vorstellungen und Bewertungen von Sexualität und Zusammenleben der Herkunftskultur ihrer Familie treu. Nur eine Minderheit lebt besonders konsequent in Abgrenzung zur Dominanzkultur ihrer Umgebung religiöse Konventionen. Die meisten haben in einem längeren Prozess der innerfamiliären Aushandlung auch Werte und Normen des Aufnahmelands internalisiert und sie mit ihren erlernten Mustern kombiniert. Viele dieser Jugendlichen gehen einen Mittelweg zwischen den tradierten Auffassungen ihrer Familie und dem postmodernen Selbstverwirklichungskonzept, das viele ihrer Freund*innen leben (vgl. BZgA 2010a und 2010b). Je nach Wertekultur und Gesprächsbereitschaft der Familie, nach Bildung und Milieu gelingt das patchworkartige Identitätsmuster mehr oder weniger gut – wie bei herkunftsdeutschen Jugendlichen auch. Manchmal kommt es zu heftigen Auseinandersetzungen und Identitätskrisen, bei denen alle Beteiligten pädagogische und beratende Begleitung brauchen.

4 Gesellschaftspolitische Rahmungen – Sexualität, Recht und Politik

4.1 Sexualität ist politisch

Gender und Sexualität im Einwanderungsland ist ein eminent politisches Thema. Es wird von vielen Migrant*innen als Diskriminierungs- und Exklusionsanlass so erfahren und von den Einheimischen durch stereotype Zuschreibungen und Prozesse des Othering dazu gemacht. Zivilgesellschaftliche Initiativen greifen offensichtliche Konfliktanlässe und Integrationsmöglichkeiten auf und das politisch-administrative System versucht, steuernd damit umzugehen. Es gibt zu diesem Thema nur wenig komparatistische Forschungen in den Sexual- und Sozialwissenschaften. Ein Blick in die Literatur entdeckt keine nennenswerten Antworten auf Fragen, wie Sexualität politisch reguliert wird noch umgekehrt darauf, wie Sexualität ihrerseits gesellschaftliche Ordnung und politische Herrschaft beeinflusst. Eher an den Rändern der Politikwissenschaft beschäftigen sich vor allem queere und postkoloniale Wissenschaftler*innen mit dem Verwobensein von Sexualität und Politik (vgl. Stoler 1995, Engel 2002, Rubin 2003) und beziehen sich dabei vor allem auf die Grundlagen von Michel Foucaults Schrift „Der Wille zum Wissen. Sexualität und Wahrheit" (Foucault 1977). Foucault entwickelt in der Schrift Sexualität als ein Konstrukt, das sich innerhalb von Macht-Wissens-Diskursen als „Sexualitätsdispositiv" konstituiert und als eine spezifische Bio-Macht darauf abzielt, „Kräfte hervorzubringen, wachsen zu lassen und zu ordnen, anstatt sie zu hemmen, zu beugen oder zu vernichten" (Focault 1977, 132). Sexuelles Bewusstsein und Verhalten ist an jedem Ort und zu jeder spezifischen Zeit in ein macht-volles Kräftefeld eingebunden, das die Voraussetzungen und Spielarten, das Ein- und Ausgeschlossene, das Gebotene und Verbotene sowie die Bedeutung der Lüste und ihre Beziehungsverhältnisse insgesamt beeinflusst und steuert. Mit dieser Bio-Macht vermögen sowohl zivilgesellschaftliche Kräfte als auch der Staat auf sehr indirekte Weise Macht auszuüben, „die das Leben in die Hand nimmt, um es zu steigern und zu vervielfältigen, um es im einzelnen zu kontrollieren und im gesamten zu regulieren" (Focault 1977, 132 f). Sexualität hat damit politischen Charakter, weil sich gesellschaftliche Verhältnisse darin widerspiegeln, gleichzeitig aber auch abweichende Sexualitäten erst hervorbringen.

Ein Blick in die Geschichte der Sexualität(en)[1] zeigt deutlich, wie sehr sexuelles Denken, Fantasieren, Fühlen und Verhalten durch die sinngebende Rahmung des Politischen und Sozialen, der symbolischen Ordnung, institutioneller Zwänge und Erlaub-

---

[1] Angesichts der Ausdifferenzierung sexueller Lebensweisen wird in der sexualwissenschaftlichen Literatur zunehmend der Plural „Sexualitäten" gebraucht, um genau auf diesen Prozess der Differenzierung hinzuweisen.

nisse sowie Interaktionsgewohnheiten geprägt und beeinflusst wird. Wie sich die sexuellen Akteure selbst sehen und gestalten, hängt von den umgreifenden Angeboten und Verboten zur Subjektwerdung, von kulturellen Konzepten und sexuellen Skripten[2] ab, die mit einer gewissen Beständigkeit vermittelt, aber auch verhandelt und verändert werden können. Gemäß des durch Foucault maßgeblich angeregten weiten Politikverständnisses sind bei der Analyse und Gestaltung der Sexualkultur einer Gesellschaft sowohl gesetzlich kodifizierte Rechte und Steuerungsmaßnahmen des politisch-administrativen Systems als auch die sich ständig verschiebenden Machtkonstellationen in der Gesellschaft zu betrachten, die sich im weniger institutionalisierten zivilgesellschaftlichen Sektor herauskristallisieren. Insbesondere alle Themen rund um das Stichwort „Einwanderungsgesellschaft" mobilisieren politisch wirksame Bewegungen, die auch die sexuelle Sphäre mit einbeziehen. Anschlussfähig an die bisher referierte Diversifizierung sexueller Lebenswelten und Identitäten sind auf der formalen Politikebene zunächst rechtliche Kodifizierungen auf internationaler und nationaler Ebene.

4.2 Rechtliche Regulierungen des Intimen – von der Sittlichkeit zum Rechtsgüterschutz

Normativer und politischer Ausdruck der beschrieben Entwicklung ist die Kodifizierung der (auch sexuellen) Menschenrechte sowie eine Definition von ‚sexueller Gesundheit' durch die Weltgesundheitsorganisation im Jahr 2006, auf die sich zivilgesellschaftliche Emanzipationsbewegungen mit gesetzlichen Initiativen beziehen:

> *Sexuelle Rechte* sind verknüpft mit den Menschenrechten, die bereits durch einzelstaatliche Gesetze, internationale Menschenrechtsdokumente und sonstige Konsenserklärungen anerkannt wurden. Sie beinhalten das Recht jedes Menschen, frei von Zwang, Diskriminierung und Gewalt, auf einen bestmöglichen Standard sexueller Gesundheit, einschließlich des Zugangs zu sexueller und reproduktiver Gesundheitsversorgung; Informationen zu Sexualität zu suchen, zu erhalten und zu verbreiten; auf sexuelle Aufklärung; auf Respekt gegenüber der körperlichen Unversehrtheit; auf freie Partnerwahl; zu entscheiden, ob er sexuell aktiv sein will oder nicht; auf einvernehmliche sexuelle Beziehungen; auf einvernehmliche Eheschließung; zu entscheiden, ob und wann er Kinder haben will; und ein befriedigendes, sicheres und lustvolles Sexualleben anzustreben. Eine verantwortungsbewusste Ausübung der Menschenrechte macht es erforderlich, dass jeder die Rechte des anderen respektiert (WHO 2006, 10).

> *Sexuelle Gesundheit* ist der Zustand körperlichen, emotionalen, geistigen und sozialen Wohlbefindens bezogen auf die Sexualität und bedeutet nicht nur die Abwesenheit von Krankheit, Funktionsstörungen oder Schwäche. Sexuelle Gesundheit erfordert sowohl eine positive, respektvolle Herangehensweise an Sexualität und sexuelle Beziehungen als auch die Möglichkeit

---

2 Simon und Gagnon unterscheiden kulturelle Szenarien, interpersonelle und intrapsychische Skripte, die „den Körper mit seinen begrenzten Organen und Öffnungen in eine Landschaft von Metaphern verwandeln – in Skript-Ebenen, die unmittelbar den überwiegend sozialen Charakter aller sexuellen Aktivitäten beweisen" (Simon/Gagnon 2000, 72).

für lustvolle und sichere sexuelle Erfahrungen, frei von Unterdrückung, Diskriminierung und Gewalt. Wenn sexuelle Gesundheit erreicht und bewahrt werden soll, müssen die sexuellen Rechte aller Menschen anerkannt, geschützt und eingehalten werden (WHO 2006, 10).

Bei der Lektüre dieser Definitionen sexueller Rechte und Gesundheit ist nicht zu übersehen, dass sie auf der Grundlage des unveräußerlichen Menschenrechts auf persönliche Würde und (auch sexueller) Selbstbestimmung eines jeden einzelnen Individuums formuliert sind. Viele der formulierten Rechte und Indikatoren für sexuelle Gesundheit sind nur einlösbar, wenn die dazu erforderlichen materiellen und psychosozialen Ressourcen zur Verfügung stehen, die sowohl in westlichen Industrienationen als auch erst recht in Schwellen- und Entwicklungsländern sehr ungleich verteilt sind. Ausschlaggebend für die Wahrnehmung der von der WHO formulierten Ziele ist nicht nur ein gerechter Zugang zu den Ressourcen Macht, Geld und Informationen, sondern ebenso Zugänge zur Persönlichkeitsbildung, mit denen ethisches Bewusstsein für sexuelle Selbstbestimmung und soziale Verantwortung erst ausgebildet werden können.

Eng damit zusammen hängen weltanschaulich-religiöse Partikularmoralen, die ihre Gläubigen mit grundsätzlichen sexualethischen Orientierungen und – in unterschiedlichem Maße – konkreten Verhaltensmodi versorgen. Die von der WHO formulierten sexuellen Rechte ermöglichen aufgrund der Religionsfreiheit auch die selbst gewählte Bindung des mündigen Erwachsenen an die Kollektivmoral seiner Glaubensgemeinschaft. Das gilt in den meisten westlichen Demokratien ebenso für das Erziehungsrecht von Eltern ihren Kindern gegenüber, soweit deren Entwicklung zu Mündigkeit und Selbstständigkeit dadurch nicht behindert wird. In Deutschland z. B. ist dieses Verhältnis zwischen Elternrecht und staatlichem Bildungsauftrag in § 6 und 7 des Grundgesetzes geregelt. Für die Sexualerziehung regelte z. B. das Bundesverfassungsgericht schon im Jahr 1977 die Relation zwischen Elternhaus und Schule.[3] Demokratische

---

[3] Die schulgesetzlichen Bestimmungen tragen dem Beschluss des Bundesverfassungsgerichts vom 21.12.1977 Rechnung. Dort heißt es: Die Sexualerziehung soll sittliche Entscheidungen und sittlich bestimmte Verhaltensweisen im Bereich der Geschlechtlichkeit ermöglichen. Ihr Endziel soll – ebenso wie das der Gesamterziehung – der freie, seiner Verantwortung bewusste, mündige Mensch sein, der die notwendige Urteilskraft für Entscheidungen in diesem Bereich besitzt, sich zugleich aber auch seiner Bindung in Bezug auf den Partner bewusst wird. Aus diesem Grund soll die Sexualerziehung auch das Verständnis für die menschliche und soziale Partnerschaft entwickeln und das Verantwortungsbewusstsein stärken (BVerfGE 47, 46ff. = DVBl 1978, 263). In dem Beschluss wird in den Leitsätzen zu dem Verhältnis von Elternrecht und staatlichem Erziehungs- und Bildungsauftrag weiterhin Folgendes festgestellt: 1. Die individuelle Sexualerziehung gehört in erster Linie zu dem natürlichen Erziehungsrecht der Eltern im Sinne des Art. 6 Abs. 2 GG; der Staat ist jedoch aufgrund seines Erziehungsauftrages und Bildungsauftrages (Art. 7 Abs. 1 GG) berechtigt, Sexualerziehung in der Schule durchzuführen. 2. Die Sexualerziehung in der Schule muss für die verschiedenen Wertvorstellungen auf diesem Gebiet offen sein und allgemein Rücksicht nehmen auf das natürliche Erziehungsrecht der Eltern und auf deren religiöse oder weltanschauliche Überzeugungen, soweit diese für das Gebiet der Sexualität von Bedeutung sind. Die Schule muss insbesondere jeden Versuch einer Indoktrinierung der Jugendlichen unterlassen. 3. Bei Wahrung dieser Grundsätze ist Sexualerziehung als fächerübergreifender Unterricht nicht von der Zustimmung der Eltern abhängig. Es besteht also – auch nach der aktuellen Rechtsprechung – eine Pflicht zur Teilnahme am Unterricht.

Staaten gehen also davon aus, dass sich der einzelne Bürger potenziell in ein kritisches Verhältnis zu seinem soziokulturellen Kontext einschließlich der eigenen Religion und Weltanschauung begeben kann. Konflikte entstehen in solchen Situationen, in denen Religionen und andere weltanschauliche Gruppen ihren eigenen Angehörigen oder anderen im Einflussbereich des Grundgesetzes lebenden Bürgern die (auch sexuelle) Selbstbestimmung nicht zugestehen wollen. Dabei ist hervorzuheben, dass auch in Deutschland die juristische Wende vom Schutz der Öffentlichen Ordnung und Sittlichkeit zum Rechtsgüterschutz erst in den 1970er-Jahren vollzogen wurde. Erst in dieser Zeit wurde das freie Einverständnis des mündigen Bürgers zum Prüfstein sexualbezogener Regulierungsnotwendigkeit erhoben und es folgten diverse Änderungen des Straf- und Zivilrechts einschließlich der Familien- und Jugendgesetzgebung. Gewalt in der Ehe wurde sogar erst im Jahr 1997 als Straftatbestand gewertet. „Eine wesentliche Grundannahme des modernen Staates ist die Trennung von öffentlicher und privater Sphäre. Der liberale Rechtsstaat macht gar sein Selbstverständnis – bspw. in Abgrenzung zu totalitären oder nicht-säkularisierten Staaten – davon abhängig, wie weit er sich aus den ,privaten' Angelegenheiten seiner Bürgerinnen und Bürger heraushält" (Lembke 2017, 7).

Zum Rechtgüterschutz gehören in erster Linie alle Regularien, die sich auf die Gleichbehandlung von Männern und Frauen sowie von hetero- und homosexuellen Partnerschaftsweisen im Ehe- und Familienrecht, auf die Abwehr unerwünschter Übergriffe und sexueller Gewalt im Strafgesetzbuch und den Minderheitenschutz im *Antidiskriminierungsgesetz* (AGG) beziehen. Angesichts der vielen Auswirkungen sexueller Autonomie auf das reale Leben der Menschen bleibt auch im bundesdeutschen Recht noch häufig unklar, wie sich die gewonnene Freiheit auf die Regelungskonzepte des Staates auswirken.

> Über mögliche Dimensionen von Leistung (Sexualassistenz, Sexualkundeunterricht, reproduktive Rechte) oder Teilhabe (*sexual citizenship)* des Rechts auf sexuelle Selbstbestimmung wird kaum jemals nachgedacht. Auch wird die Frage nach der Bedeutung sexueller Autonomie für bestehendes Moralstrafrecht und im Bereich der Kommerzialisierung von Sexualität ebenso wenig beantwortet wie die nach dem Einfluss internationaler Regelungen, welche öffentliche Moral und Gesundheit zu möglichen Grenzen von Intimität erklären, auf den legitimationsbegrenzenden Rechtsgüterschutz im nationalen Recht (Lembke 2017, 8).

Das Justizsystem ist bei der Gestaltung des eigenen Diskurses und der Schaffung entsprechender Regelungen abhängig von gesellschaftspolitischen Entwicklungen, die sich in der sexuellen Sphäre nicht selten als diskursives Schlachtfeld erweisen. So schaffte die sexuelle Pluralisierung und Durchsetzung der Verhandlungsmoral in vielen westlichen, demokratisch ausgerichteten Gesellschaften zwar viele Freiräume, befeuerte aber gleichzeitig auch Aggressionen und Ängste, die von populistischen Bewegungen und fundamentalistischen religiösen Strömungen instrumentalisiert werden. Ihre zentralen Betätigungsfelder sind Sexualmoral und Familienformen sowie die Beschneidung gleichgeschlechtlicher Sexualitäten und reproduktiver Rechte. Gleichzeitig wird Pluralität in Fragen der Sexualmoral zum identitätstiftenden Kulturmerkmal erhoben, um sich von angeblich rückständigen anderen Kulturen, vor allem vom Islam, abzugrenzen (vgl. Strasser/Holzleithner 2010).

4.3 Zwischen multioptionalen Möglichkeiten und reaktionären Schließungen

Dass die Verwirklichung sexueller Selbstbestimmung im Sinne der sexuellen Rechte der WHO auch unter den gegebenen Voraussetzungen westlich-kapitalistischer Industriestaaten nicht einfach ist, zeigen die unübersehbaren Ambivalenzen, die der Prozess der Individualisierung mit sich bringt. Wenn das Lebensglück grundsätzlich in die Hände des Einzelnen gelegt wird, fühlen sich viele Menschen herausgefordert, aus ihrer Biografie so viel wie möglich „herauszuholen" und mit den ihnen zur Verfügung stehenden Ressourcen ein gelingendes Leben zu gestalten. Der allseits spürbare Imperativ „Mach was aus Dir!" gilt selbstverständlich auch für die Entwicklung der eigenen sexuellen Identität, zumal die Vorstellung zunächst plausibel erscheint, dass in diesem „weichen" Sektor der Gestaltung des eigenen Geschlechts- und Sexuallebens mehr Eigensinn und Selbstbestimmung möglich ist als in anderen Sektoren, die stärker von gesellschaftlichen Konjunkturzyklen und vorgegebenen Zugangschancen abhängig sind. Während es noch in den 1970er-Jahren für die Menschen in Westeuropa notwendig war, sich für sexuelle Freiheit einzusetzen, besteht die Gefahr, dass nun sexuelle Freiheit selbst zur Herrschaftsstrategie wird und damit gleichzeitig zur Quelle sexueller Frustration. Der „direkte Befehl ‚Genieße!' ist ein wesentlich effektiveres Mittel, um den Zugang des Subjekts zum Genießen zu versperren, als das explizite Verbot, das den Raum für seine Überschreitung aufrechterhält" (Zizek 1999, 195). Sexueller Optimierungsstress kann nicht nur bei Jugendlichen und jungen Erwachsenen, sondern auch bei den „Jungen Alten", nicht nur bei Männern, sondern auch bei Frauen, nicht nur bei Einheimischen, sondern auch in spezifischen Milieus der Menschen mit Migrationshintergrund auftreten (vgl. Riegler/Ruck 2011, Illouz 2003, Briken 2010, BZgA 2010 a und 2010b). In jedem Fall entsteht Angst, für alles selbst verantwortlich zu sein, nicht mehr mithalten zu können, den kommerziellen Kräften des freien Marktes oder vermeintlich tonangebenden Lebensstileliten ausgeliefert zu sein. Bei hinzukommenden Anerkennungsdefiziten und Abstiegsängsten können die Überbetonung essenzialistischer Identitätsstützen im sexuellen Selbst und der Rückzug auf vermeintlich Sicherheit gebende religiöse und nationale Kulturmuster die Folge sein und zur Abwehr (auch) sexueller Vielfalt führen (vgl. Heitmeyer 2011). Zu solchen identitären Sicherheiten gehören dichotom definierte Geschlechtsrollen und eine Gebots- und Verbotsmoral, welche das sexuelle Verhalten regulieren. Die „sittliche Einhegung der Lust" erfolgt je nach ethnischen Traditionen, politischem Milieu und religiösen Grundeinstellungen durch klare moralische Leitplanken, die zur Schließung der kulturell-moralischen, letztlich auch geografischen Grenzen führen sollen.

5 Sexualisierung migrationsbezogener Diskurse

Angesichts eines von aggressiv-sexualisierten Projektionen durchzogenen Diskurses ist eine der größten Herausforderungen für Migrationsgesellschaften die Verhältnisbestimmung von Sexualität, Gender und sozialer Integration. So hat sich in der deutschen Öffentlichkeit ein Diskurs etabliert, der Geschlechterungleichheit und Homonegativität einem Modernisierungs- und Demokratisierungsdefizit von Migrant*innen zuschreibt und zugleich Geschlechtergleichheit und sexuelle Pluralität als deutsche oder europäische Errungenschaft benennt. Sexualität und Gender werden zum konstitutiven Merkmal nationaler Identität. Eine homogene Sexualitäts- und Gendergemeinschaft bildet einen Legitimationsrahmen für normierende, segregierende und exkludierende Prozesse.

> In der Analyse dieses Phänomens wurde von Seiten der Migrationswissenschaft (… U. S.) der Begriff des „illiberalen Liberalismus" geprägt. „Wir halten jetzt unsere universalistischen Werte hoch, weil wir euch unterstellen, dass ihr sie nicht teilt. Und dadurch definieren wir neu, wer den Anspruch hat, dazuzugehören", bringt Rainer Bauböck (2008b) das Wesen des illiberalen Liberalismus auf den Punkt. Ein zentrales Moment des illiberalen Liberalismus ist die Verwendung von essentialistischen Kategorien. Dadurch können Politiken legitimiert werden, die andernfalls die liberalen Prinzipien von Gleichheit und Toleranz konterkarieren würden (Hadj-Abdou 2012, 46).

Eine essenzialistische Zuschreibung einer bestimmten Sexual- und Genderkultur soll die unüberbrückbare ethnosexuelle Grenze zwischen dem Eigenen und dem Fremden markieren. Fremde Sexualität wird als bedrohlich stereotypisiert und der Diskurs produziert Handlungsimperative, die sich offen gewaltförmig oder auch durch Gesetzesänderungen zeigen können. Um solche Bedrohungen zu etablieren, werden sexualitätsbezogene Techniken angewandt, die beispielsweise den fremden Mann als Konkurrenten um die weiße Frau konstruieren.

> Neben der Figur des Fremden als „hyperpotentem Lüstling" begegnet uns „der Andere" indes auch in Gestalt des Beschnittenen, der Kastrationsängste sowie die Furcht eines drohenden Potenzverlustes spiegelt. Der „fremde Mann" kann sowohl feminisiert wie homosexualisiert werden oder aber wegen vermeintlicher Frauen- und Homosexuellenfeindlichkeit kritisiert werden. Sexualitätsbezogene Techniken bedienen sich schließlich auch der Pejorisierung des „Fremden" indem dieser mit allen nur erdenklichen verbotenen Sexualpraktiken in Verbindung gebracht wird (Bühl 2016, 179).

Die verallgemeinernde Diffamierung von Muslimen als frauenfeindlich dient den einheimischen Rassist*innen zur eigenen Entlastung. Sie können sich somit als aufgeklärt geben, als Verteidiger der Menschenrechte in der Moderne. Bei manchen Studien, die das vermeintlich antimoderne Sexualitätsmuster der Muslime in ihren Befunden herausstellen, werden die Ergebnisse nicht auf ihre Ursachen hin analysiert. Soziale Rahmenbedingungen, Milieu, Alter, politische Orientierung sowie elterlicher Erziehungsstil werden nicht mit den traditionalistischen Sexualitätseinstellungen in Verbindung gebracht. Frauen- oder Homosexuellenfeindlichkeit z. B. wird damit in gewisser Weise islamisiert. Das wird z. B. einer Studie vorgeworfen, die der *Lesben- und Schwulenverband Deutschland* (LSVD) dem Sozialpsychologen Bernd Simon in Auftrag gegeben hatte. Simon stellte fest, dass Jugendliche mit Migrationshintergrund gegenüber Homosexuellen am feindlichsten eingestellt sind. Es wurde dabei aber nicht mituntersucht, welche Faktoren dieses Ergebnis vorwiegend bedingt haben (vgl. Simon 2008). Solche groben quantitativen Aussagen sind empirisch meist sauber erhoben und statistisch richtig, sie zeichnen aber ein zu grobschlächtiges Bild und fordern zu rassistischen Zuschreibungen auf, die in ihrer Eigendynamik nur noch schwer einzufangen sind. Empirische Studien sollten in diesem sensiblen Bereich von vorn herein intersektional angelegt werden und den Fokus auf Mehrfachzugehörigkeiten und deren Wechselwirkungen untereinander berücksichtigen.

Rechtskonservativ dominierte Parteien und politisch-administrative Systeme, wie sie in diversen osteuropäischen Staaten Realität geworden sind, instrumentalisieren gern solche empirischen Studien und sexualkonservativen Bewegungen, um traditionelle Geschlechtsmuster, völkische Familienwerte und essenzialistische sexuelle Identitäten wieder in Szene zu setzen. Aber auch in westlichen Demokratien, z. B. in Deutschland, sind deutliche Anzeichen vorhanden, dass ein sicherheitsverliebter Präventionswahn Fuß fassen kann, der mit deutlichen Freiheitseinschränkungen verbunden ist. „Wohl nie war das Sexualfeld derart massiv umstellt von Gefahrendiskursen, in denen das breite Publikum erregt mitmischt" (Klimke 2010, 96). Klimke nennt eine lange Liste öffentlich skandalisierter Bedrohungsmuster sowie intimer Konflikte, die Einfluss nehmen auf die staatliche Sicherheitspolitik. Sie unterscheidet dabei neben vermeintlich organisierter Sexualdelinquenz und die Medialisierung der Sexualität vor allem auch migrationsspezifische Herausforderungen: Beschneidung von Mädchen und Jungen, Zwangsheirat, Ehrenmorde und das Kopftuchtragen. Es dominiert dabei eine Risikoperspektive, „in der über eine ‚Politik der Furcht' (Hardt/ Negri 2002, S. 333) Sicherheit erstens diskursiv verknappt, zweitens gegenüber kriminellen Gefahren Nulltoleranz geübt wird und ihre gründliche Beseitigung als vorrangige Aufgabe verstanden wird sowie drittens die Sicherheitsherstellung der alleinigen Bearbeitung von Experten entzogen und zu einer Pflicht für jedermann erhoben wird" (Klimke 2010, 112).
Gerade auf dem Feld des Sexuellen ist politische Einflussnahme auf sehr ambivalente Weise demokratisiert:

> Auf dem Feld des Sexuellen avanciert jeder zum Experten, nicht nur seiner eigenen Lust, sondern v. a. auch der Lust anderer. Der frühe Moraldiskurs um den Sex nährt nach wie vor die schauerliche Erregung, mit der über die zahlreichen erotischen Konfliktfelder interessiert mitgemischt wird. Was eigentlich in den Bereich Politik und ihre demokratischen Institutionen gehören würde, nämlich die Aushandlung über die Organisation von Gesellschaft, entzieht sich gerade diesem Bereich. In einer Postdemokratie, auf die wir hinsteuern, in der Politik zum Spektakel verkommt (... U. S.), lässt sich darüber schlecht verhandeln (Kliemke 2010, S. 103f.).

Diese Beeinflussung der offiziellen Organe der repräsentativen Demokratie durch stimmungsabhängige und oft populistische Skandalisierungsprozesse lässt sich sehr einsichtig im Bereich des Sexuellen nachzeichnen. Mit symbolträchtig inszenierten Feindbildern werden vorhandene gesellschaftliche Ressentiments geschürt. Das funktioniert auch mit den Menschen mit muslimischer Religionszugehörigkeit und insbesondere den Geflüchteten aus arabischen Herkunftsländern.

6 Inklusionsorientierte Perspektiven auf die natio-sozio-kulturelle Diversität sexueller Lebenswelten und Identitäten

Schon im Jahr 2003 schrieb der britische Sozialhistoriker Jeffrey Weeks: „An der Organisation des Lustfeldes exemplifiziert sich, wie sich die globale Marschrichtung nach westlichen Maximen entwickeln wird. Denn [...] der Kampf um die Zukunft der Gesellschaft muss auf dem Terrain der gegenwärtigen Sexualität ausgefochten werden" (Weeks 2003, 92). Kein Wunder, denn die moderne Macht hat die Lüste aufgefächert und angestachelt. Die politische Macht hat sich damit einen vorzüglichen Zugang in die Körper und die sozialen Beziehungen der Menschen geebnet (vgl. Foucault 1977, 125). Und das nicht mehr durch äußere Disziplinierung, sondern durch intrinsische Selbststeuerung. Foucaults These von der Dressur der Körper, die erst die Produktiv- und Arbeitskraft ermöglichte, sowie die damit einhergehende Biopolitik im Nationalstaat, die den Kapitalismus nährt (vgl. Foucault 1977, 166), wird aktuell fortgeschrieben und im Zusammenhang mit zunehmenden Globalisierungsprozessen interpretiert.

Der Soziologe Ulrich Beck vermutete noch einen möglichen Konflikt zwischen der ökonomischen, neoliberalen Agenda, die sich mit der Aura der Selbstregulation und Selbstlegitimation umgibt, und der zivilgesellschaftlichen Agenda, die sich mit einer globalen Moral einer radikaldemokratischen Globalisierung umgibt (vgl. Beck 2009, 44f.). Nach Kliemke kann die sexuelle Selbstbestimmung jedoch auch als kulturelle Variante der ökonomischen Neoliberalisierung gedeutet werden:

> Auf der Subjektebene lassen sich die Inklusionsbedingungen so zusammenfassen: Wer dazugehört, ist in der Lage, sein Leben nach den Maximen der Ökonomie zu führen und fühlt sich den zivilisatorischen Standards der westlichen Welt verpflichtet. Die zeitgemäße methodische Lebensführung wird durch eine Arbeitsmoral dargestellt, die sich an der „Kultur des neuen Kapitalismus" (Sennet 2007) orientiert sowie an der Achtung der Menschenrechte und – damit aufs Engste verwoben – der sexuellen Selbstbestimmung. Damit sind die Minimalbedingungen kosmopolitischer Ausrichtung benannt, die oberhalb struktureller Differenz zwischen den Weltbürgern Gemeinsamkeit stiftet (Klimke 2010, 99).

Diese beschriebene Parallelentwicklung von Ökonomie und Moral wäre kein Problem, wenn beide ihre vorgegebenen Gerechtigkeitsziele tatsächlich umsetzen würden. Das ist aber mitnichten der Fall, denn die alltägliche Erfahrung vor allem der Menschen mit Migrationshintergrund, besonders der erst vor kurzem Geflüchteten ist, dass ihr Dazugehören weniger bedeutet, wohlfahrtsstaatliche Leistungen in Anspruch nehmen zu können, sondern in erster Linie, zivilgesellschaftliche Werte und demokratische Umgangsformen teilen zu sollen. „Die kulturelle Allinklusion weltweit über die auch medial vermittelte Durchschlagskraft westlicher Werteorientierungen steht in keinem Verhältnis zu den Möglichkeiten sozialstruktureller Teilhabe. Das kulturelle System schluckt die Weltbürger, und das Sozialsystem speit die nicht Integrierbaren wieder aus – von Young treffend als ‚Bulimia' (Young 1999) bezeichnet" (Klimke 2010, 100).

Angesichts dieser widersprüchlichen Erfahrungen und der damit verbundenen Diskriminierung verwundert es nicht, wenn die Forderungen an Zugewanderte, möglichst im Schnellverfahren westliche Gender- und Sexualitätsmuster zu übernehmen, zunächst auf bewussten oder unbewussten Widerstand stößt und als erneute koloniale Besetzung, diesmal des Intimlebens empfunden wird. Und das ganz besonders,

- wenn verallgemeinernde diskriminierende Zuschreibungen unzivilisierter Gender- und Sexualitätsmuster erfahren wurden,
- die zuschreibenden gesellschaftlichen Gruppen sich selbst nur wenig an die eigenen demokratischen Ideale halten und
- mitgebrachte sexuelle Identitätsmerkmale nur als defizitär und wenig als produktive Anlässe für Auseinandersetzung begriffen werden.

Vieles hängt am Verständnis und der realen Wirkung von Identität und Identitätspolitik. Anetta Kahane schreibt als Vorsitzende der Amadeu-Antonio-Stiftung in einer Kolumne über „Identität und Ideologie" einleitend: „Wer bin ich? Sich das zu fragen, ist das Normalste der Welt. Aber muss man deshalb Menschen in Kategorien einteilen?" und weiter heißt es:

> Viele Menschen suchen dringend nach ihrer Identität. ‚Wer bin ich' zu fragen, gehört zum Erwachsenwerden dazu. Und sicher spielen dabei Herkunft und Religion eine Rolle. Man sucht fast ein ganzes Leben die eigene Umgebung danach ab, was einen ausmacht, ja besonders macht. Diese Suche ist so alt wie die Idee des Individuums. Aber warum wird sie heute so politisch? Weshalb steckt in dem Wort Identität so viel Brisanz, ja Aggressivität? (Kahane 2017, 10).

Und in der Tat ist „Identität" vor dem Hintergrund kulturalistischer Migrationsdeutungen zu einem Kampfbegriff geworden. Die einen setzen auf eine rassistische Füllung von Identität statt auf Menschenrechte und sexuelle Selbstbestimmung, andere, sich antirassistisch verstehende Kreise, diffamieren Rechte der Aufklärung als „Neokolonialismus des weißen Mannes" zur Unterdrückung der postkolonialen Welt und verweigern sich der Verteidigung von sexuellen Rechten (vgl. El Feki 2016, 1–4). Identität als Begriff wird also in allen möglichen politischen Kontexten instrumentalisiert, sodass es naheliegt, entweder ganz darauf zu verzichten oder ihn aus ideologischen Grundsatzkämpfen herauszuhalten. Was soll daran so kompliziert sein, universalistisch zu denken und sich im Zeichen der Aufklärung an der Freiheit zu erfreuen, „in der Demokratie über die eigene Identität selbst entscheiden zu können und so erwachsen zu werden, wie man es eben vermag?" (Kahane, 2017, 10). Das ist unter sozioökonomischen Bedingungen, bei denen die Familie das Individuum versorgt, allerdings wesentlich schwieriger als dort, wo der Staat eine individuelle Grundversorgung garantiert. So schreibt die libanesische Journalistin Shereen El Feki:

> Wir existieren als die Töchter und Söhne und Ehefrauen und Ehemänner von jemandem. Als Individuum habe ich keine Akte bei der libanesischen Regierung. Registriert bin ich in der Akte meines Vaters. Wenn ich heirate, schieben sie mich in die Akte meines Ehemannes [...]. Die Frage der Identität zieht die Frage nach Individualität nach sich, und die hat das Potenzial, nicht nur das Leben einzelner Menschen zu verändern, sondern das ganze autoritäre patriarchale System, das sie gegenwärtig beherrscht (El Feki 2016, 3).

Viele im Einwanderungsland Deutschland hinzugekommene ethnische Gruppen verbinden mit ihrer Identität andere religiöse Hintergründe und in ihrem Heimatland gewachsene Wert- und Normsysteme. Sie entwickeln eine eigene Haltung im Spannungsfeld traditioneller Familienkultur und einer eher individualisiert-liberalen Moralsituation im gesellschaftlichen Alltag der Aufnahmegesellschaft. Viele Migrant*innen kommen aus kulturellen Kontexten, die keine vergleichbaren gesellschaftlichen Liberalisierungsprozesse durchlaufen haben, wie das vor allem in Westdeutschland in den 1960er-Jahren der Fall war. Sie selbst bzw. die vorherigen Generationen hatten weniger die Chance, sich zusammen mit anderen und ganz bewusst von tradierten Konventionen abzusetzen und eigene Wege zur Entwicklung persönlicher Identität zu suchen.

Wie sehr die eigene sexuelle Identität sich an kollektiven tradierten Zuschreibungen oder individuellen Mustern einschließlich des persönlichen Denkens, Fühlens und Begehrens orientiert, hängt auch von ökonomischen, sozialen und psychischen Quellen ab, aus denen sich das ganz persönliche Selbstkonzept, Selbstwertgefühl und die eigene Selbstwirksamkeit speisen können. Einschließlich der Kompetenz und Chancen, die intersektionale Einbindung sexueller Identität relativ selbstbestimmt zu steuern. „Intersektionalität ist damit ein Prozessgeschehen im Sinn eines ‚doing intersectionality'. Es konstituiert sich in einem Spannungsfeld zwischen handlungseinschränkenden und -erweiternden Machtmomenten (Thielen 2009, 261).

Die biografischen Gestaltungsmöglichkeiten hängen im Migrationskontext vor allem von denjenigen Ressourcen ab, welche die jeweiligen individuell und nicht kollektiv bestimmenden Verortungen im Koordinatensystem der unterschiedlichen Differenzlinien eröffnen. In einem binären Geschlechtersystem der selbstverständlichen Hetero- oder Homosexualität kann es beispielsweise ein erster Schritt sein, durch ein Coming out sich als besondere Art des Menschseins mit einer ganzheitlich homosexuellen Identität wahrzunehmen. In homosexualitätsfeindlichen Gesellschaften ist es für die meisten homosexuell fühlenden Menschen eher ratsam, aus ihrer Orientierung keinen öffentlichen Lebensstil mit eigener sexueller Identität zu machen. Marc Thielen liest aus den von ihm analysierten sexuellen Biografien von iranischstämmigen

Migranten in Deutschland heraus, dass intimes Begehren für einige nicht besonders erklärungsbedürftig ist und auch an keine spezifische sexuelle Identität geknüpft wird. Die Selbstpositionierung verschiedener Personen als „schwul" wird von den einen als emanzipatorisch und gewinnbringend, für andere als stigmatisierend und reglementierend interpretiert (Thielen 2009, 257 f.). Die Befunde des Soziologen Michael Bochow zeigen ebenso, dass auch türkischstämmige und in Deutschland lebende schwule Männer in mehrfacher Hinsicht ihre Mann-zu-Mann-Kontakte vielfältig leben, sodass eine „kulturspezifische" türkische Homosexualität nicht beschreibbar ist (vgl. Bochow 2000, 247, 260 ff., 273 ff.). Bochow zeigte ebenso, dass sich die gängige These einer bei Türken besonders dramatisch ausgeprägten Homonegativität als nicht haltbar erweist und längst nicht alle schwulen türkischen Männer ihr gleichgeschlechtliches Begehren im öffentlichen Raum verstecken (vgl. Bochow 2000, 247).

Abgrenzung, auch sexuelle, bringt immer auch Ausgrenzung mit sich. Die Lösung liegt eher darin, starre Zuordnungen sexueller Identitäten insgesamt zu vermeiden. Das würde auch von LGBTIQ*-Menschen grundsätzlich den Bekennerzwang nehmen. Zudem ist nicht einzusehen, heterosexuell und Cis-Gender lebende Menschen aus der Sphäre sexueller Vielfalt auszuklammern. Auch das reproduziert die Dichotomie von Norm und Abweichung, provoziert unnötige Auseinandersetzungen und spielt jenen rechtskonservativen Kreisen in die Hände, die bei Antidiskriminierungsmaßnahmen ohnehin von der staatlich geförderten Abwertung heterosexueller Lebensweisen reden. Mehr inkludierende Vielfalt verzichtet auf die Dramatisierung spezifischer sexueller Identitäten und sucht den möglichst vorurteilsfreien Dialog zwischen Individuen mit ihren jeweils vielschichtigen Lebenswelten und komplexen, nie miteinander identischen sexuellen Identitäten. Dann kann Begegnung passieren und es wird Lernen im Sinne von sexueller Bildung ermöglicht. Im Sinne von Judit Butler können Menschen bei der Suche nach allen jenen Aspekten und Begehrenslinien, denen sie bisher nicht folgen konnten, die also einer „Verlustspur des Subjekts" zuzuordnen sind, motivierter und sicherer voranschreiten, wenn keine eindeutigen Identitäten – auch keine modellhaft progressiven – vorgeschrieben werden (vgl. Klauda 2000). Und das ist nicht nur auf Migrant*innen zu beziehen, sondern auch auf „einheimische Subjektverständnisse". Zu fragen ist daher auch, was alles der Verlustspur des postmodern-individuellen, sich vermeintlich selbst bestimmenden Subjekts zum Opfer fällt. Sicherlich auch Qualitäten anderer natio-ethnisch-kultureller Erfahrungsräume und Identitäten, die noch gar nicht produktiv inkludiert werden konnten.

Offenbar stehen wir in dieser Hinsicht erst am Anfang des sexuellen Diversity-Lernens. Solche wechselseitigen Herausforderungen und Lernprozesse müssen auch historisch und systematisch noch erschlossen werden. Wer beispielsweise die kulturhistorische Studie des Islamwissenschaftlers Thomas Bauer (Bauer 2011) liest, kann nur erstaunt zur Kenntnis nehmen, dass der Islam früher in der Lage war, große Unterschiede in der Gesellschaft zu integrieren, ohne sie auszulöschen. Diese Toleranz für Ambiguität war offenbar ein wesentlicher Teil der verschiedenen Kulturen im Nahen Osten und hätte sich erst durch den Einfluss „rationalistischer westlicher

Ideologien" verändert. Erst durch das westlich induzierte Projekt der Moderne sei ein Sexualitätsdispositiv in die muslimisch dominierten Räume des Ostens eingedrungen, das der Ambiguitätsvernichtung diente und auch den Alltag in eine sexualitätshaltige und eine sexualitätsfreie Sphäre spaltete. Ein Zwang zur Eindeutigkeit vernichtete den Zusammenhang von Freundschaft und Liebe, von gleich- und gegengeschlechtlichen Beziehungen und führte zu immer neuen speziellen Identitäten, die auf Anerkennung drängten. Vielleicht deutet sich aktuell mit einem dynamischen Intersektionalitätskonzept ein Wechsel an in Richtung auf mehr Ambiguitätstoleranz und damit auch auf mehr individuelle Freiheit.

7 Vertiefungsaufgaben und -fragen:

1.   Nennen Sie neben den bereits im Text angesprochenen Beispielen weitere Beispiele für die politische Dimension von Sexualität und stellen Sie sie in den Kontext von Flucht und Migration.
2.   Homosexualität wird weder im Christentum noch im Islam einheitlich bewertet. Suchen Sie Beispiele für religionsinterne Deutungsdifferenzen und erörtern Sie mögliche Ursachen.
3.   Erklären und begründen Sie den Erfolg und die Funktion der Sexualisierung von Migrationsdiskursen und entwerfen Sie wirksame Gegenstrategien.

Literatur

Bauböck, Rainer (2008b): Langstreckennationalismus. Interview. TAZ, 14.7.2008. URL: www.taz.de/1/debatte/theorie/artikel/1/phaenomen-des-langstreckennationalismus/ (Letzter Aufruf: 23.10.2010).

Bauer, Thomas (2011): Die Kultur der Ambiguität – Eine andere Geschichte des Islams. Berlin: Verlag der Weltreligionen.

Beck, Ulrich (2009): Macht und Gegenmacht im globalen Zeitalter. Frankfurt a. M.: Suhrkamp.

Bochow, Michael (2000): Das kürzere Ende des Regenbogens. HIV-Infektionsrisiken und soziale Ungleichheit bei schwulen Männern. Berlin: Edition Sigma.

Briken, Peer (2010): Sexuelle Sucht? Wenn sexuelles Verhalten außer Kontrolle gerät. In: Bundesgesundheitsblatt Volume 53, Issue 4, S. 313–318.

Bundeszentrale für gesundheitliche Aufklärung (BZgA) (2010a): Sexualität und Migration: Milieuspezifische Zugangswege für die Sexualaufklärung Jugendlicher. Ergebnisse einer repräsentativen Untersuchung der Lebenswelten von 14- bis 17-jährigen Jugendlichen mit Migrationshintergrund, Köln.

Bundeszentrale für gesundheitliche Aufklärung (BZgA) (2010b): Jugendsexualität. Repräsentative Wiederholungsbefragung von 14- bis 17-Jährigen und ihren Eltern – Aktueller Schwerpunkt Migration, Köln.

Bühl, Achim (2016): Rassismus – Anatomie eines Machtverhältnisses. Wiesbaden: Marix Verlag.

Burchardt, Eva (1999): Identität und Studium der Sexualpädagogik. Frankfurt a. M.: Peter Lang.

Dreier, Katrin/Kugler, Thomas/Nordt, Stephanie Nordt (2012): „Sexuelle Identität" – Glossar zum Thema geschlechtliche und sexuelle Vielfalt im Kontext von Antidiskriminierung und Pädagogik. In: Bildungsinitiative Queerformat und Sozialpädagogisches Fortbildungsinstitut Berlin-Brandenburg (Hrsg.): Geschlechtliche und sexuelle Vielfalt in der pädagogischen Arbeit mit Kindern und Jugendlichen. Handreichung für Fachkräfte der Kinder- und Jugendhilfe. Berlin.

El Feki, Sheeren (2016): Menschen in Schubladen. In: KULTURAUSTAUSCH. Zeitschrift für internationale Beziehungen. Ausgabe IV: Ich und alle anderen. URL: www.kulturaustausch.de/index.php?id=5&tx_amkulturaustausch_pi1[view]=ARTICLE&tx_amkulturaustausch_pi1[auid]=2490&cHash=73faafa4f899d3de83ca1cc84f87a10f (Letzter Aufruf: 07.03.2017).

Engel, Antke (2002): Wider die Eindeutigkeit. Sexualität und Geschlechter im Fokus queerer Politik der Repräsentation. Frankfurt a. M: Campus.

Foucault, Michael (1977): Sexualität und Wahrheit, Bd. 1: Der Wille zum Wissen, Frankfurt a. M.: Suhrkamp.

Giddens, Antony (1993): Wandel der Intimität. Sexualität, Liebe und Erotik in modernen Gesellschaften. Frankfurt a. M.: Fischer.

Hadj-Abdou, Leila (2012): Geschlechtergleichheit oder Recht auf kulturelle Differenz? In: Hausbacher, Eva. u. a. (Hrsg.): Migration und Geschlechterverhältnisse. Kann die Migrantin sprechen?, Wiesbaden: Springer, S. 41–61.

Hardt, Michael/Negri, Antonio (2002): Empire. Frankfurt a. M., New York: Campus.

Heitmeyer, Wilhelm (2010) (Hrsg.): Deutsche Zustände Folge 10. Frankfurt a. M.: Suhrkamp.

Hillier, Lynne u. a. (2010): Writing Themselves. In: 3. The third national study on the sexual health and wellbeing of same sex attracted and gender questioning young people, Ed. By the Australian Research Centre in Sex, Health and Society, Melbourne.

Illouz, Eva. (2003): Der Konsum der Romantik. Frankfurt am Main: Suhrkamp.

Kahane, Anetta (2017): Identität und Ideologie. Kolumne in: Frankfurter Rundschau 6. März 2017. Nr. 55, S. 10.

Klauda, Georg (2000): Vernunft und Libertinage. In: Bubeck, Ilona (Hrsg.): Unser Stück vom Kuchen? Zehn Positionen gegen die Homo-Ehe. Berlin. Querverlag, S. 43–56.

Klimke, Daniela (2010): Umrisse der Weltgesellschaft. Eine Skizze des globalen Sexualregimes. In: Benkel, Thorsten/Akalin, Fehmi: Soziale Dimensionen der Sexualität. Gießen: Psychosozial-Verlag, S. 91–116.

Lautmann, Rüdiger (2002): Soziologie der Sexualität. Weinheim und München: Juventa.

Lembke, Ulrike (Hrsg.) (2017): Regulierungen des Intimen. Sexualität und Recht im modernen Staat. Wiesbaden: Springer.

Masters, William H./Johnson, Virginia E. (1980): Die sexuelle Reaktion. Reinbek: Rowohlt.

Offit, Avodah K. (1979): Das sexuelle Ich. Stuttgart: Klett-Kotta.

Peuckert, Rüdiger (2012): Familienformen im sozialen Wandel. Springer.

Religionsmonitor (2008): Bertelsmann Stiftung (Hrsg.): Gütersloh: Bertelsmann Stiftung.

Riegler, Julia/Ruck, Nora (2011). Dressur des Körpers und Widerstand des Leibes? Der schöne Körper und der sexuelle Leib als Orte gegenwärtiger Selbstdisziplinierungen. In Wiedlack, Katharina / Lasthofer, Katrin (Hrsg.), Gendered Subjects. Körperregime und Geschlecht, Innsbruck/Wien: Studien-Verlag S. 35–58.

Rubin, Gayle (2003): Sex denken. Anmerkungen zu einer radikalen Theorie der sexuellen Politik. In: Kraß, Andreas (Hrsg.): Queer denken. Gegen die Ordnung der Sexualität (Queer Studies). Frankfurt a. M.: Suhrkamp, S. 31–79.

Schmidt, Gunter (2004): Das neue DER DIE DAS – Über die Modernisierung des Sexuellen. Gießen: Psychosozial.

Schmidt, Gunter (1996): Das Verschwinden der Sexualmoral – Über sexuelle Verhältnisse. Hamburg: Kleine Verlag.

Sennett, Richard (2007): Die Kultur des neuen Kapitalismus. Berlin: Berlin Verlag.

Sielert, Uwe (2015): Sexuelle Vielfalt als Thema der Sexualpädagogik. In: Huch, Sarah/Lücke, Martin (Hrsg.): Sexuelle Vielfalt im Handlungsfeld Schule. Konzepte aus Erziehungswissenschaft und Fachdidaktik. Bielefeld: Transcript, S. 89–114.

Sigusch, Volkmar (2005a): Sexuelle Welten. Zwischenrufe eines Sexualforschers. Gießen: Psychosozial Verlag.

Sigusch, Volkmar (2005b): Neosexualitäten. Über den kulturellen Wandel von Liebe und Perversion. Frankfurt a. M.: Campus.

Simon, Bernd (2008): Einstellungen zur Homosexualität: Ausprägungen und sozialpsychologische Korrelate bei Jugendlichen mit und ohne Migrationshintergrund. In: Zeitschrift für Entwicklungspsychologie und Pädagogische Psychologie, Jg. 40, Heft 2, S. 87–99.

Simon, William/Gagnon, John, H. (2000): Wie funktionieren sexuelle Skripte? In: Schmerl, Christiane/Soine, Stephanie/Stein-Hilbers, Marlene/Wrede, Birgitta (Hrsg.): Sexuelle Szenen. Inszenierungen von Geschlecht und Sexualität in modernen Gesellschaften. Opladen: Leske und Budrich, S. 70–95.

Stoler, Ann Laura (1995): Race and the Education of Desire. Foucault's History of Sexuality and the colonial order of things. Durham/London: Duke Uiversity Press.

Strasser, Sabine/Holzleithner, Elisabeth (Hrsg.) (2010): Multikulturalismus queer gelesen. Zwangsheirat und gleichgeschlechtliche Ehe in pluralen Gesellschaften. Frankfurt a. M.: Campus.

Thielen, Marc (2009): Wo anders leben? Migration, Männlichkeit und Sexualität. Biografische Interviews mit iranischstämmigen Migranten in Deutschland. Münster: Waxmann.

Weeks, Jeffrey (2003): Sexuality, London and New York: Routledge.

WHO (2006): Defining sexual health. Report of a technical consultation on sexual health, 28.31 January 2002. Geneva. URL: who.int/reproductivehealth/topics/gender_rights/defining:sexual_health.pdf (Letzter Aufruf: 15.03.2017).

Young, Jock (1999): Cannibalism and Bulimia. Patterns of social control in late modernity. In: Theoretical Criminology 3, 387–407. URL: www.observatoriodeseguranca.org/files/387.pdf (Letzter Aufruf: 20.03.2017).

Zizek, Slavoj (1999): Liebe Deinen Nächsten? Nein, danke! Die Sackgasse des Sozialen in der Postmoderne. Berlin: Volk & Welt.

Elisabeth Tuider

Intersektionale Perspektiven auf Sexualität und Gender im Kontext von Migrationsgesellschaften

1 Grenzbeobachtungen

Als reisende Wissenschaftlerin, ausgestattet mit einer intersektionalen Brille, finden sich im Alltag vielfältige Möglichkeiten, diese zum Einsatz zu bringen. Die folgende Beobachtung bei einem Grenzübertritt, die in einem Reisetagebuch festgehalten wurde, zeigt die Verflechtung von Rassifizierungs- und Vergeschlechtlichungspraxen, um die es in diesem Beitrag gehen wird, auf. Geschlecht, *race* und Sexualität erweisen sich dabei, ebenso wie nationalstaatliche Grenzen selbst, als Produkte von Praktiken und Zuschreibungen.

> Ich sitze im Zug zurück von Wien nach Kassel, eine mir wohlbekannte Strecke, zigmal gefahren. Seitdem Österreich zur EU gekommen ist und das Schengenabkommen zur Aufhebung der Grenzkontrollen innerhalb Europas umgesetzt wurde, gibt es keine Wartezeiten an der deutsch-österreichischen Grenze mehr. Normalerweise. Aber wir schreiben das Jahr 2016. Erst vor einem Jahr hat sich Deutschland als „Willkommenskultur" gefeiert. Seitdem stehen aber auch rassistische Hetze im Netz und Angriffe auf Unterkünfte von Geflüchteten sowie deren Vertreibung aus gewissen Stadtteilen auf der Tagesordnung vieler deutscher Großstädte. Mein Zug stoppt nun wieder länger an der Grenze. Am Bahnsteig in Passau und im Zug: Polizei in Uniform und in Zivil. Ein Pärchen in Zivil geht durch den Zug, sieht sich alle Reisenden an, fragt aber nur meinen jungen Sitznachbarn nach seinen Papieren. In Jeans, T-Shirt und Jacke haben seine *dunklen* Haare, Augen und Hautschattierung wohl das polizeiliche Bild von einem Geflüchteten gezeigt. Die gewünschten Papiere hat er nicht. Sofort verändern sich Körperhaltung und Gebaren der Grenzschutzpolizei, sie zücken Walkie-Talkies, und stellen sich vor ihn in die Sitzreihe. Bei der nächsten Station muss der Mann aussteigen. Seine einzige Frage an die ihn kontrollierende Grenzbeamtin war: Alemania? (Reisetagebuch der Autorin, Herbst 2016).

Das im Zug beobachtete *racial profiling* gehört heute für Menschen mit Migrations- und Fluchtkontext nicht nur an den deutschen Grenzen, sondern auch im Alltag zur tagtäglichen Erfahrung: Ob in der U-Bahn, beim Einlass in die Disko oder eben im Zug werden Aufenthaltspapiere und Pässe kontrolliert. *Othering* entlang von Hautfarbe und zugeschriebener Ethnizität sowie rassistische Diskriminierung sind dabei mit Normierungen von Geschlecht, insbesondere von Männlichkeit, sowie von Sexualität, insbesondere von Heterosexualität, verwoben.

Kritische Debatten und Analysen des vorherrschenden Rassismus in der gegenwärtigen Gesellschaft Deutschland wurden bis in die 1990er-Jahre als „praktisch unmög-

https://doi.org/10.1515/9783110518351-003

lich" (Espahangizi u. a. 2016, 9) angesehen. Seit Kurzem hat jedoch, in Zusammenhang mit der erstarkenden „rassistischen Konjunktur" (Espahangizi u. a. 2016, 13), d. h. der neuen Welle von rassistischer Gewalt, den brennenden Unterkünften von Geflüchteten, den öffentlich sichtbaren rassistischen Mobilisierungen sowie von *hate speech* in den Social Media, auch eine kritische Rassismusanalyse in der deutschen Wissenschaftslandschaft Aufwind erfahren. Diese steht zum Teil in Verbindung mit einer kritischen Migrationsforschung sowie zum Teil in Verbindung mit der Geschlechterforschung.

Wie die Konstruktion von *race* mit derjenigen von Geschlecht und Sexualität verwoben ist, zeigt sich auch am Beispiel der seit Anfang 2016 geführten Gewaltdebatte ‚nach Köln': Seit Anfang des Jahres 2016 gilt Köln als Synonym für sexualisierte Gewalt an Frauen, genauer gesagt: an *deutschen* Frauen. Als Täter [sic!, männlich] werden Männer mit Migrations- oder Fluchtgeschichte ausgemacht, sodass das Bild des „bedrohlichen Schwarzen Mannes" mit Rekurs auf koloniale Stereotype erneut kreiert wird. Dieses vergeschlechtlichte und rassifizierte Täterbild wird wiederum medial inszeniert und auf die öffentliche Debatte von Flucht und die gesetzliche Regulation von Migration übertragen. Unter der Vorgabe für den „Schutz *unserer* Frauen" einzutreten, werden Bürgerwehren in verschiedenen Regionen Deutschlands legitimiert. Medial werden die Menschenrechte von Geflüchteten gegen die Sexualisierung von *weißen* deutschen Frauen ausgespielt (vgl. Sanyal 2016, Dietze 2016). Es handelt sich letztendlich um die Instrumentalisierung von Gewalt und rassistischer Hetze, in der Sexismus nicht nur Frauen, sondern auch „ethnisch Markierte" (Dietze 2016, 178) betrifft. Dies macht den Konstruktionscharakter von *race* umso deutlicher sichtbar – worauf im vorliegenden Beitrag mit der Schreibweise „Schwarz" und „*weiß*" fortlaufend hingewiesen wird. Dass dabei die Konstruktion von Geschlecht mit Klasse und Migrationskontext (Nationalität/Ethnizität/*race*) verflochten ist, und dass sich hier die Herrschaftsverhältnisse von Rassismus, Sexismus und Patriarchat treffen, ist Ausgangspunkt des vorliegenden Beitrags.

Unter dem Stichwort „Intersektionalität" hat in den letzten Jahren eine Sichtweise Eingang in die sozialwissenschaftlichen Analysen und Theoriebildung gefunden, die Diskriminierungen und Ungleichheiten nicht mehr nur auf *entweder* Klasse/ Schicht *oder* Geschlecht *oder* Migrationskontext bezieht. Denn „[e]indimensionale Modelle wie ‚Patriarchat' [*oder* ‚Rassismus', *oder* ‚Kapitalismus' – E. T.] haben zur Beschreibung und Erklärung von Ungleichheiten ausgedient" (Degele/Winker 2007, 1, vgl. auch Walgenbach 2007, Lutz u. a. 2010, Riegel 2016). Auf der theoretischen, der methodologischen und methodischen Ebene wird nunmehr die *intersektionale Verbindung* bzw. die *wechselseitige Beeinflussung* verschiedener machtvoller Differenzen und Differenzverhältnisse fokussiert. In diesem Beitrag werden zuerst die unterschiedlichen Entstehungskontexte sowie die transatlantische Reise des Intersektionalitätskonzepts skizziert, um sodann im Feld der kaum existierenden *queer migration studies* aktuelle Kritiken und Analysen zu Geschlecht und Sexualität in der Migrationsgesellschaft Deutschland einzuholen. Während Geschlecht seit Mitte der 1990er-Jahre z. B. unter dem Stichwort der „Feminisierung der Migration" sowie in den neu aufgelegten „Care-Debatten" vielfach Eingang in die Migrationsforschung gefunden hat, wird der Kategorie Sexualität selten Beachtung geschenkt. Dies stabilisiert aber, so werde ich in Kapitel 3.2 ausführen, unweigerlich heteronormative Grammatiken und reduziert Gender auf ein Zweigeschlechtermodell (vgl. Castro Varela/ Dhawan 2009, 103).

2 Intersektionalität – Herausforderung der sozialwissenschaftlichen Analyse

Der Terminus „Intersektionalität" geht auf die Schwarze Rechtswissenschaftlerin Kimberlé Crenshaw zurück, die – im Kontext des *black feminism* und der antirassistischen Politiken in den USA – die Lebensrealität Schwarzer Frauen und deren soziale, politische und rechtliche Marginalisierungen als „Zusammenstoß" von Geschlecht *und race* problematisierte und im Bild der Straßenkreuzung erfasste:

> Discrimination, like traffic through an intersection, may flow in one direction, and may flow in another. If an accident happens in an intersection, it can be caused by cars travelling from any number of directions and, sometimes, from all of them. Similarly, if a black woman is harmed because she is in the intersection, her injury could result from sex discrimination or race discrimination. (Crenshaw 1989, 149)

Crenshaw kritisierte die rechtliche Praxis, in der *race* und Geschlecht als getrennte analytische Kategorien und Erfahrungen angenommen wurden, denn sexistische Diskriminierung und rassistische Diskriminierung sind nicht (immer) voneinander zu trennen. Stattdessen plädierte sie für eine Reform des US-amerikanischen Diskriminierungsrechts, das bis dahin einer Entweder-oder-Logik folgend entweder das Klagen gegen Diskriminierung aufgrund von Geschlecht (orientiert an der Erfahrung *weißer* Frauen) oder aber das Klagen gegen rassistische Diskriminierung (orientiert an der Erfahrung Schwarzer Männer) ermöglichte. Die mehrfachen Marginalisierungserfahrungen Schwarzer Frauen, sowohl im Recht als auch in Theoriebildung und Aktivismus, schloss diese Logik jedoch aus.

Im *black feminism* war die spezifische Erfahrung Schwarzer Frauen Ausgangspunkt der Thematisierung von Mehrfachdiskriminierungen (*triple oppression*) und ihrer Politisierung. In dem, in diesem Kontext häufig zitierten, Statement des *Combahee River Collective* (CRC) wird dies deutlich: „We are actively committed to struggling against racial, sexual, heterosexual and class oppression [...]. The *synthesis of these oppressions* creates the conditions of our lives" (CRC 1982, 13; Herv. E. T.). Da verschiedene Formen der Diskriminierung entlang von *race – class – gender* als *interlocking* erlebt wurden, erfordere dies auch eine Praxis der *integrated analysis* von *race – class – gender* (vgl. CRC 1982) – allen voran im Rahmen der Geschlechterforschung.

In der *weißen* deutschen Frauenforschung war aber, so kritisierte beispielsweise Sedef Gümen, die Kategorie *race* bis in die 1990er-Jahre nur ein „askriptives

Merkmal" und weitestgehend „eine leere Worthülse" (Gümen 1998, 189). Das hatte zur Folge, dass die durchaus formulierte Kritik Schwarzer Frauen am *weißen* Mainstreamfeminismus (vgl. Oguntoye/Opitz 1992) nicht gehört und aufgenommen wurde. Dass Feministinnen in Deutschland/im Westen immer auch die Abgrenzung von ‚der ethnisch Anderen' zur Herstellung der eigenen Weiblichkeit gebraucht haben, blieb innerhalb der feministischen Debatten lange Zeit unmarkiert (vgl. Mohanty 1988). Doch lassen sich auch im deutschen Feminismus und der deutschsprachigen Geschlechterforschung vielfältige Traditionen zur Thematisierung von Differenzen, Ungleichheiten und dem Zusammenwirken von Diskriminierungen finden. Katharina Walgenbach hat nachdrücklich auf die „vielfältigen Genealogien" (Walgenbach 2007, 25ff.) der Debatten zu Intersektionalität hingewiesen bzw. auf die politischen und theoretischen Interventionen gegen den als eurozentrisch, heteronormativ und mittelschichtsorientiert kritisierten Mainstream der Geschlechterforschung in Deutschland: Frauen mit Behinderung, sich selbst als „Krüppelfrauen" bezeichnend, und „Jüdinnen" haben sich, ebenso wie „Migrantinnen" und „Schwarze Frauen", gegen das ethnisch homogene Selbstverständnis des ‚Wir-Frauen' gewandt, auf die Schwierigkeit der Repräsentation hingewiesen und die Verortung der eigenen, d. h. feministischen Sprecher*innenposition gefordert. Eine intersektionale Analyseperspektive, so resümiert Kathy Davis in Anbetracht der feministischen Theoriebildung in den USA und in Europa, erfasst „*das* zentrale theoretische und normative Problem in der feministischen Wissenschaft – die Anerkennung von Differenzen zwischen Frauen. Sie berührt das drängendste Problem, dem sich der Feminismus aktuell gegenübersieht – die lange und schmerzliche Geschichte seiner Exklusionsprozesse" (Davis 2010, 58). Mit Intersektionalität sind also verschiedene Herausforderungen für Gesellschaftstheorie, wie auch für die Gesellschaftsanalyse verbunden. Floya Anthias (vgl. Anthias 1998) vertritt hierzu die Sichtweise, dass Intersektionalität als heuristisches Instrument neue methodologische Fragen generiert und bisherige Analysekategorien durchquert und verschiebt. Um der Komplexität einer intersektionalen Perspektive forschungsmethodisch auf der Ebene der sozialen Praktiken und Interaktionen, der institutionellen Arrangements und der kulturellen Ideologien gerecht zu werden sowie unorthodoxe Wege feministischer Forschung zu beschreiten, rät Kathy Davis (vgl. Davis 2010) zu einer Forschungshaltung des ständigen Perspektivenwechsels: „to ask the other question".

Seit Mitte der 2000er-Jahre mehren sich auch in Deutschland die Publikationen, die danach fragen, welche und wie viele Differenzkategorien eine sozialwissenschaftliche Analyse zu berücksichtigen hat (vgl. z. B. Lutz/Wenning 2001). Intersektionalität hatte damit seine „transatlantische Reise" (vgl. Knapp 2005) angetreten und sich seinen Weg in die deutschsprachige Geschlechterforschung gebahnt. Mittlerweile hat das Intersektionalitätskonzept auch „in Deutschland Hochkonjunktur" (Lutz u. a. 2010, 9), denn Intersektionalität hat a) „das Potenzial, fortwährend für neue mögliche Auslassungen, Entnennungen und Exklusionen sensibel zu bleiben" (Lutz u. a. 2010, 12), b) minorisierte Perspektiven zu berücksichtigen und einzubeziehen (vgl. Kosnick 2010 und c) für unterschiedliche geschlechtertheoretische Ansätze anschlussfähig zu sein (vgl. Davis 2010).

Intersektionalität liegt die Überlegung zugrunde, dass Differenzen Produkt sozialer Konstruktionsprozesse sind, die sich je nach historischem und soziopolitischem Kontext bilden und dass diese Differenzen nicht beliebig, sondern Ausdruck und Resultat historisch kontingenter Machtverhältnisse sind. Das „Zusammenspiel", die „Synthese", die „Wechselwirkung" von Differenzierungen, Hierarchisierungen, Normierungen, In- und Exklusionen sowie Marginalisierungen und Privilegierungen wird in intersektionalen Analysen unterschiedlich konzipiert als a) Differenzen, verstanden als Unterschiedlichkeiten, b) als Differenzverhältnisse, die immer auch mit Macht und Herrschaftsverhältnissen (*matrix of domination*) in Zusammenhang stehen, oder c) als Uneindeutigkeiten, In-between der Entweder-oder-Möglichkeiten, Mehrfachzugehörigkeit, d. h. als Übergänge und Grenzverwischungen (vgl. Tuider 2015). Das heißt nicht jede intersektionale Analyse beinhaltet gleichwohl automatisch und per se eine kritische und damit auch transformative Kraft.

Die Frage, auf welcher Ebene – Makro-, Meso- oder Mikroebene – Differenzen und Differenzverhältnisse konzeptualisiert werden, ist dabei nicht unerheblich. Differenzen und Differenzverhältnisse spielen auf der Ebene der sozialen Strukturen (Produktionsweisen, internationale Arbeitsteilung, staatliche Regulationen), auf der Ebene der Institutionen (wie z. B. Krankenhäuser, Gefängnisse, Kirchen, Schulen, Jugendvereine), auf der Ebene der symbolischen Ordnungen und Repräsentationen (Normen, Diskurse, Wissensarchive), auf der Ebene der sozialen Praktiken und Interaktionen sowie auf derjenigen der Subjektformationen bzw. Identitätsbildungsprozesse eine Rolle. Dementsprechend gibt es auch unterschiedliche Vorschläge für eine forschungspraktische Umsetzung der Intersektionalitätsperspektive und dementsprechend auch unterschiedliche Konsequenzen für mögliche Handlungsperspektiven.

Während *women of color* das Subjekt intersektionaler Debatten im US-amerikanischen Kontext waren, so kann in der deutschsprachigen Forschung kein dementsprechendes ‚intersektionales Subjekt' ausgemacht werden. Zwar stellen ‚Migration und Geschlecht' in verschiedenen sozialwissenschaftlichen Teilbereichen (neben der Migrations- und Geschlechterforschung auch in der Bildungs-, Jugend- und Familienforschung) ein weithin bearbeitetes Themenfeld dar, doch weder „die Migrantin" oder „die Muslima" noch „der Jugendliche mit Migrationshintergrund und Hauptschulabschluss" firmieren als *das* intersektionale Subjekt der sozialwissenschaftlichen Analyse. Ein weiterer Unterschied zu den US-amerikanischen Debatten liegt darin, dass Intersektionalität nicht nur auf die Trias *race – class – gender* bezogen, sondern die Pluralität und Vielfalt der Differenzen betont werden (vgl. Lutz/Wenning 2001; Knapp 2005). Mit der transatlantischen Reise von Intersektionalität haben auch die Kategorien *class*/„Klasse" wieder Aufmerksamkeit in der Geschlechterforschung gefunden. Doch wird, so die Kritik daran, in einer simplen Wiederholung der intersektionalen Formel *race – class – gender* dabei die sich im deutschen Forschungskontext ausdifferenzierte soziologische Ungleichheitsforschung nicht zur Kenntnis genommen. Auch die Beibehaltung der englischen Begrifflichkeit *race* in den deutschsprachigen Intersektionalitätsdebatten und -analysen hat seine Schwierigkeiten, wird damit doch die historische Besonderheit ignoriert. Es ist im deutschen Kontext immer noch schwierig, die deutschsprachige Begrifflichkeit für *race* zu verwenden, um eine rassismuskritische Analyse voranzutreiben. Wohl wissend, dass sowohl der Theorie- als auch der Begriffstransport aus US-amerikanischen Debatten weder den historisch aufgeladenen Gehalt, dessen Fortwirken nach wie vor zu kritisieren ist, noch die aktuelle kulturrassistischen Verflechtungen erfassen kann, wird im Bereich der geschlechtertheoretischen Intersektionalitätsdebatten vielfach die englische Begrifflichkeit *race* beibehalten und nicht übersetzt.

Umut Erel u. a. machen darauf aufmerksam, dass die Auseinandersetzung mit Intersektionalität im deutschen Kontext „zumeist zu einer Relativierung der Rassismusanalyse" (Erel u. a. 2007, 247) führt und dieselbe in einen „entpolitisierten postmodernen und poststrukturalistischen Diskurs" (Erel u. a. 2007, 246) absorbiert zu werden droht. Es bleibt also wichtig, nicht nur die Vielschichtigkeit gesellschaftlicher Dynamiken der Marginalisierung und Diskriminierung zu fokussieren, sondern auch die diskursiven Auslassungen, biografischen Mehrfachzugehörigkeiten sowie hegemonialen kulturellen Praktiken, auch innerhalb von wissenschaftlichen Zugängen, zu betrachten. Eine Verbindung der Intersektionalitätsdebatten mit Theorien und Analysen aus den *postcolonial-studies*, den *whiteness-studies*, den *queer-studies* und *cultural-studies* sowie den *disability-studies* ist deswegen unabdingbar. Im Fokus *queerer* Kritiken und Analysen steht dabei die Selbstverständlichkeit der dualen, hierarchisch angeordneten Geschlechter und die Selbstverständlichkeit heterosexueller Zweigeschlechtlichkeit, d. h. die normative Verbindung von *sex – gender – desire* (vgl. Butler 1995).

Leslie McCall folgend (vgl. McCall 2005, 1772–1774) wird zwischen drei unterschiedlichen Verständnissen von Intersektionalität unterschieden: „intracategorial", „intercategorial" sowie „anticategorial". Intrakategoriale Analysen betrachten die Differenzierungen und Ungleichheiten *innerhalb* einer sozialen Gruppe, also z. B. die Unterschiedlichkeiten und Ungleichheiten von Frauen, die nun nicht mehr als eine homogene Gruppe mit gleichen Wesenszügen, gleichen Sozialisationserfahrungen oder Lebensvorstellungen *qua Geschlecht* gelten und angenommen werden können (vgl. McCall 2005, S. 1782). Stattdessen wird in intrakategorialen Analysen auf die Unterschiedlichkeit innerhalb der Kategorie „Frau" geachtet. Interkategoriale Analysen sind auf der Makroebene angesiedelt, arbeiten oftmals mit quantitativen und gesellschaftstheoretischen Analysen und fokussieren die Beziehungen zwischen unterschiedlichen sozialen Gruppen und sich verändernden strukturellen Ungleichheitskonstellationen (vgl. McCall 2005, 1786f). Interkategoriale Analysen gehen den Mustern rassistischer, klassen- und geschlechtsspezifischer Ungleichheiten nach. Doch erst ein antikategoriales Ansinnen ist an die poststrukturalistischen Überlegungen zu Dekonstruktion, Grenzüberschreitung und Vereindeutigung anschlussfähig. Ein antikategoriales Intersektionalitätsverständnis wendet sich explizit gegen die Verschachtelung, Kategorisierung und Begrenzung von Differenzen und thematisiert stattdessen die Grenzziehungs-, Kategorisierungs- und Normierungsprozesse. Geschlecht, Sexualität oder Ethnizität werden in antikategorialer Perspektive als vernatürlichte, performative Effekte (vgl. Butler 1995) derjenigen Diskurse verstanden, die sie nur zu benennen vorgeben.

Über eine kritische Macht- und Differenzanalyse hinausgehend, birgt das Intersektionalitätskonzept also die Möglichkeit, das politische Projekt des materialistischen Feminismus, das strukturelle Diskriminierungen zu thematisieren und zu verändern sucht, mit dem dekonstruktivistischen Projekt der feministischen Theorie, das Normalitätskonstruktionen und homogenisierende Kategorien aufzulösen versucht, zusammenzubringen: „Mit dem Ansatz ‚Intersektionalität‘ wird das politische Projekt fortgesetzt, die sozialen und materiellen Konsequenzen der Kategorien Geschlecht/ ‚Rasse‘/Klasse sichtbar zu machen – aber mit Methoden, die sich mit dem poststrukturalistischen Projekt in Einklang bringen lassen, Kategorien zu dekonstruieren, den Universalismus zu entlarven und die Dynamik und widersprüchlichen Mechanismen der Macht zu erforschen" (Davis 2010, 60).

Dabei gehen Analysen in intersektionaler Perspektive gerade auch der Frage nach, welche gesellschaftlichen Normen, ökonomischen Imperative und intersubjektiven Beziehungen die Formierung des Selbst, die Resignifizierung von Geschlechter-, Alters- oder Klassendifferenzen, mithin die Verschiebungen, Entnormierungen und Renormierungen von Ungleichheiten bedingen. Denn parallel zu den gegenwärtigen Pluralisierungs-, Diversifizierungs- und Individualisierungsprozessen zeichnen sich heute neue flexibilisierte Machtverhältnisse und eine wachsende Brisanz sozialer globaler Ungleichheiten zwischen „dem Westen und dem Rest" (vgl. Hall 2000) ab.

3 *queer migration studies* oder: weiße Flecken der Migrationsforschung

Geschlecht, *race*, Nationalität, Ethnizität, Klasse/Schicht, Sexualität, Alter und Religion strukturieren Zugehörigkeit und konstituieren als Dimensionen der Differenz auch Migrations- und Grenzregime, verstanden als ein Ensemble von politischen, staatlichen und ökonomischen Praxen, Prozeduren und Technologien mit dem Ziel der Reglementierung. Seit den 1990er-Jahren wurden vonseiten der kritischen Migrationsforschung die vielfachen Ethnisierungs- und Kulturalisierungsprozesse, die den Debatten von „multikultureller Gesellschaft", „Integration", „Parallelgesellschaft" oder „Leitkultur" eingelagert sind, in kritischer Absicht fokussiert und thematisiert. Mit den staatlich verordneten Integrationskursen institutionalisierte sich – so kritisiert z. B. Kien Nghi Ha – ein „Integrationszwang als nationalpädagogisches Machtinstrument für die kulturelle (Re-)Sozialisierung und politische Umerziehung migrantischer Subjekte mit außereuropäischen Herkünften" (Ha 2009, 139). Am Beispiel der Integrationsdebatten lässt sich auch rekonstruieren, wie schwullesbisch mit *weiß* und rassifizierte *people of color* mit Heterosexualität und Homophobie diskursiv gleichgesetzt wurden (vgl. Castro Varela/Dhawan 2009, 107).

Migrationen, Migrationsgründe und Migrationserfahrungen werden zwar in Forschung und Theorie nicht mehr nur als ungeschlechtlich oder männlich (re-)präsentiert. „Transnationale Familien", *global care chains*, „Mutterschaft in der Distanz" sowie die „Feminisierung der Migration" sind einige der Arbeits- und Forschungsfelder in denen dem Zusammenhang von Migration und Geschlecht nachgegangen wurde und wird. Jedoch bleiben in der Migrationsforschung, auch in der kritischen Migrationsforschung, mehrfache Marginalisierungen aufgrund von Geschlecht *und* Sexualität, insbesondere die Berücksichtigung von LGBTI*Q*, weitgehend unbeachtet und eine unbenannte heteronormative Rahmung somit zumeist ihr Bezugspunkt (Ausnahmen hiervon sind z. B. El-Tayeb 2003; de Manalansan 2006; Castro Varela/Dhawan 2009; Kosnick 2010).

Maria do Mar Castro Varela und Nikita Dhawan sprechen hier von einem „eklatanten Bias" in der Analyse von Migrationsgesellschaften und plädieren für die Aufnahme einer queer-theoretischen Perspektive in die Migrationsforschung (vgl. Castro Varela/Dhawan 2009, 103). Migrationsforschung müsse sich dann auch mit den Fragen auseinandersetzen, wie Migrationsregime nicht nur vergeschlechtlichte, sondern auch heteronormative Strukturen stützen, und wie Sexualität und sexuelle Reproduktion als konstitutiv für staatsbürgerliche und nationalstaatliche Konzepte herangezogen werden. Sich dabei auch mit mehrdimensionalen Diskriminierungen entlang von *gender – sexuality – migration/ethnicity* auseinanderzusetzen und dabei „mit Queer of Color und nicht für oder über Queer of Color" (Saadet-Lendle/Çetin 2014, 248) zu sprechen, müsste ein Anliegen der *queer migration studies* sein.

Dass beispielsweise nicht nur in Grenz- und Migrationsregimen Bilder von Geschlecht und Sexualität eingelassen sind, sondern auch juristische Regularien und aufenthaltsrechtliche Entscheidungen entlang einer heteronormativen Logik und dem Diktum der Zweigeschlechtlichkeit folgend funktionieren, zeigen jüngste Untersuchungen. Das Ringen um die Zugehörigkeit zur Nation und um den Zutritt zur Staatsbürgerschaft (u. a. geregelt im Aufenthaltsrecht) ist stets auch vergeschlechtlicht und ethnisiert. Indem sich eines Homosexualitätsdiskurses bedient wird, wird Rassismus erzeugt und legitimiert. Denn darin werden Schwule und Lesben *of color* zu „homosexuellen Opfern eines als homophob imaginierten Islam" (Saadet-Lendle/Çetin 2014, 235) gemacht und die Alltagserfahrungen von Mehrfachdiskriminierungen in Politik, Medien und wissenschaftlichen Analysen ausgeblendet oder individualisiert. Im deutschsprachigen Raum zeigt einzig die Studie von LesMigras (vgl. LesMigras 2010), wie die unterschiedlichen Diskriminierungsformen Homo- und Trans*feindlichkeit, Rassismus, Klassismus und Ableism als strukturell und institutionell gedachte Machtgeflechte miteinander verwoben sind und *trans* of color* mehrfache Diskriminierung erfahren.

Infolgedessen wurde auf den Gebrauch und den Einsatz von Sexualität und Geschlecht als migrationsregulatorische Kategorien sowie normative Bezugspunkte hingewiesen. Als unhinterfragte Vergleichsfolie und als Maßstab europäischer Zivilisation und Modernität werden z. B. die westlichen Konzepte von Menschenrechten (insbesondere Frauen- und Homosexuellenrechten), Empowerment, Emanzipation Individualität und Familie aber auch sexuelle Identität und Coming-out angenommen und reproduziert. Auch in aktuellen Debatten zur Migrationsgesellschaft Deutschland, zur Integration von Geflüchteten sowie zur Gewalt an ‚unseren deutschen Frauen' kommen die Vergleichsfolien von emanzipiert/patriarchal, modern/traditionell, demokratisch/diktatorisch, säkular/muslimisch zum Tragen, wobei deren homogenisierender und zum Teil stigmatisierender Charakter unthematisiert bleibt. Ebenso unthematisiert bleibt die ‚eigene Normalität', die aber als machtvolle Folie zur Bemessung des ‚Anderen' herangezogen wird. Im selben Moment jedoch, in dem die Akzeptanz von Homosexualität in der deutschen Mehrheitsgesellschaft ausgegeben und diese als emanzipiert propagiert wird, gerät sie zum Gradmesser der Modernität und Integration (z. B. in den Fragen zu Homosexualität und Gleichstellung im Rahmen von Einbürgerungstests) für migrierte und geflüchtete Menschen. Die Vereinnahmung und Aufnahme ehemals emanzipatorischer Anliegen (feministischer und lesbisch-schwuler Anliegen und Forderungen) in die neue, homofreundliche Nation hat Jasbir Puar als „Homonationalismus" charakterisiert (vgl. Puar 2007). Die Akzeptanz von Schwulen und Lesben basiert dabei auf der Abgrenzung von den als ‚unzivilisiert' oder ‚vormodern', insbesondere als ‚muslimisch' ausgegebenen Staaten und Gesellschaften, die in Kontrast zu ‚westlichen' Ländern und Gesellschaften gestellt werden (vgl. Dietze 2016). Die „neue (Homo-)Sexualpolitik im Namen der ‚neuen, deutschen Nation'" (Çetin 2016, 92) trägt also deutlich kulturalisierende und rassifizierende Züge, über die Sexualität und Reproduktion normiert und konfiguriert wird.

Von der Konstruktion des homophoben, rassifizierten Anderen und der Unterstellung einer „muslimischen Homophobie" profitieren dabei nicht nur *weiße* Heterosexuelle sondern auch *weiße* Homosexuelle. Jin Haritaworn, Tamsila Tauquir und Esra Erdem benannten dies bereits vor 10 Jahren als „Queer-Imperialismus": „Die Erfindung des Islam als neuem Feind und die historische Zentralität von geschlechtlichen und sexuellen Diskursen in ethnisierenden Ideologien fallen mit dem unhinterfragten Weißsein der schwullesbischen Bewegung zusammen" (Haritaworn/Tauquir/Erdem 2007, 201).

Gerade *queers of color* bzw. *lesbians of color* haben schon früh auf das gleichzeitige Wirken mehrfacher Ausschlüsse entlang von *race – class – gender – sexuality*, aber auch auf die Uneindeutigkeit und In-betweenness von Lebens- und Alltagserfahrungen in Migrationsgesellschaften hingewiesen. An eine kritische No-Border-Perspektive anknüpfend definiert die Chicana- und Border-Feministin Gloria Anzaldúa die „Perversen, Queers und Problematischen" (Anzaldúa 2008, 45) als jene Grenzgänger*innen („los atravesados"), die die Räume jenseits vergeschlechtlichter, nationalisierter und rassifizierter Grenzen besetzen. Um im Grenzraum zu (über-)-leben, verweist Anzaldúa auf das Leben „sin fronteras", ohne Grenzen, in dem sich auch die Dualitäten von Mann/Frau, Hetero/Homo auflösen.

4 Fazit

Während der inspirierende und herausfordernde Mehrwert intersektionaler Analysen – z. B. zur Verschränkung von Migration und Geschlecht oder Sexualität und Ethnizität – unbenommen ist, steht die Soziale Arbeit mit ihrer Handlungsabsicht vor einigen Herausforderungen. Eine Herausforderung ergibt sich aus der intersektionalen Frage, wie viele und welche Differenzen denn in der Analyse von Migrationsgesellschaften zu berücksichtigen sind. Eine weitere Herausforderung stellt die Diskussion der Ebenen (diejenige der Ungleichheitsstrukturen, oder der institutionellen Arrangements oder der biografischen Positionierung) dar, die eine intersektionale Analyse fokussieren muss, und wo es dementsprechend auch praktisch anzusetzen gilt. Letztendlich geht es aber immer auch um die Frage, ob die gegebene Vielfalt der Migrationsgesellschaft Deutschland gemanaged werden soll oder ob sie im Sinne von *affirmativ-action* anerkannt oder ob in macht- und herrschaftskritischer Absicht Normierungen und Normalisierungen dekonstruiert werden sollen. Die Wechselwirkung unterschiedlicher Differenzverhältnisse, die Intersektion von Rassismus, Sexismus, Heteronormativität und Klassismus zu berücksichtigen, steht somit immer im Spannungsverhältnis von Defizit und Ressource, von Gleichheit und dem Recht auf Anders-Sein, von Anerkennung des Differenten und Gleichstellung von Differentem, von „alle Menschen sind gleich" und „alle Menschen sind verschieden". Dabei kann in der Sozialpädagogik unterschieden werden zwischen 1. einer *additiven Referenz* auf unterschiedliche Differenzkategorien, 2. einer Konzeption von *intersektionell verschränkten* Differenzverhältnissen als Mehrfachdiskriminierungen und 3. einer Referenz auf *Differenzen und deren Dekonstruktion*. In einem additiven Vorgehen werden Differenzkategorien nacheinander bearbeitet, also zuerst z. B. Geschlecht, dann Nationalität, dann Klasse, dann Sexualität, dann Alter etc. In einer Konzeption von intersektionell verschränkten Differenzverhältnissen wird dem Ineinanderwirken von Rassismus, Sexismus, Klassizismus, Behindertenfeindlichkeit, Antisemitismus und Homophobie auf der strukturellen und institutionellen Ebene nachgegangen. In einer Referenz auf Differenzen und *otherness*, werden machtvolle Normierungen und Marginalisierungen auch *zu verschieben* und *zu dekonstruieren* getrachtet.

Dementsprechend sind in der sozialpädagogischen Debatte unterschiedliche Vorschläge zum Forschen und Handeln gemäß einer intersektionalen Perspektive entworfen worden. Katharina Walgenbach (vgl. Walgenbach 2017) hat u. a. die für die organisationspädagogischen Debatten anschlussfähige Diversity-Management-Perspektive ausgeleuchtet. Explizit wendet sie sich hier gegen einen Relativismus, in dem alle irgendwie verschieden und damit alle gleich werden. Stattdessen betont Walgenbach die Bedeutung von empirischen und theoretischen Ausleuchtungen, um zu bestimmen, wann welche Differenz Bedeutung – im Sinne von Privilegierung, oder Diskriminierung – erlangt. Kritisch sieht Walgenbach nicht nur die Ressourcenorientierung sondern auch die Adressierung von interkultureller Expertise bei Sozialarbeiter*innen mit Migrationshintergrund. Dabei trete deren professionelle Expertise zurück, zudem werde ein homogenisierendes *ethnic matching* von Adressat*innengruppe und migrantischen Sozialarbeiter*innen voraus gesetzt.

Christine Riegel (vgl. Riegel 2016) analysiert den Zusammenhang von Bildung und *othering* über die Differenzkonstruktionen und Othering-Prozesse von Professionellen in ihrem pädagogischen Tun. Zum einen zeigen sich hierbei institutionalisierte Formen des *otherings* in Schule und Jugendarbeit. Zum anderen sind Bildung und Bildungsprozesse aber auch widersprüchlich in vorherrschende Macht und Ungleichheitsverhältnisse verstrickt: als Reproduzent*in von *othering* und als Möglichkeit ihrer Transformation. Die Perspektive der Intersektionalität ist Riegel eine Perspektive der Reflexion, der Kritik und der Veränderung, um in widersprüchlichen Verhältnissen, in die Bildung involviert ist, nicht diskriminierend zu handeln.

Der *AKForschungsHandeln* (vgl. 2015) zeigt „Ver_suche" nach wertschätzenden und Differenzen wahrnehmenden Haltungen und Kommunikationsformen auf, ein „InterdepenDenken!" (vgl. AKForschungsHandeln 2015). Aus der Position des Mehrfach-ausgeschlossen- und Nicht-angenommen-Seins, in Status, Position und Kompetenz, entwickelte der AK eine Plurivokalität und realisierte ein aktivistisch forschendes Vorgehen. Interdependente Machtverhältnisse gilt es immer interdependent zu denken. Damit werden der Starrheit von Differenzen Beweglichkeit und Prozesshaftigkeit entgegengesetzt. Letztendlich handelt es sich um einen Versuch, Interdependenzen dynamisch „um_zu_benennen" (vgl. AKForschungsHandeln 2015).

5 Vertiefungsaufgaben und -fragen

1. Intersektionalitätsdebatten haben darauf hingewiesen, dass Machtverhältnisse, soziale Strukturen, institutionelle Arrangements und biografische Zugehörigkeiten komplex sind und mehrfachen Diskriminierungen unterliegen können. Was bedeutet dies für Ihre eigene professionelle Haltung im Umgang mit *othering*?
2. Wo finden sich sozialpädagogische Ansätze, um Intersektionalitätsdebatten zu konkretisieren und anti-rassistische, queer-dekonstruktivistische, feministische und anerkennungstheoretische Überlegungen zusammen zu bringen?
3. Entscheiden Sie sich für eine Ihnen bekannte pädagogische Einrichtung, z. B. ein Jugendzentrum, eine Schule oder einen Sportverein, und entwickeln Sie auf der Basis der in diesem Beitrag angesprochenen kritischen Fragestellungen Vorschläge für ein Umschreiben des Organisationskonzepts.

Literatur

AK ForschungsHandlen (Hrsg.) (2015): InterdepenDenken! Wie Positionierung und Intersektionalität forschend gestalten? berlin: w_orten & meer.

Anthias, Floya (1998): Rethinking Social Divisions: Some notes towards a theoretical framework. In: Sociological Review 46, 3, S. 505–535.

Anzaldúa, Gloria (2008): The Homeland Aztlán/El otro México. In: Khagram, Sanjeev/Levitt, Peggy (Hrsg.): The Transnational Studies Reader. Intersections & Innovations. New York/London: Routledge, S. 44–49.

Butler, Judith (1995): Körper von Gewicht. Die diskursiven Grenzen des Geschlechts. Frankfurt/Main: Suhrkamp.

Castro Varela, Maria do Mar/Dhawan, Nikita (2009): Queer mobil? Heteronormativität und Migrationsforschung. In: Lutz, Helma (Hrsg.): Gender Mobil? Geschlecht und Migration in transnationalen Räumen. Münster: Westfälisches Dampfboot, S. 102–121.

Çetin, Zülfukar (2016): Homo- und queerpolitische Dynamiken und Gentrifizierungsprozesse in Berlin. In: Çetin, Zülfukar/Voß, Heinz-Jürgen (Hrsg.): Schwule Sichtbarkeit – schwule Identität. Kritische Perspektiven. Gießen: Psychosozial Verlag, S. 83–127.

CRC – Combahee River Collective (1982): A Black Feminist Statement. In: Hull, Gloria T./ Scott, Patricia B./Smith, Barbara (Hrsg.): But Some of Us Are Brave. Black Women's Studies. Old Westbury, S. 13–22.

Crenshaw, Kimberly (1989): Demarginalizing the Intersection of Race and Sex: A Black Feminist Critique of Antidiscrimination Doctrine. In: Kairys, David (Hrsg.): The University of Chicago Legal Forum, S. 139–167.

Davis, Kathy (2010): Intersektionalität als „Buzzword". Eine wissenschaftssoziologische Perspektive auf die Frage: „Was macht eine feministische Theorie erfolgreich?" In: Lutz, Helma/Herrera Vivar, Maria Teresa/Supik, Linda (Hrsg.): Fokus Intersektionalität. Bewegungen und Verortungen eines vielschichtigen Konzepts. Wiesbaden: VS, S. 55–68.

Degele, Nina/Winker, Gabriele (2007): Intersektionalität als Mehrebenenanalyse. URL: www.tu-harburg.de/agentec/winker/pdf/Intersektionalitaet_Mehrebenen.pdf (Letzter Aufruf: 01.05.2017).

Dietze, Gabriele (2016): Etnosexismus. Sex-Mob-Narrative um die Kölner Sylvesternacht. In: movements. Journal für kritische Migrations- und Grenzregimeforschung. Rassismus in der post-migrantischen Gesellschaft. Bielefeld: transcript, S. 177–186.

El-Tayeb, Fatima (2003): Begrenzte Horizonte. Queer Identity in der Festung Europa. In: Steyerl, Hito/Gutiérrez Rodriguez, Encarnación (Hrsg.): Spricht die Subalterne deutsch? Migration und postkoloniale Kritik, Münster: Unrast, S. 129–145.

Erel, Umut/Haritaworn, Jinthana/Gutiérrez Rodríguez, Encarnación/Klesse, Christian (2007): Intersektionalität oder Simultanität?! – Zur Verschränkung und Gleichzeitigkeit mehrfacher Machtverhältnisse – eine Einführung. In: Hartmann, Jutta/Klesse, Christian/ Wagenknecht, Peter/Fritzsche, Bettina/Hackmann, Kristina (Hrsg.): Heteronormativität. Empirische Studien zu Geschlecht, Sexualität und Macht. Wiesbaden: VS, S. 239–250.

Espahangizi, Kijan/Hess, Sabine/Karakayali, Juliane/Kasparek, Bernd/Pagano, Simona/ Rodatz, Mathias/Tsianos, Vassilis S. (2016): Rassismus in der postmigrantischen Gesellschaft. In: movements. Journal für kritische Migrations- und Grenzregimeforschung. Rassismus in der post-migrantischen Gesellschaft. Bielefeld: transcript, S. 9–23.

Gümen, Sedef (1998): Das Soziale des Geschlechts. Frauenforschung und die Kategorie „Ethnizität". In: Das Argument, Band 224, S. 187–201.

Ha, Kien Nghi (2009): Deutsche Integrationspolitik als koloniale Praxis. In: Dietze, Gabriele/ Brunner, Claudia/Wenzel, Edith (Hrsg.): Kritik des Okzidentalismus. Transdisziplinäre Beiträge zu (Neo-)Orientalismus und Geschlecht, Bielefeld: transcript, S. 137–149.

Hall, Stuart (2000): Der Westen und der Rest: Diskurse und Macht. In: Hall, Stuart (Hrsg.): Rassismus und kulturelle Identität. Ausgewählte Schriften 2, Hamburg: Argument, S. 137–180.

Haritaworn, Jin/Tauquir, Tasmila/Erdem, Esra (2007): „Queer-Imperialism. Eine Intervention in die Debatte über ‚muslimische Homophobie'". In: Ha, Kien Nghi/Lauré al-Samarai, Nicola/ Mysorekar, Sheila (Hrsg.): re/visionen. Postkoloniale Perspektiven von People of Color auf Rassismus, Kulturpolitik und Widerstand in Deutschland, Münster: Unrast, S. 187–205.

Knapp, Gudrun-Axeli (2005): „Intersectionality" – ein neues Paradigma feministischer Theorie? Zur transatlantischen Reise von „race, class, gender". In: Feministische Studien, Jg. 23, Nr. 1, S. 68–82.

Kosnick, Kira (2010): Sexualität und Migrationsforschung: Das Unsichtbare, das Oxymoronische und heteronormatives ‚Othering'. In: Lutz,Helma/Herrera Vivar, Maria Teresa/Supik, Linda (Hrsg.): Fokus Intersektionalität. Bewegungen und Verortungen eines vielschichtigen Konzepts, Wiesbaden: VS, S. 145–164.

LesMigras (2010): Gewalt- und Mehrfachdiskriminierungserfahrungen von lb_Ft*. Zusammen-fassung der Ergebnisse. URL: www.lesmigras.de/tl_files/lesmigras/kampagne/ Studie_Zusammenfassung_LesMigraS.pdf (Letzter Aufruf: 01.05.2017).

Lutz, Helma /Wenning, Norbert (Hrsg.) (2001): Unterschiedlich verschieden. Differenz in der Erziehungswissenschaft. Opladen: Leske & Budrich.

Lutz, Helam/Herrera Vivar, Maria Teresa/Supik, Linda (Hrsg.) (2010): Fokus Intersektionalität. Bewegungen und Verortungen eines vielschichtigen Konzepts. Wiesbaden: VS.

McCall, Leslie (2005): The Complexity of Intersectionality. In: Signs. Journal of Women in Culture and Society, 30/3, S. 1771–1800. URL: www.journals.uchicago.edu/cgi-bin/ resolve?id=doi:10.1086/426800 (Letzter Aufruf: 01.05.2017).

Mohanty, Chandra T. (1988): Under Western Eyes: Feminist Scholarship and Colonial Discourses. In: Feminist Review, Nr. 30, S. 61–88.

Oguntoye, Katharina/May Opitz (1992): Farbe bekennen. Afro-deutsche Frauen auf den Spuren ihrer Geschichte. Frankfurt a. M.

Puar, Jasbir (2007): Terrorist Assamblages. Homonationalism in queer times. Durham/London: Duke University Press.

Riegel, Christine (2016): Bildung. Intersektionalität. Othering. Pädagogisches Handeln in wider-sprüchlichen Verhältnissen. Bielefeld: transcript.

Saadat-Lendle, S./Çetin, Zülfukar (2014): Forschung und Soziale Arbeit zu Queer mit Rassismuser-fahrungen. In: Bundesstiftung Magnus Hirschfeld (Hrsg.): Forschung im Queerformat. Aktuelle Beiträge der LSBTI*-, Queer- und Geschlechterforschung. Bielefeld: transcript, S. 233–250.

Sanyal, Mithu (2016): Vergewaltigung. Hamburg: Nautilus.

Tuider, Elisabeth (2015): Dem Abwesenden, den Löchern und Rissen empirisch nachgehen. Vorschlag zu einer dekonstruktivistisch diskursanalytischen Intersektionalitätsanalyse. In: Bereswill, Mechthild/Degenring, Folkert/Stange, Sabine (Hrsg.): Intersektionalität und Forschungspraxis: Wechselseitige Herausforderungen. Münster: Westfälisches Dampfboot, S. 172–191.

Walgenbach, Katharina (2007): Gender *als* interdependente Kategorie. In: Walgenbach, Katharina/ Dietze, Gabriele/Hornscheidt, Antje/Palm, Kerstin (Hrsg.): Gender als interdependente Kategorie. Neue Perspektiven auf Intersektionalität, Diversität und Heterogenität. Opladen: Barbara Budrich, S. 23–64.

Walgenbach, Katharina (2017): Heterogenität – Intersektionalität – Diversity in der Erziehungswis-senschaft. 2. Auflage, Opladen: Barbara Budrich.

**Teil II: Diskursive Annäherungen
an den Zusammenhang von Sexualität,
Gender und Einwanderungsgesellschaft**

Zülfukar Çetin
Die andere Migration der Anderen

Ein Blick auf verflochtene Geschichten von Homophobie und
Rassismus aus intersektionaler Perspektive

1 Prämissen und Kontextualisierung

Verschränkungen von gesellschaftspolitischen Diskussionen über Homophobie und
deren Ein- und Auswirkungen auf die Migrationspolitik sind oft rassistisch aufgeladen. Vor dem Hintergrund eines Rückblicks auf die unterschiedlichen Geschichten der Migration lautet die hier aufgestellte Kernthese: Homophobie wird in den
westlichen Gesellschaften oft zur Legitimation rassistischer Ausgrenzungspraxen
in mehreren Bereichen der Gesellschaft instrumentalisiert, indem die Geschichte
der (post-)kolonialen Homophobie ausgeblendet wird. Um diese These begründen
zu können, werden zunächst die Schlüsselbegriffe Homophobie und Rassismus re-
definiert. Anschließend wird das Wechselverhältnis bzw. das Zusammenwirken von
Rassismus und Homophobie erörtert. Die neuen Definitionen und die intersektionale Perspektive zielen darauf ab, kritisches Nachdenken anzuregen und dadurch
die Selbstreflexion der Leser*innen in Bezug auf mögliche eigene Sexismen, Homo-
phobien und Rassismen zu fördern. Außerdem wird die These entfaltet, dass häufig
absichtlich oder unabsichtlich rassistisch (re-)agiert wird, wenn Homophobie oder
Sexismus aufgrund bestimmter Vorkommnisse, wie z. B. sexualisierte Gewalt in der
Silvesternacht 2015 und polizeiliches Racial Profiling in der Silvesternacht 2016 in
Köln, zum Gegenstand medialer und politischer Debatten werden.

2 Die Geschichte der Migration der Anderen

Auch wenn Deutschland ein Land ist, das von Migrationen historisch geprägt ist, wird
hier oft überwiegend nur von der Arbeitsmigration seit den 1950er-Jahren gesprochen.
Die früheren Migrationen aus und nach Deutschland spielen weder in der Geschichts-
schreibung noch in der Politik und in den Sozialwissenschaften eine besondere Rolle.
In einem gemeinsam verfassten Artikel konstatieren Maria do Mar Castro Varela und
Paul Mecheril, dass Deutschland bis Ende des 19. Jahrhunderts ein Auswanderungs-
land war. Diese Migrationsbewegungen fanden in erster Linie aus wirtschaftlichen
Gründen statt, wie etwa aufgrund der Massenverelendung im Prozess der Industriali-
sierung (vgl. Castro Varela/Mecheril 2015, 156). Durch die Etablierung der deutschen
Kolonialpolitik im selben Zeitraum wurden diese Auswanderungen in die von Deut-

https://doi.org/10.1515/9783110518351-004

schen kolonisierten Länder umgelenkt, damit das Deutsche Reich keine Arbeitskräfte mehr verlieren musste (vgl. Castro Varela/Mecheril 2015, 156).

Trotz dieser (kolonialen) Geschichte werden heute Migration und ihre unterschiedlichen Formen zumeist einseitig untersucht und/oder besprochen. Castro Varela und Mecheril unterscheiden dagegen vier Formen der Migrationsbewegungen:

1. *Aus- und Übersiedlung:* Nach Castro Varela und Mecheril ist das Phänomen Aussiedlung an das Konstrukt der Abstammungsgemeinschaft geknüpft. Ihnen zufolge handelt es sich bei Aussiedler*innen um Nachkommen (weiß-)deutscher Siedler*innen. Für die Bundesrepublik Deutschland sind Aussiedler*innen also deutsche Volkszugehörige. Sie bilden zurzeit die größte Zuwanderungsgruppe seit dem 18. Jahrhundert. Über vier Millionen von ihnen kamen beispielsweise im Jahr 1950 aus Osteuropa nach Deutschland. Zu den Aussiedler*innen gehören aber auch Menschen, die als „deutsche" Minderheit in der Sowjetunion lebten und nach dem Zusammenbruch der UdSSR nach Deutschland migrierten. Auch wenn die Aus- und Übersiedler*innen wegen des Prinzips der Abstammung institutionell privilegierter sind, erfahren sie auch auf der gesellschaftlichen Ebene Diskriminierungen in der Bundesrepublik Deutschland (vgl. Castro Varela/Mecheril 2015, 159).

2. *Arbeitsmigration:* Mit der Arbeitsmigration ist die Einwanderung seit dem Jahr 1955 aus bestimmten Ländern nach Deutschland zum Zweck der Behebung des Arbeitskräftemangels gemeint. Aufgrund des „Wirtschaftswunders" durch den massiven Ausbau des Außenhandels und der erfolgreichen Exportorientierung benötigte die Bundesrepublik Deutschland immer mehr Arbeitskräfte. Zu diesem Arbeitskräftemangel trug aber auch der Bau der Mauer bei, weshalb auch die Abwanderung aus der DDR in die BRD nicht mehr möglich war (vgl. Garschagen/Lindner 2015). So wurden ab 1955 im Zuge von Anwerbeabkommen mit Ländern wie Italien, der Türkei, Spanien, Marokko, Tunesien und Exjugoslawien „Gastarbeiter*innen" in die Bundesrepublik geholt, die in absehbarer Zeit wieder zurückkehren sollten.

   Die Arbeitsmigration ist eine der wichtigsten Phänomene in der Geschichte der Bundesrepublik Deutschland, in der auch Rassismus immer wieder neue Dimensionen einnahm und einnimmt. Der biologistische Rassismus, der vorher immer mit dem Nationalsozialismus in Verbindung gebracht wurde und wird, erreichte durch die Auswirkungen der Arbeitsmigration die Mitte der bundesrepublikanischen Gesellschaft. Von ihm waren nicht mehr nur die Juden und Jüdinnen, Sinti und Roma sowie Schwarzafrikaner*innen aus ehemaligen deutschen Kolonien betroffen, sondern auch andere Menschen, die über das Anwerbeabkommen nach Deutschland kamen und ihr Leben hier weiterführen wollten. Der biologistische Rassismus verwandelte sich in einen kulturalistischen Rassismus, von dem vor allem Arbeitsmigrant*innen aus der Türkei und andere, die als muslimisch markiert werden, betroffen waren. Diese neue Form des Rassismus ist heute allgegenwärtig und hat nicht nur die Diskriminierung in unterschiedlichen

Bereichen der Gesellschaft, sondern auch Gewalt und Mord zur Folge, wie z. B. die bisher unaufgeklärte NSU-Mordserie oder die Brandanschläge auf Sammelunterkünften der Geflüchteten seit den frühen 1990er-Jahren.

3. *Flucht:* Laut Castro Varela und Mecheril sind wichtigste Voraussetzungen der Fluchtbewegungen unter anderem koloniale Hinterlassenschaften, inner- und zwischenstaatliche Kriege, ethnisierte und religiöse Konflikte, Verfolgung spezifischer Minderheiten (wie z. B. Schwule, Lesben, Transpersonen, Angehörige religiöser Minoritäten sowie politischer Widerstandsgruppen), Armut und Folgen der Umweltzerstörung (vgl. Castro Varela/Mecheril 2015, 163). Laut *UNO-Flüchtlingshilfe* waren im Jahr 2015 65,3 Millionen Menschen auf der Flucht. 50 % dieser Menschen sind Kinder und 86 % der Geflüchteten leben in „Entwicklungsländern". Die Türkei ist bis jetzt das Land, das bis Ende des Jahres 2015 weltweit die meisten Geflüchteten (2,5 Millionen) aufgenommen hat (vgl. UNO-Flüchtlingshilfe 2016).

4. *Irreguläre Migration:* Unter irregulärer Migration wird „illegitime" Grenzüberschreitung, ein Leben ohne Papiere, das Arbeiten ohne gültige Arbeitserlaubnis verstanden (vgl. Castro Varela/Mecheril 2015, 165). Im Falle der Ablehnung eines Asylantrags werden Geflüchtete aufgefordert, innerhalb kürzester Zeit das Ankunftsland zu verlassen. Geflüchtete, die dieser Aufforderung nicht nachkommen, weil sie aus humanitären oder politischen Gründen das Ankunftsland nicht verlassen können oder wollen, müssen dort dann ohne Papiere, also „illegal" ein Leben führen. Menschen ohne Papiere werden sowohl im politischen als auch im medialen sowie im Alltagsdiskurs als „Illegale" stigmatisiert (vgl. Castro Varela/Mecheril 2015, 165). Folgen dieser strukturellen und institutionellen Stigmatisierung und Klassifizierung sind oft Ausschluss, Isolation und Unsichtbarkeit der „papierlosen, undokumentierten" und/oder „illegalisierten" Menschen, die keine Ansprüche auf Wohnen, Arbeit, Bildung und Gesundheit haben. Aufgrund dieser Rechtlosigkeit sind sie oft mit existenziellen Konsequenzen konfrontiert, z. B. wenn sie obdachlos werden oder wenn sie bei fehlender Krankenversicherung schwere Krankheiten bekommen. Die Menschen, die aus vermeintlich „sicheren Drittstaaten" kommen oder aus Ländern, in denen politische Verfolgung oder inhumane Behandlungen angeblich nicht vorkommen, sind oft mit Illegalisierungsprozessen konfrontiert und können kein Recht auf Asyl beanspruchen.

3 Eine andere unbekannte Geschichte der Migration

Jenseits dieser Vielfalt der Migrationsbewegungen herrscht heute das Verständnis, dass Migration und Flucht oft Massenbewegungen von Ost nach West, von Süd nach Nord seien. Dieses Verständnis hat vor allem mit der Geschichte des kolonialen Rassismus zu tun, der heute immer noch wirkmächtig ist und die Machtverhältnisse zwischen „West/Rest", „Nord/Süd", „Okzident/Orient" bestimmt. In diesem Zusammenhang wird Migration immer als eine Bewegung vom Schlechten zum Guten, vom Unterentwickelten zum Entwickelten, von Armut zum Wohlstand, vom Primitiven zum Modernen, vom Krieg zum Frieden verstanden. Während das Gute, Moderne, Wohlständige, Westliche als Zielort der Migrant*innen oder Geflüchteten konstruiert wird, werden die „verlassenen" Orte als Gegensatz zum „Westen" erklärt. Es werden ihnen kolonial geprägte negative Eigenschaften, die auch immer als Grund für Migration und Flucht gelten, zugeschrieben.

An dieser Stelle möchte ich aber eine andere unbekannte Geschichte der Migration in die andere Richtung skizzieren. Nämlich die Migration der „Anderen" von Deutschland in das Osmanische Reich:

> Der Pionier der Forschung zur Homosexualität in Deutschland, Magnus Hirschfeld, beschreibt im Jahr 1914 Istanbul als Heimat einer europäischen Urningskolonie. Dort existierten bereits damals historische Stätte(n) homosexueller Vergnügungen, in denen es auch ein berühmtes Männerbordell gab, welches ironisch „Ottomanische Bank" genannt wurde. Zur Ottomanischen Bank gingen auch europäische Schwule, die sich mit den osmanischen männlichen Prostituierten trafen, ohne Angst vor Anzeigen, Verfolgung oder Gefängnisstrafen haben zu müssen. Da Anfang der 1900er Jahre homosexuelle Beziehungen in Deutschland und England strafbar waren, lebten geflüchtete Schwule aus diesen und anderen Ländern in Istanbul. Im Gegensatz zu den oben genannten Ländern war Istanbul eine Stadt „sexueller" Freiheiten und ein Anziehungspunkt auch für viele osmanische Homo- und Transsexuelle. Die historischen Dokumente belegen zum Beispiel, dass die Prostitution junger Männer im osmanischen Reich legalisiert war, sie mussten für ihre (Sex-)Arbeit jedoch Steuern zahlen (Çetin 2015, 4).

Anfang der 1900er-Jahre entstanden in Europa die ersten Homosexuellen-Bewegungen, die auf die Beseitigung der strafrechtlichen Verfolgung und auf die Abschaffung antihomosexueller Gesetze abzielten. Ein bekanntes Beispiel dafür war der § 175 StGB, der in Deutschland bis in das Jahr 1994 in Kraft blieb und die homosexuellen Beziehungen wie folgt unter Strafe stellte: „Die widernatürliche Unzucht, welche zwischen Personen männlichen Geschlechts oder von Menschen mit Tieren begangen wird, ist mit Gefängnis zu bestrafen; auch kann auf Verlust der bürgerlichen Ehrenrechte erkannt werden" (zit. n. Çetin 2015, 4).

Diese Geschichte zeigt, dass Migration und Flucht nicht nur in *einer* Richtung, *einer* Region, *einer* Religion, für *ein* Geschlecht, *einen* sozialen Status und/oder *eine* Klasse virulent sind.

Migration ist demnach von unterschiedlichen Motivationslagen und Bedingungsfaktoren geprägt und sie beeinflusst Gesellschaft und Gesellschaftspolitik auch heute noch.

Trotz dieser geschichtlichen und gegenwärtigen Heterogenität der Migrationsbewegungen, deren Gründe, Motive und Motivationen ebenso heterogen sind, herrschen in Deutschland wie auch in anderen Teilen der ehemaligen kolonialen Länder immer noch homogene gesellschaftspolitische Erklärungen, Haltungen und Handlungen zur Migration, die auch in der Sozialwissenschaft zumeist eindimensional betrachtet und untersucht werden. Diese eindimensionale Perspektive ist oft ein Grund für die

Reproduktion und Kontinuität rassistischer Migrationspolitiken und gesellschaftlicher Einstellungen. Seit Beginn der Arbeitsmigration bis zur Wiedervereinigung der beiden deutschen Staaten und von der Wiedervereinigung bis zum 11. September 2001 sowie seit diesem Tag besteht in Deutschland (wieder) ein großes Problem, das Rassismus heißt.

Der Rassismus wird in diesen unterschiedlichen Perioden mehr oder weniger ähnlich gerechtfertigt. Der Fokus des vorliegenden Beitrags liegt aber in erster Linie auf dem Phänomen der Homophobie, welche seit dem „Kampf gegen Terror nach 2001" zur Rechtfertigung des postkolonialen Rassismus instrumentalisiert wird. Im Folgenden werden deshalb die Homophobie aus der migrantischen Perspektive definiert und die rassistische Komponente der westeuropäischen bzw. deutschen Sexualpolitik aufgezeigt.

4 Zusammenhänge von antimuslimischem Rassismus, Queer-Theorie und Politik

4.1 Homophobie

Laut Duden-Online heißt homophob: „eine starke [krankhafte] Abneigung gegen *Homosexualität habend, zeigend*" (www.duden.de). In der Duden-Definition wird eine gesellschaftliche Ausgrenzungspraxis, die Haltung bzw. Einstellung gegenüber Homosexuellen und Homosexualität ausgeblendet, psychologisiert und dadurch verharmlost. Im Gegensatz zu dieser Duden-Definition kann Homophobie als diskriminierende, herabwürdigende und stigmatisierende Einstellung gegenüber Homosexuellen aufgrund eines (vermeintlichen) sexuellen Verhaltens und eines damit verbundenen Auftretens in der Öffentlichkeit, das als ‚normabweichend' konstruiert wird, bezeichnet werden (vgl. Çetin 2012).

Sozialwissenschaftlich ist Homophobie jedoch als eine Folge der Heteronormativität zu betrachten. Heteronormativität polarisiert die Menschen u. a. biologistisch bzw. naturalisierend in zwei Geschlechterkategorien (Mann vs. Frau) oder in zwei sexuelle Orientierungen (Hetero- vs. Homosexualität). Während Mann und Heterosexualität als Norm und als überlegen gelten, werden die anderen, also Frau und Homosexualität, je nach Situation und Kontext der Gegenwart als Abweichung von der Norm und als unterlegen betrachtet. Homophobie ist also mehr als eine krankhafte Angst vor Homosexualität, sondern sie ist gesellschaftlich verfestigte negative Wertung der als nicht heterosexuell identifizierbaren Menschen, die moralisch, politisch und juristisch stigmatisiert, benachteiligt und ausgeschlossen werden. Diese Formen der Homophobie bilden sowohl die intentionelle als auch strukturelle bzw. gesellschaftliche Diskriminierungsebene, die aber mit anderen Formen der Diskriminierungen verschränkt sind.

Die Ursachen der Homophobie werden in diesem Zusammenhang in den letzten Jahren auf die religiöse und kulturelle Zugehörigkeit der vermeintlich Homophoben zurückgeführt. Meistens werden Menschen, die als muslimisch markiert werden, potenzielle Homophobie und Frauenfeindlichkeit zugeschrieben. Verschiedene Studien, u. a. die durch das Berliner *Schwule Anti-Gewalt-Projekt für die Opfer homophober Gewalt* (Maneo) durchgeführten Umfragen, verbreiten Ergebnisse, die besagen, dass Menschen mit „Migrationshintergrund" homophob seien (vgl. Blech 2009). Zum einen sind diese Studien, deren Repräsentativität bzw. Wissenschaftlichkeit umstritten ist, Treiber einer rassistischen Ideologie, worauf auch Judith Butler auf dem Berliner Christopher Street Day 2010 aufmerksam gemacht hatte (vgl. Çetin 2012; Çetin/Voß 2016). Zum anderen gibt es Nachweise, dass die für die Umfrage des Projekts *Maneo* genutzten Fragebögen gezielt manipuliert wurden, um Stimmung gegen People of Color[1], die in diesem Kontext wiederum als türkisch oder arabisch markiert werden, zu machen (vgl. Blech 2009).

4.2 Rassismus

Nach Stuart Hall geht es beim Rassismus um die Markierung von Unterschieden, die man dazu braucht, um sich gegenüber anderen abzugrenzen, vorausgesetzt, diese Markierungen dienen dazu, soziale, politische und wirtschaftliche Handlungen zu begründen, die bestimmte Gruppen vom Zugang zu materiellen und symbolischen Ressourcen ausschließen und dadurch der ausschließenden Gruppe einen privilegierten Zugang sichern. Entscheidend ist dabei, dass die Gruppen aufgrund willkürlich gewählter Kriterien gebildet werden, wie etwa Herkunft und Hautfarbe (vgl. Hall 1992; Rommelspacher 2009).

Rassismus manifestiert sich in einem Herrschaftsverhältnis. Die Voraussetzung dieser Herrschaft besteht darin, dass die herrschende, weiße Gesellschaft bestimmte Menschengruppen wie People of Color, Schwarze, Sinti und Roma, aber auch Muslim*innen unterdrückt, um sie vom Zugang zu bestimmten sozialen, kulturellen, symbolischen und politischen Ressourcen auszuschließen. Dieser Ausschluss bedingt gleichzeitig eine Rechtfertigung, die dadurch funktioniert, dass rassistisch diskriminierten Menschen bzw. Gruppen bestimmte negative Merkmale zugeschrieben werden, wie etwa rückständig, dumm, sexistisch, unzivilisiert. Durch die Herstellung dieser Unterschiede als Abgrenzung zum Eigenen, das als fortschrittlich,

---

1 People of Color ist eine widerständige politische Selbstbezeichnung von Menschen, die Erfahrungen mit rassistischer Diskriminierung machen. Das Wort „Color" weist nicht auf die sog. „Hautfarbe" hin, vielmehr wird damit eine Gemeinsamkeit von Rassismuserfahrungen gemeint, die sich in einer rassistisch geprägten Gesellschaftsstruktur repräsentiert sehen wollen. Ich danke der Leiterin des Antidiskriminierungsnetzwerkes des Türkischen Bundes Berlin-Brandenburg, Céline Barry, für die gemeinsame Definition der People-of-Color-Bezeichnung.

intelligent, frauenfreundlich, zivilisiert repräsentiert wird, werden rassistische Ausschlüsse, Handlungen und Haltungen ausgeblendet oder als legitim geltend gemacht.

In diesem Fall spricht Robert Miles von der Rassenkonstruktion. „Rassen" werden also u. a. nach Miles konstruiert und negativ bewertet. Durch die negative Wertung werden Menschengruppen in unterlegene oder überlegene „Rassen" sortiert. Durch diese negative Bedeutungskonstruktion wird die untergeordnete Menschengruppe als anders, unvereinbar mit dem Eigenen bezeichnet und anderen Menschengruppen gegenübergestellt. Damit werden Menschen in eine Rangordnung gebracht (vgl. Miles 1989). Rommelspacher vertritt deshalb die Auffassung, dass es sich beim Rassismus nicht einfach um die individuellen Vorurteile, sondern um die Legitimation von gesellschaftlichen Hierarchien handelt, die auf der Diskriminierung der so konstruierten Gruppen basieren. In diesem Sinn ist Rassismus immer ein gesellschaftliches Verhältnis (vgl. Rommelspacher 2009).

4.3 Homophobie und „Muslim*innen"

Nach dem 11. September 2001 nahmen die Diskussionen über Frauenrechte und die Situation sexueller Minderheiten in muslimischen Gesellschaften hier und dort, wo der Islam vorherrscht, rasant zu (vgl. Yılmaz-Günay 2015). Mit der Re-Konstruktion des Islam und der Muslim*innen als gefährliche Andere verstärkten sich gleichzeitig antimuslimische Positionen und Politiken unter dem Deckmantel der Religionskritik.

Religion wurde als Synonym für Islam und Religionskritik für Islamkritik verstanden. Zu dieser Religionskritik gehört u. a. auch die Debatte um Geschlechterverhältnisse und Einstellungen zu normativen wie von der Norm abweichenden Sexualitäten unter Muslim*innen. Mit diesen sexual- und geschlechterpolitischen Fragen beschäftigen sich seit über 100 Jahren zahlreiche Islam- und Sexualwissenschaftler*innen und sie positionieren sich kontrovers.

Magnus Hirschfeld, deutsch-jüdischer Sexualwissenschaftler und Mitgründer des *Wissenschaftlich-humanitären Komitees*, schrieb bereits im Jahre 1914:

> Der Koran verbietet den homosexuellen Verkehr nicht an sich, wendet sich vielmehr nur gelegentlich wie bei der Erzählung, die von der Verletzung des Gastrechtes an den bei Lot abgestiegenen Fremden handelt, gegen die Ausschweifungen der Sodomiter, die nachdem sie ihre Wollust bei Frauen gekühlt, noch in ihrer Zügellosigkeit Männer begehren. Ein ausdrückliches Gesetz gegen den mann-männlichen Verkehr findet sich in keiner Sure des Korans, auch nicht in der vierten, die von dem geschlechtlichen Leben handelt (Hirschfeld 1914, 598).

Auch zeitgenössische Islamwissenschaftler wie Thomas Bauer setzen sich mit dem Koran und dem Islam in dieser Hinsicht auseinander und kommen zu dem Schluss, dass der Koran in verschiedenen Ländern je nach den gesellschaftlichen Strukturen interpretiert und der Islam dementsprechend unterschiedlich praktiziert wird. Die Frage, „wie es (dazu) kommt, dass heute in den meisten islamischen Gesellschaften gleichgeschlechtliche Liebe und gleichgeschlechtlicher Sex, vor allem zwischen

Männern, wesentlich problematischer gesehen werden als noch vor 150 Jahren" (Bauer 2013, 71), erklärt Bauer mit dem westlichen Einfluss auf den Rest der Welt:

> [...] Im 19. Jahrhundert übernahmen Muslime westliche Werte mit ihrer damals drastischen Verdammung homosexuellen Fühlens und Handelns und fingen an zu glauben, dass die scheinbar „lockere" Moral ihrer Vorfahren dafür verantwortlich sei, dass die islamische Welt nicht mit der westlichen Moderne schritthalten konnte. Heute fordert die westliche Welt – durchaus zurecht – in der islamischen Welt Schwulenrechte ein und hält – durchaus zu Unrecht – die dortige Homophobie für typisch islamisch. Übrigens sind homosexuelle Handlungen noch immer in der Mehrzahl der arabischen Staaten straffrei. Dort, wo es Strafbestimmungen gibt, sind diese meist nicht aus der Shari'a abgeleitet, sondern aus dem britischen Recht (Bauer 2010).

Muhsin Hendricks, der sich als schwuler Imam offenbart, geht ebenfalls davon aus, dass Koran und Hadith teilweise falsch ausgelegt wurden. Die fehlerhaften Übersetzungen und Interpretationen führen gegenwärtig zu irrealen Vorstellungen und unterschiedlicher Praktizierung des Islam in den verschiedenen Ländern (vgl. Hendricks 2008, 24). Hendricks versucht, den Koran möglichst nah am Original zu übersetzen, um gegenwärtige Missverständnisse über den Islam und seine negative Haltung zur Homosexualität zu beseitigen. In seiner vergleichenden Analyse zwischen verschiedenen Koranübersetzungen und -auslegungen findet er heraus, dass die Geschichte von Lot missverstanden und deshalb falsch übermittelt worden ist (vgl. Hendricks 2008, 24).

Die fast „unhinterfragbare" Annahme, dass die muslimischen Migrant*innen homophob seien, kann heute auch anhand neuerer Studien infrage gestellt werden. Die im Jahre 2015 von der *Bertelsmann-Stiftung* veröffentlichte Sonderstudie belegt, dass die „muslimischen" Einstellungen zur Homosexualität ziemlich heterogen sind, und sie können nicht „nur" mit der Religion Islam erklärt werden. In der Bertelsmannstudie heißt es: „Der Aussage, ein homosexuelles Paar sollte die Möglichkeit haben zu heiraten, stimmen 40 % der hochreligiösen Sunniten in Deutschland zu. Dieser Anteil beträgt unter reflektierten hochreligiösen Sunniten 58 %" (Religionsmonitor 2015).

Diese aktuellen Zahlen zeigen eine Tendenz zu Akzeptanz bzw. Selbstverständlichkeit der gleichgeschlechtlichen Liebe und/oder Beziehungen unter Muslim*innen. Im Jahre 2008 unterzeichneten beispielsweise mehrere islamische Vereine und Verbände, wie der *Deutschsprachiger Muslimkreis* (DMK), die *Türkisch-Islamische Union der Anstalt für Religion e. V.* (DITIB), der *Verein Inssan für kulturelle Interaktion e. V.*, das *Interkulturelle Zentrum für Dialog und Bildung* (IZDB), das *Islamisches Kultur- und Erziehungszentrum* (IKEZ), die *Muslimische Jugend in Deutschland e. V.* (MDJ) und die *Neuköllner Begegnungsstätte* (NBS) eine Stellungnahme gegen Homophobie: „Wir wenden uns entschieden gegen jegliche Form der Diskriminierung und Verfolgung irgendwelcher gesellschaftlicher Gruppen einschließlich der Homosexuellen" (Stellungnahme 2008). Diese gemeinsame Stellungnahme setzte ein klares Zeichnen gegen Diskriminierung aufgrund der sexuellen Orientierung, die von den Unterzeichner*innen als Privatsache der Individuen betrachtet und akzeptiert werden.

Es gibt, einige (wenn auch nicht viele) Gruppen, Initiativen und Organisationen, die sich in Deutschland für eine diskriminierungsarme Gesellschaft einsetzen und das

Ausspielen von Homophobie gegen Rassismus kritisieren. Der *Verein Gays and Lesbians aus der Türkei* (Gladt e. V.), das *Antigewaltprojekt der Lesbenberatung Berlin e. V.* (LesMigras), der *Migrationsrat in Berlin-Brandenburg e. V.* (MRBB) oder der *Türkische Bund in Berlin-Brandenburg* (TBB) positionieren sich seit ihrer Gründung gegen gesamtgesellschaftliche Diskriminierung jeglicher Art, zu der auch homophobe Diskriminierungen zählen. Alle diese Nicht-Regierungsorganisationen von und für Migrant*innen machen deutlich, dass die muslimisch geprägten migrantischen Gruppen nicht als homophob, sexistisch und antisemitisch verallgemeinert werden können.

Die pauschalen Annahmen, der Islam sei eine Religion, die die Unterdrückung der Frau, die Ausgrenzung der Homosexuellen und die Ausübung von Gewalt erlaubt und die sicheren Lebensräume von Homosexuellen bedroht, können weder (islam-)wissenschaftlich noch soziologisch belegt werden. Solche antimuslimischen Argumentationen dienen häufig dazu, dass die (muslimischen) Migrant*innen als homophob identifiziert und stigmatisiert werden. Sie seien homophob, weil ihre Kultur anders ist. Die Kulturalisierung der Homophobie ist so stark, dass eine gesamte Bevölkerungsgruppe systematisch verurteilt und die Polarisierung der gegenwärtigen (Einwanderungs-)Gesellschaft in „wir" und „andere" begünstigt wird.

5 Wir und die Anderen – programmatische Überlegungen

Im Gegensatz zu der als homophob imaginierten muslimischen Welt wird der weiß-deutschen Gesellschaft, die sich als christlich begreift, Feminismus, Homo- und Transfreundlichkeit zugeschrieben, als würden diese genuin zu den Werten eines homogenen westlich-christlichen Europas gehören. Eine Externalisierung von Sexismus, Patriarchat, Homo- und Transfeindlichkeit und Antisemitismus findet immer dann statt, wenn es um die Menschen geht, die als nicht „eigentlicher" Teil der deutschen Nation, christlicher Religion und des westlichen Wertesystems angesehen werden. Die gewöhnliche Migrationspolitik spricht immer noch von einer „Integration" derer, die zu „uns" kommen oder schon seit Jahrzehnten bei „uns" leben.

Die *CDU* aktualisierte Ende des Jahres 2015 erneut die Frage der „Integration von allen Ausländern" (sic) auf ihrem Bundesparteitag. Sie sah ein „Integrationspflichtgesetz" vor, das „gegenseitig" unterzeichnet werden sollte:

> Demnach sei es notwendig, dass Migranten den Grundwertekatalog akzeptieren und sich unter anderem verpflichten, die Gleichberechtigung von Mann und Frau sowie den Vorrang der deutschen Gesetze vor der Scharia anzuerkennen. Eine Diskriminierung von Frauen, Homosexuellen und Andersgläubigen dürfe nicht als Ausdruck religiöser Vielfalt akzeptiert werden. Außerdem sollten die Einwanderer zusichern, das Existenzrecht Israels anzuerkennen. Bei Verstößen solle es die Möglichkeit geben, Sozialleistungen zu kürzen oder den Aufenthaltsstatus zu ändern (Birnbaum u. a. 2015).

In Deutschland sind das Sprechen über und die Einsicht in den eigenen Rassismus sehr oft angstbesetzt, weil das Thema „Rassismus" in der Regel mit der nationalsozialistischen Rasseideologie in Verbindung gebracht wird. In der heutigen Zeit selbst rassistisch zu sein, wird deshalb von vielen negiert. In diesem Zusammenhang ist es deshalb dringend erforderlich, die rassistischen Verbrechen der Nationalsozialisten zu keiner Zeit zu vergessen. Wir sollten uns eine breite wirksame Erinnerungskultur aneignen, in der an die Opfer des Nationalsozialismus kontinuierlich erinnert wird, denn wo vergessen wird, droht Wiederholung von rassistischer Gewalt und Tod.

Rassismus ist aber nicht nur ein Phänomen des Nationalsozialismus. Wir haben mit dem Problem „Rassismus" seit dem europäischen Kolonialismus zu tun, und heute müssen wir endlich einsehen, dass dieser Rassismus der Vergangenheit in Teilen der Gesellschaft noch wirkmächtig ist, immer gefährlicher wird und zunehmend mehr Menschen betrifft.

Wir sind von unterschiedlichen Machverhältnissen umgeben, und diese Machtverhältnisse bestimmen oft, was wir für gut und was wir für schlecht halten sollen. Während der nationalsozialistischen Herrschaft wurden Millionen von Juden und Jüdinnen, Hunderttausende Sinti und Roma, Tausende Schwarze, Menschen mit Behinderung und Homosexuelle vernichtet, weil die NS-Ideologie diese „Anderen" als Bedrohung für das „arische" Volk oder zu den „Verdammten dieser Erde" (vgl. Fanon 1981) erklärt hatte.

Heute haben wir immer noch Probleme mit Antisemitismus, Rassismus, Sexismus, Homophobie und dem Ausschluss von Menschen mit Behinderung. Alle diese Formen der Diskriminierungsmechanismen kann man nicht von Rassismus trennen. Rassistische Gesellschaftsverhältnisse müssen in diesem Zusammenhang erkannt werden, weil der Rassismus die Menschen je nach gruppenspezifischem Merkmal als gut oder schlecht, als nützlich oder unnütz, als eigenes oder fremdes identifiziert. Heute ist die deutsche Mehrheitsgesellschaft davon überzeugt, nicht mehr antisemitisch, homophob, sexistisch und/oder frauenfeindlich zu sein. Heute behauptet die mehrheitsdeutsche Gesellschaft homofreundlich zu sein oder bemüht sich um Inklusion von Menschen mit Behinderung. Eine Analyse dieser menschenfreundlichen Gesellschaft würde uns aber andere Informationen vermitteln, die aufzeigen können, dass Frauen immer noch Opfer von Sexismus in der Partnerschaft oder am Arbeitsplatz sind, dass die Menschen mit Behinderung immer noch auf dem Arbeitsmarkt unterrepräsentiert sind oder Nachteile wegen der nicht vorhandenen Barrierefreiheit auf Straßen, in den Wohnhäusern oder beim Zugang zu Dienstleistungen haben. Heute werden Synagogen immer noch durch die Polizei geschützt, weil eben Antisemitismus mit Ende des Zweiten Weltkriegs nicht abgeschafft werden konnte. Auch die Homophobie, die sich im *Bündnis „Besorgte Eltern"* bundesweit neuerdings vehement artikuliert, muss hier genannt werden.

Zusammenfassend bleibt festzuhalten, dass Homophobie und Sexismus globale Phänomene sind und nicht mit einer Kultur, einer Religion oder einem Herkunftsort erklärt werden können.

6 Vertiefungsaufgaben und -fragen

1. Wie wird heute in Deutschland, in einer „migrantisch" geprägten Gesellschaft über Homophobie und Sexismus diskutiert? Wie kann man über Homophobie, Sexismus und Rassismus sprechen, ohne diskriminierende Einstellungen zu bedienen?
2. Wie funktionieren Rassismus und Heteronormativität? Welche Gemeinsamkeiten haben sie in Bezug auf ihre Funktionen und Funktionsweisen?
3. Wie sind heute Migrationsbewegungen aus einer historischen Perspektive zu verstehen und zu bewerten? Welche alternativen Migrationspolitiken und Forschungsschwerpunkte bzw. -ansätze zum Thema „Migration" sind in diesem Zusammenhang denkbar?

Literatur

Bauer, Thomas (2010): Musterschüler, Zauberlehrling. URL: www.fr-online.de/kultur/islam-debatte-musterschueler--zauberlehrling,1472786,4708814.html, (Letzter Aufruf: 29.01.2017).

Bauer, Thomas (2013): Islam und Homosexualität. In: Bauer, Thomas/Höcker, Bertold/Homolka, Walter/Mertes, Klaus/Feddersen, Jan: Religion und Homosexualität: Aktuelle Positionen. Göttingen: Wallstein, S. 71–89.

Blech, Norbert: Maneo-Umfrage gezielt manipuliert? URL: www.queer.de/detail.php?article_id=10906, (Letzter Aufruf: 29.01.2017).

Birnbaum, Robert/Woratschka, Rainer/Austilat, Andreas/Böhme, Christian (2015): Rechte und Pflichten für Neubürger CDU will Integrationspflicht. URL: www.tagesspiegel.de/politik/rechte-und-pflichten-fuer-neubuerger-cdu-will-integrationspflicht/12653132.html, (Letzter Aufruf: 29.01.2017).

Castro Varela, María do Mar (2009): Migration, Begehren und Gewalt. Anmerkungen zu Rassismus und Homophobie. In: Senatsverwaltung für Arbeit, Integration und Soziales (Hrsg.): Homophobie in der Einwanderungsgesellschaft. Berlin, S. 13–26.

Castro Varela, Mariá do Mar/Mecheril, Paul (2011): Migration. In: Arndt, Susan/Ofuatey-Alazard, Nadja (Hrsg.): Wie Rassismus aus Wörtern spricht. (K)Erben des Kolonialismus im Wissensarchiv deutsche Sprache. Ein kritisches Nachschlagewerk. Münster: Unrast Verlag, S. 154–176.

Çetin, Zülfukar (2012): Homophobie und Islamophobie. Intersektionale Diskriminierungen am Beispiel binationaler schwuler Paare in Berlin. Bielefeldt: transcript.

Çetin, Zülfukar (2015): Die Dynamik der Queer Bewegung in der Türkei vor und während der konservativen AKP-Regierung. Arbeitspapier, FG EU/Europa, 2015/08, SWP Berlin. URL: www.swp-berlin.org/fileadmin/contents/products/arbeitspapiere/AP_FG_Europa_2015_08.pdf, (Letzter Aufruf: 29.01.2017).

Çetin Zülfukar/Voss, Heinz-Jürgen (2016): Schwule Sichtbarkeit – Schwule Identität. Kritische Perspektive. Gießen: Psychosozial-Verlag.

Fanon, Frantz (1981): Die Verdammten dieser Erde. Frankfurt a. M.: Suhrkamp Taschenbuch.

Garschagen, Teresa/Lindner, Jenny (2015): Welche Migrationsbewegungen haben Deutschland geprägt? URL: https://mediendienst-integration.de/artikel/fluechtlinge-asyl-migrationsbewegungen-geschichte-einwanderung-auswanderung-deutschland-aussiedler-gastarbeiter.html, (Letzter Aufruf: 29.01.2017).

Hall, Stuart (1992): The west and the rest: discourse and power. In: Hall, Stuart/Gieben, Bram (Hrsg.): Formations of Modernity. Cambridge: Polity Press, S. 275–331.

Hendricks, Imam Muhsin (2008): İslam ve eşcinsellik (Islam und Homosexualität). In: Kulturzeitschrift KaosGL, Nr.: 103. Ankara.

Hirschfeld, Magnus (1914): Die Homosexualität des Mannes und des Weibes. Berlin: Verlag Louis Marcus.

MANEO (2009): Gewalterfahrungen von schwulen und bisexuellen Jugendlichen und Männern in Deutschland. Ergebnisse der MANEO-Umfrage 2 (2007/2008). URL: www.maneo-toleranz-kampagne.de/pdf/maneo-umfrage2-bericht.pdf, (Letzter Aufruf: 29.01.2017).

Miles, Robert (1989): Bedeutungskonstitution und der Begriff des Rassismus. In: Das Argument 175. Zeitschrift für Philosophie und Sozialwissenschaften. 31. Jg. Heft 3. Berlin und Hamburg, S. 353–367.

Religionsmonitor. Verstehen was verbindet Islam. Sonderauswertung 2015.Die wichtigsten Ergebnisse im Überblick. URL: www.bertelsmann-stiftung.de/fileadmin/files/Projekte/51_Religionsmonitor/Zusammenfassung_der_Sonderauswertung.pdf (Letzter Aufruf: 29.01.2017).

Rommelspacher, Birgit (2009): Was ist eigentlich Rassismus. In: Melter, Claus/Mecheril, Paul (Hrsg.): Rassismuskritik, Rassismustheorie und -forschung. Schwalbach: Wochenschau. S. 25–38.

Stellungnahme Berliner Muslimischer Organisationen bzw. Berliner Sektionen Nationaler Verbände zur Homophobie (2008). URL: http://inssan.de/?id=77, (Letzter Aufruf: 29.01.2017).

UNO-Flüchtlingshilfe (2016): Flüchtlinge weltweit. Zahlen & Fakten. URL: www.uno-fluechtlingshilfe.de/fluechtlinge/zahlen-fakten.html, (Letzter Aufruf: 29.01.2017).

Yılmaz-Günay, Koray (Hrsg.) (2014): Karriere eines konstruierten Gegensatzes: Zehn Jahre „Muslime versus Schwule". Sexualpolitiken seit dem 11. September 2001. Neuausgabe. Münster: edition assemblage.

Bernd Christmann

Sexualität und Gender als Projektionsflächen für fremdenfeindliche Stereotype und kulturalistische Identitätskonstruktionen

1 Problemaufriss

Die Bedeutung von Sexualität und Gender als Themen der Diskurse und Konflikte über und um Migration erschließt sich nicht ohne Weiteres auf den ersten Blick. Schließlich erscheinen vielmehr Fragen nach den politischen Rahmenbedingungen von Einwanderung, dem Rechtsstatus von Migrant*innen, Diskussionen über Kosten und Nutzen von Migration für die Sozialsysteme und den Arbeitsmarkt sowie die umfangreichen Fragenkomplexe rund um Integration und innere Sicherheit die traditionell dominierenden Diskurslinien zu sein (Scherr 2009). Insbesondere der letztgenannte Aspekt und die darauf rekurrierenden sexualisierten Argumentationen verdeutlichen jedoch, dass der Migrationsdiskurs in erheblichem Maße durch sexualitäts- und genderbezogene Thematiken geprägt ist. Als möglicher inhaltlicher Zugang dazu sollen in diesem Beitrag die öffentlichen und medialen Reaktionen auf die Silvesternacht im Jahr 2015 dienen, während der in mehreren deutschen Großstädten zahlreiche sexualisierte Übergriffe durch Männergruppen, häufig in Tateinheit mit Eigentumsdelikten, gegen Frauen und Mädchen verübt wurden. Als Täter dieser, in der Berichterstattung primär mit den Ereignissen am Kölner Hauptbahnhof assoziierten, Gewalthandlungen wurden überwiegend Migranten aus den nordafrikanischen Staaten benannt, aber auch Flüchtlinge aus anderen Herkunftsländern (vgl. Dietze 2016).

Die Qualität und Quantität der Übergriffe wurden in weiten Teilen des Diskurses als Beleg für die unweigerliche Gefährdung der öffentlichen Sicherheit durch Flüchtlinge und die ihnen zugeschriebenen kulturellen Eigenschaften gewertet, was wiederum mit einem Umschlagen der öffentlichen Stimmung und einem Ende der Willkommenskultur gleichgesetzt wurde (vgl. El-Menouar 2016, 150). Gleichzeitig wurde die Verantwortung für das Zustandekommen dieser Situation letztlich der Bundesregierung angelastet, die einen unkontrollierten Zustrom von Migrant*innen und damit auch der Täter ermöglicht habe. Dies sei als Ausdruck einer Politik anzusehen, die die nationale Sicherheit und das Wohlergehen der eigenen Bürger*innen konsequent vernachlässige. In diesem Tenor wurden Maßnahmen zur Selbstverteidigung, aber auch die seit Beginn der Flüchtlingskrise stetig häufiger werdenden Gewalthandlungen gegen Flüchtlinge verstärkt als legitime Form der Gefahrenabwehr thematisiert (vgl. El-Menouar 2016, 151). Die politische Instrumentalisierung der Silvesterereignisse wiederum fand schließlich Niederschlag in der im Juli 2016 verabschiedeten

https://doi.org/10.1515/9783110518351-005

Reform des Sexualstrafrechts, die sich auch auf Abschieberegelungen verschärfend auswirken soll.

Von diesem Beispiel für eine unmittelbare und mit konkreten rechtlichen Konsequenzen verbundene Wirkung von sexualitäts- und genderbezogenen Diskursmotiven ausgehend, soll im Folgenden die besondere Funktion von Sexualität als einer Projektionsfläche für fremdenfeindliche Stereotype und die kulturalistisch grundierte Konstruktion sozialer Identitäten skizziert werden. Dazu bedarf es auch einer Thematisierung sozialgeschichtlicher Faktoren und deren Kontinuität.

2 Sexualisierte Argumentationen im Migrationsdiskurs und ihre Wurzeln

Die öffentliche Diskussion über die Ereignisse der Silvesternacht 2015, von den (Hass-)-Kommentaren in sozialen Netzwerken bis hin zu qualitätsjournalistischen Leitartikeln, bildet komplementär zu den ursprünglichen Geschehnissen ein diskursives Ereignis. Dieses ist dadurch charakterisiert, dass die einzelnen Übergriffe und deren individuelle Geschichte in der Dynamik des Diskurses zu einer symbolisch aufgeladenen Narration abstrahiert werden. Deren Leitmotiv ist ein Kampf der Kulturen, der von einer Konfrontation zwischen westlicher Modernität und orientalischer Rückständigkeit ausgeht. Letztere wird durch die Figur des muslimisch-arabischen Mannes repräsentiert, die als Stereotyp einer patriarchalen und gewaltbereiten Sexualität gezeichnet wird, und die sich bedrohlich gegen einheimische Frauen und Mädchen richtet. Auch in Ermangelung einer umfassenden Aufklärung der Silvestervorfälle erfährt die hierbei verübte sexuelle Gewalt somit eine Deutung als kulturelle Praxis, die pauschal als islamisch umschrieben wird. Alternativ erfolgt die Zuschreibung auch durch geografische Semantik, indem eine Verortung im arabischen oder nordafrikanisch-maghrebinischen Raum vorgenommen wird. Die allgemeine Herkunft aus diesem grob umrissenen Raum bzw. die pauschal zugewiesene Zugehörigkeit zu *der* islamischen Kultur wird im diskursiven Ereignis mit einer quasinatürlichen Internalisierung entsprechender Normen und Einstellungen gleichgesetzt, die als patriarchal, frauenfeindlich und sexuell rückständig beschrieben werden (vgl. El-Menouar 2016, 152). Eine Verhaltensdisposition zu sexueller Gewalt wird folglich als logische Konsequenz angenommen.

Rekonstruktion oder Aufklärung der einzelnen Übergriffe sind im diskursiven Ereignis letztlich nicht mehr von Belang, da das konkrete Geschehen von symbolischen und kollektiven Bedeutungen überlagert wird. Es geht somit nicht mehr um individuell erlittenes oder begangenes Unrecht und dessen Ahndung, sondern um die Gegenüberstellung eines *Wir* und eines *Die* und um die angenommene Bedrohung der Integrität des eigenen Kollektivs durch *das Fremde*. Die realen Übergriffe der Silvesternacht wurden dabei mit einer ganzen Serie von Berichten über sexuelle Gewalttaten durch Flüchtlinge, die in den Monaten zuvor immer wieder insbesondere in den sozi-

alen Netzwerken ausgetauscht wurden, zu einem augenscheinlich stimmigen Gesamt-
bild verschmolzen. Dass die überwiegende Mehrheit dieser Vorwürfe nachweislich
widerlegt werden konnte, spielte für die aggressive Eigendynamik des Diskurses keine
Rolle, vielmehr schienen die Silvesterereignisse nachträglich nun gerade den Wahr-
heitsgehalt der Bedrohung durch Flüchtlinge zu bestätigen (vgl. Dietze 2016, 6).

2.1 Rechtspopulistische Gegenwart und historische Kontinuität nationalistischer Ideologien

Die symbolische Umdeutung der Silvesterereignisse als Arena eines Kampfes der Kulturen fungiert als Gradmesser der aktuellen politischen und sozialen Strömungen.
Als besonders prägend werden dabei für den aktuellen Diskurs rechtspopulistische
Positionen markiert. Der Terminologie *Rechtspopulismus* entspricht dabei kein klar
einzugrenzendes soziopolitisches Phänomen, sie dient vielmehr als Sammelbegriff
für sich international zunehmend organisierende und aufstrebende rechtskonserva-
tive bis rechtsextreme soziale Bewegungen und politische Parteien, deren aktuell ein-
flussreichste deutsche Vertreter*innen die *Patriotischen Europäer gegen die Islamisierung des Abendlandes* (Pegida) und die *Alternative für Deutschland* (AfD) sein dürften
(vgl. Gensing 2016). Auch wenn sich rechtspopulistische Programme und Ziele also
nicht ohne Weiteres vereinheitlichen und zusammenfassen lassen, sind dennoch
übergreifende Merkmale erkennbar. Sie bestehen in bestimmten politischen Kommunikationsformen und Einstellungsmustern, die sich als Ablehnung des politischen
Establishments, als tiefes Misstrauen gegenüber der als *Lügenpresse* abqualifizierten
Medienlandschaft und unter starker Bezugnahme auf den Nations- und den Volks-
begriff darstellen. Die in rechtspopulistischer Publizistik ebenso wie im Rahmen von
Demonstrationen vollzogene Inszenierung eines sich auf den vermeintlichen Volks-
willen berufenden politischen Widerstandes gegen *die da oben* impliziert einen rück-
wärtsgewandten Gegenentwurf zu modernen pluralistischen Gesellschaftsformen
(vgl. Gensing 2016, 36). Deren Merkmale von kultureller, sprachlicher, sexueller, ethnischer oder religiöser Vielfalt werden grundsätzlich abgelehnt und als Zeichen eines
Werteverfalls und moralischen Niedergangs gedeutet.

Sowohl diese kulturpessimistische Attitüde als auch die unverhohlene Annäherung an nationalistische und nicht zuletzt nationalsozialistische Volkstumsvorstel-
lungen verweisen auf historische Kontinuitäten bei der Konstruktion von sozialen
Großgruppenidentitäten. Diese reichen zurück bis ins 19. Jahrhundert und sind eng
mit der Entstehung der Nationalstaaten verwoben. Charakteristisch für deren Formierung ist eine politische Aneignung und Instrumentalisierung des Gemeinschaftsbe-
griffs. Als Gemeinschaft im idealisierten Sinne werden dabei kleine und weitgehend
homogene soziale Einheiten angenommen, die durch gegenseitige Bekanntschaft
ihrer Mitglieder, familiale Sozialbeziehungen und einen strikt verbindlichen Wertekanon gekennzeichnet sind, und dadurch ein hohes Maß an Zusammenhalt generieren.

Gemeinschaften in diesem Sinne bieten ihren Mitgliedern demnach ein intensives Gefühl der Zugehörigkeit und Geborgenheit, fordern dafür jedoch im Gegenzug rigide Anpassung und Konformität ein (vgl. Scherr 2009, 73). Ihr Selbstverständnis basiert neben der Berufung auf gemeinsame Werte, eine gemeinsame Kultur und geteilte Wesensmerkmale ihrer Angehörigen auch auf einer Betonung ihrer Besonderheit und Einzigartigkeit gegenüber anderen sozialen Gruppen.

Der Nationalismus als neuartige politische Strömung machte sich nun die Idee imaginierter Gemeinschaft zunutze. Nationen und die ihnen zugeordneten Volksgemeinschaften wurden als natürliche Erweiterungen primordialer, also ursprünglicher Gemeinschaften angesehen (vgl. Yuval-Davis 1997, 1). Darauf wiederum basiert die essenzialistische Annahme einer gewissermaßen natürlichen nationalen oder völkischen Identität. Für das ausgehende 19. und die erste Hälfte des 20. Jahrhunderts wurde diese Essenz, also die grundlegenden und unveränderbaren Wesensmerkmale solcher Identitäten, zunehmend durch biologisch-genetische Faktoren erklärt. Völker und Nationen wurden gemäß solcher Definitionskriterien in Ethnien oder Rassen eingeteilt. Die große politische Attraktivität von Nationalismus und Rassismus bestand wiederum nicht allein darin, Zugehörigkeitsgefühl zu vermitteln, sondern die propagierten Nationen, Völker und Rassen auch hierarchisch zu gruppieren, und die Angehörigen der jeweiligen Eigengruppe als überlegen zu konzipieren. Diese Hierarchisierung diente der positiven Selbstwahrnehmung der eigenen Gruppe und legitimierte darüber hinaus auch einen Machtanspruch gegenüber den anderen, als minderwertig, kulturell rückständig und primitiv klassifizierten, Menschengruppen (vgl. Dietze 2016, 4).

Ebenso prägend war für diese Ideologie der Gedanke eines sozialdarwinistischen Wettkampfs der Völker und Nationen, der auf eine natürliche Auslese zusteuere. Dieser Ansicht folgend war nur starken und gesunden Nationen und Völkern eine dauerhafte Existenz sicher, was mit einer regelmäßigen Prognose von Untergangsszenarien einherging (vgl. Gensing 2016, 45). Deren zentrales Motiv war die Befürchtung einer kulturellen und zunehmend biologistisch begründeten Degeneration der sog. Volksgesundheit infolge einer Vermischung mit fremdem und als minderwertig angesehenem Erbgut. Um diese wahnhaften Ängste herum entwickelte sich unter dem Begriff der Rassenhygiene ein pseudowissenschaftliches und politisches Paradigma, das letztlich zu einer wesentlichen Triebfeder des nationalsozialistischen Vernichtungsprogramms wurde.

Seit Ende des Zweiten Weltkriegs sind offen rassistische Argumentationsfiguren aus gesellschaftspolitischen und wissenschaftlichen Diskursen weitgehend verschwunden bzw. zu einem Randgruppenphänomen geworden. Dies ist jedoch nicht gleichzusetzen mit einem tatsächlichen Verschwinden von Ängsten, Feindseligkeiten und Vorurteilen gegenüber Fremden und nationalistischen Einstellungen. Diese werden stattdessen durch kulturalisierendes Vokabular zum Ausdruck gebracht. Kultur wird hierbei als bestimmende Größe genutzt, die synonym mit der Herkunft aus einem bestimmten geografischen Raum, der Zugehörigkeit zu einer ethnischen Gruppe oder einer Religionsgemeinschaft verwendet wird. Auf diese Weise erfährt der Kulturbegriff seinerseits eine

Naturalisierung, und kulturelle Merkmale werden nunmehr zu einer essenzialistischen Vorstellung von Identität verdichtet. Ein regelrechter „kultureller Fundamentalismus" sei daher diskursprägend (vgl. Yuval-Davis 1997, 39).

Die aktuell gegenwärtige rückwärtsgewandte Beschwörung imaginierter aber gleichwohl identitätsstiftender Gemeinschaften im rechtspopulistischen Diskurs kann angesichts dessen als Ausdruck eines tiefen Unbehagens gegenüber zunehmender gesellschaftlicher Pluralität und einer als immer komplexer werdend empfundenen Welt beschrieben werden. Demgemäß können die mit Migrant*innen assoziierten sozialen Veränderungen als Bedrohung der eigenen National- und Volkskultur und infolgedessen auch für die eigene Identität konstruiert werden. Rassismus und Nationalismus spiegeln sich daher in rechtspopulistischer Semantik sowohl in programmatischen als auch individuell-persönlichen Aussagen wider. Beispiele für Letztere liefern zuhauf (Hass-)Kommentare in den sozialen Netzwerken. Anhand der dort festzustellenden verbalen Radikalisierung (vgl. Gensing 2016, 41) wird eine generelle Verrohung der politischen Kultur konstatiert. Die massive Zunahme von Straftaten mit fremdenfeindlichem Hintergrund seit 2015 bezeugt überdies, dass diese Radikalisierung nicht lediglich mental stattfindet (vgl. El-Menouar 2016, 151). Darüber hinaus ist gerade der jüngere rechtspopulistische Diskurs dadurch gekennzeichnet, sich auch klassische rassistische Begründungsweisen wieder zu eigen zu machen. Beispielhaft sei hier auf die Ausführungen zum *Juden-Gen* in Thilo Sarrazins Pamphlet *Deutschland schafft sich ab* (vgl. Sarrazin 2010) verwiesen, dem eine bedeutende Rolle bei der Reetablierung biologistischer Rhetorik zukommt (vgl. Gensing 2016, 45).

Das diskursive Ereignis zur Silvesternacht 2015 demonstriert schließlich, wie sehr derart kulturalistisch geprägte Deutungsmuster auch jenseits von rechtspopulistischen Milieus den Mainstream medialer Berichterstattung und gesellschaftlicher Diskussionskultur durchziehen. Sebastian Winter (vgl. Winter 2016, 220) beschreibt dieses Verhältnis so, dass Positionen und Themen aus dem konservativen Mainstreamdiskurs in rechten oder rechtsextremen Milieus aufgegriffen und zugespitzt zurückgespiegelt werden, sodass sich hieraus eine Spirale der wechselseitigen Radikalisierung entwickelt.

2.2 National(istisch)e Deutungen von Sexualität und Gender

Bei der Skizzierung der kulturgeschichtlichen Wurzeln des gegenwärtigen Diskurses fehlt bislang der sexuelle Bezug, der einer weiteren Annäherung bedarf. So fragt Joane Nagel einleitend in ihrer grundlegenden theoretischen Auseinandersetzung mit dieser Thematik: Was haben Geschlecht und Sexualität mit Ethnizität oder Nationalismus zu tun (vgl. Nagel 2003, 1)? Ein erneuter Blick auf die Nationalbewegungen des 19. Jahrhunderts offenbart hier zunächst eine symbolische Verschmelzung von Geschlecht und Nation, die sich plastisch in Gestalt der damals populären *Nationalen Personifikationen* widerspiegelt. Hierbei handelt es sich um weibliche Identifikationsfiguren, die gleichermaßen romantische Heimatliebe und kriegerischen Patriotismus inspirieren sollten. Frauengestalten, wie etwa Italia, Britannia, Mütterchen Russland oder Germania für das im Jahr 1871 gegründete Deutsche Reich, wurden dabei als Mutter der Nation oder als wehrhafte Jungfrau inszeniert. Sie verkörperten die Idee einer nationalen Gemeinschaft, für die der weibliche Körper eine Projektionsfläche für die Reproduktion von kollektiver Identität darstellte, und gleichermaßen auch die Verantwortung für die biologische Reproduktion des Volkes zugeschrieben bekam (vgl. Yuval-Davis 1997, 2). Indem Nationen derart personifiziert wurden, wurde auch die Konstruktion einer homogenen nationalen Identität wesentlich erleichtert. Diese Personifikationen waren tugendhaft und rein dargestellt und repräsentierten somit auch einen sexuellen Wertekanon. Hierin reflektierte sich einerseits die innere patriarchale Geschlechterordnung der frühen Nationalstaaten, aber auch die Annahme einer äußeren Bedrohung durch andere Nationen. Durch die weibliche Personifizierung der Nation bezog nationale Männlichkeit Sinnstiftung daher maßgeblich aus der Berufung auf symbolische, aber auch konkret militärische Verteidigung der Reinheit und Unschuld von nationaler Weiblichkeit gegenüber äußeren Feinden (vgl. Yuval-Davis 1997, 93). Sie konstituierte sich somit durch die Formulierung eines hegemonial-patriarchalen Anspruchs gegenüber Frauen allgemein, aber insbesondere auch gegenüber fremder Männlichkeit (vgl. Scheibelhofer 2012, 65).

Auch im Antisemitismus, der kultur- und geistesgeschichtlich eng mit dem (deutschen) Nationalismus verbunden ist, finden sich sexualisierte Argumentationsfiguren, die in den aktuellen Diskurs hinein fortwirken (vgl. Henschel 2008). So sind die Unterstellung einer zügellos-devianten Sexualmoral und die damit assoziierten sexuellen Bedrohungen durch jüdische Männer tragende Säulen antisemitischer Gedankengebäude. Sie beinhalten mystifizierende Verweise auf als pervers klassifizierte Sexualpraktiken, häufig in Verbindung mit religiösen Gebräuchen, Promiskuität und unkontrollierter Triebhaftigkeit. Neben der damit heraufbeschworenen abstrakten Bedrohung für nationale Werte und Moralvorstellungen, beziehen antisemitische Narrationen einen nicht unerheblichen Teil ihrer Wucht aus der Unterstellung sexueller Übergriffe jüdischer Männer. Gleichzeitig werden diese jedoch auch weich und verweiblicht porträtiert und der Homosexualität bezichtigt. Und auch in zeitgenössischen rechtsextremen Publikationen wird männliche Homosexualität noch als „jüdische Dekadenz" deklariert (vgl. Winter 2016, 228).

Ein weiterer lange gepflegter Mythos machte Juden für die Entstehung und sexuelle Verbreitung der Syphilis verantwortlich (vgl. Henschel 2008, 14). Dies wiederum findet aktuelle Entsprechung darin, dass Migrant*innen mit der Einschleppung von Seuchenkrankheiten in Verbindung gebracht werden. Die pointierte Thematisierung von sexuell übertragbaren Krankheiten und insbesondere von HIV verdeutlicht auch hier die Bedeutung des sexuellen Aspekts. Es werden in dem Kontext etwa kollektive Zwangstestungen von Migrant*innen z. B. auf HIV-Antikörper oder Hepatitis B gefordert. Eng gekoppelt ist dies mit der Infragestellung des Hygieneverständnisses von Migrant*innen und daraus resultierenden gesundheitlichen Risiken (vgl. Scheibel-

hofer 2012, 69). Es sei jedoch betont, dass gegenwärtige Formen der Fremdenfeindlichkeit nicht als Aktualisierung oder nahtlose Fortführung des Antisemitismus zu
begreifen sind. Dennoch wird es als wichtig erachtet, Parallelitäten zwischen und
Kontinuitäten von bestimmten Argumentationsmustern deutlich zu machen.

2.3 Funktionen sexualisierter Projektionen

Angesichts dieser Beispiele für die tragende Bedeutung geschlechtsbezogener und
sexueller Themen in der Geschichte von Nationalismus und Antisemitismus und der
damit zusammenhängenden Konstruktion von Gruppenidentität stellt sich die Frage
nach deren spezifischer Funktion. Hier schlägt Gerhard Henschel (vgl. Henschel 2008)
als zwar subtiles, aber dennoch höchst wirksames Motiv hinter der ausführlichen
Beschäftigung mit fremder Sexualität einen tief sitzenden kollektiven Sexualneid vor.
Er deutet daher die abwertenden und verleumderischen Schilderungen fremden Sexualverhaltens als Projektion eigener unerfüllter sexueller Wünsche und Bedürfnisse.
Die Bezugnahme auf entsprechende Stereotypisierungen kann als Teil eines universellen Phänomens verstanden werden, *das Fremde* auf ambivalente Art zu sexuali-
sieren. So war etwa der europäische Kolonialismus dadurch geprägt, die vermeintlich naturbelassene Sexualität kolonial beherrschter Bevölkerungen gleichermaßen
als primitiv-triebhaft herabzuwürdigen und lustvoll-exotisch auszuschmücken. Die
Begegnung mit *dem Fremden* und dessen Sexualität jenseits der eigenen nationalen
Grenzen wurde unter diesen Vorzeichen nicht als bedrohlich empfunden, sondern
exotisch verbrämt und gleichermaßen als Begründungsfolie für die vorgebliche Zivi-
lisierungsmission der kolonialen Mächte, aber auch für fiktionale und konkret physische sexuelle Ausbeutung dienlich gemacht (vgl. Yuval-Davis 1997, 52).

    Mit Blick auf gegenwärtige rechtsextreme Milieus beschreibt Sebastian Winter
(vgl. Winter 2016, 230) nun wiederum eine affektive Attraktivität kollektiver sexualisierter Projektionen, die sich daraus speise, die eigene Gemeinschaft als rein zu por-
trätieren, und alle davon abweichenden Aspekte nach außen und auf *das Fremde* zu
projizieren. Gleichzeitig sind die sexualpolitischen Positionen rechtspopulistischer
Bewegungen und Parteien durch einen „illiberalen Liberalismus" gekennzeichnet
(vgl. Hadj-Abdou 2012, 45). Diese paradoxe Zuschreibung erklärt sich dadurch, dass
sexuelle Werte wie Selbstbestimmung, Gleichberechtigung, Emanzipation und sexuelle Vielfalt in rechtspopulistischer Argumentation doppelt besetzt werden können.
Einerseits werden sie als kulturalistisch-fremdenfeindliche Kampfbegriffe und zur
Ausgrenzung von Personengruppen genutzt, die diese Werte aufgrund ihrer Kultur-
zugehörigkeit mutmaßlich nicht anerkennen, auf der anderen Seite werden für die
Identität der Eigengruppe reaktionär-heteronormative Sexualnormen und Geschlechterrollen propagiert.

    Die Bedeutung vermeintlich natürlicher Geschlechterordnungen und -identitä-
ten für konservative bis rechtsextreme Weltanschauungen manifestiert sich u. a. auch

in den jüngsten Auseinandersetzungen um die Ergänzung schulischer Sexualerziehungscurricula um genderreflektierende und sex-positive Inhalte, die als Agenda einer internationalen *Genderlobby* zur Destabilisierung normaler kindlicher Identitätsentwicklung und als Frühsexualisierung stigmatisiert werden (vgl. Kemper 2016). Gleichzeitig offenbart sich darin auch eine generelle Sexualitätsfeindlichkeit, die Sebastian Winter (vgl. Winter 2016, 223) darauf zurückführt, dass die Konstruktion idealisierter nationaler oder völkischer Gemeinschaften aufgrund ihrer intensiven Bezugnahme auf Tugendhaftigkeit und Fortpflanzung als einziger Legitimation für Sexualität mit einer Abspaltung und Projektion von sexueller Lust zwangsläufig verbunden sei. Projektionsprozesse erfüllen somit auch den Zweck, Dissonanzen zwischen idealisierter Sexualkultur und unterdrückten sexuellen Wünschen und Bedürfnissen auszugleichen. Und sie sind auch geeignet, reale Missstände innerhalb der Eigengruppe, wie etwa das Vorhandensein von sexueller Gewalt, unsichtbar zu machen.

2.4 Sexualisierte Islamophobie als diskursives Bindeglied

Als aktuell besonders wirkmächtiges Einstellungsmuster rechtspopulistischer Bewegungen und als Scharnier zum konservativen Mainstream kann eine islamophobe oder anti-islamische Haltung bezeichnet werden. *Islam* gerät dabei jedoch zunehmend zur Chiffre für alles Fremde. Anhand der programmatischen Entwicklung der AfD von der eher elitär anmutenden Anti-Euro-Partei zur antiislamischen „Bewegungspartei" (vgl. Gensing 2016, 43) lässt sich nachzeichnen, wie Islamophobie während der Flüchtlingskrise politisch instrumentalisiert und nicht zuletzt dadurch zu einem bestimmenden Diskursthema wurde. Dabei ist es auch hier wichtig, auf Kontinuitäten hinzuweisen, die über einen längeren Zeitraum und getragen von Schlüsselereignissen wie den Terroranschlägen vom 11. September 2001 und zuletzt in Paris, Nizza und Brüssel die Entstehung eines islambezogenen Problemfokus hervorgebracht haben (vgl. El-Menouar 2016, 153).

Die gegenwärtige Zuspitzung muss jedoch auch in den Kontext eines bereits seit Ankunft der türkischen Arbeitsmigrant*innen in den 1960er-Jahren überwiegend negativ getönten Islamdiskurses gerückt werden (vgl. Scheibelhofer 2012). Als dessen rote Fäden werden sexualitäts- und genderbezogene Thematiken wie Patriarchat, Unterdrückung der Frau, Zwangsehen und Ehrenmorde sowie die Entstehung von Parallelgesellschaften benannt, die auf einer stark homogenisierenden Darstellung des Islam als amorphe religiöse Einheit aufbauen (vgl. El-Menouar 2016, 153). Die Heterogenität islamischer Diskurse und Lehren, und die z. T. tiefe Feindschaft zwischen den Anhänger*innen unterschiedlicher Glaubensrichtungen werden dabei zugunsten einer vereinheitlichenden Konstruktion des Islam als amorpher *Antiwesten* (vgl. Sen 2012, 96) ignoriert. Weitere sexualitätsbezogene Beispiele, die in den letzten Jahren immer wieder medial-öffentlich skandalisiert wurden, sind die Praxis der religiös begründeten Beschneidung bei muslimischen Jungen, die Teilnahme der Kinder muslimischer Familien an schulischer Sexualerziehung oder die chirurgische Wiederherstellung des Jungfernhäutchens von muslimischen Frauen vor der Hochzeitsnacht.

Die Bezugnahme auf imaginierte Gemeinschaft ist allerdings auch ein Motiv islamischer Diskurse. Durch Glaubenszugehörigkeit vermeintlich determinierte sexuelle Tugendhaftigkeit wird darin mit westlicher Schamlosigkeit kontrastiert. Die Abgrenzung der Gemeinschaft der Muslime von den Nicht-Gläubigen vollzieht sich entsprechend durch Verhaltensregeln, die insbesondere intime Verhältnisse zwischen diesen Gruppen sanktionieren. In Ergänzung der oben skizzierten antisemitischen Aspekte ist es wiederum bezeichnend, dass auch hier sexualisierter Antisemitismus von Bedeutung ist, um überkommene Moral- und Geschlechterordnungen zu stützen, gesellschaftliche Modernisierungs- und Pluralisierungstendenzen zu diskreditieren und als negativer Kontrast die Konstruktion einer positiven und teilweise staatstragenden Eigengruppenidentität zu ermöglichen (vgl. Henschel 2008, 281).

3 Ethnosexismus und ethnosexuelle Grenzen

Sozial- und kulturgeschichtliche Wurzeln und aktuelle Beispiele der aggressiv-sexualisierten Strukturen des Migrationsdiskurses wurden bis hierher skizziert. Es fehlt bislang jedoch an einem theoretischen Rahmen, um diese integrativ zu deuten und darüber hinaus zu erklären, wieso die Bezugnahme auf Sexualität und Gender ein so wichtiger Faktor der Radikalisierung von Diskursen und der damit zusammenhängenden Zunahme fremdenfeindlicher Gewalt ist. Ein geeigneter Ansatz findet sich in der Analyse des diskursiven Ereignisses nach der Silvesternacht 2015 von Gabriele Dietze (vgl. Dietze 2016), die hierfür die Terminologie *Ethnosexismus* nutzt. Sie beschreibt dies als Sammelbegriff für Sexismen gegenüber Personen aufgrund deren Zuordnung zu ethnischen oder religiösen Gruppen. Damit bezieht sie sich auf die von Joane Nagel (vgl. Nagel 2003) entworfene Theorie der Ethnosexualität. Diese beruht auf einem konstruktivistischen Verständnis von Ethnizität, das viele Parallelen zum nationalistischen Gemeinschaftsparadigma aufweist. So wird Ethnizität als performativ beschrieben; sie bedarf also symbolischer Akte, um für die Etablierung einer Gruppenidentität Wirksamkeit zu entfalten. Wer oder was als Ethnie, Volk oder Nation anerkannt wird, ist daher immer abhängig vom Zugang zu Definitionsmacht. Als zentrales Kriterium gilt dabei die Macht, Grenzen zwischen sozialen Gruppen deklarieren zu können. Diese können geografischer Natur sein, sich aber auch entlang äußerlicher Merkmale, kultureller Praktiken oder sozialer Normen entfalten. Diese Grenzziehungen sind dabei immer auch sexueller Art, unterliegen einem Regime der Kontrolle und Regulation durch die jeweilige Gruppe, und ihr Überschreiten ist entweder nur unter vorgegebenen Rahmenbedingungen möglich oder von Sanktionen bedroht. Analog zur Konstruktion von Nation als imaginierter Gemeinschaft spricht Joane Nagel daher auch von sexuell imaginierten Gemeinschaften (vgl. Nagel 2003, 140).

In ihrer Substanz sind sexuelle Grenzziehungen heteronormativ und beruhen auf stereotypischen Genderbildern. Die *eigenen* Männer und Frauen werden durch die Zuschreibung positiver sexueller Eigenschaften von den *fremden* abgegrenzt. Entsprechend der dominierenden Annahme einer binären Geschlechterordnung ist dabei mit der Zuschreibung der Geschlechtszugehörigkeit als Mann oder Frau die Vorstellung einer heteronormativ fixierten Genderidentität verbunden. Nira Yuval-Davis (vgl. Yuaval-Davis 1997, 39) spricht auch davon, dass die Körper und die Sexualitäten von Männern und Frauen unmittelbar nationale Identitäten abbilden, repräsentieren und reproduzieren. Die Konstruktion einer passiven und untergeordneten sozialen Rolle für Frauen stellt dabei die Kehrseite der oben angesprochenen symbolischen Überhöhung von Weiblichkeit in der Personifikation von Nation und Volk dar.

Wo nun die Konstruktion und Imagination der eigenen Gemeinschaft maßgeblich auf der Markierung von Grenzen zu anderen sozialen Gruppen beruht, so ist damit unweigerlich auch die Hervorbringung von gegenderter Alterität/Andersheit verbunden, also der Konstruktion von *fremder* Männlichkeit und Weiblichkeit (vgl. Morokvasic-Müller 2014) . Wie Gabriele Dietze (vgl. Dietze 2016) diesbezüglich feststellt, wurden die Silvesterübergriffe in ihrer Qualität und Quantität zwar als neuartig wahrgenommen, dennoch entsprachen sie einem bereits vorhandenen Bild des *fremden Mannes* als kulturell bedingt triebhaft und sexuell gewaltsam, das sich seit dem Zuzug türkischer Arbeitsmigrant*innen nach Deutschland konsequent entwickelte. Entlang von Fragen nach der Disziplinierung vermeintlich traditionell-rückständiger Männlichkeitsentwürfe durch das westliche Wertsystem hat sich auf diese Weise seit den 1960er-Jahren eine diskursive Dynamik entwickelt, die vom Bild des vermeintlich nicht integrationsfähigen bzw. -willigen muslimischen Patriarchen geprägt ist. Dessen Männlichkeitskonzept sei nicht kompatibel mit einer sexualpolitisch modernen, Gleichberechtigung und Vielfalt anerkennenden Gesellschaft (vgl. Scheibelhofer 2012).

Die so vollzogene Thematisierung *fremder Männlichkeit* geriert sich auch als anwaltschaftliches Projekt zur Emanzipation der *fremden Frauen* aus ihrer gemutmaßten kulturellen Unterdrückung. Genderstereotype werden dadurch in gleichem Maße reproduziert wie die vorgeblich bekämpfte patriarchale Bevormundung (vgl. Scheibelhofer 2012, 65; Hadj-Abdou 2012). Es lässt sich hieran auch ersehen, dass die *fremde Frau* nicht per se als bedrohlich wahrgenommen wird, insofern sie nicht als Quelle physischer Gewalt stigmatisiert ist. Ihr Dasein in vermeintlicher Unterdrückung hingegen, symbolisiert durch die unterschiedlichen Formen der Verschleierung, wird dennoch als Herausforderung der westlichen Werteordnung interpretiert. Die Verhüllung des Gesichts wird als Negation von Offenheit und Ehrlichkeit gewertet und ist Gegenstand diverser Verbotsdiskussionen (vgl. Hadj-Abdou 2012, 46).

In biopolitisch-demografischen Diskurssträngen, die anhand der Geburtsquoten migrantischer Frauen eine absehbare *Überfremdung* der deutschen Gesellschaft herbeirechnen, werden *fremde Frauen* dennoch zum gefährlichen Faktor (vgl. El-Menouar 2016, 162). Das Bedrohungsgefühl speist sich aus der Angst von Angehörigen der Mehrheitsgesellschaft, durch demografische Veränderungen zur Minderheit im eigenen Land zu werden. Bestimmend hierfür ist wiederum die Annahme einer kulturellen Essenz fremder Sexualität, die in diesem reproduktionsbezogenen Kontext wahlweise als triebhaft, unkontrolliert oder irrational kategorisiert wird. Flankiert wird diese kulturpessimistische Annahme in rechtspopulistisch beeinflussten Diskurssträngen durch homophobe Eintrübungen, die niedrige Geburtenraten in den meisten Industrienationen, mit einer angeblich von der sog. *Genderlobby* destabilisierten Geschlechterordnungen und daraus resultierenden Zunahme homosexueller Beziehungen in Verbindung bringen (vgl. Kemper 2016, 142). Die aggressive Kritik an den vermeintlich traditionell heteronormativen islamischen Gender- und Sexualnormen lässt sich angesichts heteronormativer sexual- und familienpolitischer Ideale, wie sie von der konservativen Mitte bis ins rechte Spektrum vertreten werden, daher auch als Projektion eigener Sehnsüchte nach rigiden Sexualnormen interpretieren, und offenbart somit in Anlehnung an Henschel (vgl. Henschel 2008) eine weitere Form von Sexualneid. Die empirisch durchaus gut dokumentierten genderspezifischen Rahmenbedingungen migrantischer Lebensweisen treten demgegenüber weitgehend in den Hintergrund (vgl. Morokvasic-Müller 2014).

Die Regulationen und Sanktionierungen des Überschreitens ethnosexueller Grenzen sind laut Joane Nagel besonders geeignete Beispiele, um deren Funktionsweisen zu verdeutlichen. Als besonders eindrückliche Beispiele führt sie öffentliche Bestrafungen wie das gewaltsame Abrasieren des Haupthaars gegen Frauen an, die in Kriegszeiten Liebesbeziehungen mit feindlichen Soldaten eingingen (vgl. Nagel 2003, 141). Sie bewertet dies als symbolische Demonstration eines nationalen Machtanspruchs sowohl über die Hierarchie der Geschlechter als auch über die Kontrolle ethnosexueller Grenzen. Die betreffenden Frauen hatten in den Augen ihrer Eigengruppe sowohl gegen die ihnen zugewiesene tugendhafte Rollenerwartung als auch gegen die eigene Nation und deren Männer Verrat begangen.

Ein Beispiel für Männer als Objekt ethnosexuell-rassistischer Bestrafungen sind die in den USA lange Zeit praktizierten Lynchmorde an schwarzen Männern, denen sexuelle Beziehungen mit weißen Frauen unterstellt wurden (vgl. Nagel 2003, 108). Auch ist sexuelle Gewalt durch Soldat*innen gegen Frauen, seltener auch gegen Männer, ein Mittel in zahlreichen vergangenen und gegenwärtigen militärischen Konflikten. Ihre Anwendung soll den Gegner auf besonders massive Art demütigen und ihm seine Hilflosigkeit vor Augen führen (vgl. Yuval-Davis 1997, 109). Unmittelbar in diesen Zusammenhang wurden die Übergriffe der Silvesternacht, die als spezifische und gewaltsame Form ethnosexueller Grenzüberschreitungen identifiziert werden, gerückt und somit islamistischem Terrorismus gleichgestellt. Sie seien in diesem Sinne nicht nur gegen die real betroffenen Frauen gerichtet, sondern verfolgten auch das strategische Ziel der Beschämung und Verletzung der deutschen Männer, die in ihrem eigenen Land nicht in der Lage seien, ihre Frauen zu schützen (vgl. Dietze 2016, 7). Der heraufbeschworene Kampf der Kulturen wird daher im Diskurs also auch zum Anlass für eine Kritik am „postheroischen" Zustand der nationalen Männlichkeit (vgl. Dietze 2016, 8).

Die diskursiven Reaktionen auf die Silvesternacht verdeutlichen, dass sexuelle Konnotationen in kulturalistisch aufgeladenen Diskursen mit besonders starken Affekten wahrgenommen werden. Hierin sieht Joane Nagel (vgl. Nagel 2003, 255) deren wesentliche Funktion. Die Verwurzelung von Sexualitäts- und Genderaspekten in nationalen Identitätskonstruktionen versieht die Aufrechterhaltung und die Regulation ethnosexueller Grenzen mit existenzieller Bedeutung. Die affektive Befeuerung von Konflikten und Debatten sowie deren intensive moralische Aufladung stehen im Dienst der Aufrechterhaltung von Macht und Deutungshoheit und erleichtern die Mobilisierung der Eigengruppe gegen *die Fremden.*

Sexualisierte Argumentationen sind weiterhin besonders geeignet, Maßnahmen der Repression oder der Disziplinierung gegen als fremd markierte Gruppen (oder auch nonkonforme Angehörige der Eigengruppe) zu rechtfertigen, da sie rationalen Überlegungen auch aufgrund der begrenzten empirischen Zugänglichkeit sexualitätsbezogener Fragestellungen rasch nicht mehr zugänglich sind. Eine ethnosexuell gerahmte Diskursdynamik differenziert letztlich auch nicht mehr zwischen kolportierten Vorwürfen und tatsächlichen Gewalthandlungen, da die ihr zugrunde liegenden Stereotypisierungen bereits eindeutige Schuldzuweisungen enthalten. Die Sexualisierung migrationsbezogener Diskurse und die Projektion fremdenfeindlicher Stereotype auf Sexualität bilden somit ein höchst wirksames Vehikel für kulturalistisch ausgerichtete politische Interessen und stellt gleichermaßen einen Referenzrahmen für die Legitimation fremdenfeindlicher Gewalt dar.

4 Fazit und Ausblick

Als eine zentrale Herausforderung für Migrationsgesellschaften kann angesichts eines von aggressiv-sexualisierten Projektionen durchzogenen Diskurses die Verhältnisbestimmung von Sexualität, Gender und sozialer Integration benannt werden. So wird Integration zumeist einseitig als Bringschuld aufseiten von Migrant*innen angenommen. Als mögliche Akte dafür dienen beispielsweise die Teilnahme an Integrationskursen, Einbürgerungstests oder das immer wieder eingeforderte Bekenntnis zum Grundgesetz (vgl. Morokvasic-Müller 2014, 169). Der dadurch suggerierten Möglichkeit von Integration in eine sich als Willensnation begreifende Gesellschaft steht die Konstruktion von ihrem Wesen nach grundsätzlich unterschiedlicher eigener und fremder Sexualitäten diametral entgegen, wenn Sexualität und Gender zum konstitutiven Merkmal nationaler Identität erhoben werden. Ein solches Integrationsverständnis basiert auf einem anachronistischen und die transnationalen Merkmale der gegenwärtigen Migrationsformen und -verhältnisse ignorierenden Gesellschaftsbild (vgl. Morokvasic-Müller 2014, 166; Scherr 2009). Die Konstruktion einer Gesellschaft als homogene Sexual- und Gendergemeinschaft bildet somit einen Legitimationsrahmen für normierende, segregierende und exkludierende Prozesse (vgl. Hadj-Abdou 2012, 46). Der essenzialistischen

Zuschreibung einer bestimmten Sexual- und Genderkultur kommt dabei die Rolle eines Schlüsselkriteriums zu, das eine unüberbrückbare ethnosexuelle Grenze zwischen *den Fremden* und *uns* markiert. Wird fremde Sexualität zudem als bedrohlich stereotypisiert, produziert der Diskurs Handlungsimperative, die politisch-gesetzliche Maßnahmen ebenso inspirieren wie fremdenfeindliche Gewalttaten. Gleichzeitig offenbart sich hierin die Radikalisierungsanfälligkeit von reduktionistischen und vereinfachenden Identitätskonstruktionen, die sich zu ihrer Aufrechterhaltung notwendigerweise auf negative Gegenentwürfe beziehen müssen. Umso wichtiger erscheint es daher, nach Wegen zur Vermeidung der sog. *Identitätsfalle* zu suchen (vgl. Sen 2012).

Dazu gehört das reflexive Anerkennen der Tatsache, dass jeder Mensch eine Vielfalt von Identitäten mit jeweils unterschiedlichen Verpflichtungen und Wertvorstellungen auch in Bezug auf Sexualität und Gender in sich trägt, und dabei nicht „gefangen in der Kultur" ist (Sen 2012, 54). Mit Blick auf die Konstruktion ethnosexueller Grenzen erscheint dabei die Bezugnahme auf eine Definition von Sexualität als hilfreich, in der die *Weltgesundheitsorganisation* (WHO) diese als *zentralen Aspekt des Menschseins* bezeichnet. Ohne damit wiederum einer essenzialistischen Vorstellung von Sexualität das Wort reden zu wollen, liefert eine solche Herangehensweise den Impuls, Sexualität als transkulturell oder kulturübergreifend sinnstiftendes Phänomen zu begreifen, und statt vermeintlich kulturell festgefügte Unterschiedlichkeiten zu betonen, die jeweils unterschiedlichen Perspektiven sichtbar zu machen und miteinander in Beziehung zu setzen. Dafür bedarf es eines gesellschaftlichen Rahmens, der sexuelle Selbstbestimmung und sexuelle Rechte als Menschenrechte ohne westlichen Exklusivitätsanspruch anerkennt und schützt und deren individuell unterschiedliche Ausgestaltung anerkennt und gewährleistet. Eine diesbezügliche wie von Leila Hadj-Abdou (vgl. Hadj-Abdou 2012, 56) skizzierte „Politik der Gemeinsamkeiten", deren zentrales Moment in einer kulturübergreifenden Problemzentrierung besteht, eröffnet den Blick auf grundsätzliche Ähnlichkeiten zwischen hegemonial-diskriminierenden Mechanismen und Strukturen, etwa gegenüber Frauen oder sexuellen Minderheiten, und die Wichtigkeit, diese kontextuell und nicht verabsolutierend zu beurteilen. Dieser Entwurf beschreibt gesellschaftliches Zusammenleben zwar nicht als konfliktfrei, zeigt aber im Gegensatz zu Homogenität radikal einfordernden Gemeinschaftsvorstellungen Möglichkeiten auf, Pluralität demokratisch zu fundieren und solchermaßen zu einer wechselseitigen Akzeptanz von Differenz zu gelangen.

Für Sozialpädagogik und Soziale Arbeit kann abschließend der Anspruch formuliert werden, diskursiven Entgrenzungen mit konsequenter Sachlichkeit zu begegnen, ein differenzierendes Gegengewicht zu radikalen Vereinfachungen darzustellen, und gleichermaßen einen Gegendiskurs zu inspirieren, der Gemeinsamkeiten gegenüber vermeintlich Trennendem in den Vordergrund stellt, und auf dieser Grundlage einen fairen Umgang mit Differenz zulässt (vgl. El-Menouar 2016, 165). Hierfür ist es gleichermaßen wichtig, der schleichenden Normalisierung und zunehmenden Salonfähigkeit sexualisierter nationalistisch-völkischer Argumentationen entgegenzutreten und kulturalistische Erklärungsmuster sexueller Gewalt zu entlarven. Dies erscheint gerade dann bedeutsam, wenn tatsächlich nachweislich von Migrant*innen begangene sexuelle Gewalt Gegenstand des Diskurses wird, wobei in einem entsprechenden Gegendiskurs Sorge dafür zu tragen ist, Gewaltfälle als individuelles Unrecht angemessen zu thematisieren. Wissen über und Bewusstsein für die hier beschriebenen Mechanismen und Funktionen kulturalistischer Stereotype und sexualisierter Projektionen schließlich kann als notwendige Grundlage migrationssensibler sozialer Arbeit gelten. Eigene möglicherweise kulturalistisch beeinflusste Wahrnehmungs- und Einstellungsmuster können dadurch einer adäquaten Reflexion zugänglich gemacht werden. Die dadurch mögliche Perspektive auf die Vielfalt der Identitäten von Adressat*innen und Fachkräften kann neuartige und nicht durch kulturelle Zuschreibungen reglementierte Formen der Begegnung eröffnen.

5 Vertiefungssaufgaben und -fragen

1. Welche weiteren Beispiele für ethnosexuelle Zuschreibungen und darauf basierende Grenzziehungen fallen Ihnen ein?
2. Inwiefern dient die Bezugnahme auf Sexualität und Gender der Konstruktion von Eigen- und Fremdgruppenidentität?
3. Was unterscheidet ethnosexuelle Grenzziehungen von anderen Formen der Konstruktion sozialer Unterschiede?
4. Welche Merkmale einer „westlichen" Sexualkultur lassen sich benennen? Welche zentralen Wertvorstellungen liegen ihr zugrunde? Welche Widersprüchlichkeiten und Ambivalenzen weist sie auf?
5. Welche universellen Aspekte von Sexualität können Grundlagen für einen kulturübergreifenden oder transkulturellen Diskurs darstellen?

Literatur

Dietze, Gabriele (2016): Ethnosexismus. Sex-Mob-Narrative um die Kölner Silvesternacht. In: movements. Journal für kritische Migrations- und Grenzregimeforschung Jg. 2, Heft 1, S. 177–186.

El-Menouar, Yasemin (2016): Islam als Etikett: Wie sich Rechtspopulisten ein medial produziertes Narrativ zunutze machen. In: Unzicker, Kai/Bonnet, Gesine (Hrsg.): Vielfalt statt Abgrenzung. Wohin steuert Deutschland in der Auseinandersetzung um Einwanderung und Flüchtlinge? Gütersloh: Verlag Bertelsmann Stiftung, S. 149–171.

Gensing, Patrick (2016): Neue Rechte, Rechtspopulismus und die Flüchtlingseinwanderung. Herausforderungen für den gesellschaftlichen Zusammenhalt. In: Bertelsmann Stiftung (Hrsg.): Vielfalt statt Abgrenzung: wohin steuert Deutschland in der Auseinandersetzung um Einwanderung und Flüchtlinge? Gütersloh: Verlag Bertelsmann Stiftung, S. 35–57.

Hadj-Abdou, Leila (2012): Geschlechtergleichheit oder Recht auf kulturelle Differenz? In: Hausbacher, Eva/Klaus. Elisabeth/Poole, Ralph/Brandl, Ulrike/Schmutzhart, Ingrid (Hrsg.): Migration und Geschlechterverhältnisse. Wiesbaden: Springer VS, S. 41–61.

Henschel, Gerhard (2008): Neidgeschrei. Antisemitismus und Sexualität. Hamburg: Hoffmann und Campe.

Kemper, Andreas (2016): Die AfD und ihr Verständnis von Geschlecht und Sexualität. In: Henningsen, Anja/Tuider, Elisabeth/Timmermanns, Stefan (Hrsg.): Sexualpädagogik kontrovers. Weinheim, Basel: Beltz Juventa, S. 142–158.

Morokvasic-Müller, Mirjana (2014): Integration: Gendered and Racialized Constructions of Otherness. In: Anthias, Floya/Pajnik, Mojca (Hrsg.): Contesting Integration, Engendering Migration. Basingstoke: Palgrave Macmillan, S. 165–184.

Nagel, Joane (2003): Race, ethnicity, and sexuality. Intimate intersections, forbidden frontiers. New York: Oxford University Press.

Sarrazin, Thilo (2010): Deutschland schafft sich ab. Wie wir unser Land aufs Spiel setzen. München: DVA.

Scheibelhofer, Paul (2012): Arbeiter, Kriminelle, Patriarchen. In: Hausbacher, Eva/Klaus, Elisabeth/Poole, Ralph/Brandl, Ulrike/Schmutzhart, Ingrid (Hrsg.): Migration und Geschlechterverhältnisse. Wiesbaden: Springer VS, S 62–82.

Scherr, Albert (2009): Leitbilder in der politischen Debatte. Integration, Multikulturalismus und Diversity. In: Frank Gesemann/Roland Roth (Hg.): Lokale Integrationspolitik in der Einwanderungsgesellschaft : Migration und Integration als Herausforderung von Kommunen. Wiesbaden: Springer VS, S. 71–88.

Sen, Amartya (2012): Die Identitätsfalle. Warum es keinen Krieg der Kulturen gibt. München: dtv.

Winter, Sebastian (2016): Gegen ‚närrischen Individualismus' und ‚Sexlust'. In: Busch, Charlotte/Gehrlein, Martin/Uhlig, Tom David (Hrsg.): Schiefheilungen. Wiesbaden: Springer VS, S. 219–239.

Yuval-Davis, Nira (1997): Gender & Nation. London, Thousand Oaks, Calif: Sage Publications.

Leonie Herwartz-Emden

Konzepte von „Weiblichkeit" im Migrationskontext

1 Einleitung – Migration von Frauen als wissenschaftliche Thematik im zeitgeschichtlichen Rahmen

Weltweit sind die Hälfte der 65 Millionen Migranten Frauen, die als Familienangehörige, aber auch selbstständig migrieren. Bereits in den Zeiten der Anwerbung von Arbeitsmigrant*innen für den bundesdeutschen Arbeitsmarkt war ein Teil der selbstständig einreisenden Arbeiter*innen weiblich und für spezifische Produktionsbereiche vorgesehen. Frauen sind heute Schlüsselpersonen im weltweiten Migrationsgeschehen, denn sie sind nicht nur durch ihr Einkommen für die Familie unentbehrlich, sie sind Entscheidungsträgerinnen am Arbeitsplatz, in der Familie, der Gemeinschaft. Ein Migrationsprozess birgt für Frauen meist mehr Risiken als für Männer, auch die Gefahr, physisch und sexuell missbraucht zu werden. Dennoch: Da Frauen zumeist einen eingeschränkteren Zugang zu Ressourcen und weniger Entscheidungsmacht als Männer haben, kann Migration ihnen wirtschaftliche Selbstständigkeit, einen Zuwachs an Ressourcen, Eigenständigkeit und biografischen Gestaltungsmöglichkeiten eröffnen. Migration kann auch erhebliche Verluste und eine Einschränkung vorhandener Potenziale mit sich bringen. Welche Optionen im Einzelfall realisiert werden können, ist eine Frage verschiedener Faktoren und Belastungen (vgl. Herwartz-Emden/Riecken 2001) sowie der strukturellen Gegebenheiten, die Einwanderung bzw. Integration bestimmen. Nicht übersehen werden sollte dabei auch, dass Migrantinnen in den Zielländern ihrer Migration mit vielerlei geschlechtsbezogenen Diskriminierungen zu kämpfen haben oder mit Abhängigkeiten, die ihren Status oder den Zugang zum Arbeitsmarkt einschränken.

Die Migration von Frauen, ihre spezifischen Lebenslagen und Erfahrungen waren in der Migrationsforschung lange Zeit weitgehend untererforscht (vgl. Morokvasic 1984). Ihre Einschätzung basierte auf einer der ersten vergleichenden Studien über die Emigration von jugoslawischen Frauen in verschiedene europäische Länder (vgl. Morokvasic 1978). Der „male bias" dominierte die Migrationsforschung in den späten 1970er-Jahren bis in die 1980er-Jahre, obwohl in diesem Zeitraum eine wachsende Beteiligung der Frau an den Migrationsbewegungen zu verzeichnen war. Vorurteile dominierten die Sichtweise auf die Migrantin (vgl. Herwartz-Emden 1991, 1997a) und viele Fragen blieben unbeantwortet, weil sie nicht gestellt wurden.

https://doi.org/10.1515/9783110518351-006

Die internationale feministische Forschung machte seit den 1990er-Jahren verstärkt darauf aufmerksam, dass die Geschlechtszugehörigkeit ein Faktor ist, der Migrationsprozesse und -erfahrungen entscheidend mitprägt und es wurden der Situation der Frau angemessenere Forschungen initiiert. Im Folgenden wird über ausgewählte Ergebnisse der interkulturell-vergleichenden Pionier-Studie „*Familienorientierung, Frauenbild, Bildungs- und Berufsmotivation von eingewanderten und westdeutschen Frauen und Familien in interkulturell-vergleichender Perspektive*" (FAFRA) berichtet, eine der ersten umfangreichen Untersuchungen in den 1990er-Jahren im bundesdeutschen Forschungsraum. Die Studie, in den Jahren 1990 bis 1997 durchgeführt, hat diesen Entstehungshintergrund, ist demnach auch wissenschaftshistorisch als wichtige empirische Studie der deutschsprachigen Migrationsforschung einzuordnen. Es muss dabei davon ausgegangen werden, dass in den empirischen Erhebungen die Konzepte von Frauen und Müttern in den 1990er-Jahren erfasst und verglichen wurden.

Der zeitgeschichtliche Aspekt ist von Interesse, da es sich um ein Jahrzehnt handelt, in dem eine ähnlich hohe Einwanderung nach Deutschland stattfand wie im Jahr 2015 und in dem sich auf der Ebene des gesellschaftlichen Umgangs mit Migration Parallelen finden lassen: Migration ist in dem Jahrzehnt ab den 1990er-Jahren, symbolhaft sichtbar, durch die Öffnung der Mauer im Herbst 1989 zu kennzeichnen. Deutschland wurde durch den Zerfall des Eisernen Vorhangs, den Wandel der politischen Systeme im Ostblock und dem Ende der DDR 1989/1990 zum Ziel und zur zentralen Durchgangsstation für die Ost-West-Migration mit hohen Zuwanderungszahlen von Asylsuchenden, Aussiedlern, Juden und auch Arbeitswanderern (vgl. Oltmer 2010). Auf der politischen Ebene weigerte man sich hingegen, von Einwanderung zu sprechen, die Migrationspolitik war im Kern eine Haltung der Negierung und Abgrenzung. Dennoch fand, auf den Zeitverlauf bezogen, unterschiedlich erfolgreich für einzelne einwandernde Gruppen und die verschiedenen Bereiche gesellschaftlicher Teilhabe, Integration statt – wobei die Aussiedler*innenzuwanderung herausragt, da diese Gruppe rechtlich und auf Integrationsbedingungen bezogen, zeitweise erhebliche Vergünstigungen zur Verfügung hatte.

Auch die Gruppe der Aussiedler*innen wird im Folgenden vergleichend zum Thema: Befragt wurden die im damaligen Jahrzehnt umfangreichsten Gruppen von Einwanderinnen, Frauen aus der Türkei und Frauen aus der Gruppe der Aussiedler*innen. Hinsichtlich der einbezogenen Gruppe von einheimischen deutschen Frauen ist zu sagen, dass die Befragung vor der Wiedervereinigung stattfand und somit sog. „westdeutsche" Frauen befragt wurden. Die Einstellungen der befragten Gruppe der Spät-Aussiedlerinnen und (Spät-)Aussiedler aus der ehemaligen Sowjetunion sind allerdings nicht nur zeitgeschichtlich, sondern generell für die Frage der Bewältigung der Migration von Bedeutung: Diese Gruppe hatte einen großen Umbruch in den verschiedenen Bereichen zu bewältigen, der sich in der Hauptlinie durch die Konfrontation von sozialistisch-kollektivem Denken und der Orientierung am Gemeinwesen mit der leistungsorientierten, individualistisch ausgerichteten westlichen Lebensart kennzeichnen lässt (vgl. Herwartz-Emden/ Westphal 1997b; Herwartz-Emden 1995b; Herwartz-Emden u. a. 2014).

In den folgend dargelegten Ergebnissen wird die Bewältigung eines solchen Umbruchs an verschiedenen Einstellungsbereichen differenziert verdeutlicht. Die Ergebnisse verweisen auf die täglichen, in der Familie auszutragenden Herausforderungen, die in der Wirkungsmatrix zwischen Herkunfts-, Migrations- und Aufnahmekontext verankert sind. Die benannten Hintergründe von Migrationsprozessen und die Faktorenkomplexe, die in Niederlassungsprozessen wirksam sind, werden beispielhaft in der FAFRA-Studie beleuchtet und es wurden sowohl die Gemeinsamkeiten in den Erfahrungen der verschiedenen Gruppen als auch die Unterschiede sichtbar. Die Studie[1] über „Einwandererfamilien" wies empirisch erstmals nach, von welcher Komplexität Veränderungen sind und wie Geschlechterverhältnisse und familiäre Dynamiken in Migrationsprozessen zusammenwirken. Sowohl Geschlechter- als auch Generationenverhältnisse wurden systematisch berücksichtigt und der Zusammenhang zwischen strukturellen Determinanten und oftmals als „kulturell" bedingten Faktoren offengelegt (vgl. Herwartz-Emden 2000). Angesiedelt war die Studie in dem ersten Forschungsprogramm der Deutschen Forschungsgemeinschaft, das die Folgen der Arbeitsmigration für Bildung und Erziehung (FABER) breit und interdisziplinär anging (vgl. Gogolin 2000).

Dass solche Forschungsergebnisse auch noch zwei Jahrzehnte später relevant sein können, lässt sich u. a. mit den durch Stereotype beladenen Debatten im Jahr 2016 belegen, die über die Flüchtlinge entstanden sind. Deren Ausrichtung sowie das gesamte gesellschaftliche Klima lassen Erinnerungen an das 1990er-Jahrzehnt anklingen. Selbst wenn es sich um gänzlich andere Herkunftsländer handelt, sind Parallelen in den negativen Konnotationen der Diskurse erkennbar. Auch wenn eine kommunale Willkommenskultur entstanden ist, stoßen die Ankommenden in verschiedenen Bereichen des Alltags auf diskriminierende Strukturen und massive gesellschaftliche und medial unterstützte Vorbehalte und geraten damit in strukturelle, oftmals als „kulturell" definierte Zwänge. Auf die Herkunftskontexte bezogen, ist festzuhalten, dass der erhebliche Umbruch, den diese Gruppen zu verarbeiten haben, durchaus ähnlich ist, wie ihn die oben genannte Gruppe der Aussiedler*innen und auch andere Gruppen in den 1990er-Jahren zu verarbeiten hatten.

---

[1] Es handelt sich um das im DFG-Forschungsschwerpunktprogramm „Folgen der Arbeitsmigration für Bildung und Erziehung" (FABER) angesiedelte Forschungsprojekt FAFRA (Familienorientierung, Frauenbild, Bildungs- und Berufsmotivation von eingewanderten und westdeutschen Frauen und Familien in interkulturell-vergleichender Perspektive), das von 1990 bis 1997 an der Universität Osnabrück durchgeführt wurde. Projektleitung: Leonie Herwartz-Emden; wissenschaftliche Mitarbeiterinnen: Sedef Gümen, Manuela Westphal, Tatjana Reinersmann. Details zur Studie und den Untersuchungsbereichen in: Herwartz-Emden 2000.

Um anstehende Integrationsprozesse zu unterstützen, sollte vermehrt migrationsbezogenes Wissen in alle gesellschaftlichen Bereiche eindringen. Aber: Weder in den vielen Bereichen der Migrations- und Flüchtlingsarbeit der Kommunen und Wohlfahrtsverbände noch im Bildungsbereich sind bis heute grundsätzliche Verläufe und geschlechtsbezogene Aspekte von Migration und Integration ausreichend bekannt oder substanzieller Bestandteil der Konzepte. Die Forschung zu diesen Gruppen steckt gegenwärtig noch in den Kinderschuhen – und es wäre günstig, wenn die oben benannte Wirkungsmatrix der Kontexte, in der diese Familien stehen und die je geschlechtsbezogenen Möglichkeiten von Integration in ihrer gesamten Komplexität, hier Eingang fänden.

Wenn Migrations- und Integrationspolitik im Jahrzehnt der 1990er-Jahre im politischen Handlungsrahmen nicht vorgesehen war (vgl. Wenning 1996), so kann für die jetzige gesellschaftliche Landschaft gesagt werden, dass Rahmenpolitik und Konzepte für insbesondere die Flüchtlingsintegration nur mühsam und oft ohne Bezugnahme auf historische Erfahrungen und vorhandene Erkenntnisse entwickelt werden. Oftmals sind politische Konzepte gekennzeichnet durch erhebliche Restriktionen und Forderungen an die Zuwanderndern, aber wiederum wenig migrationsbezogenes Wissen. Insofern ist ein Rückblick auf dieses Jahrzehnt doppelt ertragreich: Zur Erweiterung des Blickes auf die gesellschaftlichen Bedingungen von Integration ebenso wie auf die wissenschaftlichen Ansatzpunkte.

Eine fundierte Analyse der begleitenden Effekte von Migration für die Migrantin verlangt die Differenzierung der oben genannten Komplexität und der in die Dynamik des Prozesses hineinwirkenden Faktoren. Das Forschungsprojekt FAFRA basierte, um zu einem grundlegenden Verständnis der Lebenssituation der Frau und ihrer Familie zu gelangen, auf einer sozialisationstheoretischen Perspektive, die die Kategorien „Ethnizität" und „Geschlecht" mit theoretischen Ansätzen der Migrations- und Akkulturationsforschung sowie der Genderforschung verwob und empirisch umsetzte (vgl. Herwartz-Emden 1995d; Herwartz-Emden 2000). Thematisch richtete sich die FAFRA-Studie auf die spezifischen Konzepte und Orientierungen von Einwanderinnen (und ihren Partnern bzw. Familien). Um den *Entstehungshintergrund* solcher Konzepte zu beleuchten, erfolgt zum Einstieg in die Darstellung vorab eine auf das Subjekt gerichtete, *sozialisationstheoretische* Erörterung der Gesamtheit des Prozesses der Einwanderung. Dabei werden die (geschlechtsbezogenen) Gemeinsamkeiten und Besonderheiten im Prozess der Migration mit den tief greifenden Folgen für die Migrant*innen verdeutlicht.

2 Orientierungen und Konzepte in der Migration – migrations- und sozialisationstheoretische Perspektive

Was löst Migration im Individuum aus? Es spielt eine Rolle, in welchem konkreten historischen, sozialen und lebensgeschichtlichen Zusammenhang die Einwanderung stattfand, in welchem Land sich der Migrationskontext befindet.

Es gibt eine Vielfalt von Besonderheiten der Erfahrung von Einwander*innen, gemeinsam ist, dass sich eine neue Dynamik in der Lebenssituation ergibt, denn in einem anderen, von dem Herkunftskontext unterschiedenen Alltag muss Vieles neu gelernt werden. Wie dies gelingt, ist beispielsweise gruppenspezifisch, geschlechts- spezifisch oder in Zusammenhang mit den individuellen Ressourcen, insbesondere dem Bildungshintergrund zu erklären: Die Bewältigung der Integration in einen neuen Kontext ist individuell zu leisten und die sozialen, kulturellen und sprachlichen Res- sourcen, Geschlecht, Generation bzw. Alter, rechtlicher Status und die konkrete (Fami- lien-)Geschichte sind wichtige Faktoren im Verlauf (vgl. Herwartz-Emden/Westphal 2000, 2002).

Ganzheitliche und vielfältige Folgen ergeben sich für *beide* Geschlechter, denn die im biografischen Verlauf sozialisierten Konstrukte sind involviert. Veränderun- gen durch Migration sind der Sozialisation ähnlich (vgl. Herwartz-Emden 2015) – und als Akkulturation zu definieren. Akkulturation bezeichnet sozialpsychologisch den Prozess, der einsetzt, wenn ein Mitglied einer kulturellen Gruppe zeitlich und räumlich in eine neue Kultur hineinkommt. So unterliegen die mit der Migration verknüpften Erfahrungen einem Akkulturationsprozess. Er setzt ein, wenn Menschen Orte verlas- sen und sich mit der Andersartigkeit der gesellschaftlichen und kulturellen Umgebung des Aufnahmelands auf der Grundlage ihrer Herkunft auseinandersetzen. Akkultu- ration kann im Verhältnis zur Sozialisation gesehen werden: Wenn Sozialisation als Prozess bestimmt wird, durch den in wechselseitiger Interdependenz zwischen indi- viduellen Akteur*innen und ihrer physischen und sozialen Umwelt relativ dauerhafte Wahrnehmungs-, Bewertungs- und Handlungsdispositionen entstehen, dann sind durch Akkulturation genau diese Dispositionen involviert. Auch in entwicklungspsy- chologischer Sicht ist Akkulturation nicht eindimensional; neben den affektiven und kognitiven Veränderungen entstehen Verhaltensänderungen; Veränderungen ergeben sich über den Kontext selbst und über den Zeitverlauf (vgl. Leyendecker 2012).

Anstrengungen und Prozesse des Wandels und der Anpassung seitens der Einwander*innen treffen einerseits auf strukturelle Grenzen und Barrieren, anderer- seits gibt es Vorgaben, Zuschreibungen, Wahrnehmungen, Ideologien und Reaktio- nen der Mehrheitsgesellschaft. Somit bestimmen nicht alleine die Fähigkeiten und Kompetenzen der Zugewanderten das Geschehen (vgl. Zick 2010). Unterschiedlich für die Erfahrungswelt der Geschlechter, stellt das Geschlechterverhältnis des Aufnah- melands und die daraus resultierenden kulturellen Attribute und Stereotype einen wesentlichen Aspekt in der gesamten Interaktionsdynamik dar. Migration kann damit für die Selbstkonzepte der Geschlechter verschiedene Konsequenzen haben. Die alltäglichen Erfahrungsbereiche von Männern und Frauen sind überdies oft unterschiedlich. Männliche Migranten sind in Deutschland damit konfrontiert, dass sie eine Marginalisierung ihrer Männlichkeitskonstrukte (vgl. Herwartz-Emden 2000) erleben können, wohingegen weibliche Migranten gegebenenfalls eine freiheitlichere Gestaltung ihrer Konstruktionen und Lebensmöglichkeiten erfahren. Die Folgen für Männer und Frauen sind asymmetrisch gelagert. Überdies führen geschlechtstypische Aufgabenbereiche und die vielfach auf die Bewältigung des Alltags gerichtete Familienorientierung der Frau zu Austauschbeziehungen, u. a. mit den Bildungs- und Betreuungseinrichtungen für Kinder – was eine Verdichtung ihrer Erfahrungswelt in dieser Dimension fördert und verschiedene kreative und flexible Arrangements in ihren Erziehungseinstellungen hervorbringt (vgl. Herwartz-Emden/Westphal 1997a).

3 Was heißt „Weiblichkeit"? – Weiblichkeit in gesellschaftlicher und kultureller Perspektive

Migrantinnen verschiedener Herkunft sind damit konfrontiert, welches Frauenbild der bundesdeutsche Kontext transportiert und wie „Weiblichkeit" definiert wird. Hierbei sind die öffentlich sichtbaren Bilder im Vordergrund, insbesondere medial transportierte Bilder sind relevant. Ebenso wirksam sind die kommunikativ vermittelten Bilder, die in alltäglichen Interaktionen entstehen und mit normativen Vorgaben und einheimischen Standards einhergehen, wie es beispielsweise in Interaktionen am Arbeitsplatz oder in Kontakten mit Lehrer*innen und Erzieher*innen der Fall ist (vgl. Herwartz-Emden/Schultheiß 2015; Herwartz-Emden/Waburg 2017). Nicht selten wird der Migrantin ein Bild der Frau und Mutter entgegengehalten, das sie selbst – unvermittelt – als äußerst defizitär erscheinen lässt.

Der Begriff „Weiblichkeit" ist im deutschsprachigen, westlich geprägten Kulturraum nicht ohne Zuschreibungen zu denken, die sich auf äußere Merkmale, aber insbesondere auf psychische Qualitäten der Frau beziehen: Neben der „weiblichen" Anmut steht da beispielsweise die „weibliche" Fürsorglichkeit. Abgehoben wird auf Merkmale und Zusammenhänge, die als natürlich erscheinen, letztlich aber ein gesellschaftliches und kulturelles Konstrukt sind, wie die Geschlechterforschung nachwies. Weiblichkeit ist neben der „Fürsorglichkeit" mit „Mütterlichkeit" assoziiert: Im Kern von Weiblichkeitskonzeptionen steht die Konzeption von Mutterschaft. Die im deutschsprachigen Kulturraum hohe Bedeutung der Mutterschaft und der Mutter-Kind-Beziehung spiegelt Verhältnisse, wie sie sich erstmals im 19. Jahrhundert in der oberen Schicht des Bürgertums ergaben. Während die Aufzucht und Erziehung der Kinder bis dato stets als eine neben anderen Aufgaben der Frau galt (sowohl für Bürger wie für Bauern), wurde die Sorge für das leibliche und seelische Wohl der Kinder zur ersten, vordringlichsten und oft auch einzigen Aufgabe der Frau im Besitz- und Bildungsbürgertum – wenn die materiellen Umstände es erlaubten (vgl. Hardach-Pinke/Hardach 1992).

Um sich dem Bedeutungshorizont dessen zu nähern, was „Weiblichkeit" in anderen kulturellen Kontexten im Vergleich bedeutet, erweist sich auch diesbezüglich der Blick auf grundsätzliche Aspekte hilfreich: Auf „Weiblichkeit" bezogene Wissensbestände, Ideologien und Stereotype befinden sich in den industrialisierten und „westlich" geprägten Gesellschaften in einem strukturellen Zusammenhang mit einem durch männliche Dominanz geprägten Verhältnis zwischen den Geschlechtern. Wie das Verhältnis von Weiblichkeit und Männlichkeit in anderen gesellschaftlichen Kontexten als dem deutschen ist, wie und ob es als Dominanzverhältnis gestaltet bzw. ob es ausbalanciert ist und welche Bezugsnormen und Standards für die Geschlechter in den wichtigen Bereichen der Gesellschaft gelten, ist jeweils gesellschaftsspezifisch zu untersuchen. Geschlechtsbezogene Einstellungen und Konstruktionen werden entsprechend der strukturellen Vorgaben und Glaubensannahmen in Gesellschaften über die Geschlechter sozialisiert. Frauen in gesellschaftlichen Kontexten, die auf andersartigen Geschlechterverhältnissen beruhen, als diejenigen, die den hiesigen Kontext kennzeichnen, entwickeln diesbezüglich entsprechende Einstellungen.

Nur in wenigen, überwiegend ausgestorbenen Weltgesellschaften sind nicht hierarchische Geschlechterverhältnisse auffindbar, beispielhaft sei dabei verwiesen auf kleine, traditionelle Gesellschaften (vgl. Herwartz-Emden 1995a). Im Folgenden spielen Gesellschaften im Übergang zur Moderne eine Rolle, aus denen die beiden Gruppen von Einwanderinnen migrierten, die in der dargestellten Untersuchung FAFRA befragt wurden (vgl. Herwartz-Emden 1995c). Ein Herkunftskontext war die Türkei, in der ein segregiertes (und insbesondere räumlich differenziertes) Geschlechterverhältnis als übergreifendes Gestaltungsprinzip und Grundlage für Konstruktionen bezüglich der Geschlechterbeziehungen ausgemacht wurde. Die ehemalige Sowjetunion als Herkunftskontext der Aussiedlerin war ebenfalls als eine Art Übergangsgesellschaft zu bezeichnen, in der die hohe Arbeitsmarktbeteiligung der Frau bzw. die (ideologische) Gleichheit der Geschlechter und die Frauenemanzipation zur staatlichen Aufgabe geworden waren, wobei allerdings ideologische Überzeugungen über den Familienalltag und die elterlichen Zuständigkeiten der Geschlechter geschlechtstypisch oder „naturbezogen" verhaftet blieben (vgl. Herwartz-Emden 1995b,1997b; Herwartz-Emden/Westphal 1993).

4 „Weibliches Selbstkonzept" – Forschungsgegenstand einer Pionierstudie

Zur Frage des „weiblichen Selbstkonzepts" wird auf die Ergebnisse der benannten Pionierstudie Bezug genommen, die gesellschaftliche Kontexte und Geschlechterverhältnisse systematisch in die Frage der Konzepte und Orientierungen von Migrantinnen einbezog. Präsentiert werden beispielhaft im Folgenden Konzepte und Einstellungen von Aussiedlerinnen aus der ehemaligen Sowjetunion und Arbeitsmigrantinnen aus der Türkei sowie (damals) „westdeutschen" Frauen (vgl. Herwartz-Emden/Westphal 1997a, 1999, 2000). Orientierungen und das Selbstkonzept der migrierten Frau unterliegen in der Migration spezifischen Herausforderungen und es finden dynamische Konfrontationen und vielschichtige Auseinandersetzungen statt, die den zugrunde liegenden Gesetzmäßigkeiten des oben genannten Akkulturationsprozesses folgen. Die Studie erhellte die Konzepte der genannten Gruppen und wies Differenzierungen sowie auch Arrangements der Akkulturation bereichsspezifisch für verschiedene (Teil-)Konzepte nach. Es wurde aufgezeigt, wie sich Selbstkonzepte von Migrantinnen im Aufnahmekontext Deutschland unterscheiden und welche Gemeinsamkeiten und Unterschiede zu Konzepten einheimischer Frauen gegeben sind.

Die verschiedenen Vorgaben der Herkunftskontexte stellen für die nach Deutschland einwandernde Frau ein wesentliches Bezugsmoment ihres täglichen Erlebens und Handelns dar. Die Frage, wie sich in diesem Zusammenhang relevante Sozialisationsmuster als Einstellungen und Orientierungen des Individuums erfassen lassen und wie diese in dem Arrangement der je spezifischen Verhältnisse zwischen den Geschlechtern in den beteiligten Herkunftskontexten verortet sind, wurde in der Studie auf die je spezifischen Migrationskontexte vergleichend bezogen (vgl. Herwartz-Emden 1995d, 2000). Dann lassen sich Differenzierungen, Gemeinsamkeiten und gegebenenfalls Veränderungen in den Konzepten belegen. Im Fokus stand, das „Selbstkonzept" der Migrantin empirisch differenziert zu erfassen. Das „weibliche Selbstkonzept" wird in der Studie methodisch parzelliert und in einzelne Erfahrungsbereiche zerlegt. Empirisch ist das Selbstkonzept damit kontextbezogen zu erfassen (vgl. Herwartz-Emden 1995d, 173 ff.).

Befragt wurden in der ersten Hauptforschungsphase 255 Frauen, je 85 Einwanderinnen, die zum Zeitpunkt der Erhebung zwischen 20 und 40 Jahren alt waren, überwiegend erwerbstätig (bis auf die Aussiedlerinnen) und sich in der Phase der ‚aktiven' Mutterschaft, mit mindestens einem Kind im jüngeren oder schulpflichtigen Alter befanden. Die Aussiedlerinnen, mit der großen Auswanderungswelle ab den 1990er-Jahren nach Deutschland gekommen, lebten zum Befragungszeitpunkt im Jahr 1992 vergleichsweise kurz in Deutschland, seit zwei bis vier Jahren, wohingegen die Frauen aus der Türkei überwiegend seit 15 Jahren und teils länger im Land lebten.

Methodisch stützte sich das Forschungsprojekt auf einen innovativen, kultursensiblen und multimethodischen Ansatz (vgl. Herwartz-Emden 1994, 1995c; Gümen/ Herwartz-Emden 1993; Herwartz-Emden/Westphal 2000) – womit die Forschung bis heute in ihrer Systematik und in dem umfangreichen empirischen Vergleich zwischen verschiedenen Gruppen einzigartig ist. Der Vergleich zielte in den gesamten Forschungsphasen auf die verschiedenen Gruppen, Akteure und Ebenen der Migrantenfamilie, junge und ältere Frauen und Männer, Mütter und Väter, Mädchen und Jungen (vgl. Herwartz-Emden/Westphal 1999).

Die Ergebnisse der FAFRA-Studie werden, so die Sichtung der Forschungslandschaft, weitgehend von darauffolgenden, neueren und primär qualitativ ausgerichteten Studien bestätigt, allerdings basierend auf Untersuchungen mit eher kleinen Stichproben. In einer der wenigen umfangreicheren, zeitlich ein Jahrzehnt nach FAFRA durchgeführten Studien zur Lebenssituation von Mädchen und jungen Frauen (vgl. Boos-Nünning/Karakaşoğlu 2005) wurde eine Stichprobe aus verschiedenen Migrantinnengruppen nach zukünftig gewünschten Lebensformen befragt. In den Ergebnissen dieser Studie mit jungen Frauen finden die von FAFRA referierten Befunde (vgl. Herwartz-Emden 1995d) eine Bestätigung. Aber: Eine auf den Hintergrund einer theoretischen Modellierung der geschlechtsbezogenen Bedingungen und Herausforderungen der Migration bezogene Studie, die in vergleichbarem Umfang einzelne Gruppen interkulturell vergleichend in den Blick nimmt, ist bis dato im deutschsprachigen Raum nicht vorhanden. Gängige Theoriebildungen sind oft weder für die Analyse bestimmter Problemkonstellationen noch für die besonderen Leistungen von Migrant*innen angemessen elaboriert. Die gesamte Frage des Zusammenhangs von Migration und Geschlecht bleibt eine wichtige Aufgabe für zukünftige Forschungen.

5 Das Konzept „Vereinbarkeit von Familie und Beruf"

Die Migrantin als, bildlich gesprochen, „Motor" des Familienalltags, ist im Rahmen ihrer geschlechtsbezogenen Aufgabenbereiche für die zu leistende Akkulturation bzw. Integration der Familienmitglieder zuständig. Im Vordergrund der Erfahrungen der Migrantin, insbesondere, wenn sie selbst berufstätige Mutter ist, steht das (Teil-)Konzept des Selbstkonzepts, das Konzept der „Vereinbarkeit von Familie und Beruf" (vgl. Gümen/Herwartz-Emden/Westphal 1994, 2000). Es realisiert sich als Strategie und existenzielle Notwendigkeit, ist aber zugleich Ausdruck des Anspruchs auf selbstständige Lebensführung und eng in dem Kern von „Weiblichkeit" angesiedelt. Bereits Mädchen und junge Frauen, auch einheimische, thematisieren sehr breit diese auf sie zukommende Aufgabe und problematisieren deren Realisierung (vgl. Herwartz-Emden/Waburg 2013).

Für die Migrantin ist die Vereinbarkeit von Familien- und Erwerbstätigkeitspflichten unerlässlich, denn bei der Konfrontation mit einem neuen gesellschaftlichen Umfeld, wie es die Migration mit sich bringt, nimmt die Bedeutung der Familie zu, intergenerative Beziehungen sind, auch in der Transmission von Werten, stärker koordiniert (vgl. Nauck 2004), als dies in Familien ohne Migrationshintergrund in der Herkunftsgesellschaft und auch in Familien der Aufnahmegesellschaft der Fall ist. In der Migrationssituation wird die Kernfamilie ausschließlicher und rückt näher. Direkte, insbesondere familiäre Kontakte sind wichtig und die Familienmitglieder orientieren sich stärker aneinander. Familie und Verwandtschaft sind zentral in den (Netzwerk-)-Beziehungen. Die Familie bleibt ein wichtiger Bezugspunkt für das Individuum: Für die aus der Türkei stammende Gruppe ließ sich aktuell nachweisen, dass mit der

Akkulturation und dem Einleben im Aufnahmeland über die Generationen hinweg die spezifische intergenerationale Verbundenheit, eine hohe familiäre Stabilität und ausgeprägte Unterstützungspotenziale erhalten werden (vgl. Baykara-Krumme u. a. 2011).

Die Studie FAFRA kam zur Forschungsfrage nach dem „weiblichen Selbstkonzept" (vgl. Herwartz-Emden 1995d) fokussiert auf die „Vereinbarkeit von Familie und Beruf" im Vergleich von Migrantinnen aus der Türkei und der ehemaligen Sowjetunion mit einheimischen Frauen zu weitreichenden Ergebnissen (vgl. Gümen u. a. 1994; 2000). Nachweisen ließ sich, dass sich die in verschiedenen gesellschaftlichen Herkunftskontexten und andersartigen Geschlechterverhältnissen entwickelten Selbstkonzepte in je verschiedener Gestalt und in unterschiedlichen Dimensionierungen auch unter der Migrationsbedingung identifizieren lassen: *Aussiedlerinnen* entwarfen ein berufs- und arbeitsweltorientiertes Weiblichkeitsbild, sie brachten ein Frauenideal zum Ausdruck, das herausragend die verschiedenen Bereiche kombinierte: Eine Frau ist in diesem Bild unhinterfragt weiblich-mütterlich und zugleich weiblich-berufstätig. *Frauen aus der Türkei* zielten in ihrem Weiblichkeitsbild auf die familiäre, durchaus machtvolle Position der Frau ab. In der Handhabung des Konzepts „Mutterschaft" äußerten sie die Freiheit, ihre positive Zustimmung zu „traditioneller" Weiblichkeit nicht in eine Entgegensetzung zu einer „alternativen" Gestaltung von Mutterschaft zu bringen. Die befragten Migrantinnen brachten zum damaligen Zeitpunkt Einstellungen mit, die durch Herkunftserfahrungen und Migrationsgeschichte geprägt waren: *Kinder* nahmen beispielsweise zum damaligen Zeitpunkt eine nicht hinterfragte Stellung im Lebenslauf und im Selbstkonzept der beiden Gruppen ein. Dieser Zusammenhang zu den Herkunftsgesellschaften konnte im Einstellungsbereich „Mutterschaft" verdeutlicht werden.

Eine Gemeinsamkeit der Erfahrungen von Migrantinnen ist unabhängig von der Herkunftsgruppe darin zu sehen, dass nach Deutschland einwandernde Frauen in ihrem Alltag mit den hiesigen Einstellungen zum „Kinderhaben", begleitenden Ideologien und Frauen- und Mutterbildern konfrontiert sind. Die Migrantin setzt sich damit auseinander, es ergeben sich Anpassungen in diesen Konfrontationen, aber auch, wie dieses Ergebnis zeigt, Kontinuitäten. Im Einstellungsbereich „Vereinbarkeit von Familie und Beruf" erwies sich, dass sich die Vorgaben der Herkunftskontexte beider Gesellschaften keinesfalls in einer „*Entweder-oder-Problematik*" niederschlugen, wie sie sich für die einheimische Frau und Mutter darstellte. Ihre Konstruktionen waren andere – weniger polarisierend. Die einheimischen Frauen äußerten sich überdies gegenüber dem Konzept „Vereinbarkeit von Familie und Beruf" deutlich ambivalenter als die Einwanderinnen, sowohl in den Einstellungen als auch in der praktischen Bewältigung desselben (vgl. Gümen u. a. 2000, 230 f.).

6 Das Konzept „Mutterschaft"

Die Einwanderinnen beider Gruppen in den relevanten Herkunftsgesellschaften (Türkei und ehemalige Sowjetunion) brachten außerdem die tief greifende Erfahrung einer engen Übereinstimmung zwischen dem gesellschaftlich vermittelten, zugeschriebenen, hohen Status des Mutterseins und der Bedeutsamkeit der mütterlichen Fürsorge für die Familie mit – eine Überzeugung, die sie im Aufnahmekontext der Bundesrepublik Deutschland als positive Erwartungshaltung bewahren konnten. Auch in dieser – je spezifisch gelagerten – Erfahrung liegt eine Basis für ihre vergleichsweise positive Zustimmung zum Zusammenhang zwischen Berufstätigkeit, einem „erfülltem" Frauenleben (mit Kindern) bzw. Mutterschaft.

Dass die einheimischen deutschen Frauen einem „erfüllten" Frauenleben durch Kinder in diesem Vergleich tendenziell kritisch-distanziert gegenüberstanden, erklärt sich wiederum durch die im bundesdeutschen Kontext möglich gewordene breite Bildungsbeteiligung und hoher beruflicher Aspirationen. Die daraus folgende Gestaltungsmöglichkeit des Lebens der Frau ist einer der Hintergründe dafür, dass dem „Muttersein" und der Sorge für Kinder durch die Frau *kein* selbstverständlicher Wert (mehr) zugemessen wurde. Das Konzept von „Mutterschaft", ausgedrückt in einer eher als „traditionell" zu bezeichnenden Richtung, wie beispielsweise als *Erfüllung* für die Frau, wird von einheimischen Frauen tendenziell als einengend und einseitig empfunden und erlaubt nicht eine solch positive Zustimmung, wie sie die Einwanderinnen formulierten.

Die Ergebnisse der FAFRA Studie wiesen im Befragungsbereich „Mutterschaft" darauf hin, dass für die Gruppe der Arbeitsmigrantinnen und die Gruppe der Aussiedlerinnen Mutterschaft ein inhärenter Bestandteil des „weiblichen Lebenskonzepts" war und über die „traditionell-weiblichen" Erfahrungsbereiche, die Bedeutung von Schwangerschaft und Geburt, die Unersetzbarkeit der mütterlichen Erfahrung und die damit verbundenen Glücksgefühle, positiv begründet wurde (vgl. Herwartz-Emden 1995d; 1996; 2000; Herwartz-Emden/Westphal 1997a). Das Erleben von Mutterschaft wurde für die Einwanderinnen aufgrund der Erfahrungen ihres – je spezifischen – Herkunftskontexts mit grundsätzlich positiven individuellen und sozialen und überwiegend statuserhöhenden Konsequenzen verbunden, die umfassend ihre Erwartungen, auch die im hiesigen Kontext, bestimmten.

Demgegenüber wichen die einheimischen deutschen Frauen in dieser Dimension ihrer Einstellung zu Mutterschaft erheblich von der Auffassung der Einwanderinnen ab: „Mutterschaft" und „Weiblichkeit" gehörten für sie in dem Maße *nicht* zusammen. „Mutterschaft" war für Einwanderinnen als *die* Kontinuität sichernde existenzielle Strategie anzusehen, die allen weiteren Lebensbereichen gegenüber nicht ausgrenzend, sondern tendenziell vereinnahmend erschien. Das „weibliche Selbstkonzept" war für sie mit „Mutterschaft" selbstverständlich und eng verbunden. Die Realität der gelebten Mutterschaft, nämlich im Alltag des Einwanderungs- bzw. Migrationskontexts für Kinder zu sorgen und diese zu erziehen, stand allerdings für die Migrantin vielfach in Widerspruch zu dieser Selbstverständlichkeit und daraus folgenden positiven Erwartungen – auch dies wiederum in Widerspruch zu den normativen Vorstellungen einer „guten Mutter", wie sie der Aufnahmekontext ihnen entgegenhielt. Auch die Erwartungen, die Einwanderinnen in Richtung der Funktion eines familiären und weiblichen Netzwerks mitbrachten, standen infrage, so insbesondere ihre Orientierung an der sog. „multiplen" Mutterschaft (vornehmlich für die Frauen aus der Türkei, für die das weibliche Verwandtschaftsnetzwerk in die Idee und Gestaltung der Mutterschaft einbezogen ist) (vgl. Herwartz-Emden 1995d; 1996). Vieles konnte im hiesigen Kontext nicht aufrechterhalten werden, auch Netzwerke gingen verlustig und mussten gegebenenfalls erneuert werden.

7 Fazit und Schlussfolgerung

Es erwies sich, dass in der Einwandererfamilie, ihren familiären Bedingungen, Gestaltungsformen und Handlungspraxen die in die beteiligten kulturellen Kontexte eingelagerten verschiedenen (Teil-)Konzepte des „weiblichen Selbstkonzepts" relevant werden, aber keinesfalls mit den als universell konzipierten, „westlich" dominierten Konzeptualisierungen angemessen erfasst oder gemessen werden können. Es finden Veränderungen und Adaptionen statt, Orientierung bieten keinesfalls nur die kulturellen Vorgaben der Herkunftsgesellschaft, sondern die Migrationssituation und die Erfordernisse der Aufnahmegesellschaft Deutschland bestimmen die Konzepte und die Praxis der Akteur*innen.

Konzepte und Einstellungen der damaligen Generation von Migrantinnen und einheimischen Frauen lassen sich in der Gegenwart deckungsgleich so nicht mehr auffinden, dennoch sind die generellen Aspekte eines Migrations- und Integrationsprozesses für die Frau in der gesamten Komplexität verdeutlicht worden. Die Konzepte aktuell einwandernder Gruppen zu untersuchen, ist eine Aufgabe aktueller und zukünftiger Forschung. Im Verhältnis zu den hiesigen, dominant individualistischen und leistungsbezogenen Wertorientierungen sowie der dichotomen Optik des westlichen Denkens können die Ergebnisse aus den 1990er-Jahren allerdings heute noch Anlass zur kritischen Reflexion geben, auch der gegenwärtigen Situation der Einwander*innen. Die befragten Migrantinnen der FAFRA Studie stellten eine Art gleich gelagerte Dimensionierung her, ihre Konstrukte waren durchgängig anders als die der „westdeutschen" Befragten dimensioniert.

Hervorragend lässt sich die Ergebnislage damit charakterisieren, dass die „klassisch weibliche" Einstellung zum hohen Wert des „Kinderhabens" nicht damit gleichzusetzen ist, dass sich die Migrantin stereotypisch „weiblich" klassifizieren ließ. Die Differenzierung ihrer Konzepte belegte vor allem eines: Gängige Stereotype gegenüber Einwanderinnen, wie sie immer wieder neu aktiviert werden und die die Migrantin in das Bild einer Frau zwängen, die angeblich *nicht* berufstätig und *nicht* „emanzipiert" sei (vgl. Herwartz-Emden/Gümen 1996), ließen sich nicht bestätigen. Die vorgestellten Ergebnisse der Pionierstudie belegten außerdem, dass die sog. „modernen" Weiblichkeitskonzepte keine passende Folie sind, um die Migrantin zu verstehen. Sie war durchaus an einer machtvollen Position und einer selbstständigen Lebensführung der Frau ausgerichtet. Die Einstellungen der Befragten aus der Türkei und die der befragten Aussiedlerinnen verwiesen jenseits solcher Stereotype auf eine *„nicht westliche Modernität"* (vgl. Herwartz-Emden 1995d).

Auf Mädchen und junge Frauen und ihre in die Zukunft gerichteten Orientierungen bezogen (vgl. Boos-Nünning/Karakaşoğlu 2005), finden die oben referierten Befunde und deren Interpretation als *„nicht westliche Modernität"* eine Bestätigung. Die Studie zu Anfang der 2000er-Jahre ließ den Schluss zu, dass die Einstellungen der Mädchen und jungen Frauen ebenfalls mit der selbstverständlich(er)en Annahme, Beruf und Familie vereinbaren zu können, einhergingen, und sich für sie die *„Entweder-oder-Frage"* so nicht stellte. Dem entsprachen die Schlussfolgerungen aus der Befragung (vgl. Boos-Nünning/Karakaşoğlu 2005, 264ff.): Wirtschaftliche Selbstständigkeit der Frau und die Vereinbarkeit von Familie und Beruf wurden von den Befragten grundsätzlich bejaht; am stärksten lehnten sie die Aussage ab, dass dem Mann der Beruf und der Frau der Haushalt vorbehalten sein sollte (vgl. Karakaşoğlu 2006).

Zu den referierten empirischen Ergebnissen der FAFRA Studie und der Hauptfrage nach dem „weiblichen Selbstkonzept" von eingewanderten Frauen kann das Fazit gezogen werden, dass das darauf bezogene „Konzept der Vereinbarkeit von Familie und Beruf" von besonderer Relevanz ist, um *grundsätzliche* Fragen der Migration der Frau zu erörtern. Eingewanderte Frauen wollen ebenso wie einheimische Frauen Familie und Beruf vereinbaren, wenn auch mit anderen Akzentsetzungen für ihre persönlichen Erwartungen an Biografie, Kinder und Familie. Mit großer Selbstverständlichkeit waren die biografischen Orientierungen der in FAFRA befragten Migrantinnen verschiedener Herkunft untrennbar mit Mutterschaft und Familie positiv assoziiert.

Die ausgeprägte Familienorientierung, wie sie die Migrantinnen im Zusammenhang mit ihrem „weiblichen Selbstkonzept" äußerten, war dabei nicht als „Modernisierungsdefizit" anzusehen, sondern als Ressource, die sich im Migrationskontext als zentrale „weibliche" Kraft entfaltet und über starke inter- und intragenerationale Solidaritätspotenziale das Überleben sichert und letztlich erst Integration ermöglicht.

8 Vertiefungsaufgaben und -fragen

1. Migration ist ein Familienprojekt, in dem die Frauen den Migrations- und Integrationsprozess aktiv mitgestalten. Von ihren Ressourcen und Handlungskompetenzen hängt es letztlich ab, in welche Richtung und in welcher Intensität sich langfristig der Eingliederungsprozess der gesamten Familie und dessen Erfolg gestaltet.

Welche Bedeutung wird der Frau in den verschiedenen Ansätzen der Migrationsarbeit und Flüchtlingsarbeit zugemessen? Wie sind gegenwärtig in den verschiedenen Praxisfeldern die Vorstellungen zur Funktion und Stellung der Frau in der
Einwandererfamilie gelagert und wie sind die Bilder über die Einwanderin als Frau
(und das Bild der geflohenen Frau) besetzt? Welche Annahmen und Stereotype
prägen das Bild? Wie wird das Bild des Mannes parallel dazu entworfen?

2. Im letzten Jahrzehnt nehmen durch die Globalisierung Formen der Pendelmi-
gration, der temporären Migration oder der Transmigration zu. Die wesentliche
Folge ist darin zu sehen, dass der Wechsel zwischen verschiedenen Lebensorten
dauerhafte Option wird. Die Gleichzeitigkeit der Kontexte dominiert den Alltag
und transkulturelle Perspektiven sind unerlässlich. Es entstehen neue Netzwerke und für Kinder neue Betreuungsketten, in der sich eine Migrantin um die
Kinder einer berufstätigen einheimischen Frau kümmert, während dafür eine
andere, meist mit der Migrantin verwandte Frau, sich um die im Herkunftsland
zurückgelassenen Kinder kümmert usw. Es stellt sich die Frage, welche Veränderungen für das Konzept von „Weiblichkeit" bzw. „Mutterschaft" dadurch auftreten. Wie sieht das Konzept der „Vereinbarkeit von Familie und Beruf" unter
solchen Bedingungen aus?

3. Weibliche Selbstkonzepte unterliegen auch einem intergenerativen Wandel.
Sondieren Sie weibliche Selbstkonzepte bei sich und ihrem gleichaltrigen Freun-
dinnenkreis, in der Altersgruppe ihrer Mütter und Großmütter. Vergleichen Sie
Unterschiede und Gemeinsamkeiten. Diskutieren Sie mögliche Einflussfaktoren.

Literatur

Baykara-Krumme, Helen/Klaus, Daniela/Steinbach, Anja (2011): Generationenbeziehungen in
Deutschland: Ein Vergleich der Beziehungsqualität in einheimischen deutschen Familien,
Familien mit türkischem Migrationshintergrund und Aussiedlerfamilien. In: Brüderl, Josef/
Castiglioni, Laura/Schumann, Nina (Hrsg.): Partnerschaft, Fertilität und intergenerationale
Beziehungen. Würzburg: Ergon, S. 259–286.
Boos-Nünning, Ursula/Karakaşoğlu, Yasemin (2005): Viele Welten leben. Zur Lebenssituation von
jungen Mädchen und Frauen mit Migrationshintergrund. Münster: Waxmann.
Gümen, Sedef/Herwartz-Emden, Leonie (1993): Zur Problematik der Validität in interkulturellen
Untersuchungen. In: Tarnai, Tarnai (Hrsg.): Beiträge zur empirischen pädagogischen
Forschung. Münster: Waxmann, S. 67–79.
Gümen, Sedef/Herwartz-Emden, Leonie/Westphal, Manuela (1994): Die Vereinbarkeit von Beruf
und Familie als weibliches Lebenskonzept: Eingewanderte und deutsche Frauen im Vergleich.
Zeitschrift für Pädagogik Jg. 40, Heft 1, S. 63–80.
Gümen, Sedef/Herwartz-Emden, Leonie/Westphal, Manuela (2000): Vereinbarkeit von Familie und
Beruf als weibliches Selbstkonzept. In: Herwartz-Emden, Leonie (Hrsg.): Einwandererfamilien:
Geschlechterverhältnisse, Erziehung und Akkulturation. Osnabrück: Rasch, S. 207–231.
Gogolin, Ingrid (2000): Minderheiten, Migration und Forschung: Ergebnisse des DFG-Schwerpunkt-
programms FABER. In: Gogolin, Ingrid/Nauck, Bernhard (Hrsg.): Migration, gesellschaftliche

Differenzierung und Bildung: Resultate des Forschungssschwerpunktprogramms FABER Opladen: Leske + Budrich. S. 15–35.

Hardach-Pinke, Irene/Hardach, Gerd Hrsg. (1978): Deutsche Kindheiten 1700–1900. Autobiographische Zeugnisse. Kronberg/Ts.: Athenaeum Verlag.

Herwartz-Emden, Leonie (1991): Migrantinnen und ihre Familien in der Bundesrepublik Deutschland. Ein Bericht zum Foschungsstand. Ethnizität und Migration 2. Jg., Heft 7, S. 5–29.

Herwartz-Emden, Leonie/Westphal, Manuela (1993): Bildungserwartungen und Berufsmotivation von Aussiedlerinnen aus der ehemaligen Sowjetunion. Unterrichtswissenschaft Jg. 21, Heft 2, S. 106–125.

Herwartz-Emden, Leonie (1994): Geschlechtsrollenmessung in der interkulturellen Forschung. In: Olechowski, Richard/Rollett, Brigitte (Hrsg.): Theorie und Praxis: Aspekte empirisch-pädagogischer Forschung. Frankfurt a. M.: Lang, S. 204–211.

Herwartz-Emden, Leonie (1995a): Geschlechterverhältnisse und Mutterschaft in einfachen und modernen Gesellschaften. Neue Sammlung Jg. 35, Heft 3, S. 47–64.

Herwartz-Emden, Leonie (1995b): Konzepte von Mutterschaft und Weiblichkeit. Ein Vergleich der Einstellungen von Aussiedlerinnen, Migrantinnen und westdeutschen Frauen. Zeitschrift für Frauenforschung Jg. 13, Heft 3, S. 56–70.

Herwartz-Emden, Leonie (1995c): Methodologische Überlegungen zu einer interkulturellen empirisch-erziehungswissenschaftlichen Forschung. Zeitschrift für Pädagogik Jg. 41, Heft 5, S. 745–764.

Herwartz-Emden, Leonie (1995d): Mutterschaft und weibliches Selbstkonzept. Eine interkulturell-vergleichende Untersuchung. Weinheim: Juventa.

Herwartz-Emden, Leonie (1996): Die Gestaltung von Mutterschaft und Erziehung im Prozess der Einwanderung. Frauen in der Einen Welt. In: Zeitschrift für interkulturelle Frauenalltags-forschung. Heft 1, S. 76–93.

Herwartz-Emden, Leonie/Gümen, Sedef (1996): Selbst- und Fremdbilder von Aussiedlerinnen, Einwanderinnen aus der Türkei und westdeutschen Frauen im sozialen Vergleichsprozess – Methodische Aspekte eines Stereotypen-Inventars. In: Möller, Renate/Abel, Jürgen/Neubauer, Georg/Treumann, Klaus-Peter (Hrsg.): Kindheit, Familie und Jugend. Ergebnisse empirischer pädagogischer Forschung. Münster: Waxmann, S. 116–129.

Herwartz-Emden, Leonie (1997a): Ausländische Familien in Deutschland – Stereotypen und Alltagsrealitäten. Lernen in Deutschland. Zeitschrift für Interkulturelle Erziehung – Journal of Intercultural Education. Heft 1, S. 10–22.

Herwartz-Emden, Leonie (1997b): Erziehung und Sozialisation in Aussiedlerfamilien: Einwanderungskontext, familiäre Situation und elterliche Orientierung. Aus Politik und Zeitgeschichte Heft 7/8, S. 3–9.

Herwartz-Emden, Leonie/Westphal, Manuela (1997a): Konzepte mütterlicher Erziehung in Einwanderer- und Migrantenfamilien – Ergebnisse einer interkulturellen Studie. Zeitschrift für Sozialisationsforschung und Erziehungssoziologie Jg. 17, Heft 1, S. 56–73.

Herwartz-Emden, Leonie/Westphal, Manuela (1997b): Die fremden Deutschen: Einwanderung und Eingliederung von Aussiedlern in Niedersachsen. In: Bade, Klaus J. (Hrsg.): Fremde im Land: Zuwanderung und Eingliederung im Raum Niedersachsen seit dem Zweiten Weltkrieg. Osnabrück: Rasch, S. 167–212.

Herwartz-Emden, Leonie/Westphal, Manuela (1999): Frauen und Männer, Mütter und Väter: Empirische Ergebnisse zu Veränderungen der Geschlechterverhältnisse in Einwanderer-familien. Zeitschrift für Pädagogik Jg. 45, Heft 6, S. 885–902.

Herwartz-Emden, Leonie/Westphal, Manuela (2000): Akkulturationsstrategien im Generationen- und Geschlechtervergleich bei eingewanderten Familien. In: Kommission der Bundesregierung für den 6. Familienbericht (Hrsg.): Empirische Beiträge zur Familienentwicklung und Akkulturation. Materialien zum 6. Familienbericht. Band I. Opladen: Leske + Budrich, S. 229–271.

Herwartz-Emden, Leonie (2000): Konzepte von Mutterschaft und Weiblichkeit. In: Herwartz-Emden, Leonie (Hrsg.): Einwandererfamilien: Geschlechterverhältnisse, Erziehung und Akkulturation. Osnabrück: Rasch, S. 85–98.

Herwartz-Emden, Leonie/Westphal, Manuela (2000): Methodische Fragen in interkulturellen Untersuchungen. In: Nauck, Bernhard/Gogolin, Ingrid (Hrsg.): Migration, gesellschaftliche Differenzierung und Bildung. Opladen: Leske + Budrich, S. 53–76.

Herwartz-Emden, Leonie/Riecken, Andrea (2001): Frauen in der Migration. In: Franke, Alexa/Kämmerer, Annette (Hrsg.): Klinische Psychologie der Frau. Ein Lehrbuch. Göttingen: Hogrefe, S. 577–607.

Herwartz-Emden, Leonie/Westphal, Manuela (2002): Integration junger Aussiedler. Entwicklungs-bedingungen und Akkulturationsprozesse. In: Jochen Oltmer (Hrsg.): Migrationsforschung und interkulturelle Studien. Osnabrück: Rasch, S. 229–259.

Herwartz-Emden, Leonie/Schurt, Verena/Waburg, Wiebke (2010): Aufwachsen in heterogenen Sozialisationskontexten: Zur Bedeutung einer geschlechtergerechten interkulturellen Pädagogik. Wiesbaden: VS.

Herwartz-Emden, Leonie/Waburg, Wiebke (2013): „Nachtdienst und Kinder, das ist nicht so einfach". Vereinbarkeit von Familie und Beruf als geschlechtsspezifische Entwicklungsaufgabe. In: Boldt, Ulrich/Hascher, tina/Horstkemper, Marianne/Leuzinger-Bohleber, Marianne/Stecher, Ludwig (Hrsg.): SCHÜLER. Wissen für Lehrer. Pubertät. Seelze: Friedrich, S. 50–51.

Herwartz-Emden, Leonie/Waburg, Wiebke/Westphal, Manuela (2014): Erziehung in Aussiedler-familien. In: Bildung und Erziehung Jg. 64, Heft 2, S. 171–185.

Herwartz-Emden, Leonie (2015): Sozialisation in der Einwanderungsgesellschaft. In: Hurrelmann, Klaus/Bauer, Ullrich/Grundmann, Matthias/Walper, Sabine (Hrsg.): Handbuch Sozialisations-forschung. 8. Auflage. Weinheim: Beltz, S. 587–605.

Herwartz-Emden, Leonie/Schultheiß, Annette (2015): Professionalisierung in der Kindertagesbetreuung – Aspekte interkultureller Elementarpädagogik. In: Friederich, Tina/Lechner, Helmut/Schneider, Helga/Schoyerer, Gabriel/Ueffing, Claudia M. (Hrsg.): Kindheitspädagogik im Aufbruch. Professi-onalisierung, Professionalität und Profession im Diskurs. Weinheim: Beltz, S. 147–154.

Herwartz-Emden, Leonie/Waburg, Wiebke (2017): Elternarbeit mit Migrant*innen und Flüchtlingen. In: Maschke, Sabine/Schulz-Gade, Gunild/Ludwig Stecher, Ludwig (Hrsg.): Jahrbuch Ganztagschule. Junge Geflüchtete in der Ganztagsschule. Jahrbuch Ganztagsschule 2017. Schwalbach/Ts.: Wochenschau. S. 27–38.

Karakaşoğlu, Yasemin (2006): Lebensrealitäten von Mädchen mit Migrationshintergrund – jenseits von Zwangsverheiratung und Ehrenmorden. In: ZAR, Jg. 26, Heft 1, S. 22–26.

Leyendecker, Birgit (2012). Zuwanderung, Diversität und Resilienz- eine entwicklungspsycho-logische Perspektive. In: Matzner, Michael (Hrsg.): Handbuch Migration und Bildung, Weinheim: Beltz, S. 57–72.

Nauck, Bernhard (2004): Familienbeziehungen und Sozialintegration von Migranten. In: Bade, Klaus J./Bommes, Michael (Hrsg.): Migration – Integration – Bildung. Grundfragen und Problem-bereiche. Osnabrück: IMIS, S. 83–104.

Morokvasic, Mirjana (1978): Jugoslawische Frauen. Die Emigration und danach. Basel, Frankfurt a. M.: Stroemfeld/Roter Stern.

Morokvasic Mirjana (1984): Birds of Passage are also Women. International Migration Review, Vol. 18, No. 4, Special Issue: Women in Migration The Center for Migration Studies of New York, Inc., S. 886–907.

Oltmer, Jochen (2010): Migration im 19. und 20. Jahrhundert. Enzyklopädie Deutscher Geschichte. Band 86. München: Oldenbourg.

Wenning, Norbert (1996): Migration in Deutschland. Ein Überblick. Münster/New York: Waxmann.

Zick, Andreas (2010): Psychologie der Akkulturation. Neufassung eines Forschungsbereiches. Weinheim: VS.

Michael Tunç
Männlichkeitskonzepte im Migrationskontext

Lebenswelten von (jungen) Männern und Frauen ohne/mit Migrationshintergrund bzw. von *People of Color* (PoC) sind von verschiedensten Transformationen in Geschlechter- und Migrationsverhältnissen der deutschen Gesellschaft gekennzeichnet. Die Heterogenität der Werte, Einstellungen und Verhaltensweisen in Geschlechterkonstrukten der Menschen ist in der multiethnischen wie multireligiösen Gesellschaft groß. Diese Diversität wird in der feministischen Frauenforschung über (junge) Migrantinnen/*Women of Color* (WoC) bereits länger untersucht und hat umfangreiche Erkenntnisse hervorgebracht. Hier stehen die bislang weniger erforschten (jungen) Männer mit Migrationshintergrund bzw. *Men of Color* (MoC) im Fokus. Dazu wird zunächst in die wissenschaftliche Perspektive zum Verstehen der Diversität eingeführt.

1 Männlichkeiten in der Migrationsgesellschaft und Intersektionalität

Das Konzept der Intersektionalität wurde in der feministischen Frauenforschung einerseits als gesellschafts- und herrschaftskritische Perspektive und andererseits als anspruchsvolle ungleichheits- und differenztheoretische Programmatik entwickelt (vgl. Knapp 2005).

Ausgehend von der Kritik afroamerikanischer Frauen, dass weiße Amerikanerinnen über Privilegien in rassistischen Verhältnissen verfügen und Afroamerikanerinnen durch Rassismus und Sexismus mehrfach benachteiligt sind, wurden in den USA Verflechtungen von *race*, *class* und *gender* debattiert und zum Teil feministischer Theoriebildung. Nachdem vor allem Migrantinnen das Konzept in die deutsche Frauenforschung transferiert hatten, kam es anschließend im deutschsprachigen Raum zu ersten Entwicklungen intersektionaler Männlichkeitsforschung.

Die Grundlage einer differenztheoretischen Männlichkeitsforschung legte Raewyn Connell mit dem Modell hegemonialer Männlichkeiten allerdings bereits Mitte der 1980er-Jahre. Connell versteht Konstruktionen von Männlichkeit als „Position im Geschlechterverhältnis" (Connell 2000, 91). Nach Connell sind hegemoniale Männlichkeiten doppelt relational strukturiert, und zwar verstanden als Hegemonie gegenüber Frauen einerseits und gegenüber untergeordneten und marginalisierten Männern andererseits. Homosexuelle Männlichkeiten bezeichnet Connell als typisch für untergeordnete Männlichkeiten, da sie als vermeintlich „verweiblichte" Männlichkeitskonzepte (ähnlich wie Weiblichkeiten) hegemonialen Männlichkeiten untergeordnet würden. Connell zufolge lassen sich Männer ethnischer Minder-

https://doi.org/10.1515/9783110518351-007

heiten und aus dem Arbeitermilieu zu marginalisierten Männlichkeiten rechnen (Connell 2000, 101f.).

Insofern existiert in der Männlichkeitsforschung ein Begriffssystem, mit dem sich Männlichkeit als interdependente Kategorie konzipieren lässt (vgl. Walgenbach 2007), d.h. in Abhängigkeit von und Verflechtungen mit anderen Differenzkategorien wie Ethnizität, Klasse, Alter, sexuelle Identität (LGBTIQ), körperlichen, seelischen oder intellektuell-kognitiven Beeinträchtigungen (Dis/Ability).

(Junge) Männer/Väter mit Migrationshintergrund/MoC können einerseits – vor allem gegenüber Migrantinnen/WoC – von ihrer dominanten Position als Mann im Geschlechterverhältnis profitieren, d.h. patriarchale Dividende nutzen. Andererseits können Migrant*innen von Ausgrenzung und Marginalisierung betroffen sein, die mit ihrer ethnisch-kulturellen Zugehörigkeit zusammenhängen, wie das in den Bereichen Bildung und Arbeitsmarkt auch geschieht. So kann auch bei minorisierten Männern ihr „Migrationshintergrund" bzw. bei *People of Color* ihre Hautfarbe als Faktor der Benachteiligung den Faktor „Geschlecht" überlagern und in bestimmten Kontexten zu Nachteilen führen (vgl. Spindler 2006, 75). Weil insbesondere Aspekte sozialer Ungleichheit gleichfalls zu beachten sind, steht die Männlichkeitsforschung vor der Herausforderung, ambivalente und widersprüchliche Positionierungen der (jungen) Männer/Väter mit (Flucht-)Migrationshintergrund/MoC zwischen Privilegien und Benachteiligungen verständlich machen zu müssen: „Ein homosexueller, muslimischer Migrant, der Wirtschaftswissenschaften studiert, könnte beispielsweise aufgrund seiner sexuellen Identität und/oder seiner Religion und/oder seiner ethnischen Herkunft von Diskriminierung betroffen sein. Gleichzeitig stehen ihm aufgrund seiner Geschlechtszugehörigkeit und seines Bildungshintergrundes verschiedene Ressourcen zur Verfügung, die ihn in diesen Aspekten privilegieren" (Czollek/Weinbach 2008, 64).

Folgende Fragen illustrieren die Herausforderungen, die ein intersektionaler Zugang beinhalten kann: Sind Differenzen zwischen Männern/Vätern in ihren ethnisch-kulturellen Zugehörigkeiten oder ihrer Religiosität begründet? Oder sind vielleicht bei allen Unterschieden die Gemeinsamkeiten als Männer/Väter größer? Welchen Einfluss hat die soziale Herkunft der Männer/Väter und ist diese mitunter von größerer Bedeutung als der Migrationshintergrund/die Hautfarbe? Und wie stehen diese Einflussfaktoren zueinander in Wechselwirkung?

Anhand des Konzepts der progressiven Männlichkeit der US-Afroamerikanerin Athena D. Mutua in „Progressive Black Masculinities" (vgl. Mutua 2006) schlage ich vor, einen eigenständigen Begriff progressiver Männlichkeiten in die Geschlechterforschung einzuführen, auch als progressive migrantische Männlichkeiten. Von Rassismus betroffene Männer können sich mittels progressiver Männlichkeit gleichermaßen rassismuskritisch wie geschlechterdemokratisch orientieren, statt im Widerstand gegen Rassismus auf hegemoniale Männlichkeiten zu setzen. Mit dem Begriff „progressive Männlichkeiten" bezeichne ich emanzipatorische Deutungsmuster, auf die sich Männer bestimmter Milieus und in bestimmten Kontexten beziehen, um

Lebensentwürfe zu gestalten, die mit möglichst wenig Macht über andere Menschen bzw. möglichst geringer Orientierung an hegemonialen Männlichkeiten umsetzbar sind sowie geschlechterdemokratische Geschlechterverhältnisse anstreben (vgl. Tunç 2017a). Die Chance des Begriffs ist, mit ihm Spannungen zwischen hegemonialen und progressiven Deutungsmustern von Männlichkeit/Väterlichkeit theoretisch fassen und sichtbar machen zu können, die auch zum Verständnis emanzipativer Tendenzen und Entwicklungen migrantischer Männer/MoC als unverzichtbar gelten können. Allerdings sollte die vorgestellte intersektionale Forschungsperspektive auf Männer auch mit der auf Frauen verbunden sein, gerade wenn migrantische Männer und Frauen/PoC von rassistischer Diskriminierung und Ausgrenzung betroffen sind, die auch von Diskursen um Geschlecht, Sexualität und Einwanderung gerahmt sind.

Nach Birgit Rommelspacher fungieren Frauen in patriarchalen Gesellschaften (wie auch in Deutschland) als kulturelle Markierungen, die anhand kultureller Codes (wie z. B. Kleidung) auch Zugehörigkeit oder Nicht-Zugehörigkeit zu bestimmten Gruppen (z. B. Migranten/Deutsche) signalisieren und in dieser Weise in gruppenbezogene Ein- oder Ausschlussprozesse eingebunden sind (vgl. Rommelspacher 2002, 113). Christine Huth-Hildebrandt (vgl. Huth-Hildebrandt 2002) kritisiert die ethnisierende Funktion des Bildes der Migrantin als Opfer, das hauptsächlich der Abgrenzung zwischen Zugewanderten und Mehrheitsgesellschaft dient. Immer wieder wurde und wird in der Rede über „die fremde Frau" das Geschlechterverhältnis bemüht (Stichwort: Kopftuchdebatten), um im Verhältnis zwischen Migrantinnen/WoC und der Aufnahmegesellschaft vermeintliche Unterschiede zwischen „den Anderen" gegenüber „dem Eigenen" festzuschreiben. Das kritisiert Brigitte Hasenjürgen: „Tatsächlich scheinen vermeintliche und konstruierte Geschlechterprobleme wie ein Transmissionsriemen für die kulturalistisch geprägte Migrationsdebatte zu funktionieren" (Hasenjürgen 2006, 68).

Da Geschlechterverhältnisse relational strukturiert sind, d. h. die Kategorien „Frau" und „Mann" im Rahmen einer binären (und heteronormativen) Geschlechtszuordnung als eng miteinander verflochten konstruiert sind, transportiert die negativ stereotype Diskursfigur „unterdrückte muslimische Frau" implizit immer wieder auch gleichzeitig das Bild des migrantischen bzw. muslimischen Machos oder Patriarchen. Betont wird, dass diese Muster oft auch dann wirken, wenn männliche Migranten gar nicht selbst Diskursthema oder -gegenstand sind, sozusagen als Bilder „aus zweiter Hand" aus der Migrations- und Frauenforschung (vgl. Spohn 2002): Das Ergebnis ist eine bipolare und dichotome Geschlechterkonstruktion im Migrationskontext, bei der das Bild der migrantischen Frau als Opfer und des migrantischen Mannes als Täter hergestellt und kontinuierlich reproduziert wird. Das gilt es, in den folgenden Rekonstruktionen der Diskurse um Männlichkeiten in Geschlechter- und Migrationsverhältnissen zu beachten bzw. zu reflektieren. Das verdeutlicht außerdem, wie wichtig der Einbezug von Kritiken feministischer Migrantinnen und Musliminnen in der emanzipativen Männlichkeitsforschung sowie der Dialog zwischen Feminismus bzw. der Frauen- und Männlichkeitsforschung für Geschlechterdemokratie in der Migrationsgesellschaft sind.

2 Diskursive Verflechtungen von Männlichkeiten und ethnisch-religiösen Minderheiten

Den Anfangspunkt ausgrenzender Genderdiskurse in Deutschland – beginnt man ungeachtet der Vorläufer in der Kolonialzeit mit der historischen Rekonstruktion im 20. Jahrhundert – bildeten die rassistischen Geschlechterordnungen des Nationalsozialismus: Die nationalsozialistische Rassenideologie war vergeschlechtlicht und richtete rassistische wie antisemitische Zuschreibungen auf jüdische Männer als schwach bzw. verweiblicht, sozusagen als effeminiert. Diese Mechanismen der Reproduktion des Ideals „deutscher Männlichkeit" dieser Zeit erklärt George Mosse (sozial-)psychologisch, nämlich durch Eigen- und Fremdgruppenkonstruktion der Dominanzkultur (vgl. Mosse 1996): Er sieht das dominante Männlichkeitsideal im Nationalsozialismus gestützt durch die Abgrenzung von dem „Männlichkeitsstereotyp" und dem „Antitypus" anderer (v. a. Juden), was sich insbesondere im Lichte neuerer Sozialpsychologie des Rassismus als Konstruktionen von In- und Outgroups (vgl. Zick 1997) verstehen lässt.

Die nächste große Veränderung der Männlichkeitsdiskurse seit der Kriegs- und Nachkriegszeit erfolgte durch die Zuwanderung der Arbeitsmigrant*innen: Margarete Jäger (vgl. Jäger 1996) untersuchte, wie Gender- und Ethnizitätsdiskurse im Alltagsdiskurs um Einwanderung miteinander verwoben sind und fand eine Ethnisierung von Sexismus gegenüber Zugewanderten vor, die Sexismus bei ethnisch-kulturell „Anderen" verortet, nach dem Motto „sexistisch sind immer die ‚Anderen'".

Im Zuge der Arbeitsmigration seit den 1960er-Jahren wurden dann immer wieder männliche Migrantenjugendliche als angeblich hypermaskulin, kriminell und besonders gewalttätig diskutiert (vgl. Spindler 2006).

Im weiteren Verlauf dominanter Diskurse über „fremde" Männer wurden dann im Laufe der Jahre Themen verhandelt wie Zwangsverheiratungen junger deutsch-türkischer Frauen, „Ehrenmorde", häusliche Männergewalt gegen migrantische Frauen, integrationsverweigernde „Islammachos" in Parallelgesellschaften usw. In klar eingegrenzten Migrant*innenmilieus sind diese Probleme vorhanden, zu benennen, nicht zu beschönigen und mit angemessenen Maßnahmen zu bearbeiten. Trotzdem muss gleichzeitig energisch kritisiert werden, dass sich diese Defizit- und Negativbilder diskursiv entgegen aktueller empirischer Erkenntnisse als weitgehend allgemeingültig für die große Mehrheit migrantischer bzw. muslimischer Männer durchgesetzt haben. Außerdem wird auf der Suche nach Erklärungen für vorhandene patriarchale Männlichkeitskonzepte oft einseitig und verallgemeinernd auf das Deutungsmuster (vermeintlicher) ethnisch-kultureller oder religiöser Andersartigkeit zugegriffen, das sich als dominantes Erklärungsmuster durchgesetzt hat. Durch solche Schieflagen ethnisierter Männlichkeitsdiskurse werden andere Facetten und Probleme im Leben von Männern/Vätern mit Migrationshintergrund/MoC überlagert und die Heterogenität migrantischer Milieus (vgl. Wippermann/Flaig 2009), auch in Bezug auf die Vielfalt gelebter Geschlechterarrangements, wird nicht wahrgenommen. So werden beispielsweise auch die teilweise sozial prekären bzw. von Armut betroffenen Lebenslagen oder Diskriminierungs- und Rassismuserfahrungen von Migrant*innen verdeckt.

Die hier diskurskritisch angesprochene Situation deutschsprachiger Debatten um Migration und Geschlecht zeichnet sich beim Thema „Männlichkeiten/Väterlichkeiten" dadurch aus, dass der Fokus oft auf migrantische Männer/Väter in sozialen Problemlagen und (meist defizitorientiert) auf Integration gerichtet ist, wobei besonders untere Bildungsmilieus und benachteilige sozialräumliche Quartiere im Mittelpunkt des Interesses stehen, zumeist ohne dabei gesellschaftliche Strukturen sozialer Ungleichheit als mitverantwortlich mitzudiskutieren. Um es zuzuspitzen: Auch, wenn ethnisch-kulturelle Deutungsmuster in Geschlechterleitbilder von Zugewanderten eingeschrieben und mitverantwortlich für traditionelle Männlichkeitsentwürfe bestimmter Milieus sind, werden sie doch oft überbewertet und diskursiv häufig soziale Problemlagen von Männern/Vätern unterer Bildungsmilieus ethnisiert.

Diese Gefahr der Ethnisierung sozialer Probleme benennen Marion Gemende und ihre Kolleginnen so, dass es immer wieder zur „Kulturalisierung von Geschlecht als Verdeckung sozialer Ungleichheit" kommt (Gemende u. a. 2007, 17). Den Autorinnen zufolge muss daher ein geschlechterdifferenzierender Blick auf (junge) Männer mit Migrationshintergrund/MoC und soziale Ungleichheit „sowohl auf die Frage nach der Funktion der Kulturalisierung von Differenz als auch auf die dichotomisierende Konstruktion in den Geschlechterverhältnissen gelenkt werden. Dabei soll verdeutlicht werden, wie sie zur Verdeckung und Reproduktion gesellschaftlicher Hierarchien, also sozialer Ungleichheit beitragen und über die Konstruktion von Fremdheit der Stabilisierung von Machtinteressen dient." (Gemende u. a. 2007, 17) Die Programmatik der Intersektionalität sollte als Zugang genutzt werden, um der Macht ethnisierter Männlichkeitsdiskurse etwas entgegenzusetzen und den Lebenswelten (junger) Männer mit Migrationshintergrund/MoC gerechter zu werden, auch bei der Reflexion der Diskurse um die Kölner Silvesternacht und die Situation geflüchteter Männer.

3 Das Ereignis Silvester 2015/2016 und dessen Kontextualisierungen

Bereits zur Zeit der großen Fluchtmigration nach Deutschland im Sommer 2015 wurden zunehmend auch muslimische Männer in den Fokus gerückt. Im Laufe der Ermittlungen nach den sexuellen Gewalttaten der Silvesternacht in Köln und anderen Großstädten gerieten arabische und nordafrikanische Zugewanderte ins Zentrum gesellschaftlicher Debatten: „Jetzt war es nicht mehr der orientalisierende Blick auf die muslimische Familie, sondern es geriet der unverheiratete muslimische junge Mann ins Fadenkreuz. (...) Die Übergriffe (sexualisierte Gewalt und Eigentumsdelikte) durch unverheiratete muslimische junge Männer zur Silvesternacht waren ein passendes Signal, die ‚Flüchtlingsfrage' als ethnisiert sexistisches Problem sexualpolitisch zu fassen" (Dietze 2016, 95).

Ricarda Drüeke untersuchte die TV-Berichterstattung in ARD und ZDF über die Silvesternacht 2015/16 in Köln und stellt eine Diskursverschiebung fest: Ihr zufolge wäre es nicht mehr so wie im bekannten Ausspruch von Gayatri Chakravorty Spivak „Weiße Männer retten braune Frauen vor braunen Männern" (Spivak 2008, 78): „Vielmehr müssten die Weißen Frauen durch Weiße Männer vor den als ‚anders' markierten Migranten gerettet werden. Diese diskursive Verschiebung hin zu Weißen Opfern ist in jüngster Vergangenheit neu (hat aber Vorläufer in der Kolonial- und Nazizeit); die Abgrenzung und Abwertung von migrantischen Männern hingegen ist ein wiederkehrendes Motiv der medialen Berichterstattung" (Drüeke 2016, 35f.). Insofern markiert Silvester 2015/2016 eine sehr einschneidende Veränderung in den Diskurskonfigurationen und -mustern hinsichtlich der Ethnisierung des Sexismus, weil die Opfer der „gefährlichen fremden Männer" jetzt nicht mehr hauptsächlich „fremde" unterdrückte Frauen sind (vgl. Jäger 1996), wie die prototypische „unterdrückte Kopftuchmuslima", sondern (auch) weiße mehrheitsdeutsche Frauen ohne Migrationshintergrund.

Der Anteil ablehnender Einstellungen gegenüber in Deutschland lebenden Muslim*innen in der Bevölkerung hat sich in den letzten Jahren weiter erhöht (vgl. Bertelsmann-Stiftung 2015). Das lässt sich nur teilweise mit der steigenden Terrorgefahr nach den islamistischen Terroranschlägen in den USA am 11.09.2001 und den vielen anderen bis heute erklären. Denn auch davon unabhängig wurden und werden zunehmend Zuschreibungen auf den Islam in (geschlechtsdifferenzierten) Migrations- und Integrationsdebatten vorgenommen, auch dann, wenn eine Religiosität subjektiv für die Menschen bzw. im Fokus stehende Themen bzw. Probleme der Mehrheit von Muslim*innen kaum oder gar nicht relevant ist. So kam es immer mehr zur „Religionisierung" (vgl. Seidel 2008) der Integrationsdebatte (vgl. Hierl 2012), die auch zur Religionisierung der Männlichkeitsdiskurse führte.

Eine solche islamfeindliche Religionisierung von Geschlechterdebatten (vgl. Shooman 2014) legitimiert jedoch vor allem Ausgrenzungsdiskurse und dient so auch der Sicherung von Privilegien der Dominanzgesellschaft (vgl. Tunç 2017b). Insbesondere lenkt es von vielfältigen Problemen weiterhin vorhandener patriarchalischer Strukturen und vom Alltagssexismus der Weißen deutschen Mehrheitsgesellschaft ab. Die Abwertung „anderer Männer" hat damit für die Weiße Mehrheitsgesellschaft die Funktion eines Modernisierungsgewinns, die somit von sich selbst das Selbstbild einer geschlechtergerechten und sexuell emanzipierten Gesellschaft zeichnet, ein „Selbstbild, das dazu dient, in Stellung gebracht zu werden gegenüber einem kulturalisierten und rassifizierten Gegenbild frauenverachtender und patriarchal erzogener Fremder. Die Reaktionen auf die Ereignisse in Köln und Hamburg zeigen, wie aus dem Glauben an die Befreiung unserer selbst ein reaktionärer Gewinn gezogen werden kann" (Messerschmidt 2016, 165).

Deutlich wird, dass in den neuen Bedrohungsszenarien der Fluchtmigration „gefährlich fremder Männer" Bilder lebendig bleiben, die auch schon lange vor den Silvestervorfällen Bestandteil ethnisierter bzw. religionisierter Männlichkeitsdiskurse waren und sich mit neuen Diskurssträngen über Gefahren der Zuwanderung geflüchteter Männer (muslimischen Glaubens) vermischen.

Viele Probleme der Silvesterdiskurse lassen sich gut mit der Aussage der Juristin Ulrike Lembke zusammenfassen, die nachzeichnen kann, „wie die Orientalisierung von Sexismus den weißen Staatsbürger entlastet, Frauen wieder auf den ‚sicheren' privaten Raum verweist, ‚Nordafrikaner' unter Generalverdacht stellt, alle anderen gesellschaftlichen Gruppen verschwinden lässt und den repressiven Staat als Akteur rehabilitiert" (Lembke 2017, 31).

Insgesamt gesehen verstärkt sich der Eindruck, dass vergeschlechtlichte Muster der Ablehnung oder Ausgrenzung, eben vermehrt auf „fremde" Männer gerichtet, im Zuge der sexuellen Gewaltvorfälle zu Silvester 2015/2016 weiter zugenommen haben.

4 Männlichkeiten, Migration und Rechtspopulismus

Ein weiteres Problem, das mit ethnisierten Männlichkeitsdiskursen verbunden ist, sind rechtspopulistische Aktivitäten, die spezifische Analysen und vielfältige Gegenmaßnahmen erforderlich machen. Bereits vor den sexualisierten Übergriffen der Kölner Silvesternacht 2015 wurden im Kontext von Fluchtmigration und Männlichkeit unzureichende und problematische Positionen aus verschiedenen politischen Lagern mit je eigenen geschlechter- und gleichstellungspolitischen Standpunkten geäußert. Während die ablehnenden Haltungen rechtspopulistischer Parteien zu Migration und gegenüber Migrant*innen hinreichend bekannt sind, wird ihre konservative bis antiemanzipatorische Ausrichtung zu Genderfragen seltener wahrgenommen und diskutiert. Jasmin Siri stellt in ihrer Untersuchung über geschlechterpolitische Positionen der Partei *Alternative für Deutschland* (AfD) fest, dass in der AfD besonders häufig Beiträge zu finden sind, „die sich gegen eine weiterführende Emanzipation und Gleichstellung von Männern und Frauen positionieren. Diese stehen im Gegensatz zu einer eher zurückhaltenden Programmatik. (…) Bei rechtspopulistischen Parteien scheinen Immigration und Geschlechtergerechtigkeit also Schlüsselthemen für Kampagnen zu sein" (Siri 2016, 70).

Die Positionen der feministischen Zeitschrift EMMA sind zwar politisch ganz anders verortet. Das Magazin hat jedoch geflüchtete Männer in solcher Weise als Gewalt- und Bedrohungspotenzial für Frauen und Gleichstellungswerte insgesamt beschrieben (EMMA 2015), dass einzelne Aussagen sich erschreckend wenig von den Beiträgen der Rechtspopulist*innen oder Antifeminist*innen unterscheiden, wie Thomas Gesterkamp aufgezeigt hat (vgl. Gesterkamp 2015). Juliane Lang kritisiert zirkulierende antifeministische Rassismen in der Debatte über Geflüchtete von Familienpopulist*innen und Antifeminist*innen: „Diese nutzen die Rede von

‚unserer' Kultur, die es zu verteidigen gelte – entweder gegen den ‚Genderismus' als inneren Feind oder frauenfeindliche muslimische Männer als Bedrohung von außen" (Lang 2015, 10). „Genderismus" ist ein Begriff des Antifeminismus, mit dem zumeist Rechtspopulist*innen Gender Studies, emanzipatorische Gleichstellungspolitiken und die Anerkennung sexueller Vielfalt bekämpfen (vgl. Hark/Villa 2015). Langs Aussage zeigt eindrücklich, wie antifeministische und rassistische Diskursmuster im Rechtspopulismus miteinander verflochten sind. Gegen solche antiemanzipatorischen Kräfte gerichtet ist auch die Kampagne *#ausnahmslos* (vgl. #ausnahmslos), die kurz nach den Silvesterereignissen 2015/2016 von einem breiten wie diversen Bündnis von Feministinnen gestartet wurde, um konsequent Sexismus- und Rassismuskritik miteinander zu verbinden.

5 Konsequenzen, Widerstände und emanzipatorische Entwicklungen

Allerdings werden diese ausgrenzenden politischen wie gesellschaftlichen Praktiken und Diskurse nicht mehr von allen unwidersprochen hingenommen, wie bereits die vorgestellten kritischen Analysen zeigen. Bekanntermaßen fand die Politik mit den Silvestervorfällen 2015/2016 ein Ereignis, das in seiner Skandalisierung geholfen hat, restriktive Asylrechtsänderungen auf den Weg zu bringen. Die Positionierung von Paul Scheibelhofer aus dem Jahr 2012 kommentiert dieses Problem auch für die heutige Situation noch passend:

> Die dominante Art, wie heute über migrantische Männer gesprochen wird, wie diese imaginiert, beforscht und diszipliniert werden, kann nicht losgelöst von Strategien der politischen Steuerung von Migration und den darin artikulierten Interessen verstanden werden. Eine kritische, emanzipatorische Perspektive auf Männlichkeitskonstruktionen im Kontext von Migration sollte sich dieser Verstrickungen bewusst sein, um Alternativen zum herrschenden Blick auf ‚fremde Männlichkeit' zu entwickeln (Scheibelhofer 2012, 62f.).

Damit ist eine zentrale und bislang wenig gestellte Frage aufgeworfen, die sich im Sinne der genannten progressiven Männlichkeiten bezogen auf emanzipatorische Entwicklungen migrantischer Männer/MoC stellen lässt: Wie lassen sich Momente von Emanzipationsbestrebungen der Männer mit (Flucht-)Migrationserfahrung dort reflektieren, wo die Kritik traditioneller oder gewaltaffiner Männlichkeiten dieser Männer im Fokus steht?

Anlässe für emanzipatorische Aktivitäten gibt es viele: Wenn das Stichwort „Silvestervorfälle" gebraucht wird, sind fast immer die Gewalttaten zu Silvester 2015/2016 gemeint. Dabei müssten auch die Vorkommnisse zu Silvester 2016/2017 mit den Polizeimaßnahmen als ein Fall von *„Racial Profiling"* gegenüber sog. „Nafris" (Polizeiabkürzung für Nordafrikaner) intensiver kritisiert und reflektiert werden als geschehen, weil sie im Konflikt zum Diskriminierungsverbot des *Allgemeinen Gleichbehandlungs-gesetzes* (AGG) stehen.

Aber auch andere im Grunde nachvollziehbare Schutzmaßnahmen gegen Übergriffe von Männern schießen über das Ziel hinaus, wenn sie migrantische Männer (muslimischen Glaubens) unter den Generalverdacht des Sexismus stellen. Das Anfang 2016 kurzzeitig verhängte und schnell wieder aufgehobene Schwimmbadverbot für männliche Geflüchtete in der Nähe von Bonn zeigt, dass es nach den sexuellen Übergriffen zu Verletzungen des Diskriminierungsschutzes dieser Männer im Sinne des AGG kam und noch kommt. Denn Beratungsstellen der Antidiskriminierungsarbeit machen die Erfahrung, dass diese Männer in verschiedenen Lebensbereichen diskriminiert werden, beispielsweise beim Zugang zu Fitnessstudios oder Diskotheken, auf dem Wohnungs- oder Arbeitsmarkt (vgl. Stiftung Leben ohne Rassismus 2016).

Alle genannten Beispiele zeigen ein Grundproblem der Diskurse um Männlichkeiten und Migration: Zugespitzt formuliert verdeutlicht die Verengung des Blickes darauf, was für Probleme Zugewanderte anderen Menschen teils als Täter bereiten, dass es offensichtlich fast unmöglich ist, deren Benachteiligungen, Verletzungsoffenheit oder Opfererfahrungen ebenfalls wahrzunehmen, anzuerkennen und angemessen anzugehen.

Es gibt jedoch ein weiteres Problem: Auch in den vorgestellten kritischen Perspektiven und Widerständen gegen ethnisierte Männlichkeitsdiskurse werden die subjektiven Sichtweisen und widerständigen Handlungspraxen der männlichen Akteure kaum beachtet. Denn es gibt durchaus geflüchtete Männer, die selbst gegen ethnisierte Männlichkeitsdiskurse und die sexualisierte Gewalt an Frauen aktiv geworden sind, wie beispielsweise in der Kölner Initiative „Syrer gegen Gewalt an Frauen" (vgl. Kölner Initiative). Allerdings markiert das Thema ein Forschungsdesiderat, sodass *Empowerment-Aktivitäten* geflüchteter Männer dringend Gegenstand zukünftiger Forschung werden sollten.

6 Ausblick

Die aufgeworfene Frage, warum bislang kaum Formen des Empowerments für die negativ von den genannten ethnisierten Diskursen und Ausgrenzungen betroffenen Männer mit (Flucht-)Migrationserfahrung existieren, richtet das Erkenntnisinteresse auf die Möglichkeit emanzipatorischer Entwicklungen Geflüchteter, vernachlässigt jedoch nicht das Vorhandensein traditioneller Geschlechterbilder vieler Geflüchteter. Dabei müssen die oft prekären Lebensumstände und der bei vielen unsichere Aufenthaltsstatus als Einflüsse auf Männlichkeitskonstrukte berücksichtigt werden, wie sie die in Österreich durchgeführte Studie (vgl. Kitzberger 2016) ermittelte: Traditionelle Männlichkeiten Geflüchteter können infrage gestellt werden, wenn die gewünschte Integration in den Arbeitsmarkt sehr langsam oder gar nicht gelingt. Dann können die Männer mitunter ihr Ziel nicht verwirklichen, die männliche Ernährerverantwortung und den Schutz der Familie vor Bedrohungen zu gewährleisten. In einer solchen Situation können die in medialen Diskursen diskutierten übertriebenen Männlichkeitsinszenierungen oder das Darstellen körperlicher wie sexueller Stärke als eine mögliche Reaktion auf erlebte Statusverluste gelesen werden – statt sie zu ethnisieren oder zu religionisieren. Eine solche neue Sichtweise kann Chancen eröffnen.

Ulrike Krause stellt angesichts der Debatten um geschlechterstereotype Konstruktionen Geflüchteter fest, dass sich eine „Binarität von Opferfrauen und Tätermännern" herausgebildet hat, „die der Realität nicht gerecht wird" (Krause 2016, 79).

Gerade das Wissen darum, dass es bei vielen Männern zu Spannungen aus progressiven und hegemonialen Männlichkeiten kommt (vgl. Tunç 2017a), teils im Sinne des gleichzeitigen Vorhandenseins traditioneller wie moderner Männlichkeitsleitbilder, sollte für die Haltung Professioneller in der Sozial-, Bildungs- und Beratungsarbeit handlungsleitend sein, auch gegenüber migrantischen Jungen, Männern und Vätern/MoC: Die Praxis benötigt eine Balance der ambivalenten Haltungen zwischen Männlichkeitskritik und Emanzipation bzw. Förderung. Dabei kann das Motto für eine solche Haltung, wie sie Olaf Jantz von Professionellen in der Jungenarbeit fordert, auch im Umgang mit migrantischen Jungen, Männern und Vätern/MoC hilfreich sein. Jantz hat als Praxispostulat festgehalten: „Es existiert eine produktive Spannung eines ‚Sowohl als auch' von so viel Parteilichkeit wie möglich und so viel Antisexismus wie nötig" (Jantz 2003, 63). Mit dieser Spannung aus nötiger Kritik an (traditionellen) Männlichkeiten und einer parteilichen Haltung lässt sich zwar das Problem der Haltungen pädagogischer Fachkräfte allgemein charakterisieren. Im Feld (Flucht-)Migration ist es jedoch oft eine besondere Herausforderung, diese balancierende Haltung umzusetzen.

Reflektieren Fachkräfte beispielsweise die bereits erwähnten ethnisierten Männlichkeitsdiskurse nicht, kann das die Verwirklichung von Zielen der Profession verhindern oder erschweren. Der selbstkritische Umgang mit eventuell vorhandenen Vorurteilen wird damit zum Qualitätsmerkmal praktischer Arbeit. Anders herum ist die Orientierung an Ressourcen für den Erfolg praktischer Ansätze der Sozial-, Bildungs- und Beratungsarbeit unverzichtbar. Zugespitzt formuliert: Nur wenn man Männern mit (Flucht-)Migrationserfahrung/MoC ein eigenes Interesse an einem Wandel der Geschlechterverhältnisse und damit emanzipatorische Entwicklungen zumindest zutraut, sogar angesichts vorhandener traditioneller Männlichkeitskonzepte, wird man sie mit den verschiedensten Angeboten überhaupt erreichen bzw. Fortschritte erzielen.

7 Vertiefungsaufgaben und -fragen

1. In der Sozial-, Bildungs- und Beratungsarbeit von Fachkräften mit und für (junge) Männer mit (Flucht-)Migrationserfahrung ist die im Beitrag geschilderte Balance zwischen Männlichkeitskritik und Parteilichkeit (oder auch Empowerment/För-

derung) ein Bestandteil professioneller Kompetenz. Erläutern Sie die Bedeutsamkeit der Herstellung dieser Balance. Reflektieren und diskutieren Sie in der Lerngruppe, wo Sie Schwierigkeiten/Barrieren für sich (noch) sehen, diesem Anspruch nachkommen zu können.

2. Inwiefern kann die aktuelle Männlichkeitstheorie, die Spannungen aus progressiven und hegemonialen Männlichkeiten in intersektionaler Perspektive mithilfe des Begriffs „progressiver migrantischer Männlichkeit" in Anlehnung an Mutua (vgl. Mutua 2006) konzeptualisiert, den gerade thematisierten Bedarf nach einer Balance der Haltungen Professioneller zwischen Männlichkeitskritik und Parteilichkeit erklären?

3. Das Medium des Spielfilms hat eine große Breitenwirkung. International erfolgreiche Filme thematisieren aktuell auch vielfältige Männlichkeitsbilder. Dabei stehen auch Männer mit Migrationshintergrund bzw. -erfahrungen im Zentrum der Handlung: u.a. in „Monsieur Lazhar" (2012), „Monsieur Claude und seine Töchter" (2014), „Ein Dorf sieht schwarz" (2016), „Willkommen bei den Hartmanns" (2016), „Welcome to Norway" (2016) oder in der Dokumentation „Neukölln unlimited" (2010). Wählen Sie einen der genannten Filme aus und stellen Sie ein Portfolio zu den dort dargestellten Männlichkeitskonzepten zusammen. Gehen Sie den darin enthaltenen Stereotypen bzw. deren Bewältigung aus der Sicht der Protagonist*innen nach. Diskutieren Sie Ihre Ergebnisse in der Lerngruppe.

Literatur

#ausnahmslos. URL: http://ausnahmslos.org. (Letzter Aufruf: 02.05.2017).

Bertelsmann-Stiftung (2015): Religionsmonitor. Verstehen was verbindet. Sonderauswertung Islam 2015. Die wichtigsten Ergebnisse im Überblick. URL: www.bertelsmann-stiftung.de/fileadmin/files/Projekte/51_Religionsmonitor/Zusammenfassung_der_Sonderauswertung.pdf (Letzter Aufruf: 01.05.2017).

Connell, Robert W. (2000): Der gemachte Mann. Konstruktion und Krise von Männlichkeiten. 2. Auflage Opladen: Leske + Budrich.

Czollek, Leah Carola/Weinbach, Heike (2008): Lernen in der Begegnung. Theorie und Praxis von Social Justice-Trainings. 2. Auflage Düsseldorf: IDA.

Dietze, Gabriele (2016): Das „Ereignis Köln". Femina Politica 25, Heft 1, S. 93–102.

Drüeke, Ricarda (2016): Die TV-Berichterstattung in ARD und ZDF über die Silvesternacht 2015/16 in Köln. Studie im Auftrag des Gunda-Werner-Instituts für Feminismus und Geschlechterdemokratie der Heinrich-Böll-Stiftung. URL: www.gwi-boell.de/sites/default/files/web_161122_e-paper_gwi_medienanalysekoeln_v100.pdf (Letzter Aufruf: 01.05.2017).

EMMA (2015): Flüchtlinge: Was jetzt passieren muss! vom 10.2015. URL: www.emma.de/artikel/fluechtlinge-was-jetzt-passieren-muss-330655 (Letzter Aufruf: 01.05.2017).

Gemende, Marion/Munsch, Chantal/Weber-Unger-Rotino, Steffi (2007): Migration und Geschlecht zwischen Zuschreibung, Ausgrenzung und Lebensbewältigung. Eine Einführung. In: Gemende, Marion/Munsch, Chantal/Weber-Unger-Rotino, Steffi (Hrsg.): Eva ist emanzipiert, Mehmet ist ein Macho. Zuschreibung, Ausgrenzung, Lebensbewältigung und Handlungsansätze im Kontext von Migration und Geschlecht. Weinheim, München: Juventa. S. 7–48.

Gesterkamp, Thomas (2015): Aufschrei im Abendland. In: Der Freitag, 6. November 2015. URL: https://www.freitag.de/autoren/der-freitag/aufschrei-im-abendland (Letzter Aufruf: 01.05.17).

Hark, Sabine/Villa, Paula-Irene (Hrsg.) (2015): Anti-Genderismus. Sexualität und Geschlecht als Schauplätze aktueller politischer Auseinandersetzungen. Bielefeld: transcript.

Hasenjürgen, Brigitte (2006): Transkulturalität als Strategie. Frauen und Männer als Akteurinnen und Akteure in einer pluralen (Einwanderungs-)Gesellschaft. In: Zander, Margherita/Hartwig, Luise/Jansen, Irma (Hrsg.): Geschlecht Nebensache? Zur Aktualität einer Gender-Perspektive in der Sozialen Arbeit. Wiesbaden: VS. S. 56–83.

Hierl, Katharina (2012): Die Islamisierung der deutschen Integrationsdebatte. Zur Konstruktion kultureller Identitäten, Differenzen und Grenzziehungen im postkolonialen Diskurs. Münster: Lit.

Huth-Hildebrandt, Christine (2002): Das Bild von der Migrantin. Auf den Spuren eines Konstrukts. Frankfurt a. M.: Brandes & Apsel.

Jäger, Margret (1996): Fatale Effekte. Die Kritik am Patriarchat im Einwanderungsdiskurs. Duisburg: Duisburger Institut für Sprach- und Sozialforschung.

Jantz, Olaf (2003): Männliche Suchbewegungen – Antisexistisch und parteilich? Jungenarbeit zwischen Begegnung und Veränderung. In: Jantz, Olaf/Grote, Christoph (Hrsg.): Jungenarbeit. Konzepte und Impulse aus der Praxis. Opladen: Leske + Budrich.S. 63–88.

Knapp, Gudrun-Axeli (2005). „Intersectionality" – ein neues Paradigma feministischer Theorie? Zur transatlantischen Reise von „Race, Class, Gender". In: Feministische Studien 23, Heft 1, S. 68–81.

Kitzberger, Stefan (2016): Gesetzlich verankerte Erwerbslosigkeit und männliches Rollenverhalten von Asylwerbenden. Zusammenhänge und Implikationen für die Praxis. In: soziales_kapital. wissenschaftliches journal österreichischer fachhochschulen. studiengänge soziale arbeit. Nr. 15. URL: www.soziales-kapital.at/index.php/sozialeskapital/article/viewFile/434/755.pdf (Letzter Aufruf: 01.05.2017).

Kölner Initiative „Syrer gegen Gewalt an Frauen". URL: www.facebook.com/events/ 1300889149936820/ (Letzter Aufruf: 01.05.2017).

Krause, Ulrike (2017): Die Flüchtling – der Flüchtling als Frau. Genderreflexiver Zugang. In: Ghaderi, Cinur/Eppenstein, Thomas (Hrsg.): Flüchtlinge. Multiperspektivische Zugänge. Wiesbaden: Springer VS. S. 79–93.

Lang, Juliane (2015): Keine Willkommenskultur für antifeministischen Rassismus. In: ak – analyse & kritik – Zeitung für linke Debatte und Praxis, Nr. 609, 20.10.2015. URL: www.akweb.de/ak_s/ ak609/23.htm (Letzter Aufruf: 29.04.2017).

Lembke, Ulrike (2017): Weibliche Verletzbarkeit, orientalisierter Sexismus und die Egalität des Konsums: Gender-race-class als verschränkte Herrschaftsstrukturen in öffentlichen Räumen. In: Zentrum für transdisziplinäre Geschlechterstudien (Hrsg.): Grenzziehungen von „öffentlich" und „privat" im neuen Blick auf die Geschlechterverhältnisse. Bulletin Texte 43. S. 30–57.

Messerschmidt, Astrid (2016): „Nach Köln" – Zusammenhänge von Sexismus und Rassismus thematisieren. In: Castro Varela, María do Mar/Mecheril, Paul (Hrsg.) (2016): Die Dämonisierung der Anderen. Rassismuskritik der Gegenwart. Bielefeld: transcript. S. 159–171.

Mosse, George L. (1996): Das Bild des Mannes. Zur Konstruktion der modernen Männlichkeit. Frankfurt a. M.: Fischer.

Mutua, Athena D. (Hrsg.) (2006): Progressive Black Masculinities. New York (u. a.): Routledge.

Rommelspacher, Birgit (2002): Anerkennung und Ausgrenzung. Deutschland als multikulturelle Gesellschaft. Frankfurt a. M.: Campus.

Scheibelhofer, Paul (2012): Arbeiter, Kriminelle, Patriarchen. Migrationspolitik und die Konstruktion „fremder" Männlichkeit. In: Hausbacher, Eva/Klaus, Elisabeth/Poole, Ralph J./Brandl, Ulrike/

Schmutzhart, Ingrid (Hrsg.): Kann die Migrantin sprechen? Migration und Geschlechterver-hältnisse. Wiesbaden: VS. S. 62–82.

Seidel, Eberhard (2008): In welche Richtung verschieben sich die medialen Diskurse zum Islam? In: Heitmeyer, Wilhelm (Hrsg.): Deutsche Zustände. Folge 6. Frankfurt a. M.: Suhrkamp. S. 250–259.

Shooman, Yasemin (2014): „... weil ihre Kultur so ist." Narrative des antimuslimischen Rassismus. Bielefeld: transcript.

Siri, Jasmin (2016): Geschlechterpolitische Positionen der Partei Alternative für Deutschland. In: Häusler, Alexander (Hrsg.): Die Alternative für Deutschland. Programmatik, Entwicklung und politische Verortung. Wiesbaden: Springer VS. S. 69–80.

Spindler, Susanne (2006). Corpus delicti. Männlichkeit, Rassismus und Kriminalisierung im Alltag jugendlicher Migranten. Münster: Unrast.

Spivak, Gayatri Chakravorty (2008): Can the Subaltern Speak? Postkolonialität und subalterne Artikulation. Wien, Berlin: Verlag Turia und Kant.

Spohn, Margret (2002): Türkische Männer in Deutschland. Familie und Identität. Migranten der ersten Generation erzählen ihre Geschichte. Bielefeld: transcript.

Stiftung „Leben ohne Rassismus" (2016): Schwimmbadverbot für männliche Geflüchtete verstößt gegen das Allgemeine Gleichbehandlungsgesetz (AGG), 19. Januar 2016. URL: www.oegg.de/index.php?pressemitteilung-5 (Letzter Aufruf: 01.05.2017).

Tunç, Michael (2017a): Väterforschung und Väterarbeit in der Migrationsgesellschaft. Rassismus-kritische und intersektionale Perspektiven. Wiesbaden: Springer.

Tunç, Michael (2017b): Männlichkeiten und Islam. Kritiken und Transformationen. In: Horsch-Al Saad, Silvia/Kişi, Melahat/Klausing, Kathrin (Hrsg): Der Islam und die Geschlech-terfrage. Theologische, gesellschaftliche, historische und praktische Aspekte einer Debatte. Frankfurt a. M., Berlin, Bern, Bruxelles, New York, Oxford, Wien: Peter Lang.

Walgenbach, Katharina (2007): Geschlecht als interdependente Kategorie. In: Walgenbach, Katharina/Dietze, Gabriele/Hornscheidt, Antje/Hrzán, Daniela/Palm, Kerstin (Hrsg.): Geschlecht als interdependente Kategorie. Neue Perspektiven auf Intersektionalität, Diversität und Heterogenität. Opladen/Farmington Hills: Barbara Budrich. S. 23–64.

Wippermann, Carsten/Flaig, Berthold Bodo (2009): Lebenswelten von Migrantinnen und Migranten. In: Aus Politik und Zeitgeschichte, Nr. 5, S. 3–11.

Zick, Andreas (1997): Vorurteile und Rassismus. Eine sozialpsychologische Analyse. Münster: Waxmann.

Helge Jannink und Christina Witz

Die Doppelseitigkeit der Scham in der sexualpädagogischen Arbeit mit jugendlichen Geflüchteten

1 Vorüberlegungen

Wenn von *Geflüchteten* oder *Flüchtlingen* oder *unbegleitete minderjährige Flüchtlingen* (UMF) oder neuerdings von *unbegleiteten minderjährigen Ausländern* (UMA) die Rede ist, dann liegen wenige gesicherte Daten vor, außer es handelt sich um die Registrierungszahlen der Bundes- und Landesämter. Wenn das Thema „Sexualität" hinzukommt, gibt es außer vereinzelten Untersuchungen zu sexuellen Gewalterfahrungen auf der Flucht wenig Material, das über die Einstellungen der Neuankommenden zu sexuellen Themen Auskunft gibt (vgl. Christmann 2016, 6). Dies ist verständlich, denn es existieren zwar Studien, die sich mit *Menschen mit Migrationshintergrund* beschäftigen und hier auch solche, die sich z. B. den Themen „Sexualität" oder „Gender" widmen, jedoch umfasst der Begriff „Migrationshintergrund" so viele verschiedene Lebenslagen (darunter finden sich z. B. in großer Zahl EU-Bürger*innen mit nicht deutschem Pass oder Kinder von Menschen mit Migrationserfahrung, die selbst keine eigene Migration erlebt haben), sodass die Daten kaum auf die in der Öffentlichkeit diskutierten Migrant*innen der Jahre 2015/2016 übertragbar sind.

Dieser Beitrag stützt sich hauptsächlich auf Beobachtungen und Erfahrungen unserer Arbeit in diesem Feld: in sexualpädagogischen Kurzveranstaltungen mit männlichen Jugendlichen, in dem zweijährigen sexual- und medienpädagogisch begleiteten Filmprojekt junger farsischsprachiger Frauen *Gut zu wissen – Besuch bei der Frauenärztin* sowie in Fortbildungen für Fachkräfte der Sexualpädagogik, von Beratungsstellen oder aus der Jugendhilfe. Dabei werden sowohl kürzlich Geflüchtete, als auch Menschen, deren Migrationsgeschichte schon Jahre zurückliegt, vor allem aber auch Menschen, die mit einer der Gruppen professionell zu tun haben, einbezogen.

Bei der Annäherung an das Feld „Migration" finden sich eine Vielzahl von Bezeichnungen: *Ausländer* und *Deutsche* sind statistische Bezeichnungen, die den Pass zur Grundlage nehmen; *Menschen mit oder ohne Migrationshintergrund* sind ebenfalls statistische Größen, die auf eigene Wanderungsbewegungen oder die der Eltern fokussieren; *Flüchtling, Asylbewerber* oder *Duldung* sind aufenthaltsrechtliche Kategorien; während *Geflüchtete* oder *Migrant*innen* eher sozial bzw. soziologisch geprägte Bestimmungen sind.

Wenn in diesem Text an manchen Stellen ausschließlich die männliche oder weibliche Form gewählt wird, hängt dies mit dem jeweiligen Setting des Beschriebe-

https://doi.org/10.1515/9783110518351-008

nen zusammen. Die sexualpädagogischen Veranstaltungen richteten sich ausschließlich an männliche Jugendliche, während das Filmprojekt von jungen Frauen durchgeführt wurde.

2 Beobachtungen aus der sexualpädagogischen Arbeit mit Jugendlichen und jungen Erwachsenen

In den sexualpädagogischen Veranstaltungen mit unbegleiteten männlichen Jugendlichen – ein Großteil von ihnen hatte einen arabisch-, farsisch- oder somalisprachigen
Hintergrund und die Veranstaltungen wurden mit oder ohne Dolmetschern durchgeführt – waren die Themen, für die sich die Jugendlichen interessierten, denen der gängigen lokalen Schulklassen sehr ähnlich. Sie interessierten sich für Fragen, die den
Körper bzw. seine pubertären Veränderungen betreffen, solche der Schwangerschaft
bzw. ihrer Verhütung oder der sexuell übertragbaren Infektionen, hatten Fragen aus
dem Bereich der „Sexual- und Lustpraktiken", und sie beschäftigte das Kennenlernen
von Mädchen und Frauen und wie dabei die „Richtige" zu erkennen sei. Und ebenso
wie in Jungengruppen aus Schulklassen interessierte sich kaum einer öffentlich für
Fragen des Schwangerschaftsabbruchs, für Verhütungsmittel, die nicht Kondom oder
Pille heißen, für Bestimmungen zu oder Auswirkungen von sexueller Gewalt, für
Fragen der nicht heterosexuellen Entwicklung oder die Ungenauigkeit der Kategorien
der Geschlechtsidentität – Fragen, die hingegen Pädagog*innen am Herzen liegen.
Entsprechend der pubertären Leitfrage „Wer bin ich?" und dem Wunsch, die Antwort
möge bitte eindeutig ausfallen, wichen diese Jugendlichen kaum von hiesig soziali-
sierten ab, obwohl sie teilweise erst vor wenigen Monaten in die Bundesrepublik
Deutschland eingereist, zum Teil unter deutlich anderen Bedingungen aufgewachsen
waren und auch noch lebten.

Es sollen aber auch die thematischen Besonderheiten nicht unter den Tisch fallen.
In arabisch- und farsischsprachigen Gruppen spielte das Thema „Selbstbefriedigung"
eine deutlich größere Rolle. Die Jugendlichen berichteten von Erzählungen über die
vermeintliche Schädlichkeit der Onanie, die zumindest in Norddeutschland aufgewachsene Großstadtjugendliche so nicht mehr kennen. Insgesamt berichteten die
Jugendlichen, dass von Erwachsenen wenig über sexuelle oder körperliche Themen
zu erfahren sei. Ein Befund, den die *Bundeszentrale für gesundheitliche Aufklärung*
(BZgA) für religiös geprägte Milieus auch für die BRD nachweist (Bode/Heßling 2015,
102). Das Thema „Beschneidung" und zwar die von Mädchen – bei anderen Jungengruppen drehte es sich eher um die der männlichen Vorhaut – wurde kontrovers diskutiert. Dies ist nicht verwunderlich, da sie z. B. in Ägypten oder Somalia sehr weit
verbreitet ist. Jugendliche aus Ländern, in denen HIV-/AIDS-Aufklärung gängig ist,
hatten in diesem Bereich Kenntnisse, die die der hiesig sozialisierten Jugendlichen
weit überschreiten.

Eine Besonderheit im Kontakt zu uns als Leitung, die sich in nahezu jeder Gruppe irgendwann im Laufe der Veranstaltung zeigte, bestand darin, dass die Jugendlichen wissen wollten, wie *wir* die Dinge so handhaben. So fragten sie z. B., wie *wir* in der BRD *unsere* Partner*innen kennenlernten. Oder wann *wir* unter welchen Bedingungen den ersten Geschlechtsverkehr praktizierten. Während hiesig sozialisierte Jugendliche Sexualpädagog*innen eher als Wissensmaschinen und Rahmengeber*innen ansprechen und wenig Interesse an deren Erfahrungen als z. B. einer anderen Generation angehörig äußern, adressierten *uns* die geflüchteten Jungen als Vertreter*innen der hiesigen Lebenswelt, die in der Lage wären, Aussagen darüber zu treffen, „wie es hier so ist".

Bei der Gruppe der jungen geflüchteten Frauen, die an dem Filmprojekt teilnahmen, ließ sich dieser Zug nicht beobachten. Sie hatten das Projekt aus der Motivation begonnen, „Kommunikationsprobleme" ihrer Sprachcommunity angehen zu wollen vor dem Hintergrund, dass ihnen viele Mythen rund um das Thema „Jungfräulichkeit" begegneten, die zu Ängsten in Bezug auf den Frauenärzt*innenbesuch führten. Nach anfänglichen Recherchen klärten die jungen Frauen ihre Fragen in einem sexualpädagogischen Setting und entwickelten ein Konzept für einen Kurzfilm: Das Mädchen Leyla stellt Fragen zu Jungfräulichkeit und zum Frauenärzt*innenbesuch. Entstanden ist ein etwa siebenminütiger Aufklärungsfilm in fünf Sprachversionen, der auf einer eigenen Internetseite anzusehen und herunterzuladen ist. Die Besonderheit des Films ist die Perspektive einer Jugendlichen bzw. jungen Frau, welche in anderen Filmen meist nur als Objekt der Aufklärung und ärztlichen Behandlung vorkommt. Der migrantische Blick ist stets mitgedacht, ohne dass der Film ihn explizit zum Thema macht. Den jungen Frauen stellte sich, anders als den oben beschriebenen Jungen, nicht die Frage nach der Differenz zwischen *ihr* und *wir*. Sie berichteten, dass die intensive Beschäftigung mit einem sexualpädagogischen Thema ihnen erstmals den Weg in intimitätsstiftende Gespräche mit „Erwachsenen" öffnete.

3 Beobachtungen aus der fortbildnerischen Arbeit mit Erwachsenen

Es ist für Menschen, die gerade neu ankommen oder die, wie eine Gruppe Dolmetscher*innen erzählten, durch mannigfaltige Diskriminierungserfahrungen zur *Outgroup* erklärt werden, nicht weiter verwunderlich, dass sie Ortsansässige fragen, „wie es hier so läuft". Der Wunsch, zu erfahren, „wie *die* so sind", also der Wunsch, dass allgemeingültige Aussagen über Menschen anderer Kultur oder Herkunft zu machen wären, begegnete uns auch in Fortbildungen mit Menschen, die professionell mit Geflüchteten zu tun haben, hier in umgekehrter Weise. Die Teilnehmenden wollten wissen, wie *die* Geflüchteten sind, am liebsten nach Ländern oder Religionen genauestens unterschieden. Hinweise auf gängige differenzierende Kategorien, wie z. B. Unterschiede zwischen Stadt und Land, Bildungs- oder ökonomische Unterschiede oder die familiäre Herkunft wurden zwar rational anerkannt. Zum Abschluss der Veranstaltungen wurde aber von einigen weiterhin moniert, dass wir als Seminarleitung keine allgemeingültigen Aussagen über *die* Geflüchteten getätigt hätten. Dies war um so überraschender, als für die Teilnehmenden für andere Zielgruppen ein individueller Hilfeansatz selbstverständlich ist. Selbst Teilnehmer*innen, die im Laufe der Fortbildung von ihrer eigenen Migrationsgeschichte erzählten und die in denselben Ländern wie die zu Betreuenden aufgewachsen waren, nahmen zwar für sich selbst einen differenzierenden Blick zur Grundlage, bestanden aber auf generalisierenden Aussagen über die Geflüchteten.

Auch in einem zweiten Aspekt herrschte unter den Fortbildungsteilnehmer*innen vielfach Einigkeit: Sie nahmen an, dass die Geflüchteten, mit denen sie sexualpädagogisch arbeiten wollen und sollen, in einer besonderen Weise schamhaft seien. Hieraus folgte zumeist die Frage, ob es überhaupt angezeigt sei, mit dieser Zielgruppe sexualpädagogisch zu arbeiten bzw. ob das bisher bekannte pädagogische Vorgehen mit dieser Zielgruppe überhaupt möglich wäre.

Nun ist die Überlegung, ob die jeweilige Zielgruppe für ein sexualpädagogisches Angebot nicht zu schamhaft sei, keine, die nur im Zusammenhang mit Geflüchteten aufgeworfen wird, aber wie auch bei anderen Themen zu beobachten ist, scheint die Zielgruppe der Geflüchteten allgemeine Fragen und Unsicherheiten der Sexualpädagogik wie unter einer Lupe in den Fokus zu rücken. So hoben die Teilnehmer*innen mit dem Aufwerfen der Frage der Scham einen für die sexualpädagogische Arbeit bedeutsamen Aspekt hervor, den es sich lohnt, näher zu betrachten.

4 Scham als Aspekt der psychosexuellen Entwicklung von Kindern

Wenn sich sexualpädagogisch mit Scham beschäftigt wird, dann entweder als einem Aspekt der psychosexuellen Entwicklung oder als oft negativ konnotierter Gefühlsausdruck, mit dem zu rechnen ist, wenn sexuelle oder intime Themen in den Vordergrund rücken – also einer Reaktion, die in der sexualpädagogischen Arbeit regelhaft zu erwarten ist. In den meisten Fällen wird Scham vorausgesetzt und in ihrem Auftreten benannt, ohne dass ihre Entstehung und Konzeption weiter ausgeführt werden. Eine Ausnahme bildet die von der *BZgA* in Auftrag gegebene und von Bettina Schuhrke durchgeführte Studie *Kindliche Körperscham und familiale Schamregeln* (vgl. Schuhrke 2005). In dieser untersucht sie zum einen, wann Kinder Verhaltensweisen (z. B. Blick niederschlagen, den Körper verhüllen wollen, die Toilettentür schließen) zeigen, die auf Schamgefühle schließen lassen, zum anderen welcher Umgang in Familien mit gesellschaftlich geteilten Schamauslösern (z. B. Zeigen der Geschlechtsorgane, Umgang mit Nacktheit) gepflegt und wie dieser den Kindern nahegelegt wird. Es wird deutlich, dass Scham einen Beziehungsaspekt beinhaltet, sie also neben dem

Gefühl, das die sich schämende Person empfindet, auch eine Beziehungserfahrung widerspiegelt, die häufig hierarchisch ist.

Für die psychosexuelle Entwicklung wird Scham in der sexualpädagogischen Literatur hauptsächlich für drei Phasen diskutiert. Es wird erstens der Frage nachgegangen, in welchem Alter von Kindern überhaupt verlangt werden kann, sich an gesellschaftliche Schamregeln zu halten bzw. ab wann sie Scham empfinden (können). Zweitens wird für die mittlere Kindheit – also der Zeit, deren Beginn durch den Eintritt in die Schule markiert wird – festgestellt, dass Kinder hier vermehrt Schamreaktionen zeigen. Und drittens wird die Pubertät als noch einmal besonders schamgeplagte Entwicklungsphase beschrieben.

Wie schon angedeutet, handelt es sich bei der Scham um ein kompliziertes Zusammenspiel. Das Gefühl der Scham setzt z. B. voraus, dass ein Kind zwischen sich und einer weiteren Person unterscheiden kann, was je nach Theorie zwischen acht Monaten und dem Ende des zweiten Lebensjahres beginnt. Jacques Lacan hat ein Bild entwickelt, um diesen Moment zu beschreiben. Er nennt ihn „Spiegelstadium" (vgl. Lacan 1991). Hierbei schildert Lacan die Situation, in der sich ein Junge vor einem Spiegel befindet und sich betrachtet. Erstmalig nun erkennt er das Spiegelbild als ein Abbild seiner selbst und ist ganz begeistert von dieser Erkenntnis. Gleichzeitig beschreibt Lacan diese Szene aber als eine Situation, die noch eine weitere Person braucht – in seinem Text ist es die Mutter –, die das Erkennen der eigenen Person im Spiegel bestätigt und sagt: „Ja, das bist du". Für Lacan folgt nun, dass sich zur Begeisterung ein zweites Gefühl gesellt: die Kränkung, auf andere Personen angewiesen, von ihnen abhängig zu sein. Mit Erik H. Erikson ließe sich sagen, es entsteht ein Konflikt zwischen Autonomie und Scham und Zweifel, der dieses Stadium prägt (vgl. Erikson 1987, 245–249).

Auch Schuhrke beschreibt eine ähnliche Situation. Hier handelt es sich um einen nackten Jungen, der das Dreieck vollführt: ganz begeistert an seinem Körper herunterschauen, diesen gleichzeitig im Spiegel sehen und auf seinen Penis weisend zu seiner Mutter gucken. Schuhrke wirft nun die Frage nach der Qualität der Reaktion seitens der Mutter auf, die sowohl wohlwollend als auch abwertend ausfallen könnte (vgl. Schuhrke 2005, 16). Erfahrungen aus Fortbildungen oder Elternabenden in Kindertagesstätten legen nahe, dass die Reaktion bei Jungen und Mädchen in vielen Fällen unterschiedlich ausfallen würden.

Für das Schamempfinden lässt sich also folgern, dass es einerseits die Fähigkeit zur Unterscheidung zwischen *Ich* und *Du* voraussetzt, andererseits aber von der Bewertung seitens dieses *Du* abhängt. Wie Schuhrke beschreibt, sind es zunächst negative Reaktionen der Umwelt, die eine schamhafte Reaktion des Kindes auslösen, die dann im Laufe der Jahre verinnerlicht werden, sodass Menschen auf der Grundlage einer nun inneren Bewertung auch ohne die Anwesenheit anderer Scham empfinden können (vgl. Schuhrke 2005, 15f.).

Grundsätzlich ist jedoch davon auszugehen, dass schamauslösende Situationen in verschiedene Richtungen erlebt werden können. Scham kann sowohl „in

Richtung einer negativen Bewertung des Selbst und in Richtung einer als positiv erlebten Intimitätssituation" ausfallen (vgl. Seidler 2014, 827). Dies wird auch im Bild Lacans deutlich: Die Fähigkeit zur Unterscheidung von anderen ist auch die Fähigkeit zur Abgrenzung und stellt so einen Zuwachs an Eigenständigkeit dar, der Begeisterung auslöst. Der Körper wird nun als ein Raum vorgestellt, der ein Inneres von einem Äußeren trennt und der als der eigene erfahren wird. Hier wird die Scham zur „Hüterin der Privatsphäre" (Schuhrke 1998, 9). Da der Raum nur als der eigene erkannt werden kann, wenn es auch einen anderen gibt, beginnt hier das Aushandeln von Nähe und Distanz. "[D]ie Fähigkeit zur Abgrenzung und zum Mit-sich-Sein und Bei-sich-Sein, sowie zur Regulierung von intimer Nähe und Distanz mit anderen [ist] ohne Schamkonflikte nicht vorstellbar [...]" (Tiedemann 2007, 51). Die Betonung des Eigenen, die Intimität, ist somit notwendig beziehungsorientiert. Denn Scham spielt ihre erstmalige Rolle beim Schauen, Zeigen und Angeschautwerden. Während die Scham die Seite des Versteckenwollens und Distanzwahrens markiert, beinhaltet das, was Sigmund Freud Schau- und Zeigelust genannt hat (vgl. z. B. Freud 1999), die mit ihr verbundene Neugier am anderen.

Wie erwähnt, ist davon auszugehen, dass die Reaktionen auf die Zeigelust von Mädchen vielfach anders ausfallen als bei Jungen, sodass auch gefolgert werden kann, dass sich die Schaminhalte geschlechtlich unterscheiden. Dies soll an der Situation, die Schuhrke beschreibt, kurz erläutert werden: Während der Junge, für den gemeinhin angenommen wird, dass das Zeigen und Berühren seines Penis eine übliche Verhaltensweise sei, eher damit rechnen kann, eine positive Reaktion zu erhalten und somit in seiner Zeigelust bestärkt zu werden, sehen die Reaktionen auf Mädchen oftmals anders aus. Mädchen, die ebenso begeistert ihre Vulva entdecken und diese Begeisterung teilen wollen, erhalten wesentlich wahrscheinlicher eine zurückhaltende oder zurückweisende Reaktion, sie beginnen somit sehr früh, ihre Geschlechtsorgane mit negativ empfundener Scham zu verknüpfen.

Mit Irene Fast, die sich in ihrem Buch *Von der Einheit zur Differenz* (vgl. Fast 1991) mit der Geschlechtsidentitätsentwicklung von Kindern beschäftigt, kann davon ausgegangen werden, dass mit der Erkenntnis der Geschlechterdifferenz, die bis zu diesem Zeitpunkt gemachten Erfahrungen noch einmal neu sortiert werden. Irene Fast beschreibt sehr eindrücklich, wie sich Kinder der gesellschaftlichen Vorstellung von Geschlecht über Jahre annähern, bis sie herausfinden, dass sie selbst genau einem zugeordnet sind. Im Anschluss beginnen sie nun, sich die bisherigen Erfahrungen auch rückwirkend unter diesem geschlechtlichen Blickwinkel neu anzueignen. Das heißt, sie werden auch ihre Erfahrungen mit Schamgefühlen als ihrem Geschlecht zugehörig ansehen. Während sich Jungen weiterhin mit ihrem Penis beschäftigen dürfen, erhalten Mädchen ein Alternativangebot: ihren gesamten Körper (vgl. Streeck-Fischer 2006, 26). Es wundert nicht, dass Jungen in sexualpädagogischen Veranstaltungen oft Fragen zum Penis, vor allem zur Penislänge, stellen, während Mädchen damit zu tun haben, ob ihr Körper, so wie er ist, richtig ist (vgl. Bode/Heßling 2015, 85ff.).

Dass in der mittleren Kindheit Scham in den Mittelpunkt rückt, hängt mit der zunehmenden Fähigkeit von Kindern zusammen, sich in andere hineinzuversetzen, also von den eigenen (Scham-)Empfindungen auf die anderer zu schließen und diese im Handeln zu berücksichtigen. Kinder sind nun in der Lage, Schamgefühle Erwachsener zu (er-)kennen und nehmen auf diese Rücksicht, indem sie ihr Sexuelles vor Erwachsenen verbergen (vgl. Wanzeck-Sielert 2009, 23). Schuhrke nennt dies Schamprävention: Um eigene Scham oder die anderer zu vermeiden, wird im Vorweg schon so gehandelt, dass Scham gar nicht erst auftreten kann (vgl. Schuhrke 2005, 14). Es handelt sich um einen Mechanismus, der für die gesellschaftliche Organisation von Sexuellem von zentraler Bedeutung ist.

Zurückkommend auf die von den Jugendlichen aufgeworfene Frage nach dem „Wie macht ihr das?" und die Vermutung einer besonderen Schamhaftigkeit der Geflüchteten seitens der Fachkräfte wird deutlich, dass sie zusammengehören. Frage und Vermutung betreffen einerseits die Unterscheidung nach *Ich* und *Du* und andererseits die darin potenziell enthaltene und befürchtete Abwertung.

5 Pubertät und Flucht

Vor der Sondierung der Implikationen für die sexualpädagogische Arbeit soll noch einmal konkreter auf die Gruppe der minderjährigen Geflüchteten eingegangen werden und hier insbesondere auf diejenigen, die im Alter der Pubertät sind. Zunächst wird ein Blick auf die Erscheinungen hiesiger Pubertät geworfen, weil diese die Situation beschreiben, auf die Geflüchtete treffen und mit der sie sich auseinandersetzen müssen.

Annette Streeck-Fischer unterscheidet drei Phasen der Adoleszenz, die frühe, die mittlere und die späte, von der insbesondere die frühe für die weitere Schamentwicklung von zentraler Bedeutung ist (vgl. Streeck-Fischer 2006). Während in der mittleren Kindheit „die kindlichen Norm- und Wertvorstellungen [...] ganz nach denen der Eltern ausgerichtet" (Streeck-Fischer 2006, 15) seien, käme mit dem Eintritt in die Pubertät eine neue Fähigkeit hinzu: zwischen äußerem Verhalten und innerem Erleben zu unterscheiden. Dies mache es Adoleszenten z. B. erstmals möglich, sich nach außen anders zu geben, als sie sich innerlich fühlen. Für die Frühadoleszenten bedeutet dies, dass sie zum einen beginnen, ihrer inneren Welt zuzuschauen und sie erforschen zu können. Zum anderen schirmen sie diese neue Welt vor äußeren Einblicken ab (vgl. Streeck-Fischer 2006, 21).

Hier tritt wieder die zweifache Bedeutung der Scham, Selbstbewertung und Intimitätswahrung, und ihr Gegenstück, die Schau- und Zeigelust, in den Vordergrund: Den Jugendlichen wird die Beschäftigung mit sich selbst oder ihresgleichen wichtiger, während diese sich neu entwickelnde Welt von der Welt der Familie und der Erwachsenen zunehmend abgeschirmt wird. Dies ist für Jugendliche ein wichtiger Schritt, der es ihnen ermöglicht, die Reichhaltigkeit ihrer inneren Welt kennen zu lernen. Da nun gleichzeitig nach außen gerichtetes Verhalten als beeinflussbar entdeckt wird, stürzen sich Jugendliche in die mannigfaltigen Möglichkeiten, an ihrer Außendarstellung zu feilen. Auf die gravierenden körperlichen Veränderungen reagieren einige der Jugendlichen, indem sie ihren Körper in der Öffentlichkeit durch weite Kleidung verhüllen – was auf Mädchen, deren gesamter Körper als sexuell betrachtet wird, wesentlich häufiger zutrifft – und andere, indem sie diesen besonders präsentieren.

Während hiesige Jugendliche die neue innere und äußere Weltsicht zumeist innerhalb ihres bisherigen Umfelds und Bezugssystems ausprobieren können, befinden sich besonders unbegleitete geflüchtete Jugendliche in einer völlig anderen Situation. Die Abschirmung von der bisherigen Umwelt tritt abrupt auf und sie sind auf sich allein gestellt. Gleichzeitig haben sie oft Aufträge mit bekommen, z. B. sich zu etablieren und Geld zu schicken oder den Familiennachzug zu organisieren, sodass eine wirkliche Abschirmung äußerst schwer fällt. Während der Flucht sind die Jugendlichen mit der Bewältigung vielfacher äußerer Anforderungen beschäftigt – von unangenehmen, gefährlichen oder gar gewalttätigen Erfahrungen einmal abgesehen –, sodass eine Beschäftigung mit der entstehenden inneren Welt wenig Platz hat. Während der Flucht entwickeln viele enorme Fertigkeiten und Kompetenzen im Umgang mit den äußeren Bedingungen, von denen sie auch im weiteren Verlauf ihres Lebens profitieren können. Eine intensive Beschäftigung mit der inneren Welt kann erst nachgeholt werden, wenn sie angekommen sind und eine relative Sicherheit ihrer Lebensbedingungen hergestellt ist, was unter den Bedingungen einer Erstaufnahmeeinrichtung oder eines Duldungsstatus sicherlich erschwert ist.

Nach der Abschirmung von der äußeren Welt in der mittleren Adoleszenz beginnen Jugendliche auch diese äußere Welt infrage zu stellen. Sie ziehen sich auf sich zurück und beginnen die Welt der Familie bzw. der Erwachsenen kritisch zu hinterfragen. Dieser Schritt erscheint oft unsozial durch die notwendige Abgrenzung. Er kann zu einer zeitweilig völligen Zurückweisung der Erwachsenenwelt führen. Mit Elisabeth Rohr könnte dies als *rites de passage* verstanden werden (vgl. Rohr 2016, 313ff.). In ihrem sehr eindrücklichen Artikel *If you want to go fast, go alone, if you want to go far, go together* versucht sie, das Erleben der Flüchtenden während der Flucht zu beschreiben. Flüchtende seien während der Flucht in einem Zwischenraum, einer sozialen Übergangssituation, in der „die ansonsten üblichen sozialen Konventionen von Kommunikations- und Interaktionsformen außer Kraft gesetzt sind" (Rohr 2016, 315). In dieser „Schwellenphase" stünden die Flüchtenden „außerhalb aller gesellschaftlicher Ordnungen" (Rohr 2016, 316).

Hier ließe sich eine Parallele zum inneren Erleben Jugendlicher während der Pubertät ziehen. Während die bisherige Welt der Erwachsenen infrage steht, befinden sich Pubertierende ebenfalls in einer Schwellenphase, in der eine neue ihnen gemäße soziale Welt erst noch aufgebaut werden muss. Auch dies ist ein wichtiger Schritt, denn er bedeutet, dass Jugendliche sich damit auseinandersetzen, wie sie ihr Leben gestalten wollen. Hierbei ist zu bedenken, dass es auch reichlich Jugendliche gibt, die schnell zu dem Schluss kommen, dass ihnen die Erwachsenenwelt gefällt und sie so keine weiteren Abgrenzungsschritte für nötig halten. Und auch gibt es solche, die unter Bedingungen groß geworden sind, die ihnen die Angst vor dem Verlust von Bezugspersonen so gefährlich erscheinen lässt, dass sie auf eine Abgrenzung vorsichtshalber ganz verzichten.

Nun sind die Erfahrungen einer Flucht und die äußere Situation nach der Ankunft nur bedingt mit den Erlebnissen einer hiesigen Pubertät zu vergleichen. Das, was Jugendliche während der Pubertät zu durchschreiten haben, ließe sich besser mit einem Begriff von Donald W. Winnicott als Übergangsraum (vgl. Winnicott 1969) beschreiben. Ein psychischer Raum, in dem gleichzeitig die bisherigen kindlichen Vorstellungen und die zukünftigen einer Erwachsenenwelt existieren. Die hiesigen Jugendlichen können sich jedoch sicher sein, dass die von ihnen infrage gestellte äußere Welt erhalten bleibt. Dies stellt sich für Geflüchtete und insbesondere minderjährige Unbegleitete vollkommen anders dar. Sie befinden sich in einer doppelten Verunsicherung, die der Pubertät und die der Flucht. Darüber hinaus gibt es für Geflüchtete durch die Form ihrer Unterbringung, z. B. in Sammelunterkünften, zunächst kaum eine Möglichkeit des sozialen Rückzugs, auch nach ihrer Ankunft mangelt es oft an Privatheit. Zwar ist für hiesige Pubertierende und Geflüchtete die äußere Welt radikal infrage gestellt, aber unbegleiteten Geflüchteten fehlt ein erwachsenes Gegenüber, von dem es sich abzugrenzen lohnt. Die Suche danach kann erst nach der Ankunft beginnen, jedoch nun in einer unvertrauten Umgebung. Es ist nicht verwunderlich, wenn junge Geflüchtete sich zunächst einmal auf ein ihnen bekanntes Weltbild zurückziehen. Neben der Sicherheit des Vertrauten in einer unsicheren Situation kann es auch pubertäre Wünsche nach Abgrenzung der Aufnahmegesellschaft erfüllen. Darüber hinaus haben Menschen, die eine Hautfarbe haben, die sich von der der meisten in ihrer Umgebung unterscheidet, ein körperliches Merkmal, dessen sie sich nicht entledigen können. Feridun Zaimoglu hat es einmal so formuliert: „Den Fremdländer kannst du niemals aus der Fresse wischen" (Zaimoglu 1995, 23).

Scham ist in seiner Entstehung auf den Körper bezogen. Für Kinder löst es, wie in den obigen Beispielen beschrieben, zunächst Begeisterung aus, ihren Körper zu präsentieren. Es sind, wie Schuhrke zeigt, die zumeist durch die Familie vermittelten, gesellschaftlichen sexuellen Normen, die den Körper in zeigbare und nicht oder nur in bestimmten Situationen zeigbare Zonen aufteilen und mit den unterschiedlichen Richtungen der Scham belegen. Zusätzlich zu diesen auf den Körper bezogenen Normen sind an die Hautfarbe eine Vielzahl von sexuellen Vorstellungen geknüpft. Es sei hier nur an behauptete „intensive sexuelle Bedürfnisse bzw. ein[en] unkontrollierte[n] Sexualtrieb" (Christmann 2016, 2) erinnert.

In den Situationen, in denen die Jugendlichen gefragt haben, wie es denn bei *uns* mit der Sexualität gehandhabt werde, hätten *wir* am liebsten geantwortet: „Woher soll ich das wissen?" und in diesem Moment begann das Nachdenken über die eigenen

6 Implikationen für die (sexual-)pädagogische Praxis

In den Situationen, in denen die Jugendlichen gefragt haben, wie es denn bei *uns* mit der Sexualität gehandhabt werde, hätten *wir* am liebsten geantwortet: „Woher soll ich das wissen?" und in diesem Moment begann das Nachdenken über die eigenen

Vorannahmen. Diese Frage muss nicht offen gestellt werden. Sie ist immer schon im Raum und rührt an die eigenen Erfahrungen mit das Selbst abwertenden Erlebnissen und inneren Überzeugungen, also dem, was wir gern schamhaft verstecken wollen. Insofern ist die Annahme, die Geflüchteten – oder auch andere Zielgruppen der Sexualpädagogik – seien besonders schamhaft und es wäre vielleicht besser, sie mit dem Thema in Ruhe zu lassen, gelebte Schamprävention. Sie schützt beide Seiten vor den negativen Erlebnissen der Scham. Sie verschließt jedoch auch die Möglichkeit, mit der positiven Seite der Scham in Berührung zu kommen.

Die eingangs erwähnte Unterscheidung in *ihr* und *wir* kann als Intimitätsschutz verstanden werden. Es ist davon auszugehen, dass Menschen, die sich fremd fühlen und für die somit die Unterschiedlichkeit zu anderen in den Vordergrund tritt, ihre Intimität besonders schützen wollen, also ihre Scham besonders betonen. Zu fragen, wie *die* anderen sind, ist eine gute Möglichkeit, zunächst einmal andere zu bitten, ihre Intimitätsgrenzen zu lockern und hilft, die eigene Scham zu betonen. Dies ist vermutlich auch der Grund, warum umgekehrt Menschen, die mit Geflüchteten arbeiten, glauben, besonders vorsichtig sein zu müssen. Auch sie betonen ihre eigene Scham.

Wenn Menschen anderen Menschen begegnen, die sie für fremd halten, ist davon auszugehen, dass sie die Erfahrung machen, in der eigenen Selbstverständlichkeit infrage gestellt zu werden. Für viele der Fachkräfte unserer Fortbildungen traf dies zu. Und auch für Menschen, die es nicht gewohnt sind, mit anderen über Sexualität zu sprechen (vgl. z. B. El Feki 2013, 179 ff.), sind Sexualpädagog*innen ausgesprochen befremdlich. Gleichzeitig fühlen sich in der Arbeit mit Geflüchteten häufig auch diejenigen fremd, die die Gruppe pädagogisch leiten.

Die jungen Frauen des Filmprojektes sind vermutlich deswegen nicht in das Wir-die-Schema geraten, weil sie die Absicht hatten, ein schambesetztes Thema direkt anzugehen und das Projekt auf ihre Initiative hin geschah. Es ist eher unwahrscheinlich, dass der Unterschied zu den erwähnten männlichen Jugendlichen in ihrem Geschlecht oder ihrem Status als Begleitete zu finden ist. In Fortbildungen mit Dolmetscher*innen und Sprachmittler*innen, in denen die gesamte Gruppe Migrationserfahrungen hatte, seit vielen Jahren in der BRD lebte oder geboren wurde und die meisten Anwesenden Frauen waren, trat die Trennung in *wir* und *die* ebenfalls auf. Es ist davon auszugehen, dass in der Arbeit mit Teilnehmer*innen, die mit einem eigenen Anliegen ein sexualpädagogisches Projekt durchführen, mit Scham differenzierter gearbeitet werden kann. Wie erwähnt ist Scham mit Schau- und Zeigelust verbunden, sodass es naheliegt, dass einer Schamreaktion ein Interesse zugrunde liegt, welches einmal verboten wurde. Sich mit ihr zu beschäftigen, verspricht also auch intime Begegnungen und Begeisterung an der Selbsterkenntnis. Und nicht zuletzt ist ein im Internet veröffentlichter Aufklärungsfilm eine Art, sich deutlich zu zeigen (vgl. Medienzentrum St. Pauli 2014).

Nach unserer Erfahrung sind Geflüchtete nicht schamhafter als andere Teilnehmer*innen, obwohl sie genug Gründe für Misstrauen und Vorsicht hätten.

Die in jeder sexualpädagogischen Situation vorhandenen schambehafteten Momente werden in der Arbeit mit Geflüchteten unter dem Blickwinkel von Fremdheit lediglich offensichtlicher und rühren dabei auch an der Identität der Fachkräfte. Es stellt sich jedoch die Frage, warum der Umgang mit Scham in der sexualpädagogischen Arbeit so wenig diskutiert wird. In einer als bekannt angesehenen Situation ist die Wahrscheinlichkeit erhöht, dass sich das Aufkommen von Scham in Richtung eines als positiv erlebten Intimitätserlebnisses löst. Es gehört zu den Besonderheiten sexualpädagogischer Arbeit, dass sie bei der Zielgruppe oft auf eine freudige Erwartung trifft.

7 Ausblick

Die Erfahrungen aus der Arbeit mit Geflüchteten führen weniger zu der Frage, ob das bisher bekannte pädagogische Vorgehen mit dieser Zielgruppe überhaupt möglich wäre, sondern ergeben die Notwendigkeit, die eigene Rolle und bisherige Praxis unter dem Blickwinkel der Scham noch einmal zu reflektieren. Die Gruppe der Geflüchteten als andere zu begreifen, hilft zwar, die Angst vor negativen Schamerlebnissen zu bannen, wird jedoch den Einzelnen nicht gerecht. Scham tritt in einer Beziehungskonstellation auf und stellt dabei auch immer eine Verbindung der Beteiligten her. Es ist insofern für sexualpädagogisch Arbeitende von großem Vorteil, wenn sie sich mit der eigenen Schamgeschichte beschäftigen und die eigenen Vorannahmen reflektieren.

Auch in der Arbeit mit Geflüchteten sind die sexualpädagogischen Standards gültig, sich zu fragen, welche Bedingungen es braucht, um neugierig auf die Zielgruppe zugehen zu können und mehr Fragen als Antworten zu haben. Auch bleibt es unabdingbar, wer auch immer zunächst für die Kontaktaufnahme zuständig war, sich den inhaltlichen Auftrag noch einmal vom Gegenüber geben zu lassen.

Darüberhinaus haben Lucyna Wronskas und Daniel Kunz Gedanken der interkulturellen Sexualpädagogik durch die veränderte Fluchtsituation nicht an Aktualität verloren: „In der interkulturellen Sexualpädagogik geht es weniger um eine Kultur*beurteilung* als vielmehr um eine Kultur*betrachtung* anhand gezeigten Verhaltens und geschilderter Situationen. Denn in der Sexualpädagogik kann es nicht um die pauschale Beurteilung kultureller Muster gehen, sondern sie muss sich mit der Beschreibung und Betrachtung fremder und eigener Kultur – mit all ihren Vor- und Nachteilen – befassen" (Wronska/Kunz 2013, 278).

Wenn Menschen jedoch darauf bestehen, dass sie nicht – vielleicht auch nur mit den gerade Anwesenden nicht – über Sexualität sprechen wollen, dann sollten wir sie auch in Ruhe lassen.

8 Vertiefungsaufgaben und -fragen

1. Wenn Sie daran denken, mit einer Gruppe migrantischer Jugendlicher (sexual-)-pädagogisch zu arbeiten, welche Vorannahmen entdecken Sie bei sich?
2. Wenn Sie auf ihre persönlichen Erlebnisse mit Scham zurückblicken, fallen Ihnen eher positive oder negative ein? Was war nötig, damit Sie diese in eine positive Richtung lösen konnten? Was hat es zu einem negativen Erlebnis werden lassen?
3. Welche schamauslösenden Situationen erinnern Sie aus ihrer bisherigen (sexual-)-pädagogischen Arbeit?
4. Gibt es Situationen, in denen Sie selbst schon einmal beschämt haben? Wie sind sie damit umgegangen?

Literatur

Bode, Heidrun/Heßling, Angelika (2015): Jugendsexualität 2015. Die Perspektive der 14- bis 25-Jährigen. Ergebnisse einer aktuellen repräsentativen Wiederholungsbefragung. Köln: BZgA.

Christmann, Bernd (2016): Sexualität im Spannungsfeld von Stereotypen, Fremdenfeindlichkeit und konkreten Bedarfen – Sexualpädagogische Notizen aus der Arbeit mit unbegleiteten minderjährigen Flüchtlingen. In: Forum Gemeindepsychologie, 21 Jg., Heft 1. Lengerich/München: Pabst Sience, S. 1–11. URL: www.gemeindepsychologie.de/fg-1-2016_04.html (Letzter Aufruf: 08.01.2017).

El Feki, Shereen (2013): Sex und die Zitadelle. Liebesleben in der sich wandelnden arabischen Welt. Berlin: Hanser.

Erikson, Erik H. (1987): Kindheit und Gesellschaft. Stuttgart: Klett-Cotta.

Fast, Irene (1991): Von der Einheit zur Differenz. Psychoanalyse der Geschlechtsidentität. Berlin, Heidelberg: Springer.

Freud, Sigmund (1999): Triebe und Triebschicksale. In: Freud, Sigmund: Gesammelte Werke, Bd. X. Frankfurt a. M: Fischer, S. 209–232.

Lacan, Jacques (1991): Das Spiegelstadium als Bildner der Ichfunktion wie sie uns in der psychoanalytischen Erfahrung erscheint. In: Lacan, Jacques: Schriften I, 3. korrigierte Auflage. Weinheim, Berlin: Quadriga, S. 61–70.

Medienzentrum St. Pauli (2014): Gut zu wissen – Besuch bei der Frauenärztin. URL: https://gutzuwissenfilm.wordpress.com (Letzter Aufruf: 13.01.2017).

Rohr, Elisabeth (2016): If you want to go fast, go alone, if you want to go far, go together. In: Gruppenpsychotherapie und Gruppendynamik, 52. Jg., Heft 4. Göttingen: Vandenhoeck & Ruprecht, S. 308–322.

Schuhrke, Bettina (1998): Kindliche Körperscham und familiale Schamregeln. Ausgewählte Ergebnisse einer Interviewstudie. In: Forum Sexualaufklärung, Heft 2. Köln: BZgA, S. 9–13.

Schuhrke, Bettina (2005): Kindliche Körperscham und familiale Schamregeln: eine Studie im Auftrag der BZgA. 9. unveränderte Auflage. Köln: BZgA.

Seidler, Günther H. (2014): Scham. In: Mertens, Wolfgang (Hrsg.): Handbuch psychoanalytischer Grundbegriffe. 4. erweiterte und überarbeitete Auflage. Stuttgart: Kohlhammer.

Streeck-Fischer, Annette (2006): Trauma und Entwicklung. Frühe Traumatisierungen und ihre Folgen für die Adoleszenz. Stuttgart: Schattauer.

Tiedemann, Jens L. (2007): Die intersubjektive Natur der Scham. Freie Universität: Berlin. URL: www.diss.fu-berlin.de/diss/receive/FUDISS_thesis_000000002943 (Letzter Aufruf: 12.01.2017).

Wanzeck-Sielert, Christa (2009): Sexuelle Bildung und Sexualerziehung in der Grundschule. In: Forum Sexualaufklärung, Heft 3, Köln: BZgA, S. 22–26.

Winnicott, Donald W. (1969): Übergangsobjekte und Übergangsphänomene. In: Psyche, 23. Jg., Heft 9. Stuttgart: Ernst Klett, S. 666–682.

Wronska, Lucyna/Kunz, Daniel (2013): Interkulturelle Sexualpädagogik. Menschenrechte als Motor der Integration. In: Schmidt, Renate-Berenike/Sielert, Uwe (Hrsg.): Handbuch Sexualpädagogik und sexuelle Bildung. 2. erweiterte und überarbeitete Auflage Weinheim, Basel: Beltz Juventa, S. 275–287.

Zaimoglu, Feridun (1995): Kanak Sprak. 24 Mißtöne vom Rande der Gesellschaft. Hamburg: Rotbuch.

Teil III: **Sexualität und Geschlechterverhältnisse im Kontext von Flucht und Zuwanderung – Blicke auf aktuelle empirische Befunde**

Torsten Linke und Heinz-Jürgen Voß

Grenzverletzungen und sexualisierte Gewalt im Kontext von Flucht

Sondierung und Handlungsempfehlungen

1 Einführung und Überblick

Sexuelle Grenzverletzungen und sexualisierte Gewalt spielen bei Krieg und Flucht auf verschiedene Weise eine Rolle: als Gewaltform zur Durchsetzung und Erhaltung von Herrschaftsverhältnissen im Herkunftsland (bei Unterdrückung Oppositioneller), als gezielt eingesetzte kollektive Gewalt in kriegerischen Konflikten, als individuelle Gewalt im Fluchtkontext, als geschlechtsspezifische Gewalt sowie im Rahmen von Abhängigkeitsverhältnissen im aufnehmenden (Asyl-)Land (vgl. Hauser u. a. 2003; Hentschel 2014; UNHCR 2003, 30).[1] Die Soziale Arbeit und der behördliche Kontext in der Bundesrepublik Deutschland müssen sich dieser weitreichenden Bedeutung von sexualisierter Gewalt im Fluchtkontext bewusst sein, um Retraumatisierungen zu vermeiden. Zugleich gilt es, den institutionellen Rahmen so zu gestalten, dass Grenzverletzungen und (sexualisierte) Gewalt nicht stattfinden können. Im Beitrag schließen sich an eine Situationsanalyse Handlungsempfehlungen an.

2 Rechtliche Asylbestimmungen und Asyl für von sexualisierter Gewalt Betroffene

Das *Abkommen über die Rechtsstellung der Flüchtlinge* (Genfer Flüchtlingskonvention, GFK) aus dem Jahr 1951 stellt den Schutz von Flüchtlingen sicher. Es ist noch heute das wichtigste Instrument des Flüchtlingsschutzes und prägt auch die bundesweiten Regelungen in Deutschland. Die detaillierten Ausführungen zu den Schutzberechtigten und zum Asylverfahren in Deutschland finden sich im *Asylgesetz* (AsylG). Auch die Regelungen des *Asylbewerberleistungsgesetzes* (AsylbLG) und des *Aufenthaltsgesetzes* (AufenthG) sind im Hinblick auf die Situation von

---

1 Bei dem Beitrag handelt es sich um eine überarbeitete und auf Handlungsmöglichkeiten fokussierte Fassung des Aufsatzes „Sexualisierte Gewalt und sexuelle Traumatisierung im Kontext von Flucht und Sozialer Arbeit", der in Kürze im von Alexandra Retkowski und Elisabeth Tuider herausgegebenen Handbuch „Sexualisierte Gewalt und pädagogische Arbeit" im Beltz Verlag erscheint. Wir bedanken uns bei Farid Hashemi für Anregungen.

https://doi.org/10.1515/9783110518351-009

Geflüchteten, und spezifisch solchen mit Erfahrungen sexualisierter Gewalt, relevant.

Orientiert an der Genfer Flüchtlingskonvention haben im Asylgesetz solche Personen die „Flüchtlingseigenschaft", die sich außerhalb des Herkunftslands befinden und „begründete [...] Furcht vor Verfolgung wegen [...] Rasse, Religion, Nationalität, politische[r] Überzeugung oder Zugehörigkeit zu einer bestimmten sozialen Gruppe" (§ 3 AsylG) haben. Die anerkannten Verfolgungshandlungen, die aufgrund ihrer Massivität eine grundlegende Verletzung der Menschenrechte bedeuten, sind in § 3a AsylG dargestellt. § 3c AsylG definiert die verfolgenden Akteure – den „Staat", „Parteien oder Organisationen, die den Staat oder einen wesentlichen Teil des Staatsgebiets beherrschen", und nur unter sehr spezifischen Einschränkungen „nichtstaatliche Akteure".

Von den Personen mit Flüchtlingseigenschaft werden subsidiär Schutzberechtigte unterschieden. Sie müssen „stichhaltige Gründe für die Annahme" vorbringen, dass ihnen „im Herkunftsland ein ernsthafter Schaden" (§ 4 AsylG) droht. Das können „die Verhängung oder Vollstreckung der Todesstrafe", „Folter oder unmenschliche oder erniedrigende Behandlung oder Bestrafung" sowie „eine ernsthafte individuelle Bedrohung des Lebens oder der Unversehrtheit [...] im Rahmen eines [...] bewaffneten Konflikts" sein (§ 4 AsylG).

Dass in den Regelungen auch frauenspezifische Verfolgung und sexualisierte Gewalt Berücksichtigung finden, wurde durch das Streiten nichtstaatlicher Organisationen erst in den 1980er- und 1990er-Jahren in der alten BRD erreicht (vgl. Müller 2006). Sexualisierte Gewalt wurde als Thema zuvor marginalisiert und dem privaten Bereich, also nicht den staatlichen oder nichtstaatlichen Akteuren, zugeschrieben (Müller 2006, 235). Das Aufenthaltsgesetz regelt in § 60, wann Aufenthalt zu gewähren und von Abschiebung abzusehen ist.

Nachdem das Asylbewerberleistungsgesetz zunächst lediglich darauf zielte, dass Personen mit anerkanntem Aufenthaltsstatus nach dem Asylgesetz (§ 3, § 4) und dem Aufenthaltsgesetz (§ 23, § 24, § 25) Anspruch auf medizinische Versorgung bei „akuten" Erkrankungen hätten – also nicht bei „chronischen" – und damit selbst weitreichende Schmerzerkrankungen und Traumatisierungen nur in Ausnahmefällen oder unentgeltlich durch Ärzt*innen behandelt werden konnten, gibt es für eine der genannten Aufenthaltsgruppen – die Personen, denen „auf Grund eines Beschlusses des Rates der Europäischen Union gemäß der Richtlinie 2001/55/EG vorübergehender Schutz gewährt wird" (AufenthG, § 24, Abs. 1) – eine spezifisch auf Betroffene sexualisierter Gewalt zielende Regelung. § 6 des AsylbLG hält für diesen Personenkreis fest: „Personen, die eine Aufenthaltserlaubnis gemäß § 24 Abs. 1 des Aufenthaltsgesetzes besitzen und die besondere Bedürfnisse haben, wie beispielsweise unbegleitete Minderjährige oder Personen, die Folter, Vergewaltigung oder sonstige schwere Formen psychischer, physischer oder sexueller Gewalt erlitten haben, wird die erforderliche medizinische oder sonstige Hilfe gewährt".

3 Die Befragungssituation im Asylverfahren und mit ihr verbundene Gefährdungen

Akteursspezifischer Schutz vor physischer und auch sexualisierter Gewalt bildet also eine zentrale Säule der Asylgesetzgebung. Gleichzeitig ergeben sich im behördlichen Umgang teils erhebliche Schwierigkeiten: Aus der Sozialen Arbeit zu sexualisierter Gewalt ist bekannt, dass die Arbeit und insbesondere die Befragung von Betroffenen von Gewalt und sexualisierter Gewalt von eigens geschulten Fachkräften durchgeführt werden sollte, um Folge- und Retraumatisierungen bei den Betroffenen, aber auch Traumatisierungen bei den „betreuenden" Mitarbeitenden zu vermeiden (vgl. Poelchau u. a. 2015). Für die mit der Umsetzung der gesetzlichen Regelungen betrauten Behörden ist es also unabdingbar, dass die Mitarbeiter*innen zum Umgang mit Traumatisierung geschult sind. Das gilt umso mehr, als die Asylsuchenden in eine (erneute) Befragungssituation gebracht werden, die Erinnerungen an im Herkunftsland oder während der Flucht erlebte Befragungen, Verhöre und Einschüchterungen wachrufen kann und es sich durch die erlittenen Ereignisse bei dem Personenkreis insgesamt um eine vulnerable Gruppe handelt.

Alle Personen, die in Deutschland um Asyl nachsuchen, sind von den Befragungen betroffen. Sie finden in einer Situation statt, in der einerseits die Geflüchteten von Erlebnissen im Herkunftsland und auf der Flucht in der Regel verängstigt und erschöpft sowie gegebenenfalls traumatisiert sind und sich in der neuen Gesellschaft erst orientieren müssen, andererseits im institutionellen Umgang anderssprachig und oft ohne hinreichende (und zertifizierte) Dolmetschdienste gearbeitet wird. Die Geflüchteten befinden sich in einer Situation extremer, im System organisierter Abhängigkeit (die sie für weitere problematische Widerfahrnisse vulnerabel macht). Individuelle Vermeidungsreaktionen, Scham etc. greifen im Verfahren nicht, weil die Mitwirkung der Antragstellenden gesetzlich erzwungen ist – ohne ausreichende Mitwirkung wird die Gewährung von Asyl/subsidiärem Schutz unwahrscheinlich. Die Mitwirkung bedeutet auch, dass erlebte Gewalt und sexualisierte Gewalt in Einzelheiten, zusammenhängend und widerspruchsfrei der*dem jeweiligen Behördenmitarbeiter*in geschildert werden muss. Das kann auch mehrfach nötig sein, da die Behördenmitarbeiter*innen durch wiederholte Nachfrage die Plausibilität prüfen (vgl. Wolf 2002, 11–15; Müller 2006; Geisweid 2006). Und die Geschehnisse müssen möglichst früh im Verfahren berichtet werden, da später berichtete sexualisierte Gewalt behördlich in der Regel als unglaubhaft gewertet wird und lediglich auf Basis medizinischer Gutachten im Asylverfahren berücksichtigt werden kann (vgl. Geisweid 2006). Abgesehen davon, dass der so gestaltete Befragungs- und Prüfkontext in seiner Gesamtheit übergriffig organisiert ist, ergeben sich weitere Schwierigkeiten. Besonders relevant sind:

– Wie die geschilderte Situation zu verstehen ist, ist von der genutzten Sprache (und davon, wie sicher sich die Person in dieser fühlen kann) sowie von der kulturellen Einordnung geprägt. Das Erzählte wird von der*dem Mitarbeiter*in aus dem eigenen Selbstverständnis heraus bewertet – erst durch interkulturelle Kompetenz und intersektionales Verständnis könnten einige weitere Erfahrungshintergründe im Blick sein und in die Entscheidung über Plausibilität einbezogen werden. Günstig ist, wenn die Behördenmitarbeiter*innen selbst Migrationserfahrung haben und durch diese geteilte Erfahrung auf die Schilderungen sensibler und aufgeschlossener reagieren können.

– Scham bei den Asylsuchenden und der Mangel an Zeit (und gleichberechtigten, nicht sanktionierten Gesprächssituationen) zum Aufbau eines vertrauensvollen Gesprächs können dazu führen, dass für die Beurteilung des Asylanspruchs zentrale Inhalte nicht oder nicht ausreichend ausführlich thematisiert werden (können). Problemlösungen müssen die Erfahrungshintergründe der geflüchteten Person berücksichtigen und ressourcenorientiert mit ihr entwickelt werden. Nur auf diese Weise können die tatsächlich vorhandenen Bedarfe bearbeitet werden.

– Die von Asylsuchenden berichteten Traumata können sich auf Behördenmitarbeiter*innen übertragen, ihrerseits Traumata auslösen oder zu Vermeidungsreaktionen, Ablehnung und Dämonisierung „des Anderen" führen (vgl. Ammer u. a. 2013, 174). Damit kann – ob gewollt oder nicht – eine Bagatellisierung der vorgefundenen Situation stattfinden, und Stereotypisierungen und Vermutungen können die Beurteilung prägen. Auch daher ist es unbedingte Voraussetzung, dass bezüglich Trauma geschulte Fachkräfte in den Institutionen arbeiten.

– (Rassistische) Stereotype des*der Behördenmitarbeiter*in über „das Andere" – etwa weiß-deutsche Zuschreibungen an „Männlichkeit" insgesamt und spezielle Zuschreibungen an z. B. „orientalische" oder „schwarze" Männlichkeiten – können dazu führen, dass Berichte – etwa solche von Männern, vergewaltigt oder auf andere Weise sexuell erniedrigt worden zu sein – von der*dem Mitarbeiter*in nicht geglaubt oder bagatellisiert werden.

– Schließlich führt der Ermessensspielraum der Behördenmitarbeiter*innen dazu, dass sie in einer erheblichen Machtsituation im Verfahren ist – und Einzelne diese Machtposition ausnutzen könnten. In Konzepten zur Prävention sexualisierter Gewalt in pädagogischen Einrichtungen werden gerade machtvolle Kontexte, eingeschränkte Kommunikationskontexte und durch Gewalterfahrungen vulnerabilisierte Gruppen als Faktoren benannt, die Ausbeutung und sexualisierte Gewalt begünstigen können. In Leitlinien wäre diesen Erkenntnissen auch für die institutionellen Asylverfahren Rechnung zu tragen.

Bei der Prüfung der Plausibilität von Gewalterfahrungen sowie zur Feststellung von gesundheitlichen Gründen, die ein Abschiebehindernis darstellen, sind ärztliche Untersuchungen bedeutsam. Für eine Anerkennung im medizinischen Kontext sind die Diagnosekriterien des ICD 10 (ICD: medizinischer Diagnoseschlüssel von Krankheiten) und des DSM 5 (DSM: spezifisch psychiatrischer/psychologischer Diagnoseschlüssel) ausschlaggebend. Koch/Winter merken an, dass die Diagnose einer posttraumatischen Störung nur von ausgebildeten Fachärzt*innen und in ausreichender Zeit gestellt werden kann. Sie machen darauf aufmerksam, dass sich dieser Personenkreis in Bezug auf geflüchtete Menschen noch weiter einschränkt, da interkulturelle und sprachliche Kompetenzen Voraussetzung für eine wirksame Behandlung sind (vgl. Koch/Winter 2005, 2–3). Wichtig ist es, dass zukünftig mehr Fachkräfte mit solchen Kompetenzen eingestellt werden. Neben den Gutachten für Gerichtsverfahren ist eine ärztliche Diagnose für die Genehmigung der Durchführung einer psychotherapeutischen Behandlung nach dem AsylbLG oder, bei entsprechendem anerkanntem Aufenthaltsstatus, durch die Krankenkassen erforderlich. Die doppelte Anforderung aus juristischer und medizinischer Perspektive sowie der Notwendigkeit, angemessen und zeitnah Diagnosen und Gutachten zu erstellen, kann von Fachkräften aus dem Gesundheitswesen nur unzureichend geleistet werden (vgl. Landesärztekammer BW 2015, 61).

Für die Soziale und pädagogische Arbeit sind diese Hintergründe relevant, da sie einen Handlungsrahmen setzen. Sie beeinflussen nicht unwesentlich, welche geflüchteten Personen an entsprechenden Angeboten teilnehmen können und wie Gesprächssituationen von ihnen aufgefasst werden können/müssen: Die Soziale und pädagogische Arbeit kann von Geflüchteten als Fortsetzung eines weiß-deutschen behördlichen Befragungskontexts wahrgenommen werden, der mit über die Zukunftsperspektive Bleiberecht entscheidet. Gleichzeitig ist bedeutsam, welche Leistungen nach AsylbLG gewährt werden und welche – teils eigentlich notwendigen – Angebote geflüchtete Personen nicht erhalten können. Bezüglich der Gesundheitsversorgung ist relevant: Bei der Asylsuchenden lediglich gewährten Grundversorgung, die sich auf Akutfälle beschränkt, ist eine ausreichende therapeutische Hilfe nicht zu leisten. Für Minderjährige ist durch das *Sozialgesetzbuch* (SGB) VIII die grundsätzliche Möglichkeit der Unterstützung gegeben. Das Kinder- und Jugendhilfegesetz gewährt unabhängig vom Rechtsstatus allen Heranwachsenden Schutz und Unterstützung – das gilt also auch für minderjährige Geflüchtete, egal, ob begleitet oder unbegleitet.

4 Sexualisierte Gewalt und Traumatisierungen

Sexualisierte Gewalt kann im Fluchtkontext in unterschiedlichen Situationen stattfinden und Traumatisierungen auslösen. Die Landesärztekammer Baden-Württemberg hat ermittelt, dass ca. 40 % der Asylsuchenden durch Erfahrungen im Herkunftsland oder auf der Flucht traumatisiert sind oder mehrfach traumatische Erlebnisse hatten (vgl. Landesärztekammer BW u. a. 2011, 5). Im Kontext des Asylverfahrens und der Unterbringung in Deutschland kommt es zu weiteren Erfahrungen von (sexualisierter) Gewalt. Im Folgenden wird ein Überblick über Widerfahrnisse sexualisierter Gewalt entlang der „Stationen" der Flucht und des Asyls gegeben.

4.1 Sexualisierte Gewalt in Kriegen und Konflikten

Die *Weltgesundheitsorganisation* (WHO) geht davon aus, dass jede dritte Frau (35 %) in ihrem Leben Erfahrungen mit Gewalt und/oder sexueller Gewalt in und außerhalb von Partnerschaften macht. Von Vergewaltigungen außerhalb der Partnerschaft sind demnach 7 % aller Frauen weltweit betroffen (vgl. WHO 2013, 9). Das *Regionale Informationszentrum der Vereinten Nationen in Westeuropa* (UNRIC) machte sexualisierte Gewalt gegen Frauen in kriegerischen Konflikten als Massenphänomen deutlich und veröffentlichte u. a. die folgenden Daten: „In der Demokratischen Republik Kongo [sind seit] Beginn des bewaffneten Konflikts schätzungsweise 200.000 Frauen Opfer sexualisierter Gewalt geworden" (UNRIC 2015). „Während des Völkermords in Ruanda (1994) wurden 250.000 bis 500.000 Frauen vergewaltigt. Sexualisierte Gewalt war auch während des 14-jährigen Bürgerkriegs in Liberia charakteristisch. Während des Konflikts in Bosnien in den frühen 90er-Jahren wurden 20.000 bis 50.000 Frauen vergewaltigt" (UNRIC 2015). Eine ausführliche Zusammenstellung findet sich bei Stemple (vgl. Stemple 2009). Obwohl bisher kaum betrachtet – nur 3 % von mehr als 4000 Nichtregierungsorganisationen thematisieren sie überhaupt (vgl. Stemple 2009, 612) –, findet sexualisierte Gewalt in Konflikten in größerem Maße auch gegen Männer statt. Für den Konflikt in El Salvador gaben 76 % der männlichen Befragten, die aus politischen Gründen inhaftiert worden waren, an, sexuell misshandelt worden zu sein; 21 % der befragten zeitweise inhaftierten Tamilen in Sri Lanka berichteten von erfahrener sexualisierter Gewalt (vgl. Stemple 2009, 613; HRW 2015; Women under siege 2015; vgl. auch Presseberichte: Storr 2011; Kampala 2012). Sexualisierte Gewalt erweist sich als Machtmittel, um Menschen zu erniedrigen und zu brechen und um Druck auf Gefangengenommene auszuüben, etwa dadurch, dass angedroht wird, Familienangehörige zu vergewaltigen und/oder zu ermorden.

4.2 Sexualisierte Gewalt auf der Fluchtroute

Auch die Flucht selbst stellt eine bedrohliche Situation dar. Auf der Flucht sterben einerseits viele der Schutzsuchenden. Bei der Flucht handelt es sich aber zugleich auch um eine gefahrvolle Unternehmung, bei der gerade allein reisende Frauen (gegebenenfalls mit Kindern) von sexualisierter Gewalt betroffen sein können, indem sie direkt vergewaltigt oder zu sexuellen Handlungen genötigt werden, um sich mit lebenswichtigen Dingen und Informationen für sich und gegebenenfalls ihre Kinder zu versorgen oder um ihre Kinder vor sexualisierter Gewalt zu schützen. Frauen und Kinder suchen bei kriegerischen Konflikten häufiger als Männer Zuflucht in zum Konfliktgebiet nahen Regionen, dort oft in größeren Flüchtlingslagern. In diesen leben sie oft unter schlechten Bedingungen, und viele Frauen und Kinder erleben sexualisierte Gewalt. Diesen (potenziellen) Erfahrungen ist Rechnung zu tragen, wenn geflüchtete Frauen und Kinder in Deutschland ankommen; zugleich wird deutlich, wie wichtig sichere

Fluchtrouten sind, bei denen die Geflüchteten nicht Gefahren von Mord, Gewalt und sexualisierter Gewalt ausgesetzt sind. Soziale (Unterstützungs-)Arbeit – gegen Gewalt und gegen sexualisierte Gewalt – direkt vor Ort, also entlang der Fluchtrouten, kann sinnvoll sein, da Menschen auf diese Weise unmittelbar und nach ihren Bedürfnissen Hilfe erhalten können. Für diese Arbeit ist von Konzepten zur Prävention sexualisierter Gewalt in pädagogischen Kontexten zu lernen – und sind diese zu adaptieren.

4.3 Sexualisierte Gewalt in Deutschland, unter anderem in Gemeinschaftsunterkünften

Auch in Flüchtlingsunterkünften in Deutschland kommt es zu sexualisierter Gewalt, gerade gegenüber allein reisenden Frauen. Repräsentative Befragungen liegen hierüber nicht vor, allerdings ergeben einzelne nichtrepräsentative Erhebungen einige Auskünfte. Besonders relevant ist die Studie „Lebenssituation, Sicherheit und Gesundheit von Frauen in Deutschland" (2004), die im Auftrag des *Bundesministeriums für Familie, Senioren, Frauen und Jugend* durchgeführt wurde. In der Studie wurden auch Ergebnisse für die Teilpopulation *geflüchtete Frauen* erhoben. Dabei zeigt sich, dass geflüchtete Frauen deutlich häufiger von sexueller Belästigung und Gewalt betroffen sind, als sich in der Gesamtstudie ergibt. 22 % (14 von 65) der geflüchteten Frauen waren in Deutschland von Vergewaltigung, versuchter Vergewaltigung, Zwang zu intimen Körperberührungen, Zwang zu anderen sexuellen Praktiken und/ oder Zwang, Pornografie nachzuspielen, betroffen; 9 % gaben an, *in den vergangenen 12 Monaten* einer solchen Situation *sexualisierter Gewalt* ausgesetzt gewesen zu sein. 42 der 65 Frauen gaben an, in Deutschland *sexuelle Belästigung* erlebt zu haben. Von diesen 42 hatten 79 % mindestens einmal sexuelle Belästigung an öffentlichen Orten und auf Straßen erlebt, 50 % auf Arbeit, in der Schule oder bei der Ausbildung (wobei 24 % keinen Zugang zu Schule, Ausbildung oder Arbeit hatten), 48 % im Wohnheim; in 26 % der Vorfälle ging die einmalige oder wiederholte sexuelle Belästigung von Schutz-/Beratungspersonal aus, in 36 % vom (Ehe-)Partner, in 31 % von Familienangehörigen/Verwandten. Ging die sexuelle Belästigung von professionellen Helfer*innen und Betreuungspersonen aus, so wurden die folgenden Berufsgruppen genannt: Die sexuelle Belästigung erfolgte durch eine*n Ärzt*in (drei Frauen gaben das an), durch eine*n Sozialarbeiter*in (drei Frauen), durch eine*n Wohnheimleiter*in (drei Frauen), durch eine Person bei der Asylbehörde (zwei Frauen), durch eine „andere (Betreuungs-)Person" (zwei Frauen), durch eine*n Dolmetscher*in (eine Frau), durch eine*n Polizist*in (eine Frau) (vgl. BMFSFJ 2004 [Teilpopulation Flüchtlingsfrauen], 39–42).

Beratungsstellen fordern daher geschützte Räume für Frauen und geschlechtergetrennte Unterbringung (vgl. auch: Rabe 2015). Von sexualisierter Gewalt sind aber auch Kinder und Männer in den Unterkünften betroffen. So werden körperlich unterlegene Männer zu sexuellen Handlungen gezwungen bzw. können in den behördlichen Verfahrensabläufen Unerfahrene teilweise Hilfe nur im Tausch gegen sexuelle

Handlungen erhalten. Sexuelle Nötigungen und Gewalt werden durch die institutionellen Bedingungen begünstigt und erzeugt, weil

- die Bewegungsfreiheit der Geflüchteten beschränkt ist und sie den Bedingungen somit nicht entkommen können, ohne ihre Asylverfahren zu gefährden; sie müssen in der zentralen Unterbringung übernachten, egal, ob sie dort (sexualisierte) Gewalt erfahren oder nicht;
- es sich bei zentraler Unterbringung oft um Massenunterkünfte handelt, in denen Dichte sowie Ausweg- und Perspektivlosigkeit stressen und Durchsetzung gegen andere (männliche Dominanz-Subordinanz/Rangordnung) durch die Unterbringungssituation quasi institutionell erzwungen wird;
- es sich um streng hierarchische Einrichtungen handelt, in denen angestellte Mitarbeiter*innen (Heimleitung, Sozialarbeiter*innen, Sicherheitsdienst) die zentralen Schnittstellen zu Möglichkeiten und Vergünstigungen (etwa zur Übersetzung von Behördenschreiben, Hilfe beim Zugang zu medizinischer Versorgung etc.) darstellen und damit eine extreme Machtfülle innehaben, was auch ausgeübte sexualisierte Gewalt aus diesem Personenkreis begünstigt und
- Kommunikationsbarrieren und die teilweise im Konfliktgebiet/Herkunftsland bzw. auf der Flucht erlebten sexuellen Übergriffe dafür sorgen, dass Betroffene sexualisierter Gewalt diese nicht thematisieren können, sondern genötigt sind, sie zu ertragen.

Beachtet werden muss entsprechend, dass sexualisierte Gewalt in Flüchtlingsunterkünften auch von den Mitarbeiter*innen ausgehen kann und Präventionsansätze multiperspektivisch sein müssen. Einen ersten Aufschlag für notwendige Prävention sexualisierter Gewalt mit Fokus auf Kinder in Flüchtlingsunterkünften hat im Jahre 2015 der *Unabhängige Beauftragte für sexuellen Kindesmissbrauch*, Johannes-Wilhelm Rörig, vorgelegt (vgl. UBSKM 2015). Im Interview kritisierte er: „In Gemeinschaftsunterkünften haben es Missbrauchstäter im Moment sehr leicht, Nähe zu Kindern herzustellen und sexuelle Übergriffe zu begehen, da klare Strukturen, Regeln und Mindeststandards der Prävention fehlen" (Keller 2015).

4.4 Sexualisierte Gewalt im Kontext der behördlichen Befragungssituation

Der behördliche Rahmen des Asylverfahrens wurde bereits erläutert. Dieser extensiv hierarchisch gegliederte Kontext begünstigt Missbrauch. Das ist noch einmal verstärkt, da die konkrete sachbearbeitende Person bedeutenden Ermessensspielraum hat, eine berichtete Fluchtgeschichte und vorgebrachte Fluchtgründe als plausibel einzuordnen. In Einzelfällen könnte diese Situation ausgenutzt werden, um Geflüchtete zu (sexuellen) Handlungen zu nötigen. Das ist in Präventionskonzepten zu berücksichtigen, gleichzeitig sind für diese die hierarchische Situation und die Sexualisierung, die stets Machtbeziehungen prägt, zu analysieren. Im Kontext der behördlichen Betrachtung sind auch die in einigen Bundesländern durchgeführten und im Jahre 2015 skandalisierten Nacktuntersuchungen zur Altersfeststellung bei minderjährigen Geflüchteten zu nennen. Abgesehen davon, dass diese Altersfeststellungen ungenau sind, werden die Rechte von Kindern und Jugendlichen auf geschlechtliche Selbstbestimmung verletzt – ohne die deutsche Sprache zu können und in einem sehr hierarchischen Apparat, ist ihnen eine selbstbestimmte Einwilligung in ein solches Verfahren, das weitreichende Auswirkung auf ihre Lebenssituation hat, nicht möglich (vgl. Dt. Ärztetag 2007; Nowotny u. a. 2014; BUMF 2015). Und schließlich sind weitere institutionelle Rahmenbedingungen in den Blick zu nehmen: Wie arbeitet etwa die Illegalisierung einiger Geflüchteter ihrer Ausbeutung in (dann gerade nicht selbstbestimmter) Sexarbeit zu? Wie führen unsichere Aufenthaltsstatus dazu, dass Geflüchtete aus einer Ehe oder Eingetragenen Lebenspartnerschaft, in der sie Gewalt erleben, nicht entkommen können?

4.5 Auswirkungen sexualisierter Gewalt

Die Konsequenzen für die Gesundheit der von sexualisierter Gewalt betroffenen Personen können sehr vielfältig und dramatisch sein. Neben psychischen Folgen wie posttraumatischer Belastungsstörung, Depression oder Angststörung kann es u. a. zu körperlichen Verletzungen, Infektionen mit sexuell übertragbaren Krankheiten, Drogengebrauch und -abhängigkeit oder ungewollten Schwangerschaften und daraus resultierenden Abbrüchen oder zu Suizid(-versuchen) kommen (vgl. WHO 2013, 21–28). Bei den nach Deutschland und Europa einreisenden Menschen wird davon ausgegangen, dass ca. 40 % infolge der Erlebnisse, die zur Flucht geführt haben, oder durch die Flucht traumatisiert sind oder mehrfach traumatisierende Erfahrungen gemacht haben. Jede zweite Vergewaltigung, die geflüchtete Menschen erlebten, zieht Traumafolgestörungen nach sich (vgl. Landesärztekammer BW u. a. 2011, 5).

Nicht jedes Ereignis, das mögliche traumatisierende Aspekte enthält, muss zwingend individuell auch als traumatisches Erlebnis wahrgenommen werden und zu einer Traumatisierung bzw. anhaltenden psychischen Störungen führen (vgl. Koch/Winter 2005, 4). Die Resilienz einer Person und die Situation nach dem Erlebnis (z. B. Schutz vor den Täter*innen, Möglichkeit des Sprechens über das Erlebte, stabile soziale und emotionale Beziehungen) können hier einen positiven Einfluss haben. Ebenso kann es aber zu Retraumatisierungen kommen (vgl. Landesärztekammer BW 2011, 9–10). Personen können durch vorliegende Tabus zum Schweigen gezwungen sein, da ihnen ihre Scham und fehlende gesellschaftliche Möglichkeiten ein Sprechen nicht möglich machen. Auch die Situation nach einer Flucht ist, wie in Bezug auf den behördlichen Umgang geschildert, oft problematisch. Menschen, die nicht den Status eines Kriegsflüchtlings haben, sondern ein „normales" Asylverfahren durchlaufen, müssen glaubhaft machen, dass ihnen Unrecht widerfahren ist und Gefahr für Leib und Leben drohte und bei einer Rückkehr immer noch droht (vgl. Hauser u. a. 2003).

Theresia Wolf führt zudem an, dass den Betroffenen kurz nach der Flucht und dem Zeitpunkt ihrer Einreise noch nicht bewusst ist, dass sie an den Folgen einer Traumatisierung leiden (vgl. Wolf 2002, 11; Geisweid 2006). Über das Erlebte zu sprechen, kann für Frauen gegenüber männlichen Beamten, Gutachtern, Ärzten und Dolmetschern, gerade im Falle männlich verursachter sexualisierter Gewalt, mit sehr hohen Hemmschwellen verbunden oder gar unmöglich sein (vgl. Hauser u. a. 2003; Geisweid 2006). Die Folgen können nicht nur für den Verlauf eines Asylverfahrens, den daraus resultierenden rechtlichen Status und die Gewährung eines subsidiären Schutzes negativ sein, sondern auch dazu führen, dass keine entsprechende medizinische Versorgung erfolgt. Eine psychosoziale Versorgung ist gesetzlich nach § 4 AsylbLG nicht vorgesehen.

5 Erfahrungen aus der Praxis und Schlussfolgerungen für die praktische Arbeit

Grundsätzlich ist der Zugang zur Gesundheitsversorgung für geflüchtete Menschen in der Regel mit organisatorischen und formalen Hürden verbunden. Behandlungen, die über allgemeine medizinische Maßnahmen hinausgehen, werden nur nach gesonderter begründeter Antragstellung und anschließender Prüfung (in der Regel zunächst durch das Sozialamt [!] und dann das Gesundheitsamt) genehmigt. Dazu zählen auch psychotherapeutische und psychologische Behandlungen, etwa nach Erfahrungen von Gewalt und sexualisierter Gewalt. Neben diesen formalen Hürden müssen z. B. Ärzt*innen gefunden werden, die eine Behandlung übernehmen. Die aktuellen Erfahrungen und Rückmeldungen aus der Praxis der Flüchtlingssozialarbeit zeigen, dass es im ländlichen Raum und selbst in Städten Versorgungslücken gibt.

Speziell im therapeutischen Kontext gestaltet sich die Anbindung von geflüchteten Menschen an entsprechende Angebote als schwierig. Das liegt einerseits an der oft grundsätzlich ungünstigen Versorgungslage mit therapeutischen/psychologischen Angeboten, die in der Regel mit langen Wartezeiten und Anfahrtswegen einhergeht. Andererseits liegt es an der sprachlichen Verständigung, die im Rahmen der Gesundheitssorge oft nur über Dolmetscher*innen oder Sprachmittler*innen möglich ist. Wirksame psychologische und psychotherapeutische Behandlung benötigt verbale Kommunikation, die über die Vermittlung von rein sachlichen und technischen Dingen hinausgeht; tiefenpsychologische Behandlung bedarf möglichst der Verständigung in der Muttersprache. Hinzu kommen kulturelle, traditionelle und religiöse Faktoren auf beiden Seiten. Das Sprechen über Sexualität ist gesellschaftlich tabuisiert, speziell bei sexualisierter Gewalt ist die Schamgrenze, darüber zu sprechen, hoch (vgl. Hentschel 2014). In Baden-Württemberg scheint sich in den vergangenen Jahren eine gute Expertise bei der dolmetschergestützten Psychotherapie entwickelt zu haben (vgl. Landesärztekammer BW 2015). So gibt es landesweit Zentren, die auf die Behandlung geflüchteter Menschen spezialisiert sind. Dort besteht ein Angebot aus „therapeutischem Handeln, sozialer Beratung und externer juristischer Verfahrensberatung" (Landesärztekammer BW 2015, 12). Allerdings sind auch dieser Möglichkeit Grenzen gesetzt, wenn die Krankenkassen die Kosten für Dolmetscher*innen nicht übernehmen (vgl. Landesärztekammer BW 2015 10, 18f.).

Für Kinder- und Jugendliche ist es möglich, Unterstützung und Hilfsangebote über die Kinder- und Jugendhilfe zu erhalten. Das Kinder- und Jugendhilfegesetz kennt keine Ausschlüsse, sondern gilt für alle in der Bundesrepublik lebenden Kinder und Jugendlichen. Das heißt, sowohl für die unbegleiteten minderjährigen Flüchtlinge als auch für die mit ihren Familien eingereisten Minderjährigen können unkompliziert und zügig Hilfen organisiert werden. Die Jugendhilfe kann keine medizinisch-therapeutischen Angebote ersetzen, bietet aber verschiedene Möglichkeiten wie die ambulante Familientherapie, therapeutisch ausgerichtete Wohngruppen oder Beratungsstellen. Zudem verfügen gut aufgestellte und professionell agierende Jugendhilfeträger und die Fachkräfte über Konzepte, Fachwissen und Netzwerke im Bereich der sexualisierten Gewalt.

Sicher sind auch hier die Ressourcen bei den zumeist freien Trägern, ähnlich wie im therapeutischen Kontext, begrenzt und bedarf es der Unterstützung aus Verwaltung und Politik, diese Angebote auszubauen. Dies betrifft auch die Flüchtlingssozialarbeit allgemein. Die in der Praxis zu findenden Betreuungsschlüssel von 1 : 120–150 lassen keine professionelle Soziale Arbeit zu und führen zu einer permanenten Überforderung der Fachkräfte. Ein wichtiger Punkt ist hierbei auch der Schutz vor weiteren möglichen Übergriffen. Unterkünfte müssen durch ihre Struktur, ein Schutzkonzept, ein sexualpädagogisches Konzept und sensibilisierte Fachkräfte sicherstellen, dass Übergriffe nicht befördert werden und Möglichkeiten zur Intervention bestehen. Für die Flüchtlingsunterkünfte gibt es keine einheitlichen Regelungen und Standards, wie dies bei stationären Angeboten der Kinder- und Jugendhilfe oder der Heimerziehung in anderen sozialen Feldern der Fall ist. Ebenso fehlen Beschwerde- und Partizipationsmöglichkeiten (vgl. Rabe 2015, 11–12). Erfahrungen und Erkenntnisse, die in anderen Arbeitsfeldern aus zum Teil sehr dramatischen Geschehnissen nach Vorfällen sexualisierter Übergriffe in pädagogischen/pflegerischen Einrichtungen gewonnen wurden, fließen in die Flüchtlingsarbeit und -unterbringung bisher fast gar nicht ein. Dieser Umstand ist nicht der aktuellen Situation geschuldet, sondern wird seit Langem geduldet.

6 Handlungsempfehlungen zur Prävention sexualisierter Gewalt, insbesondere in Gemeinschaftsunterkünften

Bereits in den bisherigen Ausführungen des Beitrags sind Ableitungen enthalten, die auf verbesserte Prävention vor sexualisierter Gewalt zielen. So wäre ein uneingeschränkter Zugang zu den Angeboten der Gesundheitsversorgung unbedingt notwendig, um vorhandene Traumatisierungen fachlich angemessen zu bearbeiten. Gleichzeitig ist es dringend geboten, dass die Befragungssituation im Kontext des

Asylverfahrens den wissenschaftlichen Erkenntnissen aus der Traumaforschung Rechnung trägt und nicht weiterhin Retraumatisierungen bei Geflüchteten und Traumatisierungen bei Behördenmitarbeiter*innen wissentlich von Gesetzgebung und nachgeordneten ausführenden Stellen in Kauf genommen werden.

Es gilt, die Regelungen, die allgemein für Träger etwa im Jugendhilfekontext bestehen, auch im Zusammenhang mit der Unterbringung von Geflüchteten konsequent anzuwenden – bei Berücksichtigung der empirischen Daten, dass geflüchtete Personen mit hoher Wahrscheinlichkeit traumatisiert und aufgrund vielfältiger Faktoren besonders vulnerabel sind. Der Bedarf besteht sowohl für die dezentrale als auch die zentrale Unterbringung. Seit dem Jahr 2015 sind einzelne Empfehlungen und Handreichungen auf den Weg gekommen, die sich auf die Prävention sexualisierter Gewalt in der zentralen Unterbringung (Gemeinschaftsunterkünfte) beziehen. Einen Überblick liefert Antonowitsch (vgl. Antonowitsch 2016). Die zentralen Handreichungen sind:

- „Empfehlungen an ein Gewaltschutzkonzept zum Schutz von Frauen und Kindern vor geschlechtsspezifischer Gewalt in Gemeinschaftsunterkünften" (vgl. Paritätischer Gesamtverband 2015),
- „Effektiver Schutz vor geschlechtsspezifischer Gewalt – auch in Flüchtlingsunterkünften", Deutsches Institut für Menschenrechte 2015 (vgl. Rabe 2015),
- „Positionspapier zur Situation gewaltbetroffener Migrantinnen mit prekärem Aufenthalt", Zentrale Informationsstelle Autonomer Frauenhäuser 2015 (vgl. ZIAF 2015),
- „Soziale Arbeit mit Geflüchteten in Gemeinschaftsunterkünften – Professionelle Standards und sozialpolitische Basis", Initiative Hochschullehrender zu Sozialer Arbeit in Gemeinschaftsunterkünften 2016 (vgl. IH 2016),
- „Flüchtlingskinder vor Gewalt schützen", Zartbitter e. V. 2016 (vgl. Zartbitter 2016),
- „Konzept zur Gewaltprävention und zum Gewaltschutz von besonders vulnerablen Gruppen in Unterkünften für Geflüchtete", Büro für Frauen- und Gleichberechtigungsfragen in Gießen 2016 (vgl. BFG 2016) und
- „Mindeststandards zum Schutz von Kindern vor sexueller Gewalt in Flüchtlingsunterkünften", Unabhängiger Beauftragter für Fragen sexuellen Kindsmissbrauchs 2015 (vgl. UBSKM 2015).

Als Handlungsempfehlungen ergeben sich aus dem Vergleich der vorliegenden Handreichungen und basierend auf der zusammengefassten Analyse von Janina Antonowitsch (vgl. Antonowitsch 2016) insbesondere die folgenden Punkte:

- Es müssen *angemessene Räumlichkeiten* zur Verfügung stehen. Dabei muss die Privatsphäre gewahrt sein. Das bedeutet auch, dass abschließbare und geschlechtergetrennte Sanitäranlagen ausreichend vorhanden sind. Auch Schutzräume, betreute Freizeiträume für Kinder und Jugendliche sollten vorhanden sein und kulturelle und religiöse Bedarfe berücksichtigt werden. Familien sind gemeinsam unterzubringen.
- Gemeinschaftsunterkünfte liegen derzeit oft dezentral. Das sollte vermieden werden, stattdessen sollten die *Unterkünfte zentral in einem urbanen Umfeld*

liegen, damit Behörden, Ärzt*innen, Supermärkte ausreichend gut erreichbar sind. Auf jeden Fall ist die gute Anbindung an lokale Infrastruktur erforderlich.

- Für die Unterkünfte sollte ein *ausreichender Personalschlüssel* vorgesehen sein, wobei weibliches und männliches Personal gleichermaßen vorhanden sein sollte. Zudem sollte gerade mehrsprachiges Personal angestellt sein.
- Es gilt, *uneingeschränkte Bewegungsfreiheit* für die Asylsuchenden zu gewährleisten. Durch die Wohnsitzauflage ist die Bewegungsfreiheit oft eingeschränkt und wird (sexualisierte) Gewalt begünstigt, da ein Wohnortwechsel, um (sexualisierter) Gewalt zu entgehen, quasi nicht möglich ist.
- Es sollte ein *Gewaltschutzkonzept in der Einrichtung* geben, das alle Bewohnenden und insbesondere besonders vulnerable Gruppen schützt. Gewaltschutzregelungen sollten unbedingte Anwendung finden, wie z. B. Trennung des*der Täter*in vom Opfer bei Verlegung des*der Täter*in (sofern es sich um eine*n Bewohner*in handelt) oder Entlassung (sofern es sich um eine*n Mitarbeiter*in handelt). Zudem sollten *klare Verfahrensregeln* vorgeschrieben und umgesetzt werden, wie bei Verdacht oder bei Vorkommen sexualisierter Gewalt umzugehen ist; dabei ist die ausreichende Dokumentation sicherzustellen.
- *Schulung der Mitarbeiter*innen hinsichtlich Präventions- und Gewaltschutzkonzepten* zu (sexualisierter) Gewalt. In Einrichtungen sollte ein Leitbild entwickelt werden, das auf Präventionskonzepten basiert und alle Mitarbeiter*innen erreicht. Das gilt für alle im Objekt Tätigen.
- *Informations- und Präventionsangebote für Bewohner*innen* sollten regelmäßig stattfinden. Sie sollten kultursensibel und zielgruppengerecht ausgerichtet sein und die Bewohner*innen über ihre Rechte, über Gesetze und Normen sowie über Hilfsangebote informieren. Informationen sollten leicht zugänglich und in verschiedenen Sprachen verfügbar sein – das gilt auch für Hinweise auf das bundesweite Hilfetelefon zu sexualisierter Gewalt. Diese Informationsangebote sollten um *spezifische Empowerment-Kurse* ergänzt werden.
- Es sollte eine *unabhängige Beschwerdestelle* eingerichtet werden, die gegenüber Heimleitung und Behörden weisungsunabhängig ist. Sie sollte auf vereidigte Dolmetscher*innen rasch und vorrangig zurückgreifen können.
- Bei allen Maßnahmen und bei der Ausgestaltung des Zusammenlebens in den Einrichtungen sind die Bewohner*innen angemessen *partizipativ zu beteiligen.*
- Die *Gemeinschaftsunterbringung sollte schließlich nur eine kurzfristige Notvariante* sein. Vor dem Hintergrund rassistischer Angriffe auf Gemeinschaftsunterkünfte stellt sie eine riskante Lösung dar. Aber auch von den Bewohner*innen wird sie als destruktiv und eine Art „offenes Gefängnis" im Kontext eines undurchsichtigen und um Nichtstun zwingenden Asylverfahrens beschrieben (vgl. Pieper 2008). Die Perspektivlosigkeit im Asylverfahren, die Verweigerung der Arbeitserlaubnis, die fehlende Privatsphäre in den Unterkünften sind „psychisch zerstörerische Mechanismen, [die] depressive Zustände und unkontrollierte Aggressionen mit Auswirkungen auf die physische Konstitution" hervorrufen können (vgl. Pieper 2008, 343; Waller 2016). Die Aufenthaltsdauer in einer Gemeinschaftsunterkunft sollte

daher auf maximal drei Monate beschränkt werden – und mit einem raschen und Perspektiven eröffnenden Asylverfahren verbunden sein. Gleichzeitig sollte der Zugang zum Wohnungsmarkt jederzeit möglich sein, auch ein Zugang zu externen Beratungsangeboten (wie Frauenhäusern) muss uneingeschränkt möglich sein.

Weiterreichende und stetig aktualisierte Hinweise auch im Kontext von Gewaltprävention finden sich bei den Selbstorganisationen Geflüchteter – u. a. bei der Initiative „Women in Exile" (www.women-in-exile.net) und beim „Bundesverband unbegleitete minderjährige Flüchtlinge" (www.b-umf.de).

7 Vertiefungsaufgaben und -fragen

1. Welche rechtlichen Regelungen kennen Sie im Kontext von Asyl? Mit wem arbeiten Sie zusammen, um sich regelmäßig über den aktuellen Sachstand zu informieren?
2. Welche (sexualisierten) Stereotype existieren in Bezug auf Geflüchtete in der Bundesrepublik Deutschland? Wie wurden sie in Arbeiten der *Schwarzen deutschen Frauenbewegung* diskutiert?
3. Welche Selbstorganisationen von Migrant*innen und spezifisch von Geflüchteten sind Ihnen bekannt, und mit welchen hatten Sie im Kontext Ihrer Arbeit bereits Kontakt? Wie lässt sich eine regelmäßige Zusammenarbeit gestalten?
4. Wie können/müssen vorhandene Präventionskonzepte zu sexualisierter Gewalt, etwa aus der Jugendhilfe, angepasst werden, damit sie für Gemeinschaftsunterkünfte Geflüchteter passend sind?
5. Wie lässt sich eine ressourcenorientierte sexualpädagogische und Präventionsarbeit mit jugendlichen Geflüchteten gestalten?

Literatur

Ammer, Margit/Kronsteiner, Ruth/Schaffler, Yvonne/Kurz, Barbara/Kremla, Marion (2013): Krieg und Folter im Asylverfahren. Eine psychotherapeutische und juristische Studie. Wien: NWV Verlag.
Antonowitsch, Janina (2016): Sexualisierte Gewalt und Asyl – Präventionskonzepte in Gemeinschaftsunterkünften. Hochschule Merseburg, Bachelorarbeit.
BFG – Büro für Frauen- und Gleichberechtigungsfragen der Universitätsstadt Gießen (2016): Konzept zur Gewaltprävention und zum Gewaltschutz von besonders vulnerablen Gruppen in Unterkünften für Geflüchtete. URL: www.giessen.de/media/custom/684_15202_1.PDF? 1464686833 (Letzter Aufruf: 31.12.2016).
BMFSFJ (2004): Lebenssituation, Sicherheit und Gesundheit von Frauen in Deutschland. Eine repräsentative Untersuchung zu Gewalt gegen Frauen in Deutschland. URL: www.bmfsfj.de/ blob/84328/0c83aab6e685eeddc01712109bcb02b0/langfassung-studie-frauen-teil-eins-data.pdf (Letzter Aufruf: 27.12.2016).

BUMF – Bundesfachverband Unbegleitete Minderjährige Flüchtlinge e. V. (2015): Alterseinschätzung – Verfahrensgarantien für eine kindeswohlorientierte Praxis. Berlin. URL: www.b-umf.de/images/alterseinschtzung_2015.pdf (Letzter Aufruf: 27.12.2016).

Dt. Ärztetag (2007): Beschluss „Keine Beteiligung von Ärzten bei der Altersfeststellung im Asylverfahren". URL: www.b-umf.de/images/stories/dokumente/beschluss-rztetag-2007.pdf (Letzter Aufruf: 27.12.2016).

Geisweid, Heike (2006 [2004]): Rechtliche Beratung und Begleitung von Überlebenden sexualisierter Gewalt aus Kriegs- und Krisengebieten. In: medica mondiale e. V./Griese, Karin (Hrsg.): Sexualisierte Kriegsgewalt und ihre Folgen: Handbuch zur Unterstützung traumatisierter Frauen in verschiedenen Arbeitsfeldern. Frankfurt a. M.: Mabuse Verlag. S. 247–256.

Hauser, Monika/Joachim, Ingeborg/Medica Mondiale e. V. (2003): Sind die Folgen sexualisierter Kriegsgewalt zu behandeln? Über die Arbeit mit kriegstraumatisierten Frauen und Mädchen in Kriegs- und Krisengebieten. In: Zielke, Manfred/Meermann, Rolf/Hackhausen, Winfried (Hrsg.): Das Ende der Geborgenheit? Die Bedeutung von traumatischen Erfahrungen in verschiedenen Lebens- und Ereignisbereichen: Epidemiologie, Prävention, Behandlungskonzepte und klinische Erfahrungen. Köln: Lengerich, S. 409–434.

Hentschel, Gitti (2014): Sexuelle Gewalt im Kriegskontext. URL: www.gwi-boell.de/de/2014/10/10/sexualisierte-gewalt-im-kriegskontext (Letzter Aufruf: 27.12.2016).

HRW – Human Rights Watch (2015): Irak: IS-Flüchtlinge schildern systematische Vergewaltigungen. URL: www.hrw.org/de/news/2015/04/15/irak-fluchtlinge-schildern-systematische-vergewaltigungen (Letzter Aufruf: 27.12.2016).

IH – Initiative Hochschullehrender zu Sozialer Arbeit in Gemeinschaftsunterkünften (2016): Soziale Arbeit mit Geflüchteten in Gemeinschaftsunterkünften. Professionelle Standards und sozialpolitische Basis. Positionspapier. Alice Salomon Hochschule Berlin. URL: www.ash-berlin.eu/hsl/freedocs/360/positionspapier.pdf (Letzter Aufruf: 31.12.2016).

Kampala, Arne Perras (2012): Vergewaltigung von Männern in Kriegsgebieten: Die unaussprechliche Katastrophe. Süddeutsche Zeitung, 12.1.2012. URL: www.sueddeutsche.de/panorama/vergewaltigung-von-maennern-in-kriegsgebieten-die-unaussprechliche-katastrophe-1.1255767 (Letzter Aufruf: 27.12.2016).

Keller, Claudia (2015): Sexuelle Übergriffe in Flüchtlingsheimen: „Da haben es Missbrauchstäter im Moment sehr leicht". Tagesspiegel, 12.10.2015. URL: www.tagesspiegel.de/politik/sexuelle-uebergriffe-in-fluechtlingsheimen-da-haben-es-missbrauchstaeter-im-moment-sehr-leicht/12440818.html (Letzter Aufruf: 27.12.2016).

Koch, Dietrich F.; Winter, Deirdre (2005): Psychische Reaktionen nach Extrembelastungen bei traumatisierten Kriegsflüchtlingen. Ergebnisse der psychologischen und medizinischen Forschung mit Relevanz für die aufenthaltsrechtliche Behandlung traumabedingt erkrankter Flüchtlinge. Berlin: Xenion. URL: http://xenion.org/wp-content/uploads/Psychische-Reaktionen-nach-Extrembelastungen.pdf (Letzter Aufruf: 27.12.2016).

Landesärztekammer Baden-Württemberg, Landespsychotherapeutenkammer Baden-Württemberg (Hrsg.) (2015): Ambulante medizinische, psychosoziale und psychotherapeutische Versorgung von traumatisierten MigrantInnen in Baden-Württemberg. Zweiter Versorgungsbericht. Stuttgart.

Landesärztekammer Baden-Württemberg, Landespsychotherapeutenkammer Baden-Württemberg (Hrsg.) (2011): Ambulante medizinische, psychosoziale und psychotherapeutische Versorgung von traumatisierten MigrantInnen in Baden-Württemberg. Stuttgart.

Müller, Kerstin (2006 [2004]): Die rechtliche Situation kriegstraumatisierter Frauen in Deutschland. In: medica mondiale e. V./Griese, Karin (Hrsg.): Sexualisierte Kriegsgewalt und ihre Folgen. Handbuch zur Unterstützung traumatisierter Frauen in verschiedenen Arbeitsfeldern. Frankfurt/Main: Mabuse Verlag. S. 231–246.

Nowotny, Thomas/Eisenberg, Winfried/Mohnike, Klaus (2014): Strittiges Alter – strittige Alters-
diagnostik. Deutsches Ärzteblatt, Jg. 111, Heft 18, S. A786–A788/A3. URL: www.b-umf.de/
images/D%C3%84_020514_Strittiges_Artikel_-_strittige_Altersdiagnostik.pdf (Letzter Aufruf:
27.12.2016).
Paritätischer Gesamtverband (2015): Empfehlungen an ein Gewaltschutzkonzept zum Schutz
von Frauen und Kindern vor geschlechtsspezifischer Gewalt in Gemeinschaftsunterkünften.
Arbeitshilfe. Berlin. URL: http://infothek.paritaet.org/pid/fachinfos.nsf/0/251f9481d1383accc1
257e8100560c6e/$FILE/parit_empf_gewaltschutzkonzept_gemeinschaftsunterkuenfte_web.pdf
(Letzter Aufruf: 31.12.2016).
Pieper, Tabias (2008): Die Gegenwart der Lager. Zur Mikrophysik der Herrschaft in der deutschen
Flüchtlingspolitik. Münster: Verlag Westfälisches Dampfboot.
Poelchau, Heinz-Werner /Briken, Peer /Wazlawik, Martin /Bauer, Ullrich /Fegert, Jörg M. /Kavemann,
Barbara (2015): Bonner Ethik-Erklärung – Empfehlungen für die Forschung zu sexueller Gewalt
in pädagogischen Kontexten. URL: www.bmbf.de/files/Ethikerklaerung%281%29.pdf (Letzter
Aufruf: 27.12.2016).
Rabe, Heike (2015): Effektiver Schutz vor geschlechtsspezifischer Gewalt – auch in Flüchtlingsunter-
künften. Deutsches Institut für Menschenrechte (Hrsg.). Berlin.
Stemple, Lara (2009): Male Rape and Human Rights. Hastings Law Journal, 60: S. 605.
URL: http://scienceblogs.de/geograffitico/wp-content/blogs.dir/70/files/2012/07/
i-e76e350f9e3d50b6ce07403e0a3d35fe-Stemple_60-HLJ-605.pdf (Letzter Aufruf: 27.12.2016).
Storr, Will (2011): Die Geächteten. Der Freitag, 4.9.2011. URL: www.freitag.de/autoren/
the-guardian/die-geachteten (Letzter Aufruf: 30.12.2015).
UBSKM (2015): Checkliste Mindeststandards zum Schutz von Kindern vor sexueller Gewalt in
Flüchtlingsunterkünften. URL: https://beauftragter-missbrauch.de/fileadmin/Content/pdf/
Pressemitteilungen/September/Checkliste_Missbrauchsbeauftragter_Mindeststandards_
Fl%C3%BCchtlingsunterk%C3%BCnfte.pdf (Letzter Aufruf: 27.12.2016).
UNHCR – Der Hohe Flüchtlingskommissar der Vereinten Nationen (2003): Sexuelle und Geschlechts-
spezifische Gewalt gegen Flüchtlinge, RückkehrerInnen und Binnenvertriebene. Genf: UNHCR.
UNRIC – Regionales Informationszentrum der Vereinten Nationen in Westeuropa (2015): Gewalt
gegen Frauen. Die Fakten. URL: www.unric.org/de/pressemitteilungen/26167-gewalt-gegen-
frauen-die-fakten (Letzter Aufruf: 27.12.2016).
Waller, Lili (2016): Sexualisierte Gewalt gegen Frauen in deutschen Gemeinschaftsunterkünften
für Asylsuchende: Strukturelle Ursachen und Schutzmöglichkeiten. Hochschule Merseburg,
Bachelorarbeit.
WHO – World Health Organisation (2013): Global and regional estimates of violence against women:
prevalence and health effects of intimate partner violence and non-partner sexual violence.
Genf: WHO-press.
Wolf, Theresia (2002): Glaubwürdigkeitsbeurteilung bei traumatisierten Flüchtlingen. Asylmagazin
7–8 2002, S. 11–15.
Womens under siege (2015): Documenting sexuell violence in Syria. URL: https://womenundersie-
gesyria.crowdmap.com/main (Letzter Aufruf: 27.12.2016).
Zartbitter e. V. (2016): Flüchtlingskinder vor Gewalt schützen. Eine Arbeitshilfe zur Entwicklung
von institutionellen Kinder-/Gewaltschutzkonzepten für Gemeinschaftsunterkünfte. Köln.
URL: www.zartbitter.de/gegen_sexuellen_missbrauch/Aktuell/20160621_fluechtlingskinder_
vor_gewalt_schuetzen.php (Letzter Aufruf: 31.12.2016).
ZIAF – Zentrale Informationsstelle Autonomer Frauenhäuser (2015): Positionspapier zur
Situation gewaltbetroffener Migrantinnen mit prekärem Aufenthalt. Bonn. URL: www.
autonome-frauenhaeuser-zif.de/sites/default/files/report_attachment/zif-positionspapier_
migrantinnen_mit_prekaerem_aufenthalt_02–2015.pdf (Letzter Aufruf: 31.12.2016).

Yasemin El-Menouar

Geschlechterrollen bei Deutschen und Zuwanderern christlicher und muslimischer Religionszugehörigkeit

1 Motivation und Ziele der BAMF-Geschlechterrollenstudie

Die *Deutsche Islam Konferenz* (DIK) setzte in den Jahren 2012 und 2013 den Themenkomplex „Geschlechtergerechtigkeit als gemeinsamen Wert leben" auf ihr Arbeitsprogramm. Grundlage für die Arbeit bildete ein extern vom *Bundesamt für Migration und Flüchtlinge* (BAMF) durchgeführtes Forschungsprojekt zu den gelebten und akzeptierten Geschlechterrollen von verschiedenen, für das Migrationsgeschehen in Deutschland relevanten Gruppen. Im Rahmen dieses Forschungsprojekts wurde zwischen August und Oktober 2012 eine repräsentative computergestützte Telefonbefragung (CATI) durchgeführt.

Dabei wurden knapp 2800 muslimische und christliche Migrant*innen aus unterschiedlichen Herkunftsländern sowie rund 300 Deutsche ohne Migrationshintergrund im gesamten Bundesgebiet befragt. Auf dieser Datenbasis konnte erstmals abgeschätzt werden, wie stark Geschlechterrollenmodelle in Deutschland tatsächlich verbreitet sind, die sich zum Nachteil von Frauen auswirken können. Ziel der Studie war es, Einflussfaktoren zu identifizieren, die für die Geschlechtergerechtigkeit, insbesondere in muslimischen Milieus, förderlich sind. Im Dezember 2013 wurden die Ergebnisse der BAMF-Studie „Geschlechterrollen bei Deutschen und Zuwanderern christlicher und muslimischer Religionszugehörigkeit" veröffentlicht.

2 Bedeutung der BAMF-Geschlechterrollenstudie im Gesamtkontext von Sexualität und Gender im Einwanderungsland

Mit der Entscheidung für den Themenschwerpunkt „Geschlechtergerechtigkeit" griff die *Deutsche Islam Konferenz* bewusst die Debatte um die Werteordnung des Grundgesetzes aus der ersten DIK-Phase wieder auf. Hintergrund bildeten öffentliche Diskussionen um vorgeblich islamisch gerechtfertigte Zwangsverheiratungen und Gewalttaten gegen Frauen im Namen der vermeintlichen Ehre in muslimischen Migrant*innenfamilien

https://doi.org/10.1515/9783110518351-010

(vgl. Busch/Goltz 2011, 42–43). In den Debatten wurde immer wieder behauptet, der von Migrant*innen praktizierte Islam sei ein Integrationshindernis, weil er Menschenrechte – insbesondere auch den im Grundgesetz verankerten Grundsatz der Gleichberechtigung – verletze und frauenfeindlich sei. Bereits zu Beginn der zweiten DIK-Phase verabschiedete die *Deutsche Islam Konferenz* deshalb eine Erklärung, in der häusliche Gewalt und Zwangsverheiratung als unvereinbar mit dem Islam abgelehnt und als Verstöße gegen fundamentale Menschenrechte verurteilt wurden (vgl. DIK 2010).

Oft werden Phänomene männlicher Gewalt gegen Frauen und Mädchen über mediale Framing-Prozesse als „islamtypisch" adressiert. Die Frage nach der Integration von Menschen aus dem islamischen Kulturkreis erscheint dann als eine Frage der Domestizierung des Islams. Zweifel an der Vereinbarkeit von muslimischen Normen und Praktiken mit der freiheitlich-demokratischen Grundordnung werden damit systematisch genährt; und die Kluft zwischen den positiven Entwicklungen innerhalb muslimischer Lebenswelten und der zunehmend negativen Wahrnehmung des Islams in der deutschen Mehrheitsgesellschaft wird paradoxerweise immer größer (vgl. El-Menouar 2016, 2017).

Dem Thema der Gleichberechtigung kommt in den Diskussionen um die Integration von Migrant*innen, zumal aus muslimischen Ländern, ein zentraler Stellenwert zu. Das Verständnis der Geschlechterrollen gilt in der Öffentlichkeit als eine der wichtigsten Differenzen zwischen Einstellungen und Werten der Migrant*innen einerseits und der autochthonen Bevölkerung andererseits (vgl. Inglehart/Welzel 2005, 272). Das Gebot der Nichtdiskriminierung und der Gleichbehandlung der Geschlechter ist eine der grundlegenden Normen des westlichen Wertekanons. Es wurde als Menschenrecht erstmals in der *UNO-Charta* (1945) postuliert und dann in der „Erklärung über die Beseitigung der Diskriminierung der Frau" (1967) sowie im „Übereinkommen zur Beseitigung jeder Form von Diskriminierung der Frau" (1979) ausformuliert.

Das Verhältnis der monotheistischen Religionen zu den natur- und vernunftrechtlich begründeten Menschenrechten im Allgemeinen und zum Recht auf Gleichstellung im Besonderen muss hingegen als ambivalent beschrieben werden. Alle Religionen haben das tradierte Patriarchat quer durch die Geschichte befördert und die Benachteiligung von Frauen auf unterschiedliche Weise festgeschrieben. Das betrifft auch das Christentum. Die neuzeitlichen Menschrechte in ihrem formalen Charakter als säkulare Normen, in ihrer inhaltlichen Ausrichtung auf die Freiheit des Individuums und in ihren rationalen Begründungsvarianten stehen in einem Spannungsverhältnis zu allen religiösen Traditionen. Trotzdem wird das Christentum immer wieder als Wurzel und Voraussetzung für das moderne Menschenrechtsverständnis angeführt (vgl. Wittreck 2013).

Eine solche Idealisierung des Christentums erfolgt nicht selten in Abgrenzung zum Islam, dem umgekehrt dazu unterstellt wird, dass ihm die Ideen der Menschenrechte, der Menschenwürde und der Geschlechtergerechtigkeit grundsätzlich fremd seien. Damit wird nicht zuletzt die westliche Deutungshoheit über Fragen der Menschenrechte beansprucht. Der Islam bildet aber kein statisches, von Ort und Zeit unabhängiges System, sondern entwickelt sich in unterschiedlichen Ausprägungen, integriert differente kulturelle Elemente und existiert somit nur als ein vielgestaltiges Gebilde. Letztlich wird der Islam durch das definiert, wie Muslim*innen an einem bestimmten Ort und zu einer bestimmten Zeit über ihre Religion denken und sie praktizieren.

Denn tatsächlich ist die Haltung auch von Muslim*innen zu den Menschenrechten und zum Thema Gleichberechtigung vielfältig und in einem ständigen Wandel begriffen. So gibt es Versuche – zum Beispiel die „Kairoer Erklärung über Menschenrechte im Islam" (1990) –, Menschenrechte als im Koran verankert aufzufassen. Vertreter*innen liberaler und säkularer Tendenzen verstehen den Islam als durchaus vereinbar mit der allein auf menschlicher Autonomie fußenden Idee Allgemeiner Menschenrechte. Ebenso viele unterschiedliche Sichtweisen gibt es, wie muslimische Frauen sich und ihre gesellschaftliche Rolle definieren – bis hin zu explizit islamisch-feministischen Positionen (vgl. Seedat 2013).

Studien zum Rollenverständnis und zu Geschlechterarrangements, die vorlagen, bevor die *Deutsche Islam Konferenz* im Jahr 2012 ihre Arbeit aufnahm, wiesen bereits darauf hin, dass die empirische Wirklichkeit offenbar sehr viel komplexer ist, als dies in der öffentlichen Debatte rezipiert wird (vgl. Becher/El-Menouar 2014, 21–28). Auch sprachen die damals vorliegenden Befunde dafür, dass zwischen Menschen mit und ohne Zuwanderungsgeschichte insgesamt wohl mehr Gemeinsamkeiten als Unterschiede bestehen (vgl. Farrokhzad u. a. 2010, 5). Dazu zählt auch die Erkenntnis, dass in allen Bevölkerungsgruppen – egal ob mit oder ohne Migrationshintergrund – traditionelle Geschlechterarrangements nach wie vor weit verbreitet sind. Allerdings erlaubte keine der damaligen Studien differenzierte quantitative Analysen verschiedener Aspekte von Geschlechterrollen für verschiedene Zuwanderungsgruppen und für Menschen unterschiedlicher Religionszugehörigkeit bzw. Religiosität.

Die wenigen Studien zu Geschlechterrollen, die Migrant*innen damals einbezogen, waren entweder qualitativ ausgerichtet – also nicht repräsentativ –, oder sie konzentrierten sich auf bestimmte Herkunftsgruppen. Der Einfluss von Religionszugehörigkeit und Religiosität auf Geschlechterrollen war bis dahin nur in wenigen Teilaspekten untersucht worden. Die Befunde sprachen aber dafür, dass Religion im Unterschied zu Einflussfaktoren wie Bildung, Geschlecht, Generationenzugehörigkeit, Migrationshintergrund und Schichtzugehörigkeit eine nur untergeordnete Rolle spielt (vgl. Scheible/Fleischmann 2011; Diehl/Koenig 2011).

Der immer wieder behauptete Zusammenhang zwischen der Zugehörigkeit zum Islam und einer traditionellen Rollenverteilung mit einer Benachteiligung der muslimischen Frau konnte insofern empirisch nie bestätigt werden. Jedoch bestanden im Jahr 2012 noch zahlreiche Forschungslücken, die durch die breit angelegte BAMF-Geschlechterrollenstudie nun geschlossen werden sollten. So wurden nicht nur die Einstellungen zu Geschlechterrollen erhoben, sondern auch die gelebten Geschlechterarrangements in Haushalt, Partnerschaft, Familie und Beruf abgefragt. Ferner wurden neben der formalen Religionszugehörigkeit verschiedene Dimensionen subjektiver Gläubigkeit – Religionspraxis, rituelle Religiosität, Stellenwert der Religion im eigenen Leben – einbezogen.

3 Beschreibung der BAMF-Geschlechterrollenstudie

Die Ergebnisse der BAMF-Geschlechterrollenstudie von 2012/2013 basieren auf einer repräsentativen Befragung von aus ausgewählten Ländern stammenden Muslim*innen und Christ*innen in Deutschland. Die Grundgesamtheit der Studie bilden in Deutschland lebende Migrant*innen ausgewählter Herkunftsländer ab 16 Jahren in Privathaushalten mit einer christlichen bzw. muslimischen Religionszugehörigkeit sowie Deutsche ohne Migrationshintergrund. Dabei werden drei Untersuchungsgruppen unterschieden: 1. Muslim*innen mit Migrationshintergrund (1900 Befragte aus der Türkei, Südosteuropa, Nordafrika, Südasien, dem Iran und Nahen Osten), 2. Christ*innen mit Migrationshintergrund (800 Befragte aus Polen, Italien und Rumänien) und 3. Deutsche ohne Migrationshintergrund (300 Befragte).

3.1 Methodisches Vorgehen

Um repräsentative Ergebnisse für die einzelnen Herkunftsgruppen möglich zu machen, wurde eine disproportionale Zufallsstichprobe gezogen. Für die Ziehung der Stichprobe für Personen ohne Migrationshintergrund wurde das Verfahren des ADM-Mastersamples herangezogen. Da Personen mit einem Migrationshintergrund – insbesondere mit einer muslimischen Glaubenszugehörigkeit – in solchen Bevölkerungsstichproben relativ gering vertreten sind bzw. nur schwer erreicht werden können und andere Auswahlbasen wie beispielsweise Mitgliederverzeichnisse fehlen, wurden für Haushalte mit Migrationshintergrund onomastische (namensbezogene) Telefonstichproben auf der Basis von öffentlichen Telefonverzeichnissen realisiert (vgl. El-Menouar 2014, 791–792). In allen Haushalten erfolgte die Auswahl der Zielperson für die eigentliche Befragung dann durch ein vorgeschaltetes Screening-Interview.

Von Mitte August bis Ende Oktober 2012 führte das Institut INFO GmbH Markt- und Meinungsforschung die Haupterhebung mittels einer computergestützten Telefonbefragung (CATI) durch (vgl. INFO GmbH 2013). Die eingesetzte Befragungssoftware ermöglichte während des laufenden Interviews einen Wechsel zwischen zwölf Sprachversionen des deutschsprachigen Masterfragebogens, sodass die Befragung von den Deutschkenntnissen der Befragten unabhängig war. 46 % der Befragten mit Migrationshintergrund nutzten die Möglichkeit, in ihrer Muttersprache interviewt zu werden.

Insgesamt wurden $n = 2799$ vollständige Interviews in den migrantischen Herkunftsgruppen sowie $n = 302$ in der Gruppe der Deutschen ohne Migrationsgrund realisiert und verwendet. Damit konnte die angestrebte Anzahl an Vollinterviews für alle Teilstichproben erreicht werden. Die Daten wurden anhand amtlicher Statistiken (Mikrozensus) gewichtet und dann durch das *Bundesamt für Migration und Flüchtlinge* inhaltlich analysiert und ausgewertet (vgl. Becher/El-Menouar 2014).

Dabei richtete sich der zentrale Fokus der Untersuchung auf Unterschiede zwischen den untersuchten Gruppen in den Geschlechterrollenorientierungen und gelebten Rollenmodellen. Gefragt wurde u. a., inwiefern Muslim*innen und Christ*innen in Deutschland noch an tradierten Normen und Werten festhalten bzw. eine Ablösung zu beobachten ist. Zudem wurde bivariat geprüft, ob feststellbare Unterschiede mit religionsbezogenen Faktoren, Aspekten des Herkunftslands oder sozioökonomischen Variablen in Zusammenhang stehen.

3.2 Wertemodell zur Messung der Geschlechterrollenorientierungen

Werteinstellungen zu Geschlechterrollen sind von großer Bedeutung, weil sie die normative Grundlage der bestehenden Geschlechterverhältnisse bilden. Um die Haltung der Befragten zu Geschlechterrollen und zur Geschlechtergerechtigkeit zu ermitteln, wurden in der BAMF-Geschlechterrollenstudie verschiedene Einstellungsfragen gestellt. Dabei beziehen sich die Fragen auf ein Wertemodell, das zwei Dimensionen abbildet, die im Alltag oft als zusammengehörig gedacht werden, empirisch aber nicht zwingend in einem Zusammenhang stehen müssen (vgl. El-Menouar 2013; Becher/El-Menouar 2014, 50–52).

So bevorzugen Personen, die traditionelle Geschlechterrollen ablehnen, nicht unbedingt auch ein Arrangement, bei dem sich Frauen und Männer die Aufgaben gerecht aufteilen. Vielmehr können trotz der Loslösung von traditionellen Rollenkonstellationen durchaus Abhängigkeitsverhältnisse bestehen, die Frauen benachteiligen. Frauen können beispielsweise von ihrem Partner nicht nur daran gehindert werden, erwerbstätig zu sein; sie können zur Erwerbstätigkeit auch gedrängt werden. Die Berufstätigkeit der Frau allein ist also noch kein Indiz für Geschlechtergerechtigkeit (vgl. Scott 2006, 13–14). Umgekehrt geht eine traditionelle Rollenverteilung nicht automatisch mit einem Hierarchieproblem zulasten der Frau einher, sofern eine unterschiedliche, aber gleichmäßige Aufgabenverteilung partnerschaftlich ausgehandelt wird.

Insofern wird in dem zugrunde gelegten Wertemodell zwischen den Dimensionen „Traditionalität vs. Liberalität" und „Hierarchie vs. Egalität" unterschieden, wodurch vier Wertekonstellationen in den Geschlechterrollenorientierungen erfasst werden:

1. die *egalitär-liberale Einstellung*, die gleichberechtigte und gleichverpflichtende Zuständigkeiten geltend macht sowie die Angleichung der Lebensverhältnisse für Männer und Frauen befürwortet,
2. die *traditionell-egalitäre Einstellung*, die zwar ein traditionelles Modell mit geschlechtsspezifischen Rollen präferiert, aber eine Geschlechterhierarchie ablehnt,
3. die *liberal-hierarchische Einstellung*, die umgekehrt dazu zu tradierten Normen auf Abstand geht, allerdings am Ungleichgewicht zwischen den Geschlechtern zulasten der Frau festhält,

4. die *traditionell-hierarchische Einstellung*, die sowohl an einer traditionellen Rollenteilung festhält, als auch dem Mann eine Vorrangstellung gegenüber der Frau einräumt.

Gegenüber der herkömmlichen Betrachtung von Geschlechterrollen auf nur einem Kontinuum mit den Eckpunkten „traditionell" und „egalitär" erlaubt das zweidimensionale Wertemodell differenziertere Einblicke in die Verteilung von Geschlechterrollenorientierungen unter Christ*innen und Muslim*innen in Deutschland. So kann beispielsweise empirisch gezeigt werden, dass vor allem bei muslimischen Migrant*innen traditionelle Rollenmodelle keineswegs zwingend mit der Befürwortung von patriarchalen Geschlechterhierarchien einhergehen (vgl. El-Menouar 2013).

Um einschätzen zu können, im welchem Maß die unterschiedlichen Wertekonstellationen in den untersuchten Teilstichproben verbreitet sind, wurden deshalb acht Einstellungsfragen zu den Themenblöcken „Familie und Beruf" und „Sexualität" gestellt. Zwischen diesen beiden Einstellungsblöcken besteht kein direkter statistischer Zusammenhang (vgl. Becher/El-Menouar 2014, 52). Es können also durchaus traditionelle Einstellungen zur Sexualität gleichzeitig mit egalitär-liberalen Vorstellungen in den Bereichen „Familie" und „Beruf" verbunden sein.

3.3 Messung der gelebten Geschlechterrollen

Beschränkten sich empirische Forschungsarbeiten bislang auf Einstellungen bezüglich der Rollenmodelle für Männer und Frauen, geht die BAMF-Geschlechterrollenstudie einen Schritt weiter und erfasst auch die gelebten Geschlechterrollen. Dazu zählen die gelebte Arbeitsteilung im Haushalt und in der Familie, die Erwerbstätigkeit im Kontext von Geschlechterrollen sowie die Entscheidungsstruktur innerhalb von Partnerschaften. Die Messung erfolgte über verschiedene Skalen und eine neu konstruierte Variable zur Analyse der Erwerbsaufteilung in Paarbeziehungen mit neun möglichen Erwerbskonstellationen.

Zudem sollten die Befragten jeweils eine subjektive Bewertung der gelebten Aufgabenverteilung in den unterschiedlichen Bereichen abgeben sowie ihre Zufriedenheit damit einschätzen. Dadurch konnten zusätzlich Übereinstimmungen bzw. Abweichungen zwischen gelebten und gewünschten Geschlechterrollen abgebildet werden.

4 Ergebnisse der BAMF-Geschlechterrollenstudie

Im Folgenden werden die zentralen Ergebnisse der Studie in Bezug auf Einstellungen zu Haushalt, Familie und Beruf, zu Sexualität, außerdem zu Aspekten der Aufteilung der Haus- und Familienarbeit sowie der Erwerbsarbeit zwischen den Geschlechtern erörtert.

4.1 Einstellungen zu Haushalt, Familie und Beruf

Zentraler Befund der Studie ist, dass die Gleichberechtigung zwischen den Geschlechtern in allen befragten Gruppen einen fest verankerten Wert darstellt. Somit gibt es in Deutschland insgesamt – unabhängig von Religion und Herkunft – ein klares Bekenntnis zur Geschlechtergerechtigkeit. Patriarchale Werthaltungen stoßen bei keiner der untersuchten Gruppen auf eine mehrheitliche Akzeptanz. Vielmehr sind Vorstellungen über die Chancengleichheit beider Geschlechter sowohl bei Christ*innen als auch bei Muslim*innen weit verbreitet. Nur eine Minderheit – unter Christ*innen rund 11 %, bei Muslim*innen knapp 17 % – vertritt frauenbenachteiligende Einstellungen (vgl. Becher/El-Menouar 2014, 62–63).

Deutlich stärker variieren hingegen die Ansichten, wenn es konkret um die Frage geht, welche Rollen Frauen und Männer in Familie, Haushalt und Beruf übernehmen sollen. Traditionelle Rollenerwartungen, nach denen die Frau für Haushalt und Familie, der Mann hingegen für Berufsarbeit und Außenkontakte zuständig ist, finden sich häufiger unter Muslim*innen als unter Christ*innen. Auch wenn die Gleichberechtigung im Allgemeinen befürwortet wird, ist damit also noch nicht ein liberales Rollenverständnis im Sinne der Loslösung von traditionellen Aufgabenzuschreibungen verbunden.

So beträgt die Zustimmung zu Aussagen, die Liberalität implizieren, bei Muslim*innen 57,3 %, bei Christ*innen 74,1 %. Allerdings sind die Befunde innerhalb dieser Gruppen sehr heterogen. Iranstämmige Muslim*innen haben beispielsweise einen ähnlich hohen Liberalitätsgrad wie deutsche Christ*innen ohne Migrationshintergrund (84,0 % vs. 88,3 %). Aus Italien und Polen stammende Christ*innen wiederum zeigen sich insgesamt zwar liberaler als Muslim*innen mit türkischem Migrationshintergrund (75,8/77,7 % vs. 62,9 %), stimmen aber der Aussage „Frauen sollten sich stärker um die Familie und den Haushalt kümmern als um ihre Karriere" häufiger voll und ganz zu. Anders sieht es hingegen bei der Aussage „Frauen sollten auch ohne ihren Partner abends mit ihren Freundinnen und Freunden ausgehen können" aus: Hier stimmen aus Italien und Polen stammende Christ*innen wieder deutlich häufiger zu als Migrant*innen aus islamischen Ländern.

Die inter- und intrakonfessionellen Liberalitätsunterschiede sprechen gegen einen direkten Effekt der Religion auf Werteinstellungen in den Geschlechterverhältnissen. Vielmehr spiegelt sich in diesen Unterschieden die sozioökonomische Entwicklung der Herkunftsländer wider. Sind Christ*innen bzw. Muslim*innen in Deutschland geboren und haben die hiesigen Bildungsinstitutionen durchlaufen, weisen sie im Vergleich zu Menschen mit eigener Migrationserfahrung wesentlich liberalere Einstellungen auf. Der Liberalitätsgrad steigt in der jüngeren Generation der Muslim*innen im Durchschnitt auf 71,1 % gegenüber 85,5 % bei den jüngeren Christ*innen.

Diese Zahlen belegen, dass Religion und Religiosität nicht liberalitätshemmend interpretiert werden können. Denn in Deutschland geborene Muslim*innen weisen eine stärkere religiöse Bindung auf als die erste Generation muslimischer Migrant*innen (vgl. El-Menouar 2017). Trotzdem vertreten sie liberalere Einstellungen. Bildung spielt hier eine entscheidende Rolle. Das wird besonders deutlich, wenn man den Anteil der Hochgebildeten unter Muslim*innen aus dem Iran und aus der Türkei (96,8 % vs. 43,6 %) mit deren Liberalitätsvorstellungen vergleicht. Ein Länder und Religionen übergreifender Befund empirischer Studien ist, dass gebildete Menschen toleranter sind und egalitärere Einstellungen beiden Geschlechtern gegenüber aufweisen (vgl. Inglehart/Welzel 2005). Auch in der BAMF-Geschlechterrollenstudie ließ sich sowohl für Muslim*innen als auch für Christ*innen der Zusammenhang zwischen Bildungsgrad und traditionellem bzw. liberalem Rollenbild empirisch nachweisen (vgl. Becher/El-Menouar 2014, 79–83).

4.2 Einstellungen zur Sexualität

Auch wenn sich unter den in Deutschland lebenden Muslim*innen eine deutliche Liberalisierung in den Bereichen Haushalt, Familie und Beruf vollzieht, geht diese Entwicklung nicht unbedingt mit sexuell freizügigeren Einstellungen einher. Im Gegenteil prägen traditionelle Reinheits- und Keuschheitsgebote bis heute den Alltag auch junger, hierzulande ausgebildeter muslimischer Migrant*innen. Rund die Hälfte der in Deutschland geborenen oder aufgewachsenen Muslim*innen misst Keuschheitsgeboten eine hohe Bedeutung zu, während für christliche Migrant*innen der Folgegenerationen – ähnlich wie für die autochthone Bevölkerung – solche Normen so gut wie keine Bedeutung mehr haben.

Nur 6 % der deutschen Christ*innen stimmen der Aussage „Die Frau sollte keinen Sex vor der Ehe haben" eher bzw. voll und ganz zu, 4,6 % der Aussage „Der Mann sollte keinen Sex vor der Ehe haben". Bei Christ*innen mit polnischem, italienischem und rumänischem Migrationshintergrund sind die Zustimmungswerte zu diesen Aussagen zwar deutlich höher – gegen vorehelichen Sex der Frau sprechen sich 19,6 % der Personen polnischer, 16,8 % der Personen italienischer und 14 % der Personen rumänischer Herkunft aus –, bleiben aber weit hinter den Werten der befragten muslimischen Teilgruppen zurück. So lehnen zum Beispiel 59,1 % der türkischstämmigen Befragten vorehelichen Sex der Frau ab, 40,7 % vorehelichen Sex des Mannes. Bei Muslim*innen mit Wurzeln im Nahen Osten sind es gar 72,0 % bzw. 51,4 %. Ausnahme bilden hier wieder iranstämmige Muslim*innen, deren Zustimmungswerte mit 17,0 % bzw. 14,9 % im Bereich der Werte christlicher Migrant*innen liegen (vgl. Becher/El-Menouar 2014, 64–65).

Alle anderen Muslim*innen sind jedoch nicht nur in Bezug auf die Rolle der Frau (Liberalitätswerte zwischen 55 und 65), sondern auch im Bereich der Sexualität (Zustimmung zu Keuschheitsnormen zwischen 38 % und 62 %) vergleichsweise traditionell eingestellt. Hier werden zudem patriarchale Einstellungen erkennbar: Sind die Einstellungen in den muslimischen Teilgruppen nämlich durchaus egalitär, wenn es um die Gleichberechtigung von Frau und Mann in Haushalt, Familie und Beruf geht (Zustimmung zwischen 80 % und 88 %), so wird im Bereich der Sexualität die Befolgung von Keuschheitsnormen vor allem von Frauen gefordert (Zustimmungsdifferenz zwischen 10 % und 20 %). Somit können im Rahmen des dargestellten Wertemodells die Einstellungen von (nicht iranischen) Muslim*innen in den Bereichen Haushalt, Familie und Beruf als traditionell-egalitär, jene im Bereich der Sexualität dagegen als traditionell-hierarchisch charakterisiert werden.

Berücksichtigt man allerdings den Bildungsgrad der Befragten, ergibt sich – wie beschrieben – eine deutliche Liberalisierungstendenz bei höherer Bildung in den Bereichen Haushalt, Familie und Beruf. Im Bereich der Sexualität ist eine deutliche Egalisierungstendenz erkennbar, d. h. Keuschheitsnormen werden zwar weiterhin gefordert, dies aber gleichermaßen für Frauen und Männer. Muslimische Befragte mit einer geringen Bildung messen dagegen der weiblichen Keuschheit eine übergeordnete Bedeutung zu und vertreten ein im Vergleich nichtegalitäres, patriarchalisch geprägtes Geschlechterkonzept. Insofern sind patriarchale Einstellungen unter Muslim*innen durchaus öfters anzutreffen. Die Akzeptanz hierarchischer Geschlechterverhältnisse wird aber nicht durch die Zugehörigkeit zur islamischen Glaubensgemeinschaft erklärt, sondern durch sozioökonomische Aspekte, insbesondere ein geringes Bildungsniveau. Mit zunehmender Bildung reduzieren sich die Einstellungsunterschiede zwischen den Befragungsgruppen.

4.3 Aufteilung der Haus- und Familienarbeit zwischen den Geschlechtern

Fragt man nach den gelebten Geschlechterrollen in den Bereichen Haushalt und Familie, ist als zentrales Ergebnis festzuhalten, dass die Hausarbeit in allen befragten Teilgruppen – unabhängig von Religion und Herkunft – auch heute noch in hohem Maße traditionell aufgeteilt ist. Aufgaben im Haushalt wie Wäsche waschen, Putzen und Kochen werden mehrheitlich von Frauen alleine erledigt. Männer beschränken sich zumeist auf „männertypische" Tätigkeiten wie Reparaturen oder Behördengänge. Einzige Ausnahme bilden die Haushalte iranischer Muslim*innen, die eine in Richtung Egalität mit Abstand am stärksten orientierte Aufteilung der Haushaltsaufgaben praktizieren. Die geschlechtsspezifische Arbeitsteilung in den Haushalten aller anderen Untersuchungsgruppen unterscheidet sich kaum, was die größere Belastung von Frauen angeht (vgl. Becher/El-Menouar 2014, 100–105).

Dennoch überwiegt sowohl bei den christlichen als auch bei den muslimischen Frauen die Zufriedenheit mit der durchweg ungleichen Aufteilung der haushaltsbezogenen Aufgaben, wobei muslimische Frauen aus Südosteuropa die geringste Zufriedenheit (72 %), christliche Frauen aus Italien die höchste Zufriedenheit äußern (90,9 %). Insgesamt zeigen sich 82 % der christlichen und 79 % der muslimischen Frauen mit der Verteilung der Haushaltsaufgaben zufrieden. Eine größere Beteiligung der Männer im Haushalt fordern vor allem südosteuropäische Musliminnen (25,1 %), christliche Frauen polnischer Herkunft (24,1 %) und türkischstämmige Musliminnen (20,8 %).

Im Gegensatz zur Hausarbeit sind Eltern- und Familienaufgaben bei Muslim*innen und Christ*innen deutlich partnerschaftlicher aufgeteilt. Männer aller untersuchten Teilgruppen beteiligen sich heute auch an internen Erziehungs- und Betreuungsaufgaben wie „Kinder zu Bett bringen", „Kinder pflegen bei Krankheit", „mit Kindern spielen" oder „allgemeine Kindererziehung". Frauen sind inzwischen also sowohl für interne als auch für externe Familienaufgaben in deutlich geringerem Maße alleine zuständig, müssen aber nach wie vor einen höheren Einsatz erbringen.

Berechnet man die Unterschiede beim Einsatz der zu erledigenden Familienaufgaben zwischen Frauen und Männern in Form einer Prozentsatzdifferenz („Traditionalisierungsgrad"), ergeben sich Mehrbelastungen von 22,9 % bei Frauen polnischer Herkunft bis zu 44,2 % bei iranstämmigen Frauen. Frauen mit türkischer Herkunft sind zu 26,1 %, deutsche Frauen zu 26,1 % und Frauen mit rumänischen Wurzeln zu 36,9 % mehr belastet (vgl. Becher/El-Menouar 2013, 145–147). Systematische Muster nach Religionsangehörigkeit sind nicht erkennbar. Die Gemeinsamkeiten in der Verteilung von Familienaufgaben überwiegen. Lediglich interne Erziehungsaufgaben sind bei Muslim*innen etwas traditioneller als bei Christ*innen verteilt. Dabei ergibt sich ein unerwarteter Befund, wenn man weiter nach Religiosität differenziert: Stärker religiöse muslimische Frauen übernehmen nämlich insgesamt seltener alleine interne Erziehungsaufgaben, dafür aber häufiger externe Aufgaben der Organisation. Eine traditionelle Aufteilung von Familienaufgaben findet sich damit tendenziell eher in weniger religiösen muslimischen Familien (vgl. Becher/El-Menouar 2014, 131–132).

4.4 Aufteilung der Erwerbsarbeit zwischen den Geschlechtern

Die Erwerbsbeteiligung von Frauen wird in der Regel mit einer größeren Autonomie für Frauen verknüpft, da im Unterschied zur Haus- und Familienarbeit ein Einkommen erzielt wird, das zumindest finanzielle Unabhängigkeit garantiert. Während sich muslimische und christliche Männer in ihrem Erwerbsverhalten sehr ähnlich sind, unterscheidet sich allerdings die Beteiligung der Frauen an der Erwerbsarbeit stark je nach Religionszugehörigkeit.

So sind muslimische Frauen nur halb so oft in Vollzeit tätig wie christliche Frauen (12,2 % vs. 24,5 %); sie sind aber doppelt so häufig Hausfrau (22,9 % vs. 11,8 %). Betrachtet man Haushalte von Paarbeziehungen, so sind in nur knapp einem Fünftel (19,0 %) der muslimischen Haushalte beide Partner in Vollzeit berufstätig. Bei Christ*innen sind es ein knappes Drittel (31,3 %) der Haushalte. Bezogen auf Männer und Frauen leben zwei Drittel der Muslim*innen in einer traditionellen Erwerbskonstellation, in welcher der Mann Vollzeit arbeitet, die Frau hingegen nur geringfügig beschäftigt oder gar nicht erwerbstätig ist (65,5 % vs. 38,2 % bei

Christ*innen). Ausnahme bilden hier wiederum iranische Muslim*innen: In 45 % der iranstämmigen Haushalte gehen sowohl der Mann als auch die Frau einer Vollzeitbeschäftigung nach.

Die niedrige Arbeitsmarktbeteiligung von muslimischen Frauen entspricht allerdings keineswegs den Wunschvorstellungen der Befragten. Ebenso wie die Mehrheit der Christ*innen (Frauen 59,8 %; Männer 62,0 %) wünscht sich die Mehrheit der Muslim*innen (Frauen 44,0 %; Männer 42,9 %) eine moderne Erwerbskonstellation, in der beide Partner in Vollzeit berufstätig sind. Etwas mehr muslimische als christliche Frauen können sich auch eine Teilzeittätigkeit (42,7 % vs. 33,5 %) oder eine geringfügige Beschäftigung (10,2 % vs. 4,4 %) vorstellen.

Das traditionelle „Ernährermodell" wird dagegen nur von einer Minderheit der Christ*innen (Frauen 4,4 %; Männer 8,1 %) und Muslim*innen (Frauen 10,2 %; Männer 14,4 %) bevorzugt. Auffallend ist, dass Erwerbsarrangements, in denen Männer geringer als Vollzeit arbeiten und nicht Hauptverdiener der Familie sind, weder bei Muslim*innen noch bei Christ*innen Zustimmung finden. Am aufgeschlossensten zeigen sich hier muslimische Männer, von denen sich immerhin 7,3 % eine Teilzeitarbeit vorstellen können; bei christlichen Männern sind es nur 1,6 %.

Fragt man nach den Gründen für die geringere Erwerbsbeteiligung von muslimischen Frauen, spielen Religionszugehörigkeit und Religiosität als Erklärungsfaktoren kaum eine Rolle. Ein Effekt der Religiosität zugunsten traditioneller Rollenverteilung im Bereich der Erwerbsarbeit ist lediglich bei stärker religiösen christlichen Frauen festzustellen, die häufiger in einer Partnerschaft mit einer traditionellen Erwerbskonstellation leben als weniger religiöse christliche Frauen (40,2 % vs. 33,6 %). Dass Musliminnen seltener erwerbstätig sind, wird dagegen vor allem durch das Alter ihres jüngsten Kindes erklärt: Mehr als vier von fünf muslimischen Frauen (82,9 %; bei christlichen Frauen 69,1 %) sind nicht erwerbstätig, solange die Kinder jünger als sechs Jahre sind. Werden die Kinder älter, gleichen sich die Erwerbskonstellationen von Christ*innen und Muslim*innen stark an (vgl. Becher/ El-Menouar 2014, 167–168).

Dass der Umfang der Erwerbsbeteiligung von Frauen allerdings nicht immer – wie in der Regel angenommen wird – mit einer größeren Entscheidungsautonomie korrespondiert, zeigt ein weiteres Ergebnis der Untersuchung. In 11,4 % der muslimischen Haushalte entscheiden allein die Männer über die Erwerbstätigkeit der Frau, was ein eindeutiges Indiz für mangelnde Egalität darstellt. Das betrifft nicht nur 10,4 % muslimische Hausfrauen, denen der Mann eine Berufstätigkeit untersagt, sondern auch 16 % der in Vollzeit arbeitenden Musliminnen, die nicht selbst entscheiden dürfen, ob sie arbeiten möchten. Bei christlichen Paaren kommt es dagegen so gut wie nicht vor, dass die männlichen Partner alleine über die Berufstätigkeit ihrer Frau entscheiden. Damit hat die BAMF-Geschlechterrollenstudie erstmals empirische Hinweise geliefert, wie hoch der Anteil nicht egalitärer Paarkonstellationen ist, bei denen eine dominante Stellung des Mannes anzunehmen ist.

5 Fazit und Zusammenfassung

Den Ausgangspunkt der BAMF-Geschlechterrollenstudie bildete die Auseinandersetzung mit der Frage, inwiefern bei der muslimischen Bevölkerung ein Bedarf im Hinblick auf die Förderung von Geschlechtergerechtigkeit besteht. Die Ergebnisse der repräsentativen Studie konnten dann erstmals empirisch für eine Vielzahl von Herkunftsgruppen belegen, dass gesellschaftlich weit verbreitete Mutmaßungen über einen Zusammenhang zwischen der Zugehörigkeit zum Islam und einer die muslimische Frau benachteiligende Rollenverteilung keine empirische Basis haben. Vielmehr haben Christ*innen und Muslim*innen relativ ähnliche Ansichten über die Chancengleichheit von Männern und Frauen. Dies spricht dafür, dass Gleichberechtigung als universelles Menschenrecht unabhängig von Religion und Herkunft sowohl unter Christ*innen als auch unter Muslim*innen in Deutschland einen fest verankerten Wert darstellt und nicht zur Diskussion steht.

Die konkreten Einstellungen zu Geschlechterrollen sowie die tatsächlich gelebten Geschlechterarrangements variieren allerdings deutlich zwischen den verschiedenen Herkunftsgruppen. Die BAMF-Studie vermittelt hier erstmals ein differenziertes Bild, sowohl was die gewünschten als auch was die gelebten Geschlechterrollen in den Bereichen „Haushalt", „Familie", „Sexualität" und „Beruf" angeht. Ausgehend von einem zweidimensionalen Wertemodell („Traditionalität vs. Liberalität"/ „Hierarchie vs. Egalität") liefert die Studie tiefere empirische Einblicke in die Verteilung von Geschlechterrollenorientierungen, die der zur herkömmlichen Betrachtung von Geschlechterrollen als entweder „traditionell" oder „egalitär" bislang verschlossen waren. So zeigt sich beispielsweise, dass zwischen den bei muslimischen Migrant*innen stärker verbreiteten traditionellen Rollenmodellen und der Befürwortung von patriarchalen Geschlechterhierarchien kein direkter statistischer Zusammenhang besteht, wie in den Diskursen häufig unterstellt wird.

Fragt man nach dem Einfluss von formaler Religionszugehörigkeit, gelebter Religiosität und subjektiver Gläubigkeit auf die Geschlechterrollen, belegt die Studie, dass es keine systematischen religionsbedingten Muster gibt. So weisen etwa Personen, die bildungsfernen Milieus mit einem geringen Status zugeordnet werden können, ganz unabhängig von ihrer Religionszugehörigkeit traditionellere Einstellungen und stärker traditionell gelebte Geschlechterrollen auf. Es sind also nicht religiöse Unterschiede, die die Verteilung von Geschlechterrollenorientierungen erklären; entscheidend sind vielmehr die soziale Lage und soziodemografische Einflussfaktoren. Dabei gibt es zum Teil beträchtliche Unterschiede innerhalb der befragten konfessionellen Gruppen in Abhängigkeit vom Herkunftsland und von soziodemografischen Charakteristika. In Bezug auf verschiedene Aspekte sind sich Personen unterschiedlicher Religionszugehörigkeit sogar oft ähnlicher als Personen derselben Religion. Beispielsweise weisen Muslim*innen aus dem Iran in ihren Einstellungen höhere Ähnlichkeiten mit Christ*innen ohne Migrationshintergrund auf als mit Muslim*innen anderer Herkunftsgruppen. Im Folgenden werden die wichtigsten Befunde der Studie abschließend nochmals zusammengefasst:

–   Nur eine Minderheit der Christ*innen (11 %) und Muslim*innen (17 %) äußert patriarchale Ansichten, die als frauenbenachteiligend eingestuft werden müssen.
–   Christ*innen und Muslim*innen, die ihren Alltag an religiösen Vorschriften ausrichten, vertreten insgesamt traditionellere Einstellungen zu Geschlechterrollen.
–   Insbesondere bei der Aufteilung familiärer Pflichten und bei der Frage nach der beruflichen Partizipation lösen sich Muslim*innen der zweiten und dritten Generation von traditionellen Geschlechterrollenvorstellungen.
–   Keuschheit vor der Ehe ist aber auch für Muslim*innen der zweiten und dritten Generation noch ein zentraler Wert.
–   Die Hausarbeit wird sowohl unter Christ*innen als auch unter Muslim*innen in hohem Maße traditionell aufgeteilt.
–   An Eltern- und Familienaufgaben beteiligen sich in allen konfessionellen Herkunftsgruppen größtenteils beide Partner*innen.
–   Vor allem bedingt durch Kleinkinder im Haushalt beteiligen sich muslimische Frauen seltener an der Erwerbsarbeit; die große Mehrheit der Muslim*innen wünscht sich jedoch, wie auch die Christ*innen, dass beide Partner Vollzeit erwerbstätig sind.
–   Bessere Deutschkenntnisse erhöhen die Chancen sowohl von christlichen als auch von muslimischen Frauen auf eine Erwerbsbeteiligung.
–   In mehr als 10 % der muslimischen Haushalte entscheiden Männer allein über die Erwerbstätigkeit der Frauen.
–   Sowohl bei Muslim*innen als auch bei Christ*innen geht ein hoher Bildungsabschluss mit einer stärkeren Ablösung von traditionellen Geschlechterrollenmodellen einher.

6 Vertiefungsaufgaben und -fragen

1. In vielen aktuellen Islamdebatten – etwa in den verschiedenen Auflagen des Kopftuchstreits – wird der Eindruck vermittelt, dass Religionsfreiheit und Gleichberechtigung nicht gleichzeitig zu haben seien. Die BAMF-Geschlechterrollenstudie zeigt hingegen, dass sich in den muslimischen Lebenswelten parallel zu der unverändert hohen Alltagsbedeutung von religiösen Vorschriften eine Liberalisierung der Geschlechterrollen vollzieht. Was sollte in Politik und Gesellschaft getan werden, um die Balance zwischen Religionsfreiheit und Gleichberechtigung im Sinne der Menschenrechte zu schützen?
2. Ausgangspunkt der BAMF-Geschlechterrollenstudie war die Frage, ob bei der muslimischen Bevölkerung ein Bedarf im Hinblick auf die Förderung von

Geschlechtergerechtigkeit besteht. Wie beantworten Sie die Frage, nachdem die Untersuchungsergebnisse vorliegen?

3. In Deutschland aufgewachsene Muslim*innen messen sowohl der weiblichen als auch der männlichen Keuschheit heute einen hohen Wert bei. Gleichzeitig treten sie für eine Ablösung der Frau von ihrer festgelegten Rolle in Haushalt und Familie sowie für eine stärkere Erwerbsbeteiligung von Frauen ein. Dagegen war in Deutschland die Emanzipationsbewegung eng mit der sexuellen Liberalisierung verknüpft. Inwiefern kann von einer muslimischen Variante der Emanzipation gesprochen werden? Welche weiteren Forschungen in diesem Bereich könnten sinnvoll sein?

4. In der im November 2016 veröffentlichten IAB-BAMF-SOEP-Befragung von 2349 Geflüchteten, die seit dem Jahr 2013 in Deutschland eingereist sind, wurde auch nach Einstellungen zur Gleichberechtigung zwischen den Geschlechtern gefragt. Demnach sprechen sich mit 92 % ebenso viele Geflüchtete wie Deutsche für gleiche Rechte von Männern und Frauen aus. Der Aussage, dass Arbeit die beste Möglichkeit für Frauen sei, unabhängig zu leben, stimmen sogar mehr Geflüchtete als Deutsche zu (86 vs. 72 %). Allerdings halten es 29 % der Geflüchteten (zum Vergleich: 18 % Deutsche) für problematisch, wenn die Frau mehr verdient als der Mann (vgl. Brücker 2016, 54–55). Diskutieren Sie diese Befunde vor dem Hintergrund der Ergebnisse der BAMF-Geschlechterrollenstudie.

Literatur

Becher, Inna/El-Menouar, Yasemin (2014): Geschlechterrollen bei Deutschen und Zuwanderern christlicher und muslimischer Religionszugehörigkeit. Forschungsbericht 21. Bundesamt für Migration und Flüchtlinge. Nürnberg. URL: www.bamf.de/SharedDocs/Projekte/DE/DasBAMF/Forschung/Integration/geschlechterrollen.html (Letzter Aufruf: 01.12.2016).

Brücker, Herbert/Rother, Nina/Schapp, Jürgen (Hrsg.) (2016): IAB-BAMF-SOEP Befragung von Geflüchteten. Überblick und erste Ergebnisse. Forschungsbericht 29. Bundesamt für Migration und Flüchtlinge. Nürnberg. URL: www.bamf.de/SharedDocs/Anlagen/DE/Publikationen/Forschungsberichte/fb29-iab-bamf-soep-befragung-gefluechtete.pdf (Letzter Aufruf: 01.12.2016).

Busch, Reinhard/Goltz, Gabriel (2011): Die Deutsche Islam Konferenz. Ein Übergangsformat für die Kommunikation zwischen Staat und Muslimen in Deutschland. In: Schubert, Klaus/Meyer, Hendrik (Hrsg.): Politik und Islam. Wiesbaden: VS Verlag für Sozialwissenschaften, S. 29–46.

Deutsche Islam Konferenz (2010): Keine Akzeptanz von häuslicher Gewalt und Zwangsverheiratung. URL: www.deutsche-islam-konferenz.de/DIK/DE/DIK/1UeberDIK/Dokumente/dokumente-node.html (Letzter Aufruf: 01.12.2016).

Diehl, Claudia/Koenig, Matthias (2011): Religiosität und Geschlechtergleichheit. Ein Vergleich türkischer Immigranten mit der deutschen Mehrheitsbevölkerung. In: Schubert, Klaus/Meyer, Hendrik (Hrsg.): Politik und Islam. Wiesbaden: VS Verlag für Sozialwissenschaften, S. 191–215.

El-Menouar, Yasemin (2013): Traditional gleich patriarchal? Die Messung von Geschlechterrollenorientierungen. GESIS-Meeting, 14.06.2013, Köln.

El-Menouar, Yasemin (2014): Befragung von Migranten. In: Baur, Nina/Blasius, Jörg (Hrsg.): Handbuch Methoden der empirischen Sozialforschung. Wiesbaden: Springer Fachmedien, S. 787–797.

El-Menouar, Yasemin (2016): Islam als Etikett: Wie sich Rechtspopulisten ein medial produziertes Narrativ zunutze machen. In: Bertelsmann Stiftung (Hrsg.): Vielfalt statt Abgrenzung. Wohin steuert Deutschland in der Auseinandersetzung um Einwanderung und Flüchtlinge? Bielefeld: Verlag Bertelsmann Stiftung, S. 149–170.

El-Menouar, Yasemin (2017): Muslimische Religiosität: Problem oder Ressource? In: Antes, Peter/ Rauf, Ceylan (Hrsg.): Muslime in Deutschland. Historische Bestandsaufnahme, aktuelle Entwicklungen und zukünftige Forschungsfragen. Wiesbaden: Springer, S. 225–264.

Farrokhzad, Schahrzad/Ottersbach, Markus/Tunc, Michael/Meuer-Willuweit, Anne (2010): Abschlussbericht. Rollenverständnisse von Frauen und Männern mit Zuwanderungsgeschichte unter Berücksichtigung intergenerativer und interkultureller Einflüsse. Bundesministerium für Familie, Senioren, Frauen und Jugend/Ministerium für Gesundheit, Emanzipation, Pflege und Alter des Landes Nordrhein-Westfalen. Berlin, Düsseldorf.

INFO GmbH Markt- und Meinungsforschung (2013): Methodenbericht zur bundesweiten CATI-Befragung „Geschlechterrollen bei Deutschen und Zuwanderern muslimischer und christlicher Religionszugehörigkeit". URL: www.bamf.de/SharedDocs/Anlagen/DE/ Downloads/Infothek/Forschung/Studien/geschlechterrollen-methodenbericht.pdf (Letzter Aufruf: 05.12.2016).

Inglehart, Ronald /Welzel, Christian (2005): Modernization, Cultural Change, and Democracy. The Human Development Sequence. Cambridge/New York: Cambridge University Press.

Scheible, Jana Anne/Fleischmann, Fenella (2011): Geschlechterunterschiede in islamischer Religiosität und Geschlechterrollenwerten: Ein Vergleich der Zusammenhänge am Beispiel der türkischen und marokkanischen zweiten Generation in Belgien. Wissenschaftszentrum Berlin für Sozialforschung (WZB). Berlin.

Scott, Jacqueline (2006): Family and Gender Roles. How Attitudes are Changing. GeNet Working Paper No. 21. URL: http://citeseerx.ist.psu.edu/viewdoc/summary?doi=10.1.1.489.6910 (Letzter Aufruf: 05.12.2016).

Seedat, Fatima (2013): When Islam and Feminism Converge. In: The Muslim World 103, Heft 3, S. 404–420.

Wittreck, Fabian (2013): Christentum und Menschenrechte. Schöpfungs- oder Lernprozess. Tübingen: Mohr Siebeck.

Marc Thielen

Das Verhältnis von (Flucht-)Migration und Sexualität in autobiografischen Erzählungen queerer Migranten aus dem Iran

1 Zielsetzung, Prämissen und Reichweiten des Beitrags

Diskurse um die Sexualität von Migrant*innen stehen in einem deutlichen Kontrast zu den für die Mehrheitsgesellschaft aufgeworfenen sexualpädagogischen Themen. Bezogen auf Letztere wird eine Pädagogik vielfältiger Lebensweisen postuliert, die binäres Denken verflüssigt und Hierarchisierungen abbaut, um den Subjekten von Erziehungsprozessen eine „Vielzahl an Möglichkeiten zur Verfügung zu stellen, sich geschlechtlich und sexuell zu begreifen und zu erleben" (Hartmann 2004, 67). Entsprechend fokussiert die Forschung biografische Veränderungen sexueller Lebensweisen sowie Wandlungen und Variationen körperlicher, erotischer und intim-interaktiver Erlebniswelten unter postmodernen Lebensverhältnissen (vgl. Timmermanns/Tuider/Sielert 2004). Ebenso geraten alternative Familien- und Lebensformen sowie die Vielfalt an Paarbeziehungen in den Blick (vgl. Funcke/Thorn 2010, Maier 2008). Demgegenüber werden Migrant*innen nicht zuletzt auch angesichts der Vernachlässigung der Kategorie „Sexualität" in der Migrationsforschung „durchgängig als heterosexuell gedacht" (Castro-Varela/Dhawan 2009, 103).

Mit Castro-Varela und Dhawan (2009) lässt sich eine Verbindung von Rassifizierungs- und Sexualitätsdiskursen konstatieren, die insbesondere den Blick auf muslimische Migrant*innen dominiert: Wie selbstverständlich wird davon ausgegangen, dass deren Lebenspraxen kultur- bzw. religionsbedingt „auf strikt heterosexuellen Beziehungs- und Familienformen, auf Blutverwandtschaft, Ehe und patriarchaler Dominanz [beruhen]" (Erel 2007, 252). Erkenntnisse zu nicht heterosexuellen Lebensweisen von Migrant*innen finden demgegenüber kaum Eingang in die Debatte (vgl. Bilger 2012; Çetin 2012). Die Unsichtbarmachung queerer Migrant*innen geht zugleich mit der rassistischen Zuschreibung einer bei Migrant*innen vermeintlich besonders ausgeprägten Homophobie einher. Letztere wird damit externalisiert und als ein im Westen überwunden geglaubtes, nun angeblich durch Migrant*innen importiertes Phänomen markiert (vgl. Yilmaz-Günay 2014). Im Lichte der sog. Flüchtlingskrise von 2015 wird dieser Diskurs reproduziert, indem Geflüchtete als Zielgruppe einer sie zu Toleranz erziehenden Sexualpädagogik adressiert werden. So fordert der Lesben- und Schwulenverband angesichts einer angeblich im „kulturellen Gepäck"

https://doi.org/10.1515/9783110518351-011

von Geflüchteten mitgebrachten Homophobie, dass „die Rechte und die Situation von LSBTI [...] verpflichtendes Thema in den Integrationskursen sein [müssen] und dort angemessen breit thematisiert werden" (LSVD 2017).

Basierend auf qualitativen Befunden zu nicht heterosexuell positionierten Migranten aus dem Iran hinterfragt der vorliegende Beitrag den dominanten Diskurs um Sexualität und Migration, indem er auf die Vielfalt nicht heterosexueller Lebensweisen in der Migration verweist und zugleich an die heteronormativen Ordnungsmuster der Mehrheitsgesellschaft erinnert. Hierzu wird auf Daten einer schon etwas länger zurückliegenden Studie mit nicht heterosexuell positionierten iranischen Migranten Bezug genommen, die überwiegend als Geflüchtete nach Deutschland immigriert sind; einige von ihnen explizit aufgrund ihrer im Iran diskriminierten, bedrohten und verfolgten Sexualität (vgl. Thielen 2009). Ausgehend von Auszügen aus den autobiografisch-narrativen Interviews werden essenzialisierende und rassifizierende Diskurse zu Sexualität zurückgewiesen und geschlechtlich-sexuelle Konstitutions- und Veränderungsprozesse in der Migration rekonstruiert.

2 Sexualität und (Flucht-)Migration im Spannungsfeld von Heteronormativität, Rassismus und Abschottungspolitik

Wie einleitend erwähnt wird Homophobie in öffentlich-medialen, aber auch politischen Diskursen häufig als ein migrantisches Phänomen betrachtet. So zitiert die ARD im Januar 2017 in einem Beitrag über eine Studie zur Toleranz gegenüber Homosexualität ein *weißes* deutsches Schwulenpaar, das sich von zwei Seiten bedroht sieht: „Auf der einen Seite die AfD-Anhänger, auf der anderen Seite junge Migranten oder Asylsuchende, die aus Kulturkreisen stammten, in denen Homosexualität überhaupt nicht akzeptiert werde" (ARD 2017). Derartige Zuschreibungen stehen in einem engen Zusammenhang mit Homonationalismus, demnach die Akzeptanz von Lesben und Schwulen in westlichen Gesellschaften „als Ausdruck einer ‚Zivilisationsüberlegenheit' speziell gegenüber muslimischen Gesellschaften" (Çetin 2015, 36) dargestellt wird.

Nach Iman Attia ist die rassistische Externalisierung von Homophobie für westliche Gesellschaften von Nutzen: „Sie entlastet von der historischen Verantwortung für den Export von Heteronormativität, Homo- und Transphobie und sie entlastet von der aktuellen Verantwortung, sich für die Anerkennung und Gleichberechtigung verschiedener und fluider Sexualitäten einzusetzen" (Attia 2014, 20f.). Während Muslime homophober Einstellungen verdächtigt werden, werden heteronormative Machtstrukturen der Mehrheitsgesellschaft verdeckt. So gerät z.B. aus dem Blick, dass lesbische, schwule, bisexuelle und Trans*Jugendliche in deutschen Bildungsinstitutionen nach wie vor normalisierende Gewalt erfahren, da Lebensentwürfe jenseits gesellschaftlicher Normalität verschwiegen, ignoriert oder tabuisiert werden (vgl. Kleiner 2015).

Im Kontext von Flucht und Asyl führt die pauschale Markierung von Geflüchteten als heterosexuell und homophob zu einer Marginalisierung queerer Geflüchteter und zur Verschleierung heteronormativer Strukturen und homophober Praxen im Kontext des Asylverfahrens (für den angelsächsischen Raum vgl. Murray 2014). Wenngleich Homosexualität in Deutschland seit Ende der 1980er-Jahre als Verfolgungsmotiv anerkannt werden kann und sich Beratungsangebote für queere Geflüchtete etabliert haben (vgl. Arbeiter-Samariter-Bund NRW e. V. 2016; Queeramnesty Schweiz 2014), bedeutet dies nicht, dass dem asylrechtlichen Schutz von sexuellen Minderheiten eine hohe Priorität eingeräumt wird. Dies zeigen politische Bestrebungen zur Verschärfung des Asylrechts, durch die Länder als sog. sichere Herkunftsländer eingestuft werden, in denen sexuelle Minderheiten strafrechtlich bedroht sind. Zudem belegen juristische Entscheidungen im europäischen Kontext, dass Angehörigen sexueller Minderheiten selbst Abschiebungen in Staaten wie den Iran oder Libyen drohen, in denen sexuelle Minderheiten verfolgt werden (vgl. Bager/Elsuni 2017, 62ff.). Deutsche Verwaltungsgerichte haben noch in den 2000er-Jahren mehrjährige Freiheitsstrafen für Homosexuelle zum Teil als nicht asylrelevant eingestuft und eine Rückkehr von Geflüchteten selbst in Länder wie den Iran für zumutbar gehalten, mit dem perfiden Argument, dass dort ein diskretes Ausleben der Homosexualität in sozialen Nischen möglich sei (vgl. Thielen 2009, 33ff.). Erst in der jüngeren Vergangenheit distanziert sich die Rechtsprechung vom sog. Diskretionsprinzip sowie von der diskriminierenden Verpflichtung zum Beweis der sexuellen Orientierung durch zum Teil fragwürdige Gutachten (vgl. Markard 2013). Durch die institutionellen Zugriffe des Asylverfahrens auf ihre Sexualität sind queere Geflüchtete mit heteronormativen Normalisierungserwartungen konfrontiert. So spricht die Asylrechtsprechung von einer „homosexuellen Veranlagung" im Sinne einer „irreversiblen Prägung" als eine „unentrinnbare, schicksalhafte Festlegung auf homosexuelles Verhalten" (vgl. Senatsverwaltung für Jugend und Familie 1994). Es zeigt sich ein heteronormatives Verständnis von Homosexualität, die als eine angeborene, unveränderliche und diagnostizierbare Abweichung von der Norm vermeintlich natürlicher Heterosexualität erscheint (vgl. Foucault 1983). In jüngeren Asylentscheidungen wurde zwar von psychiatrisch-medizinischen Konzepten Abstand genommen, dafür wurde die Biografie Geflüchteter nun nach Hinweisen auf eine „homosexuelle Identität" im Sinne eines „typischen" Lebensstils eines „normalen" Homosexuellen untersucht. Trotz des veränderten Referenzrahmens blieb die Idee einer von Heterosexualität klar abzugrenzenden Homosexualität. Der heteronormative und essenzialistische Sexualitätsdiskurs des Asylrechts steht in deutlicher Spannung zur empirischen Vielfalt und Dynamik von Sexualität in der Migration, auf die in Kapitel 3 eingegangen wird.

3 Transnationale Vielfalt und biografische Veränderbarkeit von Sexualität

Die dem Beitrag zugrunde liegende Studie fußt auf dreizehn autobiografisch-narrativen Interviews mit nicht heterosexuell positionierten Migranten aus dem Iran (vgl. Thielen 2009). Die Interviewten waren zwischen Ende Zwanzig und Mitte Vierzig und lebten bereits mehrere Jahre in Deutschland und in weiteren westeuropäischen Ländern. Bis auf einen waren alle als Geflüchtete immigriert, zum Teil explizit aufgrund ihrer sexuellen Orientierung. In den meisten Fällen überlappten sich unterschiedliche Auswanderungsmotive. Bis auf einen christlichen Interviewten waren alle in muslimischen Familien aufgewachsen. Gewonnen wurden die Interviewten über queere Migrationsnetzwerke und Beratungsinitiativen. Die Auswertung der Interviews kombinierte detaillierte Einzelfallanalysen mit einem fallvergleichenden Kodierverfahren (vgl. Strauss 1991).

Die Interviewten, die überwiegend großstädtischen, gebildeten und ökonomisch gut situierten Mittel- und Oberschichtsfamilien entstammen, rekurrieren in ihren narrativen Selbstpositionierungen auf Stereotype über Muslim*innen und grenzen sich von der traditionellen iranischen Kultur ab. Mit Bilger (vgl. 2012, 74 f.) lässt sich von narrativen Praktiken der *Entethnisierung* sprechen, auf die im weiteren Verlauf des Beitrags genauer eingegangen wird. Farhad (42 Jahre) kennzeichnet beispielsweise seine Familie als „schräg" und verortet sie ausdrücklich in einem Widerspruch zu den „typischen iranischen Verhältnissen". Auch andere Interviewte betonten, dass ihre Eltern einen „modernen" oder „westlichen" Lebensstil pflegten. In den Interviews werden sehr unterschiedliche Sozialisationsbedingungen rekonstruiert, die durchaus auch progressive Männlichkeitskonstruktionen zuließen. Auch die sexuellen Lebensweisen in den Herkunftskontexten erscheinen als heterogen. Berichtet wird von vielfältigen gleich- und gemischtgeschlechtlichen Erfahrungen, Beziehungen und Freundschaften sowie von unterschiedlichen Konzepten gleichgeschlechtlicher Intimität. Bezogen auf die Migration sind die Narrative aufschlussreich hinsichtlich der subjektiven Auseinandersetzungen mit den erwähnten institutionellen Zugriffsweisen auf die Sexualität im Kontext des Asylverfahrens sowie Ungleichheitserfahrungen, die mit Dequalifizierung und Rassismus verknüpft sind (vgl. Thielen 2012).

Im Fokus des vorliegenden Beitrags stehen die in den Interviews rekonstruierten Sexualitätskonzepte. Entgegen der einleitend kritisierten Migrationstheorien, die davon ausgehen, dass Migrant*innen eine im Herkunftskontext verwirklichte Lebensweise in das Zielland mitbringen und dort unverändert fortführen, realisieren sich die rekonstruierten Lebensweisen weder in einer einfachen und bruchlosen Fortsetzung des Bisherigen, noch in einer simplen Anpassung an das in der Migration vorgefundene Neue. Aus den Interviews ließen sich vielmehr biografische Transformationsprozesse rekonstruieren, in denen aus der Synthese von Erfahrungen vor und in der Migration bisherige Lebensweisen zur Disposition gestellt, mit neuen Bedeutungen versehen oder gar umfassend verändert wurden. Jene biografischen Prozesse konstituierten sich in komplexen transnationalen Migrationsverläufen und sozialräumlichen Mehrfachverortungen, die nicht zuletzt auch mit Fremdzuschreibungen oszillieren (vgl. Pries 2008; Gogolin/Pries 2004). Neben der Partizipation an unterschiedlichen sozialen Kontexten der Residenzgesellschaften verweisen die Narrative auf transnationale Netzwerke. Diese manifestieren sich in vielfältigen Verwandtschafts- und Freundschaftsbeziehungen, die vom Iran, über Deutschland und andere westeuropäische Gesellschaften bis in die USA und nach Kanada reichen. Darüber hinaus wird von spezifischen queeren iranischen Netzwerken berichtet, welche die konstruktive Eigenleistung der Akteure an und in ihrer Migration besonders deutlich werden lassen. In den Erzählungen deuten sich kreative Verbindungen von Elementen aus dem Iran mit solchen aus den unterschiedlichen Residenzkontexten an, die differente Sexualitätskonstruktionen hervorbringen und die Verwirklichung vielfältiger Lebensweisen begünstigen. Diese sind in einer mehr oder weniger ausgeprägten Distanz zu hegemonialen Männlichkeitskonzepten von Herkunfts- und Residenzkontexten organisiert (vgl. Connell 2006). Die narrativ rekonstruierten Sexualitätskonstruktionen lassen sich weniger als biografisch stabile Größen, sondern vielmehr als sich in der Migration wandelnde dynamische Prozesse verstehen.

4 Biografische Muster geschlechtlich-sexueller Veränderungsprozesse in der Migration

Der Prozesscharakter geschlechtlich-sexueller Lebensweisen in der Migration soll nun an biografischen Mustern konkretisiert werden, die aus den Interviews generiert wurden. Die unterschiedlich weitreichenden Wandlungsprozesse beziehen sich sowohl auf die von den Akteuren vor und in ihrer Migration verwirklichten Lebensweisen, als auch auf die von diesen eingenommenen geschlechtlich-sexuellen Selbstpositionierungen. Die Analysen verdeutlichen, dass ähnliche Lebenspraxen sehr unterschiedlich gedeutet werden und vielfältige Konsequenzen in Bezug auf das eigene Selbstverständnis nach sich ziehen können.[1]

4.1 Identifikatorische Neudeutung der eigenen Lebensweise

In einem ersten rekonstruierten Muster werden bereits im iranischen Herkunftskontext verwirklichte geschlechtlich-sexuelle Lebensweisen im Zuge der aktiven Auseinandersetzung mit den in den Residenzgesellschaften vorgefundenen Identitätskon-

---

1 Das empirische Kapitel des Beitrags orientiert sich weitestgehend an einem bereits publizierten Text (vgl. Thielen 2010).

zepten mit neuen Bedeutungen versehen. Konsequenz ist die Rekonstruktion von spezifischen Subjektpositionierungen in den Interviews. Stellvertretend soll hier das Interview mit Hasan (48 Jahre) porträtiert werden. Dieser beschreibt bereits für seine Jugendzeit im Iran starke emotionale Gefühle einem Jungen gegenüber: „Ich hatte wirklich große Gefühle zu diesem jungen Mann." Zudem rekapituliert er für die Zeit seines mehrjährigen Militärdiensts ein Verhältnis mit einem anderen Soldaten, mit dem er eine Wohnung teilte. Der biografischen (Re-)Konstruktion nach hatte die Beziehung für beide eine emotional tief gehende Bedeutung. Trotz Verliebtheitsgefühlen gegenüber Männern und gleichgeschlechtlichen intimen Beziehungen hatte der Interviewte jedoch im Iran keine spezifische sexuelle Selbstverortung eingenommen. Vielmehr rekonstruiert er einen an Heterosexualität geknüpften Männlichkeitsentwurf und ging davon aus, später einmal zu heiraten, obgleich er weder im Iran noch in Deutschland je eine Beziehung mit einer Frau einging. Sein gleichgeschlechtliches Begehren verunsicherte und belastete den Interviewten vor dem Hintergrund des hegemonialen Männlichkeitsideals und seiner beruflichen Sozialisation in der Armee als einer klassischen „Schule der Männlichkeit" (Scholz 2004). Wie andere Interviewte, so beschreibt auch Hasan die Möglichkeit einer gleichgeschlechtlichen Paarbeziehung im Herkunftskontext als Lebensentwurf als nicht verfügbar. Eine solche Option markiert die Erzählung erst als Folge der mit Ende Zwanzig verwirklichten Migration und der Begegnung mit öffentlich präsenten schwullesbischen Communitys. In der Zeit nach seiner Ankunft in Deutschland knüpfte der Interviewte seine gleichgeschlechtliche Lebenspraxis an ein spezifisches Identitätskonzept, das er seiner Deutung nach aus dem Iran nicht kannte:

> Im Iran ist das Schwulsein gleich mit Tucke oder Travestie. Das heißt, die sehen das nicht wie schwul oder gay wie hier. Im Ausland oder in Amerika oder in Europa ist das feste Gruppe. Jeder teilt sich in verschiedene Gruppen, seine Art zu lieben und zu mögen und so weiter. Aber im Iran, die Leute, die passiv sind, oder die feminin sind und sich wie eine Frau anziehen oder sich passiv ficken lassen. Der gilt als schwul. Und das ist eine Schande für die Gesellschaft (Hasan).

Die Erzählung verweist auf das bereits erwähnte Phänomen der Entethnisierung, demnach nur im Kontext der westlichen Einwanderungsgesellschaft eine sexuelle Selbstverortung eingenommen werden kann, die – anders als im Iran – vermeintlich nicht stigmatisiert und diskriminiert wird. Die von ihm vertretene Kultur-Differenz-These untermauert Hasan, in dem er dem Interviewer einen wissenschaftlichen Text aus den 1980er-Jahren aushändigt, indem die als „modern" markierte Mittelstands-homosexualität des Westens von einer „primitiven" mann-männlichen Sexualität des Orients abgegrenzt und dabei rassistisch argumentiert wird. Dieser Diskurs wird vom Interviewten reproduziert. Seine Lebensweise rekonstruiert Hasan ungeachtet der veränderten sexuellen Selbstverortung als kohärent: Zum Interviewzeitpunkt lebt der Interviewte in einer langjährigen Liebesbeziehung mit einem deutschen Partner. Auch in weiteren Interviews wurde das eigene Begehren infolge der Migration mit einem spezifischen Selbstverständnis im Sinne der Partizipation an einer über Sexualität definierten Gruppenidentität verbunden.

4.2 Verunsicherung bisheriger und Erprobung alternativer Lebensweisen

In anderen Fällen mündete die Migration in die bewusste Wahrnehmung gleich-geschlechtlicher Begehrensweisen. Als Konsequenz wird eine mehr oder weniger massive Verunsicherung des bisherigen geschlechtlich-sexuellen Selbstverständnisses beschrieben. Dies veranschaulicht die biografische (Re-)Konstruktion von Said (29 Jahre), der sich für die Lebensphase im Iran als einen ausschließlich hete-rosexuell begehrenden Mann beschreibt. Seine Ehe mit einer Schauspielerin deutet er retrospektiv als Liebesheirat. Gleichwohl berichtet er von einer sehr vertrauten und intimen Freundschaft zu einem Mann, mit dem es trotz körperlicher Nähe zu keinem sexuellen Kontakt gekommen war: „‚Das ist eine Art Perversion!' Hab' ich damals gesagt." Rückblickend (re-)interpretiert der Interviewte jene Männerfreund-schaft im Blickwinkel des im Zuge der Migration nach Deutschland angeeigneten Homosexualitätsdiskurses. Im Iran war ihm gleichgeschlechtliche Intimität lediglich in Gestalt von Pädophilie oder Prostitution begegnet, nicht jedoch als Liebesbezie-hung zweier erwachsener Männer. Zugang zu einem solchen Diskurs eröffnete die mit Mitte Zwanzig vollzogene Migration nach Deutschland, wo Said Filme über gleichge-schlechtliche Liebe gesehen und per Zufall auch schwule Männer kennengelernt hat. Mit einem Mann ging er schließlich eine Beziehung ein:

> Und so haben wir uns zueinander näher gegangen. Und nach ein paar Wochen haben wir uns geküsst. Das war erstes Mal, dass ich einen Mann geküsst habe. Und das war, ja ich hab mir gedacht, das ist /guck mal, das ist so einfach Said! Mit Männern kannst du so einfach anfangen. Und ((lacht)) und haben wir einander geküsst und dann langsam, langsam Liebe (Said).

Als Konsequenz rekonstruiert der Interviewte Zweifel an seinem sexuellen Selbstver-ständnis, zumal er schließlich auch Liebesbeziehungen mit Männern einging, sich zugleich jedoch auch weiterhin zu Frauen hingezogen fühlt. Zum Interviewzeitpunkt evaluiert er eine Unklarheit über sein Selbstverständnis: „Mir ist auch nicht bewusst, ob ich homo oder bi bin." Kennzeichnend für seine biografische Konstellation ist das sich Einlassen auf neue, vor der Migration nicht bekannte Lebensweisen, ohne eine eindeutige sexuelle Selbstpositionierung einzunehmen. Gleichwohl deuten sich in der Erzählung heteronormative Normalisierungserwartungen an: Lebens-weisen jenseits der in der Residenzgesellschaft vorgefundenen Kategorien „homo" und „bi", die das eigene Begehren in Abgrenzung zu Heterosexualität vermeintlich klar definieren und festlegen, erscheinen dem Interviewten nicht verwirklichbar. Die neu gewonnene biografische Freiheit erweist sich somit zugleich mit neuen Zwängen verbunden. Diese spiegeln sich auch in anderen biografischen Erzählungen wider. So sah sich Farhad (42 Jahre), der für seine Lebensphase in der Migration zunächst von als lustvoll beschriebenen Beziehungen mit Männern und Frauen berichtet, mit seiner zunehmenden Integration in die deutsche Schwulenszene mit der Erwartung konfrontiert, ein eindeutiges sexuelles Selbstkonzept einzunehmen. In der an einem bestimmten biografischen Moment von ihm zu treffenden Grundsatzentscheidung „für einen Mann oder für eine Frau" spiegelt sich die Norm einer grundsätzlich erwarteten Monosexualität wider, die im kulturellen Wertesystem der deutschen Gesellschaft tief verankert ist.

4.3 Konstruktion neuer geschlechtlich-sexueller Identitäten und Lebensweisen

Die Konstitution von in sich geschlossenen geschlechtlich-sexuellen Identitäten im Zuge der Migration bildet ein weiteres biografisches Muster, das sich an den Erzählungen von Hussein (42 Jahre) und Mohammed (44 Jahre) illustrieren lässt. Beide rekapitulieren zwar für ihre frühe Jugend im Iran auch sexuelle Kontakte mit Jungen, deuteten diese aber in jener Zeit als ein vorübergehendes jugendliches Entwicklungsphänomen auf dem Weg zur als selbstverständlich vorausgesetzten Heterosexualität. In den Narrativen wird ebenfalls von als lustvoll bewerteten intimen Erfahrungen mit Mädchen bzw. jungen Frauen und einer biografischen Orientierung an hegemonialen Männlichkeitsidealen berichtet. Die Interviewten verließen mit Anfang bzw. Ende Zwanzig den Iran in der Erwartung, in der Migration zu heiraten und eine Familie zu gründen. Hierzu kam es in beiden Fällen jedoch nicht. Hussein hat in der Migration ein ingenieurwissenschaftliches Studium aufgenommen, im Zuge dessen er auf wissenschaftliche Diskurse zu (Homo-)Sexualität stieß. Insbesondere der Lektüre eines sexualwissenschaftlichen Lehrwerks wird in der Erzählung eine weitreichende Bedeutung im Hinblick auf die eigene sexuelle Selbstpositionierung zugeschrieben:

> Und ich hab' dieses Buch genau in einer Phase gelesen, wo ich mitten in meinen Prüfungen war. Und mein Examen und meine Diplomarbeit verteidigen sollte. Und dieses Buch hat mich überzeugt, du bist also homosexuell. Alles was ich da las, was das bedeutet, wie man das fühlt, oder worauf man steht, hab' ich/nachdem ich dieses Buch gelesen hatte, war ich überzeugt, dass ich homosexuell bin. Aber einfach eine theoretische Überzeugung. Aber keine Möglichkeit, das irgendwie noch mal ((lacht)) in der Praxis zu erproben (Hussein).

Nach einem nochmaligen Beziehungsversuch mit einer Exiliranerin hatte der, wie es Hussein selbst formuliert, „theoretisch überzeugte" Schwule schließlich erste Beziehungen mit Männern, die ihn in die deutsche Schwulenszene eingeführt haben. In der Folge werden die allmähliche Abkehr vom hegemonialen Männlichkeitsideal und die Aneignung einer schwulen Identität rekonstruiert, die im näheren sozialen Umfeld auch öffentlich gemacht wurde. Wie Said, so betont auch Hussein, dass ihm eine Liebesbeziehung zweier erwachsener Männer als optionale Lebensweise aus dem Iran nicht bekannt war. Die Migration erscheint in der Erzählung folglich als Initiator für die Konstruktion einer veränderten Lebensweise. Jener biografische Prozess wird retrospektiv emanzipatorisch gedeutet.

Anders fällt die Evaluation einer ähnlichen biografischen Rekonstruktion im Fall von Mohammed aus, dessen Migration ebenfalls eine veränderte Selbstverortung als „schwul" begünstigte. Im Gegensatz zu Hussein rekonstruiert Mohammed seine sexuelle Identität als eine ihm in der Aufnahmegesellschaft aufgezwungene bzw. aufoktroyierte. Der Interviewte wurde seiner Erzählung nach von einem Therapeuten „geoutet", den er infolge starker Depressionen im Asylverfahren aufgesucht und dem er von seinem gleichgeschlechtlichen Begehren erzählt hat. Die Zuschreibung der sexuellen Identität deutet der Interviewte als einen großen Schock:

> Haben wir gesprochen und er hat zu mir gesagt, dass ich schwul bin. Das war sehr schlimm für mich. Die Welt ist für mich runter gekommen, weil ich immer Hoffnung gehabt habe, dass ich von diesem Gefühl los werde irgendwann. Und wenn ich älter werde zum Beispiel, ich werde überhaupt nicht von diese ... Sex /oder mit diese /oder ich konnte mir nicht denken, dass ich ganzes Leben so weiterleben muss (Mohammed).

Infolge einer tief verinnerlichten, religiös motivierten homophoben Grundüberzeugung beschreibt sich Mohammed einer negativen Selbsthaltung verhaftet. Die Verwirklichung einer gleichgeschlechtlichen Lebensweise wird als ein eher passives Anpassungsgeschehen interpretiert, das ein zufriedenstellendes Lebensgefühl verhindert: „Heute kann ich damit leben, aber glücklich bin ich nicht!" – so bringt es der Interviewte selbst zum Ausdruck. Den Narrativen nach resultierte in beiden Fällen aus der Migration eine biografische Neubewertung des gleichgeschlechtlichen Begehrens. Dieses wird nun nicht mehr als ein vorübergehendes jugendliches Entwicklungsphänomen gedeutet, sondern als grundlegender Bestandteil der eigenen Persönlichkeit rekapituliert. Für die Zeit nach der Migration werden erstmalig über den sexuellen Kontakt hinausgehend längerfristige Liebesbeziehungen mit Männern rekapituliert.

4.4 Zurückweisung in der Migration angebotener Identitätskonzepte

Die in den Zielkontexten vorgefundenen geschlechtlich-sexuellen Lebensweisen und Identitätskonzepte werden nicht lediglich übernommen, aktiv angeeignet und modifiziert, sondern ebenso auch zurückgewiesen. Exemplarisch lässt sich dies an Philippes (37 Jahre) Migrationsbiografie nachzeichnen. Im Alter von 16 Jahren führte den Interviewten, der bis dahin weder intime Erfahrungen mit Jungen, noch mit Mädchen hatte, eine erste Migration nach Frankreich, die als Ausgangspunkt einer Bildungskarriere rekonstruiert wird, die in eine literaturwissenschaftliche Promotion mündete. Als unbeabsichtigte biografische Nebenfolge der Begegnung mit filmisch-künstlerischen und literarischen Diskursen zu gleichgeschlechtlicher Sexualität wird im Interview zunächst die selbstbewusste Aneignung einer sexuellen Identität rekonstruiert: „Und da habe ich plötzlich sagen können, dass ich stolz darauf bin, dass ich schwul bin!" Das Coming-out Philippes ging mit einer fast vollständigen Assimilation und weitreichenden Entethnisierung in Gestalt der Übernahme der französischen Kultur einher: Philippe brach den Kontakt zu Familie und Freunden ab, gab seinen persischen Namen auf und nahm die französische Staatsbürgerschaft an. Seine Begründungen verweisen auf die Unvereinbarkeit von sexueller Identität und nationaler Herkunft. Philippe selbst evaluiert für jene Zeit, nicht beides sein zu können: „schwul sein und Iraner". Im Zuge einer zweiten Migration nach Deutschland einige Jahre später wird die sozialräumliche Fixierung auf Frankreich aufgegeben. Die Erzählung rekapituliert eine transnationale Selbstpositionierung, die auf unterschiedliche sozialräumliche Verortungen rekurriert: im Iran, in Frankreich und in Deutschland. Zugleich wird eine als emanzipatorisch evaluierte Ablösung von der schwulen Identität rekonstruiert, die nach anfänglichem Stolz als biografisch einschränkend und reglementierend erlebt wird. Philippe hat neben Beziehungen mit Männern inzwischen auch Beziehungen zu Frauen. Während er also die Festlegung auf eine in der französischen Residenzgesellschaft angeeignete sexuelle Identität für eine bestimmte biografische Episode als stabilisierend und hilfreich deutet, lehnt er es langfristig ab, sich als „solcher zu definieren". Philippe plädiert für eine prinzipielle Offenheit seiner Sexualität jenseits heteronormativ regulierter Identitätskonzepte:

> Das ist sehr fragwürdig für mich, dass einerseits man Heterosexuelle hat, und andererseits Homosexuelle. Ich glaube, es geht darum, dass es eine Art von Begierde gibt, und ich glaube die Begierde ist eigentlich etwas, was sich bewegen kann, sich verändern kann (Philippe).

Der Interviewte rekonstruiert einen selbstbestimmten und eigenwilligen Umgang mit seiner Sexualität, indem er eine Distanzierung von der schwulen Identität beschreibt, ausdrücklich ohne das (auch) gleichgeschlechtliche Begehren abzulehnen oder zu leugnen. Seine als emanzipatorisch markierte Haltung erscheint in engem Zusammenhang mit seiner Bildungskarriere: Im Kontext seiner Lehrtätigkeit an einer Universität positioniert sich der Interviewte im akademischen Feld, indem er Anschluss an die Diskurse heteronormativitätskritischer Arbeiten der Queer Theory fand, die er offensichtlich auch im Kontext seiner biografischen Selbstpositionierung zum Interviewzeitpunkt nutzt.

5 Fazit – geschlechtlich-sexuelle Um- und Neuorientierungen im Kontext von transnationaler Migration und intersektionalen Machtmomenten

Die Auszüge aus der Studie sollten die Relevanz des biografieorientierten Vorgehens hervorheben, durch das deutlich wird, dass sich die Sexualitätskonstruktionen der

Interviewten nicht als feste und unveränderbare Größen begreifen lassen, sondern sich als prozesshaft, dynamisch und veränderbar erweisen. Ebenso wurde offenbar, dass die Narrative mit mehr oder weniger weitreichenden Praktiken der Entethnisierung verbunden sind, in denen die rassistische Unterscheidung von „Okzident" und „Orient" reproduziert wird. Zugleich unterstreichen und hinterfragen die Narrative die heteronormative Ordnung der Einwanderungsgesellschaft. Die Migration geht nämlich in den Erzählungen mit einer aktiven Auseinandersetzung mit den in den Residenzgesellschaften vorgefundenen Sexualitätsdiskursen einher. Als Konsequenz rekonstruieren die Interviewten unterschiedlich weitreichende Wandlungsprozesse. Im Spiegel der Biografien erscheint die Migration als Rahmung von Um- und Neuorientierungen im intimen Handeln und/oder im geschlechtlich-sexuellen Selbstverständnis. Dabei werden die in den Residenzkontexten vorgefundenen Konzepte nicht heterosexueller Lebensweisen nicht einfach übernommen, sondern in durchaus auch ambivalenten und in sich widersprüchlichen Prozessen kritisch evaluiert, aktiv angeeignet und modifiziert, zugleich jedoch auch aufgrund der regulierenden Effekte zurückgewiesen. Die Akteure prüfen die in unterschiedlichen sozialen Kontexten vorgefundenen Identitäten, hinterfragen diese und versehen sie mit eigenen Bedeutungen.

Aus pädagogischer Perspektive ist interessant, dass die rekonstruierten Wandlungsprozesse eng an Bildung geknüpft sind. In einigen Erzählungen spielen formale Bildungsprozesse im Zuge von in der Migration aufgenommenen Hochschulstudien eine bedeutsame Rolle. Hier stießen die Interviewten auf literarische, sexualwissenschaftliche und – bisweilen auch rassistisch argumentierende – ethnologische Texte, die sich mit (Homo-)Sexualität befassen. Die Begegnung mit jenen Diskursen wird als Ausgangspunkt für Bildungs- und Selbstfindungsprozesse rekonstruiert, im Zuge derer die Akteure ihr Begehren mit neuen biografischen Bedeutungen versehen. Zugleich eröffnet die Auseinandersetzung mit jenen Diskursen eine Reflexion habitualisierter Männlichkeitsideale. Die wissenschaftlichen Texte erhalten somit in den Erzählungen von den Befragten weder vorhersehbare noch intendierte biografische Bedeutungen. Sie eröffnen Zugänge zu in den Residenzgesellschaften verfügbaren geschlechtlich-sexuellen Identitäten. Auch in nicht pädagogischen Kontexten ließen sich vergleichbare Identifikationsprozesse nachzeichnen. Demnach erfolgte die Initiierung von biografischen Reflexionsprozessen auch im Zuge der Nutzung von Unterhaltungsmedien. In mehreren Interviews wird auf Kinofilme verwiesen, die Liebesbeziehungen zwischen Männern thematisieren und im Iran der Zensur zum Opfer fielen. Die Interviewten rekapitulieren eine Faszination für und eine Identifikation mit den filmisch inszenierten Liebesgeschichten, die weitreichende Folgen für die eigenen Selbstpositionierungen nach sich ziehen. Weiterhin waren die im Vergleich zum Iran stärker öffentlich präsenteren Schwulen-Communitys bedeutsam. Allerdings schreiben die Interviewten diesen differente biografische Bedeutungen zu: So zeigen Rassismuserfahrungen, auf die im vorliegenden Beitrag nicht näher eingegangen werden konnte, dass die deutsche Schwulenszene durchaus ambivalent wahrgenommen wird. Einige Interviewte erlebten sich in den Communitys einzig auf ihre Herkunft reduziert und damit einhergehend exotisiert. Andere beschreiben sich infolge der ihnen zugewiesenen Positionen als „Flüchtling" bzw. „Ausländer" unterschiedlichen Formen von Rassismus, Diskriminierung und sozialem Ausschluss ausgesetzt (vgl. Bilger 2012).

Die Erzählungen benennen auch unterschiedliche signifikante Akteur*innen, denen im Hinblick auf die sexuellen Selbstpositionierungen bedeutsame biografische Funktionen zugeschrieben werden. Zum Teil sind dies Professionelle (Therapeut*innen, Gutachter*innen des Bundesamts für Migration und Flüchtlinge, Rechtsanwälte), mit denen die Interviewten über ihre intimen Begehrensweisen sprachen. Mehreren Befragten wurde in solchen Beratungskontexten von professioneller Seite aus gleichsam eine spezifische sexuelle Identität zugeschrieben. Während einige solche Beratungskontexte befreiend erlebten und biografisch positiv nutzten, interpretieren andere die Zuschreibungen als beschämende Stigmatisierungsprozesse.

Als signifikante Akteure in privaten Zusammenhängen werden Männer genannt, die an Schwulen-Communitys partizipieren. Dies sind Bekannte, Freunde aber auch Männer, mit denen die Befragten Liebesbeziehungen eingingen. Insbesondere Partnern schreiben die Erzählungen positive Funktionen zu. Einige Interviewte erleben sich von ihnen gleichsam in gleichgeschlechtliche Beziehungspraxen eingeführt und erhielten zudem Zugang zu queeren Communitys. In den Narrativen zu Erfahrungen mit deutschen Partnern wird jedoch auch deutlich, dass intime Beziehungen in der Einwanderungsgesellschaft ambivalente Bedeutungen in sich tragen: Sie erweisen sich den Narrativen nach auch als soziale Kontexte, in denen verschiedene Machtverhältnisse einschließlich Rassismus vorkommen und aufgearbeitet werden (vgl. Erel 2007; Çetin 2012). Die spezifischen iranischen queeren Communitys und Netzwerke, an denen die Interviewten partizipieren, erscheinen vor diesem Hintergrund als Räume, in denen sich die Akteure weder über eine „fremde" Herkunft noch über eine „abweichende" Sexualität markiert, sondern in ihrem Sosein als zugehörig und anerkannt erleben.

6 Vertiefungsaufgaben und -fragen

1. Diskutieren Sie, ob und warum es problematisch ist, Homophobie als ein Problem von Menschen zu beschreiben, die aus anderen Ländern migriert sind?
2. Was lässt sich aus den Interviewanalysen und dem dort sichtbar gewordenen Verhältnis von Sexualität und Biografie mit Blick auf die Norm der Monosexualität schließen?
3. Freiheit wird häufig als Kennzeichen westlicher Gesellschaften beschrieben. Inwiefern wird die Freiheit zur sexuellen Selbstbestimmung der Interviewten dennoch durch heteronormative Strukturen eingeschränkt?

Literatur

Attia, Iman (2014): Antimuslimischer Rassismus in bester Gesellschaft. In: Attia, Iman/Häusler, Alexander/Shoomann, Yasemin (Hrsg.): Antimuslimischer Rassismus am rechten Rand. Münster: Unrast, S. 9–33.

Arbeiter-Samariter-Bund NRW e. V. (Hrsg.) (2016): Handreichung für die Betreuung und Unterstützung von LSBTTI*-Flüchtlingen. 2. Auflage Köln. URL: http://gerne-anders.de/media/broschuere-lsbtti-fluechtlinge-interaktiv.pdf (Letzter Aufruf: 27.03.17).

ARD (2017): Beitrag über Studie zur Toleranz gegenüber Homosexualität. URL: https://www.tagesschau.de/inland/homosexualitaet-toleranz-101.html (Letzter Aufruf: 27.03.2017).

Bager, Katharina/Elsuni, Sarah (2017): Sexuelle Freiheiten als LGB-Menschenrecht. Privatheitsschutz oder „öffentlicher Belang". In: Lembke, Ulrike (Hrsg.): Regulierungen des Intimen. Sexualität und Recht im modernen Staat. Wiesbaden: VS, S. 51–69.

Bilger, Wenzel (2012): Die postethnischen Homosexuelle. Zur Identität „schwuler Deutschtürken". Bielefald: Transcript.

Castro-Varela, María do Mar/Dhawan, Nikita (2009): Queer mobil? Heteronormatitvät und Migrationsforschung. In: Lutz, Helma (Hrsg.): Gender Mobil? Geschlecht und Migration in transnationalen Räumen. Münster: Westfälisches Dampfboot, S. 102–121.

Çetin, Zülfukar (2012): Homophobie und Islamophobie. Intersektionale Diskriminierungen am Beispiel binationaler schwuler Paare in Berlin. Bielefeld: Transcript.

Çetin, Zülfukar (2015): Der Schwulenkiez. Homonationalismus und Dominanzgesellschaft. In: Attia, Iman/Köbsell, Swantje/Prasad, Nivedita (Hrsg.): Dominanzkultur reloaded. Neue Texte zu gesellschaftlichen Machtverhältnissen und ihren Wechselwirkungen. Bielefeld: Transcript, S. 35–46.

Connell, Rayn (2006): Der gemachte Mann. Konstruktion und Krise von Männlichkeiten. Zweite Auflage. Wiesbaden: VS.

Erel, Umut (2007): Transnationale Migration, intime Beziehungen und BürgerInnenrechte. In: Hartmann, Jutta/Klesse, Christian/Wagenknecht, Peter/Fritzsche, Bettina/Hackmann, Kristina (Hrsg.): Heteronormativität. Empirische Studien zu Geschlecht, Sexualität und Macht. Wiesbaden: VS, S. 251–267.

Foucault, Michel (1983): Sexualität und Wahrheit. Band 1: Der Wille zum Wissen. Frankfurt a. M.: Suhrkamp.

Funcke, Dorett/Thorn, Petra (Hrsg.) (2010): Die gleichgeschlechtliche Familie mit Kindern. Interdisziplinäre Beiträge zu einer neuen Lebensform. Bielefeld: Transcript.

Gogolin, Ingrid/Pries, Ludger (2004): Stichwort: Transmigration und Bildung. In: Zeitschrift für Erziehungswissenschaft 7, Heft 1, S. 5–19.

Hartmann, Jutta (2004): Dynamisierungen in der Triade Geschlecht – Sexualität – Lebensform: dekonstruktive Perspektiven und alltägliches Veränderungshandeln in der Pädagogik. In: Timmermanns, Stefan/Tuider, Elisabeth/Sielert, Uwe (Hrsg.): Sexualpädagogik weiter denken. Postmoderne Entgrenzungen und pädagogische Ordnungsversuche. Weinheim u. München: Juventa, S. 59–77.

Kleiner, Bettina (2015): subjekt bildung heteronormativität. Rekonstruktion schulischer Differenzerfahrungen lesbischer, schwuler, bisexueller und Trans*Jugendlicher. Opladen u. a.: Barbara Budrich.

LSDV – Lesben- und Schwulenverband in Deutschland – (2017): Queer Refugees Welcome. URL: www.queer-refugees.de/?page_id=581 (Letzter Aufruf: 27.03.2017).

Maier, Maja S. (2008): Paaridentitäten. Biografische Rekonstruktionen homosexueller und heterosexueller Paarbeziehungen im Vergleich. Weinheim u. München: Juventa.

Markard, Nora (2013): Sexuelle Orientierung als Fluchtgrund – Das Ende der „Diskretion". Aktuelle Entwicklungen beim Flüchtlingsschutz aufgrund der sexuellen Orientierung. In: Asylmagazin, Heft 3, S. 74–84.

Murray, David A. B. (2014): Real Queer: „Authentic" LGBT Refugee Claimants and Homonationalism in the Canadian Refugee System. In: Anthropooica 51/No. 1, pp. 21–31.

Pries, Ludger (2008): Die Transnationalisierung der sozialen Welt. Sozialräume jenseits von Nationalgesellschaften. Frankfurt a. M.:Suhrkamp.

Queeramnesty Schweiz (Hrsg.) (2014): Fluchtgrund: Sexuelle Orientierung und Geschlechtsidentität. Zürich. URL: https://queeramnesty.ch/wp-content/uploads/2014/04/ Informationsbrosch%C3 %BCre-Queeramnesty.pdf (Letzter Aufruf: 27.03.17).

Senatsverwaltung für Jugend und Familie (1994): Homosexualität als politischer Asylgrund? Dokumente schwuler Emanzipation des Referats für gleichgeschlechtliche Lebensweisen Nr. 11. Berlin: Eigenverlag.

Scholz, Sylka (2004): Männlichkeit erzählen. Lebensgeschichtliche Identitätskonstruktionen ostdeutscher Männer. Münster. Westfälisches Dampfboot.

Schütze, Fritz (1983): Biographieforschung und narratives Interview. In: Neue Praxis 13, Heft 3, S. 282–293.

Strauss, Anselm L. (1991): Grundlagen qualitativer Sozialforschung. Datenanalyse und Theorie-bildung in der empirischen soziologischen Forschung. München: Fink.

Thielen, Marc (2009): Wo anders leben? Migration, Männlichkeit und Sexualität. Biografische Interviews mit iranischstämmigen Migranten in Deutschland. Münster: Waxmann.

Thielen, Marc (2010): Jenseits von Tradition – Modernität und Veränderung männlicher Lebensweise in der Migration als Provokation für die (Sexual-)Pädagogik. In: Zeitschrift für Pädagogik 56, Heft 6, S. 888–906.

Thielen, Marc (2012): Zwischen Freiheitsaspirationen und Begrenzungserfahrungen. Geschlecht und Sexualität in Migrationsbiografien iranischer Queers in Deutschland. In: Bereswill, Mechthild/ Ricker, Peter/Schnitzer, Anna (Hrsg.): Migration und Geschlecht – theoretische Anregungen und empirische Befunde. Weinheim: Beltz Juventa, S. 85–104.

Timmermanns, Stefan/Tuider, Elisabeth/Sielert, Uwe (Hrsg.) (2004): Sexualpädagogik weiter denken. Postmoderne Entgrenzungen und pädagogische Ordnungsversuche. Weinheim u. München: Juventa.

Yilmaz-Günay, Koray (Hrsg.) (2014): Karriere eines konstruierten Gegensatzes: zehn Jahre „Muslime versus Schwule". Sexualpolitiken seit dem 11. September 2001. Neuausgabe. Münster: Edition Assemblage.

Cindy Ballaschk

Diskurse um Migration, Geschlecht und Sexualität im schulischen Sexualerziehungsunterricht

1 Ausgangsüberlegungen

„Normierungen zu Geschlecht und Sexualität in der schulischen Sexualerziehung"
lautet der Titel des aktuell durchgeführten empirischen Dissertationsprojekts der
Autorin, das auf der Grundlage von acht Expert*inneninterviews mit Lehrkräften
analysiert, wie Diskurse zu Geschlecht und Sexualität mit rassistischen Wissensbeständen zusammenwirken. Ausgangsprämisse des Projekts ist dabei die Annahme,
dass Inhalte der Sexualerziehung stets in Abhängigkeit von sexualpädagogischen
und gesellschaftlichen Diskursen und damit in Wechselwirkung mit Ungleichheiten
zu betrachten sind. Entsprechend unterliegen Inhalte und Themen von schulischer
Sexualerziehung in Abhängigkeit von sozialen Bewegungen, politischen Debatten
und sexualwissenschaftlicher Forschung einem stetigen Wandel. Lehrer*innen sind
Akteur*innen in diesem Prozess und damit Diskursproduzent*innen in Bezug auf
Geschlecht und Sexualität. Als Vertreter*innen von staatlichen Bildungsinstitutionen
sind sie mit der Weitergabe staatlich legitimierten Wissens beauftragt. Eine Analyse
ihrer Aussagen ist daher von besonderer Relevanz.

2 Schulische Sexualerziehung

Zuerst werden im Folgenden gesetzliche Rahmungen skizziert, die aufzeigen, in welcher Weise Sexualität als Unterrichtsgegenstand Einzug in schulische Bildung fand.

2.1 Allgemeine Entwicklungslinien

Sexualität als Thema wurde in der DDR bereits 1947 in die staatlichen Lehrpläne
aufgenommen und damit zur Aufgabe schulischer Wissensvermittlung. Inhaltlich
beschränkte diese sich zunächst auf das Fach Biologie und damit auf sexualmedizini-
sche Aspekte der Fortpflanzung sowie der Vermeidung von Geschlechtskrankheiten
(vgl. Bach 1991, 229 f.).

https://doi.org/10.1515/9783110518351-012

Vorstellungen zu Sexualität waren in der BRD zunächst durch christliche Werte geprägt und damit hochgradig tabuisiert. „Sexuelle und geschlechtliche Verfehlungen" (z. B. das Betrachten von als unsittlich eingeordneten Bildern, Masturbation) wurden in schulischen Kontexten sanktioniert. Schüler*innen- und Studierendenproteste führten erst im Jahr 1968 dazu, dass die *Ständige Konferenz der Kultusminister* (KMK) in einer Empfehlung Sexualerziehung zum Erziehungs- und Bildungsauftrag der Schule erklärte (vgl. Koch 2013, 28–32).

Dieser Beschluss der KMK wurde im Jahr 2002 aufgehoben, da seitdem die einzelnen Bundesländer je für sich ihre eigenen Richtlinien und Lehrpläne unabhängig voneinander konzipieren (vgl. Bundeszentrale für gesundheitliche Aufklärung 2004, 7). Die Rahmenbedingungen für Sexualerziehung sind je nach Bundesland bis heute teilweise sehr unterschiedlich ausgestaltet. Die weiteren Ausführungen beziehen sich exemplarisch auf das Land Berlin, wo bereits seit dem Jahr 1962 die sog. „Richtlinien für die Sexualerziehung" in Kraft traten und somit Sexualerziehung zur verbindlichen Aufgabe einer jeden Lehrkraft wurde (vgl. Bundeszentrale für gesundheitliche Aufklärung 2004, 9).

2.2 Schulische Sexualerziehung im Land Berlin

Der § 2 des Schulgesetzes Berlin (SchulG Berlin) räumt allen jungen Menschen ein Recht auf Bildung und Erziehung, ungeachtet des Geschlechts, der Abstammung, Sprache, Herkunft, Behinderung, religiösen oder politischen Anschauung, sexuellen Orientierung und der wirtschaftlichen oder gesellschaftlichen Stellung ihrer Erziehungsberechtigten ein. Sexualerziehung wird in § 12 des Schulgesetzes Berlin als eine Erziehungs- und Bildungsaufgabe der Schule benannt. Konkretisiert werden die Ziele und Inhalte schulischer Sexualerziehung in den „Allgemeinen Hinweisen zu den Rahmenplänen für Unterricht und Erziehung in der Berliner Schule" (kurz: Rahmenrichtlinie Sexualerziehung). Diese wird aktuell überarbeitet, ist jedoch nach wie vor in Kraft (Stand Januar 2017).

Die derzeitige Fassung bezieht sich auf das Grundgesetz der Bundesrepublik Deutschland, die Landesverfassung Berlin sowie das Schulgesetz des Landes Berlin. Sie betont Sexualerziehung als Teil des gesetzlichen Erziehungsauftrags der Schule (vgl. Land Berlin 2001, 2). Aufgabe der Lehrkräfte ist es, der Rahmenrichtlinie entsprechend, im Rahmen der Sexualerziehung fundiertes Wissen zu Sexualität zu vermitteln, ohne die Schamgrenzen der Schüler*innen zu verletzen. Ziel ist es, u. a. Sachinformationen zu Körperveränderungen zu geben und auch emotionale Aspekte miteinzubeziehen. Die Stärkung des Verhältnisses der Schüler*innen zu sich und zum eigenen Körper wird als Prävention gegen sexualisierte Übergriffe gesehen. Darüber hinaus sollen Geschlechterstereotypen hinterfragt werden sowie die Möglichkeit zur Auseinandersetzung mit verschiedenen sexuellen Lebensweisen, sowohl in Bezug auf die eigene Sexualität, als auch bezogen auf andere Menschen gegeben werden (vgl. Land Berlin 2001, 4ff., 9).

Die bereits genannte Rahmenrichtlinie Sexualerziehung bezieht sich auf Schüler*innen als eine Gruppe von Jungen und Mädchen, indem sie u. a. die Arbeit in geschlechtergetrennten Gruppen vorschlägt (vgl. Land Berlin 2001, 5ff.). Die Rahmenvorgaben verorten damit Geschlecht in einem zweigeschlechtlichen Kontext, der von eindeutiger Weiblichkeit und Männlichkeit ausgeht. Zudem werden Kinder „nicht deutscher Herkunftssprache" thematisiert, die strukturell andere Fähigkeiten hätten, über Sexualität zu kommunizieren. Dies wird in einen Kontext „kulturbedingte[r] Erfahrungen" gesetzt sowie als Folge „sprachlicher Missverständnisse" gedeutet. Sexualerziehung müsse dementsprechend „interkulturell" stattfinden und eine Atmosphäre der Wertschätzung schaffen, da sich die Kinder auf unterschiedlichen kognitiven Niveaus befänden (vgl. Land Berlin 2001, 7).

Die Benennung von Kindern „nicht deutscher Herkunftssprache" stellt eine Gruppe vermeintlich abweichender Schüler*innen, vor dem Hintergrund scheinbar „kulturspezifischer" Erfahrungen her. Bereits diese sprachliche Hervorhebung bestimmter Schüler*innen ist im Kontext von *Othering* im Zusammenhang kulturrassistischer Zuschreibung zu werten. Wissensbestände zu Geschlecht und Sexualität werden je nach zugeschriebener Zugehörigkeit der jungen Menschen zu einer kulturalisierten Gemeinschaft unterschiedlich gedeutet und bewertet. Dieses Wissen ist die Grundlage für den Sexualerziehungsunterricht an Berliner Schulen und findet damit Eingang in schulische Wissensbestände und in die Lebensrealitäten aller Akteur*innen an der Schule.

3 Studien zur Sexualerziehung und Forschungsdesiderate

Studien zu Sexualerziehung fokussieren in der Regel das Wissen der Schüler*innen sowie deren Einstellungen zu Sexualität (z. B. die Jugendstudien der BzGA von 1980, 2010, 2015). Aktuelle sexualpädagogische Forschungen kritisieren an früheren und aktuellen Studien der Sexualforschung (z. B. Giese/Schmidt 1966; Schmidt/Sigusch 1970; Starke 1970, 1980, 1990), dass diese empirischen Arbeiten zur Jugendsexualität heteronormative Denkmuster, also ein Bild von Jugendsexualität als ausschließlich heterosexueller Sexualität reproduzieren (vgl. Pagenstecher 1993, 483). Bis heute lässt sich z. B. durch eine starke Engführung, von der Sexualität junger Menschen auf heterosexuellen Geschlechtsverkehr, diese Tendenz nachzeichnen (vgl. Kluge 1998; Bode/Heßling 2015).

Neben der Sexualität der Jugendlichen selbst ist auch die schulische Sexualerziehung verstärkt Gegenstand der empirischen Forschung (z. B. Glück u. a. 1992; Bode/Heßling 2015). Mit dem Fokus auf nicht heterosexuelle Lebensweisen zeigen

Wirksamkeitsstudien zu außerschulischen Sexualaufklärungsprojekten auf, dass antihomosexuelle Diskriminierungen zum Schulalltag gehören (vgl. Streib-Brzic/ Quadflieg 2011, 33f.), jedoch Wissensvermittlung zu Bi- und Homosexualität die Einstellung von Jugendlichen gegenüber queeren Lebensweisen positiv beeinflusst (vgl. Klocke 2012, 73).

Mit weiteren Diskriminierungen in der Schule beschäftigen sich Studien, die einen Bezug zu Migration herstellen. Diese untersuchen die Herstellung von Ungleichheit einerseits in alltäglichen Schulpraktiken (z. B. Weber 2003) oder andererseits als institutionalisierte Mechanismen einer ethnisierten Diskriminierung (z. B. Gomolla/ Radtke 2009; Skrobanek 2015). Eine ausführliche Analyse von Mehrfachdiskriminierungen thematisiert in Deutschland eine sowohl quantitativ als auch qualitativ durchgeführte Studie, die vom *Berliner Verein LesMigras* (Antidiskriminierungs- und Antigewaltbereich der Lesbenberatung Berlin e. V.) in Auftrag gegeben wurde. Diese thematisiert Mehrfachdiskriminierungen von lesbischen und bisexuellen Frauen sowie von transgeschlechtlichen Menschen in verschiedenen gesellschaftlichen Bereichen. Schule wird nicht als separates Handlungsfeld beschrieben, jedoch als Reproduktionsort für Rassismus, (Hetero-)Sexismus und für Trans*diskriminierungen benannt (vgl. LesMigraS 2012, 22).

Eine quantitative Studie der *Bundeszentrale für gesundheitliche Aufklärung* (BzGA) stellt zwar einen Zusammenhang zwischen Sexualität und Migration her, sie bezieht sich jedoch nicht auf Mehrfachdiskriminierungen z. B. auf Benachteiligungen von nicht heterosexuellen Jugendlichen of Color, indem sie eine starke Verengung von Sexualität auf gegengeschlechtlichen Geschlechtsverkehr präsentiert (vgl. BzGA 2010). Zudem stellt sie anhand geringfügiger statistischer Abweichungen, Unterschiede zwischen Jugendlichen mit und ohne „Migrationshintergrund" her, welche sich auch in Bezug auf ost- und westdeutsche Jugendliche zeigen, diese hier hingegen aber nicht problematisierend interpretiert werden (vgl. Voß 2016, 66)

Schule als Bildungsinstitution sowie der Bereich schulischer Sexualerziehung sind bislang unzureichend unter Gesichtspunkten von Mehrfachdiskriminierungen erforscht. Entweder leisten Studien einen wichtigen Beitrag zum Verständnis von rassistischen Verhältnissen in Bildungsinstitutionen oder sie thematisieren Sexualerziehung ohne auf die Verschränkung von Rassismus, Geschlecht und Sexualität einzugehen bzw. werten Diskriminierungen ausschließlich vor dem Hintergrund „kulturelle[r] Differenzen" (vgl. Milhoffer 2000, 167). Eine aktuelle Studie bezieht sich nicht auf den Bereich der schulischen Sexualerziehung, sie nutzt jedoch *Othering* als Konzept, um das Zusammenwirken verschiedener Ungleichheitsverhältnisse im pädagogischen Handeln sichtbar zu machen und zeigt damit die Verschränkung von (hetero-)sexistischen und rassistischen Handlungsmustern bei Pädagog*innen auf (vgl. Riegel 2016).

Eine Analyse, welche die Wissensproduktion zu Geschlecht und Sexualität im Kontext schulischer Sexualerziehung in ihrer Verwobenheit mit anderen Diskriminierungsformen wie z. B. Rassismus untersucht, gibt es hingegen nicht. Zudem ist die Rolle der Lehrkräfte bei der Fortschreibung von heteronormativ-rassistischem

Wissen in Bildungsinstitutionen bislang unzureichend erforscht. Diese Leerstelle wird der vorliegende Beitrag genauer beleuchten und aufzeigen, welche Wissensbestände bei Lehrer*innen in der schulischen Praxis vorherrschen. Gleichzeitig werden Pädagog*innen als Akteur*innen eines Bildungsdiskurses sichtbar gemacht, welche an der Produktion heteronormativer und kulturrassistischer Bilder zu Geschlecht und Sexualität beteiligt sind.

4 Theoretische Rahmung und methodischer Zugriff des Dissertationsprojekts

Um Merkmale und Ausrichtung von Sexualerziehungsdiskursen charakterisieren und bewerten zu können, ist zuerst ein Blick auf grundlegende Verständnisse über Mechanismen in Diskursen als kommunikative Handlung im gesellschaftlich-sozialen Kontext hilfreich.

4.1 Geschlecht, Sexualität und Rassismus als Effekt gesellschaftlicher Diskurse

Geschlecht und Sexualität sollen nicht als ontologische Tatsache verstanden werden, welche vordiskursiv vorhanden sei, sondern als Effekt machtvoller gesellschaftlicher Diskurse, welche den Bereich möglicher Wahrheiten zu Geschlecht und Sexualität vorgeben (vgl. Bublitz 1998, 9f.). Das, was in einer Gesellschaft zu Sexualität geäußert werden kann, ist demnach diskursiv begrenzt (vgl. Foucault 2012).

Diskurse meinen Praktiken, die Gegenstände der Erkenntnis und des Wissens symbolisch hervorbringen. Mit dem Begriff des „Sexualitätsdispositivs" beschreibt der Philosoph und Diskurstheoretiker Michel Foucault die diskursiven Strategien, welche Geschlecht und Sexualität ordnen und regulieren, um so eine Grenze zwischen „dem Normalen" und „der Krankheit" zu legitimieren (vgl. Tuider 2012, 28). Diese Strategien der Klassifizierung und Naturalisierung sowie der Normalisierung und Hierarchisierung zielen in Bezug auf Geschlecht und Sexualität vorrangig auf die Herstellung der Dichotomien weiblich-männlich und heterosexuell-homosexuell ab (vgl. Tuider 2012, 25). Geschlechterhierarchien sind daher ebenso als Effekt von Diskursen zu verstehen, wie heteronormatives Wissen, welches Heterosexualität den Bereich der Normalität zugesteht und Homosexualität als negative Abweichung davon konzipiert.

Diese symbolischen Grenzziehungen haben reale Effekte, weil sie gesellschaftliche Ungleichheiten herstellen, bestätigen und verteidigen. Mithilfe des Konzepts des *Othering* lassen sich am Beispiel „Rassismus" gesellschaftliche Strategien des Kategorisierens, Differenzierens, Hierarchisierens und Normalisierens aufzeigen.

Auf diese Weise können Zusammenhänge von Geschlecht, Sexualität und weiteren Ungleichheitsverhältnissen wie Rassismus herausgearbeitet werden.

Othering ist ein Konzept der postkolonialen Theoriebildung, das maßgeblich von den postkolonialen Theoretiker*innen Gayatri C. Spivak (vgl. Spivak 1985) und Edward Said (vgl. Said 2009) ausgestaltet wurde, um das Fortbestehen kolonialer Prägungen in gegenwärtigen Gesellschaften sichtbar zu machen. *Othering* beschreibt eine hegemoniale Praktik des Unterscheidens in eine Gruppe eines „Wir" und eine Gruppe „der Anderen". Gesellschaftsmitglieder aus unterschiedlich privilegierten Positionierungen bedienen sich bewusst und unbewusst dieser Kategorisierungen und (re-)produzieren damit ein gesellschaftliches Wissen, welches bestimmte Menschen als „Andere" bzw. als „Abweichende" herstellt und diese in Verbindung mit Stereotypen sowie Negativzuschreibungen bringt. Erst über die Herstellung der Gruppe „der Anderen" wird eine Gruppe des „Wir" als selbstverständliche „Normalität" konstruiert.

Othering als Prozess eines Einordnens in eine Gruppe eines „Wir" und „die Anderen" sowie als Prozess eines hierarchischen Bewertens der beiden konstruierten Gruppen zeigt eine Möglichkeit auf, Produktionsordnungen von Wissen im Kontext „Geschlecht", „Sexualität" und „Rassismus" sichtbar zu machen. Wissen wird dabei als sprachlich vermittelt begriffen. Heteronormatives und rassistisches Wissen wird durch schriftliche und mündliche Kommunikation erlernt und angeeignet (vgl. van Dijk 2002, 146). Eine Analyse von Sprache findet entsprechend vor dem Hintergrund der sprachlich konstruierten Inhalte, also als Produkt von Wissensordnungen statt (vgl. Keller 2011, 75). Heteronormative und rassistische Sprachhandlungen von Lehrkräften werden daher nicht auf der Ebene der individuellen Äußerung, sondern vielmehr als geteilter Wissensvorrat einer Gesellschaft analysiert (vgl. van Dijk 2002, 146).

4.2 Forschungsdesign

Die Diskursanalyse greift auf einen Textkorpus von acht Interviews mit Lehrer*innen an Berliner Schulen verschiedener Schultypen (z. B. Grundschule, Gymnasium, Integrierte Sekundarschule) und verschiedener Unterrichtsfächer (z. B. Ethik, Sozialkunde, Deutsch) zurück. Im Rahmen von Expert*inneninterviews wurden Lehrkräfte befragt, die Sexualität im Rahmen des Unterrichts oder innerhalb von Projekttagen zu einem größeren Thema in der Schule gemacht haben. Folgende Fragen waren für eine vertiefende Analyse der Interviews mit den Pädagog*innen handlungsleitend: Wie stellen Lehrer*innen Wissen zu Geschlecht und Sexualität in den Interviews sprachlich her? Inwiefern werden Konzepte zu Geschlecht und Sexualität als verwoben mit weiteren Ungleichheiten wie z. B. Rassismus präsentiert?

Zur Analyse der Interviews wurden einzelne Interviewpassagen für eine ausführliche Sequenzanalyse ausgewählt. Eine Sequenzanalyse untersucht nach dem Prinzip der Verlangsamung Teile eines Interviews systematisch Wort für Wort und

Satz für Satz. Ziel ist es, einen Interviewabschnitt aus seinem eigentlichen Verstehenshorizont herauszulösen. Der ausgewählte Textabschnitt wird chronologisch und Schritt für Schritt analysiert (vgl. Kruse 2014, 378f.). Anhand dessen werden verschiedene Arbeitshypothesen gebildet, die im Laufe des Analyseprozesses bestätigt oder modifiziert werden. Der empirische Teil dieses Artikels präsentiert eine ausgewählte Interviewsequenz und verdeutlicht das methodische Vorgehen. Auf diese Weise kann sukzessive nachvollzogen werden, wie Aussagen von Lehrkräften als Teil einer diskursiven Formation zu Geschlecht, Sexualität und Rassismus rekonstruiert werden. Darüber hinaus wird aus diskursanalytischer Perspektive aufgezeigt, welche Sprecher*innenpositionen sich sowohl für Pädagog*innen als auch für Schüler*innen rekonstruieren lassen (vgl. Keller 2012, 92f.).

5 Sexualerziehungsdiskurse – Wissen um Geschlecht, Sexualität und Migration

Bei dem ausgewählten Zitat handelt es sich um einen Interviewausschnitt aus einem Gespräch mit einer Lehrperson an einer Integrierten Sekundarschule (Klasse 7 bis 10) in Berlin-Kreuzberg. Zur Wahrung der Anonymität wird auf weitere Angaben zur interviewten Person verzichtet. Diese Sequenz wurde für eine intensivere diskursanalytische Untersuchung ausgewählt, da sie eine Struktur aufzeigt, die exemplarisch für weitere Aussagen in pädagogischen Diskursen steht. Hier lassen sich gesellschaftlich virulente Deutungsmuster in Bezug auf Geschlecht, Sexualität und Migration sichtbar machen, die Teil eines gesellschaftlich geteilten Wissens sind und in der Regel nicht kritisch hiterfragt werden.

Die hier interviewte Lehrkraft wurde im Gespräch u. a. zur Gestaltung ihres Sexualerziehungsunterrichts befragt sowie in Bezug auf schulische Rahmenbedingungen. Zum ausgewählten Interviewzeitpunkt wird ausgeführt, wie es dazu kam, dass Sexualität zu einem größeren Thema in der Schule wurde. Dazu berichtet die Lehrkraft, dass sie und ihre Kolleg*innen eine Projektwoche zum Thema „Liebe, Freundschaft und Sexualität" durchgeführt hätten. Als Grund für diese Aufklärungswoche wird ein bestimmtes Verhalten der Schüler*innen benannt, welches als „Gleichmacherei von Sexualität und Freundschaft" problematisiert wird. Daraufhin wurde die interviewte Person gebeten, diese Gleichmacherei zu konkretisieren:

> *Interviewerin:* „Ja und können Sie zu dieser Gleichmacherei Freundschaft und Sexualität kurz noch was ausführen, wie kann ich mir das vorstellen?"

> *Befragte*r:* „Na, dass wirklich viele Schüler der Meinung waren, aber hoffentlich nicht mehr so viele sind, aber das hin und wieder doch noch so durchklingt, dass wenn Jungs und Mädchen sich in irgendeiner Form mehr als nur angiften, sondern halt vielleicht auch ein bisschen Zeit miteinander verbringen, dann wird das gleich in Richtung, <<extra betont> die lieben sich> und wer weiß. Also es ging bis dahin, dass zum Beispiel in meiner Klasse ein Schüler arabischer Her-

kunft bis vor Kurzem dachte, dass man Kinder kriegt, wenn man gemeinsam im Bett liegt und tatsächlich nebeneinanderliegt. Und da haben wir gesagt, also wir können diese Sachen einfach so nicht stehen lassen. Es geht nicht darum, dass die jetzt eine Gebrauchsanweisung kriegen" (Interview mit C. Lewandowski, Z. 150–160 – Name anonymisiert).

Dieser hier präsentierte Blick auf Sexualität entspricht einer gesellschaftlichen Sichtweise, die von vielen Menschen als natürlich, selbstverständlich und allgemeingültig wahrgenommen wird. Dementsprechend greifen hegemoniale Lesegewohnheiten zu Sexualität in der Regel auf heterosexistische und weiß-westliche Normen zurück. Im weiteren Vorgehen werde ich daher zunächst die Inhalte dieser Interviewpassage eingehend beschreiben, um anschließend Aussagen zu Geschlecht, Sexualität und Migration schrittweise als diskursive Wissensproduktionen zu rekonstruieren.

5.1 Liebe, Freund*innenschaften und Sexualitäten

Zur sog. „Gleichmacherei von Freundschaft und Sexualität" wird in dieser Interviewsequenz auf eine soziale Form des Zusammenseins von Jugendlichen verwiesen, in welchem Mädchen und Jungen sich nicht nur „angiften" würden, sondern auch Zeit miteinander verbringen. Dieses würde dazu führen, dass sich die jungen Menschen gegenseitig Liebesbeziehungen unterstellten („ja die lieben sich"). Diese Praxis der gegenseitigen Liebesunterstellungen wird auf einen großen Teil der Schüler*innenschaft bezogen, da von „wirklich viele[n] Schüler[n]" gesprochen wird. Die wechselseitigen Zuschreibungen von Liebesbeziehungen unter den Schüler*innen werden sprachlich in der Vergangenheit verortet und mit der Hoffnung verbunden, dass dies inzwischen nicht mehr so oft der Fall sein sollte („aber hoffentlich nicht mehr so viele sind").

Während zunächst vom Verhältnis der jungen Menschen untereinander gesprochen wird, findet anschließend ein thematischer Wechsel statt, welcher durch die Benennung eines einzelnen Jungen gekennzeichnet ist. Dieser Übergang wird wie folgt als Anstieg oder gar Klimax versprachlicht: „also es ging bis dahin". Es wird ein Schüler benannt, der scheinbar „bis vor Kurzem" annahm, dass Schwangerschaften entstehen können, wenn Menschen nebeneinander im Bett liegen. Dieses Beispiel wird im Gegensatz zu den vorhergehenden Ausführungen als besonders drastisches Beispiel eingeführt, aus welchem Notwendigkeiten eines dringenden Handlungsbedarfs abgeleitet werden: „also wir können diese Sachen einfach nicht so stehen lassen". Das pädagogische Ziel wird nicht darin artikuliert, eine Nutzungsanleitung in Bezug auf Sexualität zu bieten. Der in diesem Kontext verwendete Begriff „Gebrauchsanweisung" lässt jedoch vermuten, dass die Absicht der Lehrkraft in der Vermittlung grundlegender Wissensbestände zu Sexualität liegt.

Der im Interview thematisierte Schüler wird aus der Gruppe des Klassenverbands in zweifacher Weise herausgehoben. Zum einen wird er – während zuvor von „viele[n] Schüler[n]" gesprochen wurde – als einzelne Person benannt („in meiner

Klasse ein Schüler"). Zum anderen handelt es sich nicht um einen beliebigen Schüler dieser Klasse, da seine Nennung den Zusatz „arabischer Herkunft" erhält. Neben der geschlechtlichen Einordnung als Junge, wird er durch die Bezeichnung „arabischer Herkunft" ethnisch positioniert. Bei der Bezeichnung der „arabische[n] Herkunft" könnte vermutet werden, dass diese als territoriale Einordnung fungiert, welche andeuten soll, dass dieser Jugendliche, möglicherweise mit seinen Eltern oder ausschließlich seine Eltern, Teile seiner Eltern oder seine Großeltern(-teile) aus einem Land eingewandert sind, welches der arabischen Welt zugerechnet wird.

In dieser Interviewsequenz werden über diesen thematischen Wechsel von den Schilderungen zur Sexualität und zum heterosexuellen Paarverhalten vieler Jugendlicher zu Möglichkeiten der Entstehung von Schwangerschaften übergeleitet. Während zunächst von einem Großteil der Schüler*innen berichtet wird, denen eine Unterscheidungskompetenz zwischen Sexualität und Freund*innenschaft zu fehlen scheint, wird zu einem als „arabisch" markierten Schüler übergeleitet, dem Wissen über die Entstehung von Schwangerschaften fehlt. Kenntnisse zur menschlichen Fortpflanzung erscheinen so als Grundlagenwissen im Kontext von heterosexueller Sexualität. Gleichzeitig werden heterosexuelle Sexualität und heterosexuelle Beziehungen in einen Zusammenhang möglicher Schwangerschaften gebracht. Zudem wird ein als „arabisch" markierter Schüler als Person mit besonderen Bedarfen von Wissensvermittlung zu Sexualität und Fortpflanzung herausgestellt. Das Verhalten vieler Jugendlicher und das Wissen eines Einzelnen werden als Grund benannt, Sexualität zu einem Thema in der Schule zu machen. Auch wenn betont wird, keine „Gebrauchsanweisung" geben zu wollen, wird aus der Notwendigkeit „diese Sachen einfach nicht so stehen lassen" zu können, der Bedarf einer grundlegenden Wissensveränderung auf Seiten der jungen Menschen abgeleitet.

Dieser Interviewabschnitt zeigt eine Lehrkraft, die ihre Schüler*innen ernst nimmt und sich für ein differenziertes Verständnis von Freund*innenschaft, Liebe und Sexualität einsetzt. In der Thematisierung eines einzelnen „Schüler[s] arabischer Herkunft" wird jedoch auf reproduktionslogische Argumentationen zurückgegriffen. Zudem ist die Art der Nennung des Schülers vor dem Hintergrund von *Othering* zu verstehen, da von einer vermeintlich „arabischen Herkunft" auf defizitäre Wissensbestände in Bezug auf Sexualität und Fortpflanzung geschlossen wird.

Ziel der nachfolgenden Ausführungen ist es, nicht nur exemplarisch an diesem Beispiel, sondern unter Einbezug des gesamten Interviewmaterials aufzuzeigen, welche professionellen Strategien und Ressourcen im Rahmen von Unterricht und Schule genutzt werden, um ein spezifisches und ein ethnisiertes Wissen zu Geschlecht und Sexualität herzustellen und zu plausibilisieren. Darüber hinaus wird sichtbar gemacht, welche kollektiven geschlechtlichen und sexuellen Identitäten konstruiert werden.

5.2 Zweigeschlechtliche Geschlechter und heterosexuelle Sexualität

Wird Geschlecht als Gegenstand von Diskursen verstanden, verweist dies darauf, dass Wissensbestände zu Geschlecht im Sinne von Sex und Gender in gesellschaftlichen Diskursen hervorgebracht, bestätigt oder ggf. auch verändert werden. Geschlecht erscheint in den Interviews mit den Lehrkräften durchweg zweigeschlechtlich strukturiert, indem Schüler*innen als Gruppe von Jungen und Mädchen sprachlich hergestellt werden. Lehrkräfte adressieren sie als junge Menschen, die entweder eindeutig weiblich oder eindeutig männlich sind.

In der ausgewählten Beispielsequenz lässt sich die Problematisierung eines gegengeschlechtlichen Sozialverhaltens ebenfalls in einem Kontext von Zweigeschlechtlichkeit verstehen. Es wird nicht nur auf eine Zugehörigkeit zu einer scheinbar homogenen Gruppe „der Jungen" bzw. „der Mädchen" verwiesen, sondern diese werden zudem wechselseitig aufeinander bezogen, wenn diese ihre Freizeit zusammen verbringen. Die Schüler*innen werden im gesamten Interviewkorpus als geschlechtliches Kollektiv ausschließlich cisgeschlechtlich positioniert. Trans- oder intergeschlechtliche Subjektpositionierungen werden den Schüler*innen nicht zugestanden.

Im Gegensatz zu den Begriffen „trans-" und „intergeschlechtlich" wird mit „cisgeschlechtlich" eine Person benannt, die in Übereinstimmung mit ihrem bei Geburt zugewiesenen Geschlecht lebt. Cisgeschlechtlich zu sein, entspricht der Norm und wird deswegen von vielen Menschen als Normalität angesehen. Die Benennung von Cisgeschlechtlichkeit dient der Sichtbarmachung dieser Norm sowie der Visualisierung einer gesellschaftlichen Konstruktion von vermeintlicher Normalität (cis) und angeblicher Abweichung (trans, inter) (vgl. Das TransInterQueer-Projekt 2015).

Nicht nur in Bezug auf Geschlecht, sondern auch in Bezug auf Sexualität werden Schüler*innen begrenzte Diskurspositionen zugewiesen. Ihre Geschlechtlichkeit und ihre Sexualität werden in den Interviews nahezu ausschließlich heteronormativ gezeichnet, da Geschlecht nur als Option von männlich oder weiblich erscheint und Sexualität fast ausnahmslos als heterosexuelle Normalität thematisiert wird. Am Beispiel der ausgewählten Interviewsequenz zeigt sich, wie Wissen von Schüler*innen zu Sexualität fremdpositioniert wird. Ihr Verhalten und ihr Wissen zu den Themen Freund*innenschaft, Liebe und Sexualität wird als abweichend gedacht, indem dieses als falsch und korrekturbedürftig herausgestellt wird. Dem wird ein Wissen der Lehrkraft gegenübergestellt, das als eindeutig und wahr angenommen wird. Wissensbestände der Lehrkräfte wurden in so gut wie allen Interviews als Korrektiv in Bezug auf die Kenntnisse der Schüler*innen verstanden. Das Wissen der Pädagog*innen wird so zur Norm erhoben, während die Wissensbestände der jungen Menschen als negativ abweichend gedeutet werden. Diese diskursive Praktik in pädagogischen Kontexten begreife ich als *Othering* von Wissen, da eine Einteilung in „wahres Wissen" von Lehrkräften und in „korrektur- oder ergänzungsbedürftes Wissen" der Schüler*innen vorgenommen wird. Die Idee, dass pädagogisches Wissen auch durch Wissensbestände von Schüler*innen erweitert werden könnte, ist selten Thema in den Interviews mit den Lehrkräften.

5.3 Sexualität als Reduktion auf Reproduktion

Sexualität erscheint im Interviewkorpus meist auf Aspekte der Reproduktion verengt. Wird Sexualität im Rahmen schulischer Sexualerziehung thematisiert, wird vorrangig und ausführlich über Schwangerschaften als natürliche Folge eines heterosexuellen Penetrationsverkehrs gesprochen. In der Schule wird auf diese Weise ein Wissen zu Sexualität formiert, bei dem Aspekte von Fortpflanzung stets einbezogen werden, während andere Perspektiven außen vor bleiben. Die heterosexuelle Sexualität junger Menschen, die in der Regel nicht auf die Zeugung von Kindern abzielt, erscheint ebenso marginalisiert wie alle sexuelle Praktiken, denen gar nicht die Möglichkeit der Reproduktion innewohnt, wie z. B. orale und anale Sexualpraktiken. Gleichzeitig bleibt Fortpflanzung thematisch an Sexualität gekoppelt, wodurch Schwangerschaften, die unabhängig von sexuellen Praktiken herbeigeführt werden (z. B. In-vitro-Fertilisation), ausgeblendet werden.

5.4 Sexualität als Liebe und in Abgrenzung zu Freund*innenschaft

Wissen zu Sexualität wird in den Interviews mit den Lehrer*innen in einen Zusammenhang von Beziehungen und Liebe gebracht. Sexualität erscheint auf diese Weise synonym zu Liebes- und Beziehungskonzepten. Gleichzeitig erscheint Freund*innenschaft in Abgrenzung zu Liebe und zu Sexualität. Dies wird auch beispielhaft in der präsentierten Interviewsequenz sichtbar. Die hier interviewte Lehrkraft wird gebeten, die von ihr angesprochene „Gleichmacherei von Freundschaft und Sexualität" zu konkretisieren. Dazu führt die Pädagog*in aus, dass sich Schüler*innen gegenseitig Liebesbeziehungen unterstellen würden, wenn Mädchen und Jungen die Freizeit miteinander verbringen. Während also zunächst eine Gleichsetzung von Freund*innenschaft und Sexualität als Grund für die schulische Thematisierung von Sexualität benannt wird, wird anschließend die Gleichsetzung von Freund*innenschaft und Liebe als problematisch beschrieben.

Auf diese Weise wird ein Wissen zu Sexualität hervorgebracht, das Sexualität ausschließlich in Liebesbeziehungen, jedoch keinesfalls in Freund*innenschaften verortet. Demnach wird Sexualität als natürlicher Bestandteil von Liebesbeziehungen gesehen, während Freund*innenschaften als asexuelle Beziehungen verstanden werden. Freund*innenschaft und Sexualität erscheinen als zwei gegensätzliche Konstrukte, welche definieren, wo wie viel körperliche Nähe gelebt werden muss und wo sie umgekehrt nicht gelebt werden darf. Wissensbestände und Lebensweisen, die Sexualität und Freund*innenschaft nicht eindeutig trennen, werden in diesem Wissen unsichtbar gemacht bzw. erscheinen absurd. Dazu sei anzumerken, dass jugendliche Sexualitäten eher selten in langfristigen Zweierbeziehungen gelebt werden, sondern meist durch Phasen des Ausprobierens oder durch asexuelle Lebensphasen gekennzeichnet sind. Liebesbeziehungen werden in der ausgewählten Beispielsequenz als einzig legitimer Ort für Sexualität konstruiert und gleichzeitig werden Liebesbeziehungen als stets sexuelle Beziehungen adressiert. Ausschließliche oder teilweise asexuelle Liebesbeziehungen sind nicht Teil dieses Konzepts von Liebesbeziehung.

5.5 Sexualität im Kontext von Ethnisierung

In den meisten Interviews wird im Interviewverlauf ein stark ethnisiertes Wissen zu Sexualität präsentiert. Die entsprechenden Lehrkräfte bringen Wissensbestände, Einstellungen und Meinungen zu Geschlecht und zu Sexualität in einen Zusammenhang mit gruppenbezogenen rassifizierten Zuschreibungen. Dies geschieht über *Othering* als Form der Einordnung von pädagogischem Wissen als wahr, fortschrittlich und aufgeschlossen. Schüler*innen, die ethnisch markiert werden, inklusive ihrer Eltern, werden als weniger wissend, konservativ und teilweise rückschrittlich dargestellt.

Die Dichotomisierung von pädagogischem Fachwissen zu Sexualität und der vermeintlichen Unwissenheit von ethnisch markierten Menschen lässt sich am Beispiel der ausgewählten Interviewsequenz ebenfalls deutlich nachzeichnen. Hier wird ein Schüler als Angehöriger „arabischer Herkunft" ethnisch positioniert. Daraus werden Handlungskonsequenzen abgeleitet. Das Wissen dieses Schülers, welcher Schwangerschaften im Kontext eines Beieinanderliegens verortet, wird dadurch nicht nur als defizitär, sondern als grundlegend falsch herausgestellt, was aus reproduktionsbiologischer Perspektive tatsächlich so ist.

Trotzdem zeigt sich in diesem Beispiel, dass hier nicht nur ein rassistisches *Othering* von Menschen stattfindet, sondern auch ein undifferenziertes *Othering* von Wissen. Dies wird daran deutlich, dass diese Darstellung von vermeintlichem Falschwissen auch ohne ethnisierende Konkretisierung ausgekommen wäre. Kinder und Jugendliche haben allgemein in der Regel unzureichende Kenntnisse über Möglichkeiten sowie Abläufe der menschlichen Fortpflanzung. Zum anderen könnte das Wissen des Jungen zur Entstehung von Schwangerschaften als Folge eines Beieinanderliegens zunächst auch als gesellschaftlich anschlussfähig gedeutet werden. Im Alltag wird nicht selten von Sexualität als „Beischlaf", als „miteinander ins Bett gehen" oder „als miteinander schlafen" gesprochen und das, obwohl Schlafen als Tätigkeit in diesem Kontext absolut irreführend erscheint. Das Wissen des hier benannten Jungen knüpft an alltagssprachliche Formulierungen an und müsste nicht zwangsläufig im Widerspruch zu gesellschaftlichen Wissensbeständen gedeutet werden; auch, wenn es durch reproduktionsbiologisches Wissen ergänzungsbedürftig erscheint. Auf diese Weise wird die Wirkmächtigkeit von *Othering* evident, denn es wird sichtbar, wie willkürlich die Einteilung in Wissen und Nichtwissen entlang ethnisch begründeter Grenzziehungen erfolgt.

Wie in dieser Beispielsequenz bedient sich pädagogisches Wissen häufig der Strategie eines *Otherings* unter Rückgriff auf rassistische Wissensbestände. Beispielsweise werden „muslimische Eltern" – im Zusammenhang von Thematisierungen von Sexualität in der Schule – auch dann als schwieriges Klientel benannt, wenn später deutlich wird, dass Widerstände der Eltern kein ausschließliches Phänomen vermeintlich „muslimischer Eltern" sind, sondern Teile der gesamten Elternschaft betreffen. In den Interviews werden Schüler*innen, wenn sie negativ hervorgehoben werden, oft als „arabisch", „türkisch" oder „muslimisch" markiert. Diese Benennungen werden nicht selten synonym verwendet bzw. erscheinen oftmals in fließendem Übergang mit einer sog. „nicht deutschen Herkunft" bzw. einer „nicht deutschen Herkunftssprache". Immer wenn diese Fremdbenennungen erfolgen, werden sie mit Negativzuschreibungen verbunden. Auf diese Weise werden Schüler*innen und deren Eltern als Angehörige einer fremden und einer homogenen Gruppe adressiert, welche in den Kontext negativ beurteilter Eigenschaften gesetzt werden. Sie werden zur Gruppe „der Anderen" gemacht, indem sie sprachlich einem vermeintlichen Kollektiv einer westlichen Wertegemeinschaft als nichtzugehörig hergestellt werden.

6 Zusammenfassung – Wissensproduktionen zu Geschlecht und Sexualität

Wissen zu Geschlecht und Sexualität wird in der Schule von Pädagog*innen zumindest implizit, jedoch im Sexualerziehungsunterricht in der Regel explizit hergestellt und als vermeintlich eindeutiges Faktenwissen weitergegeben. Die Perspektive der Pädagog*innen wird als allgemeingültig herausgestellt und bezieht sich auf verengte Wissensbestände zu Geschlecht, Sexualität und Migration. Geschlecht zeigt sich ausschließlich als Zweigeschlechtlichkeit und zwar als zwei ausschließliche Gruppen von Jungen und Mädchen. Trans- oder intergeschlechtliche Lebensweisen sind nicht Bestandteil dieses Geschlechterwissens. Sexualität bleibt in der Regel auf ihre Funktion der Reproduktion reduziert und damit heteronormativ strukturiert.

Gleichzeitig erscheint Reproduktion ausschließlich im Kontext von Sexualität. Sexualität und Liebesbeziehungen erscheinen synonym, aber in Abgrenzung zu Freund*innenschaften. Liebesbeziehungen werden (hetero-)sexualisiert dargestellt und Sexualitäten innerhalb von Freund*innenschaften tabuisiert. Wissen zu Sexualität ist vermehrt mit rassistischen Vorannahmen verwoben. Dies zeigt sich beispielsweise dadurch, wenn Wissen infolge ethnisierter Othering-Prozesse falsch oder korrekturbedürftig bewertet wird. *Othering* als eine sprachliche Strategie der Ethnisierung erscheint durchweg als soziales Stigma, da Menschen als Angehörige einer bestimmten „Herkunft" angerufen werden und in den Zusammenhang von Defizitzuschreibungen, wie z. B. falsches Wissen zu Sexualität oder rückschrittliche Einstellungen zu Geschlecht und zu Sexualität, gebracht werden.

7 Schlussfolgerungen und Ausblick

Lehrkräfte sind – ausgehend von den drei zentralen Reproduktionsfunktionen von Schule (Qualifikation, Allokation und Sozialisation) – mit widersprüchlichen Erwartungen im Kontext „Schule" konfrontiert. Ihre Aufgabe ist es, junge Menschen für das spätere Berufsleben und als integrierte Mitglieder der Gesellschaft zu qualifizieren. Gleichzeitig sind sie nicht nur mit der Förderung (Qualifikation), sondern auch mit der Auslese (Allokation) von Schüler*innen beauftragt (vgl. Streckeisen u. a. 2007). Gesellschaftliches Ziel der Schule ist es demnach nicht, dass „alle möglichen Talente produziert und gefördert werden, sondern nur so viel, als die Gesellschaft [...] meint produzieren zu können" (Fend 1979, 66).

Darüber hinaus sehen sich Lehrkräfte mit der Vermittlung von gesellschaftlichen Normen und Werten (Sozialisation) beauftragt, die sich am Erhalt wünschenswerter Herrschaftsverhältnisse orientieren (Fend 1979, 66). Im Bundesland Berlin finden sich für die schulische Sexualerziehung u. a. in Rahmenvorgaben, wie z. B. dem *Berliner Schulgesetz* oder der *Rahmenrichtlinie Sexualerziehung*, Zielsetzungen bezüglich zu vermittelnder Werte und Normen. Ein Blick in die *Rahmenrichtlinie Sexualerziehung* zeigt, dass Themen wie geschlechtliche und sexuelle Vielfalt als Lernziele definiert sind. Migration wird hingegen hier eher problemzentriert thematisiert, indem von einer „schwierige[n] Aufgabe" (Land Berlin 2001, 3) ausgegangen wird, welche aus spezifischen „religiöse[n], kulturelle[n] und ethische[n] Moralvorstellungen" (Land Berlin 2001, 3) abgeleitet wird. Migration wird in diesem Kontext nicht als Chance gesehen, an Wissensbestände und Erfahrungen von Stigmatisierung und Diskriminierung anzuknüpfen und so vielfältige Lebensrealitäten thematisieren zu können, sondern als Herausforderung, die es durch eine anspruchsvollere Unterrichtsvorbereitung zu bewältigen gelte (vgl. Mazukatow 2013, 100 f.).

Aufgabe von Lehrer*innen ist es einerseits, Schüler*innen umfangreiches Wissen sowie Normen und Werte (auch in Bezug auf Geschlecht und Sexualität) zu vermitteln und diese anschließend abzufragen und zu benoten, was eine Allokation von Schüler*innen zur Folge hat. Die Ambivalenz der Lehrer*innenrolle wird damit einerseits in der Verknüpfung von pädagogischen Aufgaben und selektionsbezogenen Pflichten deutlich (vgl. Streckeisen u. a. 2007, 288) und andererseits in Normen und Wertvorstellungen einer Gesellschaft, die widersprüchlich sind bzw. so empfunden werden können. Beispielsweise zeigen sich in der *Berliner Rahmenrichtlinie* widersprüchliche Normen und Werte, wenn geschlechtliche und sexuelle Vielfalt betont und diese gleichzeitig im Kontext von Migration als problematisch formuliert wird. Rollenerwartungen an Lehrkräfte sind nicht nur widersprüchlich, sie sind auch machtvoll.

Im Rahmen schulischer Sexualerziehung sind Lehrer*innen soziale Akteur*innen in der Schule und damit auch Diskursproduzent*innen in Bezug auf Geschlecht und Sexualität. Ihre Aussagen erhalten im Kontext „Schule" zusätzliche Legitimation, da sie als Beauftragte einer staatlichen Bildungsinstitution mit der Weitergabe von Wissen betraut sind. Vermittelte Wissensbestände dürfen abgefragt und ggf.

benotet werden. Sexualerziehung unterrichten und über Sexualität sprechen, heißt, Teil eines Diskurses um Geschlecht und Sexualität zu sein. Es bedeutet, Konzepte im Sinne von gesellschaftlichem Wissen zu Geschlecht und Sexualität mitzugestalten. Egal wie Lehrer*innen und weitere Beteiligte an sexualpädagogischen Diskursen über Geschlecht und Sexualität sprechen oder schreiben, sie produzieren, etablieren, irritieren oder verändern die Objekte, die sie zum Thema machen.

Das Anliegen dieses Beitrags besteht nicht darin, falsches Wissen in sexualpädagogischen Arbeitsfeldern aufzuzeigen und anschließend das richtige Wissen zu präsentieren. Vielmehr geht es darum, ein bestimmtes Wissen zu Geschlecht und Sexualität in seiner Wirkmächtigkeit darzustellen, um verstehbar zu machen, wie aus Konstruktionen von Unterschieden, Ungleichheiten werden.

Zudem sollte die Polarität von „dem richtigem Wissen" und von „dem falschem Wissen" grundsätzlich reflektiert und kontextualisiert werden. Der vorliegende Beitrag zeigt nicht nur auf, welche Wissensbestände im Rahmen schulischer Sexualerziehung zu Geschlecht, Sexualität und Migration hervorgebracht werden. Es wird auch deutlich, welches Wissen meist nicht Teil der pädagogischen Sexualerziehung ist. Daraus soll kein Plädoyer abgeleitet werden, möglichst alle Themen im Unterricht aufgreifen zu müssen. Vielmehr ist es notwendig, das eigene Wissen stets als begrenzt zu betrachten und offen zu bleiben für alternative Wissensbestände zu Geschlecht und Sexualität. Sexualerziehung kann mehrere Wahrheiten zu Sexualität nebeneinander stehen lassen und bleibt so anschlussfähig an Wissensbestände von Schüler*innen.

Sexualerziehung sollte zudem Wissen zu Geschlecht und Sexualität vermitteln, welches Mehrfachdiskriminierungen einbezieht und sie aktiv zum Thema macht (vgl. Voß 2016, 69). Migration als gesellschaftliche Chance begreifen, heißt auch, eine Sexualerziehung anzubieten, die allen Kindern die gleichen Möglichkeiten eröffnet, einen positiven und selbstbestimmten Zugang zur eigenen Geschlechtlichkeit und zur eigenen Sexualität zu erfahren.

8 Vertiefungsaufgaben und -fragen

1. Recherchieren Sie Rahmenbedingungen (z. B. gesetzliche Regelungen, Rahmenlehrpläne usw.) zur Sexualerziehung in zwei verschiedenen Bundesländern. Arbeiten Sie Werte und Normen zu Geschlecht, Sexualität und Migration aus den von Ihnen ausgewählten Rahmenbedingungen heraus. Vergleichen und bewerten Sie die explizit und implizit transportierten Normen und Werte in den Rahmenvorgaben beider Bundesländer.
2. Verschiedene Vereine und Organisationen bieten z. T. je nach Bundesland Beratung, Unterstützung und Bildungsbausteine an, um im Unterricht verschiedene Machtverhältnisse im Kontext Schule zu thematisieren. In Berlin sind das z. B. die Initiative „Intersektionale Pädagogik" (http://ipaed.blogsport.de/materialien/) oder Vereine wie „Lesmigras" (http://lesmigras.de/) und „Gladt" (http://www.

gladt.de/). Finden Sie weitere Anbieter, die derartige Angebote für eine pädagogische Thematisierung unterschiedlicher Ungleichheiten bereitstellen. Erarbeiten Sie ausgehend von derartigen im Netz bereitgestellten Materialien Ideen für ein bis zwei Unterrichtseinheiten zur Sexualerziehung.

Literatur

Bach, Kurt Richard (1991): Zur Entwicklung der Sexualpädagogik in der DDR. In: Hohmann, Joachim S. (Hrsg.): Sexuologie in der DDR. Berlin: Dietz, S. 228–238.

Bode, Heidrun; Heßling, Angelika (2015): Jugendsexualität 2015. Die Perspektive der 14-bis 25-Jährigen. Ergebnisse einer aktuellen Repräsentativen Wiederholungsbefragung. Köln.

Bublitz, Hannelore (1998): Einleitung. In: Bublitz, Hannelore (Hrsg.): Das Geschlecht der Moderne. Genealogie und Archäologie der Geschlechterdifferenz. Frankfurt a. M.: Campus, S. 9–25.

Bundeszentrale für gesundheitliche Aufklärung (2004): Richtlinien und Lehrpläne zur Sexualerziehung. Eine Analyse der Inhalte, Normen, Werte und Methoden zur Sexualaufklärung in den sechzehn Ländern der Bundesrepublik Deutschland. Forschung und Praxis der Sexualaufklärung und Familienplanung. Köln. URL: www.dgg-ev-bonn.de/conpresso/_data/BZgA_KMK2004.pdf, (Letzter Aufruf: 16.09.2016).

Bundeszentrale für gesundheitliche Aufklärung (2010): Sexualität und Migration: milieuspezifische Zugangswege für die Sexualaufklärung Jugendlicher. Ergebnisse einer repräsentativen Untersuchung der Lebenswelten von 14- bis 17-jährigen Jugendlichen mit Migrationshintergrund. URL: http://publikationen.sexualaufklaerung.de/cgi-sub/fetch.php?id=650 (Letzter Aufruf: 08.05.2015).

Das TransInterQueer-Projekt „Antidiskriminierungsarbeit & Empowerment für Inter*" (2015): Inter* und Sprache. Von „Angeboren" bis „Zwitter". Eine Auswahl inter*relevanter Begriffe, mit kritischen Anmerkungen vom TrIQ-Projekt „Antidiskriminierungsarbeit & Empowerment für Inter*". Berlin. URL: www.transinterqueer.org/download/Publikationen/InterUndSprache_A_Z.pdf, (Letzter Aufruf: 30.11.2016).

Fend, Helmut (1979): Gesellschaftliche Bedingungen schulischer Sozialisation. 5. Auflage, Weinheim, Basel: Beltz.

Foucault, Michel (2012): Der Wille zum Wissen. Sexualität und Wahrheit. Frankfurt a. M.: Suhrkamp.

Glück, Gerhard/Scholten, Andrea/Strötges, Gisela (1992): Heiße Eisen in der Sexualerziehung. Wo sie stecken und wie man sie anfaßt. Weinheim: Dt. Studienverlag.

Gomolla, Mechthild/Radtke, Frank-Olaf (2009): Institutionelle Diskriminierung. Die Herstellung ethnischer Differenz in der Schule. Wiesbaden: VS.

Keller, Reiner (2011): Diskursforschung. Eine Einführung für SozialwissenschaftlerInnen. 4. Auflage, Wiesbaden: VS.

Keller, Reiner (2012): Der menschliche Faktor. Über Akteur(inn)en, Sprecher(inn)en, Subjektpositionen, Subjektivierungsweisen in der Wissenssoziologischen Diskursanalyse. In: Keller, Reiner/Schneider, Werner/Viehöver, Willy (Hrsg.): Diskurs – Macht – Subjekt. Theorie und Empirie von Subjektivierung in der Diskursforschung. Wiesbaden: VS, S. 69–108.

Klocke, Ulrich (2012): Akzeptanz sexueller Vielfalt an Berliner Schulen. Eine Befragung zu Verhalten, Einstellungen und Wissen zu LSBT und deren Einflussvariablen. Hrsg. von Jugend und Wissenschaft Senatsverwaltung für Bildung. Berlin.

Kluge, Norbert (1998): Sexualverhalten Jugendlicher heute. Ergebnisse einer repräsentativen Jugend- und Elternstudie über Verhalten und Einstellungen zur Sexualität. Weinheim, Basel: Juventa.

Koch, Friederich (2013): Zur Geschichte der Sexualpädagogik. In: Schmidt, Renate-Berenike/ Sielert, Uwe (Hrsg.): Handbuch Sexualpädagogik und sexuelle Bildung. 2. Auflage, Weinheim, München: Juventa, S. 23–38.

Kruse, Jan (2014): Qualitative Interviewforschung. Ein integrativer Ansatz. Weinheim, Basel: Beltz Juventa.

Land Berlin (01.11.2001): Allgemeine Hinweise zu den Rahmenplänen für Unterricht und Erziehung in der Berliner Schule A V 27: Sexualerziehung, vom November 2001. URL: www.berlin.de/imperia/md/content/sen-bildung/schulorganisation/lehrplaene/ av27_2001.pdf?start&ts=1202460432&file=av27_2001.pdf (Letzter Aufruf: 21.04.2016).

LesMigraS (2012): „...Nicht so greifbar und doch real". Eine quantitative und qualitative Studie zu Gewalt- und (Mehrfach-) Diskriminierungserfahrungen von lesbischen, bisexuellen Frauen und Trans* in Deutschland. Unter Mitarbeit von María do Mar Castro Varela, Ute Koop, Sabine Mohamed, Gisela Ott-Gerlach und Lisa Thaler. Berlin. URL: www.lesmigras.de/tl_files/lesben- beratung-berlin/Gewalt%20(Dokus,Aufsaetze...)/Dokumentation%20Studie%20web_sicher.pdf (Letzter Aufruf: 08.05.2015).

Mazukatow, Alik (2013): Politiken von Sexualität und Geschlecht in der schulischen Sexualerziehung in Berlin. In: Binder, Beate (Hrsg.): Geschlecht - Sexualität. Erkundungen in Feldern politischer Praxis. Berlin: Panama (Berliner Blätter, 62 : Sonderheft), S. 89–103.

Milhoffer, Petra (2000): Wie sie sich fühlen, was sie sich wünschen. Eine empirische Studie über Mädchen und Jungen auf dem Weg in die Pubertät. Weinheim, München: Juventa.

Pagenstecher, Lising (1993): Jugend und Sexualität. In: Krüger, Heinz-Hermann Krüger (Hrsg.): Handbuch der Jugendforschung. Opladen: Leske und Budrich, S. 473–494.

Riegel, Christine (2016): Bildung – Intersektionalität – Othering. Pädagogisches Handeln in widersprüchlichen Verhältnissen. Bielefeld: transcript.

Said, Edward W. (2009): Orientalismus. Frankfurt a. M.: Fischer.

Skrobanek, Jan (2015): Ethnisierung von Ungleichheit. Disparitäten, Benachteiligungswahrnehmung und Selbstethnisierungsprozesse im Übergang Schule Ausbildung. Weinheim, Basel: Beltz Juventa.

Spivak, Gayatri Chakravorty (1985): The Rani of Simur. An Essay in Reading the Archives. In: Barker, Francis et al. (Hrsg.): Europe and its others. Proceedings of the Essex Conference on the Sociology of Literature, July 1984. Colchester: University of Essex.

Streckeisen, Ursula/Hänzi, Denis/Hungerbühler, Andrea (2007): Fördern und Auslesen. Deutungsmuster von Lehrpersonen zu einem beruflichen Dilemma. Wiesbaden: VS.

Streib-Brzic, Uli/Quadflieg, Christiane (2011): Vergleichende Studie „Erfahrungen von Kindern aus Regenbogenfamilien in der Schule" durchgeführt in Deutschland, Slowenien und Schweden. Herausgegeben im Auftrag des Zentrums für transdisziplinäre Geschlechterstudien. Zentrum für transdisziplinäre Geschlechterstudien. Berlin. URL: www.gender.hu-berlin.de/rainbowchildren/ downloads/studie (Letzter Aufruf: 31.01.2014).

Tuider, Elisabeth (2012): polysexuell, pansexuell, queer. Heteronormativitätskritik und die Pädagogik. In: Kraus, Anja (Hrsg.): Körperlichkeit in der Schule – aktuelle Körperdiskurse und ihre Empirie. Oberhausen: Athena, S. 11–35.

van Dijk, Teun (2002): Discourse and Racism. In: Goldberg, David Theo/Solomos, John (Hrsg.): A Companion to Racial and Ethnic Studies. Oxford: Blackwell, S. 145–159.

Voß, Heinz-Jürgen (2016): Vor dem Hintergrund des Erstarkens rechtsextremer Initiativen wird deutlicher: Sexuelle Bildung und Konzepte zur Prävention sexualisierter Gewalt müssen von intersektionalen Ansätzen lernen. In: Naß, Alexander/Rentzsch, Silvia/Rödenbeck, Johanna/ Deinbeck, Monika (Hrsg.): Geschlechtliche Vielfalt (er)leben. Trans*- und Intergeschlechtlichkeit in Kindheit, Adoleszenz und jungem Erwachsenenalter. Gießen: Psychosozial-Verlag, S. 57–71.

Weber, Martina (2003): Heterogenität im Schulalltag. Konstruktion ethnischer und geschlechtlicher Unterschiede. Wiesbaden: VS.

Anja Henningsen und Inga Marie List

„Ich glaub', man müsst' einfach nur verstehen, dass wir alle Menschen sind"

Zugehörigkeit und (Un-)Gleichmachung von Schüler*innen vor dem Hintergrund ethnischer und geschlechtlicher Differenz an einem Brennpunktgymnasium

1 Die Ausgangslage – Integration als alte und neue Aufgabe für Schulen

Integrationsfragen werden für Schulen durch den Zuwachs an geflüchteten Schüler*innen aktuell erneut evident. Abgesehen von neuen, örtlich zu klärenden organisatorischen und finanziellen Fragen, wie die Einrichtung von DaZ-Klassen[1], deren räumliche Unterbringung usw., ist die schulische Bildungsarbeit schon seit Längerem mit einer vielfältigen Schüler*innenschaft – sei es unter der Klammer Integration oder auch in einem weiten Inklusionsverständnis – befasst. Es liegen vielfältige Erfahrungen, Materialien und Fortbildungsmöglichkeiten vor, die auch angesichts der aktuellen Integrationsaufgaben zur Verfügung stehen (vgl. Daschner 2016, 6). Dennoch deckt die aktuelle Debatte um die Integration der geflüchteten Schüler*innen erneut auf, dass grundsätzliche Defizite des Schulsystems vorhanden sind (vgl. Schwenke 2016, 12ff.).

Als im Sommer 2016 ein engagierter Lehrer aus einem Brennpunktgymnasium anrief, erreichte uns die ganz konkrete Sorge, dass ein wachsendes Konfliktpotenzial unter den Schüler*innen nicht mehr durch das eigentlich in der Integrationsarbeit erfahrene Kollegium aufgefangen werden konnte. Der Lehrer schilderte ein aufgeheiztes Klima durch die Nähe zum *DaZ-Zentrum* und damit verbundene Spannungen insbesondere zwischen den Mädchen und Jungen der Regel- und DaZ-Klassen.

Die offenkundig empfundene Störung der sozialen Ordnung an der Schule führte zurück auf den Ausgangspunkt jeglicher Integrationsdebatten: Die Begegnung von Zugehörigen und Nichtzugehörigen. Daran schließt sich die grundlegende Frage nach dem Umgang mit Differenz und dem damit verbundenen (Un-)Willen zur Integration an. Schule ist ein repräsentativer Ort gesamtgesellschaftlicher Integrationsverhandlungen: In räumlich komprimierter Form werden Begegnungen geschaffen, die von der Schule verantwortlich moderiert werden und sich in dem Selbstverständnis und der Handlungsweise der Schüler*innen widerspiegeln.

---

[1] Klassen für Deutsch als Zweitsprache (DaZ).

https://doi.org/10.1515/9783110518351-013

Auch nach umfangreichen Recherchen waren nur wenige Studien, die etwas über die Konflikt- und Integrationserfahrungen von Schüler*innen aussagen, auffindbar – insbesondere dann, wenn es um Konflikte an der Schnittstelle von Ethnizität und Geschlecht geht (vgl. Rose 2016). Ziel sollte es deshalb sein, die schulisch gerahmten Integrationserfahrungen von Jugendlichen zugänglich zu machen. Dabei standen folgende Fragen im Vordergrund: Wie moderiert die Schule die Vielfalt der Schüler*innen und wie lernen Schüler*innen Integration durch die Schule? Zudem interessierte ebenfalls, wie Schüler*innen und Lehrkräfte sich selbst einander (nicht) zugehörig machen oder wie sie (nicht) zugehörig gemacht werden. Im Laufe der Auswertung der mit Schüler*innen geführten Interviews ergab sich eine Schwerpunktsetzung auf die *Differenzlinien Ethnizität und Geschlecht*, die im Folgenden hauptsächlich erörtert werden.

2 Schule als Integrations- oder Exklusionsmotor?

In ihrem Wert für eine offene Gesellschaft kann der schulische Beitrag zur Integration nicht hoch genug eingeschätzt werden, weil sie als eine der zentralen Sozialisations- und Bildungsinstanzen eine Schlüsselposition einnimmt. Als Ort der vielfältigsten Begegnungen kann sie auch als „salad bowl" (Heitmeyer 1998, 458) bezeichnet werden, in der sich Schüler*innen unterschiedlichster sozialer und ethnisch-kultureller Milieus begegnen. Davon ausgehend geht es nicht mehr um einen „melting pot", in dem alles miteinander verschmolzen wird. Das stellt die Schule mit ihren zahlreichen Aufgaben vor große Herausforderungen.

2.1 Zum schulischen Auftrag – Integration und Bildungsgerechtigkeit

Im Selbstverständnis einer „Schule der Vielfalt" ist verankert, dass sie soziale, kulturelle und sprachliche Vielfalt anerkennt und gegen offene und versteckte Diskriminierungen vorgegangen wird (vgl. KMK 2013, 3ff.). Die Empfehlung der *Kultusministerkonferenz* „Interkulturelle Bildung und Erziehung in der Schule" (Beschluss der KMK vom 25.10.1996 i. d. F. vom 05.12.2013) formuliert den Auftrag, gleichberechtigte Teilhabe an Schulen zu verwirklichen. Dazu zählen eine gleichberechtigte Ausschöpfung der Potenziale Einzelner, ein Zugang zu einem qualifizierten Schulabschluss unabhängig vom jeweiligen soziokulturellen Hintergrund sowie die Vermittlung interkultureller Kompetenzen. Vielfalt wird hier als Normalität und zugleich Potenzial begriffen und bietet – ohne dass die möglichen Bezüge genannt werden – Anschlüsse für einen gleichberechtigten Umgang mit weiteren Differenzmerkmalen. Der auf Interkulturalität bezogene Integrationsgedanke wird u. a. durch die Leitlinien zur Sicherung der Chancengleichheit sowie zur geschlechtersensiblen schulischen

Bildung und Erziehung ergänzt (vgl. KMK 2016b). Die Bildungspolitik proklamiert für sich folglich, „alle Schülerinnen und Schüler unabhängig von Herkunft, Geschlecht und sozialem Status so zu fördern, dass für alle Kinder und alle Jugendlichen ein bestmöglicher Lern- und Bildungserfolg gesichert ist" (KMK 2016a, 2). Ziel ist somit, „Chancengleichheit" und „Bildungsgerechtigkeit" herzustellen.

2.2 Schule (re-)produziert mehrheitsgesellschaftliche Ordnung bzw. Machtverhältnisse

Allerdings liegen im System „Schule" bereits strukturell begründete Paradoxien. Wenn also lediglich davon ausgegangen wird, dass Schule Integrationskraft besitzt, so bleibt verschwiegen, dass sie sich aus systemtheoretischer Sicht auf ordnungs- und damit herrschaftsstabilisierende Funktionen beruft, die Integrationsanstrengungen diametral gegenüberstehen können. Obwohl die Anerkennung von Schüler*innen in ihren heterogenen Identitätsbezügen laut bildungspolitischer Vorgaben klar anvisiert wird, neigt das Schulsystem dazu, soziale Ordnungen nicht nur tendenziell zu reproduzieren, sondern auch zu legitimieren und damit sogar zu naturalisieren, also als gegebene und natürliche Ordnung aller Beteiligten zu präsentieren (vgl. Turecek 2015, 21f.).

2.3 Systemintegration durch Leistungsorientierung in Schule

Eine Systemintegration wird bei Individuen erreicht, wenn sie eine funktionale Wertigkeit für die Gesellschaft besitzen. Sie ist folglich eng mit anerkannten Leistungen verbunden und kann auch in Abstufungen erfolgen. Wenn also Leistungen in Form von Berufstätigkeit erbracht werden, erhalten Individuen dafür soziale Wertschätzung und Zugang zu bestimmten beruflichen Stellungen, sodass sie ihre Teilhabe an materiellen und kulturellen Gütern sichern können (vgl. Anhut/Heitmeyer 2000, 48).

Schule hat eine *Qualifikationsfunktion* (vgl. Fend 1981, 19): Sie bereitet Schüler*innen auf die späteren Lebensanforderungen in Beruf und Privatleben vor. Dazu gehört die Vermittlung von notwendigen Kenntnissen und Fähigkeiten, damit Schüler*innen eine gesellschaftliche Teilhabe ermöglicht wird. Vor allem durch die formalen Bildungsinhalte sowie ausgestellten Bildungszertifikate soll ein Ausbildungsstand erreicht werden, der den vom Arbeitsmarkt geforderten Zugangsberechtigungen entspricht. Mit der *Selektionsfunktion* (vgl. Fend 1981, 29) ist Schule eine richtungsweisende Institution und ein mächtiges Steuerungsinstrument in der Verteilung von späteren sozialen Stellungen. Insbesondere weil die Schule tendenziell die Sozialstruktur der Gesellschaft reproduziert, sind die Integrations- und Aufstiegsperspektiven in einer heterogenen Schüler*innenschaft kritisch zu prüfen.

In Bildungsforschung und -politik besteht ein andauernder Diskurs über *Chancengleichheit* und *Bildungsgerechtigkeit* im Schulsystem. Die „Illusion der Chancengleichheit" (vgl. Bourdieu/Passeron 1971) verschleiert, dass Erfolg oder Scheitern nach wie vor mit persönlichen Merkmalen und Herkunft verbunden bleiben. Anhand der empirischen Einblicke (PISA, TIMSS, IGLU[2]) lässt sich festmachen, dass eben dieses Prinzip zur Desintegration von Schüler*innen aus bildungsschwachen oder anders benachteiligten soziokulturellen Milieus führt. Aber auch die Bildungsgerechtigkeit als Konzept enthält Paradoxien. Der Aufstieg im Bildungssystem hängt damit zusammen, dass nicht alle den Aufstieg schaffen. Absolute Bildungsgerechtigkeit ist daher nicht erreichbar. Grundsätzlicher stellt sich die Frage, ob überhaupt Bildungsgerechtigkeit in einem ungerechten System herstellbar ist oder nicht vielmehr nur eine scheinbare Gerechtigkeit suggeriert.

Das Leistungsprinzip und die gesellschaftliche Wettbewerbsorientierung reduziert die Schüler*innen tendenziell auf ihre präjudizierte Nützlichkeit für die Arbeitswelt. Bestimmte Wissens- und Fertigkeitsbestände werden auf- oder abgewertet und eine damit verbundene Anerkennung und Zuschreibung vermittelt. Beispiele sind dafür die höhere Wertigkeit von MINT-Fächern[3] gegenüber Qualifikationen für soziale Berufe, die geringere Bedeutung sozialer Kompetenzen oder auch die Festlegung, welche Fremdsprachen als kulturelles Kapital genutzt werden können (vgl. Huxel 2016, 38).

2.4 Sozialintegration oder Assimilation in Schule?

Eine integrative Öffnung der Schule kann nur erfolgen, wenn Schüler*innen auch leistungsunabhängige Anerkennung erfahren. Das Integrationsverständnis nach Anhut/Heitmeyer (vgl. Anhut/Heitmeyer 2000) beschreibt neben einer leistungsorientierten Teilhabe auch den Weg der Sozialintegration. Im Rahmen ihrer Sozialisationsfunktion und ihres Erziehungsauftrags kann Schule einen solchen sozialintegrativen Beitrag leisten. Wenn also – möglicherweise angeregt durch Schule – Jugendliche an Entscheidungsprozessen beteiligt sind, können Interessen offen verhandelt werden. Insbesondere in heterogenen Pädagogikfeldern wie der Schule kann unter der Prämisse demokratischer Grundprinzipien wie Gerechtigkeit und Solidarität eine Verhandlungsbasis geschaffen werden, auf der sich alle berücksichtigt fühlen. Mit der Sozialintegration geht ebenso einher, dass sozial-emotionale Beziehungen hergestellt werden können, durch die Personen Selbstverwirklichung und Sinnstiftung erfahren. Wenn Schüler*innen das Gefühl gewinnen, für ihre personale Identität Anerkennung als auch Rückhalt bei Krisen zu erhalten, identifizieren sie sich als Teil des gesellschaftlichen Kollektivs.

---

2 Gemeint sind internationale Schulleistungsstudien: PISA (Programme for International Student Assessment), TIMSS (Trends in International Mathematics and Science Study), IGLU (Internationale Grundschul-Lese-Untersuchung).

3 MINT-Fächer fassen die Unterrichtsfächer der Bereiche Mathematik, Informatik, Naturwissenschaften und Technik zusammen.

Während sich die Integrationsdebatte in Schule vornehmlich auf formale Bildungsgerechtigkeit und die ungleiche herkunftsbedingte und geschlechterbezogene Verteilung konzentriert (vgl. Auernheimer 2006), werden in der Intersektionalitätsforschung (vgl. Winker/Degele 2010) und der erziehungswissenschaftlichen Diskriminierungsforschung die vielschichtigen Desintegrationserfahrungen als Wechselwirkungen zwischen Ethnizität, Religion, Geschlecht und Sexualität jenseits der schulischen Leistungsbewertungen sichtbar. Schule steht damit nicht nur als Lernort, sondern auch als Lebens- und Erfahrungsort in der Kritik. Für den hier adressierten Forschungszugang sei auf die schulischen Verhandlungen von Ethnizität und Geschlecht verwiesen. Dabei ist auch zu betonen, dass weitere wirkmächtige Ungleichheitsverhältnisse bestehen. Auf die schulische Reproduktion von Heteronormativität weist u. a. hin, dass Geschlechterstereotype tradiert werden (vgl. Faulstich-Wieland u. a. 2004) und Homo-, Bi-, Trans- und Interfeindlichkeit herrscht (vgl. Klocke 2012). Auch die Reproduktion von weiß-deutscher Normalität und die Bevorzugung von weißen Deutschen ist betrachtet worden (vgl. z. B. Gomolla/Radtke 2009) sowie die Verflechtung von Diskriminierung im Kontext von Ethnizität und Geschlecht (vgl. Kleiner/Rose 2014). Aus dieser Studienlage lässt sich schließen, dass eher diejenigen Schüler*innen akzeptiert werden, die einer weiß-deutschen und heteronormativen Normalität entsprechen. Wenn solche normative Setzungen stark dominieren, erfahren Schüler*innen Assimilationsdruck durch kulturelle, geschlechtliche oder sexuelle Nivellierung.

3 In der Schule lernen Schüler*innen Konformität und Fremdmachung

Innerhalb dieser systemimmanenten Diskriminierungsroutinen und -mechanismen sind für den gewählten empirischen Zugang vor allem auch die vermittelten und verhinderten Lern- und Bildungsprozesse relevant (vgl. Heinemann/Mecheril 2016). Auf dem heimlichen Lehrplan der Schule steht eine mehr oder weniger verdeckt vermittelte mehrheitsgesellschaftliche Zugehörigkeits- und Geschlechterordnung, die von den Schüler*innen gelernt wird. Auch wenn Schule nicht allein die alltagsweltlichen Erfahrungen der Jugendlichen prägt, so ist sie doch eine entscheidende institutionelle Akkulturationsinstanz und formt die Interpretation der Wirklichkeit durch die Schüler*innen.

Um diese Effekte genauer zu durchleuchten, wird auf die Konzepte des *Doing Difference* (vgl. West/Fenstermaker 1995) und *Othering* (vgl. Spivak 1985) zurückgegriffen, weil sie die kommunikativ verhandelten Selbst- und Fremdzuschreibungen sichtbarer machen und ihre Spuren in den Identitätskonstruktionsprozessen der Schüler*innen nachzeichnen. Analog zu dem sozialwissenschaftlich viel diskutierten und häufig gebrauchten Konzept des *Doing Gender* und der inhärenten Annahme, dass Geschlecht weniger dem entspricht, was man ist, sondern vielmehr dem, was man tut (vgl. West/Zimmermann 1987), kann auch von Doing Difference gesprochen werden, weil ebenso soziale Identität kontinuierlich in der Interaktion ausgehandelt und bestätigt wird (vgl. Tuider/Trzeciak 2015).

Während Doing Difference als ethnomethodologischer Ansatz die sich ständig verschiebenden sozialen Bedeutungen von Gruppenidentitäten wie Ethnizität und Geschlecht erklärt, meint Othering als sozialpsychologisches Modell erlernte Zuschreibungsprozesse, die als Mechanismen zur Distanzierung und Abwertung „fremder" Gruppen dienen. Othering bezieht sich ebenfalls auf soziale Kategorien, die in größere gesellschaftliche Machtverhältnisse eingebettet sind, also beispielsweise soziale Schicht, Ethnie oder sexuelle Orientierungen (vgl. Yildiz 2012). Bei der Konstruktion des Anderen geht es folglich um eine angenommene und nicht angepasste Minderheit, die einem „Eigenen" gegenübersteht (vgl. Turecek 2015, 21). Eigenes und Fremdes wird bei dieser Distanzierung nicht näher hinterfragt. Othering vereinfacht also, indem ein Dualismus zwischen dem Eigenen und dem Anderen heraufbeschworen und Vielfalt sowohl im Eigenen als auch im Anderen subsumiert wird.

4 (Des-)Integrationserfahrungen der Schüler*innen im Brennpunktgymnasium erforschen

Die folgende Analyse zum Umgang mit Differenzen und dem (Un-)Willen zur Integration basiert auf problemzentrierten Leitfadeninterviews, die mit insgesamt 17 Schüler*innen – sieben Jungen und zehn Mädchen – der siebten bis neunten Klasse geführt und deren Audioaufnahmen anschließend qualitativ ausgewertet wurden.[4]

Ähnlich wie die pädagogische Praxis steht auch dieser Forschungszugang unter dem klassischen Dilemma der Differenzkonstruktion (vgl. Baßler 2016). Wenn Differenzmarker betrachtet werden, führt dies immer auch dazu, sie zu reproduzieren und zu fixieren. Durch das Aufzeigen von Differenzen werden die Schüler*innen als „Ausländer*innen" und „Einheimische" ethnisiert, als homo- oder heterosexuell sexualisiert und ver-(zwei-)geschlechtlicht. Damit die Schule ihre Integrationsaufgabe erfüllen kann, erscheint es jedoch notwendig, die inhärenten Zuschreibungen zu benennen, um sie bearbeitbar zu machen. Das meint auch, kritisch zu betrachten, ob und wie die gewählten Differenzlinien repräsentiert und relevant für die Schüler*innen werden oder festzustellen, ob und wo Verschiebungen geschehen (vgl. Baßler 2016, 77ff.).

Nicht unerheblich sind auch die eigenen Zugehörigkeiten der Forscher*innen (zwei weiß-deutsche Cis-Frauen und ein weiß-deutscher Cis-Mann) sowie deren Outsider-Position, die bei der Befragung deutlich wurde: Einerseits schätzen die

---

4 Wir danken Christina Mieruch und Daniel Dombrowski für die Durchführung der Interviews, Sina Wernthal für die Transkription und ganz besonders den Schüler*innen, die mit uns über ihre Erfahrungen gesprochen haben.

Schüler*innen die Anonymität, durch die sie offen gegenüber Unbeteiligten ihre Erfahrungen berichten konnten. Andererseits verhinderte die weiß-deutsche oder geschlechtliche Zugehörigkeit womöglich ein offenes Gespräch über Diskriminierungserfahrungen. Auch das Bewusstsein über diskriminierende Praktiken könnte dazu geführt haben, dass in manchen Interviews eher knappe Antworten gegeben wurden und nicht immer ein frei fließendes Gespräch zustande kam.

5 (Un-)Gleichmachung im Zwangskontext „salad bowl" – die Perspektive der Schüler*innen

Die Schule führt Schüler*innen und Lehrkräfte mit verschiedensten Hintergründen zusammen. Die beteiligten Personen befinden sich hier in einem Zwangskontext und sind dazu aufgefordert, sich in ihrer ethnischen und geschlechtlichen Vielfalt zu begegnen. Ohne direkt auf die moderierende Funktion der Schule einzugehen, sind zunächst einmal die Differenzverhandlungen unter den Schüler*innen aufschlussreich, weil sich aus ihnen die notwendigen Bearbeitungsthemen und der daraus entstehende spezifische Integrationsauftrag der Schule ableiten lassen.

5.1 Differenzlinie Ethnizität – Kultur schlägt Geschlecht

Unter dem Sammelbegriff „Kultur" vermengen die Jugendlichen Ethnizität, Migrationsstatus und Religionszugehörigkeit zur indifferenten Zuschreibung des kulturell „Fremden". Diese Differenzlinie wird auch durch die Selbstbezeichnung „Ausländer*in" bestätigt. Unterschiede innerhalb der Gruppe werden nivelliert zugunsten eines Zusammenschlusses der „Migrationsanderen" (Mecheril u. a. 2010, 15ff.) und für das Bedürfnis Anerkennung und Zugehörigkeit zu erfahren instrumentalisiert.

Auch materielle Symbole werden zur Ungleichmachung herangezogen: „Wir hatten auch [...] ein Mädchen [in der Klasse], sie war früher halt ganz normal und dann kam sie auf einmal mit Kopftuch [...] und jetzt kommt sie wieder ganz normal [...]". Neben der deutlichen Abgrenzung zwischen „normal" und „anders" zeigt sich in Sarahs[5] weiterer Geschichte über dieses Mädchen, dass es ihr nicht um eine Verbindung von Geschlecht und Ethnizität geht. Während im öffentlichen Diskurs Frauenrechte und damit Geschlecht im Mittelpunkt der Debatte stehen (vgl. Rommelspacher 2005), wird in der Darstellung der Schüler*innen am Kopftuch ausschließlich kulturelle Differenz festgemacht.

---

5 Namen wurden im Sinne der Anonymisierung geändert.

5.2 Differenzlinie Geschlecht – Auslagerung toxischer Maskulinität

„Geschlecht" bleibt dennoch für die Jugendlichen eine zentrale Differenzkategorie, wie der Umgang mit Sexting an der Schule zeigt: „Sie hat das halt per Snapchat verschickt und für eine Sekunde, aber die Person, die's bekommen hat, hat halt ein Screenshot gemacht, und dann ähm wurde das halt weitergeschickt [...] (Auf die Frage, wie der Vorfall hätte verhindert werden können) [...] Ja, indem man sowas nich macht, einfach also schon gar nich auf so ne Idee kommen, solche Bilder verschicken." Die beschriebenen Vorfälle beziehen sich durchgehend auf Nacktfotos von Mädchen, die weitergeleitet wurden; die Implikationen des gegenderten *slut shamings* und *victim blamings* werden von den Schüler*innen nicht reflektiert (vgl. Ringrose u. a. 2013).

Leonies Erzählung von weitergeleiteten intimen Fotos deutet zum einen auf die Wichtigkeit von Medienkompetenz für Jugendliche hin und eine nicht ausreichend erfüllte Aufgabe der Schule (vgl. Döring 2012, 12ff.). Den Jugendlichen ist zwar bewusst, dass sie selbst virtuell wirken und damit verantwortlich sind für die Nachrichten und Fotos, die sie verschicken. Das damit einhergehende Recht auf Privatsphäre und Recht am eigenen Bild spielen dagegen für sie keine Rolle.

An nur wenigen Stellen zeigt sich eine bewusste Verknüpfung der Schüler*innen von verschiedenen Differenzkategorien. Tatsächlich setzt sie genau hier an, wenn die Bedrohung, zur „slut" zu werden, außerdem heteronormativ mit fremden Männern in Verbindung gebracht wird:

> Also die meisten Vorurteile hab ich gegenüber den Männern gehört, das war zum Beispiel auch gestern bei mir zu Hause [...] Meine Stiefmutter meinte halt aber auch schon, dass mein Outfit sehr knapp war, weil ich hatte ne kurze Hose an und n Top [...]. Dann kam der Lieferdienst und das war halt einer mit Migrationshintergrund. [...] Im Nachhinein meinte meine Stiefmutter dann ähm, dass er gar nicht wusste, wo er hingucken soll äh und dass [...] also sie will ihm nichts unterstellen, meinte sie, aber dass sie halt auch denkt, dass einige Männer denken könnten, dass man dann leicht zu haben ist. [...] Ich fand's n bisschen übertrieben, also ähm kann gut sein, dass einige Flüchtlingsmänner so sind, aber ich denke definitiv nicht alle und man sollte denen das auch nicht gleich unterstellen.

Zunächst erkennt man in Maries Erzählung über Vorurteile ihrer Stiefmutter gegenüber männlichen Migranten wiederum die homogenisierende Markierung „Migrationsandere" anhand der Vermischung verschiedener Fremdmachungen, also der Mann „mit Migrationshintergrund" als ein Beispiel für „Flüchtlingsmänner". Zudem zeigt sich darin die Unbeholfenheit im Umgang mit den eigenen Rassismen und Vorurteilen. In Maries Darstellung scheint der Stiefmutter ihre eigene vorurteilsbelastete Haltung nicht ganz wohl zu sein: „Sie will ihm nichts unterstellen, meinte sie". Marie distanziert sich durch die Relativierungen, dass „nicht alle so sind" und sie so etwas „nicht gleich unterstellen" will. Da es hier in der Erzählung auch um eine Bewertung der Sexualität ihrer Stieftochter geht und Sexualität ein nicht minder großes Tabuthema darstellt, wird mit zusätzlichen Anspielungen gearbeitet, was die Formulierung „leicht zu haben" andeutet.

Interessanterweise interpretiert Marie die Aussage ihrer Stiefmutter als ein Zeichen von Vorurteilen gegenüber „Flüchtlingsmännern". Ausgehend von ihrer Gesprächsdarstellung könnte man ebenso vermuten, dass die Stiefmutter die Sexualität ihrer Stieftochter kontrollieren wollte und gegen „knapp bekleidete Mädchen" vorgehen möchte. Ebenso vorstellbar ist, dass sie sich aus einer heteronormativen Perspektive auf Männer im Allgemeinen bezieht, vor denen sie ihre Tochter schützen möchte. Wenn wir Maries Interpretation folgen, verbirgt sich dahinter eines der Hauptthemen seit der Kölner Silvesternacht im Jahr 2015, nämlich die Verquickung von Geschlecht und Ethnizität, um die Geschichte von gefährlichen ausländischen Männern und unschuldigen weiß-deutschen Mädchen zu erzählen (vgl. Messerschmidt 2016). Das Bild toxischer Maskulinität wird damit aus dem weiß-deutschen Diskurs herausgehalten und stattdessen ausländischen Männern übergestülpt. Aus diesem „Ethnosexismus" (vgl. Dietze 2016) auszubrechen, die Rassismen darin zu erkennen und ebenfalls nicht den enthaltenen Sexismen zu verfallen, wird damit zu einer zentralen Lernaufgabe für die Integrationserfahrungen der Jugendlichen, die durch ihre Umwelt jedoch konterkariert wird. Diese Narrative bedienen die Jugendlichen zwar stärker, wenn sie über Integration als eine gesellschaftliche Aufgabe diskutieren, als wenn sie über ihre eigenen Erfahrungen in der Schule sprechen. Dennoch schlagen sie sich auch dort in Nebenbemerkungen nieder und beeinflussen damit auf subtile Weise negativ die Integrationsbemühungen im Schulkontext.

Die Verknüpfung von Gender und Ethnizität rekurriert auf mediale Diskurse und führt zu einer Abwertung migrantischer Männlichkeits- und Weiblichkeitsbilder zugunsten einer Idealisierung deutscher Geschlechterverhältnisse. Das geschieht ungeachtet der eigenen Genderkonstruktionen der Schüler*innen, die darauf hindeuten, dass sie heteronormative, patriarchale Stereotype verinnerlicht haben und bereit sind, gender-nonkonformes Verhalten abzustrafen. Wenn sich also Integrationsbemühungen lediglich auf kulturelle Identitäten beziehen, werden wichtige Ungleichheiten unter den Schüler*innen ignoriert, die ebenso bearbeitet werden müssen.

Bei der jugendlichen Perspektive auf Differenz und Integration fällt also auf, dass durch den Kontakt in der „salad bowl" gesellschaftlichen Vorurteilen nicht widersprochen wird, sondern sie sich verfestigen können. Unter den Schüler*innen wird eine Reihe von Themen aufgeworfen, u. a. der Entzug von persönlicher Anerkennung, vereinfachende Zuschreibungen, latente gesellschaftliche Diskurse, die im Rahmen einer Sozialintegration von der Schule zu bearbeiten wären. Inwiefern die Schule dieser Aufgabe nachkommt, wird in Kapitel 6 untersucht.

6 Die Rolle der Lehrkräfte und der Einfluss des Systems „Schule"

Mit Blick auf die Einflusskraft der Schule als Integrationsmotor wird sichtbar, dass die eben nachgezeichneten ethnischen und geschlechtlichen Differenzverhandlungen der Schüler*innen kaum aufgefangen werden. Tatsächlich wird die (Un-)Gleichmachung der Schüler*innen an dieser Schule verschärft und ist konkreter durch die dortige Selektions-, Qualifikations- und Integrationsarbeit belegbar.

6.1 Selektionsfunktion – Diskriminierung wird spürbar

Während den Schüler*innen auf alltagsweltlicher Ebene diskriminierendes Denken und Handeln weniger bewusst ist, wird ihnen bei der schulischen Leistungsbewertung Ungleichbehandlung eher deutlich und dementsprechend problematisiert:

> Ja [...] ich glaub schon, also ich hab das Gefühl, dass es bei Noten auf jeden Fall so ist, dass die Lehrer das so machen, dass die zum Beispiel den andern Leuten bessere Noten geben und uns dann nicht so, weil wir einfach anders sind, so.

Unabhängig davon, ob Iljas Beobachtung einer herkunftsbezogenen Notenvergabe tatsächlich der schulischen Praxis entspricht, verdeutlicht diese Aussage, wie sensibel betroffene Schüler*innen reagieren: Die gewohnte Differenzmarkierung macht die befragten Schüler*innen mit Migrationshintergrund hellhörig für die Rückmeldung anderer, die sie womöglich aufgrund dessen schlechter behandeln (vgl. Madubuko 2016, 20ff., 108) – und sie protestieren. Den Schüler*innen fällt eine Ungleichbehandlung ausschließlich aufgrund von ethnischer Zugehörigkeit auf; Wahrnehmungen von geschlechterbezogener Ungleichbehandlungen, beispielsweise wie in der Fachdebatte über „Jungen als Bildungsverlierer" (vgl. Hurrelmann/ Schultz 2012), wurden in den hier zugrunde liegenden Interviews mit Schüler*innen nicht thematisiert. Das lässt eine Prädominanz der ethnischen Differenzierung für betroffene Schüler*innen vermuten.

Verstärkt wird die Wahrnehmung der Ungleichbehandlung womöglich durch eine durchgängig weiß-deutsche Lehrer*innenschaft: „Also es gibt ja Türkischlehrer, die sind halt nur für den Türkischunterricht und das wär ja halt voll cool, wenn die halt auch Mathe oder so unterrichten würden", meint Robin. Es entsteht eine deutliche Schräglage zwischen einer homogenen Lehrer*innenschaft und einer multikulturellen Schüler*innenschaft mit der Folge, dass sich Schüler*innen fremd fühlen und Vorbilder vermissen.

6.2 Qualifikationsfunktion – wenn Türkischkenntnisse nicht zählen

Nicht nur Benotungen verbuchen Schüler*innen als Integrationserfahrung, sondern auch freiwillige Angebote wie die Türkisch-AG, die sich explizit an Schüler*innen richtet, die Türkisch auf Muttersprachniveau sprechen. Sie sind mögliche Rückzugs-orte für Gleichgesinnte – ein in der Empowerment-Forschung immer wieder genann-ter zentraler Aspekt zur Stärkung diskriminierungserfahrener Jugendlicher (vgl. Madubuko 2016, 103).

> Größtenteils haben wir da einfach so uns n bisschen unterhalten also dann haben wir halt n biss-chen ähm gelernt und äh auch gespielt, also das ist halt war eigentlich recht interessant, was ich nur schade finde ist, dass da ja ich weiß auch selber, dass wir hier bestimmt sehr viele türkische Schüler haben, aber ähm einfach nicht so viele dort waren.

Für Nesrin ist eine Anerkennung ihrer türkischen Identität innerhalb der Schule von großer Bedeutung und die Option der Türkisch-AG ein Zeichen dafür. Dass ihre tür-kischsprechenden Mitschüler*innen diese Ansicht anscheinend nicht teilen, weist womöglich daraufhin, dass Türkischlernen keine besondere Förderung in der Schule erhält. Statt einer „interkultureller Öffnung" im Sinne der KMK-Empfehlung (2013) wird mit der Existenz der Türkisch-AG Wertschätzung und Berücksichtigung türki-scher Identitäten der Schüler*innen eher aus dem Klassenzimmer ausgegliedert.

Aus Sicht der Jugendlichen leistet die Schule keine ausreichende Auseinanderset-zung mit Integration: Weder werden Ressourcen und Fähigkeiten von Schüler*innen wahrgenommen und gefördert, die nicht im Mehrheitssystem als unmittelbar ver-wertbar erscheinen, noch findet eine kritische Auseinandersetzung mit Differenz als Teil des Integrationsauftrags der Schule statt. Dass die Schüler*innen wiederum ethnische Differenz in den Mittelpunkt ihrer Schulkritik stellen, bestätigt ihre bereits beschriebene singuläre Wahrnehmung von Ungleichheitsmechanismen, indem sie bezogen auf ihre unmittelbaren Erfahrungen Ethnizität und andere Differenzkate-gorien nicht verknüpfen, sondern einzeln betrachten und ihnen Diskriminierung anhand von ethnischer Differenz am deutlichsten auffällt.

6.3 Integrationsfunktion – heimliche koloniale Lehrpläne

Mit Blick auf die in Schule vermittelten gesellschaftlichen Normen offenbart sich entweder ein problematisches Integrationsverständnis oder ein Verweigern der Inte-grationsaufgabe durch die Schule. Ein Beispiel dafür ist Jeans Erzählung aus dem Englischunterricht:

> Da fällt mir grad der Film ein, den wir in Englisch geguckt haben, [...] da geht's um indische Leute [...] die gehörn der Religion Sikh an, und bei denen ist das zum Beispiel nicht erlaubt, irgendwie ähm schwul oder lesbisch zu sein [...] ich glaub bei manchen Religionen spielt das schon ne große Rolle, ob man jetzt mit nem gleichgeschlechtlichen Partner zusammen is oder nich, und das find ich eigentlich relativ schade.

Angeregt durch die Filmauswahl der Lehrkraft setzt sich Jean mit Homosexualität in der Sikh-Religion auseinander. In seiner Erzählung spiegelt sich die abwertende Repräsentation „anderer" Kulturen zugunsten eines positiven Bildes der „eigenen" wider, die bereits in der Auseinandersetzung der Schüler*innen mit migrantischen Männer- und Frauenbildern festgestellt wurde. Die Verknüpfung von Differenzlinien zugunsten einer Abwertung der ethnisch „Anderen" wird also auch vonseiten der Schule unterstützt.

Eine vollkommen andere, nicht minder problematische Verbindung von Geschlecht und Ethnizität zeigte sich in der „Flüchtlings-AG", in der sich die befragten Schüler*innen mit minderjährigen Geflohenen treffen, die in unmittelbarer Nähe in einem sog. DaZ-Zentrum Deutsch lernen, um anschließend reguläre Schulen besuchen zu können:

> Das war voll schön, weil ähm auch das tat einem voll Leid, weil manche, die kommen ja aus richtigen Krisengebieten, und dann war's halt, das war wie solche Muttergefühle irgendwie, wenn man denen so was beigebracht hat und so [...] und die sich irgendwie gefreut haben über Schokolade oder so, und für uns ist das ja so normal.

Johanna klingt, wie einige ihrer Mitschülerinnen, begeistert von dieser Chance, jüngeren Menschen zu helfen. Dass ihre „Muttergefühle" geweckt werden, wenn sie „denen so was beigebracht" hat, erinnert an postkoloniale Kritiken an der schulischen Auseinandersetzung mit Entwicklungszusammenarbeit (vgl. Danielzik 2013). Das Verhältnis zwischen dem aktiven Lehren gegenüber dem passiven Lernen bestätigt einen heimlichen Lehrplan der Assimilation. Der gegenderte Blick auf die DaZ-Schüler*innen führt zu einer Nähe zwischen den an der „Flüchtlings-AG" Beteiligten, die eine hierarchisierte Differenz zwischen ihnen verstärkt: Es werden hilfebedürftige Kinder auf der einen und mütterliche Retterinnen auf der anderen Seite konstruiert. Somit wird den DaZ-Schüler*innen ihre gleichberechtigte Position erschwert und dabei diese Form der Begegnung als großzügige Hilfe der Nichtgeflohenen präsentiert.

Einige Schüler*innen besuchten das nahegelegene DaZ-Zentrum, bevor sie in die Regelklassen des Gymnasiums wechselten. Eine Zeit lang gab es räumliche Überschneidungen zwischen den Klassen, von denen einzelne im jeweils anderen Gebäude untergebracht waren. Filippa mutmaßt, warum es anschließend zu einer Trennung kam:

> Ich glaube also drüben [im DaZ-Zentrum] is mal eine Uhr kaputtgegangen und dann haben die uns beschuldigt, aber wir warn das halt gar nich, also unsre Klasse, und ich glaub die DaZ-Schüler hatten auch schon mal also ein Messer oder sowas dabei und [...] ja ich weiß nich [...] die, also bei denen is das glaub ich so, dass sie sozusagen die Regeln hier auch noch gar nich so wirklich wissen

und das alles n bisschen lockerer sehn […] weiß nich, ich glaub die wollen das einfach so trennen, ich hab keine Ahnung, also für die Integration der DaZ-Schüler is das ja eigentlich nich so gut, weil die […] wie wir hier so den Schulalltag dann nich so mitbekommen, wie das dann so is.

Filippa vermutet, es sei zur Trennung der DaZ- und Gymnasialschüler*innen gekommen, weil die DaZ-Schüler*innen die „Regeln hier" nicht kannten und es dadurch zu Streitigkeiten zwischen den Klassen gekommen sei. Sie trennt und homogenisiert das Handeln der eigenen Klassenkamerad*innen und der „Anderen". Filippas zurückhaltende Kritik an der räumlichen Trennung der Schulen mit dem Hinweis, die Integration der DaZ-Schüler*innen werde dadurch verhindert, weist auf darunterliegende Entscheidungen der Schule hin, die dem Integrationsauftrag entgegenstehen. Das Zusammenführen der verschiedenen Klassen benötigt eine pädagogische Begleitung, die im Schulalltag nicht geleistet wird. Diese konflikthaften Begegnungen, die nicht gut bearbeitet wurden, schaffen in der Folge Raum für offen fremdenfeindliche Haltungen der Schüler*innen:

[Es sollte sich ändern] vielleicht, dass die also jetzt auch mit Flüchtlingen, dass die nich so brutal sind und irgendwie auch Respekt zeigen, weil die sind voll respektlos manche, also wenn du dann auch welche an unserer Schule und die haben sich auch schon mal selber ähm wollten sich gegenseitig töten also […] die respektieren uns irgendwie gar nich […] also dass die eigentlich nich hier hingehören, wenn sie sich so verhalten.

An Nicoles Darstellung des Verhältnisses zwischen den Schulen, die neben der bereits bekannten Trennung nach „wir" und „sie" formelartig auf einen Mangel an Respekt vonseiten der DaZ-Schüler*innen hinweist, lässt sich ablesen, wie tief die Ungleichheitsverhältnisse greifen, die sich anschließend in Konflikten manifestieren. Solche vorurteilsbehafteten Aussagen wie die von Nicole sind weder in unseren Interviews ein Einzelfall noch in der breiteren Gesellschaft (vgl. Castro Varela 2007, 63). Dass mit dem Zentrum nur wenig Kontakt gehalten und ein Vermischen bewusst verhindert wird, muss deswegen als schwerwiegende Integrationsbremse interpretiert werden.

In den Erzählungen der Jugendlichen wird neben der reflektierten Auseinandersetzung mit Ethnizität eine unbewusste Haltung zu Geschlecht deutlich, was ihre Wirkkraft noch verstärkt. Die Diskriminierungserfahrungen der Schüler*innen miteinander und im System Schule zeigen, wie notwendig es ist, latenten Ungleichheitsverhältnissen Aufmerksamkeit zu schenken, um auch den wesentlich manifesteren vorzubeugen. Gleichzeitig muss festgestellt werden, dass die Integrationsarbeit der Schule nicht darauf angelegt ist, die Erfahrungen zu bearbeiten, sondern im Gegenteil sie zu verstärken. Ein fehlgeleitetes Integrationsmanagement zeichnet sich ab, in dem Segregation zwischen DaZ- und Regelklassen verschärft oder Assimilation im Fall der „Flüchtlings-AG" produziert wird. Die Schule befindet sich damit in einem Widerspruch zwischen offiziellen Integrationsbemühungen und heimlicher kolonialer Ordnung, in deren Mitte Schüler*innen (Un-)Gleichheit lernen und deswegen nur bedingt in der Lage sind, sich dem System zu widersetzen und sich gemeinsam zu integrieren.

7 Ableitungen für eine ungleichheitssensible Pädagogik

Mit der Erkenntnis über das schulische Missverhältnis zwischen herrschaftskonformer Funktion und Integrationsidealen zu enden, erscheint fatalistisch. Tatsächlich aber bleibt der Beitrag in der Bilanz optimistisch und folgt hooks' Feststellung, „acknowledgement of racism is significant when it leads to transformation" (hooks 2000, 56). Kumashiro formuliert als Prämisse intersektionaler Pädagogik den Anspruch, die Schüler*innen „durcheinanderzubringen" (vgl. Kumashiro 2001, 18). Tatsächlich müssen nicht nur die Schüler*innen aufgerüttelt werden, sondern alle Beteiligten des Systems „Schule", um ihre „partielle Macht" (Cohn/Farau 1984, 379) in Verantwortung zu übersetzen. Durch die wertvolle Erkenntnis der Schule, in der Integrationsmoderation an Grenzen gestoßen zu sein, entsteht eine neue Bereitschaft zur selbstkritischen Aufdeckung von Ungerechtigkeiten im eigenen System.

Grundsätzlich sollte auf die solide Basis der unaufgeregten Jugendlichen aufgebaut werden. Entgegen der Sorge der Lehrkräfte agieren sie weniger offen rassistisch, sind interessiert an einer Begegnung und gleichsam in einer kritischen Distanz zum Integrationsmanagement der Schule. Für einen diskriminierungsbewussten Umgang ist ihre Haltung bereits eine sehr gute Basis. Darüber hinaus sollte eine diskriminierungsbewusste Pädagogik 1. für die „Fremdgemachten" sorgen, 2. über Differenzen und Fremdmachung aufklären, sowie 3. sozial gerechtere Verhältnisse herstellen.

1. Betroffene von Diskriminierung benötigen „Akzeptanz-Räume" (vgl. Madubuko 2016, 103ff.), in denen sie Unterstützung erhalten und sich frei entfalten können. Dazu gehört, AGs zu gründen, die das soziale Miteinander der Schüler*innen fördern, um ein individuelles Angenommensein jenseits von schulischen (Leistungs-)Erwartungen zu erfahren. Aber auch im regulären Klassenkontext brauchen Schüler*innen Anerkennung für ihre Selbstentwürfe, die Schüler*innen weniger an der differenzorientierten Frage „Wer oder was bin ich?" erfahren sollten, sondern eher an der Frage „Wie will ich leben?". Derartige Bildungsangebote wirken schulischen Assimilationstendenzen entgegen.

2. Gerade weil den Schüler*innen die vielfältigen und sich verschränkenden Diskriminierungspotenziale kaum bewusst sind, brauchen sie ein Verständnis dafür, dass Ausschluss unterschiedlich produziert und aufgelöst werden kann. Wenn es Lehrkräften gelingt, dass Schüler*innen sich manches Mal von dominanten Zuschreibungen wie „Ethnizität" oder „Geschlecht" lösen, gelingt es ihnen über weitere Identitätsmerkmale, verbindende Kontakte zu anderen herzustellen. Antirassismustrainings oder Mädchen- und Jungenarbeit leisten nicht allein ausreichend „produktive Verwirrung". Das Integrationsverständnis bestimmt, ob und welcher pädagogische(r) Handlungsbedarf besteht. Lehrkräfte sind gefordert, ihre Integrationsarbeit kontinuierlich kritisch zu überprüfen, um Vereinseitigungen zu vermeiden. In einer balancierten „Schule der Vielfalt" wird idealerweise die Aufmerksamkeit auf die verschiedenen Differenzlinien und damit verbundenen

Ungleichheiten gerichtet. Für Lehrkräfte bedeutet dies, auch die eigene Verstrickung in die Reproduktion sozialer Differenz zu erkennen. Gelebte Vielfalt spiegelt sich im Kollegium wider und befördert, Anderem offen zu begegnen.

3. Schließlich geht es darum, Integration partizipativ mit Schüler*innen zu erleben. Das bedeutet für Lehrkräfte, in Kontakt mit der heterogenen Schüler*innenschaft zu kommen, Fragen zu stellen sowie Dialoge zu moderieren. Wenn die Perspektiven der Schüler*innen ernst genommen werden, können die ungleichheitsmachenden Normen entkräftet werden. Die Voraussetzung für ein solches sozialintegratives Selbstverständnis in der Schule ist ein bereitwilliges Abrücken von einer ausschließlichen Leistungsorientierung. Auch hier beginnt das Umdenken bei den verantwortlichen Lehrkräften und ihrer Bereitschaft, die eigene Rolle und das System Schule neu zu denken.

8 Vertiefungsaufgaben und -fragen

1. In diesem Artikel wurde die (Un-)Gleichmachung anhand der Differenzlinien „Ethnizität" und „Geschlecht" im Kontext „Schule" betrachtet. Was würden Sie für Ergebnisse in einem anderen pädagogischen Handlungsfeld erwarten und was für Handlungsempfehlungen ergäben sich daraus? Beziehen Sie sich auf einen Handlungskontext Ihrer Wahl (z. B. Kita, stationäre Einrichtung der Kinder- und Jugendhilfe, offene Jugendarbeit) und stellen Sie zunächst Hypothesen auf, wie dieses Handlungsfeld ethnisierte und gegenderte (Un-)Gleichmachung der Klient*innen beeinflussen würde, um anschließend zu diskutieren, welche Handlungsempfehlungen Sie daraus für pädagogische Fachkräfte in diesem Feld ableiten.
2. Neben Ethnizität und Geschlecht gibt es eine Reihe weiterer Differenzlinien, die für Integrationserfahrungen von Schüler*innen von Belang sein können. Diskutieren Sie, welchen Einfluss die sexuelle Orientierung auf Othering-Erfahrungen von Jugendlichen im Schulkontext haben könnte.
3. Informieren Sie sich über den „Privilegientest" (z. B. als Youtube-Video: www.youtube.com/watch?v=hD5f8GuNuGQ). Würde diese Übung Ihrer Meinung nach infrage kommen, um Jugendliche für Differenzlinien und Othering zu sensibilisieren? Begründen Sie Ihre Einschätzung.

Literatur

Anhut, Reimund/Heitmeyer, Wilhelm (2000): Desintegration, Konflikt und Ethnisierung. Eine Problemanalyse und theoretische Rahmenkonzeption. In: Anhut, Reimund/Heitmeyer, Wilhelm (Hrsg.): Bedrohte Stadtgesellschaft. Soziale Desintegrationsprozesse und ethnisch-kulturelle Konfliktkonstellationen. Weinheim, München: Juventa. S. 17–75.

Auernheimer, Georg (Hrsg.) (2006): Schieflagen im Bildungssystem: Die Benachteiligung der Migran-
tenkinder. Wiesbaden: VS.

Baßler, Bianca (2016): Differenzen (be)schreiben? Vom Umgang mit Differenzen in sozialpädago-
gischer Praxis und ethnographischer Forschung. In: Graff, Ulrike/Kolodzig, Katja/Johann, Nikolas
(Hrsg.): Ethnographie – Pädagogik – Geschlecht. Kinder, Kindheiten und Kindheitsforschung.
Wiesbaden: Springer, S. 77–95.

Bourdieu, Pierre/Passeron, Jean Claude (1971): Die Illusion der Chancengleichheit. Untersuchungen
zur Soziologie des Bildungswesens am Beispiel Frankreichs. Stuttgart: Klett.

Castro Varela, María do Mar (2007): Wer bin ich? Und wer sagt das? Migrantinnen und die Zumutungen
alltäglicher Zuschreibungen. In: Munsch, Chantal (Hrsg.): Eva ist emanzipiert, Mehmet ist ein
Macho. Zuschreibung, Ausgrenzung, Lebensbewältigung und Handlungsansätze im Kontext von
Migration und Geschlecht. Weinheim, München: Juventa, S. 62–73.

Cohn, Ruth/Farau, Alfred (1984): Gelebte Geschichte der Psychotherapie. Zwei Perspektiven.
Stuttgart: Klett-Cotta.

Danielzik, Chandra-Milena (2013): Überlegenheitsdenken fällt nicht vom Himmel. Postkoloniale
Perspektiven auf Globales Lernen und Bildung für nachhaltige Entwicklung. In: ZEP: Zeitschrift
für Internationale Bildungsforschung und Entwicklungspädagogik, Heft 1, S. 26–33.

Daschner, Peter (2016): Flüchtlinge in der Schule. Was wissen wir? Was brauchen wir? Was können wir
tun? In: Pädagogik 68, Heft 4, S. 6–11.

Dietze, Gabriele (2016): Ethnosexismus. Sex-Mob-Narrative um die Kölner Silvesternacht. movements
Journal für kritische Migrations- und Grenzregimeforschung 2, Heft 1. URL: http://movements-
journal.org/issues/03.rassismus/10.dietze--ethnosexismus.html (Letzter Aufruf: 31.01.2017).

Döring, Nikola (2012): Erotischer Fotoaustausch unter Jugendlichen. Verbreitung, Funktionen und
Folgen des Sexting. In: Zeitschrift für Sexualforschung Jg. 25, S. 4–25.

Faulstich-Wieland, Hannelore/Weber, Martina/Willems, Katharina (2004): Doing Gender im heutigen
Schulalltag. Empirische Studien zur sozialen Konstruktion von Geschlecht in schulischen
Interaktionen. Weinheim: Juventa.

Fend, Helmut (1981): Theorie der Schule. 2. durchgesehene Auflage. München: Urban & Schwar-
zenberg.

Gomolla, Mechtild/Radtke, Frank-Olaf (2009): Institutionelle Diskriminierung. Die Herstellung
ethnischer Differenz in Schule. 3. Auflage. Wiesbaden: VS.

Heinemann, Alisha M. B./Mecheril, Paul (2016): Erziehungswissenschaftliche Diskriminierungsforschung. In: Handbuch Diskriminierung. In: Scherr, Albert/El-Mafaalani, Aladin/Yüksel, Emine
Gökcen (Hrsg.): Handbuch Diskriminierung. Wiesbaden: Springer. URL: http://link.springer.com/
referenceworkentry/10.1007/978-3-658-11119-9_6-1 (Letzter Aufruf: 30.08.2017).

Heitmeyer, Wilhelm (Hrsg.) (1998): Die Krise der Städte: Analysen zu den Folgen desintegrativer
Stadtentwicklung für das ethnisch-kulturelle Zusammenleben. Frankfurt a. M.: Suhrkamp.

hooks, bell (2000): Feminist Theory: From Margin to Center. 2. Auflage. London: Pluto Press.

Hurrelmann, Klaus/Schultz, Tarjey (Hrsg.) (2012): Jungen als Bildungsverlierer. Brauchen wir eine
Männerquote in Kitas und Schulen? Weinheim: Beltz.

Huxel, Katrin (2016): Interkulturelle Öffnung in der Migrationsgesellschaft veränderte Begriffe und
aktuelle Fragen. In: Institut für soziale Arbeit e. V. (Hrsg.): ISA-Jahrbuch zur Sozialen Arbeit 2016.
Schwerpunkt Geflüchtete junge Menschen in Kontexten der Sozialen Arbeit und angrenzender
Systeme. Münster: Waxmann, S. 29–41.

Kleiner, Bettina/Rose, Nadine (Hrsg.) (2014): (Re-)Produktion von Ungleichheiten im Schulalltag.
Judith Butlers Konzept der Subjektivation in der erziehungswissenschaftlichen Forschung.
Opladen: Budrich.

Klocke, Ulrich (2012): Akzeptanz sexueller Vielfalt an Berliner Schulen: Eine Befragung zu Verhalten,
Einstellungen und Wissen zu LSBT und deren Einflussvariablen. Berlin: Senatsverwaltung für
Bildung, Jugend und Wissenschaft. URL: https://www.psychologie.hu-berlin.de/de/prof/org/
download/klocke2012_1 (Letzter Aufruf: 31.01.2017).

Kultusministerkonferenz (KMK) (2013): Interkulturelle Bildung und Erziehung in der Schule. Beschluss der Kultusministerkonferenz vom 25.10.1996 i. d. F. vom 05.12.2013. URL: www.kmk.org/fileadmin/Dateien/veroeffentlichungen_beschluesse/1996/1996_10_25-Interkulturelle-Bildung.pdf (Letzter Aufruf: 07.01.2017).

Kultusministerkonferenz (KMK) (2016a): Gemeinsame Initiative von Bund und Ländern zur Förderung leistungsstarker und potenziell besonders leistungsfähiger Schülerinnen und Schüler. Beschluss der Kultusministerkonferenz vom 10.11.2016. URL: https://www.bmbf.de/files/Initiative_Leistungsstarke_Beschluss.pdf (Letzter Aufruf: 31.01.2017).

Kultusministerkonferenz (KMK) (2016b): Leitlinien zur Sicherung der Chancengleichheit durch geschlechtersensible schulische Bildung und Erziehung. Beschluss der Kultusministerkonferenz vom 06.10.2016/Beschluss der Konferenz der Gleichstellungs- und Frauenministerinnen und -minister, -senatorinnen und -senatoren der Länder vom 15./16.06.2016. Berlin. URL: https://www.kmk.org/fileadmin/Dateien/veroeffentlichungen_beschluesse/2016/2016_10_06-Geschlechtersensible-schulische_Bildung.pdf (Letzter Aufruf: 31.01.2017).

Kumashiro, Kevin K. (2001): Queer Students of Color and Antiracist, Antiheterosexist Education. Paradoxes of Identity and Activism. In: Kumashiro, Kevin K. (Hrsg.): Troubling intersections of race and sexuality. Queer students of color and anti-oppressive education. Lanham, Md.: Rowman & Littlefield, S. 1–26.

Madubuko, Nkechi (2016): Empowerment als Erziehungsaufgabe. Praktisches Wissen für den Umgang mit Rassismuserfahrungen. Münster: Unrast.

Mecheril, Paul/Castro Varela, Maria do Mar/Dirim, Jnci/Kalpaka, Annita/Melter, Claus (2010): Migrationspädagogik. Weinheim, Basel: Beltz.

Messerschmidt, Astrid (2016): Nach Köln – sprechen über Sexismus und Rassismus. Vortrag bei einer vom Netzwerk für Rassismuskritische Migrationspädagogik in Baden-Württemberg organisierten Veranstaltung an der Universität Tübingen am 28.01.2016. URL: www.rassismuskritik-bw.de/nach-koeln-sprechen-ueber-sexismus-und-rassismus/ (Letzter Aufruf 31.01.2017).

Ringrose, Jessica/Harvey, Laura/Gill, Rosalind/Livingstone, Sonia (2013): Teen girls, sexual double standards and ‚sexting'. Gendered value in digital image exchange. In: Feminist Theory 14, Heft 3, S. 305–323.

Rommelspacher, Birgit (2005): Ausgrenzung und Emanzipation. In: Bulletin Texte des Zentrum für transdisziplinäre Geschlechterstudien „Armut und Geschlecht", Heft 29 + 30, S. 99–107.

Rose, Nadine (2016): Differenz(en) aufrufen. In: Geier, Thomas/Zabrowski, Katrin U. (Hrsg.): Migration: Auflösung und Grenzziehungen. Studien zur Schul- und Bildungsforschung. Wiesbaden: Springer. S. 97–112.

Said, Edward (2003): Orientalism. London: Penguin.

Schwenke, Anna (2016): Vom Analphabeten bis zum Gymnasiasten. Problemfelder und Lösungsansätze in einem neu etablierten Deutsch-intensiv-Kurs. In: Pädagogik 68, Heft 4, S. 12–15.

Spivak, Gayatri Chakravorty (1985): The Rani of Sirmur: An Essay in Reading the Archives. In: History and Theory 24, Heft 3, S. 247–272.

Tuider, Elisabeth/Trzeciak, Miriam (2015): Migration, Doing difference und Geschlecht. In: Reuter, Julia/Mecheril, Paul (Hrsg.): Schlüsselwerke der Migrationsforschung. Wiesbaden: Springer, S. 361–378.

Turecek, Martina (2015): Die „Anderen" im Klassenzimmer: Othering im Kontext von DaZ in der Lehrer-/innenbildung. In: Scenario 1, S. 19–44.

West, Candace/Fenstermaker, Sarah (1995): Doing Difference. In: Gender & Society 9, Heft 1, S. 8–37.

West, Candace/Zimmermann, Don H. (1987): Doing Gender. In: Gender & Society 1, Heft 2, S. 125–151.

Winker Gabriele/Degele, Nina (2010): Intersektionalität. Zur Analyse sozialer Ungleichheiten. 2. unveränderte Auflage. Bielefeld: transcript.

Yildiz, Safiye (2012): Multikulturalismus – Interkulturalität – Kosmopolitismus. Die kulturelle Andersmachung von Migrant/-innen in deutschen Diskurspraktiken. In: Seminar: A Journal of German Studies 18, Heft 3, 379–396.

Teil IV: **Politiken, Strategien und Konzepte
in öffentlichen und zivilgesellschaftlichen
Handlungsfeldern**

Ergin Focali

Interkulturelle sexualpädagogische Bildungsangebote für Eltern und Kinder in Kindertagesstätten

1 Anlass, Problemstellung und Erfahrungshintergrund

Pädagogische Fachkräfte – in der Regel Erzieher*innen – in Kindertagesstätten sind heute mit einer Vielzahl an Aufgaben und gestiegenen Bildungsanforderungen konfrontiert, die sich in den Bildungsprogrammen der jeweiligen Länder widerspiegeln. Das „Berliner Bildungsprogramm für Kitas" z. B. benennt als verbindliche Bildungsbereiche Gesundheit, soziales und kulturelles Leben, Kommunikation, also Sprachen, Schriftkulturen und Medien, Kunst, Mathematik, Natur – Umwelt – Technik (vgl. Senatsverwaltung für Bildung 2014). Pädagogische Fachkräfte haben also die Aufgabe, Kinder u. a. auf das soziale und kulturelle Leben vorzubereiten, „Kulturtechniken" wie Schrift oder Mathematik zu vermitteln und gesundheitliche Bildungsprozesse zu initiieren. Letzteres umfasst u. a. den fachlich als „Sexualpädagogik" bezeichneten Bereich.

Gerade in der Vorbereitung auf das soziale und kulturelle Leben spielen komplexe, sich manchmal widerstreitende Werte, Normen und damit zusammenhängende Konflikte als Herausforderungen im pädagogischen Alltag eine Rolle. Globale und gesellschaftliche Veränderungen tragen zur fortschreitenden Pluralisierung von Lebenslagen, aber auch zur damit verbundenen Desorientierung bei. Heterogene Erziehungsvorstellungen der Elternschaft, hiermit verbundene Unsicherheiten und Ängste, aber auch unterschiedliche Erziehungsvorstellungen unter den Fachkräften gehören zum Alltag. Sie ergeben sich eben nicht nur aus den mit Flucht und Vertreibung, Migration und Multiethnizität zusammenhängenden Herausforderungen, sondern in hohem Maße aus den innergesellschaftlichen Dynamiken, die mit ungleicher Ressourcenverteilung zusammenhängen. So lebt beispielsweise in Berlin mittlerweile jedes dritte Kind in Armut (vgl. Paritätischer Gesamtverband 2016, 36).

Hinzu kommen die von rechtspopulistischen Parteien wie der AFD formulierten „sexualpädagogischen" Vorstellungen, die mit Begriffen wie „Frühsexualisierung" und „Staatsfeminismus" operieren. Die hiermit verbundene Sexualmoral und Erziehungsvorstellung mag zwar in weiten Teilen der pluralen Gesellschaft, vor allem in der qualifizierten Fachkräfteschaft, auf verzweifeltes Kopfschütteln treffen, dennoch bestimmen diese Haltungen das tägliche Geschäft der Pädagog*innen in Kindertagesstätten, wenn sie mit Eltern über Erziehungsfragen z. B. die der Sexualerziehung sprechen.

https://doi.org/10.1515/9783110518351-014

Am Beispiel der sexuellen Bildung zeigen sich somit besonders deutlich die Ambivalenzen, die Vielzahl sich teilweise widersprechender Anforderungen, Erwartungen und Gefühle, denen sich pädagogische Fachkräfte stellen müssen. Sexualität allgemein, und insbesondere frühkindlichen Sexualität, gehören immer noch zu hoch tabuisierten Themen in vielen Teilen der Bevölkerung und allen gesellschaftlichen Schichten – ein Umstand, dem pädagogische Fachkräfte Rechnung tragen müssen. Vor diesem Hintergrund müssen pädagogische Fachkräfte in Kindertagesstätten und Grundschulen über professionelle Strategien zum Umgang mit sexueller Bildung und den damit verbundenen Herausforderungen verfügen: „Kindliche Sexualität entfaltet sich, wenn die Einstellungen und pädagogischen Handlungskompetenzen der Erziehenden der sexuellen Entwicklung von Kindern nicht entgegen wirken. Angesichts der vielfältigen Situationen des Alltags im Kindergarten und Hort reicht gesunder Menschenverstand bei Weitem nicht aus. Ein Mindestmaß an sexualpädagogischen Handlungskompetenzen ist die Voraussetzung für situationsorientiertes Arbeiten" (BZgA 1999, 114).

In diesem Beitrag werden einige grundsätzliche Überlegungen zur sexuellen Bildung im Bereich frühkindlicher Entwicklung angestellt, Kompetenzen und Aufgaben von Erzieher*innen benannt und dabei die interkulturellen Kompetenzen hervorgehoben. Ohne grundsätzliche Ausführungen zur sexualpädagogischen Didaktik im Elementarbereich und ohne Schwerpunktsetzung im Bereich der sexuellen Gewalt vorzunehmen, konzentriert sich der Text auf die Kooperation zwischen Fachkräften und Eltern. Erfahrungshintergrund sind zwei Beispiele der sexualpädagogischen Bildung von Kindertagesstätten in Zusammenarbeit mit externen, interkulturell ausgerichteten Trägern. Der Träger *Balance e. V.* bietet seit vielen Jahren erfolgreich sexualpädagogische Bildungsangebote für Kitas und Grundschulklassen an, die jährlich von etwa 10.000 Mädchen und Jungen, Frauen und Männern, ohne und mit Beeinträchtigung und von Menschen deutscher und nicht deutscher Herkunft in Anspruch genommen werden.

Der Träger *Interkulturelles Beratungs- und Begegnungscentrum e. V.* (IBBC e. V.) arbeitet in enger Kooperation mit Kindertagesstätten und den koordinierenden Familienzentren sowie mit Notunterkünften für Menschen mit Fluchterfahrung in dem Berliner Stadtteil Nord-Neukölln mit erhöhtem Förderungsbedarf und einem hohen Anteil von Menschen mit Migrationshintergrund. Angeboten werden aufsuchende Beratung- und Bildungsangebote für Eltern mit niedrigschwelliger und interkultureller Ausrichtung[1].

---

1 Kapitel 5 zum Träger *Balance e. V.* basiert in weiten Teilen auf einem Interview mit der Sexualpädagogin Melody Ledwon, der an dieser Stelle herzlich für die Bereitschaft gedankt sei, die Informationen im Rahmen dieses Lehrbuchs zur Verfügung zu stellen. Kapitel 6 zum Träger *IBBC e. V.* basiert in weiten Teilen auf einem Interview mit Frau Ilknur Gümüs, Mitglied im Vorstand des Trägers, der an dieser Stelle ebenfalls herzlich für die Bereitschaft gedankt sei, die Informationen im Rahmen dieses Lehrbuchs zur Verfügung zu stellen. Außerdem danke ich Frau Kristin Pokroppa, der stellvertretenden Leiterin und Koordinatorin für die Flüchtlingshilfe vom Träger *Vielfalt e. V.* für die Bereitstellung von Informationen und ihre Unterstützung beim Zustandekommen dieses Beitrags.

2 Interkulturelle sexuelle Bildung im Bereich frühkindlicher Entwicklung

Fachlich gesehen ist die Aufgabe von Kindertagesstätten unbestritten, den sexuellen Bildungsprozess der Kinder zu unterstützen und zu begleiten. Dies umfasst die Auseinandersetzung, das Erleben und Erfahren der eigenen Körperlichkeit, das Erlernen von Geschlechterrollenmustern, die Orientierung an Vorbildern, das Eingehen auf die Fragen der Kinder. So gehören die Themenbereiche der Sexualität und der sexuellen Bildung ganz selbstverständlich zum Alltag der Kitas und der frühkindlichen Entwicklung (vgl. Rohrmann/Wanzeck-Sielert 2014, 159; Naumann 2013, 34f.). Sexualität beginnt, wie Maywald deutlich macht, „nicht erst ‚später‘, also etwa in der Zeit der Pubertät, sondern gehört als menschliches Grundbedürfnis von Beginn an zur Entwicklung jedes Kindes. [...] Entscheidend kommt es darauf an, die kindliche Sexualität in ihrer Besonderheit und Eigenständigkeit zu erkennen und wertzuschätzen" (Maywald 2015, 19). So erfahren und erleben Kinder ihre Umwelt spielerisch und spontan, ganzheitlich und mit allen Sinnen und haben ein unbefangenes Bedürfnis nach Nähe und Geborgenheit (vgl. Maywald 2015, 17f.).

In der Regel ist der Auftrag zur Sexualerziehung in den Bildungsleitlinien für Kindertagesstätten nachzulesen, die in allen Bundesländern erlassen wurden. „Die Ausführungen zur Sexualerziehung zeigen je nach Bundesland große Unterschiede. So gibt es Bundesländer, die differenzierte Aussagen zum Umgang mit Körper und Sexualität machen, während andere sich eher kurz fassen" (Schmidt/Sielert 2012, 66). Im Berliner Bildungsprogramm, das die sexuelle Entwicklung im Bildungsbereich „Gesundheit" thematisiert, wird deutlich gemacht, dass zu einer gesunden körperlichen, seelischen und sozialen Entwicklung auch die Wahrnehmung und Erforschung des eigenen Körpers gehört. „Schon kurz nach der Geburt werden Hände und Füße erforscht, das Saugen vermittelt Nähe, Lustgefühle und beruhigt. Wenig später werden die eigenen Geschlechtsteile entdeckt und intensiv erforscht. Sexuelle Neugierde gehört zu einer gesunden physischen und psychischen Entwicklung – genauso wie das Genießen von Lustgefühlen am eigenen Körper. Selbstbestimmung ist dabei entscheidend" (Senatsverwaltung für Bildung 2014, 68f.).

Der sexualpädagogische Umgang in der Praxis der einzelnen Einrichtungen kann dabei aber recht unterschiedlich aussehen. Maywald macht zumindest drei grundsätzliche Strategien aus: Einerseits die Vermeidung des Themas. Hierbei werden Kinder mit ihren Interessen, Fragen und Nöten alleingelassen. Auftretende Probleme zeigen sich dann in Form von Symptomen, so z. B. durch Rückzug oder Aggressivität. Andere Kindertagesstätten reduzieren Sexualerziehung auf Einzelthemen, etwa auf Geschlechtergerechtigkeit und Schutz vor sexuellem Missbrauch. Sexualpädagogik erfährt dabei eine defizitäre Schlagseite, wichtige Themen werden übersehen. Schließlich kann von einem „Ganzheitlichen Ansatz" gesprochen werden, wenn Schutz, Förderung und altersgerechte Partizipation der Kinder hinsichtlich sexueller Bildung gleichermaßen eine Rolle spielen (vgl. Maywald 2015, 70). Zentral für die Herstellung eines solchen ganzheitlichen Ansatzes ist eine professionelle Haltung seitens der Fachkräfte:

> Im Prinzip ist Sexualerziehung eine Erziehungshaltung der Pädagog*innen, die der kindlichen Sexualität in der Kita Raum gibt und sexual- und körperfreundliche Signale sendet. Ungeniert und angstfrei dürfen Kinder Sexualität, biologische Körperabläufe und Liebes- und Zuneigungsgefühle thematisieren oder auch leben. Ohne ein Übermaß an Kontrolle oder Verboten sollten Kinder in der Kita die Gelegenheit zur sexuellen Selbstbildung erhalten. Für eine solche sexualfreundliche Atmosphäre braucht man keinen besonderen Rahmen. Die Haltung der Erzieher*innen ist der wichtigste Punkt in der Sexualerziehung (Hubrik 2014, 56).

Entsprechend wird auch im Berliner Bildungsprogramm ausgeführt:

> Pädagoginnen und Pädagogen setzen sich mit ihrer eigenen Haltung zu Fragen der Sexualität auseinander und erarbeiten eine gemeinsame Grundhaltung zu sexualpädagogischen Fragen. Pädagoginnen und Pädagogen sind gefordert, eine sexualfreundliche und sinnesfördernde Haltung zu entwickeln und diese in das pädagogische Konzept zu integrieren. Elemente bei der Erarbeitung einer bejahenden Haltung zur Sexualität sind neben der bewussten Beschäftigung mit der eigenen sexuellen Biografie auch das Fachwissen zur psychosexuellen Entwicklung von Kindern, Kenntnisse zu sexuellen Ausdrucksformen im Kindesalter sowie Kompetenzen in der Gesprächsführung und Beratung von Eltern und Kolleginnen bzw. Kollegen (Senatsverwaltung für Bildung 2014, 70).

Wie aber können Fachkräfte vor dem Hintergrund heterogener Normen, Werte und Erziehungsvorstellungen eine solche sexualfreundliche Atmosphäre herstellen und wie kann die Erziehungspartnerschaft mit Eltern in diesem sensiblen Segment gelingen?

3 Aufgaben und Kompetenzen von pädagogischen Fachkräften

Die Aufnahme von Menschen mit Fluchterfahrung, von Kindern und deren Eltern zeigte, dass pädagogische Fachkräfte im Elementarbereich sich sehr schnell auf neue Gegebenheiten und pädagogische Anforderungen einstellen müssen. Hilfreich in solchen Situationen sind Fort- und Weiterbildungsangebote, z. B. Fortbildungen zum Thema „Traumapädagogik". Anhand dieses Spezialthemas muss jedoch deutlich gemacht werden, dass Pädagog*innen keine Therapeut*innen sind und Traumatherapie noch etwas anderes ist. Und Erzieher*innen sind auch nicht zwangsläufig Sexualpädagog*innen. Das heißt im Umkehrschluss: Erzieher*innen müssen zwar über ein Mindestmaß an Fachwissen sowohl zum Themen „Trauma" als auch zur Sexualpädagogik verfügen, situationsbedingt können sie sich auch an Spezialist*innen wenden, in erster Linie müssen sie sich jedoch auf ihre fachlichen und personalen Kernkompetenzen verlassen. Pädagogische Fachkräfte verfügen in

der Regel über ein breites Kompetenzspektrum, auf das sie – auch im Zusammenhang mit sexualpädagogischen Fragestellungen im Kontext von Interkulturalität –
zurückgreifen können. Hierzu gehören das richtige Beobachten, Kommunizieren,
Kooperieren und Reflektieren auch von interkulturellen Situationen.

Rohrmann/Wanzeck-Sielert beschreiben die Beobachtung und Dokumentation
als Kernkompetenz von Erzieher*innen bzw. pädagogischen Fachkräften, durch die
sexualpädagogische Bildungsangebote professionell begleitet und initiiert werden
können: Was sehe ich und was sind meine Interpretationen? An welcher Stelle
werden meine eigenen Normen und Werte berührt und wo reagiere ich möglicherweise fachlich unreflektiert, wertend oder beschämt? Wann greife ich zu schnell ein,
wann transportiere ich bewusst oder unbewusst stereotype Geschlechterrollenbilder?
Wie reagiere ich auf Verhalten von Jungen und wie reagiere ich auf Verhalten von
Mädchen? Haben alle Kinder den gleichen Zugang, die gleichen Möglichkeiten innerhalb der Einrichtung? (vgl. Rohrmann/Wanzeck-Sielert 2014, 165).

Ebenso spielt die fachlich reflektierte Kommunikation im pädagogischen Alltag
eine entscheidende Rolle, sowohl mit Kindern, als auch mit Eltern, sowie zwischen
den Fachkräften. Es ist die Aufgabe, Kindern „als Vorbild dafür zu dienen, dass über
Sexualität und Geschlecht gesprochen werden darf" (Maywald 2015, 80), eine angemessene Sprache sei in diesem Themenbereich vonnöten, zu thematisieren, dass Sprache
Gefühle verletzen kann und sprachlichen Grenzverletzungen z. B. bei Diskriminierungen und Beleidigung sei deutlich entgegenzutreten. Schließlich sei mit Kindern auf vielfältige Weise (Lieder, Spiele, Bücher) „über die Themen Sexualität und Geschlecht ins
Gespräch zu kommen" (Maywald 2015, 80). So geht es Wanzeck-Sielert zufolge darum,
Kinder darin zu unterstützen, „die eigenen Gefühle wahrzunehmen und auszudrücken",
„mit Kindern über Sexualität zu sprechen, das heißt Kinder [zu] befähigen, sprachfähi-
ger zu werden, Fragen zu stellen oder Ängste zu äußern", „Kinder über Geschlechterunterschiede und die geschlechtlichen Körperfunktion, über Zeugung, Schwangerschaft
und Geburt zu informieren", „Kinder [zu] ermutigen, Grenzüberschreitungen, Verletzungen und Gewalt", sowie „problematische Verhaltensweisen wie Auslachen oder unfaire
Attacken" zurückzuweisen (Wanzeck-Sielert zit. n. Hubrik 2014, 57).

Fachkräfte sind darüber hinaus darin geschult, eigene Möglichkeiten aber auch
Grenzen ihres Handelns zu erkennen und für die entsprechenden Grenzbereiche in
Kooperation mit Institutionen zu treten, die auf spezifische Fragestellungen, etwa
im Kontext von sexueller Bildung, spezialisiert sind (vgl. Rohrmann/Wanzeck-
Sielert 2014, 159).

Und dies ist für vorliegenden Zusammenhang der interkulturellen Arbeit die zentrale These: Sexuelle Bildung im Elementarbereich und sexuelle Bildung mit Eltern
muss nicht primär nur als Aufgabe von einzelnen engagierten Pädagog*innen oder
gegebenenfalls von einem engagierten Team wahrgenommen werden. Dieses hoch
komplexe und sensible Thema kann vor allem durch Kooperation mit hierzu geschulten Trägern professionell bearbeitet werden, um die Entwicklungsprozesse von Kindern
und die entsprechenden Diskussionsprozesse mit Eltern zu unterstützen. So kann die

Zusammenarbeit mit Eltern professionalisiert und Informationen für Eltern durch Themenelternabende strukturiert werden. In der Regel werden dabei zielgruppenspezifische Fragen gemeinsam mit den Eltern diskutiert und ausgetauscht, Fachinformationen gegeben und entsprechende Vereinbarungen getroffen. Das geschieht z. B. durch die weiter unten vorgestellten Träger. Sie bieten die Unterstützung und Begleitung solcher Themenelternabende und weitere Zugänge zur Zusammenarbeit mit Eltern an.

Erzieher*innen sind schließlich darin geschult, sich zu reflektieren. Dabei sind unterschiedliche Ebenen tangiert: Die Rolle der pädagogischen Fachkraft, etwa hinsichtlich der vorbildhaft gelebten Rollenmuster, sowie der Art und Weise, wie auf Fragen und spezifische Themen der Kinder eingegangen wird. Die konkrete Arbeit mit Kindern, beispielsweise hinsichtlich der ausgewählten Spielmaterialien und Bücher. Die Raumgestaltung: Gibt es Spiegel? Gibt es Verkleidungsmaterialien? Gibt es Rückzugsorte? Werden unterschiedliche Familienkonstellationen und familiäre Vielfalt transparent gemacht? Schließlich die Reflexion eigener Normen und Werte! Gerade vor dem Hintergrund einer starken Tabuisierung können Fachkräfte, z. B. methodisch im Rahmen von kollegialer Beratung, eigene Schamgrenzen, eigene „blinde Flecken", eigene positive oder negative emotionale Aufladungen erkennen, reflektieren, und durch diese Reflexionen einen Perspektivwechsel vornehmen, um sich so auch etwa in Schamgrenzen oder emotionale Aufladungen bei Eltern hineinversetzen zu können. Pädagogische Fachkräfte, nicht nur Eltern, haben recht unterschiedliche Scham- oder Toleranzgrenzen, wenn es um Begriffe oder Fragen geht, die Kinder äußern, wenn sexuell konnotierte Handlungen vorgenommen werden (z. B. Masturbation) oder wenn es beispielsweise um den Umgang mit Nacktheit geht. Die Bedeutung der Reflexion soll in Kapitel 4 am Beispiel interkultureller Kompetenz als erweiterter Sozialkompetenz von Pädagog*innen verdeutlicht werden.

4 Interkulturelle Grundhaltung als Schlüsselkompetenz

Sexualität ist laut Definition der *Weltgesundheitsorganisation* (WHO) „beeinflusst durch das Zusammenwirken biologischer, psychologischer, sozialer, wirtschaftlicher, politischer, ethischer, rechtlicher, religiöser und spiritueller Faktoren" (WHO zit. n. Maywald 2015, 17). Entsprechend muss „Sexualaufklärung [...] kulturelle, soziale und genderspezifische Gegebenheiten" berücksichtigen (WHO zit. n. Maywald 2015, 56). Das Berliner Bildungsprogramm formuliert die Bedeutung der jeweiligen (Familien-)-Kulturen für die pädagogischen Arbeit wie folgt: „Kinder wachsen in unterschiedlichen Familienkulturen auf, die sich nach Sprache(n), Religion, ethnischem Hintergrund, Migrationsgeschichte und weiteren Merkmalen unterscheiden. Gerade junge Kinder sind mit ihrer Familie als primärer Bezugsgruppe äußerst eng verbunden. Die Wertschätzung ihrer Familie hilft ihnen, sich selbst als geschätzt und anerkannt zu erleben. Dabei ist das Eingehen auf ihre je spezifische Familienkultur entscheidend" (Senatsverwaltung für Bildung 2014, 21).

Vor dem Hintergrund (familien-)kultureller Heterogenität ist eine interkulturell kompetente Grundhaltung eine Schlüsselkompetenz zur Bewältigung der hier thematisierten sexualpädagogischen Herausforderungen. Diese ergeben sich nicht nur aus Migrationen, Flucht und Multiethnizität, sondern auch aus den für alle modernen Gesellschaften zu verzeichnenden pluralen Lebensweisen und Lebensbedingungen, sozialen Differenzen und Ungleichheiten ebenso wie aus medialen, globalen und internationalen Vernetzungen, die zu moderner gesellschaftlicher Heterogenität beitragen (vgl. Hamburger 2009, 107). Dieser Heterogenität wird mit dem Begriff der Interkulturalität Rechnung getragen. In diesem Sinne reagieren interkulturelle Ansätze „nicht allein auf die Migrationstatsache [...], sondern [wissen] kulturelle Differenz und soziale Benachteiligung zusammen zu sehen" (Zacharaki u. a. 2009, 9).

Stereotype Pauschalisierungen, wie sie gerade in Bezug auf die Geschlechterrollen in unterschiedlichen Religionen oder Kulturen postuliert werden, sind dabei wenig hilfreich. Tabuisierungen, Geschlechterrollenunterschiede, völlig unterschiedliche Zugänge und Sichtweisen auf Sexualität, Themen wie sexuelle Gewalt, sexuelle Unterdrückung, Sexualisierung usw. sind Themen innerhalb der gesamten Gesellschaft, eben auch der Mehrheitsgesellschaft. Eine Abspaltung des Diskurses auf die „Anderen" lenkt letztlich nur von der gesellschaftlichen Bearbeitung der Themen ab. Interkulturelle Pädagogik geht hingegen davon aus, dass die Auseinandersetzung mit dem als „Fremd" konstruierten bei der Auseinandersetzung mit dem „Eigenen" beginnt. Es sind die eigenen Normen und Werte, die es gilt, als Fachkraft systematisch in den Blick und dabei eben auch „blinde Flecken" und Aversionen zur Kenntnis zu nehmen und auf ihre Bedeutung hin zu befragen. Dies ist für die pädagogische Arbeit im Elementarbereich von besonderer Bedeutung, da hier unmittelbar Enkulturation geschieht, also die Verinnerlichung von Normen und Werten. Hygiene, Essgewohnheiten und Sitten, Höflichkeitsregeln und Regeln des Alltags, aber auch sexuelle Tabuisierung beziehungsweise der unbefangene Umgang mit Körperlichkeit werden in der Phase der frühkindlichen Entwicklung verinnerlicht und bleiben oftmals ein Leben lang als eine Art Basispersönlichkeit bestehen. „Durch den Prozess der Enkulturation wird der Mensch zum gesellschaftlichen Wesen und findet sich in dem spezifischen Orientierungssystem (Kultur) zurecht, dessen Standards er erlernt hat" (Focali 2009, 42).

Entsprechend gilt es, möglichst eng, sensibel und offen mit den jeweiligen Familien zusammenzuarbeiten. Renz beschreibt bezogen auf die Sexualpädagogik in interkulturellen Gruppen interkulturelle Kompetenz wie folgt:

> Eine interkulturelle kompetente Pädagogin beziehungsweise ein interkulturell kompetenter Pädagoge sollte wissen, dass unterschiedliche oder ihr/ihm fremde Scripts, Rollen und Normen etc. eine wichtige Rolle in der Kommunikation spielen können. Fremde Scripts bedeuten, dass es in jeder Gesellschaft, Kulturgruppe, Institution bestimmte Verhaltensregeln und Normalitätserwartungen gibt (wie ungeschriebene Gesetze), deren Nichterfüllung zu Irritationen und Kommunikationsstörungen führen können.

> Für MigrantInnen ist es schwierig, diese Scripts zu verstehen, zu kennen und mit dem nötigen Gespür für Feinheiten in die Kommunikation einzubauen, da sie sehr situationsspezifisch sind. In der Umkehr geht es genauso. Ohne sich mit den Scripts der MigrantInnen auseinanderzusetzen, bleibt die Kommunikation in der Beziehungsebene stecken. Die Inhaltsebene, also alles, was man durch Kommunikation erreichen könnte oder wollte, wird nicht zum Gegenstand (Renz 2007, 9).

Hierzu ein Beispiel: Auf einer Wiese in einer öffentlichen Berliner Parkanlage hat sich seit Jahren eine FKK-Szene etabliert. Im Sommer liegen dort unbekleidete Männer und Frauen aller Altersgruppen und genießen die Sonne. Soweit, so gut. In unmittelbarer Nähe dieser Wiese und dieser Parkanlage befand sich bis 2017 die wahrscheinlich größte Sammelunterkunft für geflüchtete Menschen in Deutschland, der sog. Hangar im Flughafen Tempelhof mit bis zu 7000 Bewohner*innen. Junge Männer ebenso wie junge Frauen, Familien und Kinder beobachteten erstaunt, teils belustigt, teils beschämt die Szenerie auf der Wiese. Der „Kulturkonflikt" scheint vorprogrammiert, dem gängigen populistischen Vorurteil entsprechend müssen sich die Fremden mit ihrer „rückständigen Moral" „unseren" Sitten anpassen. Ein interkulturell ausgerichteter pädagogischer Zugang würde lauten: Wie ist eigentlich der Umgang mit Nacktheit in unserer Gesellschaft etabliert? Angenommen, die nackte Person, beispielsweise ein nackter Mann mittleren Alters, liegt nicht auf dieser Wiese, sondern hält sich vor einer in der Nähe befindlichen Grundschule oder einer Kindertagesstätte auf. Empörte Eltern würden sofort die Polizei benachrichtigen. Nacktheit und die Konfrontation z. B. von Kindern mit Nacktheit sind also auch in der Mehrheitsgesellschaft keine Selbstverständlichkeiten. Nichts ist hier „natürlich", es gibt aber offenbar ganz feine Regularien, sozusagen ungeschriebene Codes, die sich in der Mehrheitsgesellschaft etabliert haben, die „man" kennt und die den Umgang mit dieser Nacktheit zu etwas Akzeptiertem werden lassen. Das Erstaunen der Fremden hierüber ist also lediglich auf die Unkenntnis über die ungeschriebenen Codes zurückzuführen. Irritationen über Nacktheit gibt es also auch in der Mehrheitsgesellschaft. „Probleme in der interkulturellen Verständigung entstehen nicht allein durch die Konfrontation mit Unbekanntem, sondern durch die Einordnung, Interpretation und Bewertung des Fremden nach den eigenkulturellen Erwartungsstrukturen" (Grosch/Leenen 2000, 32). Interkulturelle Lern- und Aushandlungsprozesse setzen am Bewusstwerden der Wirkung eigener Standards, der Bewusstmachung des eigenen Kulturzentrismus und im Weiteren an der Überwindung einer kulturzentristischen Perspektive an.

Dies zu reflektieren und in die Arbeit zu integrieren, d. h., jedem Menschen als Individuum zu begegnen („es begegnen sich nicht Kulturen sondern Menschen"), differente Sozialisation anzuerkennen, eigene Normen und Werte in der pädagogischen Arbeit systematisch zu hinterfragen und zu reflektieren, gehört zu den Kernkompetenzen interkulturell ausgerichteter pädagogischer Arbeit, ebenso wie einen konstruktiven Umgang mit den jeweiligen Bedürfnissen und Interessen der Eltern anzustreben und einen positiven Blick auf ihre Kinder zu haben. In diesem Sinne ist interkulturelles Lernen ein Prozess, „in dessen Verlauf sich der Umgang mit eigener und fremder Kultur verändert" (Grosch/Leenen 2000, 37), um letztlich „flexible und wechselseitig befriedigende interkulturelle Interaktionen" zu ermöglichen (Grosch/ Leenen 2000, 42). Sexuelle Bildung im Elementarbereich muss folglich immer Eltern in die Bildungsprozesse einbeziehen, da Sexualität in hohem Maße mit Moralvorstellungen belegt ist und diese von Familie zu Familie auch unabhängig von ihrer Herkunft variieren. „Bildung ohne Eltern geht nicht", so der Leitsatz zahlreicher pädagogischer Ansätze im Bereich frühkindlicher Bildung. Und so geht es auch hier um die reflektierte und sensible Auseinandersetzung und Zusammenarbeit mit Eltern in Form von Erziehungspartnerschaft.

Ausgehend von diesen allgemeinen Überlegungen werden in den Kapiteln 5 und 6 zwei Träger vorgestellt, die in Berlin niedrigschwellig, teilweise aufsuchend, teilweise ambulant entsprechende Angebote zur Verfügung stellen und seit vielen Jahren erfolgreich praktizieren.

5 Balance e. V. – sexualpädagogische Angebote für Kinder und Fachkräfte

Beim Träger *Balance e. V.* handelt es sich um einen gemeinnützigen Verein, der konfessionell und politisch unabhängig ist und unter dem Namen *Familienplanungszentrum Berlin e. V.* 1992 gegründet wurde (vgl. Balance e. V. 2016). Einzigartig in den Neuen Bundesländern (der Standort des Trägers befindet sich in unmittelbarer Nähe zur Frankfurter Allee im ehemaligen Ostteil Berlins) ist das Konzept, wonach alle die Sexualität und Familienplanung betreffenden Bereiche in einem Zentrum integriert sind. „BALANCE steht für eine ganzheitliche Sicht von Körper und Gesundheit. Sexualität und Fruchtbarkeit werden in ihrem Zusammenspiel von Kopf und Bauch, Leib und Seele sowie in ihrer sozialen Dimension begriffen" (Balance e. V. 2016).

So umfassen die Angebote des Trägers den medizinischen Bereich (medizinische Hilfen, die Versorgung im Bereich der Frauengesundheit und Familienplanung), den Bereich der psychologischen Beratung (Sexualität, Paartherapie u. a), schließlich den Bereich der sexualpädagogischen Angebote. Hierzu gehören Fachberatung, Multiplikatorenschulungen und sexualpädagogische Angebote für Schulklassen, Fortbildung zu frühkindlicher Sexualität z. B. auch für Kindertagesstätten. Weitere Angebote des Trägers betreffen zum einen die aufsuchende Arbeit in Nachbarschaftszentren sowie Anfragen von Notunterkünften für unbegleitete minderjährige Flüchtlinge, Angebote in Willkommensklassen. Jährlich werden die Angebote der Einrichtung von etwa 10.000 Mädchen und Jungen, Frauen und Männern, ohne und mit Beeinträchtigung und von Menschen deutscher und nicht deutscher Herkunft in Anspruch genommen, die aus dem gesamten Stadtgebiet kommen. Die Anzahl der aufsuchenden Klientinnen und Klienten ist insgesamt steigend, besonders gilt dies auch für den Anteil von Menschen mit Migrationserfahrung oder Migrationsgeschichte in der Familie, der aktuell bei ca. 40 % liegt.

Jährlich nehmen mehr als 300 Gruppen aus Schulklassen unterschiedlicher Schultypen und Altersgruppen an sexualpädagogischen Veranstaltungen teil. Sie kommen aus dem gesamten Berliner Stadtgebiet sowie aus Brandenburg, das Angebot ist zumeist für das gesamte Schuljahr belegt. Es bezieht sich auf die Bearbeitung der jeweiligen Informationsbedürfnisse der Kinder und Jugendlichen ebenso wie begleitende Elternabende (vgl. Balance e. V. 2016).

Eltern bzw. Bezugspersonen werden mithilfe eines Elternbriefs über Ziele, Inhalt und Form der sexualpädagogischen Arbeit informiert, die „neben der Wissensvermittlung die Förderung der Persönlichkeitsentwicklung, Toleranz, Wertschätzung und gegenseitigen Rücksichtnahme" beinhaltet und damit „die Grundlage für ein selbstbestimmtes Leben, auch in Bezug auf soziale Beziehungen und Sexualität" legt und dadurch nachweislich junge Menschen durch Aufklärung besser vor sexuellen Grenzverletzungen schützt (vgl. Balance e. V. 2016). Entscheidend für die Arbeit des Trägers ist es aber, einen positiven Blick auf Sexualität zu werfen und Räume zu schaffen, in denen Kinder losgelöst von Ängsten oder „Problemen" über Sexualität und ihre damit verbundenen Themen sprechen können und so einen positiven Umgang mit dem Thema „Sexualität" zu erfahren.

Dies geschieht in den stark frequentierten Modulen zur frühkindlichen Sexualität. Die Module für Kinder umfassen Themen mit Fragen wie: „Wo komme ich her?", „Schwangerschaft und Geburt", „Typisch Mädchen, typisch Junge?". Im Setting selbst wird auf eine angenehme Atmosphäre geachtet. Kinder und Dozent*innen sitzen gemeinsam auf dem Boden im Kreis, hiermit wird eine Augenhöhe hergestellt und die Situation des Frontalunterrichts vermieden. Die Angebote werden um die Fragen der Kinder herum gestaltet. So findet beispielsweise eine Wörtersammlung statt. Es werden verschiedene Worte für die Genitalien gesammelt und im Anschluss findet eine Auswahl statt, welche Begriffe wichtig sind. Diese werden von den Dozent*innen als „Erwachsenenbegriffe" bezeichnet. Das Ziel ist es, sexuelle Sachverhalte benennen zu können und so den Kindern die Kompetenz zu vermitteln, Erwachsenen erklären zu können, was einem widerfahren ist oder wozu man Fragen hat.

Aufbauend auf den Fragen und Themen der Kinder kommen Medien (z. B. Filme) zum Einsatz. Wenn es den Kindern bei einzelnen Fragen zu viel wird, können sie aus der Situation herausgehen, sich etwas zu trinken nehmen. Die Kinder haben also auch Rückzugsorte, die Arbeit erfolgt möglichst nicht „aufgesetzt". In der Arbeit mit Bildern wird „diversity-gerecht" vorgegangen. So gibt es Bilder von nackten Menschen, die dann aber unterschiedliche Hautfarben haben oder beispielsweise im Rollstuhl sitzen. Kinder benennen, was sie sehen. Dabei werden auch verschiedene Familienstrukturen benannt und hierdurch familiäre Vielfalt, Patchworkfamilien, Alleinerziehende, Regenbodenfamilien u. a. transparent gemacht. Durch die transparente, altersgerechte und niedrigschwellige Arbeit gibt es kaum Probleme mit Eltern. Besorgte Nachfragen von Eltern, was ihren Kindern denn eigentlich dort vermittelt wurde, sind Ausnahmefälle. Mit pädagogischen Fachkräften, also den Erzieher*innen, werden die

Veranstaltungen nachbereitet, damit sie wissen, welche Themen behandelt wurden und dies entsprechend in ihre jeweiligen Bildungsangebote integrieren können.

Die interkulturelle Ausrichtung des Trägers zeigt sich zunächst in der Offenheit gegenüber dem Klientel, also den Kindern und Eltern mit ihren jeweils unterschiedlichen familiären Normen und Werten. Entscheidender für die interkulturelle Ausrichtung des Trägers sind aber die konkreten Maßnahmen, die „Offenheit" gewährleisten und durch die sie zum Ausdruck kommt. Hierzu gehören: Diversity-Sensibilität, z. B. in Raumgestaltung und Abbildungen, die mehrsprachige Präsentation wichtiger Themen, z. B. in den Flyern und Informationsbroschüren. Die Erstellung und Durchführung von Angeboten mithilfe von Sprachmittler*innen und dem Einsatz von Dolmetscher*innen. Die regelmäßigen Fortbildungen von und für die Fachkräfte, die ihre Fragen und Themen in die Fortbildungen einbringen.

Im Rahmen der Fachkräfteschulung ebenso wie in der Elternberatung – z. B. in der Beratung von sog. bi-kulturellen Familien – ist es ein wesentliches Ziel, dass Ursachen von Konflikten in der Erziehung (bspw. der Sexualerziehung) nicht nur im Kontext von „Kultur" thematisiert und erörtert werden. Vielmehr werden Überschneidungen und Vielfalt an Konfliktursachen herausgearbeitet. Weiteres zentrales Ziel in der Schulung beispielsweise von Erzieher*innen ist die Reflexion eigener unbewusster Zuschreibungen und Erwartungen im Kitakontext. Hier geht es dann einerseits um die Frage, wie sich Diskriminierungen zeigen und auswirken, wie sie vermieden werden können und wie es gelingen kann, einen konstruktiven Umgang und eine konstruktive Zusammenarbeit mit Eltern, Kindern und anderen Mitarbeiter*innen zu gewährleisten.

Schließlich geht es ganz wesentlich um die Reflexion eigener Haltungen zum Thema „Sexualität". So besprechen beispielsweise Erzieher*innen im Rahmen der Fortbildungen den Umstand, dass auch Kinder eine Sexualität haben und wie sich diese von Erwachsensexualität unterscheidet. Hierbei wird das Verhalten von Kindern, wie z. B. bei sog. Doktorspielen, thematisiert und überlegt, wie Kindern statt Verboten auch Angebote gemacht werden können. Z. B.: „Ich möchte nicht, dass du dich im Morgenkreis an deine Scheide fasst. Du kannst dies gerne alleine in der Kuschelecke tun." Um solche Angebote zu gestalten, ist es wichtig, dass sich Erzieher*innen selbstreflexiv bewusst werden, welche Angebote für sie persönlich möglich sind. Während Erzieher*innen zu Beginn der Fortbildung oft nur an die Bedürfnisse einer Zielgruppe denken (z. B. Eltern oder Kinder), stellen sie sich am Ende der Fortbildung durch die Selbstreflexionsübungen ihrem eigenen Wohlbefinden bezüglich der Sexualität. Hierauf aufbauend können Erzieher*innen weitere Ideen und Angebote entwickeln und in ihrer täglichen Arbeit mittragen und an Kolleg*innen weitergeben.

Das Beispiel des Trägers zeigt, dass sexualpädagogische Angebote im Elementarbereich nicht in der alleinigen Verantwortung von Erzieher*innen verbleibt, sondern sich Professionalität in der Inanspruchnahme solcher Kooperationsmöglichkeiten zeigt. Wie erreicht man aber gezielt die Eltern gerade dort, wo Bildungsangebote nicht immer zwangsläufig zur Kenntnis genommen werden?

6 Interkulturelles Beratungs- und Begegnungscentrum – IBBC e. V. – aufsuchende Elternbildung im Stadtteil

Die generelle Zielsetzung des 2004 gegründeten Vereins *IBBC e. V.* ist es, sozial benachteiligten Menschen mit Migrationshintergrund im Sozialraum Berlin Nord-Neukölln Informationen zu folgenden Themen zu vermitteln: Gesundheit, Prävention, Leistungen der Behindertenhilfe, des Gesundheitssystems und zu allen Fragen der Bildung, u. a. zu sexualpädagogischen Bildungsangeboten. Der adressierte Sozialraum ist geprägt durch eine hohe Anzahl von Menschen mit türkischem oder arabischem Migrationshintergrund sowie durch eine hohe Arbeitslosigkeit. Nord-Neukölln gilt in Berlin in weiten Teilen als sog. sozialer Brennpunktbereich.

Um diesem Umstand gerecht zu werden, arbeitet der Träger *IBBC e. V.* aufsuchend, niedrigschwellig und interkulturell ausgerichtet. Der aufsuchende Ansatz ist notwendig, da über die üblichen Informationswege die angesprochene Zielgruppe oftmals nicht erreicht wird. Lediglich Arztbesuche werden wahrgenommen, dabei erfahren sich Menschen aber weitestgehend als fremdbestimmt. Dies ist der Ausgangspunkt der Arbeit. Die Menschen werden vor Ort aufgesucht, um ihnen Informationen zukommen zu lassen, sie zu beraten und einen Austausch über ihre jeweiligen Themen und tatsächlichen Lebensbedürfnisse zu initiieren. Die Menschen werden befragt, was ihnen fehlt, was sie brauchen. Durch die aufsuchende Arbeit haben sich die Menschen im Sozialraum, Frauen und Männer, der Arbeit des Trägers geöffnet.

Niedrigschwellig heißt, dass in Kooperation mit Nachbarschafts- bzw. Stadtteil- oder Familienzentren, Beratungs- und Bildungsangebote beispielsweise in den Frühstücksangeboten für Mütter integriert werden. Niedrigschwelligkeit heißt hier auch, dass die sexualpädagogischen Themen als gesundheitliche Themen bearbeitet werden. So gab es zu Beginn der Arbeit des Trägers bei explizit sexualpädagogischen Anfragen von Kitas zum sexualpädagogischen Umgang mit Kindern Probleme, da die Eltern die sexualpädagogischen Zugänge auf Grund von Tabuisierungen zum Teil nicht nachvollziehen oder akzeptieren konnten. Aufgrund der Tabuisierung der Thematik wurden diese aus den Ankündigungen herausgenommen, inhaltlich aber dennoch bearbeitet.

Hier zeigt sich auch die interkulturelle Ausrichtung des Trägers, der von seinem Grundsatz her allen Menschen im Sozialraum offen, vorurteilsbewusst und mit bedingungsloser Akzeptanz dort begegnet, wo sie stehen. Für den mittlerweile großen Fundus an Themen und Fragestellungen stehen Referent*innen mit unterschiedlichem sprachlichen Hintergrund zur Verfügung. Dort, wo Fachthemen aber durch deutschsprachige Referent*innen belegt werden, werden entsprechende Übersetzer*innen engagiert.

Im Folgenden soll der Bereich der niedrigschwellig-aufsuchenden Elternbildungsangebote, die in Kooperation mit Kitas und Stadtteil- bzw. Familienzentren im Kiez stattfinden, vorgestellt werden. Im Rahmen sog. Frauenfrühstücke in Nachbarschafts- bzw. Familienzentren finden regelmäßig Informationsveranstaltungen zu Gesundheits-, Sozial- und Erziehungsthemen statt. Dabei schlagen die Frauen die Themen vor. Hierzu gehören auch Themen, die den Bereich der Sexualpädagogik betreffen: Geschlechtskrankheiten, Gebärmutterhals- und Brustkrebs, Verhütung und Aufklärung. Die Durchführung der Bildungsangebote erfolgt durch eingeladene Fachreferent*innen. Die Themen werden von den Frauen sehr gut angenommen. Ein Grund dafür ist, dass sie sonst kaum Möglichkeiten haben, diese Themen für sich bearbeiten zu können. Durch den geschützten Raum innerhalb der Frauengruppe kommt es zu einer sehr offenen Gesprächsatmosphäre. Im Gegensatz zu den Erfahrungen der Fremdbestimmtheit beispielsweise bei Frauenärzt*innen haben die Frauen hier die Möglichkeit, sich näher zu informieren, Risiken von bestimmten Verhütungsmitteln zu erfahren und intime Beratung unter Frauen durchzuführen.

Durch diese aufsuchende, niedrigschwellige und am Bedarf orientierte Beratung ist es möglich, Sexualaufklärung der Frauen hinsichtlich der Erziehung ihrer Kinder einfließen zu lassen. Als Beispiel hierfür dient die Frage, wie Frauen mit dem Thema „Menstruation" und der Frage, „Wie erkläre ich es beim ersten Mal?", umgehen können. Die Frauen erzählen hierbei ihre eigenen Erfahrungen, wie der erlebten oder gefühlten Scham. Oftmals sind Erfahrungen des ersten Mals mit einer Ohrfeige, der Angst vor dem Bluten oder der Scham, dass etwas Schlimmes passiert sei, verbunden. Dies sind Erfahrungen, die diese Frauen selbst gemacht haben und die sie überwinden wollen, um es bei ihren eigenen Kindern anders, besser zu machen. So werden diese Probleme in den Gesprächsrunden reflektiert und besprochen, wie diese Themen mit den eigenen Kindern bearbeitet werden können. Die Fachreferentinnen unterstützen hier sensibel und emphatisch und erklären bei Bedarf biologische Vorgänge, die die Frauen aufgrund der hohen Tabuisierung innerhalb der eigenen Sozialisation zum Teil zum ersten Mal hören und mit Erstaunen wahrnehmen.

Ein weiteres hoch tabuisiertes und nicht minder relevantes Thema innerhalb der niedrigschwelligen Bildungssettings ist das der gleichgeschlechtlichen Sexualität. Hier werden in hohem Maße auch Väter aktiviert. Durch die Schulung sog. Kiez-Väter werden wichtige Aufgaben im Bereich der Bildung und Schulprojekte auf Väter übertragen, die somit eine wichtige Multiplikatorenfunktion innehaben. Die Schulung der Kiez-Väter türkischer, arabischer aber auch deutscher Herkunft zielt auf Themen wie Sucht, gleichgeschlechtliche Liebe, Gesprächsführung aber auch Methoden der Reflektion. Sie werden in Schulen eingesetzt, erreichen dort Kinder und deren Familien und werden am Ende für die Kinder und Jugendlichen, aber z. B. auch von anderen Vätern, als Bezugsperson wahrgenommen, denen man sich anvertrauen und an die man sich wenden kann. Oft ist dabei schon sehr viel gewonnen, wenn Denkweisen erweitert und Erziehungsthemen angesprochen werden. Das Fazit des Trägers ist, dass Eltern als verantwortlich für die sexualpädagogische Erziehung der Kinder im Rahmen der sexualpädagogischen Angebote nicht umerzogen werden sollen. Vielmehr gilt es, Eltern beziehungsweise Familie im Rahmen der Elternbildung in ihrer Umwelt zu stärken.

7 Fazit und Ausblick

Pädagog*innen im Elementarbereich sind heute mit vielfältigen Aufgaben und Herausforderungen konfrontiert. Kindertagesstätten haben den gesetzlichen Auftrag zur Betreuung, Erziehung und Bildung der Kinder, worunter so unterschiedliche Bildungsbereiche wie Sprache, Medien, Mathematik und Umwelt, aber auch Gesundheit und hiermit verbunden sexualpädagogische Bildungsangebote fallen. Gleichzeitig sieht das Kinder- und Jugendhilfegesetz als wesentliche Maßgabe und Grundlage der demokratischen und zivilgesellschaftlichen Strukturen die Partizipation aller Beteiligten vor, was im Bereich der frühkindlichen Bildung in hohem Maße auch auf die Zusammenarbeit mit Eltern abzielt. Gerade im Bereich der sexualpädagogischen Bildung und vor dem Hintergrund gesellschaftlicher Wandlungsprozesse, damit verbundener heterogener Lebensauffassungen und Lebensweisen zeigt sich aber die massive pädagogische Herausforderung, die sich für die pädagogischen Fachkräfte im Bereich der frühkindlichen Bildung ergibt. So ist Sexualität, zumal frühkindliche, nach wie vor ein gesellschaftlich hoch tabuisiertes Thema, bei dem eine Vielzahl an unterschiedlichen Normen, Werten und Erziehungsvorstellungen von den Erzieher*innen austariert werden müssen. Hierbei greifen die Fachkräfte auf ihre professionellen Kernkompetenzen wie Kommunikations-, Beobachtungs- und Reflektionsfähigkeit zurück. Der Zusammenarbeit mit Eltern, aber auch der Weiterentwicklung der eigenen Haltung sowie der eigenen fachlichen Kompetenzen kommt im Segment „sexueller Bildung im Elementarbereich" eine Schlüsselrolle zu.

Die alltägliche Realität in Kindertagesstätten, in der Kita-Fachkräfte aktuell im Schnitt 9,3 Kinder betreuen und oft in befristeten Arbeitsverhältnissen stehen (vgl. Bertelsmann-Stiftung 2015), macht eine professionelle Elternbildung, zumal in einem sensiblen Bereich wie dem der sexuellen Bildung, kaum möglich. Entsprechende Erwartungshaltungen gehen an der Alltagswirklichkeit der meisten Erzieher*innen vorbei und führen zu Frustrationen auf allen Seiten. Fachkräfte fühlen sich nicht wertgeschätzt und überfordert, Eltern bei sensiblen Fragen nicht ausreichend involviert oder irritiert. Auf der Strecke bleiben die Kinder mit ihren Fragen und ihrem Bedürfnis, sich die Welt zu erschließen. Strukturelle Ursache dieses Dilemmas ist die Unterfinanzierung des Bereichs frühkindlicher Bildung und die damit verbundene fehlende gesellschaftliche und monetäre Anerkennung von Erzieher*innen.

Ein Ausweg wurde hier in der Kooperation mit externen Trägern skizziert. Hierdurch werden u. a. Elternbildungsprozesse, Unterstützung bei Elternabenden, Fort- und Weiterbildung von Fachkräften, Anregung von (Selbst-)Reflektionsprozessen und sexuelle Bildungsangebote für Kinder professionell initiiert und unterstützt. Eltern werden als Verantwortliche für die (sexualpädagogische) Erziehung der Kinder im Rahmen der Elternbildung gestärkt, Denkweisen werden erweitert und es wird Raum für den Austausch über Erziehungsthemen geschaffen. Unter anderem durch Inanspruchnahme sexualpädagogischer Kooperationsangebote zeigt sich die Professionalität von Erzieher*innen im Elementarbereich.

8 Vertiefungsaufgaben und -fragen

1. Reflektieren Sie – alleine oder im Team – Ihre eigene Haltung zu Fragen der Sexualität. Fällt es Ihnen leicht, mit anderen über diese Fragen zu sprechen, wo sind Grenzen, wo gibt es Schwierigkeiten?
2. Sammeln Sie – alleine oder im Team – mögliche Fragen von Kindern zum Thema „Sexualität". Überlegen Sie, wie auf die Fragestellungen angemessen reagiert werden kann.
3. Recherchieren Sie sexualpädagogische Fort- und Weiterbildungsangebote sowie Kooperationsmöglichkeiten im Elementar- bzw. Primarbereich in einer von Ihnen ausgewählten Region.

Literatur

Auernheimer, Georg (2007): Einführung in die Interkulturelle Pädagogik. Darmstadt: WBG.

Balance e. V. (2016): Homepage. URL: www.fpz-berlin.de/index.php?page=ueberuns (Letzter Aufruf: 11.12.2016).

Bertelsmann-Stiftung (2015): Trotz positivem Trend: zu wenig Personal in Kitas. URL: https://www.bertelsmann-stiftung.de/de/themen/aktuelle-meldungen/2015/august/trotz-positivem-trend-zu-wenig-personal-in-kitas/ (Letzter Aufruf: 12.02.2017).

Bundeszentrale für gesundheitliche Aufklärung (1999): Sexualpädagogik zwischen Persönlichkeitslernen und Arbeitsfeldorientierung – Unterrichtsmaterialien für die sozialpädagogische Ausbildung. Köln.

Der Paritätische Gesamtverband e. v (Hrsg.) (2016): Zeit zu handeln. Bericht zur Armutsentwicklung in Deutschland 2016. URL: www.der-paritaetische.de/index.php?eID=tx_nawsecuredl&u=0&g=0&t=1484060321&hash=bae6a53d25f7a9a96218234a7ef0b52caedfb6b5&file=fileadmin/dokumente/2016_armutsbericht/ab2016_komplett_web.pdf (Letzter Aufruf: 02.01.2016).

Focali, Ergin (2009): Sprachen und Kulturen sichtbar machen – Interkulturelle Bildungsarbeit mit Kleinstkindern. Bildungsverlag.Troisdorf: EINS.

Focali, Ergin/Kimmerle, Christoph/Naumann Gabriela (Hrsg.) (2013): Zukunft. Erziehen – Grundlagen, Perspektiven, Kontroversen der sozialpädagogischen Ausbildung. Berlin: Dohrmann.

Focali, Ergin (2011): Organisation. In: Griese, Christiane/Marburger, Helga (Hrsg.): Bildungsmanagement – Ein Lehrbuch. München: Oldenbourg. S. 37–54.

Griese, Christiane /Marburger, Helga (Hrsg.) (2011): Bildungsmanagement – Ein Lehrbuch. München: Oldenbourg.

Grosch, Harald/Leenen, Wolf Rainer (2000): Bausteine zur Grundlegung interkulturellen Lernens in Interkulturelle Bildung. Bundeszentrale politische Bildung: Bonn.

Hamburger, Franz (2009): Abschied von der Interkulturellen Pädagogik – Plädoyer für einen Wandel sozialpädagogischer Konzepte. Weinheim, München: Juventa.

Hubrig, Silke (2014): Sexualerziehung in Kitas – Die Entwicklung einer positiven Sexualität begleiten und fördern. Weinheim, Basel: Beltz.

Maywald, Jörg (2015): Sexualpädagogik in der Kita – Kinder schützen, stärken, begleiten. 2. Auflage. Freiburg: Herder.

Naumann, Gabriela (2013): Der Körper – ein Querschnittsthema in der (sozial-)pädagogischen Arbeit. In: Focali, Ergin/Kimmerle, Christoph/Naumann Gabriela (Hrsg.): Zukunft. Erziehen – Grundlagen, Perspektiven, Kontroversen der sozialpädagogischen Ausbildung. Berlin: Dohrmann.

Renz, Meral (2007): Sexualpädagogik in interkulturellen Gruppen – Infos, Methoden und Arbeitsblätter. Mühlheim: Verlag an der Ruhr.

Rohrmann, Tim/Wanzeck-Sielert (2014): Mädchen und Jungen in der Kita – Körper, Gender, Sexualität. Stuttgart: W. Kohlhammer.

Schmidt, Renate-Berenike/Sielert, Uwe (Hrsg.) (2008): Handbuch Sexualpädagogik und sexuelle Bildung. Weinheim, München: Juventa.

Schmidt, Renate-Berenike/Sielert, Uwe (Hrsg.) (2012): Sexualpädagogik in beruflichen Handlungsfeldern. Köln: EINS.

Senatsverwaltung für Bildung, Jugend und Wissenschaft (Hrsg.) (2014): Berliner Bildungsprogramm für Kitas und Kindertagespflege. Weimar, Berlin: Verlag das Netz. URL: https://www.gew-berlin.de/public/media/berliner_bildungsprogramm_2014.pdf (Letzter Aufruf: 02.01.2017).

Zacharaki, Ioanna/Eppenstein, Thomas/Krummacher, Michael (2009): Interkulturelle Kompetenz vermitteln, vertiefen, umsetzen – Theorie und Praxis für Aus- und Weiterbildung. Schwalbach/Ts.: Debus.

Jutta Hartmann und Mart Busche

All Included!?

Herausforderungen und Gelingensbedingungen
museumspädagogischer Zugänge zu vielfältigen geschlechtlichen
und sexuellen Lebensweisen

1 Diversität in Museum und Bildung – fehlende Vielfalt und Innovationslust

„Was besteht aus 89 % Männern und 97 % Weißen in einer der diversesten Städte Deutschlands?", fragt das feministische Künstler*innen- und Aktivist*innen-Netzwerk „Guerrilla Girls" in einem seiner Videoclips. Die Antwort lautet: das angesehene Museum Ludwig für moderne Kunst in Köln (Guerrilla Girls 2016). Die Protagonist*innen des Videoclips beanstanden die Unterrepräsentanz von türkischen Künstler*innen und von Frauen insgesamt. Darüber hinaus fehlt geschlechtliche und sexuelle Diversität im Museum. Eine über Männlichkeit und Weiblichkeit hinausgehende geschlechtliche Vielfalt spielt ebenso wie das Thema der vielfältigen sexuellen Lebensweisen nach wie vor eine marginalisierte Rolle. Zwar lässt sich in der Museumslandschaft insgesamt eine zunehmende Hinwendung zu einem diversen Publikum verzeichnen. Über immer vielfältigere Formate und Angebote der Präsentation und Vermittlung werden nicht nur Schüler*innen und Familien adressiert, vielmehr zunehmend auch die plurale Gesellschaft in Leitbildern und Mission Statements der Museen aufgegriffen (vgl. Noschka-Roos 2012; Nettke 2016). Demgegenüber ist die Vielfalt sexueller Lebensweisen nur an wenigen Orten (z. B. Schwules Museum*) oder in speziellen Ausstellungen (z. B. „Homosexualität_en" im Deutschen Historischen Museum 2015), nicht jedoch als Querschnittsthema realisiert. Auch hebt der *Deutsche Museumsbund* (DMB) zwar hervor, eine „Wertschätzung jeder Unterschiedlichkeit bspw. in Bezug auf kulturelle und ethnische Hintergründe, Sexualität, Glauben und Lebensstile" (DMB 2015, 32) anzustreben. Doch bleiben der Aspekt der Vielfalt geschlechtlicher und sexueller Lebensweisen und die damit verbundenen Fragen für die Bildungsarbeit mit Museumsbesucher*innen unausgeführt. Smilla Ebeling umreißt diesen Nachholbedarf im Leitfaden „Museum & Gender" (vgl. Ebeling 2016) und bietet eine Möglichkeit der strukturierten Selbstanalyse an. Dass Geschlecht und Sexualität mit weiteren Differenzkategorien – z. B. Ethnizität und Staatsbürger*innenschaft – verwoben sind, bleibt allerdings auch hier unberücksichtigt. Die Vielfalt an geschlechtlichen und sexuellen Lebensweisen in der Einwanderungsgesellschaft hat noch keinen angemessenen Eingang in die proklamierte „Diversität im Museum" erfahren.

https://doi.org/10.1515/9783110518351-015

Zwar haben anders als im Museum geschlechtsreflektierende Perspektiven in der Pädagogik seit Jahrzehnten ihren umkämpften Raum gefunden, doch erfahren vielfältige geschlechtliche und sexuelle Lebensweisen auch hier erst zögerlich Beachtung. Während in Fachkreisen wie auf bildungspolitischer Ebene weitgehende Einigkeit darüber besteht, diese Vielfalt als Bildungsinhalt aufzugreifen (z. B. Friedrich-Ebert-Stiftung 2014; Sozialmagazin 2014; Tuider 2008; Hartmann 2002), besteht an vielen Stellen noch Unsicherheit, wie dies umzusetzen ist. Einen Beitrag, diese mehrfachen Lücken zu schließen, leistet das *Jugendmuseum in Berlin Schöneberg* mit seinem Projekt *„All included – Museum und Schule gemeinsam für sexuelle und geschlechtliche Vielfalt"* (vgl. All included 2017). Das Praxisforschungsprojekt *„VieL*Bar: Vielfältige geschlechtliche und sexuelle Lebensweisen in der Bildungsarbeit – Didaktische Potentiale und Herausforderungen museumspädagogischer Zugänge"* (vgl. VieL*Bar 2017) begleitet die pädagogische Arbeit wissenschaftlich und reflektiert gemeinsam mit dem museumspädagogischen Team deren didaktische Herangehensweisen mit Blick auf das inhaltliche „Was" und das methodische „Wie". Dabei interessiert: Wie und mit welchen Zielen und Effekten wird das Thema aufgegriffen? Welche Bedingungen – Formate, Zugänge, Impulse etc. – erweisen sich als besonders förderlich, um geschlechtliche und sexuelle Lebensweisen in der (musealen) Bildung in einer partizipativen wie heteronormativitätskritischen Weise zu bearbeiten? Gemeinsam nachdenkend arbeiten die Teams aus Jugendmuseum und Hochschule im Theorie-Praxis-Dialog an einem wechselseitig „resonierenden" Bildungsprozess. Dabei geht es auch um die lustvolle Erfahrung, „dass Dinge aus ihrer Verhärtung gelöst werden, dass Dinge beweglich und schwingungsfähig werden" (Rosa 2016, 108) und Bildung Neues hervorbringen lassen kann.

2 Museum meets Schule – vielfältige Kooperationsformate und Lernarchitekturen

Das *Jugendmuseum in Berlin-Schöneberg* ist ein Ort, der für partizipative historische Bildung mit lokalem Bezug und eine langjährige Beschäftigung mit dem Thema kultureller Vielfalt und Migration steht. Es entstand 1995 aus der regionalen Geschichtsarbeit des *Museums Schöneberg* und wird als kommunale Einrichtung vom Bezirksamt getragen. Im Rahmen des Programms „Demokratie leben" fördert das *Bundesministerium für Familie, Senioren, Frauen und Jugend* derzeit das Modellprojekt „All included". In den Jahren von 2015 bis 2020 werden neue kinder- und jugendgerechte Zugänge zum Themenbereich vielfältiger geschlechtlicher und sexueller Lebensweisen an der Schnittstelle von Bildung und Kultur entwickelt und erprobt. Dabei kooperiert das *Jugendmuseum* mit acht Schulen aus drei Berliner Bezirken, davon fünf Grund-, zwei Sekundarschulen und ein Gymnasium. Wir stellen im Folgenden in einem ersten Schritt die verschiedenen Formate vor, in denen sich die Kooperation in den ersten zwei Jahren des Modellprojekts realisiert hat, und skizzieren dabei ausgewählte Aspekte, an denen Herausforderungen wie Gelingensbedingungen sichtbar werden, um vielfältige geschlechtliche und sexuelle Lebensweisen (museums-)pädagogisch zu bearbeiten.

– *Experimenteller Workshop:* Noch bevor das Projekt „*All included*" startete, führte das Jugendmuseum mit zwei Grundschulklassen einen Workshop zum Thema „*Think outside the Box*" durch. In diesem wurde ein kindgerechter Theorievortrag erprobt, historische Ereignisse mit Bezug auf die Kategorien Geschlecht und Sexualität in einem Ratespiel bearbeitet und (un)typische Geschlechterinszenierungen erörtert. Die Kinder bauten sich individuelle „Geschlechterkisten", d. h. in vorbereitete Kartons konnten auf die eigene Person bezogen verschiedene Begriffe und Symbole – jeweils für Eigenschaften und Vorlieben – angeordnet werden. Weiter wurden Theaterszenen entwickelt und in einer Vernissage präsentiert.

– *Bauwagen „JuMuMobil":* Im Frühsommer des Jahres 2015 besuchte ein vom pädagogischen Team inhaltlich mit aktivierenden Materialien eingerichteter Bauwagen jeweils eine Woche lang die Schulhöfe von sechs Kooperationsschulen. Dem Bauwagen kam insbesondere die Funktion zu, Neugier zu wecken und anhand weniger, ansprechend gestalteter und aktivierender Exponate einen Einstieg in das Thema der geschlechtlichen und sexuellen Vielfalt zu ermöglichen. Je zwei Klassen hatten die Möglichkeit zu einer intensiveren Begegnung mit den enthaltenen Materialien. In den Pausen stand der Wagen für alle offen. In seinem Inneren befanden sich drei räumlich abgetrennte Bereiche: Links eine mit Schwarzlicht beleuchtete „Blackbox", in der sich eine Menge leuchtender Symbole befand, die für ein fotografisches Selbstportrait ausgewählt und zusammengelegt werden konnten. Rechter Hand befand sich eine „Chill Area", in der über Kopfhörer thematisch passende Musik – z. B. „Rise like a phoenix" von Conchita Wurst – zu hören war. Außerdem standen sechs ungewöhnliche Lebensgeschichten von öffentlich bekannten Personen zum Nachlesen bereit, u. a. von der Profi-Radfahrerin Judith Arndt, dem Berliner Ex-Bürgermeister Klaus Wowereit und dem Bauchtänzer Sadiel Sazmaz. Während die „Blackbox" etwas Geheimnisvolles ausstrahlte und der unbeobachteten Auseinandersetzung mit den eigenen Eigenschaften und Leidenschaften oder auch dem Munkeln mit der*m besten Freund*in diente, lud die „Chill Area" zum gemeinsamen Abhängen und Besprechen von Musik und Geschichten ein oder dazu, sich für sich in einen Song(text) zu vertiefen. Neben der inhaltlichen Auseinandersetzung wurden so auch verschiedene sinnliche Erfahrungen angeregt. Den größten Teil des Bauwagens umfasste die „Denkste-Wand" mit 14 interaktiven Ausstellungsobjekten. Auf dem Video „Love has no labels"[1] war beispielsweise eine Menschenmenge zu sehen, die auf einem öffentlichen Platz vor einer großen Röntgenwand steht. Hinter dieser küssen und/oder umarmen sich Menschen, die vom Publikum aus nur als Skelette zu sehen sind. Erst wenn die Menschen hinter der Wand hervorkommen, ist zu erkennen, wer sich gerade geküsst oder umarmt hat: Paare mit verschiede-

---

1 Link: https://www.youtube.com/watch?v=PnDgZuGIhHs (Letzter Aufruf: 12.12.2016).

nen Hautfarben und Befähigungen, aus unterschiedlichen religiösen Kulturkreisen und Altersgruppen, gleichgeschlechtliche Paare mit und ohne Kinder. Dies mag in Kontrast zu den eigenen Assoziationen stehen, die zuvor vorgenommen wurden, und eingeschliffene Wahrnehmungsmuster irritieren.

– *Lernwerkstätten:* Hier arbeiteten Schüler*innen über drei bis vier Tage hinweg produktorientiert mit dem pädagogischen Team zusammen – insgesamt elf Schulklassen aus sechs Partnerschulen zu neun verschiedenen Themen. Es ging u. a. darum, mit Geschlecht verbundene Erwartungen zu hinterfragen („Gender Check"), Exkursionen zu schwullesbischen Orten im Stadtraum zu unternehmen und dabei Protagonist*innen der entsprechenden Communitys zu begegnen („Queeres Schöneberg"), unterschiedliche Familienkonstellationen („We are family!") sowie politische Aktivitäten, Organisationen und Standpunkte kennenzulernen und selbst zu artikulieren („Deine Freiheit, meine Freiheit"), sich mit queeren und Trans*-Biografien von früher und heute auseinanderzusetzen („Queer Leben", „Trans*Menschen") sowie Marketing, Produktdesign und Mode geschlechtsbezogen zu erörtern („Produkt der Zukunft", „Gender Marketing", „Queer Fashion"). Mithilfe verschiedener ästhetisch-künstlerischer Visualisierungsformen erhielten die Kinder und Jugendlichen die Möglichkeit, ihre Auseinandersetzungen mit sexueller und geschlechtlicher Vielfalt, mit eigenen Erfahrungen, Stereotypen und gesellschaftlichen Normen zu dokumentieren und ihre Eindrücke, Ergebnisse und Erkenntnisse in Form unterschiedlicher Produkte festzuhalten. Die Möglichkeit, selber Videointerviews, Radioreportagen, Skulpturen, T-Shirts oder Collagen anzufertigen, gab den Schüler*innen die Möglichkeit, eine aus den Produkten der Lernwerkstätten zusammengestellte Werkschau mitzugestalten. Zugleich lag in dieser Produktorientierung aber auch eine herausfordernde Einschränkung. Denn das Fertigstellen eines präsentablen Objekts nahm mitunter den Raum für tiefergehende Fragen und die Zeit für eine Auseinandersetzung mit auch auftretenden Zweifeln oder Abwehrreaktionen gegenüber der Vielfalt sexueller und geschlechtlicher Lebensweisen.

– *Werkschau:* Aus den Produkten der Schüler*innen entstand eine aus elf thematischen Stationen bestehende Werkschau, die im Jugendmuseum von April bis Oktober 2016 öffentlich zugänglich war. Sie bestand aus drei ca. 50 m² großen Räumen, in denen mit Holzwänden, einem Podest, Sitzelementen und vielen Exponaten an Wänden, auf Tischen und Flächen eine prall gefüllte Ausstellungslandschaft geschaffen wurde. Diese lud dazu ein, sich mit den in den Lernwerkstätten erarbeiteten Themen auseinanderzusetzen. Es waren Fotos, Filme, Audiobeiträge, Ratespiele, Skulpturen und weiteres Material zu sehen, das sich teilweise mittels interaktiver Elemente angeeignet werden konnte. Vier Beispiele seien herausgegriffen:

1. In der Station „Think outside the box" befand sich an der Wand ein Zeitstrahl mit zugehörigen Quizfragen. Es ging um die zeitgeschichtliche Zuordnung

bestimmter Ereignisse. Eine Fragen lautete z. B.: „Wann sprach ein Profifuß-
baller in Deutschland zum ersten Mal in der Öffentlichkeit darüber, schwul
zu sein?", und eine andere: „Seit wann ist es üblich, dass Frauen Hosen
tragen?". Das Quiz erforderte zwar Lust zu lesen, erschloss sich Kindern,
Jugendlichen und Erwachsenen aber schnell, machte Spaß und brachte neue
Einsichten.

2. Daneben befand sich ein Leuchttisch, an dem die Kinder und Jugendlichen
   eingeladen waren, darauf befindliche Symbole passend zur eigenen Person
   auszuwählen und auf einen dafür vorbereiteten Zettel abzupausen. Dieser
   Tisch war bei Kindern sehr beliebt. Als ansprechend gestaltetes Objekt moti-
   vierte er sie, sich mit den eigenen Vorlieben auseinanderzusetzen. Wenn die
   Kinder sich etwa zu acht um den Tisch drängten, entwickelten sich interes-
   sante Gespräche über die Dinge, die sie gerne mögen. Dass es dabei auch
   darum gehen sollte, sich außerhalb von „Geschlechterkisten" zu bewegen,
   erschloss sich den Kindern ohne pädagogische Anleitung jedoch kaum. Für
   sie stand in erster Linie der Spaß beim Entdecken und Malen im Vordergrund.

3. Die Station „We are familiy!" thematisierte unterschiedliche Familienkonstellationen. An einer Magnetwand befanden sich 28 Fotos, auf denen
   verschiedene Erwachsene-Kind-Gruppen in unterschiedlichen Hautfarben abgebildet waren. Begriffe wie „Single-Mutter-Familie", „Patchwork-
   Familie", „Wohngemeinschafts-Familie", „Getrennt lebende Familie" oder
   „Vater-Vater-Kind(er)-Familie" wurden angeboten und sollten den Bildern
   zugeordnet werden („Was könnte wohin passen?"). Auch wenn hier nicht
   an transnationale Familiennetzwerke gedacht wurde, die sich über nationalstaatliche Grenzen hinweg an unterschiedlichen Orten organisieren (vgl.
   Faist 2000), machten die Fotos eine reale Vielfalt familialer Lebensweisen
   sichtbar. Die den Kindern und Jugendlichen teilweise unbekannten Begriffe
   wurden erklärt und sensibilisierten für die Herausforderung, Familienkonstellationen differenziert zu benennen.

4. In der Station „Trans*Menschen" lud ein bewegliches Element mit verschiedenen Fotos und Zitaten zur Beschäftigung mit dem Thema Trans*gender[2] bzw.
   Trans*sexualität ein. Besucher*innen konnten an dem Tisch Platz nehmen
   und wurden aufgefordert, ein Foto (z. B. von Charlotte von Mahlsdorf) oder
   ein Zitat auszuwählen. Die Zitate gaben konkrete Ereignisse oder Erfahrungen wieder („Weil meine Stimme damals nicht männlich war, habe ich mich
   kaum getraut, etwas zu sagen", Zitat von Mario H.). Nun war die Aufgabe,
   sich in die Person oder Zitatgeber*in hineinzuversetzen und zu überlegen,

---

2 Der Asterisk verweist auch hier darauf, dass wir von einer sozialen Konstruktion und gesellschaftlichen Existenzweise, nicht jedoch von einer essenziellen Sichtweise ausgehen.

wie sich die Person auf vier Ebenen des geschlechtlichen und sexuellen Seins einsortieren würde: der „Geschlechtsidentität" („Mann/männlich, Frau/weiblich"), dem „Geschlechtsausdruck" („männlich, weiblich"), dem „biologischen Geschlecht" („Mann/männlich, Frau/weiblich") und auf der Ebene des sich „hingezogen Fühlens zu ..." („Männern/männlichen Menschen/Männlichkeit, Frauen/weiblichen Menschen/Weiblichkeit"). Anhand von beweglichen Schiebern war es möglich, auf diesen vier Ebenen jeweils auch Positionen zwischen den zwei genannten Polen zu wählen. Am Tisch hing ein Büchlein, in dem nachgesehen werden konnte, welcher Satz zu welcher Person gehört. An der Wand hinter dem Tisch hingen verschiedene Tüten, in denen sich Material zu unterschiedlichen Personen befand, das Kinder in einer der Lernwerkstätten erarbeitet hatten. Anhand dieses Materials konnten die Biografien und Selbstdefinitionen der Personen erschlossen werden. Fraglich war an dieser Station jedoch, ob sich die dargestellten Personen tatsächlich alle als „Trans*Mensch" definiert hätten; etwa Magnus Hirschfeld, der im Jahr 1923 als Wissenschaftler den Begriff „Transsexualismus" prägte. Da es an ihr viel zu entdecken und interaktiv zu entwickeln gab, war die Station sehr beliebt – auch wenn sich das Ratespiel nicht gleich erschloss und eine pädagogische Anleitung notwendig wurde.

– *Workshops:* Begleitend zur Werkschau konnten Schulklassen mit Pädagog*innen aus dem Museumsteam einen vierstündigen Workshop buchen. Darin wurde den Schüler*innen nach einem kurzen Kennenlernen ein theaterpädagogisch aufbereiteter Vortrag zum Thema „Geschlecht" und dessen unterschiedlichen Dimensionen präsentiert. Anschließend konnten die Schüer*innen die Werkschau zunächst ohne konkreten Auftrag ansehen, um dann zwei Lieblingsstationen auszuwählen. Anhand dieser Wahl wurden Kleingruppen gebildet, die sich vertiefend mit einem Stationsthema auseinandersetzten und eine kurze Präsentation entwickelten, die am Ende des Workshops vor der gesamten Klasse vorgeführt werden sollte. Dieser Zugang gewährleistete, dass die Schüler*innen ihren Interessen folgen und sich kreativ mit den Inhalten auseinandersetzen konnten. Zugleich waren die Pädagog*innen aufgrund der Materialfülle der Werkschau vor die Herausforderung gestellt, verschiedene Themen zu kombinieren und das Bearbeitete aufgrund des kurzzeitpädagogischen Formats in wenig Zeit zu einem präsentablen Abschluss zu bringen.

Es war in der Kleingruppenphase manchmal schwierig, die Fülle der Eindrücke und Fragen verschiedener Schüler*innen zu bündeln und tiefergehend zu bearbeiten. So fand in einer Kleingruppe – angeregt durch das Thema „Gender Marketing" – zwar eine Auseinandersetzung mit dem Thema „Werbung und Manipulation" statt. Das Thema der geschlechtlichen und sexuellen Vielfalt geriet angesichts des Drucks, ein Rollenspiel als Abschlusspräsentation zu entwickeln, dabei jedoch völlig aus dem Blick. Auch das Format des Quiz wurde gerne für die Abschlusspräsentationen aufgegriffen. Neben Fragen mit realem Erkenntnisgewinn („Wer war Hilde Radusch?") wurden aber auch Fragen entwickelt, die eher Bekenntnischarakter hatten („Wer kennt jemanden, der schwul oder lesbisch ist?"). Hier wäre es erforderlich gewesen, die Implikationen solcher Fragen wie die Bedeutung entsprechender Bekanntschaften mit den Schüler*innen zu besprechen.

Mit Blick auf die verschiedenen Lernarchitekturen kann festgehalten werden, dass das *Jugendmuseum* als ein außerschulischer Lernort insofern gute Gelingensbedingungen für eine Auseinandersetzung mit vielfältigen geschlechtlichen und sexuellen Lebensweisen bietet, als es die Kinder und Jugendlichen jenseits des gewohnten Schulrahmens mit anregenden Materialien, Personen, Lebensgeschichten und Exponaten in Berührung bringt und darüber besonders eindrückliche Lernprozesse ermöglicht. Mit einem heterogen zusammengesetzten pädagogischen Team eröffnet das *Jugendmuseum* einen alternativen Lernraum, in dem Schüler*innen sich kreativ und ohne Notendruck mit den Inhalten des Themenfelds auseinandersetzen können. Indem es Themen ästhetisch aufbereitet, trägt es als ein spezifischer Ort der Bildung zugleich das Potenzial in sich, sowohl eingeschliffene Wahrnehmungsgewohnheiten zu irritieren, als auch sinnliche und leibliche Erfahrungen anzuregen. Die Ausstattung mit vergleichsweise reichhaltigen Ressourcen stellt eine wichtige Gelingensbedingung der Lernwerkstätten dar. Schüler*innen bekamen technisches Equipment oder kleine Geldbeträge anvertraut, mit denen sie Interviews durchführen oder Anschauungsobjekte für das „Gender Marketing" erwerben konnten. Es war genügend Zeit vorhanden, um mit historischen oder aktuell lebenden Personen in Kontakt zu kommen, Fragen zu stellen wie Antworten zu recherchieren und sich so unbekannte Aspekte des Themas zu erschließen.

Die Werkschau bot insgesamt eine anregende Vielfalt von inhaltlichen Aspekten und Vermittlungsweisen. Besonders einladend wirkte, dass sie als eine Ergebnispräsentation der Arbeiten von Schüler*innen von Schüler*innen genutzt wurde, die sich so mit den Auseinandersetzungsprozessen und Präsentationsformen von anderen Kindern und Jugendlichen beschäftigen. Gleichzeitig hatte die überbordende Fülle der Werkschau etwas Überforderndes. Leicht konnte sich in den vielfältigen Angeboten verloren werden. Manche Kinder und Jugendliche liefen sofort zu den durch modernes Equipment wie Tablets und Kopfhörer besonders attraktiv erscheinenden Stationen. Die teilweise recht langen Videos hielten sie dann von anderen Stationen ab. Oder sie blieben am Leuchttisch stehen und pausten ausgiebig Gegenstände ab. Ohne pädagogische Begleitung konnten diese Schüler*innen nur wenig aus der Fülle erfassen. Herausforderung für die Pädagog*innen war daher, die Aufmerksamkeit der Schüler*innen zu fokussieren. Abschließend erweist es sich daher als wichtig, dann, wenn deren Interesse geweckt ist, die Schüler*innen durch verschiedene pädagogische Impulse dabei zu unterstützen, in einen tatsächlichen Lernprozess einzutreten, d. h. auf einer kognitiven und/oder affektiven Ebene für sich Neues zu erschließen und so im Verhältnis zu sich selbst, zu anderen Personen und/oder zur Welt in Bewegung zu kommen.

3 Mechanismen des Ermöglichens und Verschließens von vielfältigen geschlechtlichen und sexuellen Lebensweisen

Nachdem einzelne Lernformate vorgestellt und an deren Beispiel sowohl Herausforderungen wie Gelingensbedingungen zur Bearbeitung des Themenfelds skizziert wurden, sollen im Folgenden zwei auf einer tieferliegenden Ebene angesiedelte Strategien bzw. Mechanismen diskutiert werden. Diese wirken sich darauf aus, inwiefern das Bildungsangebot eine Vielfalt geschlechtlicher und sexueller Lebensweisen ermöglichend eröffnet oder aber – in der Regel entgegen besserer Absicht – erneut heteronormativ verschließt.

3.1 Vielfalt eröffnen – neue Selbstverständlichkeiten etablieren

In der Werkschau waren drei in einer Lernwerkstatt produzierte Videofilme ausgestellt, in denen Interviews mit schwul oder lesbisch lebenden Personen zu sehen sind. Jeweils zwei Jugendliche befragen darin vor der Kulisse ihrer zuschauenden Mitschüler*innen eine Person entlang vorbereiteter Fragen. Eine der drei interviewten Personen ist die in Berlin lebende DJ und Produzentin İpek İpekçioğlu. Sie wird im Film zu ihrem lesbischen Leben und zu ihrer familiären Migrationsgeschichte befragt. Beim Betrachten des Videos ist zunächst interessant zu sehen, wie die Interviewte aktiv in die Fragenstellung der Schüler*innen eingreift: Als ihre türkische Herkunft angesprochen wird, verweist sie auf die Multikulturalität der Türkei und die unterschiedlichen Zugehörigkeiten ihrer Herkunftsfamilie. Sie regt es als passender an, die Begriffe „türkeistämmig" oder „aus der Türkei kommend" zu nutzen, als von „türkisch" zu sprechen. Zudem würden nur ihre Eltern aus der Türkei stammen, sie selbst sei in München geboren. In der Weise, wie der interviewende Junge sie zu ihrem Coming-out befragt, erkennt Ipek İpekçioğlu einen problematischen Zusammenhang zwischen Islam und Homosexualität, der zugleich darauf beruht, ihr einen muslimischen Hintergrund zu unterstellen. Sie weist den Jungen darauf hin, dass in seiner Frage eine rassistische Vorannahme stecke und schlägt ihm eine alternative Formulierung vor: „Darf ich was korrigieren? [...] Stell doch die Frage so: War es ein Problem für deine Eltern in Bezug auf deine Religion und deine sexuelle Orientierung?".

İpek İpekçioğlu erzählt im Folgenden eine Geschichte, die die vorherrschende Erwartung einer Verklammerung von „islamischer Kultur" und „Homosexualitätsfeindlichkeit" unterläuft (vgl. Yilmaz-Günay 2011). Sie berichtet von einem Besuch bei ihrem Großvater in der Türkei noch bevor sie sich dort als lesbisch geoutet hatte. Der Großvater fragt sie nach ihrem Studienfach und – weil er mitbekommen hat, dass sie ein Auto besitzt – danach, wofür sie dieses denn als Studentin brauche, ob sie damit Jungen oder Mädchen abschleppe. Trotz ihrer Angst vor dem „großen, lauten Mann" gibt sie eine ehrliche Antwort, woraufhin der Großvater ihr zu ihrer eigenen Überraschung Fragen bezüglich homosexueller Heiratspraktiken in europäischen Ländern stellt. Diese waren Mitte der 1990er-Jahre noch nicht legal, aber İpek İpekçioğlu betont, dass diese für ihren muslimisch lebenden Großvater damals schon im Bereich des Möglichen lagen.

Auch weil hier jemand aus eigener Erfahrung spricht und das Verhältnis zu gleichgeschlechtlichen Beziehungen in einem islamischen Kontext auf neue Weise erzählt, lässt sich diese Geschichte pädagogisch produktiv einsetzen. So ruft die Figur des Großvaters zunächst das Bild einer traditionellen Männlichkeit im Rahmen des Islam auf, die durch die Schilderung seiner interessierten Fragen jedoch sogleich unterlaufen wird und insgesamt einen dynamischen Eindruck vermittelt. Für manche*n Betrachter*in kann eine solche Geschichte als „Eye Opener" dienen und stereotype kulturalisierte Vorstellungen verschieben. Für andere würdigt sie deren eigenes Leben und signalisiert: „Du bist nicht allein mit deiner Lebensweise, es gibt noch andere". Beim Betrachten des Videos wird deutlich, dass die Interviewte ein homogenisiertes Bild der Türkei bzw. von Migrant*innen aus der Türkei zu differenzieren sucht. Sie weiß um (stereotype) Vorannahmen bezüglich einer angenommenen Abwesenheit bzw. Abwehr von gleichgeschlechtlichen Lebensweisen im Kontext der Türkei bzw. des Islams und produziert anhand ihrer eigenen Erfahrung eine authentische gegenhegemoniale Erzählung. Indem sie engführende und rassistisch unterlegte Formulierungen aufzeigt und zugleich Alternativen anbietet, kritisiert sie ihr Gegenüber, bleibt in Kontakt und signalisiert ihr Interesse am Fortgang des Gesprächs.

Mit dieser Art von Videomaterial orientiert sich Pädagogik nicht nur an Lernprozessen der heteronormativen Mehrheit, sondern transportiert zugleich ein Empowerment-Potenzial für marginalisierte Gruppen. Dabei sprich DJ Ipek selbst als Person und es wird nicht (verallgemeinernd oder exotisierend) über sie gesprochen. Da lebensgeschichtliche Erfahrungen so mit einer gewissen Leichtigkeit als Möglichkeit vorgestellt werden, eine (selbst-)bestimmte Lebensweise zu wählen und zu gestalten, verstehen wir einen entsprechenden Zugang als eine Strategie, neue Selbstverständlichkeiten zu etablieren und der jeweiligen Einzigartigkeit individueller Lebensgeschichten Raum zu geben. So kann der dominante heteronormative Diskurs und die vorherrschende weiße Mehrheitsperspektive in deren überkommenen Darstellungs- und Wahrnehmungsmustern durch eine – hier aus transkultureller, lesbischer Perspektive erzählten – authentische Lebensgeschichte durchbrochen werden und die vorherrschende normative und defizitorientierte Verbindung von „Homo/Trans" und „Problem" zugleich infrage gestellt werden. Eine Selbstverständlichkeit von Biografien, in denen sich „migrantische Ethnizitäten und ‚queere' Sexualitäten überschneiden" konterkariert gängige Diskussionen, in denen eine Aufspaltung in eine homophile weiße Moderne und eine homophobe türkische Tradition zugrunde gelegt wird (vgl. Kosnick 2010, 146f). Diese vorherrschenden Verbindungen können so vielmehr als Teile eines heteronormativen wie rassistischen Diskurses erkenn- und bearbeitbar werden. Dieser wird so quasi zurückblickend zum Thema gemacht, ohne konstitutiv für die Auseinandersetzung mit vielfältigen geschlechtlichen und sexuellen Lebensweisen zu sein und unnötig stark bestätigt zu werden. Die Strategie „neue Selbstverständlichkeiten etablieren" tritt deutlich aus der vorherrschenden Dichotomie von Norm und Abweichung heraus und begegnet der in Ansätzen der Antidiskriminierung innewohnenden Gefahr, diese Dichotomie unhinterfragt zu reproduzieren. So gesehen realisiert der vorgestellte pädagogische Zugang zum Thema selbst schon ein kritisch-dekonstruktives Moment und will dieses nicht nur erst eröffnen. Gleichzeitig werden Geschichten angeboten, die lebbar sind und den Sinn für das Mögliche schärfen.

Als einziges Exponat der Werkschau, in dem Homosexualität, Islam und Migration explizit zusammen angesprochen werden, vermag das Video zwar neue Perspektiven zu eröffnen, es besteht jedoch zugleich die Gefahr, es als exemplarisch für queeres Leben innerhalb einer muslimischen Religionszugehörigkeit misszuverstehen. Nicht nur angesichts dessen, dass Ipek İpekçioğlu weder gläubig ist noch einen prekären Aufenthaltsstatus innehat, wäre es wünschenswert, mehrere Biografien vor dem Hintergrund verschiedener kultureller, religiöser und Staatsbürger*innen-Zugehörigkeiten in deren jeweiliger Einzigartigkeit aufzubereiten und die zwischen diesen vermutlich sichtbar werdenden Widersprüchlichkeiten ungeglättet wirken zu lassen.

3.2 Vielfalt verschließen – Othering und das Nichtmarkieren von Heterosexualität und Cis-Geschlechtlichkeit

„Eines der Ziele war, sichtbar zu machen, dass Trans*menschen nicht außerhalb der Gesellschaft lebten und leben, sondern mitten unter uns" – so lautete der erläuternde Kommentar an der Werkschaustation zum Thema „Trans*menschen". Aber von welchem Standort aus und mit welcher Perspektive wird hier auf dieses Thema geblickt? Das pädagogische Ziel der Station lautet Sichtbarmachung. Aber wer macht hier wen sichtbar? Fragen wir nach dem zugrunde gelegten Wir, dann lässt sich deutlich erkennen, dass Trans*menschen von diesem von vornherein ausgeschlossen sind. Als hilfreich zum Verständnis des zugrunde liegenden Problems erweist sich das Konzept des *Othering*, der Konstruktion von „Anderen". Im Rahmen der *Postcolonial Studies* entwickelt, wird dieses Konzept in der deutschsprachigen Debatte insbesondere im Rahmen kritischer Rassismusforschung und Migrationspädagogik eingesetzt (Riegel 2016, 51). Es untersucht die Unterscheidung, in der das gesetzte „Andere" als binärer Gegensatz und komplementäre Opposition zu einem hegemonialen „Wir" konstruiert wird. Um das Eigene, vermeintlich Normale und Priore hervorzubringen, ist die Festlegung des Anderen notwendig. Othering markiert dabei den Prozess der Konstruktion der bzw. des Anderen als einen „machtvollen Prozess des Different-Machens, der Ausgrenzung und der Hineinrufung in eine untergeordnete Position" (Riegel 2016, 54). Bezogen auf unser Beispiel zeigt sich dies an der Ausgrenzung von Trans*menschen aus dem „Wir" und an deren Hineinrufen in die Kategorie der „Anderen".

Dieser Mechanismus korrespondiert mit der Feststellung, dass obwohl der Untertitel des Projekts „All included" lautet „Museum und Schule gemeinsam für geschlechtliche und sexuelle Vielfalt", ein Teil der geschlechtlichen und sexuellen Vielfalt sowohl in den Workshops als auch in der Werkschau ausgeblendet und nur ganz selten explizit angesprochen wurde: heterosexuelle Lebensweisen und Cis-Geschlechtlichkeit. Es wirkt fast so, als stehe der Term „geschlechtliche und sexuelle Vielfalt" gleichbedeutend für LGBT*I. Dies korrespondiert mit Teilen der Fachdebatte, in der die Einführung von „geschlechtlicher und sexueller Vielfalt" als Bildungsinhalt zur Chiffre für Aufklärung über LGBT*I-Lebensweisen geworden ist (vgl. Hartmann 2015, 37). Nun könnte argumentiert werden, dass heterosexuelle Lebensweisen und Cis-Geschlechtlichkeit in Schule, Medien, Werbung etc. allgegenwärtig sind und der kostbare Raum, der beispielsweise im *Jugendmuseum* für geschlechtliche und sexuelle Vielfalt zur Verfügung steht, mit den ansonsten ausgegrenzten, zu kurz gekommenen, den Schüler*innen nicht so geläufigen Lebensweisen gefüllt und diesen so Anerkennung und Aufwertung zuteil werden sollte.

Doch ist zu bedenken, dass statt der vormaligen dichotomen Gegenüberstellung von homo- vs. heterosexuell, cis- vs. transgender, straight vs. queer, der aktuelle Vielfaltsdiskurs diese Dichotomie letztlich nicht überschreitet, sondern eine Unterscheidung von Norm vs. Vielfalt aufzuspannen beginnt, die das Grundmuster von Norm vs. Abweichung reproduziert und Vielfalt zum modernisierten Code für Abweichung, für das Andere werden lässt. So ist auch mit der Fokussierung auf LGBT*I-Lebensweisen ein Prozess des Othering, des Zum-Anderen-Machens verbunden. Eine asymmetrische Bezeichnungspraxis, die LGBT*I benennt und zu repräsentieren trachtet, nicht jedoch Cis-Gender und Heterosexualität erwähnt, unterscheidet implizit ein Anderes von einem Eigentlichen. Während das scheinbar Besondere Benennung erfährt, verbleibt das Eigentliche mitsamt seinen Privilegien und sozialen Ressourcen unmarkiert und fungiert unhinterfragt als Selbstverständlichkeit. Die zentrale Erkenntnis dieses Mechanismus lässt sich auf weitere Aspekte der Mehrheitsgesellschaft wie Weiß- und Gesundsein übertragen.

4 All Included?! – konzeptuelle Fragen und Impulse

Der Titel des Modellprojekts „*All included*" wird von den Museumspädagog*innen oft übersetzt als: „Alle sind dabei". Dies markiert ein erweitertes Inklusionsverständnis, das einen sensiblen Umgang mit Mehrfachdiskriminierungen als Anspruch erhebt und die eigene Pädagogik als bereits erfolgreich inkludierend markiert. Unsere Diskussion hat gezeigt, wie auch pädagogische Projekte, die diversitätssensibel arbeiten, nicht frei von der Gefahr des Otherings und der Reproduktion bestehender Verhältnisse sind (vgl. Riegel 2016, 232). Entsprechend ließe sich *All included* auch so auslegen, dass bereits alle inkludiert sind – und zwar in heteronormative, rassistische und weitere ausgrenzende Verhältnisse, an deren Reproduktion wir alle mitwirken. Betroffen von und mitverantwortlich für diese Verhältnisse sind strukturell betrachtet alle, unabhängig von deren jeweiligen Lebensweise. Pädagogik selbst stellt einen

Ort der Verhandlung von Differenzen dar, mit denen symbolische und gesellschaftliche Macht- und Ungleichheitsverhältnisse (re-)produziert werden, in deren Ordnung aber auch interveniert werden kann. Mit Michel Foucault (vgl. Foucault 1977) gesprochen existiert zwar keiner außerhalb der Macht, jedoch die Chance, sich derselben gegenüber kritisch reflektierend zu verhalten und sie dabei umzuarbeiten. Werden geschlechtliche und sexuelle Lebensweisen nicht differenzaffirmativ, sondern differenzreflektierend (vgl. Mecheril/Kourabas 2015) zum Thema gemacht, wie lässt sich dann mit der notwendigerweise bestehen bleibenden Differenzorientierung produktiv umgehen? Unseres Erachtens bedarf eine Pädagogik vielfältiger geschlechtlicher und sexueller Lebensweisen hierfür eines umfassenden Konzepts (vgl. Hartmann 2016, 84ff). *All included* nochmals neu wendend, skizzieren wir im Folgenden, was in einem solchen Konzept unserer bisherigen Diskussion folgend an Strategien des Ermöglichens alles beinhaltet – all included – sein sollte.

Eine erste praxisbezogene Strategie wäre, „Vielfalt von der Vielfalt aus zu denken" (Hartmann 2016, 86). Das meint zum einen neue Selbstverständlichkeiten etablierend die real gelebte Vielfalt vor allem „through the lense of minorities" zum Ausgangspunkt zu nehmen und zum anderen heterosexuelle und cis-geschlechtliche Lebensweisen als Norm zu ent-selbstverständlichen und als Teil einer umfassenderen Vielfalt explizit zu markieren. Dies mag eine Möglichkeit sein, um der vorherrschenden Spaltung in Norm und Abweichung zu begegnen und gelebte Differenzen in einem ersten Schritt egalitär aufzugreifen, um sie in folgenden Schritten machtkritisch zu dekonstruieren. Geht es darum, die mit den bestehenden Ordnungssystemen verbundenen Hierarchisierungen und ungleichen Macht- und Ressourcenverteilungen infrage zu stellen und an deren prinzipiell veränderbaren Struktur zu arbeiten, dann stellt es eine Aufgabe von Pädagogik dar, dieses didaktisch in altersangemessener Weise auszuarbeiten und dabei die jeweils eigene Beteiligung an Kategorisierungsprozessen kritisch in den Blick zu nehmen.

Zu berücksichtigen ist darüber hinaus, dass die Hartnäckigkeit von stereotypen Bildern und diskriminierenden Praktiken nicht einfach auf fehlende Kenntnis von und Wissen über entsprechende Lebensweisen zurückzuführen ist. Diskriminierungen, auf deren Abbau pädagogische Zugänge zielen, sind viel grundsätzlicher damit verknüpft, die eigene geschlechtliche und sexuelle Subjektpositionierung in Abgrenzung zu einem geschlechtlich und sexuell Anderen überhaupt erst hervorzubringen (vgl. Degele/Winker 2007, 6). Eine zentrale Funktion des Otherings liegt so gesehen nicht nur in der eigenen Aufwertung, sondern zuallererst in der Sicherung einer sozial lebensfähigen Subjektposition. Judith Butler (vgl. Butler 1993, 46) betont, wie zentral gerade verworfene Bindungen und verweigerte Identifizierungen für die Hervorbringung der geschlechtlichen und sexuellen Identität sind. Der gesellschaftliche Imperativ heterosexueller Zweigeschlechtlichkeit transportiert einen Zwang zur Vereindeutigung innerpsychischer Ambivalenzen. Im Prozess der permanenten Identifizierung sind andere mögliche Identifizierungen auszuschließen bzw. zu verwerfen, soll eine eindeutige und stabile Identität errichtet werden. Diese sind damit aber nicht einfach verschwunden.

Butler spricht von einer „Verlustspur" im Subjekt, die an das psychisch reiche Innenle-
ben erinnert (vgl. Butler 2001, 181). *All included* könnte entsprechend erneut gewendet
damit auch als Chiffre für die Erkenntnis stehen, dass wir innerpsychisch betrachtet
eine Vielfältigkeit an geschlechtlichen und sexuellen Identifizierungen und Begehrenslinien in uns tragen und die damit verbundenen Ambivalenzen und Widersprüchlichkeiten lediglich in unterschiedlicher Weise zulassen (können oder wollen) und leben.

Dekonstruktive Perspektiven in der Pädagogik arbeiten daher nicht nur mit mehr
als zwei geschlechtlichen Subjektpositionen im Sinne von Identitäten und öffnen
damit den Raum des „Dazwischens". Die konstitutive Abhängigkeit des Einen vom
Anderen betonend greifen sie auch auf, wie hierarchisch angeordnete Gegensatz-
paare – beispielsweise Hetero/Homo oder Cis/Trans* – in ihren Bedeutungen aufeinander und damit letztlich auf Differenzen in der Differenz der Diversität der Subjekte
verweisen, die „als dynamische Prozesse der Differenzierung oder als fortdauerndes
Werden" (Engel 2013, 11) begriffen werden können. Gleichzeitig ist die nach außen
hergestellte kohärente Identität und Normeneinpassung immer fragil, ihr Scheitern
aus der Perspektive des Unbewussten stets möglich. Dies verweist auf die Funktion
von Trans- und Homofeindlichkeit in einer Gesellschaft, die nur zwei sich ausschlie-
ßende geschlechtliche und sexuelle Identitäten als sozial lebbar bereithält und jeweils
eine mit dem Stigma der Andersartigkeit versieht: Eigene, wenn auch latente Impulse
in Richtung homo oder trans* werden durch Projektion auf andere abgewehrt. So
gesehen ist die demonstrative, zum Teil verächtliche Abgrenzung von Jugendlichen
untrennbar mit dem identitätslogischen Konzept des Mann/Frau- und Homo/Hetero-
Binarismus verbunden. Diese strukturellen Zusammenhänge lassen sich angesichts
existentieller Wünsche nach ungefährdeter Zugehörigkeit auch über „die eindring-
lichsten Appelle an Schüler, Toleranz gegenüber dem ‚Anderen' walten zu lassen"
(Klauda 2008, 26) nicht überwinden. Mit Blick auf hiesige westliche Diskurse beklagt
Georg Klauda folgerichtig eine „weit verbreitete Ignoranz, die gegenüber nicht-identitären Modellen von ‚Homosexualität' eingenommen wird" (Klauda 2008, 23). Dieser
Perspektive folgend könnten historische Zugänge aufzeigen, wie etwa im persisch-
arabischen Raum sexuelle Praktiken unter Männern in früheren Zeiten eine übliche
Praxis im Rahmen von Freundschaften darstellten. Vor diesem Hintergrund lässt sich
das westliche Modell einer homosexuellen Identität, wie es im 19. Jahrhunderts entwickelt wurde und an das zugleich das Phänomen von Homophobie gekoppelt ist, als
ein Import in den persisch-arabischen Raum diskutieren.

Nicht nur historisch und kulturell begründet sollte es beim Themenkomplex
geschlechtlicher und sexueller Vielfalt folglich nicht nur darum gehen, wie verschieden Menschen leben, sondern auch darum, wie unterschiedlich Menschen
sich selbst verstehen und die von ihnen gelebte Differenz begreifen. Denn während
manche Menschen ein essenzialistisch-naturalistisches Selbstverständnis vertreten und sich das eigene Sosein dominanten Diskursen folgend über Biologie oder
frühkindliche Prägung erklären, verstehen sich andere im hiesigen Kulturkreis über
normative Vorgaben sozialisiert und diesen gegenüber zugleich als handlungsfähig.

Während manche essenzialistischen Diskursen entsprechend den Eindruck haben, ihre geschlechtliche oder sexuelle Identität nicht wählen zu können, geben andere konstruktivistischen Diskursen entsprechend an, hier durchaus über Gestaltungs-räume zu verfügen.

Einer innerpsychischen, intersektionalen und transkulturellen Perspektive folgend, erweist es sich so gesehen als empfehlenswert, die Chiffre *All included* kon-zeptuell auch auf eine Vielfalt an unterschiedlichen Identitätskonzepten und Selbst-verständnissen anzuwenden und diese dem Alter der Zielgruppe angemessenen zu vermitteln. Um mittels eines konzeptuell ausbuchstabierten Verständnis von *All included* innovative Zugänge und normative Verschiebungen zu entwickeln, erweist sich abschließend erneut das Motto der ersten Werkschaustation als wegweisend: „Let's think outside the box(es)!".

5 Vertiefungsaufgaben und -fragen

1. Fassen Sie zusammen, wie ein identitätskritischer Zugang zum Thema „vielfältige sexuelle und geschlechtliche Lebensweisen in der Einwanderungsgesellschaft" aussieht und wie er sich von identitätsaffirmierenden Ansätzen unterscheidet.
2. In ihrem Buch „Wie wir begehren" stellt Carolin Emcke fest: „Wer den Normen entspricht, kann es sich leisten zu bezweifeln, dass es sie gibt" (Emcke 2012, 22). Überlegen Sie, welche (geschlechtlichen, sexuellen, kulturellen etc.) Normen in Ihrem Leben eine Rolle spielen und wo Sie jeweils davon profitieren bzw. inwie-fern diese Normen Sie einschränken. Wie können sich diese Erfahrungen in der pädagogischen Praxis auswirken, wie können Sie diese bewusst einsetzen?
3. Denken Sie über Ihre letzten Museumsbesuche nach oder suchen Sie ein Museum auf: Inwieweit sind queere Themen repräsentiert (gewesen)? Welche Exponate eigne(te)n sich für eine Thematisierung von Geschlecht und Sexualität? Wie könnte die Vermittlung an Kinder oder Jugendliche aussehen?
4. Unterziehen Sie das Inklusionskonzept einer kritischen Reflexion: Wo sehen Sie z. B. Grenzen hinsichtlich Umsetzung, inhärenter Gleichheitsideale und intersek-tionaler Verschränkungen von Dominanzverhältnissen?

Literatur

„All included – Museum und Schule gemeinsam für sexuelle und geschlechtliche Vielfalt".
 URL: http://all-included.jugendmuseum.de (Letzter Aufruf 01.03.2017).
Butler, Judith (1993): Kontingente Grundlagen: Der Feminismus und die Frage der ‚Postmoderne'.
 In: Benhabib, Seyla/Butler, Judith/Cornell, Drucilla/Fraser, Nancy: Der Streit um Differenz.
 Feminismus und Postmoderne in der Gegenwart. Frankfurt a. M.: Suhrkamp. S. 31–58.

Butler, Judith (2001): Psyche der Macht. Frankfurt a. M.: Suhrkamp.

Degele, Nina/Winker, Gabriele (2007): Intersektionalität als Mehrebenenanalyse.
URL: https://www.soziologie.uni-freiburg.de/personen/degele/dokumente-publikationen/
intersektionalitaet-mehrebenen.pdf (Letzter Aufruf: 07.10.2016).

DMB – Deutscher Museumsbund (Hrsg.) (2015): Museen, Migration und kulturelle Vielfalt. Handreichungen für die Museumsarbeit. Berlin: Deutscher Museumsbund.

Ebling, Smilla (2016): Museum & Gender. Ein Leitfaden. Münster/New York: Waxmann.
URL: http://wissenschaftliche-sammlungen.de/files/8214/6771/8626/3403Volltext.pdf
(Letzter Aufruf: 14.02.2017).

Engel, Antke (2013): Queerversity und die Strategie der VerUneindeutigung Sexuelle Vielfalt
als Prinzip für die Arbeit in Institutionen. Vortrag auf der pro familia Fachtagung „Sexuelle
Kulturen – Sexuelle Bildung in Institutionen"; München 04. Mai 2013. URL: www.profamilia.de/
fileadmin/dateien/fachpersonal/Engel_profa-Text_2013.pdf (Letzter Aufruf: 20.05.2015).

Faist, Thomas (2000): Transnationalization in International Migration. In: Ethnic and Racial Studies,
Jg. 23, Heft 2, S. 189–222.

Foucault, Michel (1977): Der Wille zum Wissen. Sexualität und Wahrheit 1. Frankfurt a. M.: Suhrkamp.

Friedrich-Ebert-Stiftung (2014) (Hrsg.): „… und das ist auch gut so!" Sexuelle und geschlechtliche
Vielfalt in der Schule. Dokumentation zur Fachtagung am 22. Oktober 2013. Forum Politik
und Gesellschaft der Friedrich-Ebert-Stiftung Berlin. URL: http://library.fes.de/pdf-files/
dialog/10555.pdf (Letzter Aufruf: 12.12.2016).

Guerrilla Girls (2016): Girlsplaining Museum Ludwig. URL: www.youtube.com/watch?v=
WMx8DouJvTA (Letzter Aufruf 18.01.2017).

Hartmann, Jutta (2002): Vielfältige Lebensweisen. Dynamisierungen in der Triade Geschlecht-
Sexualität-Lebensform. Kritisch-dekonstruktive Perspektiven für die Pädagogik. Opladen:
Leske und Budrich.

Hartmann, Jutta (2015): Sexuelle Diversität im Kontext Schule. Herausforderungen einer Pädagogik
vielfältiger Lebensweise. In: Huch, Sarah/Lücke, Martin (Hg.): Diversity und Sexuelle Vielfalt als
pädagogische und didaktische Herausforderung – Anregungen für die schulische Praxis und
die Lehrer_innenausbildung. Bielefeld: transcript, S. 27–47.

Hartmann, Jutta (2016): Bewegungsräume zwischen Kritischer Theorie und Poststrukturalismus.
Pädagogik vielfältiger Lebensweisen als Ansatz für die politische Bildung. In: Bettina Lösch,
Madeline Doneit, Margit Rodrian-Pfennig (Hrsg.): Geschlecht ist politisch. Geschlechterreflek-
tierende Perspektiven in der politischen Bildung. Opladen: Barbara Budrich, S. 71–90.

Klauda, Georg (2016): Die Vertreibung aus dem Serail. Europa und die Heteronormalisierung der
islamischen Welt. 6. Auflage, Hamburg: Männerschwarm Verlag.

Kosnick, Kira (2010). Sexualität und Migrationsforschung: Das Unsichtbare, das Oxymoronische
und heteronormatives „Othering". In: Lutz, Helma/Herrera Vivar/Supik, Linda (Hrsg.): Fokus
Intersektionalität. Bewegungen und Verortungen eines vielschichtigen Konzeptes. Wiesbaden:
VS, S. 145–163.

Love has no labels. URL: www.youtube.com/watch?v=PnDgZuGIhHs (Letzter Aufruf 12.12.2016).

Mecheril, Paul/Kourabas, Veronika (2015): Von differenzaffirmativer zu diversitätsreflexiver Sozialer
Arbeit. In: Sozialmagazin Heft 9–10, S. 22–29.

Nettke, Tobias (2016): Was ist Museumspädagogik? – Bildung und Vermittlung in Museen. In:
Commandeur, Beatrix/Kunz-Ott, Hannelore/Schad, Karin (Hrsg.): Handbuch Museumspädagogik: Kulturelle Bildung in Museen, München: kopaed, S. 31–42.

Noschka-Roos, Annette (2012): Vermitteln – Bildung als Auftrag. In: Bernhard Graf & Volker
Rodekamp (Hg.): Museen zwischen Qualität und Relevanz. Denkschrift zur Lage der Museen,
Berlin: G+H Verlag, S. 163–182.

Riegel, Christine (2016). Bildung, Intersektionalität, Othering. Pädagogisches Handeln in
widersprüchlichen Verhältnissen. Bielefeld: transcript.

Rosa, Hartmut (2016) im Gespräch mit Wolfgang Endres. In: Rosa, Hartmut/Endres, Wolfgang: Resonanzpädagogik. Wenn es im Klassenzimmer knistert. Weinheim und Basel: Beltz.

Sozialmagazin (2014): Die Zeitschrift für Soziale Arbeit: Queerfeldein durch die Soziale Arbeit. Heft 3/4. Weinheim und Basel: Beltz.

Tuider, Elisabeth (2008): Diversität von Begehren, sexuellen Lebensstilen und Lebensformen. In: Schmidt, Renate-Berenike Schmidt/Sielert Uwe (Hrsg.): Handbuch Sexualpädagogik und Sexuelle Bildung, Weinheim und München: Beltz, S. 163–182.

VieL*Bar: Vielfältige geschlechtliche und sexuelle Lebensweisen in der Bildungsarbeit – Didaktische Potentiale und Herausforderungen museumspädagogischer Zugänge. URL: www.ifaf-berlin.de/projekte/viel*bar/ (Letzter Aufruf 01.03.2017).

Yılmaz-Günay, Koray (Hrsg.) (2011): Karriere eines konstruierten Gegensatzes: Zehn Jahre „Muslime versus Schwule". Sexualpolitiken seit dem 11. September 2001, Berlin: Selbstverlag.

Dorothee Beck und Frauke Gützkow

Die GEW-Broschüre „Für eine Pädagogik der Vielfalt" – Reflexion eines komplexen Entstehungsprozesses

1 Einleitung – über den Nutzen eines aufwendigen Arbeitsprozesses

In den Jahren 2014 und 2015 agitierten ultrakonservative und christlich-fundamentalistische Gruppierungen wie die *Besorgten Eltern* und *Demo für alle* gegen den neuen Bildungsplan für Schulen in Baden-Württemberg und wurden damit erstmals in Deutschland von einer größeren Öffentlichkeit wahrgenommen. Im Mai 2016 legte die Gewerkschaft Erziehung und Wissenschaft die Broschüre „Für eine Pädagogik der Vielfalt" vor (vgl. GEW 2016). Sie ist die gewerkschaftliche Antwort auf die Agitation und Anfeindungen dieser Gruppierungen. Die Broschüre klärt darüber auf, wer sich hinter den wohlklingenden Namen verbirgt, und setzt deren reaktionären und simplifizierenden Behauptungen gut begründete Argumente entgegen.

In diesem Beitrag wird der komplexe Entstehungsprozess der Broschüre nachgezeichnet, der die Selbst-Ermächtigung und das Empowerment von Aktivist*innen sowie eine enge Vernetzung und Bündnisarbeit kombiniert mit einer journalistischen und teils wissenschaftlichen Ausarbeitung des Broschürentexts. Dieser (selbst-)reflexive Prozess erschließt Anwendungsmöglichkeiten über die Aufklärungsarbeit an Schulen hinaus.

Die *Gewerkschaft Erziehung und Wissenschaft* (GEW) tritt ein für das Recht auf Bildung für alle Menschen in einem inklusiven Bildungssystem. Denn jede*r hat das Recht, alle körperlichen und geistigen Fähigkeiten und Talente zu entfalten und soziale Kompetenzen zu entwickeln. Die GEW kämpft für den Abbau bestehender Ungleichheiten und gegen Ausgrenzung aufgrund von Herkunft und sozialer Stellung, Konfession oder Weltanschauung, Geschlecht oder Nationalität. Vielfalt ist eine gesellschaftliche Realität, die sich in pädagogischen Konzepten (noch) nicht ausreichend niederschlägt. Deswegen setzt sich die GEW für Vielfalt als humanistisches und pädagogisches Leitbild in der Schule (wie auch in allen anderen Bildungseinrichtungen) ein. Das umfasst auch die Wertschätzung für Lehrkräfte und alle anderen Bildungsbeteiligten mit Lebensentwürfen jenseits der Heteronorm. Insbesondere müssen Schüler*innen aus Regenbogenfamilien vor Mobbing und Diskriminierung geschützt werden.

Mit der Broschüre positioniert sich die GEW in einem komplexen und hoch sensiblen Politikfeld. Komplex ist das Politikfeld, weil im Fokus nicht nur ultrakonservative

https://doi.org/10.1515/9783110518351-016

und christlich-fundamentalistische Elterngruppen mit einem reaktionären Familienbild stehen. Als christlich-fundamentalistisch bezeichnen wir u. a. Evangelikale, Gruppierungen, die einer wörtlichen Bibelauslegung folgen, und solche, die dem Opus Dei nahe stehen. Vielmehr ordnen sich die Konflikte um Bildungspläne, die sexuelle und geschlechtliche Vielfalt berücksichtigen, ein in das Erstarken rechtsradikaler, neurechter und völkischer Strömungen. Insbesondere mischen die *Besorgten Eltern* und *Demo für alle* im sog. Anti-Genderismus-Diskurs mit, dessen Protagonist*innen sich gegen eine egalitäre Geschlechterpolitik wenden. Sensibel ist das Politikfeld insofern, als mit Eltern als mächtiger Zielgruppe über die geschlechtliche und sexuelle Identität ihrer Kinder gesprochen werden muss, gerade dann, wenn diese nicht der Heteronorm entspricht. Mit Sensibilität muss schließlich auch der eigenen Betroffenheit der Aktivist*innen in ihrer Rolle als Lehrkräfte begegnet werden.

2 Kontext – warum diese Broschüre?

Am 30. Oktober 2016 demonstrierten rund 1000 Personen in Wiesbaden unter dem Motto „Demo für alle" gegen den neuen hessischen Lehrplan zur Sexualerziehung, in dem als ein Ziel auch die gesellschaftliche Akzeptanz anderer Lebensweisen als der heterosexuellen Paarbeziehung formuliert ist. Diese Demonstration reiht sich ein in gleichgerichtete Veranstaltungen in mehreren Bundesländern mit Auftakt in Baden-Württemberg (vgl. Billmann 2015). Die ultrakonservativen und christlich-fundamentalistischen Gruppierungen beklagen eine „Früh- und Übersexualisierung" „unschuldiger" Kinder. Die rhetorische Figur des „reinen" und „unschuldigen" Kindes wird dabei, so die Einschätzung von Dannecker/Tuider, „angerufen, um die Zukunft der weißen, deutschen Nation zu sichern, die es vor jeglicher Bedrohung, Verfremdung und Pervertierung zu schützen gilt" (Dannecker/Tuider 2016, 22). Diese Gruppierungen polemisieren daher auch gegen die Ehe für alle und ein Adoptionsrecht für gleichgeschlechtliche Paare (vgl. Besorgte Eltern 2015).

Bei der sog. „Demo für alle" in Wiesbaden ließ sich die Nähe zur alten und neuen Rechten beobachten. Denn auch NPD-Kader und Mitglieder der Partei *Der dritte Weg* wurden als Teilnehmende oder gar Ordner gesichtet. Doch anders als noch in Baden-Württemberg zwei Jahre zuvor stellte sich in Hessen ein breites gesellschaftliches Bündnis der Propaganda entgegen. An der Gegendemonstration unter dem Motto „Ihr seid nicht alle" nahmen rund 2000 Menschen teil. Aufgerufen hatten neben gesellschaftlichen Organisationen auch alle im Landtag vertretenen Parteien außer der CDU. (Die AfD gehört dem Hessischen Landtag nicht an.)

In Baden-Württemberg standen Politik und Gesellschaft dem massiven Auftreten der *Besorgten Eltern* noch weitgehend hilflos gegenüber. Lehrkräfte mit einem anderen Lebensentwurf als der heterosexuellen Paarbeziehung fühlten sich persönlich angegriffen. Schlecht informierte Landtagsabgeordnete wussten nicht, was sie von den Demos und ihren Organisator*innen halten sollten. Obendrein verfüg(t)en die *Besorgten Eltern* über gute Kontakte bis in christliche Kreise der CDU (vgl. Billmann 2015, 13). Dass da nicht verunsicherte, konservative Eltern demonstrierten, sondern international vernetzte neu-rechte Agitator*innen, welche die Besorgnis von Eltern für ihre eigenen Ziele instrumentalisierten, kam erst allmählich ans Licht, u. a. durch die Öffentlichkeitsarbeit der GEW Baden-Württemberg.

Die Erfahrung von Betroffenheit, Hilflosigkeit und fehlenden Informationen ließ in der Arbeitsgruppe (AG) LSBTI (Lesben, Schwule, Bi-, Trans*- und Inter*-Personen) der GEW den Wunsch nach argumentativer Unterstützung aufkommen. Die AG, die auf Bundesebene arbeitet und sich aus Vertreter*innen der GEW-Landesverbände zusammensetzt, beschloss, eine Argumentationsbroschüre zu erarbeiten, und setzte dafür eine Redaktionsgruppe ein.

3 Inhalt und Aufbau – Informationen und Argumente für mehrere Zielgruppen

Die GEW-Broschüre „Für eine Pädagogik der Vielfalt" argumentiert für eine pädagogische Haltung, die unterschiedliche Lebensweisen und persönliche Identitäten wertschätzend aufgreift. Es geht nicht allein um Sexualpädagogik oder Sexualerziehung. Vielmehr liegt der Fokus auf der Sichtbarkeit von Lebensweisen neben der traditionellen Kleinfamilie in *jedem* pädagogischen Handeln – in Mathematikaufgaben genauso wie im Deutschunterricht, beim Schulfest genauso wie auf dem Pausenhof. Die Publikation richtet sich an Lehrkräfte, Elternbeiräte und Schüler*innenvertretungen, die sich für Vielfalt in der Schule einsetzen wollen, die verunsicherte Eltern oder Schüler*innen beraten oder die in Konflikten mit Vertreter*innen ultrakonservativer oder christlich-fundamentalistischer Gruppierungen argumentieren müssen, z. B. in Elternversammlungen, im Kommunalparlament oder gegenüber den Medien.

Aus den Bedarfen dieser Zielgruppen ergeben sich Inhalt und Aufbau der Broschüre. Das erste Kapitel beleuchtet die in Rede stehenden Gruppierungen und ihre Vernetzung (vgl. GEW 2016, 13–15). Es wird dargelegt, dass es sich nicht allein um einige Ewiggestrige mit rückwärtsgewandtem Weltbild handelt. Vielmehr sind diese Gruppierungen bestens europaweit und weltweit vernetzt und verfolgen ihre Ziele planvoll, strategisch und mit großem Geschick für die Wirkung in sozialen Medien. Die wenigen extrem aktiven Agitator*innen verstehen es, den Eindruck zu erwecken, hinter ihnen stünden „viele". Gezeigt wird auch, dass die Partei AfD durch enge personelle Verflechtungen an der Führungsspitze als parteipolitischer Arm u. a. der *Besorgten Eltern* und der *Demo für alle* gelten muss (vgl. auch Kemper 2014).

Im Zentrum der Broschüre steht die inhaltliche Auseinandersetzung (vgl. GEW 2016, 16–31). Die naturalisierenden, reaktionären und teils verlogenen Muster der propagierten Behauptungen werden herausgeschält und entkräftet. Gegliedert in die Bereiche „Geschlecht", „Familie" und „Pädagogik der Vielfalt in der Schule" werden dem immer gleichen Mantra Argumente entgegengesetzt: z. B. zur vermeintlichen Natürlichkeit der binären Geschlechterordnung, zur Verabsolutierung der heterosexuellen Kernfamilie, der angeblich ausschließlich der Fortpflanzung dienenden Sexualität, zur unterstellten Asexualität von Kindern und deren vermeintlicher „Früh- und Übersexualisierung" in der Schule.

Auf die Bedarfe einzelner Zielgruppen wird je gesondert eingegangen. Lehrkräfte erhalten Informationen über die rechtlichen Grundlagen pädagogischen Handelns (vgl. GEW 2016, 32–37). Ihr Selbstbewusstsein als Akteur*innen einer Erziehung zur demokratischen Teilhabe wird gestärkt. Das reicht weit über mögliche eigene Betroffenheit hinaus. Anlaufstellen, die bei Angriffen Unterstützung leisten, sind ebenfalls aufgelistet. Auch die demokratische Legitimierung und Gemeinwohlverpflichtung von Elternvertretungen wird herausgearbeitet (vgl. GEW 2016, 38 f.). Damit wird der Behauptung der *Besorgten Eltern* und *Demo für alle*, sie sprächen für eine schweigende Mehrheit, demokratisches Handeln entgegengesetzt. Daneben wird für ein Selbstverständnis der Eltern- und Schüler*innenvertretungen als Multiplikator*innen für eine Schule der Vielfalt geworben.

4 Der Prozess – Selbstermächtigung und Empowerment

Die Entstehung der Broschüre war geprägt von einem kontinuierlichen Reflexionsprozess: Welche Kompetenzen haben wir? Welche können wir uns erarbeiten? Welche können wir in unseren Netzwerken aktivieren? Und welche Kompetenzen müssen wir von außen holen? Die AG verfügte über große fachlich-inhaltliche Kompetenz und vertiefte diese weiter. Hingegen sollte das Schreiben einem Profi überlassen werden. So kam es zu der Arbeitsteilung: Die Arbeitsgruppe recherchierte die Inhalte und entwickelte Argumente, eine genderkompetente Journalistin mit wissenschaftlichem Hintergrund brachte sie in eine zielgruppengerechte Form. Das wird im Folgenden nachgezeichnet.

4.1 Der Blick „von innen" – die Perspektive der AG LSBTI der GEW

Die Mitglieder der AG LSBTI der GEW sind nicht nur engagierte Verfechter*innen einer Pädagogik der Vielfalt. Sie sind auch als Aktivist*innen in der LSBTI-Community gut vernetzt. Auch in den GEW-Landesverbänden gibt es AGs. In dieser Vernetzung ist eine fundierte Feldkompetenz gewachsen, mit der die Arbeit gut strukturiert werden konnte und die es ermöglichte, einen umfangreichen Materialfundus zu heben.

Auf dieser Grundlage erschloss sich die AG das Thema. Texte ultrakonservativer, christlich-fundamentalistischer oder völkischer Provenienz wurden analysiert. Dabei wurden Kernbehauptungen und Argumentationsmuster herauspräpariert. Einige Beispiele: Die heterosexuelle Liebe wird naturalisiert, die Fortpflanzung dafür als Beleg angeführt (vgl. Besorgte Eltern 2015). Mit Begriffen wie „Frühsexualisierung" oder „Übersexualisierung", die einer wissenschaftlichen Überprüfung nicht standhalten, werden Emotionen geschürt (vgl. Besorgte Eltern 2015). Diese Begriffe reduzieren Sexualität auf heterosexuellen Geschlechtsverkehr unter Erwachsenen. Wird dies auf Kinder übertragen, ist es zum Vorwurf des Kindesmissbrauchs nur noch ein kleiner Schritt. Mit der Warnung vor einer „Pornografisierung" des Unterrichts (vgl. Saur 2014) werden falsche Analogien suggeriert (Sexualkunde ohne Frageverbote = Pornografie). Tabubrüche, etwa in Bezug auf Lebensweisen jenseits der Heteronorm, werden mit dem Hinweis gerechtfertigt, *man werde doch wohl noch sagen dürfen* ... (vgl. Matussek 2014). Gruppenbezogene menschenfeindliche Angriffe werden dadurch sprachfähig gemacht und bilden den rhetorischen Duktus einer sexistischen, anti-egalitären Hetze.

In einem zweiten Schritt erarbeitete die AG, wie und auf welcher Ebene diesen Behauptungen und Argumentationsmustern begegnet werden kann: mit wissenschaftlich fundierten Sachinformationen, mit Hinweis auf die Grund- und Menschenrechte oder mit einer entlarvenden Strategie, die danach fragt, wie und gegen wen die Behauptungen wirken.

Mit Unterstützung einer Tageszeitungsredakteurin wurde die Rolle der Medien untersucht. Es ging zum einen darum, wie Medien sich für neu-rechte und christlich-fundamentalistische Positionen instrumentalisieren lassen: etwa durch Emotionalisierung, Dekontextualisierung, Skandalisierung oder Sexualisierung von Problemen (vgl. auch Imhof 2011, 108–148). Außerdem zielen einige Artikel, u. a. in der *Frankfurter Allgemeinen Zeitung* (vgl. u. a. Schmelcher 2014) und in der *Welt* (vgl. u. a. Matussek 2014) auf eine konservative Intelligenzia, mit der öffentliche Meinungsführerschaft angestrebt wird. Um dem entgegenzutreten, müssen die Aktivist*innen ihrerseits die Medienarbeit professionalisieren.

Zusätzlich wurden die Rechtsgrundlagen pädagogischen Handelns in der Schule, insbesondere in der Sexualerziehung in Erinnerung gerufen. Das diente nicht nur als Grundlage für die Broschüre, sondern auch der Selbstvergewisserung in der beruflichen Rolle. Lehrkräfte verteidigen nicht nur die eigene geschlechtliche und sexuelle Identität sowie die ihrer Schüler*innen. Vielmehr erhalten sie ihren Auftrag von der Gesellschaft und repräsentieren eine am humanistischen Menschenbild, an Grund- und Menschenrechten orientierte demokratische Bildung und Erziehung. Sie leisten damit praktische Antidiskriminierungsarbeit.

Die AG LSBTI der GEW entwickelte also ein vertieftes Verständnis für das Thema sowie die gesellschaftspolitischen Prozesse und Konflikte rund um die Aktivitäten ultrakonservativer und christlich-fundamentalistischer Gruppierungen. Die Mitglieder der AG vergewisserten sich damit auch ihrer Kompetenz und Position als Aktivist*innen für Vielfalt und Antidiskriminierung.

4.2 Der Blick „von außen" – die journalistische Perspektive

Die Kooperation mit einer genderkompetenten Journalistin mit wissenschaftlichem Hintergrund bewirkte einen Perspektivwechsel in mehrerlei Hinsicht. Mit dem Blick der medialen Kommunikation wurde das Thema neu betrachtet. Neben den Interessen und Sichtweisen der Arbeitsgruppe rückten die Perspektiven der Zielgruppen stärker in den Fokus. Diskutiert wurde, wie die Zielgruppen angesprochen werden sollen, in welchen Rollen und Kontexten, mit welchen Informationen und Argumenten. Auf dieser Grundlage wurden die Botschaften der AG für eine größere Öffentlichkeit „übersetzt". Auch zur eigenen Arbeit und den internen Prozessen erhielt die Gruppe auf diesem Weg ein Feedback „von außen".

In Diskussionen mit der Journalistin wurde die Komplexität des Themas zunächst ausgelotet. So musste die Vielschichtigkeit und Reichweite ultrakonservativer und christlich-fundamentalistischer Vernetzungen und deren gesellschaftspolitische Brisanz (Erstarken der neuen Rechten, Anti-Genderismus) erst durchdrungen werden, bevor zu entscheiden war, inwieweit dies in die Broschüre einfließen soll. Auch die Behauptungen und Polemiken mussten in all ihren Facetten „aufgedröselt" werden, auch um der eigenen Empörung Raum zu geben (vgl. auch Beck 2016), bevor es möglich war, sie auf ihre gemeinsamen Muster zurückzuführen und zu entkräften.

Die Suche nach verallgemeinerbaren Mustern bewirkte die erneute Reduktion von Komplexität (als originär journalistische Aufgabe). Die Behauptungen wurden zugespitzt und griffige Argumentationen erarbeitet, die den Polemiken entgegengesetzt werden konnten. Dies war notwendig, um sich nicht auf den Diskurs der LSBTI-Community zu konzentrieren, sondern die Broschüre für die schulische Praxis und die bildungs- bzw. gesellschaftspolitische Auseinandersetzung nutzbar zu machen und so diese Gruppierungen auch öffentlich zu demaskieren. Verstärkt wurde diese Wirkung durch optimistische und freche Karikaturen, die das Thema „Vielfalt" auch visuell positiv emotional aufladen.

Die Steigerung und anschließende Reduktion der Komplexität des Themas ging einher mit einem nicht immer konfliktfreien Diskussionsprozess. Das wechselseitige Feedback stimulierte die (Selbst-)Reflexion. Der Wissensstand der Gruppe wurde immer wieder hinterfragt und – falls notwendig – revidiert. Parallel dazu sorgten die Mitglieder der AG LSBTI für Rückkoppelung mit Bündnispartner*innen und Aktivist*innen außerhalb der AG. Dreh- und Angelpunkt des Arbeitsprozesses war also die Perspektive der Aktivist*innen, die durch Impulse von innen und außen reflektiert und in ein Verhältnis zur Perspektive der Zielgruppen gesetzt wurde.

4.3 Revision – Modifikationen im Prozess

In einem so gestalteten Arbeitsprozess blieb es nicht aus, das Konzept (mehrfach) infrage zu stellen. Die Revision betraf eine Klärung, Vertiefung und Differenzierung.

Begriffe mussten geklärt werden, teils auch mehrfach: Meinen wir geschlechtliche und sexuelle *Identität* oder aber *Orientierung*? Die Gruppe entschied sich für den Identitätsbegriff, um das enge Verwobensein mit der Persönlichkeit zu betonen.

Wie wollen wir die Vielfalt dieser Identitäten sprachlich ausdrücken – mit dem Gender_Gap oder dem Gender-Star*? Die Broschüre wurde mit dem Gender_Gap geschrieben, der zwar als visuell fragwürdig kritisiert wurde, weil er eine Leerstelle zur Beschreibung einer Frage der Identität nutze, dafür aber geschlechtliche und sexuelle Identitäten als Vielfalt, Kontinuum und Prozess ausdrückt. Hingegen wird das Sternchen* häufig nur als Platzhalter wahrgenommen.[1]

Und nicht zuletzt: Geht es uns um eine vielfältige Schule in all ihren Facetten oder doch hauptsächlich um Sexualerziehung? Da die AG nach eigenem Selbstverständnis praktische Antidiskriminierungs- und Akzeptanzarbeit an der Schule unterstützt, fiel die Entscheidung für den Fokus „Schule der Vielfalt". Dies wurde beim Feilen an Formulierungen gleichwohl immer wieder neu diskutiert.

Die Vertiefung betraf das Verständnis für die gesellschaftspolitischen Konflikte. Es erwies sich als unzureichend, lediglich Behauptungen und Polemiken zu widerlegen. Die ultrakonservativen und christlich-fundamentalistischen Organisationen selbst müssen politisch verortet und demaskiert werden. Es war wichtig, den Schein besorgter, konservativer Eltern vor dem Hintergrund ihrer gesellschaftspolitischen Brisanz zu entzaubern. Dazu musste ein Kapitel ergänzt werden.

Die Differenzierungen schließlich bezogen sich auf die Zielgruppen. In der Auseinandersetzung mit deren Perspektiven wurde herausgearbeitet, dass jede Zielgruppe je eigene Informationen und Unterstützung benötigt. Dabei ging es um rechtliche Grundlagen, aber auch um die spezifischen Aufgaben und das jeweilige Rollenverständnis. Auch hier mussten Kapitel ergänzt werden.

5 Nutzung der Broschüre – Aktivist*innen als Multiplikator*innen

Der komplexe Entstehungsprozess der GEW-Broschüre „Für eine Pädagogik der Vielfalt" veränderte und erweiterte deren Nutzbarkeit. Sie dient nicht nur als Handreichung für die Zielgruppen und argumentative Hilfe für bestimmte Gesprächs- und Konfliktsituationen. Vielmehr erwies sich die Arbeit als Prozess der Selbstermächtigung und des Empowerments der AG LSBTI der GEW. Die Aktivist*innen treten nicht nur als engagierte Lehrkräfte und Streiter*innen für eine vielfältige Schule auf. Sie engagieren sich auch als Multiplikator*innen in der Aufklärungsarbeit. So diente

---

1 In diesem Beitrag nutzen wir den Vorgaben der Herausgeber*innen entsprechend den Gender-Star*.

die Broschüre im Landtagswahlkampf Baden-Württemberg Anfang 2016 der Vorbereitung von streitbaren Diskussionen mit Kandidat*innen der AfD. Auch im Disput um den neuen Bildungsplan in Thüringen im Sommer 2016 half die Broschüre, der rechtspopulistischen Rhetorik der AfD Fakten und Argumente entgegenzusetzen. Auf der Konferenz „Freedom at Work", die LSBTI-Gewerkschaftler*innen am 4. und 5. August 2016 im Rahmen der *Europride* in Amsterdam organisiert hatten, boten Mitglieder der GEW-AG einen Erfahrungsaustausch zu LSBTI im Unterricht, rechten Angriffen und gewerkschaftlichen Arbeitsstrukturen an. Für die Auseinandersetzung um den hessischen Lehrplan zur Sexualerziehung kam die Broschüre gerade recht. Sie wurde auch bei der Fachtagung „Inklusive Vielfalt. Vom professionellen Umgang mit Identität und Geschlecht in der Schule" eingesetzt, welche die gemeinnützige Bildungsgesellschaft der GEW Hessen (lea) im September 2016 anbot.

Neben dieser Außenwirkung entfaltete die Broschüre Wirkung in die Gewerkschaft hinein. Die GEW tritt als Organisation für Grund- und Menschenrechte, Diskriminierungsfreiheit und demokratische Bildung ein. Die Weiterentwicklung von gewerkschaftlichen LSBTI-Positionen ist hierbei ein eigener, in den Handlungsfeldern der GEW bewusst initiierter Prozess. Das Thema „Vielfalt in der Schule" wird nun in der Organisation weiter vertieft und konkretisiert.

6 Reflexion – Ausschlüsse und deren Unvermeidbarkeit

Der beschriebene Arbeitsansatz hat sich als basis- und handlungsorientiert erwiesen. Die Mitglieder der GEW-AG LSBTI haben ihre Kompetenzen als Expert*innen und Aktivist*innen eingebracht und vertieft. Zugleich zeichnet sich dieser Ansatz durch hohe Professionalität aus. Die Akteur*innen verharrten nicht in eigener Betroffenheit und Verteidigung ihrer persönlichen Freiheitsrechte, sondern bearbeiteten in kontinuierlicher Reflexion die gesellschaftspolitischen Dimensionen des Themas „(Angriffe auf eine) Pädagogik der Vielfalt".

Gleichwohl ließen sich Ausschlüsse nicht vermeiden. Denn Vielfalt bezieht sich auf vielerlei Persönlichkeitsmerkmale. Die Gruppe fokussierte jedoch die Angriffe auf eine Pädagogik der Vielfalt und den Anti-Genderismus-Diskurs. In diesem Kontext fehlen insbesondere zwei Perspektiven, die migrantische und die frauenpolitische.

Letztere wurde nur in einer Hinsicht behandelt: In der Broschüre wird das ultrakonservative und christlich-fundamentalistische Frauen- und Familienbild kritisiert. Die Frau kommt dort nur als (nicht erwerbstätige) Mutter von möglichst mehreren Kindern vor, während der Mann als Ernährer und Familienoberhaupt fungiert.

Auch der Aspekt „Migration" fehlt weitgehend. Das ist in mehrerlei Hinsicht ein Manko: In den Schulen lernt eine große Zahl migrantischer Kinder und Jugendlicher. Die Situation von LSBTI-Geflüchteten ist besonders prekär, vor allem weil ihre geschlechtliche oder sexuelle Identität als Fluchtgrund nicht anerkannt ist. Männliche Migranten aus dem türkisch-arabischen Raum werden als Bedrohung für herkunftsdeutsche Frauen stigmatisiert. Stereotype über das konservative Geschlechter- und Familienverständnis Geflüchteter sind weit verbreitet. Hierin zeigt sich die enge Verflechtung von Ausländer*innenfeindlichkeit und Rassismus mit dem Anti-Genderismus-Diskurs.

Die Problematik des Ausschlusses von Migration wurde inzwischen erkannt. Die AG LSBTI und der *Bundesausschuss für Migration, Diversity und Antidiskriminierung* (BAMA) der GEW tauschen sich zunehmend aus und koordinieren ihre Arbeit zum Thema „Pädagogik der Vielfalt". In weiteren Publikationen soll der Aspekt LSBTI und Migration berücksichtigt werden.

Auch wenn die beschriebenen Ausschlüsse fragwürdig erscheinen, so sind sie doch wechselseitig und gewissermaßen unvermeidlich, wenn eine bestimmte Fragestellung fokussiert bearbeitet werden soll. Auch bei einem intersektionalen Anspruch lassen sich Leerstellen nicht vermeiden. Deshalb müssen die Ausschlüsse reflektiert und Wege gefunden werden, den „Ausgeschlossenen" eine Stimme zu geben.

7 Fazit – Schule der Vielfalt als gewerkschaftliche Aufgabe

Warum wird in einem Buch über „Sexualität und Gender im Einwanderungsland" der Entstehungsprozess einer Broschüre reflektiert, in der es gar nicht explizit um Migration geht, sondern nur implizit als ein Aspekt einer Schule der Vielfalt? Neben der zunehmenden Zahl migrantischer Schüler*innen ist dies begründet in der Verankerung u. a. der *Besorgten Eltern* und der *Demo für alle* in völkischen und rassistischen politischen Strömungen, die auch den Anti-Genderismus-Diskurs anheizen. Es sind dieselben Leute, die eine vermeintliche „Frühsexualisierung" der Kinder in der Schule anprangern, sich gegen Gleichstellungspolitik wenden und die Schließung der Grenzen für Geflüchtete fordern. Wer Kinder vor „zu frühem" Kontakt mit Sexualität „behüten" will, warnt häufig auch vor der Gefahr, die von „triebhaften Orientalen" für deutsche Frauen und Mädchen ausgehe (vgl. Erhardt/Schaaf 2016). Deswegen gehört zu einer Schule der Vielfalt, (Geschlechter-)Rollenbilder und Stereotype zu reflektieren – auch die eigenen, sei es über Lebensweisen neben der heterosexuellen Paarbeziehung, sei es über „die Flüchtlinge". Die Broschüre bietet dazu einen Ansatzpunkt, der – bezogen auf Migration – weiterentwickelt werden muss.

Die Broschüre wird stark nachgefragt. Das hat mehrere Gründe: Sie ist geprägt von profunden Kenntnissen sowie von Vernetzungen innerhalb und außerhalb der GEW. Und sie ist geprägt von der Wechselbeziehung zwischen den Perspektiven der Aktivist*innen und der Zielgruppen. Die komplexitätssteigernde, teils wissenschaftliche Recherche und Analyse in Kombination mit der komplexitätsreduzierenden journalistischen Aufarbeitung bringt gut hergeleitete, fundierte und dennoch griffige Argumentationen hervor. Das Engagement der LSBTI-Aktivist*innen ist eingebettet in die gewerkschaftliche Arbeit der GEW, zu deren Leitbild die Grund- und Menschenrechte sowie eine Bildung zur demokratischen Teilhabe gehören. Dies verbreitert die Konfliktfähigkeit in der Auseinandersetzung mit ultrakonservativen und christlich-fundamentalistischen Gruppierungen und ordnet diese in allgemeine gesellschaftspolitische Konflikte ein.

Kurz: Wenn Betroffene und Aktivist*innen in gesellschaftlichen Organisationen wie der GEW repräsentiert und verankert sind, können sie wirksamer agieren sowie ihre Expertise und Kompetenz auf eine breitere Basis stellen.

8 Vertiefungsaufgaben und -fragen

1. Welche Facetten hat das Thema Vielfalt in der Schule? Welche Aspekte gehören neben geschlechtlicher und sexueller Identität sowie Migration dazu? Wie interagieren die verschiedenen Perspektiven miteinander? Welche verallgemeinerbaren Problemstellungen liegen allen Perspektiven zugrunde? Welche Problemstellungen sind spezifisch für eine Perspektive?
2. Wie ordnen sich Angriffe auf eine Pädagogik der Vielfalt in den Anti-Genderismus-Diskurs ein?
3. Wie hängen Entstehungsprozess und Nutzungsmöglichkeiten der Broschüre zusammen? Wie lässt sich diese Verknüpfung auf andere Bereiche übertragen?
4. Welche Bedeutung hat Selbstermächtigung im Sinne von Empowerment für unterschiedliche pädagogische Arbeitsfelder?

Literatur

Beck, Dorothee (2016): Reflexion des Forschungsprozesses: wie aus Empörung Wissenschaft wird. In: Beck, Dorothee: Politikerinnen und ihr Griff zur Macht. Mediale Repräsentationen von SPD-Spitzenkandidatinnen bei Landtagswahlen. Bielefeld: transcript.

Besorgte Eltern (Hrsg.) (2015): Die verborgenen Wurzeln der „modernen" Sexualaufklärung. Sendenhorst.

Billmann, Lucie (Hrsg.) (2015): Unheilige Allianz. Das Geflecht von christlichen Fundamentalisten und politisch Rechten am Beispiel des Widerstandes gegen den Bildungsplan in Baden-Württemberg. Berlin: Rosa-Luxemburg-Stiftung.

Dannecker, Martin/Tuider, Elisabeth (2016): Das Recht auf Vielfalt : Aufgaben und Herausforderungen sexueller Bildung. Göttingen: Wallstein.

Erhardt, Christoph/Schaaf, Julia (2016): Silvesternacht in Köln. Hatten die Taten System? In: Frankfurter Allgemeine Sonntagszeitung, 17.01.2016. URL: www.faz.net/aktuell/politik/silvesternacht-in-koeln-hatten-die-taten-system-14017964-p2.html (Letzter Aufruf: 12.12.2016).

GEW (Hrsg.) (2016): Für eine Pädagogik der Vielfalt. Argumente gegen ultrakonservative, neu-rechte und christlich-fundamentalistische Behauptungen. Frankfurt/M.: GEW Hauptvorstand.

Imhof, Kurt (2011): Die Krise der Öffentlichkeit. Kommunikation und Medien als Faktoren des sozialen Wandels. Frankfurt/M.: Campus.

Kemper, Andreas (2014): Keimzelle der Nation? Familien- und geschlechterpolitische Positionen der AfD – eine Expertise. Friedrich-Ebert-Stiftung, Forum Politik und Gesellschaft: Berlin.

Matussek, Matthias (2014): Ich bin wohl homophob. Und das ist auch gut so. In: Die Welt, 12.02.2014. URL: www.welt.de/debatte/kommentare/article124792188/Ich-bin-wohl-homophob-Und-das-ist-auch-gut-so.html (Letzter Aufruf: 21.02.2017).

Saur, Bernd (2014): Schamlos im Klassenzimmer. In: Focus online, 23.10.2014. URL: www.focus.de/familie/schule/ein-kommentar-von-bernd-saur-schamlos-im-klassenzimmer_id_4212076.html (Letzter Aufruf: 12.12.2016).

Schmelcher, Antje (2014): Unter dem Deckmantel der Vielfalt. In: Frankfurter Allgemeine Sonntagszeitung, 12.10.2014. URL: www.faz.net/aktuell/politik/inland/experten-warnen-vor-zu-frueher-aufklaerung-von-kindern-13203307.html (Letzter Aufruf: 21.02.2017).

Andreas Müller

Sexualpädagogische Arbeit mit unbegleiteten minderjährigen Jungen aus Afghanistan

1 pro familia – Fachverband für Sexualität, Partnerschaft und Familienplanung

pro familia betreibt ein flächendeckendes Angebotsnetz zur Beratung im Schwangerschaftskonflikt, in der Familienplanung und der Sexualpädagogik in Deutschland. 1600 Mitarbeiter*innen in 180 Beratungsstellen formen zusammen mit den über 4000 Verbandsmitgliedern ein entsprechendes Kompetenznetzwerk (vgl. pro familia 2017). *pro familia* ist Mitglied im *Paritätischen Wohlfahrtsverband* und der *internationalen Familienplanungsorganisation, International Planned Parenthood Federation* (IPPF). Der Landesverband *pro familia Nordrhein-Westfalen* (NRW) bietet an 36 Standorten in NRW psychosoziale Beratung und Unterstützung an für alle Menschen unabhängig von Alter, Geschlecht, kultureller, religiöser und sexueller Orientierung. Psycholog*innen, Ärzt*innen, (Sexual-)Pädagog*innen, Sozialarbeiter*innen bzw. -pädagog*innen, Beratungsstellenassistent*innen und zum Teil auch Familienhebammen arbeiten in den Beratungsstellen interdisziplinär zusammen. Durch Beratung und Gruppenarbeit sowie Fortbildungen, Projekte und Veranstaltungen erreichte *pro familia* allein in NRW jährlich etwa 100.000 Menschen.

1.1 Erste Initiativen und Projekte von pro familia für die Arbeit mit Geflüchteten

In der Bonner Beratungsstelle arbeitet *pro familia* seit Oktober 2014 mit dem Projekt „Flüchtlinge im Blick", einem von der *UNO-Flüchtlingshilfe* geförderten Ansatz zur Verbesserung der gesundheitlichen Versorgung von Geflüchteten (vgl. pro familia 2017). Ausgezeichnet wurde das Projekt mit dem Gesundheitspreis 2015 durch das Land NRW. Durch die Förderung seitens des *Ministeriums für Gesundheit, Emanzipation, Pflege und Alter NRW* und der *UNO-Flüchtlingshilfe* konnte die Arbeit seit 2016 intensiviert und erweitert werden: Die relevanten Themen und Ziele des Projekts wurden den anderen Beratungsstellen in den Facharbeitskreisen von *pro familia NRW* vorgestellt und beraten. Auf dieser Grundlage wurde eine Expertise erarbeitet, die allen *pro-familia*-Beratungsstellen in NRW zur Verfügung steht (vgl. pro familia NRW 2016).

Eine Umfrage in den *pro-familia*-Beratungsstellen in NRW hatte gezeigt, dass die sexualpädagogischen Fachkräfte von diversen Institutionen angefragt wurden, die mit

https://doi.org/10.1515/9783110518351-017

unbegleiteten minderjährigen Flüchtlingen arbeiten. Der Bedarf war also nachgewiesen, aber mit den vorhandenen Ressourcen konnte *pro familia NRW* dieser hohen Nachfrage nicht gerecht werden. Um Gelder einzuwerben, entwickelte eine Arbeitsgruppe im Landesverband ein Konzept, das sich auf die wesentlichsten Bereiche der sexualpädagogischen Arbeit mit unbegleiteten minderjährigen Flüchtlingen bezog. Konzipiert wurden Gruppenveranstaltungen, sexualpädagogische Beratungsarbeit sowie die Fortbildung und Beratung für Fachkräfte, also Multiplikator*innenschulungen und die Fortbildung bzw. Beratung für Dolmetscher*innen.

Als Erstes wurden vom Land NRW die Gruppenveranstaltungen für unbegleitete minderjährige Flüchtlinge gefördert, die anderen Bausteine für Multiplikator*innen sollen danach umgesetzt werden. Die unmittelbaren Gruppenangebote für die Geflüchteten wurden als dringlich angesehen. Die Zielgruppe wurde – analog zu anderen Förderprogrammen – um junge Erwachsene bis zum 27. Lebensjahr erweitert, bei Bedarf auch um jene Personen, die mit ihren Familien geflüchtet sind. (vgl. Gravelmann 2016). Von Anfang an wurde festgelegt, dass in den Veranstaltungen keine Teilnahmelisten geführt werden. Seitens des Ministeriums wurde als ausreichend angesehen, wenn die Veranstaltungsnachweise von den Sexualpädagog*innen und der jeweiligen Institution oder einer weiteren verantwortlichen Person gegengezeichnet werden. Damit war gewährleistet, dass die Gruppensitzungen niedrigschwellig angeboten werden konnten.

1.2 Besondere Bedarfe identifizieren

Einigkeit bestand darin, dass es sich bei geflüchteten Jugendlichen und jungen Erwachsenen um eine besondere Zielgruppe sexualpädagogischer Arbeit handelt. (vgl. Schemmel/Huf 2017) Die meisten werden in Deutschland mit Umgangsweisen zur Körperlichkeit, Geschlechtlichkeit und mit sexuellem Verhalten konfrontiert, die ihr bislang Gelerntes – einschließlich der Werte und Normen – stark infrage stellen. Sie merken zwar schnell, dass das reale Verhalten in ihrer Umgebung nicht immer den proklamierten Werten der sexuellen Selbstbestimmung und Gleichberechtigung der Geschlechter untereinander entspricht. Dennoch sehen sich viele Geflüchtete aus arabischen oder afrikanischen Ländern in eine andere Welt versetzt, die bei ihnen eine Mischung aus Unverständnis, Angst und Abscheu wie auch Erregung und Neugier hervorrufen. Das jeweilige Mischungsverhältnis hängt ab von ihrem Geschlecht sowie davon, ob sie aus eher urbanen oder ländlichen Regionen stammen und wie sehr die bisherige sexuelle Sozialisation an kollektiv-familiären, religiösen oder stammesorientierten Einflüssen ausgesetzt war.

In jedem Fall bedürfen sie einer migrationssensiblen Aufklärung über die Geschlechts- und Sexualitätsvorstellungen und -realitäten in der neuen Umgebung ihrer Aufnahmegesellschaft, um sich entsprechend orientieren zu können. Sexualpädagogik und sexuelle Bildung können in diesem Kontext einen wichtigen Beitrag leisten. Und das sowohl angesichts existierender Rechte und sexueller Gepflogenheiten sowie der Umgangsformen zwischen Jungen und Mädchen als auch im Hinblick auf Themen der sexuellen Gesundheit. Gemeint ist zum Beispiel die Notwendigkeit, sexuell übertragbare Infektionen altersgerecht und kultursensibel zu thematisieren.

Die aktuell verabschiedete „Strategie zur Eindämmung von HIV, Hepatitis B und C und anderen sexuell übertragbaren Infektionen bis 2030" der Bundesregierung weist darauf hin:

> Migrant*innen haben besondere Präventionsbedarfe und sind teilweise weniger gut an das Gesundheitssystem angebunden. Ein kulturell und auf die Herkunftsregion zugeschnittenes Präventions-, Beratungs-, Test- und Versorgungsangebot zu HIV, Hepatitis B und C sowie anderen sexuell übertragbaren Infektionen ist wichtig. Durch niedrigschwellige und kultursensible Informationsportale in verschiedenen Sprachen, kultursensible Beratungs- und Versorgungsangebote sowie den verstärkten Einsatz von Sprachmittlern sollen bestehende Hürden weiter abgebaut werden (Bundesministerium für Gesundheit 2016, 15).

Ein weiteres Spezifikum dieser Zielgruppe sind negative Fluchterfahrungen, die in der Bildungsarbeit berücksichtigt werden müssen (vgl. Linke u. a. 2016).

2 Das sexualpädagogische Konzept von pro familia NRW für geflüchtete Jugendliche und junge Erwachsene

Das Konzept der *pro familia NRW* zur sexualpädagogischen Arbeit mit und für unbegleitete minderjährige Flüchtlinge berücksichtigt diese Besonderheiten der Zielgruppe und die notwendigen Lernerfahrungen im Aufnahmeland in allen drei Formaten: in den Gruppenveranstaltungen und Einzelberatungen für die Zielgruppe, den Fortbildungen und Beratungen für Fachkräfte und Dolmetscher*innen. Festgeschrieben ist in diesem Konzept grundsätzlich, dass die angebotene Beratung und Unterstützung kostenlos, unter Schweigepflicht bzw. auch anonym in Anspruch genommen werden kann. Durch die lokale Vernetzung mit anderen Organisationen und Institutionen ist des Weiteren ein breiter Ansatz sozialer und gesundheitlicher Maßnahmen vorgesehen.

Das *pro-familia*-Konzept (vgl. pro familia NRW 2016) geht davon aus, dass Jugendliche Informationen und Unterstützung benötigen, damit sie lernen, sich selbstverantwortlich und handlungskompetent in einem neuen kulturellen Rahmen zu bewegen.

Sexualpädagogik will unbegleitete minderjährige Flüchtlinge vor diesem Hintergrund darin unterstützen, die sexuellen und reproduktiven Rechte als Menschenrechte wahrzunehmen und zu respektieren. Um das zu erreichen, wurden folgende konkrete Ziele für die Veranstaltungen formuliert:

- Selbstvertrauen und eine selbstbestimmte sexuelle Identität zu entwickeln
- Grundkenntnisse bzgl. Körperfunktionen, Fortpflanzung und Sexualität zu erhalten
- partnerschaftliches Verhalten zu erlernen und zu leben
- gesellschaftliche Verhaltensweisen, Haltungen und rechtliche Regelungen in westeuropäischen Kulturen erfahren und kennenlernen
- ein gleichberechtigtes Verhältnis von Männern und Frauen, Jungen und Mädchen anzustreben
- Einordnung von Mythen und tradierten Fehlinformationen zu ermöglichen
- verschiedene sexuelle Identitäten und Lebensformen als gleichberechtigt anzuerkennen
- Sprachkompetenz und Sensibilisierung für angemessenen Wortgebrauch je nach Situation zu erlangen
- Achtsamkeit für die eigene körperliche und seelische Gesundheit und die anderer zu fördern

Außerdem wurden folgende Themen und Inhalte für die Gruppenveranstaltungen festgelegt:
- Information und Wissensvermittlung über Körper und Sexualität
- Sprechen, Sprache und Sexualität
- Schwangerschaft, Verhütung, sexuell übertragbare Infektionen
- Rechte, Werte und Normen, religiöse Bezüge
- Geschlechterrollen und Partnerschaft
- sexuelle Identität
- Grenzen, Grenzverletzungen
- lokale Informations-, Beratungs- und Hilfsangebote

3 Gruppenarbeit mit Jungen aus Afghanistan

Auf der Grundlage der Konzeption wurde das folgende Projekt durchgeführt, das der Autor aus der Perspektive des beteiligten Sexualpädagogen beschreiben wird. In der Maßnahme kooperierten eine Schule, eine Wohngruppe für Geflüchtete und *pro familia*. In einer Sitzung mit allen Beteiligten (Heimleitung, Betreuer*innen, Lehrer*innen und dem Autor – als Sexualpädagoge von *pro familia*) wurde verabredet, ein Gruppenprojekt mit möglichst einer sprachlich homogenen Gruppe zu initiieren und durchzuführen. Zielgruppe waren sechs afghanische männliche Jugendliche im Alter von 14 bis 16 Jahren, die auf freiwilliger Basis an der Bildungseinheit teilnahmen. Durchgeführt wurde sie von einem Betreuer der Jugendhilfegruppe, einem Lehrer aus der von ihnen besuchten Schule und einem Sexualpädagogen (dem Autor dieses Beitrags) von *pro familia*. Ort der Veranstaltungen wurde ein Raum in der Einrichtung für unbegleitete minderjährige Flüchtlinge, der die Gelegenheit bot, ungestört miteinander zu arbeiten. Bis auf den Sexualpädagogen waren der Betreuer und der Lehrer den Jugendlichen bereits bekannt. Für die Jugendlichen war das sowohl räumlich als auch personell eine bekannte, vertraute Umgebung, was ihnen Sicherheit gab. Mit dem Lehrer und der Jugendhilfefachkraft hatten sie bereits persönliche Dinge besprochen.

Die Frage der sprachlichen Kommunikation bedurfte einer pragmatischen Lösung. Auf der einen Seite sollte nicht noch eine weitere unbekannte Person einbezogen werden, was die Offenheit der Jugendlichen beeinflusst hätte. Zudem ist es immer schwierig, einen passenden Übersetzer zu finden. Auf der anderen Seite hätte ein Sprachmittler die Arbeit erleichtert, da nicht selbstverständlich davon auszugehen war, dass die „Übersetzungskünste" der Jungen ausreichen und ob sie wahrheitsgemäß und richtig übersetzen würden. Wir haben uns dann dafür entschieden, nicht noch eine weitere unbekannte Person hinzuzunehmen und verzichteten auf einen Dolmetscher. Der Betreuer der Jungen konnte türkisch sprechen und ins Deutsche übersetzen, einige afghanische Jungen sprachen Türkisch und übersetzten das Türkische für die anderen auf Dari. So war zumindest annähernd eine sprachliche Kommunikation möglich.

Es war klar, dass allein die Sprachvermittlung Zeit kosten würde, sodass von Anfang an mehrere Treffen vereinbart wurden, um trotz der potenziell vielen Inhalte keinen Zeitdruck entstehen zu lassen. Uns war wichtig, eine gewisse Sachlichkeit und – angesichts der für alle Seiten schwierigen Themen – ein wechselseitiges Verständnis zu ermöglichen. Sexuelle Bildung sollte einen Gegenpol bilden zu dem medial hochgekochten „Getöse" der aufeinanderprallenden Positionen und Haltungen, die es nach einigen Übergriffen von Männern mit Migrationshintergrund und gegen Frauen gab und die gerne auf alle Geflüchteten pauschal übertragen wurden.

Didaktisch wurde ein grober Rahmen zur Vermittlung der ausgewählten Inhalte erarbeitet. Bewusst ließen wir viel Raum für jene Themen und Fragen, die von den Jugendlichen selbst geäußert wurden und die sie besonders interessierten. Nicht zu viele Inhalte und Methoden wurden im Vorfeld festgelegt, da geplant war, prozesshaft und bedürfnisorientiert zu arbeiten. Inhalte und Ziele orientierten sich an dem Rahmenkonzept der *pro familia NRW*. Die gesamte Veranstaltungsreihe umfasste acht Einheiten, die im Folgenden genauer dargestellt werden.

3.1 Erste Einheit: Benennung und Einschätzung grenzverletzenden Verhaltens

Mit dem Thema der ersten Arbeitseinheit zielten wir ins Zentrum des medialen Diskurses. Als Ausgangspunkt wurden Schwarz-Weiß-Zeichnungen mit unterschiedlichen Situationen genutzt, in denen Menschen nur durch Blicke oder Gestik zeigen, dass sie eine Situation angenehm oder unangenehm, bedrohlich oder schockierend erleben. Wir fragten die Jugendlichen, was sie dort sehen und wie sie die Situationen interpretieren. Alle Jugendlichen interpretierten die Bilder mit großer Sensibilität und verurteilten eindeutig grenzverletzendes Verhalten. Ausführlich erklärten wir die Rechtslage in Deutschland zu den Sachverhalten „Belästigung", „Bedrängung" oder „sexuelle Übergriffe" bzw. „sexualisierte Gewalt".

Es gab keinerlei Widerspruch oder Verständnisprobleme, die Jugendlichen konnten die referierten Rechtsregeln gut nachvollziehen und kannten ähnliche Gesetze und Verbote aus ihrem Herkunftsland. Zum einen gehöre es ihrer Meinung nach zur Aufrechterhaltung der Ehre, grenzverletzendes Verhalten gegen Schwächere zu verhindern, zum anderen kannten sie diverse gesetzliche Regelungen, mit denen auch in Afghanistan die zentrale Staatsmacht mehr oder weniger erfolgreich die Demokratisierung des Geschlechterverhältnisses einzuführen versuchte. Hier sei angemerkt, dass kritische historische Analysen darauf verweisen, dass solche „Revolutionen von oben" durch Modernisierungseliten immer wieder am Widerstand der breiten ländlichen „Traditionsreservate" zerbrechen können (vgl. Kreile 2001).

3.2 Zweite Einheit: das Verhältnis zwischen Männern und Frauen

Offenbar war das Thema der ersten Arbeitseinheit nicht als sie bedrängend und verurteilend empfunden worden, denn die Jugendlichen waren in dieser zweiten Sitzung sehr höflich, begrüßten uns mit Handschlag und fragten sehr freundlich, wie es uns gehe. Die Atmosphäre im Wohnzimmer der Jugendhilfeeinrichtung wurde als freundlich und warm eingeschätzt, bereitgestellte Getränke unterstützten die Willkommenskultur, ein gewisses Vertrauens zueinander war zumindest in Ansätzen vorhanden. Die bekannten Bezugspersonen gaben ihnen offenbar die Sicherheit, mit der sie zwar etwas schüchtern, aber dennoch gespannt und erwartungsvoll der kommenden Einheit entgegensahen.

Das Thema dieser zweiten Einheit zielte auf die Auseinandersetzung mit Männer- und Frauenrollen. Nun ging es schon etwas mehr „zur Sache" und einige Jungen hielten sich deutlich zurück und äußerten sich kaum. Ein Junge erzählte in relativ gutem Deutsch, was ihm hier im Aufnahmeland aufgefallen sei. So beispielsweise, dass Männer und Frauen auch in der eigenen Einrichtung die gleiche Arbeit machen. Die Betreuer im Heim kochen, decken den Tisch und räumen ab, genauso wie die Frauen. Das sei für ihn neu gewesen. In Afghanistan würden das Männer nie machen. Anfänglich habe ihn das sehr irritiert, nun mache er das aber auch und habe kein Problem damit.

Wir fragten nach, ob das nicht schwierig sei, diese beiden Welten zusammenzubekommen. Er meinte jedoch, dass er ja nun hier lebe und sich den Gewohnheiten, Regeln und Sitten in Deutschland anpassen wolle. Es sei ganz klar, dass er das dann auch so mache, wie es hier üblich ist. Einen offenbar bekannten Einwand vorwegnehmend fügte er zudem hinzu, er fühle sich dadurch „nicht weniger als Mann". In seinem Heimatland sei es eben anders und da würde er das dann auch wieder anders handhaben. Die anderen Jungen nahmen an dem Gespräch zunächst schweigend teil, es wurde Stück für Stück übersetzt.

Eine schnelle Reaktion von pädagogischen Fachkräften ist angesichts dieser zunächst sehr naiv klingenden Situationsethik der Zweifel an den eigenen didaktischen Bemühungen. Die Haltung des Jungen wird jedoch sofort verständlich, wenn man sich die rechtlich-soziale Situation in Erinnerung bringt. Wenn es sehr wahrscheinlich ist, dass die Jungen nach einer gewissen Zeit wieder in ihr Heimatland abgeschoben werden, ist es sehr verständlich, wenn sie situationsangepasstes Verhalten lernen, das ein „Über-die-Runden-kommen" im Alltag ermöglicht. Eine in sich stimmige, langfristige Haltungsänderung kann unter diesen Bedingungen nicht erwartet werden.

Um das angemessene Verhalten in Deutschland zu fundieren, verwiesen wir auf das Grundgesetz, der Basis des deutschen Rechtssystems, nach der jeder Mensch gleichberechtigt ist, ohne Unterschiede auf Herkunft, Hautfarbe oder Geschlecht. Was auch bedeutet, dass Mann und Frau gleichgestellt sind und nicht diskriminiert werden dürfen. Gleichzeitig wiesen wir darauf hin, dass dies der gesetzliche Anspruch ist, der allerdings in der Realität auch in Deutschland nicht immer umgesetzt wird. Für die afghanischen Jungen war offensichtlich neu, dass es diese gesetzliche Grundlage gibt und dass das Grundgesetz einen so hohen Stellenwert hat. Wenn es auch in ihrem Heimatland ähnliche Gesetze gäbe, so hätten sie offenbar längst nicht einen solch hohen Stellenwert. Sie nehmen die Situation in ihrem Aufnahmeland aber als sehr positiv auf, die Gesetze und Regeln geben ihnen – so die einhellige Meinung – einen Rahmen, der ihnen Sicherheit gibt.

3.3 Dritte Einheit: Jungenkörper und Sexualität

Die dritte Einheit rückt ihnen noch etwas mehr „auf die Pelle", es geht um ihren eigenen Körper und die damit zusammenhängende sexuelle Aufklärung. Was verändert sich bei den Jungen in der Pubertät? Sie scheinen sehr wenig darüber zu wissen oder es ist ihnen sehr peinlich, darüber zu reden. Durch Bilder, diverse Erklärungen und die ungezwungene Kommunikation, mit der wir das Thema einführen, öffnen sich langsam auch die Jungen und einige beginnen, erste Fragen zu stellen. Es wird dabei deutlich, dass sie schon einiges wissen, vieles aber auch noch für sie im Dunkeln liegt. Der erste Samenerguss ist ihnen bekannt und dass es Erektionen gibt in der Nacht oder am Morgen. Wir waren überrascht, wie offen die Jugendlichen darüber sprechen konnten. Details wussten sie nicht, wodurch etwa eine Erektion entsteht oder was männliche Hormone im Körper bewirken. Sie waren aber sehr interessiert daran, mehr darüber zu erfahren.

Wir redeten über die Selbstverständlichkeit von Selbstbefriedigung, dass das unter deutschen Jungen völlig normal und nichts Schlimmes sei, dass es auch keine negativen Folgen hat. Wir betonten aber auch, dass es völlig in Ordnung sei, wenn ein Junge oder ein Mädchen keine Selbstbefriedigung machen möchte, dass es da keine

Vorschriften gäbe. Die Jungen wurden bei diesem Thema immer lockerer und sagen auch das Wort für Selbstbefriedigung auf Dari. Der Betreuer erzählte, was er zu diesem Thema über die kulturelle Situation im türkisch-arabischen Raum gehört hatte. Im Koran stehe dazu nichts Eindeutiges. Geistliche meinten oft, dass das für unverheiratete Männer schon in Ordnung sei, solange ihnen die finanziellen Mittel für eine Ehe fehlten oder wenn dadurch eine Vergewaltigung verhindert würde. Besser sei es aber grundsätzlich, seine Zeit damit zu verbringen, Gott zu ehren und zu beten. Denn irgendwie sei Onanieren ja doch „unzüchtig".

3.4 Vierte Einheit: Mädchenkörper und Sexualität

Selbstverständlich folgte in der nächsten Sitzung das Thema „Sexualität und der weibliche Körper". Was verändert sich bei Mädchen, wenn sie in die Pubertät kommen? Wir redeten über körperliche Wandlungen, über weibliche Hormone und die Menstruation. Wir zeigten Beckenmodelle über den Aufbau der weiblichen Geschlechtsorgane, Aufklärungsbilder und erklärten die Organe (Eierstöcke, Eileiter, Gebärmutter, Eisprung, Scheide, Schamlippen, Klitoris, Jungfernhäutchen) und relevante körperlichen Zusammenhänge. Die Jungen waren sehr interessiert und erachteten es als positiv, dass sie vorurteilsfrei informiert und aufgeklärt wurden. Es wurde auch darüber aufgeklärt, wie Mädchen und Frauen bei diversen sexuellen Aktivitäten „ticken" und reagieren. Auch hier kamen diverse kulturelle Unterschiede zum Tragen, die in erster Linie darin bestanden, dass die Jungen fast nichts Realistisches dazu wussten. Sie ahnten, dass Mädchen und Frauen sich untereinander sehr wohl dazu austauschen, jedoch nur in ihrer abgeschlossenen Lebenswelt, zu der Jungen und Männer keinen Zutritt haben. Insofern kursierten unter ihnen vor allem Gerüchte und manchmal auch sexistische Vorurteile, die sie aber im Rahmen der Veranstaltung nicht offen artikulierten.

3.5 Fünfte Einheit: Zeugung, Schwangerschaft, Geburt und Schwangerschaftsverhütung

Zu dem gesamten Thema dieser Einheit zeigten die Jungen gravierende Wissenslücken. Sie hörten vieles, was berichtet wurde, zum ersten Mal. Dabei wurde auch erstmals deutlich, dass einige von ihnen nie in der Schule waren und entsprechend auch nie Biologieunterricht hatten. Die Hälfte der Anwesenden waren Analphabeten, die bisher auch keine medialen Zugänge zu den Grundlagen der Zeugung, Geburt und Schwangerschaftsverhütung hatten. Umso wichtiger empfanden sie es nach eigener Aussage, dass sie nun dazu aufgeklärt wurden. Fast alle hatten nur eine gewisse Ahnung, wie das wohl alles sein könnte, aber so richtig wusste niemand, wie es zur Zeugung eines Kindes kommt. Umso erstaunter waren sie über einige Details, z. B. die

Vielzahl von Spermien in einem Samenerguss, über die Beweglichkeit der Spermien und über den Weg, den sie zurücklegen bis zum Eileiter, und wie sich daraus ein Mensch entwickeln kann.

Ebenso interessiert waren sie auch an den Verhütungsmöglichkeiten. Wir stellten einige Verhütungsmöglichkeiten vor. Sie kannten sie alle nicht. Die Verhütungsmittel für Mädchen und Frauen waren ihnen gänzlich unbekannt, so z. B. die Antibabypille, Hormonspirale, der Hormonring, das Hormonpflaster oder Implanon, die Kupferspirale und das Diaphragma. Das einzige Verhütungsmittel, von dem sie schon gehört hatten, war das Kondom; über die Vielzahl und die Unterschiede der Kondome wussten sie ebenfalls nichts. Am Schluss „schwirrte ihnen der Kopf", aber dennoch wurden sie in dieser Einheit zunehmend lockerer und sie waren auch bereit, ein Kondom am Holzmodell auszuprobieren. Das Interesse war groß und sie schienen die Informationen regelrecht aufzusaugen. Trotz aller bisher gültigen kulturell-moralischen Verhaltensregeln zum vorehelichen Sex ahnten sie zunehmend, dass es offenbar reale Möglichkeiten gibt, eigene Bedürfnisse zu leben, ohne offensichtliche Folgen vorehelicher Sexualität befürchten zu müssen.

3.6 Sechste Einheit: Körperkontakt, romantische Liebe und arrangierte Ehe

Die Themen „Verliebtsein, Liebe und Beziehung" sowie die damit verbundenen „Spielräume für Körperkontakt" sind für die Jungen von großer Bedeutung. Aus der Schule berichteten sie von einigen Irritationen zu Begrüßungsritualen zwischen Jungen und Mädchen. Die Jungen konnten die Wangenküsse zunächst überhaupt nicht einordnen. Das kannten sie aus Afghanistan nicht, weil die Geschlechter dort in zwei voneinander getrennten Lebenswelten existieren und sich auf diese Weise niemals so begrüßen. Sie mussten lernen, dass eine solche Begrüßung nicht bedeutet, dass das Mädchen und der Junge ein Paar oder gar verheiratet sind.

Nach ihren ansozialisierten Verhaltensregeln dürfen sie den Mädchen körperlich nicht zu nahe kommen, haben eher die Verpflichtung, sie vor den Belästigungen anderer Jungen oder Männer zu beschützen. Folgendes Beispiel verdeutlicht dies auf plastische Art und Weise: Zwei Jungen begleiteten eine Mitschülerin nach Hause, was die Mutter des Mädchens überhaupt nicht einordnen konnte. Sie war verärgert über die Jungen, weil sie ihnen übergriffige Annäherungsversuche unterstellte. Nach Aussage der Jungen war klar, dass ein Mädchen nicht alleine nach Hause gehen darf. Sie meinten, das sei doch viel zu gefährlich, also begleiteten sie das Mädchen, um sie zu beschützen. Schlussendlich konnte nicht geklärt werden, was die wahren Beweggründe waren.

Die meisten afghanischen Jungen machen deutliche Unterschiede zwischen romantischer Liebe und sexuellen Erfahrungen. Beides ist in ihnen als Wunsch lebendig, darf nach ihrer internalisierten Moral jedoch vor der Ehe nicht mit ein und demselben Mädchen gelebt werden. Die Jungen berichteten, dass sie sich schon öfter in deutsche Mädchen verliebt hätten. Sie haben ein sehr romantisches Bild von Liebe und Beziehung, himmeln dann ihr Mädchen an und würden gern romantische Briefe und Gedichte schreiben. Oft kommt es dann zur Beziehungsaufnahme, und wenn das Mädchen den Kontakt dann beendet, verstehen sie die Welt nicht mehr. Vor allem, wenn die Mädchen bald danach mit anderen Jungen anbändeln, sind sie sehr verletzt und leiden stark unter Liebeskummer. Sexualität vor oder außerhalb der Ehe war für die Jungen nicht vorstellbar.

Der Betreuer berichtete, dass die türkisch-arabische Kultur gefüllt sei mit der Verklärung der romantischen Liebe. Sagen, die es schon seit über 1000 Jahren gibt, werden immer wieder erzählt oder theatralisch und inbrünstig besungen, vergleichbar mit der Romeo-und-Julia-Tragödie in der deutschen Kultur. Sie können nicht zueinander kommen, weil möglicherweise die Eltern die Ehe mit einer anderen Person arrangiert haben. Dieser Mythos wird verklärt und spiele auch heute noch eine große Rolle. So sei auch die Intensität des Trauerns bei den Jungen zu erklären, wenn eine Liebesbeziehung zu Ende geht. Das einzelne Individuum habe so gut wie kein Mitspracherecht, dürfe nur trauern, müsse sich aber letztlich der Entscheidung der Familie beugen.

Die jungen Geflüchteten sind ohnehin sehr vorsichtig mit ihren Liebesgefühlen, weil sie letztlich auch gar nicht wissen, ob sie bleiben und die Liebe leben können oder ob sie ausgewiesen werden, sodass der Liebeskummer schon vorprogrammiert ist. Wie sich das für die Jungen dieser speziellen Gruppe entwickeln wird, bleibt offen.

3.7 Siebte Einheit: Geschlechtsrollen, Männer- und Frauenberufe

Das Thema „Geschlechterrollen" steht an. Der Lehrer hat zahlreiche Bilder mit Männern in unterschiedlichen Lebens- und Berufssituationen mitgebracht. Die Bilder sind auf große Blätter kopiert und werden auf dem Boden ausgebreitet. Die Jungen sollen sich Bilder aussuchen, die ihnen zusagen oder über die sie etwas erzählen wollen. Diesmal sind auch die ruhigeren Jungen aktiver, die sich in der vorhergehenden Einheit zurückgehalten haben. Sie beschreiben die Bilder und reden darüber, was sie selbst später gerne machen möchten. Einige sind an „typischer" Männerarbeit interessiert. Sie wollen mit Maschinen arbeiten oder schwere körperliche Arbeit im Straßenbau oder im Garten- und Landschaftsbereich verrichten.

Etwas irritiert sind sie darüber, dass es in Deutschland Berufe für Männer in Kindertagesstätten oder im Pflegebereich gibt. In Afghanistan darf nur ein männlicher Arzt Kinder (auch Mädchen bis zum 10. Lebensjahr) und Männer behandeln. Für Frauen und Mädchen ab ca. zehn Jahren muss eine Ärztin die Behandlung übernehmen. Auch im Pflegebereich darf ein Mann keine Frau pflegen. Frauen sind für

Frauen zuständig. Für einen Jungen, der bislang als Berufswunsch Arzt angegeben hat, war die Praxis im deutschen Kulturkreis erkennbar schockierend. Er konnte sich nicht vorstellen, ein Arzt zu sein, der auch Frauen untersuchen und behandeln muss.

Frauen – so wussten die Jungen zu berichten – dürfen in Afghanistan auch Soldatinnen oder Polizistinnen werden, aber sie blieben dann unter sich. Ein erster Schritt zur beruflichen Emanzipation der Frauen ist also in ihrem Heimatland vollzogen worden. Dennoch sind die Geschlechter in den meisten Bereichen noch stark voneinander getrennt. Erwähnenswert ist im Zusammenhang der beruflichen Tätigkeiten, dass sich die Jungen über die Tatsache amüsierten, dass in Deutschland auch für einfachste Berufe eine Schulausbildung und eine anschließende Berufsausbildung nötig sind. Offensichtlich wurde ihnen erst in dieser Sitzung bewusst, dass sie eine Schulausbildung benötigen, wenn sie ihre Zukunft in Deutschland verbringen möchten.

3.8 Achte Einheit: Erste Annäherung an das Thema „Homosexualität"

Das Thema „Homosexualität" sowie diverse „Geschlechtsrollenspiele" werden in der europäisch und der arabisch geprägten Kultur sehr unterschiedlich verstanden und bewertet, was sich auch in den Ansichten der Jungen widerspiegelte. Ein Junge berichtet, dass er in der Bahn einen Mann gesehen habe, der als Frau gekleidet war. Das konnte er überhaupt nicht einordnen. Wir haben ihn darüber informiert, dass das generell in Deutschland vorkommen kann und erlaubt ist. Es könnte sein, dass dieser Mann homosexuell oder transsexuell war oder sich einfach als Frau angezogen hat, weil ihm das gefällt. Es wurde auch auf Rituale im Karneval hingewiesen, bei dem Menschen sich verkleiden und dass dabei auch Männer Frauenkleider anhaben oder Frauen Männerkleider.

Derselbe Junge erzählte dann, dass man in der afghanischen bzw. allgemein in der arabischen Kultur auf hübsche feminine Jungen aufpassen müsse, da sie eventuell entführt und dann dazu gezwungen würden, auf Veranstaltungen mit einem Kleid und einem Schleier tanzen zu müssen. Sie haben einen mit Glöckchen geschmückten Armreif und die Zuschauer werfen ihnen Geld zu. Dabei befinden sie sich in einem Macht- und Abhängigkeitsverhältnis und werden zu dieser Art des Geldverdienens gezwungen. Dass sich Männer freiwillig öffentlich als Homosexuelle präsentieren, passte überhaupt nicht in sein Weltbild.

Gerade anhand dieser letzten Bildungseinheit, die nur sehr rudimentär bleiben konnte, wurde den Veranstaltenden überaus deutlich, wie viele Gespräche noch geführt und wie viele Erfahrungen noch gemacht werden müssen, um ein annähernd ausreichendes interkulturelles Verständnis auf beiden Seiten zu erreichen.

4 Auswertung der ersten Praxiserfahrungen

Es war ein Experiment, mit dem wir gestartet sind. Die beteiligten Pädagog*innen haben sich als Lehrende aber zugleich auch als Lernende empfunden. Vieles war für uns auch neu und gewöhnungsbedürftig. Es war spannend zu sehen, in welcher Kultur und mit welcher sexuellen Sozialisation die Jugendlichen aufgewachsen sind und wie groß die Unterschiede zur deutschen Kultur sind. Wir erinnerten uns aber auch immer wieder daran, dass viele Sitten und Gebräuche, wie auch die gesamte Rechtslage in Deutschland vor gar nicht so langer Zeit ebenfalls noch völlig anders als heute aussahen. Vieles änderte sich erst nach dem Zweiten Weltkrieg bzw. in den 1960er- und 1970er-Jahren, sodass wir in der Lage waren, gelassener mit den berichteten Differenzen umzugehen. Auch die Jungen entspannten sich sichtbar, wenn wir ihnen diese Tatsachen vermittelten.

Auch wenn solche Gesprächsanreize nur ein Anfang sein können, es lohnt sich allemal, mit den unbegleiteten minderjährigen Flüchtlingen sexualpädagogisch zu arbeiten. Nach unserer Wahrnehmung waren sie sehr dankbar, offen und lernwillig. Sie saugten die Informationen förmlich auf. Die Jungen bekamen eine Vorstellung von Freiheit und Rechten und eine Ahnung davon, dass sie auf den eigenen Lebens- und Liebesalltag bereichernd wirken können. Auf der anderen Seite waren deutliche Unsicherheiten zu spüren, die sich durch alle Einheiten durchzogen. Die bisher internalisierten Normen und Verhaltensregeln sind tief in ihrer Person verankert und auf der Basis grundlegender kultureller Werte legitimiert. Beides erwies sich in ihrem Herkunftsland bzw. ihrer unmittelbaren kulturellen Umgebung als funktional und überzeugend. Und oft ist ihre Sehnsucht zu spüren, zu ihren Eltern zurückzukehren. Sie bangen und hoffen, wenn sie Nachrichten von Afghanistan mitbekommen oder mit ihren Eltern skypen. Vor allem wissen sie nicht, wo sie letztlich weiterleben werden. Zurück in Afghanistan oder in Deutschland? Werden sie in ihrem Heimatland mit einem westlich geprägten Männer- und Frauenbild noch als Männer ernst genommen? Vielleicht in den Städten, keinesfalls aber in den Dörfern, aus denen sie vielleicht gekommen sind und in die sie möglicherweise zurückkehren werden.

In den kurzen Begegnungen haben wir noch nichts darüber erfahren, was ihnen auf der Flucht begegnet ist und inwiefern das ihre Vorstellungen beeinflusst hat, ob möglicherweise traumatisierende Erfahrungen dabei waren. Unklar blieb, ob sie an dem Ort bleiben werden, wo die Gespräche stattgefunden haben, ob sie noch einmal die Schule wechseln werden. Vielleicht können und wollen sie aber auch in Deutschland bleiben, wollen Deutsch lernen, hier in die Schule gehen und später beruflich vorankommen. Auch diese Energie war ganz deutlich zu spüren. Umso erstaunlicher und bewundernswerter haben die Erwachsenen erlebt, wie sich die Jugendlichen freuen konnten, wie dankbar sie waren und weiter hoffen und lernen wollen, ja, einfach leben wollen unter möglichst besseren Bedingungen.

Bewährt hat sich, dass dieses Projekt im Team durchgeführt wurde. Der Lehrer, der die Jungen kannte und so auch vertrauensbildend mitwirken konnte, war ebenso wichtig wie der Betreuer aus der Wohngruppe, der eine sehr gute Beziehung zu den Jungen hatte. Auch dem vorerst noch „fremden" Sexualpädagogen brachten die Jungen immer mehr Vertrauen entgegen. Ängste nahmen ab, nachdem klar war, dass dieser weder von einer Behörde noch von einer anderen Institution kam, die etwas verboten oder nicht genehmigt hätte. Wichtig waren zudem das zugesicherte Schweigegebot und die Absprache, dass persönlichen Dinge nicht nach außen dringen würden.

Es war von großem Vorteil, dass sehr anschauliche Materialien eingesetzt wurden, bei denen die Sprache eine untergeordnete Rolle spielte (vgl. Zanzu 2017). Die Bilder motivierten zum Gespräch. Die Kommunikation lief meist dann besonders gut, wenn Bildmaterial der Ausgangspunkt war. Bei manchen waren die Sprachkennnisse immer noch recht gering. Wenn die deutschen Textbeiträge zu lang waren, haben die Jungen einfach „abgeschaltet". Sie haben nur solche Inhalte tatsächlich mitbekommen, die entweder von der Gruppe in ihrer Heimatsprache diskutiert oder über Bilder kommuniziert wurden. Die Übersetzung benötigte viel Zeit, aber es erwies sich dabei als vorteilhaft, dass nur in eine Sprache übersetzt werden musste. Unsere Schlussfolgerungen für eine nächste Veranstaltung waren, so weit wie möglich auf Sprache zu verzichten und noch viel mehr mit Bildmaterial zu arbeiten. Vor allem haben wir gelernt, unsere eigenen Verhaltensmuster und Gewohnheiten zu hinterfragen und angesichts der Kürze der Bildungsimpulse sowie der unsicheren Lebenssituation der Jungen nicht grundlegende Veränderungen ihrer Einstellungen und Wertkoordinaten zu erwarten – wohl aber ein situationsgerechtes Verhalten, das ihnen und den Bezugspersonen im Aufnahmeland das Miteinanderumgehen erleichtert.

5 Vertiefungsaufgaben und -fragen

1. Informieren Sie sich über die bisherigen – über diesen Praxisbericht hinausgehenden – Aktivitäten von *pro familia* in Ihrem Bundesland zur sexualpädagogischen Arbeit mit Geflüchteten und berichten Sie über aktuelle Erfahrungen und Entwicklungen in diesem Bereich.
2. Recherchieren Sie Fachartikel und journalistische Berichte zur Situation von Kindern und Jugendlichen in Afghanistan und skizzieren Sie die Sozialisationsbedingungen in den Bereichen „Gender" und „Sexualität".
3. Skizzieren Sie die besonderen didaktischen Herausforderungen der sexualpädagogischen Arbeit mit unbegleiteten männlichen Geflüchteten aus Afghanistan. Gehen Sie dabei über die Angaben dieses Beitrags hinaus und nutzen sie dazu weitere Texte aus diesem Lehr- und Praxishandbuch.

Literatur

Bundesministerium für Gesundheit /Bundesministerium für wirtschaftliche Zusammenarbeit und Entwicklung (2016): Strategie zur Eindämmung von HIV, Hepatitis B und C und anderen sexuell übertragbaren Infektionen. BIS 2030 – Bedarfsorientiert – Integriert – Sektorübergreifend. URL: www.bundesgesundheitsministerium.de/fileadmin/Dateien/Publikationen/Praevention/ Broschueren/Strategie_BIS_2030_HIV_HEP_STI.pdf (Letzter Aufruf: 15.01.2017).

Gravelmann, Reinhold (2016): Unbegleitete minderjährige Flüchtlinge in der Kinder- und Jugendhilfe. Orientierung für die praktische Arbeit. München: Ernst Reinhardt.

Kreile, Renate (2001): Die Taliban und die Frauenfrage – eine historisch strukturelle Perspektive. In: Aus Politik und Zeitgeschichte, Beilage zur Wochenzeitung Das Parlament, B 3–4 /2002, S. 40–46.

Linke, Torsten/Hashemi, Farid/Voß, Heinz-Jürgen (2016): Sexualisierte Gewalt, Traumatisierung und Flucht. In: Sexuologie – Zeitschrift für Sexualmedizin, Sexualtherapie und Sexualwissenschaft, Bd. 23, Heft 1/2. Vorab-Veröffentlichung online URL: http://heinzjuergenvoss.de/ Linke_Hashemi_Voss_Sexualisierte_Gewalt_Flucht.pdf (Letzter Aufruf: 06.02.2017).

pro familia. Flüchtlinge im Blick. (2015) URL: www.profamilia.de/angebote-vor-ort/nordrhein-westfalen/bonn/migrantinnen-und-migranten/pro-familia-fluechtlinge-im-blick.html (Letzter Aufruf: 10.02.2017).

pro familia (2016): Sexualpädagogik für minderjährige/unbegleitete Flüchtlinge. URL: www. profamilia.de/angebote-vor-ort/bayern/sexualpaedagogik-muenchen/sexualpaedagogik-mit-unbegleiteten-minderjaehrigen-fluechtlingen.html (Letzter Aufruf: 07.02.2017).

pro familia NRW e.V. (2017). URL: www.profamilia.de/index.php?id=1697 (Letzter Aufruf: 06.02.2017).

Schemmel, Annette/Huf, Paul (2017): Praxishandbuch. Kulturelle Bildung mit unbegleiteten minderjährigen Geflüchteten. Weinheim, Basel: Beltz Juventa.

Zanzu, mein Körper in Wort und Bild (2017). URL: https://www.zanzu.de/de (Letzter Aufruf: 10.02.2017).

Janosch Freuding

Sprechen über Sexualität in einer Berufsintegrationsklasse der Berufsschule

1 Zur Ausgangssituation

Wertvorstellungen von Flüchtlingen zu Sexualität und Rollenbildern wurden in den letzten Jahren meist sehr kritisch diskutiert – und oft als unvereinbar mit den Wertvorstellungen der deutschen Aufnahmegesellschaft bezeichnet. In Flüchtlingsklassen über Sexualität zu sprechen, ist ohne jeden Zweifel ein „Aufregerthema". Vorliegender Beitrag stellt in weiten Teilen einen subjektiven Erfahrungsbericht dar, der sich auf einen begrenzten Ausschnitt der Wirklichkeit bezieht: Als Deutschlehrer hat der Autor in mehreren Berufsintegrationsklassen einer bayerischen Berufsschule bis jetzt fast ausschließlich männliche Flüchtlinge unterrichtet. In mehr als zwei Jahren waren das ca. 100 Flüchtlinge – darunter nur zwei Frauen*, die zudem nur kurze Zeit in den Klassen waren. Natürlich hat es einen großen Einfluss darauf, wie man über Sexualität spricht, wenn man als Lehrer vor einer reinen Männerklasse steht. Während also einerseits die große Heterogenität der im Klassenraum versammelten Normen die Brisanz des Sprechens erhöht, droht es anderseits durch die Dominanz eines rein männlichen Blickwinkels stark vereindeutigt zu werden.

Im Fokus des Beitrags steht ein Thema von allgemeiner Relevanz: Inwiefern kann es gelingen, Wertvorstellungen von Flüchtlingen auf Augenhöhe zu begegnen, gleichzeitig vorhandene Integrationserwartungen zu bedienen – und all dies, ohne gesellschaftliche Mechanismen der Ausgrenzung zu bestätigen?

2 Handlungsfeld – Berufsintegrations- und Sprachintensivklassen in bayerischen Berufsschulen

Zuerst ist es notwendig, die gesetzlichen, strukturellen, inhaltlichen sowie personellen Rahmungen bzw. Voraussetzungen für die Gestaltung von Unterricht für jugendliche Geflüchtete in der bayerischen Berufsschule zu skizzieren.

2.1 Strukturierung des Kursprogramms und Lehrplanvorgaben

Für die Beschulung junger Flüchtlinge zwischen 16 und 21 Jahren, die nach dem *Bayerischen Gesetz über das Erziehungs- und Unterrichtswesen* (BayEUG Art. 35 Abs. 1 Satz 2

https://doi.org/10.1515/9783110518351-018

Nrn. 1 bis 3) schulpflichtig sind, ist an bayerischen Berufsschulen seit September 2013 ein mindestens zweijähriges Kursprogramm eingerichtet. Das Programm, das zuvor an verschiedenen bayerischen Standorten eine mehrjährige Pilotphase durchlaufen hatte, erfährt seither eine immer stärkere Strukturierung. Im August 2016 veröffentlichte das bayerische Kultusministerium einen neuen Lehrplan für Berufsintegrations- und Sprachintensivklassen. Es besteht somit erstmalig eine größere Verbindlichkeit. Leitlinie zuvor waren Handreichungen des Staatsinstituts für Schulqualität und Bildungsforschung (vgl. ISB 2015).

Bei den Berufsintegrations- und Sprachintensivklassen handelt es sich also um einen verhältnismäßig jungen Zweig des bayerischen Schulsystems. Wie in vielen anderen Bundesländern, zeigte sich auch das bayerische Schulsystem mit den stark gestiegenen Flüchtlingszahlen im Sommer 2015 teils überfordert. Zu Beginn des darauffolgenden Schuljahrs hatten weder Lehrkräfte, noch Schulleitungen, noch sonstige Entscheidungsträger*innen bezüglich Klassengrößen und -zusammensetzungen nennenswerte Planungssicherheit. Im Unterschied zu einigen anderen Bundesländern gab es in Bayern glücklicherweise schon Strukturen, auf die sich aufbauen ließ: Seit 2004 sind die *Münchner SchlaU-Schulen* (Schulanaloger Unterricht für Flüchtlinge) als Berufsförderungseinrichtungen gemäß *BayEUG* (Art. 36 Abs. 1, S. 1, Nr. 3) anerkannt, an denen junge Flüchtlinge ihre Berufsschulpflicht absolvieren können. 2012 wurden in einem Pilotprojekt auch an allgemeinen Berufsschulen erstmals spezielle Förderklassen eingerichtet. Das Kursprogramm hat folgende Struktur: Auf (optionale) Sprachintensivklassen, die einen Teil der Flüchtlinge erstbeschulen, folgen die Berufsintegrationsklassen, die in zwei Jahren zur Ausbildungsreife führen sollen. Der Deutschunterricht wird in Zusammenarbeit mit lokalen Kooperationspartnern (VHS, AWO, HWK etc.) gestaltet.

Wie der allgemeine Lehrplan für die bayerische Berufsschule ist auch der für Berufsintegrations- und Sprachintensivklassen kompetenzorientiert angelegt. Grundlegendes Ziel ist „die Aneignung von Kompetenzen, die für eine erfolgreiche Berufsausbildung und eine gelingende Integration erforderlich sind". Neben der „Entwicklung von Sprach- und Kommunikationskompetenzen", die auch aus einem gesonderten „Basislehrplan Deutsch" hervorgehen, verweist der Lehrplan auf folgende zu erwerbende grundlegende Kompetenzen:

Die Schülerinnen und Schüler
- treffen Entscheidungen für ihre weitere berufliche Ausbildung beziehungsweise ihren weiteren Bildungsweg auf Basis einer umfangreichen beruflichen Vorbereitung und der Kenntnis des bayerischen Bildungssystems.
- nutzen grundlegende mathematische Strukturen zur Berechnung einfacher Probleme in Alltagssituationen sowie gesellschaftlichen und beruflichen Kontexten.
- entwickeln ihre Persönlichkeit und erwerben Kompetenzen in den Bereichen Selbstorganisation und soziales Handeln, die ihnen ein Leben und Wirken als Teil einer pluralen und individualisierten von gegenseitiger Verantwortung getragenen Gesellschaft ermöglichen.
- gestalten ihr Leben in Deutschland eigenverantwortlich im Rahmen der geltenden Normen und etablierten gesellschaftlichen Grundwerte (Bayerisches Ministerium für Bildung und Kultus 2016, 1).

2.2 Vorgaben zum Sprechen über Sexualität im Lehrplan

Der Lehrplan berücksichtigt – was keine Selbstverständlichkeit ist – auch das Themenfeld „Sexualität". Explizit nimmt der Lehrplan hierauf im Rahmen von zwei Lern-
bereichen Bezug. Unter 3.1 „Werteorientierung" heißt es:

> Die Schülerinnen und Schüler
> [...]
> – analysieren das Frauen-, Männer- und Familienbild in Deutschland und stehen ihm offen
>   und aufgeschlossen gegenüber.
> – erkennen die sexuelle Selbstbestimmung als wesentlichen Bestandteil des Umgangs der
>   Geschlechter in der Gesellschaft.
> – identifizieren unterschiedliche Formen von Partnerschaft und Sexualität (Bayerisches
>   Ministerium für Bildung und Kultus 2016, 26).

Aber auch im Rahmen des Themenbereichs „Familienplanung und Sexualität" wird
Sexualität als Unterrichtsgegenstand adressiert:

> Die Schülerinnen und Schüler
> – wissen über geeignete Maßnahmen der Empfängnisverhütung Bescheid.
> – verstehen die Notwendigkeit eines vorbeugenden und verantwortungsvollen Verhaltens,
>   um ihre Gesundheit und die anderer vor Infektionskrankheiten zu schützen und um wert-
>   schätzend miteinander umzugehen.
> – erkennen Gefahrensituationen für sexuelle Belästigungen und Gewalt und erlernen prä-
>   ventive Verhaltensweisen und Handlungsstrategien, um in gefährdenden Situationen ange-
>   messen zu reagieren.
> – drücken gegenseitige Achtung, Zuneigung und Verlässlichkeit als wichtige Bestandteile
>   persönlicher Beziehungen, beständiger Partnerschaft und des Familienlebens aus.
> – äußern sich zu sexuellen Themen sprachlich angemessen (Bayerisches Ministerium für
>   Bildung und Kultus 2016, 26).

Auffallend ist, dass sich der Lehrplan mit Bemerkungen zum Thema „Religion und
Sexualität" zurückhält.

2.3 Lehrkräfte und ihre Voraussetzungen

Der kompetenzorientierte Lehrplan für berufliche Schulen fordert von den Lehrkräften ein besonders großes Maß an Eigenverantwortlichkeit, Koordination und eigener
Lehrplangestaltung. Er weist „Lernfelder" aus, die eigenständig und, wenn möglich,
in fächerübergreifender Absprache ausgestaltet werden wollen. Zum Thema „Sexualität" existieren abseits rein informativer Seiten wie zanzu.de (vgl. Zanzu 2016)
jedoch wenig bekannte didaktische Handreichungen, die den Lehrplan präzisieren.
Lehrer*innen sind bei diesem Thema oft auf sich allein gestellt.

Über die Heterogenität der Lehrer*innen hinsichtlich des Beitragsthemas ließe
sich ein eigener Artikel schreiben. Flüchtlinge werden von einer bunten Vielfalt an

Lehrkräften unterrichtet: von langjährigen Berufsschullehrkräften, von für ein Jahr Angestellten oder von kurzfristig angeforderten Honorarkräften. Sie sind nicht nur unterschiedlich bezahlt und haben unterschiedliche berufliche Sicherheiten, sondern sind oft auch verschieden ausgebildet. Deutsch wird meist von Honorarkräften unterrichtet, die aus dem Deutsch-als-Fremdsprache-Sektor kommen oder aber „pädagogische Neueinsteiger" sind. Den Fachunterricht dagegen übernehmen Berufsschullehrkräfte, die oft aus der Fachpraxis ihrer Berufswelt kommen, aber wenig Erfahrung im Deutsch-als-Fremdsprache-Unterricht haben. Zumindest im ersten Berufsintegrationsjahr stellt der Deutschunterricht das Gros der Stunden, für die Ausgestaltung des Lehrplans sind jedoch zumeist die Fachlehrer aus der Berufsschule zuständig, die weniger Stunden am Stück in derselben Klasse unterrichten als die Lehrkräfte der Kooperationspartner. Der Lehrplan löst dieses Spannungsverhältnis nicht auf.

Genauso vielfältig wie die Lehrer*innen sind auch ihre Herangehensweisen an das Thema „Sexualität". Einige der Lehrkräfte sprechen gerne über Sexualität in der Klasse, viele tun dies allerdings nur mit Unbehagen. Besonders Frauen bitten oftmals ihre männlichen Kollegen, diese Aufgabe für sie zu übernehmen – zu groß ist die Angst, in Rollenkonflikte zu geraten und von der überwiegend männlichen Schülerschaft selbst als sexuelles Wesen wahrgenommen (und begehrt) zu werden. Dem Autor sind vereinzelte Fälle bekannt, in denen Kolleginnen von Schülern aufgefordert werden, sich züchtiger anzuziehen – oder aber es werden in einer anderen Sprache anzügliche Zoten über Lehrerinnen* gerissen.

Zahlreiche Lernfelder, die in wenigen Fachstunden vermittelt werden müssen, treffen auf individuelle Prioritätensetzungen der Lehrkräfte. In dieser Gemengelage ist die Gefahr groß, dass das Sprechen über Sexualität in Berufsintegrations- und Sprachintensivklassen vernachlässigt wird – obwohl ihm im öffentlichen Diskurs große Wichtigkeit zugewiesen wird.

3 Informatives Sprechen über Sexualität und fragile Flüchtlingsidentität

Beim Sprechen über Sexualität in Berufsintegrations- und Sprachintensivklassen eröffnen sich unterschiedliche Dimensionen, die ihre je eigenen Schwierigkeiten bergen. Die erste Dimension beinhaltet ein informatives Sprechen, das über sexuelle Sachverhalte „aufklärt" und im Klassengespräch persönliche Wissensfragen klärt. Aus diesem informellen Austausch resultiert die zweite Dimension, das integrative Sprechen: Lernende können (hoffentlich) diejenigen Informationen gewinnen, die sie benötigen, um sich über ihre eigene sexuelle Identität klarer zu werden und sich in ihrem eigenen sexuellen Alltag zurechtzufinden. Gespräche über Sexualität erfordern in der Schule immer große Sensibilität seitens der Lehrer*innen. Jedoch gilt es darüber hinaus, die fragilen „kulturelle Identitäten" der Flüchtlinge zu beachten.

3.1 Vorkenntnisse über Liebe und Sexualität in Berufsintegrations- und Sprachintensivklassen

Die Flüchtlinge kommen in eine Welt, in der viele alltägliche Dinge plötzlich mit ganz anderen Bedeutungen aufgeladen sind, als sie es aus ihren Herkunftsländern kennen. Für das weite Feld der Liebe und Sexualität gilt dies in besonderer Weise. Viele der Flüchtlinge sind von der allgegenwärtigen Präsenz von Sexualität und Nacktheit in Europa und Deutschland verunsichert.

Als vorurteilbelastete Lehrkraft vermutet man diese Unsicherheit vielleicht zuerst bei Menschen aus stark islamisch geprägten Ländern, wie etwa Afghanistan. Sehr oft trifft dies zu – doch Unerfahrenheit in Liebesdingen kennt keine Religionsgrenzen, wie folgendes Beispiel zeigt: Ein eritreischer Christ wollte wissen, ob es ein Problem sei, Frauen auf offener Straße nach einem Kuss zu fragen. In den wenigsten Fällen sei es eine gute Idee, antwortete der Autor, eine unbekannte Frau auf der Straße mit „Ich möchte einen Kuss" zu begrüßen. Ein afghanischer Schüler meldete sich: „In Afghanistan, das sagen Frau in Straße ...". Es folgt eine Bewegung, als würde er sich den Hals durchschneiden. Der Eritreer schloss lachend: „Oh, Afghanistan, das crazy!" Zustimmendes Gelächter.

Nicht nur der richtige Zeitpunkt des Kusses, schon der Satz „Ich liebe dich" bietet einigen Interpretationsspielraum. Eine Klasse diskutierte beispielsweise sehr lange darüber, ab wann es in Deutschland möglich sei, diesen Satz zu sagen – die Vorschläge reichten von ab zwei Wochen bis ab vier Jahren. Wenngleich es in Deutschland dafür keine allgemeingültige Regel gibt: „Ich liebe dich" hebt eine Beziehung auf ein ernsthafteres Level, das aber nur *vielleicht* zu Ehe und Kindern führt. Da in vielen der Herkunftsländer Beziehungen und Ehen anders geschlossen werden als in Deutschland, fehlt vielen Flüchtlingen dieser Interpretationsschlüssel. So interpretieren im Klassengespräch viele den Satz „Ich liebe dich" in zwei Richtungen: dass er entweder *direkt* zu Ehe und Kindern führe, oder aber *überhaupt nichts* bedeute.

Bei sexuellen Themen sind die Vorkenntnisse der Flüchtlinge am geringsten: Eine schematische Darstellung von Vagina und Gebärmutter wird für ein Kondom gehalten. Anatomiekenntnisse sind gering, viele hören zum ersten Mal von einem weiblichen Orgasmus, wissen nicht genau, wie die männliche Ejakulation mit der Zeugung eines Kindes zusammenhängt. Auffallend ist auch, dass manche Flüchtlinge nach eigener Aussage für viele deutsche Begriffe, die sie neu lernen, keine Entsprechung in ihrer Herkunftssprache kennen.

Nicht selten trifft unsichere Neugier auf eine pubertär zur Schau gestellte Männlichkeit: Ein Schüler zeigte dem Autor auf seinem Smartphone beispielsweise ein Foto von einer gespreizten Vagina, mehrmals fragten Schüler, wo man am besten Potenzmittel kaufen könne. Vieles mag mit dem pubertären Alter der Flüchtlinge zusammenhängen und derartige Provokationen ließen sich mit Sicherheit auch in anderen deutschen Klassen beobachten. Ebenso muss hier offenbleiben, ob deutsche Klassen über profunderes Wissen verfügen – dennoch lässt sich feststellen: Die Vorkenntnisse über Sexualität sind in Flüchtlingsklassen oft sehr gering. Nur sehr wenige der Flüchtlinge zeigten solide Kenntnisse und berichteten von schulischem Aufklärungsunterricht in ihren Herkunftsländern.

3.2 Räume der Neugier, des Scheiterns und des Vertrauens

Es ist ein großes Bedürfnis der Flüchtlinge, über Liebe und Sexualität zu sprechen – kommt es zu dieser Thematik, ist der Lehrkraft die Aufmerksamkeit der Klasse gewiss. Dennoch bleibt das Sprechen darüber stark *tabuisiert* – dies gilt insbesondere, wenn ein anderes Geschlecht im Raum ist (wenn etwa die Sozialpädagogin plötzlich in die Klasse kommt) oder für bestimmte Themenfelder von Sexualität.

Gespräche über Sexualität werden von den Einzelnen sehr unterschiedlich aufgenommen: Während die einen diese Gelegenheit mit kaum zu bremsender Neugier und Freude wahrnehmen, können andere diese für sie sehr ungewohnten Themen nur für kurze Zeit ertragen (auch wenn ein grundsätzliches Interesse fast immer besteht). Bei manchen kann ein Sprechen über Tabuthemen sowohl Reaktionen körperlichen Unwohlseins, als auch Gewissenskonflikte wegen der vermeintlichen „Sündhaftigkeit" dieser Themen hervorrufen. Oft lässt sich beobachten, dass große Euphorie und Wissbegier von einem Moment auf den nächsten in Abwehrhaltung und plötzliches Desinteresse umschwenken.

Lehrer*innen müssen sich darüber im Klaren sein, dass sich Flüchtlinge in einer sehr schwierigen Situation befinden, insofern sie ihre Länder möglicherweise ohne Wiederkehr hinter sich gelassen haben und sich zumindest für die Dauer des Asylverfahrens nicht sicher sein können, ob sie in Deutschland eine neue Heimat finden werden. Die früher angeeigneten Wertvorstellungen bilden ein zartes Band in die alte Heimat, das zu durchtrennen wehtut. Vielen Menschen gehen Gespräche über Liebe und Sexualität nahe, da sie ein besonders sensibles Feld der persönlichen Identität darstellen. Bei Flüchtlingen ist dies oft mehr als eine bloß peinliche, intime Angerührtheit: Flüchtling zu sein, bedeutet eine permanente (oft existenzielle) Identitätskrise, welche durch ein Hinterfragtwerden der eigenen Sexualitätsnormen besonders deutlich werden kann. Einer der vom Autor unterrichteten Schüler empfand beispielsweise ein Gespräch über Homosexualität so unerträglich, dass er das Klassenzimmer verlassen musste, und bat, auf die Toilette gehen zu können. Nach fünf Minuten kam er ins Klassenzimmer zurück, während auf seinem Handy islamisch-religiöse Gesänge liefen.

Manchmal gibt es andere Zeichen: die wiederholte Aufforderung z. B., das Stundenthema zu wechseln. Spätestens, wenn einzelne oder mehrere aus der Klasse ihren Kopf auf den Tisch legen, ist dies fast immer ein Beleg, dass der Bogen überspannt ist. Dies ist hier meist weder Langeweile noch Müdigkeit, denn normalerweise macht Sprechen über Sexualität hellwach.

Es ist nicht einfach, eine Balance zwischen den verschiedenen Stimmungslagen zu finden, die gleichzeitig im Klassenraum vorhanden sind. Während ein Großteil der Klasse noch mit sehr großer Neugier mehr über das „Innerste" des Zusammenlebens in Deutschland erfahren möchte und es auch können soll, kann für andere die Grenze zum Unangenehmen schon überschritten sein. Der Einzelne hat immer Priorität – und vor dem Hintergrund des gerade beschriebenen Identitätskonflikts sollte man auf jeden Fall reagieren. Manchmal geht es darum, sich nur eine kleine „seelische" Auszeit zu nehmen und die restliche Klasse kann die Stunde fortführen, manchmal ist es besser, das Thema zu wechseln.

Gespräche über Sexualität erfordern einen Raum, in dem sie auch scheitern können. Das Wichtigste ist hier, sich ein Scheitern rechtzeitig einzugestehen, die Stunde abzubrechen, wenn nötig. Nicht zuletzt bietet sich im Deutsch-, Mathematik- und Fachunterricht auch eine hervorragende Ausweichmöglichkeit: eine schnelle Rückkehr zum Fachstoff, die manch unangenehme Situation entkrampft und von den Lernenden im Falle des Falles dankbar aufgenommen wird. An einem anderen Tag kann der Unterricht erneut auf das Thema zurückkommen. Ein einmaliges Scheitern der Stunde sollte keinen Grund darstellen, das generelle Anliegen aufzugeben.

Sich über *Geschlechtergrenzen hinweg* offen über Sexualität auszutauschen, ist vielleicht noch herausfordernder, aber für Flüchtlinge gerade deshalb eine bedeutende Perspektive, weil sie so ungewohnt ist. Zweimal waren Kolleginnen des Autors mit in den Klassen, als Sexualität Unterrichtsthema war. Zweimal hätten die Schüler am liebsten sofort das Thema gewechselt, als sie in den Raum kamen; zweimal führte es, nachdem die erste Scham überwunden war, zu einem sehr spannenden Austausch – in dem die wichtigste Erkenntnis für alle war, dass so ein Austausch schlicht und ergreifend *möglich* ist.

Gespräche über Sexualität erfordern eine grundsätzliche Offenheit für Fragen, die unweigerlich aufkommen werden. Wenn dies der Fall ist, sollten Lehrkräfte ihnen spontan Raum geben (ähnlich wie bei anderen Fragen zur Lebenswelt, die fast immer Priorität haben). Es ist in den seltensten Fällen nötig, ein Sprechen über Sexualität in groß angelegten Stunden gezielt herbeizuführen. Viel besser erscheint es, die „Frageangebote" der Flüchtlinge aufzugreifen, und sollte gerade keine Zeit sein, später darauf zurückkommen. So kann man sich „in kleinen Dosen" annähern und jeder spricht nur dann über sexuelle Themen, wenn es gewünscht und angenehm ist. Allmählich entsteht so ein Raum des Vertrauens, in dem auch tabubehaftete Fragen gestellt werden können. Sprechen über Sexualität in Flüchtlingsklassen führt auf diese Weise zu sehr interessanten Stunden, in denen nicht nur die Schüler*innen, sondern auch die Lehrkraft mehr über eigene und andere Lebenswelten und ihre Beziehungsvorstellungen erfährt und dafür sensibilisiert wird.

4 Integratives Sprechen über Sexualität und divergierende Normvorstellungen

Beim Sprechen über Sexualität in Berufsintegrations- und Sprachintensivklassen tritt eine weitere Dimension hinzu, die derartige Gespräche sehr von denen in deutschen Regelklassen unterscheidet: Eine *integrative* Zielrichtung möchte Flüchtlinge* auf ein Leben in der deutschen Mehrheitsgesellschaft vorbereiten und fordert diese Integrationsleistung auch ein. Hierin verbirgt sich eine der größten Schwierigkeiten beim Sprechen über Sexualität mit Flüchtlingen*. Von diesen werden gesellschaftlich bestimmte Wert- und Rollenvorstellungen erwartet, die als *Teilhabebedingung* am Leben in der Gesellschaft fungieren. Teilweise unterscheiden sich die Normvorstellungen der Flüchtlinge jedoch sehr von der gesellschaftlichen Erwartung.

4.1 Beziehungs- und Geschlechterrollenbilder in Berufsintegrations- und Sprachintensivklassen

Die überwältigende Mehrheit der männlichen Jugendlichen, die der Autor unterrichtet hat, besitzt sehr genaue Vorstellungen darüber, wie Beziehungen auszusehen haben. Die meisten suchen nach der „Frau fürs Leben", die später auch Mutter ihrer Kinder werden wird. Aufgabe des Mannes ist es, Geld zu verdienen, um für den Unterhalt der Familie zu sorgen (dies ist eine Aufgabe, die viele Jugendliche schon jetzt wahrnehmen, wenn sie von ihrem bescheidenen Monatsgeld zusätzlich Angehörige in ihren Heimatländern unterstützen). Immer wieder werden (vor allem jüngere) Lehrkräfte gefragt, warum sie noch kinderlos oder noch nicht verheiratet seien – das tendenziell spätere Heiratsalter in Deutschland wird oft kritisiert.

Als „Frau fürs Leben" können sich viele eine Beziehung zu einer deutschen Frau sehr gut vorstellen oder suchen ausdrücklich nach ihr. Manche suchen ganz dezidiert nach einer Christin oder Muslimin, oder aber nach einer Frau aus dem eigenen Herkunftsland. Verschieden sind auch die Meinungen über deutsche Frauen und Männer sowie über die Geschlechterverhältnisse in Deutschland. Während einige z. B. die Unabhängigkeit und das „gute Herz" von deutschen Frauen loben, kritisieren andere, dass in Deutschland „Frauen stärker" sind als Männer. (Über Männerrollen wird viel seltener reflektiert, und wenn dann als Negativfolie von „starken" Frauen.) Ein Schüler aus Afghanistan offenbarte beispielsweise im persönlichen Gespräch, dass er es nicht als gut empfinde, dass Deutsche und Türken schon vor der Ehe miteinander schlafen. Das sei für ihn als Muslim nicht möglich. Er habe nichts dagegen, wenn dies Christen machen, genauso wie er auch der Sexualität grundsätzlich offen gegenüberstehe: „Man kann alles machen", aber erst, wenn (die Frau) „seine Frau" sei. Der Schüler erzählt, dass gerade eine Beziehung mit einer Muslimin an diesen Ansprüchen gescheitert ist. Nun hofft er, dass seine Mutter aus Afghanistan eine passende Frau für ihn findet.

Die Familie bleibt ein großer Faktor in Beziehungen von Flüchtlingen, auch bei unbegleiteten. Immer wieder begegnet man darüber hinaus zwei Argumentationslinien: die Rolle der Frau, die ihre Ehre nicht verlieren darf und die es zu ehren gilt, sowie die Rolle des Mannes als Haupt der Familie und Beschützer der Frau. Neu entstandene Beziehungen werden oft mit großen Erwartungen beladen, die aus dem heimatlichen Wertekontext herrühren, aber zu dem kulturell geformten Beziehungsalltag in Deutschland oft nicht passen. Immer wieder lässt sich beobachten, dass Flüchtlinge nach Beziehungspartner*innen suchen, die ihrem kulturellen Hintergrund vermeintlich nahestehen (etwa durch dieselbe Religion oder Herkunftsregion), dann aber erkennen müssen, dass es auch bei ihnen große Unterschiede durch ihre Sozialisation in Deutschland gibt.

Eine Beziehung in Deutschland zu haben, bedeutet für Flüchtlinge meist eine Art gesellschaftlichen Aufstieg, ein größeres Maß an Sicherheit, möglicherweise eine rechtliche Bleibeperspektive und vor allem eine stärkere soziale Einbindung. Es ist sehr schwierig, wenn diese Beziehungen in die Brüche gehen. Einige wenige streben deshalb nicht nach einer festen Beziehung, sondern genießen die sexuelle Freiheit, die sich ihnen hier bietet. Viele der Schüler fühlen sich jedoch auch nach annähernd zwei Jahren nicht in der Lage, eine Beziehung in Deutschland zu beginnen: „Wir finden keine Frauen. Sie haben Angst.", diktierte die Klasse dem Autor in einer Unterrichtsstunde an die Tafel. Im Gespräch meldete sich ein Schüler: „Wir haben auch Angst. Ich habe große Angst von deutsche Frauen!".

Eine solche (empfundene) permanente Zurückweisung kann zu sehr pauschalen Urteilen führen: „80 % der Frauen sind schlecht", behauptete beispielsweise ein Schüler ganz grundsätzlich. Solche Aussagen fallen im Unterrichtsgespräch besonders auf, stoßen auf gelegentliche Zustimmung, bleiben jedoch die Ausnahme. Denn eines soll trotz aller, in diesem Beitrag aufgezeigten Schwierigkeiten deutlich gemacht werden: Das alltägliche Leben in Deutschland formt auch die Beziehungen der Flüchtlinge. Ihre überwältigende Mehrheit zeigt sich sehr aufgeschlossen, Beziehungsvorstellungen anzupassen, und findet sich langsam, aber stetig in das Leben in Deutschland hinein. Als letztes Beispiel sei ein Schüler genannt, der von seiner deutschen Freundin erzählt, die begeisterte Saunagängerin ist. Er macht klar, wie befremdlich es für ihn ist, dass sie mit unbekannten Menschen nackt in der Sauna sitzt. Dennoch ist es ihm sehr wichtig, dass sie weiterhin ihren gewohnten Alltag leben kann. Er würde selbst nicht in die Sauna gehen, akzeptiert aber ihr Hobby. Insgesamt äußern sich die meisten Flüchtlinge sehr zufrieden mit dem Geschlechterverhältnis in Deutschland. Ihre Beziehungsvorstellungen sind oft konservativ, aber – genauer betrachtet – durchaus anschlussfähig an Geschlechterbilder, die man in vielen Teilen der deutschen Mehrheitsgesellschaft findet. Die medial verbreitete These, dass ein großer Teil der Flüchtlinge zu frauenverachtenden Haltungen neigt, die zusätzlich durch einen patriarchalen Islam befeuert werden, lässt sich so nicht halten.

Problematische Tendenzen gibt es vor allem bezüglich der Sexualitätsbereiche, die nicht mit rein heteronormativen Wertvorstellungen vereinbar sind, z. B. homosexuelle Orientierungen oder Transgender. Auch dies ist kein Alleinstellungsmerkmal von Flüchtlingen. Hier jedoch trifft man auf die größte Ablehnung der deutschen Verhältnisse. Die überwiegende Mehrheit der Flüchtlinge steht homosexuellen Orientierungen grundsätzlich negativ gegenüber. Ein Schüler forderte beispielsweise, man müsse alle Menschen, die Analsex haben, erschießen.

4.2 Integration zwischen normativen Zielen und alltäglichen Prozessen

Gespräche über Sexualität brauchen Vertrauen. Sprechen über Sexualität in Flüchtlingsklassen findet jedoch nicht einfach in einem „Safe Space" statt, sondern unterliegt gesellschaftlichen Zielvorgaben von außen, die es zu beachten bzw. gegebenenfalls aufzudecken gilt. Unter Umständen kann ein Erlernen oder Nichterlernen dieser Wert- bzw. Normvorstellungen mit asylrechtlichen Konsequenzen verknüpft werden. Dies berührt einen der neuralgischsten Punkte der Flüchtlingsidentität und verweist auf ein krasses Machtungleichgewicht, das Flüchtlinge beinahe jeden Tag spüren.

Unterrichtsstunden, die unterschiedliche Geschlechter- und Beziehungsbilder zum Thema haben, unterliegen also einem grundsätzlichen Dilemma: Zum einen ist es durchaus wünschenswert und angebracht, manche der Bilder, die unter Flüchtlingen vorherrschen, zu problematisieren und rein patriarchale Rollenbilder aufzubrechen. Sie selbst und die Gesellschaft insgesamt profitieren beiderseits von einem derartigen Unterricht. Zum anderen ist es aber fatal, hierbei Ausgrenzungserfahrungen zu bestätigen, die Flüchtlinge tagtäglich erleben. Mehrfach erzählen Lehrer*innen von ihrer im Unterricht getätigten Aussage: „In Deutschland ist schwul sein kein Problem. Wenn ihr in Deutschland leben wollt, müsst ihr das akzeptieren".

Eine solche Aussage konstruiert zwei scheinbar homogene Gruppen. Ein Deutschland, in dem die Diskriminierung von Homosexuellen kein Thema ist, gegenüber denen, die um Aufnahme bitten, aber erst bestimmte Bedingungen erfüllen müssen, um in Deutschland leben zu dürfen. Eine solche Unterteilung schafft Fremdheit, anstatt sie aufzulösen (vgl. Thomas-Olalde 2011). Oben wurde bereits dargelegt, dass Flüchtlinge ihre von Kindheit an geprägten Rollenbilder nicht leichtfertig aufgeben werden, weil sie ein besonders tief gehendes Band in ihre alte Heimat darstellen. Solche eben beschriebenen Aussagen werden daher großen Widerstand hervorrufen. Erstens, weil sie den heimatlich geprägten Sexualitäts- und Rollenvorstellungen der Flüchtlinge keinerlei Wert beimessen. Zweitens, weil sie in einer fragwürdigen Weise Bedingungen für die gesellschaftliche Aufnahme Bedürftiger stellen. Drittens werden Flüchtlinge sehr sensibel auf Widersprüche zwischen Unterrichtsinhalt und wahrgenommener Realität reagieren – schließlich ist in großen Teilen der deutschen Gesellschaft die Diskriminierung von LGBQT Personen sehr wohl ein Thema.

„Homosexualität ist Normalität in Deutschland", stellt der eigentlich lobenswerte *Refugee Guide* der *Bundeszentrale für politische Bildung* fest (RefugeeGuide 2015, 7).

Solche normativen Aussagen vereinfachen nicht bloß, sondern vereindeutigen. Dadurch, dass sie einfach ein Ergebnis präsentieren, anstatt den Prozess zu erläutern, wie es zu diesem Ergebnis kam, nehmen sie sich eine wichtige Verständnisbrücke. Auch in Deutschland sind die Rechte für LGBQT Personen nicht vom Himmel gefallen, sondern hart erkämpft worden und unterliegen fortwährender Diskussion. Sprechen über Rollen- und Geschlechterbilder in Flüchtlingsklassen sollte deshalb im Bewusstsein gestaltet werden, dass in vielen deutschen Regelklassen ein ganz ähnlicher Unterricht erforderlich wäre – das begegnet jeder fremdmachenden Homogenisierung im Vorhinein. In Kapitel 5 soll dies anhand eines Praxisbeispiels näher erläutert werden.

5 Praxisbeispiel – Homosexualität als Thema im Unterricht

Unterrichtsstunden zum Thema „Homosexualität" sind keine Selbstläufer. Der Autor hat selbst erfahren müssen, wie sehr sich hier die Gemüter in der Klasse erhitzen können. Eher zufällig war das Unterrichtsgespräch auf das Thema „Homosexualität" gekommen – auf die Schülerfrage hin: „Warum haben Menschen Analsex?". Die Stunde lief daraufhin sehr schnell aus dem Ruder und endete sogar im Streit innerhalb der Klasse (vgl. Freuding 2016).

Auf diese Erfahrung hin schreckte der Autor zunächst zurück, Homosexualität vorschnell erneut zu thematisieren, nahm sich aber vor, eine ausführliche Stunde zu diesem Thema zu halten – diesmal jedoch mit mehr Zeit und besser vorbereitet. Im Gegensatz zu anderen Unterrichtsstunden zum Feld „Sexualität", die eher zufällig das Thema „Homosexualität" streifen, sollte hier explizit und gezielt über das Thema gesprochen werden – auch weil im Klassengespräch immer wieder problematische Äußerungen hierzu aufkamen. Einige Monate später, inzwischen am Ende des nächsten Schuljahrs, gab es dazu Gelegenheit: In einer neuen Klasse, aber mit teilweise denselben Schülern wie im Vorjahr, und mit dem Luxus von vier Unterrichtsstunden am Stück. Der Autor plante den gesamten Schultag für das Thema ein – gefolgt eine Woche später von einem weiteren Block zum Thema „Sexualität" ohne spezifischen Fokus. Das folgende Praxisbeispiel stellt nur den Unterrichtsblock zum Thema „Homosexualität" näher dar, weil hier die beschriebenen Dimensionen des Sprechens über Sexualität besonders deutlich werden.

Drei Hauptziele gab es für diese Stunden: Erstens sollte es genug Zeit für Diskussionen geben, eventuell auftretende Ausfälligkeiten („Alle, die Analsex haben, erschießen") wollte der Autor aber nun besser begegnen. Zweitens sollten keine normativen Ergebnisse präsentiert, sondern die „deutsche" Haltung zum Thema „Homosexualität" als Prozess verstehbar gemacht werden. Auf keinen Fall sollten – drittens – Flüchtlinge und deutsche Gesellschaft zu irgendeiner Zeit des Unterrichts als homogene Blöcke gegenübergestellt werden.

Der Unterrichtsverlauf war folgendermaßen geplant: Anhand eines Werbeclips kommen die Schüler in die Diskussion. Vorkenntnisse und persönliche Meinungen zum Thema „Homosexualität" werden an der Tafel festgehalten. Anschließend befassen sie sich mit einem persönlichen Einzelfall und denken sich so weiter in das Thema hinein. Es folgen zwei Lehrervorträge über die Geschichte der deutschen Rechtsprechung zu Homosexualität sowie über den aktuellen „Stand der Forschung" zu Homosexualität. Ein abschließendes Klassengespräch geht erneut auf die zu Beginn festgehaltenen Thesen und Fragen ein, um zu reflektieren, was sich im Unterrichtsverlauf an der Bewertung dieser Thesen geändert hat.

Ein Bahnwerbespot stellte sich als Glücksfall heraus: Zur Fußballeuropameisterschaft 2016 hatte die *Deutsche Bahn* einen Werbefilm für den neuen ICE veröffentlicht, diese Werbebotschaft tritt jedoch beinahe gegenüber dem inhaltlichen Thema des Spots zurück: „Homosexualität im Fußball". Ein glühender Fußballfan reist seinem Team hinterher – natürlich mit dem ICE. Man sieht ihn die Tore eines Spielers bejubeln, voller Vorfreude zum nächsten Spiel fahren. Dazwischen wird immer wieder zum besagten Spieler geschnitten, wie er selbst das Tor schießt, im Teambus auf der Autobahn aus dem Fenster schaut. Erst am Schluss wird klar, was die Verbindung der beiden ist. Der Fußballspieler steht am Bahnsteig, während der ICE in den Bahnhof einfährt. Der Fan steigt aus. Sie umarmen sich herzlich und laufen Hand in Hand den Bahnsteig entlang.

Was man an dem Spot kritisieren könnte – nämlich die sehr vorsichtige Darstellung der Homosexualität –, war in der Klasse genau das richtige „Einstiegslevel", um in die Diskussion zu kommen. Tatsächlich ist nämlich die dargestellte Körperlichkeit im Werbefilm in vielen Herkunftsländern der Flüchtlinge unter Männern ganz „alltäglich", und bei Weitem kein Kennzeichen von Homosexualität. Immer wieder kommt es in der Klasse vor, dass der eine Klassenkamerad dem anderen etwa ganz zärtlich die Ohren massiert, und niemand in der Klasse denkt sich etwas dabei. So blieb beim Anschauen des Spots nach der ersten Freude über das Fußballthema vor allem Verwirrung zurück: Waren das hier zwei Freunde oder doch etwas mehr? Die Meinungen waren kontrovers. Die Klasse schaute den Werbespot ein zweites Mal. Nun verfestigte sich die erste Ahnung: „Ich denke, sie sind schwul." Nun wurde der Klasse eröffnet, dass dies das heutige Thema sei.

Die Ablehnung von Homosexualität war gewaltig und lag annähernd bei 100 %. Die Schüler wurden nach ihren Meinungen zum Gesehenen gefragt. Diese wurden noch ohne Wertung festgehalten. An der Tafel stand bald eine Sammlung von Pauschalurteilen gegen Homosexuelle: „Der Arsch wird größer, der Penis kleiner", „Das ist krank, ungesund", „Haram. Gegen Gott", „Warum gibt es Frauen?", „So gibt es keine Kinder", „Ohne Kinder gibt es keine Menschen", „Das ist nicht für Menschen, nur für Tiere", „Nicht mal Tiere machen das, nur Menschen". Die Heftigkeit und Einhelligkeit der Ablehnung überraschte den Autor. Er hätte mit wenigstens ein, zwei positiven Gegenstimmen gerechnet, die es zumindest in der Klasse vom Vorjahr noch gegeben hatte.

Nun wurde ein Text ausgeteilt, der im Internet auf *gutefrage.net* zu finden war. Die Schüler äußerten erste Meinungen zum Thema: „Wenn er schwul ist, dann ist er kein Muslim." „Schwul und Muslim, das geht nicht." In dem Text schildert ein Muslim, dass er seine Homosexualität weder seinen Freunden, noch im Fußballteam, vor allem aber nicht in der Familie offenbaren kann, und schließt mit der Frage: „Was soll ich tun?" Nachdem das sprachliche Verständnis des deutschen Textes gesichert war, sollten die Schüler sich vorstellen, dass der Verfasser des *gutefrage.net*-Texts ein guter Freund von ihnen sei und ihren Rat benötige. Hier war bei fast allen der erste Reflex, in so einem Fall die Freundschaft zu kündigen – zu groß ist die Angst, selbst für schwul gehalten zu werden: „Ich kann nicht denken das."

Die Schüler sollten sich vorstellen, dass es sich bei dem Muslim von *gutefrage. net* um einen wirklich sehr guten Freund handele. Auf dieses Insistieren hin meldeten sich immerhin zwei Schüler mit einem Vorschlag: Er solle ausziehen und seine Familie verlassen. Ein anderer Schüler antwortete: „Ich würde sagen: Bring dich um".

Zwar gab es auf diesen Ausspruch hin Widerspruch aus der Klasse, dennoch war eine gefestigte Antipathie bis hin zur offenen Feindlichkeit gegenüber Homosexuellen offensichtlich. Der Autor fragte die Schüler, ob ihnen so ein Fall wie in dem *gutefrage.net*-Text bekannt sei bzw. wie in ihren Herkunftsländern mit Homosexualität umgegangen würde. Alle aus der Klasse betonten, dass sie in ihrem persönlichen Umfeld oder auch in ihrem Herkunftsland keinen solchen Fall kennen (von anderen Ländern allerdings schon: „Ich denke, alle Afghanen sind schwul."). Begehe doch jemand homosexuelle Handlungen, würde er aus der Familie verstoßen, müsste sich verstecken oder würde sogar umgebracht.

Nun artikulierte der Autor den deutlichen Widerspruch zwischen der „offiziellen" deutschen Haltung zur Homosexualität und den geäußerten Auffassungen der Schüler. Es sei klar, dass sie mit der in Deutschland vertretenen Praxis zurechtkommen müssten, aber sie sollten auch verstehen, wie es zu dieser „offenen" Haltung kam. Nun folgte ein Lehrervortrag zur Geschichte der Rechtsprechung bezüglich Homosexualität, angefangen mit dem berüchtigten § 175 aus dem Kaiserreich, der Homosexualität bei Männern unter Strafe stellte. Es muss hier bewusst sein, dass vielen Flüchtlingen weder die deutsche Geschichte in groben Zügen noch Wörter wie „Paragraf" schon sicher bekannt sind. Ein solcher Lehrervortrag erfordert also einige Vorbereitungszeit und Planung, ist aber eine sehr gute Gelegenheit, um wichtige neue Wörter zu lernen und geschichtliche Daten zu sichern.

Viel Zeit verwandte der Vortrag darauf, dass sich der Nationalsozialismus *gleichzeitig* gegen bestimmte Bevölkerungsgruppen und Orientierungen richtete, dass für die „Reinheit der deutschen Abstammung und Familie" viele Menschen ausgegrenzt und ermordet wurden. Dieser Teil des Vortrags machte mit am meisten Eindruck in der Klasse. Mechanismen der Ausgrenzung waren allen Schülern wohlbekannt und man konnte sehen, dass einige kritisch ihr „Fortpflanzungsargument" reflektierten, das sie zu Beginn des Unterrichts ins Feld geführt hatten. Ein Minimalziel war damit erreicht, nämlich dafür zu sensibilisieren, dass die Ausgrenzung von Homosexuellen genauso wie jede andere Ausgrenzung zurückzuweisen ist.

Der Vortrag, der über die allmähliche Abschaffung des § 175 zur Streichung der Homosexualität von der Liste psychischer Krankheiten durch die *Weltgesundheitsorganisation* im Jahr 1992 hin zur gleichgeschlechtlichen Lebenspartnerschaft und Guido Westerwelle führte, überzeugte einige. Viele Thesen, die an der Tafel standen, waren bereits stillschweigend widerlegt. Überdeutlich wurde: Die Informationen aus den Lehrervorträgen hörten viele, wenn nicht alle, zum ersten Mal in ihrem Leben.

Natürlich stießen die Stundeninhalte nun nicht auf uneingeschränkte Zustimmung. Immer wieder wurde die Frage gestellt, warum wir uns mit diesen Dingen befassen müssten. „Heute sehr schlechte Thema", äußerte ein Schüler gegen Stundenende. Ein anderer jedoch antwortete: „Nein, das ist wichtig. Wir müssen das wissen." Es war deutlich, dass einige Dinge in Bewegung geraten waren. Die Klasse beschäftigte sich schon vier Stunden lang mit Inhalten, die sie zuvor rundheraus ablehnte. Die Hoffnung besteht, dass sie sich an das Gelernte erinnern werden, sollte eines Tages wirklich ein Freund ihren Rat suchen.

Zuletzt ging der Autor auf die Argumente an der Tafel ein, die noch unbesprochen waren. Er erklärte zum Beispiel, dass Homosexualität keinesfalls ein Alleinstellungsmerkmal des Menschen ist und zeigte auf *Google* einige Links, die über Homosexualität bei Tieren berichteten. „Video, Video", riefen plötzlich einige. Nun denn: Mit großem Vergnügen sah die Klasse eine Tierdokumentation über schwule Paviane, lesbische Löwinnen und polyamore Graugänse. Sprechen über Sexualität in Flüchtlingsklassen kann auch großen Spaß machen.

6 Fazit

Was ist wichtig – abgesehen von der dringend benötigten Erstellung von präzisen didaktischen Materialien? Auf Lehrkraftseite zunächst ein Gefühl der Gelassenheit, insofern es unmöglich ist, alle Tabugrenzen und Verletzlichkeiten im Vorhinein abzusehen. Sprechen über Sexualität braucht Raum für (eigene) Unsicherheiten. Es ist nicht möglich und nötig, alles zu verstehen oder zu forcieren.

Sprechen über Sexualität in Flüchtlingsklassen braucht ein Bewusstsein darüber, dass sehr viele Dinge zum ersten Mal gehört werden. Eine behutsame wie stetige Information öffnet allmählich einen Raum des Vertrauens, in dem auch unbequeme Fragen möglich sind. Sprechen über Sexualität erfordert Kontinuität und braucht Zeit. Die oben beschriebenen Unterrichtsstunden zu Homosexualität sind auch deshalb so anders verlaufen, weil dazwischen einige Monate vergangen waren. Das Wichtigste, was Schule Flüchtlingen geben kann, ist Zeit, in Deutschland anzukommen – das ist die zentrale Erkenntnis, die für alle Lernbereiche gilt.

Es ist wenig zielführend, einfach normativ Wertvorstellungen zu präsentieren. Einerseits werden so gesellschaftliche Wertvorstellungen „homogenisiert", was immer zu hinterfragen ist. Anderseits ist es nur auf den ersten Blick eine Abkürzung des Integrationsprozesses. So vorgetragene Wertvorstellungen werden möglicherweise vordergründig bejaht, aber innerlich oft weiterhin abgelehnt. Wie beschrieben, muss Flüchtlingen der Balanceakt gelingen, in den Herkunftsländern erlernte Werte zu verändern, ohne die eigene Werte-Identität völlig aufzugeben.

Alles, was diesen Prozess stabilisiert, ist hilfreich. Häufige Lehrer*innenwechsel und ständige Neuzusammensetzungen der Klassen sind daher sehr kritisch zu sehen. Es wäre zudem wünschenswert, dass auch möglichst viele Deutsch-als-Fremdsprache-Lehrkräfte fest angestellt werden, da diese die Klassen für viele Stunden am Stück begleiten – eine größere, für das Honorarverhältnis übliche Fluktuation ließe sich so vermeiden. Verstärkte Zusammenarbeit im Kollegium sowie eine begleitende Supervision, die Lehrkräfte beim Unterrichten dieser besonderen Lerngruppe unterstützt, könnten weitere Stabilitätsanker des Lernprozesses sein.

Bedauerlicherweise hat Bayern seine Vorreiterrolle bei der Beschulung von Flüchtlingen in der letzten Zeit aufgegeben. Besonders Afghanen (etwa ein Viertel der Schüler*innen) wird von Behördenseite immer öfter die Ausbildungserlaubnis verweigert, zudem häufen sich die negativen Asylbescheide. Diese Politik unterläuft die Grundintention des zweijährigen Berufs*integrations*programms, das ja zur Ausbildungsreife führen möchte. Selbst wenn die tatsächlich durchgeführten Abschiebungen nicht *massiv* zunehmen werden, bleiben Flüchtlinge so in einem luftleeren Raum zurück: zwar weiterhin in Bayern und Deutschland, aber oft ohne aussichtsreiche Ausbildungsperspektive.

Beständig steigende Vorgaben und eine sinkende gesellschaftliche Aufnahmebereitschaft erhöhen bei Flüchtlingen verständlicherweise nicht die Bereitschaft, sich in einen Wertediskurs über empfindliche Themen zu begeben. Wie schon beschrieben, braucht das Sprechen über Sexualität und damit verknüpfte Werthaltungen einen Raum des Vertrauens. Auch von Staat und Gesellschaft müssen hierfür die Rahmenbedingungen geschaffen sein.

7 Vertiefungsaufgaben und -fragen

1. Was ist beim informativen, was beim integrativen Sprechen über Sexualität in Flüchtlingsklassen zu beachten?
2. Welche sensiblen Situationen sind Ihnen aus Ihrer eigenen Arbeit mit Flüchtlingen bekannt, welche Hinweise aus dem Beitrag helfen Ihnen, derartige Herausforderungen professioneller anzugehen?
3. Welche Aspekte müssen Sie zusätzlich berücksichtigen, wenn neben männlichen* auch weibliche* Flüchtlinge in der Klasse sind?

Literatur

Bayerisches Ministerium für Bildung und Kultus, Wissenschaft und Kunst (Hrsg.) (2016): Lehrplan für die Berufsintegrations- und Sprachintensivklassen. 1. und 2. Schuljahr. Entwurf. URL: https://www.isb.bayern.de/download/18274/lp_berufsintegrations_und_sprachintensivklassen_entwurf.pdf (Letzter Aufruf: 12.12.2016).

Freuding, Janosch (2016): Ich fragte meine Schüler, ob sie über Sexualität reden möchten. Sie bejahten eifrig. URL: www.migazin.de/2016/02/01/in-fluechtlingsklasse-ich-schueler-sexualitaet (Letzter Aufruf: 12.12.2016).

Mecheril, Paul (Hrsg.) unter Mitarbeit von Kourabas, Veronika/Rangger, Matthias (2016): Handbuch Migrationspädagogik. Weinheim: Beltz.

RefugeeGuide.de (Hrsg.) (2015): Eine Orientierungshilfe für das Leben in Deutschland. Deutsch. URL: www.refugeeguide.de/dl/RefugeeGuide_de_925.pdf (Letzter Aufruf 12.12.2016).

Sielert, Uwe (2015): Einführung in die Sexualpädagogik. 3. erweiterte Auflage. Weinheim: Beltz.

Staatsinstitut für Schulqualität und Bildungsforschung (Hrsg.) (2015): Berufsschulpflichtige Asylbewerber und Flüchtlinge. Beschulung von berufsschulpflichtigen Asylbewerbern und Flüchtlingen an bayerischen Berufsschulen. Stand Juli 2015. URL: https://www.isb.bayern.de/download/16573/handreichung_asylbewerber_und_fluechtlinge.pdf (Letzter Aufruf: 12.12.2016).

Thomas-Olalde, Oscar/Vehlo, Astride (2011): Othering and its effects - Exploring the concept. In: Niedrig, Heike/Ydesen, Christian (Hrsg.): Writing Postcolonial Histories of Intercultural Education. Interkulturelle Pädagogik und postkoloniale Theorie. Band 2. Frankfurt a. M.: Peter Lang, S. 27–51.

Zanzu. URL: https://www.zanzu.de/de (Letzter Aufruf: 12.12.2016).

Diana Kostrzewski und Christine Winkelmann

Zugang zu Informationen im Bereich der sexuellen Gesundheit als öffentlicher Auftrag

Das Projekt „Zanzu" der Bundeszentrale für gesundheitliche Aufklärung

1 Rahmung und Reichweite

Sexuelle Gesundheit ist laut Arbeitsdefinition der *Weltgesundheitsorganisation* (WHO)

> ein Zustand des körperlichen, emotionalen, mentalen und sozialen Wohlbefindens in Bezug auf die Sexualität und nicht nur das Fehlen von Krankheit, Funktionsstörungen oder Gebrechen. Sexuelle Gesundheit setzt eine positive und respektvolle Haltung zu Sexualität und sexuellen Beziehungen sowie die Möglichkeit voraus, angenehme und sichere sexuelle Erfahrungen zu machen, und zwar frei von Zwang, Diskriminierung und Gewalt. Sexuelle Gesundheit lässt sich nur erlangen und erhalten, wenn die sexuellen Rechte aller Menschen geachtet, geschützt und erfüllt werden (WHO 2002).

Mit dem Konzept der sexuellen Gesundheit sind sexuelle Rechte eng verbunden – so heißt es in der Definition, dass sexuelle Gesundheit nur erreicht werden kann, wenn sexuelle Rechte gewährleistet sind. Eine Voraussetzung hierfür ist der Zugang zu entsprechenden Informationen und Beratungsangeboten.

Während in Deutschland und vielen anderen europäischen Ländern (vgl. BZgA 2006; IPPF 2006) Sexualaufklärung an Schulen gelehrt und Sexualität in der Gesellschaft mit einer gewissen Offenheit behandelt wird, stellt sich die Situation in vielen Ländern anders dar. Fehlendes Wissen oder tradierte Mythen können zu Ängsten und Unsicherheiten führen (vgl. BZgA 2010).

Während Migrant*innen, die in Deutschland leben und Deutsch sprechen, über die allgemeinen Angebote der *Bundeszentrale für gesundheitliche Aufklärung* (vgl. BZgA 2011a) erreicht werden können, existiert insbesondere bei Menschen, die in Deutschland leben, aber (noch) kein Deutsch sprechen, das Beratungs- und Versorgungssystem (noch) nicht kennen und etwa aufgrund ihrer Herkunft bislang nur eingeschränkten Zugang zu Wissen, Information und Beratung im sensiblen Bereich der sexuellen Gesundheit hatten, ein besonderer Bedarf an mehrsprachiger qualitätsgesicherter Information in diesem Themenfeld.

https://doi.org/10.1515/9783110518351-019

2 Die Entwicklung des Webportals „Zanzu" als niedrigschwelliges Angebot im Bereich der sexuellen und reproduktiven Gesundheit

Um diesem Bedarf zu entsprechen, wurde, basierend auf dem ganzheitlichen Verständnis von sexueller Gesundheit der *Weltgesundheitsorganisation* (WHO), in einer internationalen Kooperation zwischen einer Regierungsorganisation (BZgA) und einer Nichtregierungsorganisation, dem *Flämischen Kompetenzzentrum für sexuelle Gesundheit* (Sensoa) das Webportal *Zanzu* entwickelt, dessen Entwicklungsprozess im Folgenden näher erläutert wird.

2.1 Informationsbedarfe sondieren

Menschen kommen aus verschiedenen Gründen nach Deutschland. Viele haben auch einen Bedarf an Information, Beratung und Versorgung im sensiblen Bereich der sexuellen Gesundheit, z. B. Heiratsmigrant*innen aus der Türkei, EU-Binnenmigrant* innen aus Rumänien oder Bulgarien und Asylsuchende aus Subsahara-Afrika. Natürlich stellen Menschen mit Migrationshintergrund keine homogene Gruppe dar, sondern unterscheiden sich in vielfältiger Weise, etwa durch ihre Herkunft, in den Motiven für ihre Migration sowie in Bezug auf Bildung, Sozialstatus und ihre individuellen Werte, wie beispielsweise die Bindung an Religion und Traditionen. Diese können je nach Herkunftsregion sehr unterschiedlich sein (vgl. Seyler 2015). Mit der „bloßen" Kategorisierung als „Migrant*in" entsteht somit einerseits die Gefahr, viele andere Aspekte und auch Ressourcen auszublenden, andererseits hilft es, Zuordnungen zu bilden, wenn Strategien und Konzepte für größere Gruppen von Menschen entwickelt werden sollen (vgl. RKI 2008).

Vor diesem Hintergrund lassen sich verschiedene länderübergreifende sowie regionsspezifische Informationsbedarfe konstatieren. So zeigt beispielsweise die Studie *frauen leben 2 – Familienplanung und Migration im Lebenslauf*, dass aufgrund der Tabuisierung des Sexuellen in verschiedenen Ländern – insbesondere in Zusammenhang mit einem niedrigen Bildungstand – Begrifflichkeiten und Bezeichnungen für intime Körperteile, körperliche Vorgänge und sexuelle Handlungen fehlen. Mit dem fehlenden Zugang zu Wissen im Bereich der Sexualität kann somit eine fehlende Sprachfähigkeit einhergehen (vgl. BZgA 2011b).

Aus den lokalen Auswertungen der *Knowledge, Attitude, Behaviour, Practices-Studie* (KABP) mit HIV- und STI(Sexuell übertragbare Infektionen)-Testangebot bei und mit in Deutschland lebenden Migrant*innen aus Subsahara-Afrika (MiSSA) geht hervor, dass sich Menschen aus Subsahara-Afrika vermehrt Informationen zu Hepatitis B und C, zu Übertragungsrisiken von HIV, zu Infektionswegen und zum Schutz vor HIV/STI wünschen (vgl. RKI 2016b). Vergleicht man zudem die Ergebnisse der BZgA-Repräsentativbefragung *Aids im öffentlichen Bewusstsein* 2014 mit den Zwischenergebnissen der MiSSA-Studie, zeigt sich, dass die befragte Teilzielgruppe der in Deutschland lebenden Migrant*innen aus Subsahara-Afrika im Hinblick auf das Wissen zu STI ähnliche Wissenslücken wie die deutsche Bevölkerung aufweist (vgl. BZgA 2015; vgl. RKI 2016b).

Analog der vorherrschenden Krankheitsprävalenzen in ihren Herkunftsländern zeigen verschiedene Migrant*innengruppen oft Unterschiede zur Epidemiologie des Ziellands (vgl. RKI 2008). So haben beispielsweise Zuwanderer aus sog. Hochprävalenzländern (HPL), vornehmlich afrikanischen Ländern südlich der Sahara, eine höhere HIV-Prävalenz als die Mehrheitsbevölkerung in Deutschland. In den letzten Jahren stellte diese Gruppe in Deutschland ca. 15 % aller HIV-Neudiagnosen (RKI 2016a). Zudem erfolgt die Diagnose einer HIV-Infektion bei Migrant*innen aus Subsahara-Afrika häufiger im späteren klinischen Stadium als bei anderen in Deutschland lebenden Personen. Auffällig ist aber, dass bis zu 33 % dieser neudiagnostizierten Infektionen nicht im Herkunftsland, sondern vermutlich erst in Deutschland erworben wurden (RKI 2012). Bei der Bewertung der absoluten Zahlen von Neudiagnosen bei Menschen mit Migrationshintergrund ist zudem zu berücksichtigen, dass Menschen mit Migrationshintergrund häufig nicht in gleichem Maße wie Menschen ohne Migrationshintergrund Zugang zu Prävention, Beratung und STI- sowie HIV-Testung haben bzw. Gebrauch von diesen Angeboten machen (vgl. RKI 2016c).

2.2 Zugang ermöglichen

Neben der Berücksichtigung spezifischer Informationsbedarfe spielt auch der Zugang zu den Informationsangeboten und den Beratungssystemen im Bereich der sexuellen Gesundheit eine zentrale Rolle bei der Entwicklung passgenauer Angebote. Beide Faktoren bilden wichtige Voraussetzungen für selbstbestimmte Entscheidungen und auch für die Fähigkeit, eigene Rechte zu vertreten, ebenso wie die Rechte anderer zu respektieren. Wer noch nicht lange in Deutschland lebt, wer die Sprache und die Kultur noch nicht kennt, braucht niedrigschwellige Angebote, wenn es darum geht, die eigene sexuelle und reproduktive Gesundheit zu stärken, und muss wissen, wie man diese Angebote nutzen kann, z. B. wo man Beratung, Hilfe und Versorgung findet im Falle von Schwangerschaft, bei Verdacht auf eine sexuell übertragbare Infektion oder im Kontext von sexueller Gewalt.

2.3 Kooperation organisieren

Als WHO-Kollaborationszentrum für sexuelle und reproduktive Gesundheit arbeitet die *BZgA* eng mit verschiedenen europäischen Organisationen in diesem Bereich zusammen. Im Jahr 2012 zeigte sich durch den fachlichen Austausch, dass sowohl in Belgien als auch in Deutschland ein akuter Bedarf an einem niedrigschwelligen, mehrsprachigen Angebot für Menschen mit Migrationshintergrund bestand. Mit *Sensoa*, einer belgischen Nichtregierungsorganisation, entstand die Idee, in Kooperation ein entsprechendes Angebot zu entwickeln, um Synergieeffekte zu nutzen.

Zur kontinuierlichen Qualitätssicherung im gesamten Arbeitsprozess wurde ein internationales Beratungsgremium eingerichtet, bestehend aus Vertreter*innen des *WHO- Regionalbüros Europa*, des *Institute for Tropical Medicine* (Belgien), des *International Center for Reproductive Health Belgien*, der Organisation Rutgers WPF[1], des Österreichischen *Instituts für Familienforschung an der Universität Wien* sowie der *International Planned Parenthood Federation*. Das Gremium begleitete den gesamten Prozess von der Konzeption und Definition der Zielgruppen sowie der Ziele über die Festlegung der Themen und die Erstellung der Texte sowie Illustrationen bis hin zur Planung einer Fachkonferenz. Hinsichtlich der Disseminierung wurde der Prozess zusätzlich durch ein fachlich breit aufgestelltes nationales Beratungsgremium begleitet.

2.4 Projektbezogene Bedarfe analysieren

Zur Präzisierung des Bedarfs wurde zu Projektbeginn in Deutschland und Belgien parallel über verschiedene Zugänge eine Bedarfsanalyse durchgeführt.

Mithilfe von Interviews mit Experten und Fachkräften, die zum Teil selbst in Beratungsstellen tätig waren, klärte die *BZgA*, welche Inhalte abzudecken sind, welche Zugänge möglich erscheinen, welche Sprachen am dringendsten benötigt werden und welche Zielgruppen genau zu adressieren sind. *Sensoa* befragte neben Multiplikator*innen auch Migrant*innen selbst, die über Willkommenszentren und das *belgische Integrationsamt* erreicht wurden. Auf Basis der Bedarfserhebungen und des zugrunde liegenden Verständnisses von sexueller Gesundheit wurden gemeinsam von *BZgA*, *Sensoa* und dem internationalen Beratungsgremium die Themenbereiche der Webseite erarbeitet und abgestimmt. Die Auswahl der Sprachen richtete sich nach den Gruppen, für die sich der größte Informationsbedarf abgezeichnet hatte.

Die Bedarfsanalysen in beiden Ländern zeigten, dass Beratungsstellen (z. B. Schwangerschaftsberatungsstellen, HIV- und STI-Beratungsstellen, Familienberatungsstellen etc.) aber auch Ärzt*innen eine Schlüsselrolle bei der Vermittlung von Informationen an die Zielgruppe der Migrant*innen zukommt. Die primäre Zielgruppe

---

1 Rutgers WPF ist entstanden aus einem Zusammenschluss zwischen der *World Population Foundation* (WPF) und einem niederländischen Expertenzentrum für Sexualität (*Rutgers Nisso Groep*) im Jahr 2010. *Rutgers WPF* konzentriert sich auf die Verbesserung der sexuellen und reproduktiven Gesundheit und die Akzeptanz von sexuellen Rechten und der Gleichstellung der Geschlechter in Europa, Afrika und Asien.

des Angebots sind entsprechend Multiplikator*innen, die erwachsene Migrant*innen beraten und/oder behandeln. Als Sekundärzielgruppe wurden Migrant*innen selbst definiert – sie sollten mit dem Portal einen niedrigschwelligen, mehrsprachigen Zugang zu qualitätsgesicherten Informationen im Bereich der sexuellen und reproduktiven Gesundheit erhalten und erfahren, welche Beratungsstellen in der Nähe des eigenen Wohnorts zu diesem Thema tätig sind.

Für die Multiplikator*innen sollte eine Arbeitshilfe entwickelt werden, die in Beratungs- und Behandlungssituationen die Kommunikation mit den Endadressat*innen unterstützt. Hierzu gehört die Bereitstellung qualitätsgesicherter Informationen zum Thema „sexuelle Gesundheit", der Ausgleich fehlender Deutschkenntnisse bei den Endadressat*innen durch Informationen in verschiedenen Sprachen, eine einfache Handhabung, die den Einsatz in Beratungssituationen erleichtert, und die Verfügbarkeit möglichst 24 Stunden täglich. Zusätzlich sollten die Inhalte schnell aktualisierbar sein und auch von den Endadressat*innen vor dem Hintergrund kultureller Unterschiede als passend sowie verständlich wahrgenommen werden.

2.5 Zentrale Entscheidungen umsetzen

Ein Webportal erwies sich als geeignetes Medium, da es alle oben stehenden Kriterien erfüllen konnte. Um den Einsatz dieses Mediums in beiden Ländern gleichermaßen zu ermöglichen, wurde eine universelle Webseitenversion entwickelt, die für den Einsatz in Belgien und in Deutschland entsprechend um die jeweiligen länderspezifischen Informationen ergänzt werden konnte. Basierend auf dieser gemeinsamen Ausgangsversion wurden dann zwei eigenständig funktionierende Webseitenversionen „zanzu.be" und „zanzu.de" entwickelt. Zentrale Elemente der Website wurden partizipativ entwickelt. Dazu gehörten wesentliche Begriffe der Terminologieliste, die mit jeweils mehreren Übersetzer*innen einer belgischen Migrant*innenorganisation in insgesamt neun Sprachen erarbeitet wurden. Um das Verständnis der Navigationsstruktur sicherzustellen, wurden mit Unterstützung von Fachkräften in Belgien neben speziellen Icons auch ein dynamischer Wireframe (funktioneller Prototyp der Webseite, in dem die einzelnen Seiten bereits miteinander verknüpft sind und so die Prüfung der Navigation ermöglichen) entwickelt und getestet.

3 Das Webportal „Zanzu"

3.1 Inhalte und Ziele

Zanzu stellt in 13 Sprachen einfach und anschaulich Informationen zu sexueller und reproduktiver Gesundheit zur Verfügung und erleichtert so die Kommunikation über diese Themen. Das Webportal bietet leicht verständliche Erklärungen zu den Themen „Körper", „Schwangerschaft und Geburt", „Verhütung", „HIV und andere sexuell übertragbare Infektionen", „Sexualität und Beziehungen" sowie zu „Rechten und Gesetzen".

Ziel ist es, auf Basis fachlich fundierter, gendersensibler Aufklärung und Information und unter Anerkennung der sexuellen Rechte, Frauen und Männer dazu zu befähigen, selbstbestimmte Entscheidungen zu treffen, eigene Rechte, z. B. im Hinblick auf Gleichbehandlung und den Schutz vor sexueller Gewalt, zu vertreten und die Rechte anderer zu achten. Durch die Bereitstellung umfangreicher Informationen zu Hilfe- und Beratungsangeboten dient *Zanzu* auch als ein Kompass, der durch die komplexe Versorgungs- und Beratungsstruktur im Bereich der sexuellen und reproduktiven Gesundheit führt.

Die universellen Inhalte (z. B. Informationen über den weiblichen Zyklus, über Schwangerschaft, über sexuell übertragbare Infektionen) sind sowohl in der belgischen als auch in der deutschen Webseitenversion identisch. Die nationalen Anpassungen (z. B. über Verfügbarkeiten von Verhütungsmitteln und über Versorgungsmöglichkeiten) wurden in der jeweiligen Verantwortung von *Sensoa* und *BZgA* durchgeführt. Das Thema „Rechte und Gesetze" wurde von Anfang an eigenständig von beiden Partnern umgesetzt, da dies nur länderspezifisch möglich ist.

Bei der Bezeichnung *Zanzu* selbst handelt es sich um ein Kunstwort, das keine eigene Bedeutung trägt, um einen diskreten Zugang zur Webseite zu ermöglichen.

3.2 Technische Grundlagen und Strukturen

Zanzu wurde für die Darstellung auf unterschiedlichen Endgeräten optimiert. Durch das responsive Design bietet die Webseite sowohl auf dem Desktop-PC und dem Tablet als auch über Smartphones eine gleichbleibende Benutzerfreundlichkeit. Diese Anpassung ist insbesondere vor dem Hintergrund der rasanten Entwicklung des mobilen Internets essenziell, da für viele Menschen, die nach Deutschland kommen, das Smartphone das wichtigste Kommunikationsmedium darstellt. Betrachtet man beispielsweise Afrika, so ist hier seit dem Jahr 2000 die Zahl der Mobiltelefone von 16,5 Millionen auf 650 Millionen im Jahr 2012 angestiegen. Das sind mehr als in Europa oder in den USA. Das Gerät hat vielerorts in Afrika die teureren Desktop- oder Laptop-Computer ersetzt und den Internetzugang für die breite Masse geöffnet (vgl. World Bank/African Development Bank 2012).

Die Webseite ist modular aufgebaut; eine Baumstruktur bildet auf drei Navigationsebenen die unterschiedlichen Themen ab. Über 50 eigens entwickelte Icons und umfangreiches Bildmaterial ermöglichen ein besseres Verständnis der Inhalte und eine strukturierte Navigation. Sie haben einen hohen Wiedererkennungswert. Jedes Thema wird zur visuellen Orientierung mit einer eigenen Farbe hinterlegt. Zudem können die Inhalte zur besseren Lesbarkeit beliebig vergrößert und verkleinert werden.

3.3 Verwendung von Sprache(n) und Texten

Auf dem Webportal stehen Informationen in 13 verschiedenen Sprachen zur Verfügung: Deutsch, Niederländisch, Englisch, Französisch, Russisch, Türkisch, Arabisch, Farsi, Bulgarisch, Polnisch, Rumänisch, Spanisch und Albanisch. Beim ersten Besuch wird man auf eine vorgeschaltete Sprachenauswahlseite gelenkt, auf der man die gewünschte Sprache voreinstellen kann. Ein Sprachenwechsel ist jederzeit möglich.

Die Texte sind einfach formuliert, um eine bessere Verständlichkeit zu ermöglichen. Dies stellte eine besondere Herausforderung angesichts der komplexen Inhalte dar. Sie können außerdem durch ein Programm (Readspeaker ®) vorgelesen werden, sodass auch Menschen ohne bzw. mit geringer Lesekompetenz Gebrauch von der Website machen können (Text-to-Speech-System). Gezielte Querverlinkungen zwischen den einzelnen Texten ermöglichen es, Informationen zu verwandten Themen zu finden und einzelne Themen zu vertiefen. Wörterbuchbegriffe sind mit Verlinkungen markiert.

Das Zusammenstellen passgenauer Informationen für Beratungsgespräche ist mithilfe der integrierten Druckfunktion möglich, mit der Inhalte gezielt ausgewählt und bereits vorformatiert ausgedruckt werden können. In Beratungsgesprächen kann entweder direkt mit der Webseite oder mit dem individuell zusammengestellten und ausgedruckten Material gearbeitet werden. Weitergehende Informationen können dem konkreten Beratungsbedarf entsprechend in 13 Sprachen zusammengestellt und anschließend ausgedruckt und mitgegeben werden, was über herkömmliche Broschüren nicht möglich ist.

Innerhalb der Webseitentexte sind Wörterbuchbegriffe mit gestrichelten Links hinterlegt. Klickt man darauf, so öffnet sich ein kleines Zusatzfenster mit der entsprechenden Begriffsdefinition. So können Begriffe nachgeschlagen werden, ohne den eigentlichen Text zu verlassen. Außerdem bietet das Wörterbuch eine direkte Übersetzungsmöglichkeit in eine weitere Sprache nach Wahl. Die Übersetzung wird dann direkt neben der Definition in der Ausgangssprache angezeigt, was insbesondere in Beratungssituationen hilfreich ist.

Bei der Entwicklung der Webseite stellte das Wörterbuch die Ausgangsbasis für alle weiteren Texte dar. Die im Wörterbuch enthaltenen 240 Kernbegriffe wurden in 13 Sprachen übersetzt. Um zu gewährleisten, dass in dem sensiblen Bereich der Sexualität keine abwertenden Terminologien oder Slangausdrücke Eingang fanden, wurden besonders sensible Begriffe anschließend einer zusätzlichen Prüfung durch Übersetzer*innen einer belgischen Migrant*innenorganisation unterzogen. Die auf diese Weise entstandene finale Liste der Kernbegriffe dient seitdem als Vorgabe für alle weiteren Übersetzungen im Rahmen des Webportals und soll Konstanz in der verwendeten Terminologie gewährleisten.

3.4 Bedeutung von Bildern

Bei *Zanzu* werden zahlreiche Abbildungen, Zeichnungen, Icons (Symbole) und Bilderreihen eingesetzt, da sie ein wichtiges Hilfsmittel sind, um komplexe körperliche Vorgänge angemessen erklären zu können, insbesondere wenn Begrifflichkeiten und Bezeichnungen im Bereich der Sexualität fehlen und die Kommunikation etwa durch verschiedene Herkunftssprachen erschwert ist.

Zur schnellen und einfachen visuellen Navigation zwischen den Inhalten der Website wurden spezielle Icons (Symbole) entwickelt, die ein schnelles und sprachunabhängiges Verständnis der Themen fördern. Design, Farbgestaltung und Bildaufbau der insgesamt über 50 Icons sind einheitlich, sodass die Bedeutung der unterschiedlichen Icons schnell und einfach gelernt werden kann.

Zur Illustration wurden zudem zahlreiche Zeichnungen entwickelt. Vorlage hierfür waren u. a. die BZgA-Präventionsmappen zu „Körperwissen und Verhütung" sowie „Sexuell übertragbare Krankheiten und Aids". Zentrale Kriterien für die Zeichnungen waren Verständlichkeit auf der einen Seite und Akzeptanz durch die heterogene Endzielgruppe auf der anderen. Um eine möglichst breite Identifikation zu ermöglichen, wurden die Zeichnungen mit einer großen Varianz an Körperformen und -farben angelegt.

3.5 Beratungsstellensuche

Auf der Webseite wurde eine umfangreiche, aber einfach zu bedienende Beratungsstellensuche integriert. Diese bietet die Möglichkeit, unter Eingabe von Postleitzahl und Ort sowie mittels der Auswahl eines Themas Beratungsstellen in der Nähe des eigenen Wohnorts zu finden.

Um den externen Pflegeaufwand für diesen Service gering zu halten und dabei die größtmögliche Adressqualität in ganz unterschiedlichen Themenfeldern zu gewährleisten, greift die Zanzu-Datenbank über eine automatische Schnittstelle auf die Adressdaten von drei unterschiedlichen themenspezifischen Datenbanken zu. Die einzelnen Datensätze verfügen allerdings über unterschiedlich umfangreiche Informationen zu den einzelnen Beratungsstellen, so fehlt oftmals die Angabe, ob in der Beratungsstelle auch fremdsprachige Beratungen angeboten werden. Dies kann gerade für Menschen mit geringen Deutschkenntnissen eine Hemmschwelle darstellen.

3.6 Strategie der Disseminierung

Für die möglichst flächendeckende Verbreitung des Webportals und zur Erreichung der relevanten Zielgruppen wurde eine Disseminierungsstrategie entwickelt und umgesetzt.

Die *BZgA* führte zur Initialisierung des Portals im Februar 2016 eine Fachkonferenz mit dem Titel „Sexuelle und reproduktive Gesundheit von Migrant*innen stärken" durch und begleitete diese durch Pressearbeit. Ziel war es, den Akteur*innen im Themenfeld Möglichkeiten für den Fachaustausch und die Vernetzung zu bieten sowie das Webportal www.zanzu.de der Fachöffentlichkeit vorzustellen. Zur Fachkonferenz waren rund 150 Expert*innen aus den Bereichen Beratung, medizinische Versorgung, Migration und Wissenschaft eingeladen, darunter auch Vertreter*innen internationaler Organisationen, die an der Entwicklung von zanzu.de beteiligt waren.

Des Weiteren wurden die entsprechenden Fachgesellschaften informiert, beispielsweise durch die Vorstellung des Portals im Rahmen von Fachkongressen oder Tagungen. Den Beratungsstellen selbst wird Informationsmaterial zur Weitergabe an die Endadressat*innen zur Verfügung gestellt, wie z. B. Visitenkarten mit Angabe der Webadresse sowie Informationsposter zum Aufhängen in den Beratungsräumen.

Bereits der Entwicklungsprozess von *Zanzu* war von Beginn an international angelegt, sowohl durch die Zusammenarbeit mit *Sensoa* als auch in der intensiven Begleitung durch das internationale Beratungsgremium. Dieses breite Netzwerk konnte auch für die Disseminierung des Webportals auf internationaler Ebene genutzt werden. Verschiedene Länder haben bereits ihr Interesse an einer länderspezifischen Adaption des Portals bekundet.

4 Nach der ersten Pilotphase – Erfahrungen und Evaluation

Im Folgenden können erste Erfahrungen präsentiert werden bzw. Daten, die während der Evaluation über die Nutzungsreichweite des Portals erhoben worden sind. Sie lassen bereits erkennen, dass *Zanzu* auf einem erfolgreichen Weg ist.

4.1 Bisherige Resonanz

Seit dem Launch im Februar 2016 verzeichnet *zanzu.de* eine Nutzerzahl von insgesamt 1.142.853 Besuchen (Stand: 12. Januar 2017). Die hohe Zahl an Seitenansichten (9.201.955) zeigt, dass das Angebot umfassend genutzt wird, das Portal eine hohe Reichweite erzielt und von den Nutzenden als relevant eingeschätzt wird. Durchschnittlich verzeichnet das Portal ca. 2000 bis 6000 Besucher täglich. Die hohe Verweildauer von durchschnittlich sechs Minuten und sieben Sekunden deutet darauf hin, dass die Menschen sich intensiv mit den Inhalten der Webseite beschäftigen, was auch durch die geringe Absprungrate von 36 % bestätigt wird.

Aus den Fachkreisen (z. B. von der Ärzteschaft, den Wohlfahrtsverbänden und den Beratungsstellen) gab es zahlreiche positive Rückmeldungen, da *Zanzu* die tägliche Arbeit unterstützt. Fachliche Anmerkungen und Verbesserungsvorschläge werden kontinuierlich gesammelt, ausgewertet und systematisch eingearbeitet, da Änderungen durch die erforderlichen Übersetzungen in zwölf Sprachen nicht ad hoc durchgeführt werden können.

Der belgische Kooperationspartner *Sensoa* berichtet seinerseits von vielen positiven Reaktionen seitens der Multiplikator*innen sowie der Migrant*innen. *Zanzu* wird in Belgien sogar in Integrationskursen eingesetzt, um das Themenfeld der sexuellen Gesundheit zu vermitteln.

4.2 Begleitevaluation

Die Pilotphase von *Zanzu* in Deutschland wird durch eine Evaluation begleitet, deren Ergebnisse in die Weiterentwicklung des Portals einfließen werden. Ziel der Evaluation ist die Einschätzung des Nutzens von *Zanzu* für die Zielgruppen, die sukzessive weitere Anpassung des Portals an deren Bedarfe sowie die Optimierung der Einsatzmodi in unterschiedlichen Beratungskontexten.

Um möglichst umfassende und multiperspektivische Auswertungsergebnisse zu erhalten, wurden drei methodische Zugänge gewählt: Erstens werden Erfahrungen der Multiplikator*innen und Endadressat*innen mit *Zanzu* mittels der eingehenden aktiven Rückmeldungen erhoben und sowohl qualitativ als auch quantitativ ausgewertet. Des Weiteren werden mithilfe von Webanalysetools die Nutzerzahlen und das Nutzungsverhalten innerhalb des Online-Angebots erhoben.

Der Einsatz des Online-Angebots wird auch in unterschiedlichen Beratungskontexten (zum Beispiel in Schwangerschaftsberatungsstellen und HIV-/STI-Beratungsstellen) erprobt. Diese Evaluation erfolgt zweistufig und geschieht mithilfe des Einsatzes unterschiedlicher qualitativer Methoden, u. a. offener Tiefeninterviews und strukturierter Face-to-Face-Befragungen. Im ersten Schritt werden durch Tiefeninterviews mit Mitarbeiter*innen von Beratungsstellen erste Anhaltspunkte für eine Beurteilung der Anwendbarkeit und des erwarteten Nutzens von *zanzu.de* ermittelt. Die Auswahl der Interviewten erfolgt dabei über zuvor definierte Kriterien, wie z. B. die Abdeckung eines möglichst breiten Trägerspektrums sowie den Ausschluss von Beratungsstellen, die selbst an der Entwicklung von *zanzu.de* beteiligt waren. Obgleich diese Auswahl selbstverständlich nicht repräsentativ ist, soll sie möglichst viele Perspektiven berücksichtigen, die dann in die Planung einer zweiten umfassenderen Evaluation einfließen, die im Jahr 2017 beginnen wird. So können mithilfe der Interviews relativ kostengünstig und ohne größeren Aufwand erste Hypothesen über den Untersuchungsgegenstand generiert werden, die dann in einer größer angelegten Studie auf den Prüfstand gestellt werden. Nicht zuletzt werden in der Pilotstudie auch die Erhebungsinstrumente selbst (Fragebögen, Interviewleitfäden, Kategoriensysteme der teilnehmenden Beobachtung) getestet und auf Grundlage der Pilotergebnisse weiterentwickelt.

5 Fazit

Zanzu ist ein einfach wirkendes aber hochkomplexes Angebot im Bereich der sexuellen Gesundheit. Es ergänzt bestehende Angebote, indem es auf niedrigschwellige Weise umfangreiche und qualitätsgesicherte Informationen im Bereich der sexuellen Gesundheit in 13 Sprachen bereitstellt. Der Bedarf war schon zu Beginn des Projekts vorhanden, ist aber im Kontext der nach Deutschland geflohenen Menschen noch deutlich gewachsen. *Zanzu* unterstützt in erster Linie Multiplikatoren im Kontext von Beratung und Behandlung, bietet aber auch der Endzielgruppe einen direkten Zugang zu umfassenden Informationen, die weit über rein biologische Sachverhalte hinausgehen. Zugang zu umfassender und qualitätsgesicherter Information ist eine der zentralen Bedingungen, um selbstbestimmt leben und sexuelle Gesundheit aktiv gestalten zu können.

6 Vertiefungsaufgaben und -fragen

1. Welche Faktoren sind für die bedarfsgerechte Planung und Umsetzung einer zielgruppenspezifischen, gesundheitsthematischen Maßnahme entscheidend?
2. Wie lässt sich die Passgenauigkeit einer Maßnahme für die Zielgruppe sicherstellen?
3. Welche Möglichkeiten der Informationsaufbereitung für gesundheitsbezogene Informationen bietet ein Online-Portal?
4. Welche möglichen Strategien zur Disseminierung gesundheitsthematischer Maßnahmen gibt es und weshalb kommt bei der Disseminierung von *Zanzu* den Beratungsstellen eine zentrale Rolle zu?

Literatur

BZgA. Bundeszentrale für gesundheitliche Aufklärung (2006): Country Papers on Youth Sex Education in Europe. URL: https://publikationen.sexualaufklaerung.de/index.php?docid=1039 (Letzter Aufruf: 15.12.2016).

BZgA. Bundeszentrale für gesundheitliche Aufklärung (2010): Jugendsexualität. Repräsentative Wiederholungsbefragung von 14- bis 17-jährigen und ihren Eltern- aktueller Schwerpunkt Migration. URL: https://www.forschung.sexualaufklaerung.de/forschungsthemen/jugendsexualitaet/projekt/jugendsexualitaet-2010-repraesentative-wiederholungsbefragung-von-14-bis-17-jaehrigen-und-ihren-elter/ (Letzter Aufruf: 15.12.2016).

BZgA. Bundeszentrale für gesundheitliche Aufklärung (Hrsg.) (2011a): Migrantinnen und Migranten als Zielgruppe in der Sexualaufklärung und Familienplanung. URL: https://publikationen.sexualaufklaerung.de/index.php?docid=1997 (Letzter Aufruf: 15.12.2016).

BZgA. Bundeszentrale für gesundheitliche Aufklärung (Hrsg.) (2011b): frauen leben – Familienplanung und Migration im Lebenslauf. URL: https://publikationen.sexualaufklaerung.de/index.
php?docid=1366 (Letzter Aufruf: 15.12.2016).

BZgA. Bundeszentrale für gesundheitliche Aufklärung (2015): Aids im öffentlichen Bewusstsein der
Bundesrepublik Deutschland 2014. Wissen, Einstellungen und Verhalten zum Schutz vor HIV/
AIDS und anderen sexuell übertragbaren Infektionen (STI). Eine Wiederholungsbefragung der
Bundeszentrale für gesundheitliche Aufklärung.

International Planned Parenthood Federation European Network (2006): Sexuality Education in
Europe – A Reference Guide to Policies and Practices. URL: http://hivhealthclearinghouse.
unesco.org/library/documents/sexuality-education-europe-reference-guide-policies-and-
practices (Letzter Aufruf: 15.12.2016).

RKI. Robert-Koch-Institut (2008): Migration und Gesundheit. Schwerpunktbericht der Gesund-
heitsberichterstattung des Bundes. Migration und Gesundheit. URL: www.gbe-bund.de/pdf/
migration.pdf (Letzter Aufruf: 15.12.2016).

RKI. Robert-Koch-Institut (2012): HIV bei Migranten in Deutschland. Epidemiologisches
Bulletin 2012, Nr. 3. URL: http://edoc.rki.de/documents/rki_fv/rePWDPJvOiQGs/
PDF/20SB2b1QhwrAsU.pdf (Letzter Aufruf 15.12.2016).

RKI. Robert-Koch-Institut (2016a): HIV-Diagnosen und Aidserkrankungen in Deutschland 2015.
Epidemiologisches Bulletin, Nr. 38. URL: https://www.rki.de/DE/Content/Infekt/EpidBull/
Archiv/2016/Ausgaben/38_16.pdf?__blob=publicationFile (Letzter Aufruf 15.12.2016).

RKI. Robert-Koch-Institut (2016b): KABP-Studie mit HIV- und STI-Testangebot bei und mit in
Deutschland lebenden Migrant/innen aus Subsahara-Afrika (MiSSA), Städtebericht Essen. URL:
https://www.rki.de/DE/Content/InfAZ/H/HIVAIDS/Studien/MiSSA/Downloads/MiSSA-Studie_
Studienprotokoll.pdf?__blob=publicationFile (Letzter Aufruf: 15.12.2016).

RKI. Robert-Koch-Institut (2016c): Mi-Test-Studie–Eine qualitative Studie zur Inanspruchnahme von
HIV- und STI-Testangeboten durch Migrantinnen und Migranten in Deutschland. URL: www.rki.
de/DE/Content/InfAZ/H/HIVAIDS/Studien/MiTest-Studie/Mitest_node.html (Letzter Aufruf:
15.12.2016).

Seyler, Helga (2015): Sexuelle und reproduktive Gesundheit bei Migrantinnen. In: pro familia
medizin – der familienplanungsrundbrief, Nr. 3. S. 1–5.

WHO. World Health Organization (2002): Defining Sexual Health. Report of a technical consultation
on sexual health. URL: www.who.int/reproductivehealth/topics/gender_rights/defining_
sexual_health.pdf (Letzter Aufruf: 15.12.2016).

World Bank /African Development Bank (2012): The Transformational Use of Information and
Communication Technologies in Africa, Main Report, URL: http://siteresources.worldbank.org/
EXTINFORMATIONANDCOMMUNICATIONANDTECHNOLOGIES/Resources/282822-
1346223280837/MainReport.pdf (Letzter Aufruf: 15.12.2016).

Annika Valentin

„In Germany gay is legal"

Coming-out-Beratung im diversity Jugendzentrum in München

1 Das Handlungsfeld

Diversity München e. V. ist ein anerkannter freier Träger der Jugendhilfe (vgl. Bauer 2005, 499ff.) und betreibt bayernweit das einzige Jugendzentrum, das sich an lesbische, schwule, bisexuelle, trans*, queere und gender*divers-orientierte Jugendliche und junge Erwachsene (LGBT*IQ) bis 27 Jahre richtet. Das Jugendzentrum wird von einem ehrenamtlichen Vorstand, der nur aus Jugendlichen/jungen Erwachsenen besteht, geführt. Unterstützt und entlastet wird dieser ehrenamtliche Vorstand durch hauptamtlich tätige Sozialpädagogen*innen. Neben der Sicherstellung und Abwicklung des Tagesgeschäfts bietet das Hauptamt u. a. auch Coming-out-Beratung an. Ergänzend dazu besteht das *diversity Jugendzentrum* auch aus einem ehrenamtlichen Team von ca. 50 bis 60 Jugendlichen und jungen Erwachsenen im Alter von 14 bis 27 Jahren. Diese Ehrenamtlichen leiten alle LGBT*IQ-Gruppen des Jugendzentrums nach dem Peer-to-Peer-Ansatz selbstständig.

2 Coming-out-Beratung im Kontext von Sexualität, Gender und Migration

Der Begriff „Coming-out" bezeichnet einen mehrstufigen Prozess, in welchem ein Mensch Klarheit über die eigene geschlechtliche Identität und/oder sexuelle Orientierung erlangt. Während der Terminus „sexuelle Orientierung" Aufschluss über das jeweilige sexuelle Begehren bezogen auf das Geschlecht potenzieller Partner*innen gibt, ist mit „geschlechtlicher Identität" gemeint, welches Geschlecht sich ein Mensch selbst zuschreibt. Stimmt dieses mit den von Geburt an vorgegebenen Merkmalen überein, ist die Person cisgeschlechtlich. Stimmt hingegen die Geschlechtszugehörigkeit *nicht* mit den körperlichen Merkmalen überein oder lehnt ein Mensch eine eindeutige Geschlechtszuordnung für sich ab, dann ist die Person trans*(genderqueer, genderfluid, neutrois, non-binär etc.; kurzum: gender*divers-orientiert).

In einigen deutschen (Groß-)Städten gibt es ein professionelles Coming-out-Beratungsangebot. Die Existenz dieser Beratungsangebote zeigt, dass es offensichtlich ein Bewusstsein dafür gibt, dass Menschen, die nicht heterosexuell und/oder nicht cisgeschlechtlich orientiert sind, es in unserer Gesellschaft möglicherweise „nicht so leicht haben" und deshalb auch professionelle Hilfe(n) benötigen könnten. Warum ist das

https://doi.org/10.1515/9783110518351-020

so? Sexualität ist in einer Gesellschaft immer in gewisser Art und Weise normiert; es gibt beispielsweise sexuelle Handlungen oder bestimmte Beziehungskonstellationen, welche die Mehrheitsgesellschaft in Ordnung findet und akzeptiert, und andere, welche lediglich toleriert oder aber auch gänzlich abgelehnt werden. Anders formuliert: Sexualität und der Umgang mit ihr ist gesellschaftlichen (Veränderungs-)Prozessen unterworfen. Ein Blick in die Vergangenheit lässt dies deutlich werden (vgl. Degele 2008, 84 ff.).

Gegenwärtig sind Cisgeschlechtlichkeit und Heterosexualität leitend und gelten als gesellschaftlich „erwünschter Normalzustand". Wissenschaftlich wird dieser Umstand mit dem Konzept der Heteronormativität umschrieben (vgl. Butler 1991, 22 ff.). Verkürzt formuliert gibt es also „Frauen" oder „Männer", die ausgehend von ihrem Körper-(Geschlecht) automatisch die Geschlechtsidentität als „Frau" oder „Mann" aufweisen und die sich gegenseitig sexuell begehren. Dieser Umstand erfüllt sich im Rahmen einer Coming-out-Beratung freilich nicht. Trans*- und genderdivers*orientierte Menschen definieren sich nämlich (meist) nicht ausschließlich als „Frau" oder „Mann" bzw. körperliches Geschlecht und Gender decken sich nicht automatisch. Aber auch viele Bisexuelle*, Lesben* und Schwule* bedienen sich verschiedener Gender, die konträr zum biologischen Geschlecht stehen können.

Migranten*innen und Flüchtlinge, die dauerhaft oder vorübergehend nach Deutschland kommen, wissen meist nur wenig über die hier vorherrschenden Sexualnormen. Deshalb sind sexualaufklärerische Arbeiten, z. B. in Form von Aufklärungsworkshops, Aufklärungsmaterialien, -blogs u. Ä. sinnvolle Möglichkeiten, hier Informationen und Wissen zu vermitteln. Rainbow Refugees, also LGBT*IQ-Personen mit Fluchterfahrung/-hintergrund, fliehen nach Deutschland, weil sie sich in ihrem Herkunftsland nicht zu ihrer sexuellen Orientierung und/oder geschlechtlichen Identität bekennen können, ohne sich dabei in (Lebens-)Gefahr zu begeben. Aufgrund dieser Zustände in den Herkunftsländern ist es nachvollziehbar, dass sich viele der jungen Rainbow Refugees nicht oder nur unzureichend mit ihrer sexuellen Orientierung und/oder geschlechtlichen Identität auseinandersetzen konnten. In Deutschland angekommen, möchten sich viele dann dieser Auseinandersetzung stellen und fragen eine Coming-out-Beratung nach.

Insgesamt betrachtet kommt der Coming-out-Beratung von Jugendlichen und jungen Erwachsenen mit und ohne Flüchtlingshintergrund eine besondere Bedeutung zu. Viele fühlen sich mit den für dieses Lebensalter typischen Entwicklungsaufgaben schon ausreichend ausgelastet (vgl. Silbereisen/Weichold 2012, 235 ff.), sodass sie das Bewusstwerden über ihre tatsächlich „andere" geschlechtliche Identität und/oder „andere" sexuelle Orientierung oftmals überfordert. Bestärkt wird dieses Überforderungsgefühl durch eine soziale Wirklichkeit, die mit heterosexuellen Werten und Cisgeschlechtlichkeit durchzogen ist und in der sie sich folglich selbst so nicht wiederfinden können. In Werbung, Filmen, Fernsehen, in schulischen Kontexten und auch in der Familie spielen LGBT*IQ-Personen bzw. deren tatsächliche Lebenswelt kaum eine Rolle. Entsprechend viele Jugendliche und junge Erwachsene haben Angst vor der Ablehnung durch andere Menschen, wenn sie sich outen. Dieser Umstand findet sich auch in der im Jahr 2015 veröffentlichten Studie „Coming-out – und dann...?!" wieder (vgl. DJI 2015, 13).

Ein weiteres zentrales Ergebnis dieser Studie ist, dass der Großteil der befragten Jugendlichen und jungen Erwachsenen die Zeit des Coming-outs als sehr belastend empfunden hat und dadurch auch einen (sehr) hohen Leidensdruck aufgebaut hat (vgl. DJI 2015, 15). Gerade dieses Spannungsverhältnis aus den zu bewältigenden Entwicklungsaufgaben der Lebensphase „Jugend", dem Aufwachsen und Leben in einer cis- und heteronormativen Gesellschaft und dem daraus resultierenden (Leidens-)-Druck nichtcisgeschlechtlich und/oder nichtheterosexuell zu empfinden, bildet das zentrale Wirken von Coming-out-Beratung ab.

3 Coming-out als Prozess und Herausforderungen für professionell Tätige

Ein Coming-out ist individuell verschieden, kann in jedem Alter stattfinden und unterschiedlich lange Zeit in Anspruch nehmen. Nicht jeder Mensch, der ein Coming-out durchläuft, benötigt professionelle Beratung und Hilfe. Ein Coming-out beschreibt zum einen einen innerpsychischen Vorgang, bei dem es um das Bewusstwerden des eigenen Empfindens geht und der mit der Erkenntnis, lesbisch, schwul, bisexuell, trans*, queer o. Ä. zu sein, schließt; zum anderen geht es darum, sich mit diesem Empfinden im sozialen Umfeld zu „outen", sich Dritten zu offenbaren (vgl. Rauchfleisch 2001, 76f.). Diese beiden Dimensionen werden meist mit der Bezeichnung „inneres" und „äußeres Coming-out" umschrieben. Das Wissen über diese Dimensionen bildet die Grundlage für das Phasenmodell des Coming-outs (vgl. ausführlich Coleman 1982, 31ff.).

Professionelle Coming-out-Beratung bedarf keiner völlig neuen Beratungsansätze; dennoch sind einige Aspekte von großer Bedeutung und besonders hervorzuheben: Grundvoraussetzung für eine gelingende Beratungsbeziehung ist erstens die *bedingungslose* Akzeptanz von LGBT*IQ-Personen. Diese sind als genauso gleichwertig zu begreifen wie heterosexuelle, cisgeschlechtliche Menschen. Professionelle Berater*innen sollten zweitens auch verstanden haben, dass Homo-, Bi- und Intersexualität sowie trans*, queer, gender*divers keinen pathologischen Charakter aufweisen und deshalb nicht „geheilt" und/oder „behandelt" werden müssen. Beide Aspekte sind Grundvoraussetzung für eine gelingende Coming-out-Beratungsbeziehung.

Der Erfolg jeder professionellen Beratung ist abhängig von einer vertrauensvollen Zusammenarbeit aller Beteiligten und die Grundlage dieser Zusammenarbeit bildet eine emphatische Grundhaltung (vgl. Nestmann 2007, 791). Allerdings ist es ein Trugschluss zu denken, dass Empathie bei einer Coming-out-Beratung von den professionell Tätigen dadurch erzeugt wird, dass LGBT*IQ-Personen als bereits in der Gesellschaft gleichbehandelt begriffen werden. Es hat sich zwar in den letzten

Jahrzehnten einiges zum Positiven verändert, jedoch ist es nach wie vor nicht von der Hand zu weisen, dass LGBT*IQ-Personen in ihrer Lebensführung noch immer mit Hürden konfrontiert sind, denen heterosexuelle, cisgeschlechtliche Menschen so nicht begegnen: In vielen Familien ist ein Coming-out nach wie vor schwierig, in schulischen Kontexten sind Homo-, Bi- und Trans*negativität meist alltäglich und gleichgeschlechtliche Paare sind heterosexuellen Ehepaaren nicht vollkommen gleichgestellt. Darüber hinaus werden LGBT*IQ-Personen in den Medien häufig verzerrt und unrealistisch dargestellt, sodass es Jugendlichen insgesamt schwerfällt, geeignete Vorbilder zur Unterstützung ihrer Identitätsbildung zu finden. Gerade dieses Wissen über die gegenwärtige Situation von LGBT*IQ-Personen in unserer Gesellschaft lässt Empathie im Beratungsprozess also überhaupt erst entstehen.

Zusammenfassend lässt sich festhalten, dass die Herausforderungen bei Coming-out-Beratungen für professionell Tätige darin bestehen, dass sie sich selbst einen grundlegenden, umfassenden und tiefgreifenden Zugang zum Thema LGBT*IQ erarbeiten *müssen*. Dieser Zugang beinhaltet neben einer vertieften Selbsterfahrung und -reflexion der eigenen Sexualität eine kritische Überprüfung der persönlichen Einstellung zu LGBT*IQ und ein Wissen über die gegenwärtig vorherrschenden Verhältnisse in der Gesellschaft. Idealerweise gipfelt dieses Wissen darin, dass Berater*innen eine Coming-out-Beratung mit intersektionaler Perspektive anbieten (vgl. Degele 2008, 141).

Ob der empathische Anspruch in einer Coming-out-Beratung hingegen nur dadurch vollständig eingelöst werden kann, dass die professionelle Beratung selbst durch eine LGBT*IQ-Person erfolgt, ist umstritten (vgl. Wiesendanger 2007, 251).

Dafür spricht, dass Menschen, die selbst einen Coming-out-Prozess durchlebt haben, eventuell besser nachvollziehen können wie sich die Auseinandersetzung und der Abgleich mit erlebter cisgeschlechtlicher, heteronormativer Umwelt einerseits und dem eigenen persönlichen Empfinden anderseits anfühlt. Der empathische Anspruch wäre dadurch also schon im Vorfeld garantiert. Dem steht der grundsätzlich professionelle Anspruch in jeder Beratung entgegen, dass Berater*innen durch eine entsprechende Ausbildung gelernt haben, Empathie in Beratungsgesprächen herzustellen. Denn schließlich müssen Berater*innen z. B. nicht selbst psychisch krank sein, um psychisch kranke Menschen entsprechend beraten zu können.

4 Coming-out-Beratung von Jugendlichen und jungen Erwachsenen ohne Fluchterfahrung

Strukturell betrachtet fällt das Angebot für Coming-out-Beratungen in Bayern noch sehr gering aus bzw. es ist in ländlichen Regionen faktisch nicht vorhanden. Dieser Umstand spiegelt sich auch darin wider, dass das Beratungsangebot von *diversity München* weit über das Stadtgebiet Münchens hinaus nachgefragt wird. Viele Jugendliche und junge Erwachsene definieren sich beim ersten Kontakt noch nicht über die Begriffe „lesbisch", „schwul", „bisexuell", „trans*", „queer" o. Ä. Deshalb wünschen sie sich zunächst grundlegende Informationen über sexuelle Orientierungen und geschlechtliche Identitäten. Hier sind lebensweltnahe Informationen hilfreich, die z. B. auf entsprechende Literatur, Blogs, Filme, Serien, sonstige Internetportale u. Ä. verweisen. Insbesondere beim Thema trans* und der individuellen Gestaltung des trans*-Wegs sind Aufklärung und Informationsvermittlung von besonderem Interesse.

Im Sinne einer diversitätsbewussten Haltung liegt der professionelle Anspruch insgesamt darauf, dass sexuelle Orientierung und geschlechtliche Identität so dargestellt werden, dass sie Raum für individuelle Gestaltung und Verortung lassen. Folglich gibt es nicht „die Transfrau" oder „den Schwulen", sondern es gibt viele Gestaltungsmöglichkeiten, eine individuelle Identität als LGBT*IQ-Person auszubilden. Unterstützung dabei erhalten viele auch durch den Besuch einer entsprechenden Jugendgruppe. Da das *diversity Jugendzentrum* insgesamt acht verschiedene ehrenamtliche Jugendgruppen anbietet, ist meist ein passendes Angebot dabei (vgl. diversity München e. V. 2017).

Üblicherweise sind Themenfelder wie z. B. „Partner*innensuche", „Beziehungen", „Sexualität" oder „Trennungsberatung" weitere zentrale Inhalte von Coming-out-Beratungen. Unterstützung und Hilfe bei der Gestaltung ihres Coming-outs in der Schule, im Ausbildungsbetrieb oder im Hochschulkontext fragen aber auch viele Jugendliche und junge Erwachsene nach. Ergänzend dazu ist eine Coming-out-Beratung als Prozess zu begreifen. Die strukturelle Konsequenz für die Beratung ist folglich, dass diese in aller Regel mehrerer Termine bedarf. Eine kontinuierliche, professionelle Begleitung ergibt aber auch schon deshalb Sinn, da bei Problemen und Schwierigkeiten in Zusammenhang mit dem Coming-out entsprechend reagiert oder interveniert werden kann – denn es gibt auch heute immer noch Jugendliche, die nach ihrem Coming-out zuhause körperliche, psychische und/oder emotionale Gewalt erleben. In solchen Fällen sind Coming-out-Berater*innen dazu verpflichtet, den Schutzauftrag bei Kindeswohlgefährdung (§ 8a SGB VIII) einzuhalten und in Zusammenarbeit mit den Jugendlichen die nötigen Schritte beim Jugendamt einzuleiten.

Abschließend ist an dieser Stelle explizit darauf hinzuweisen, dass die Entscheidung *wann*, *wie* und bei *welchem* Personenkreis ein Coming-out stattfinden soll, die alleinige Entscheidung der Jugendlichen oder jungen Erwachsenen ist. Berater*innen arbeiten zwar parteilich für diese, sind aber durch ihren professionellen Auftrag per se neutral und helfen der Person, beispielsweise durch eine entsprechende Beratungsmethodik, lediglich dabei, für sich selbst tragfähige und passende Entscheidungen zu treffen (vgl. Nestmann 2007, 783 ff.).

5 Coming-out-Beratung von Rainbow Refugees

Rainbow Refugees ist eine Bezeichnung, die sich in der LGBT*IQ-Community und auch darüber hinaus für LGBT*IQ-Personen mit Fluchterfahrung oder -hintergrund durchgesetzt hat. *Coming-out*-Beratungen von Rainbow Refugees werden im *diversity Jugendzentrum* seit dem Jahr 2014 vermehrt nachgefragt. Auffällig hierbei ist, dass überwiegend cisgeschlechtliche Jungen/junge Männer C*oming-out*-Beratung in Anspruch nehmen. Vereinzelt gibt es auch Beratungsanfragen von nicht cisgeschlechtlichen Jugendlichen, wohingegen Anfragen von cisgeschlechtlichen Mädchen/jungen Frauen kaum eine Rolle spielen. Was nicht heißt, dass es diese Gruppe unter den nach Deutschland geflüchteten Personen nicht gibt, dennoch suchen nur wenige von ihnen tatsächlich eine Beratung auf.

5.1 Fluchterfahrung als Bezugskontext von Coming-out-Beratung

Da das *diversity Jugendzentrum* ein Angebot der offenen Jugendhilfe ist, können hier nur Rainbow Refugees im Alter von 14 bis 27 Jahren Coming-out-Beratung in Anspruch nehmen. Beim Betrachten der Altersstruktur fällt auf, dass das Angebot überdurchschnittlich häufig von unbegleiteten minderjährigen Flüchtlingen wahrgenommen wird. Der Großteil dieser Jugendlichen ist zwischen 15 und 17 Jahre alt. Gemeinsam ist allen, dass sie ohne Familienangehörige nach Deutschland geflüchtet sind und teilweise eine traumatisierende Fluchtgeschichte hinter sich haben. Viele von ihnen verloren auf der Flucht oder im Heimatland Familienangehörige, sind deshalb Halb- oder Vollwaisen und haben in ihrem Heimatland Krieg und Gewalt hautnah miterlebt. Insgesamt betrachtet stellen unbegleitete minderjährige Flüchtlinge mittlerweile eine spezielle Gruppe in der Jugendarbeit dar, die sich von gleichaltrigen Jugendlichen ohne Fluchterfahrung unterscheidet (vgl. Gravelmann 2016; Hargasser 2014).

Daraus ergeben sich auch Konsequenzen für die Coming-out-Beratung: Anders als bei Jugendlichen und jungen Erwachsenen ohne Fluchterfahrung ist bei Rainbow Refugees, unabhängig davon, ob minder- oder volljährig, deren Fluchtgeschichte zentraler Ausgangspunkt für die Beratung. Bereits hier finden sich oftmals Gründe für die Flucht aus dem Heimatland. Die Zahl derer, die mit eigenen Augen gesehen haben, dass LGBT*IQ-Personen in ihrem Herkunftsland wegen ihrer sexuellen Orientierung und/oder geschlechtlichen Identität verletzt, gefoltert oder getötet wurden, ist erschreckend hoch. Diese Erfahrung kann bei einer Coming-out-Beratung nicht außer Acht gelassen werden. Professionell Tätigen wird daher die anspruchsvolle Aufgabe zuteil, gemeinsam mit den Jugendlichen eine Identität als LGBT*IQ-Person zu entwickeln. Aufgrund der im Herkunftsland gemachten Erfahrungen dauert dies erfahrungsgemäß jedoch deutlich länger und ist oftmals auch krisenhafter als bei Jugendlichen/jungen Erwachsenen ohne Fluchthintergrund.

Die Schutzraumfunktion, welche das diversity Jugendzentrum bieten kann, ist für Jugendliche/junge Erwachsene ohne Fluchterfahrung genauso zentral wie für Rainbow Refugees. Hier können sie sich als LGBT*IQ-Person ausprobieren, treffen andere junge Menschen, können sich mit ihnen austauschen, gemeinsame Aktionen planen und sind im Rahmen des Jugendzentrums geschützt vor Gewalt, Diskriminierung und/oder Ausgrenzung.

5.2 Zentrale Informations- und Wissensbestände der Coming-out-Beratung

Der im Titel dieses Beitrags programmatisch formulierte Satz „In Germany gay is legal" ist bereits mehrfach in Beratungsgesprächen mit Rainbow Refugees gefallen, weshalb dieser auch als Ausgangspunkt für die folgenden Ausführungen gewählt wird. Diese kurze Aussage zeigt nämlich, dass die Geflüchteten sich nun endlich in einem Land wähnen, in welchem Trans*-, Bi- und Homosexualität – meist im krassen Gegensatz zu ihrem Herkunftsland – eben nicht mit Strafe, Gewalt und/oder Tod sanktioniert werden, also nicht „illegal" sind. Verbunden mit dieser Äußerung besteht aber in der Regel eine große Unsicherheit darüber, wie das „legal" in Deutschland konkret gelebt wird. Ein zentraler inhaltlicher Punkt von Coming-out-Beratungen mit Rainbow Refugees ist es deshalb, Informationen und Aufklärung über LGBT*IQ in Deutschland zu vermitteln. Hier bietet es sich erstens an, klarzustellen, dass die Toleranz und Akzeptanz von LGBT*IQ-Personen in Deutschland keine schon immer während gesellschaftliche Selbstverständlichkeit, sondern vielmehr das Ergebnis jahrzehntelanger (politischer) Arbeit und Engagements ist. In diesem Zusammenhang gilt es auch, dafür zu sensibilisieren, dass dieser Zustand in Deutschland nicht per se ein erkämpftes und gefestigtes Gut darstellt, sondern das dieses – gerade in Zeiten von Rechtspopulismus und Backlash – verteidigt und aufrechterhalten werden muss.

Ein zweiter Aspekt, welcher das „legal" in Deutschland ausmacht, ist, dass die politischen Forderungen z. B. aus der LGBT*IQ-Community entsprechend in Form von Gesetzen legitimiert worden sind: das *Allgemeine Gleichbehandlungsgesetz* (AGG) verbietet seit dem Jahr 2006 z. B. die Diskriminierung aufgrund der sexuellen Orientierung, das *Transsexuellengesetz* (TSG) wurde in den 1980er-Jahren ins Leben gerufen und wurde seitdem auch immer wieder novelliert (wobei auch heute hier immer noch entsprechende Nachbesserungen ausstehen), das *Lebenspartnerschaftsgesetz* (LPartG) wurde in Deutschland im Jahre 2001 geschaffen und diskriminierende Gesetze, welche Homosexualität unter Strafe stellten, wurden in Deutschland in den 1990er-Jahren endgültig abgeschafft. Diese gesetzlichen Veränderungen und Neuregelungen stehen in engem Zusammenhang mit der geschichtlichen Entwicklung und sind deswegen auch erwähnenswert, weil sie deutlich machen, dass von staatlicher Seite in der Vergangenheit einiges unternommen wurde, um die Akzeptanz und Toleranz von LGBT*IQ-Personen abzusichern und zu fördern. Viele

Rainbow Refugees kennen die entsprechenden Gesetze nicht, weshalb es gemäß dem Empowerment-Ansatz (vgl. Herriger 2014) sinnvoll ist, ihnen hier das entsprechende Wissen zu vermitteln.

Dass der gesellschaftliche Umgang in Deutschland mit LGBT*IQ zwar so offen wie noch nie ist, dass aber gegenwärtig immer noch gesellschaftliche Strukturen existent sind, welche Heterosexualität und Cisgeschlechtlichkeit als erwünschten Idealzustand propagieren, ist ein weiterer erwähnenswerter Punkt. Dies hat eben zur Folge, dass LGBT*IQ-Personen sich auch in Deutschland immer noch als solche outen müssen, da sie sonst automatisch als cisgeschlechtlich/heterosexuell gelten. Dieses Wissen um gesellschaftliche Strukturen fehlt den meisten Rainbow Refugees ebenso wie das Wissen um die entsprechenden gesetzlich formulierten Rechte von LGBT*IQ-Personen.

5.3 Förderliche und kompetenzorientierte Bedingungen

Offenheit, Kulturverständnis und -sensibilität sollten in der Arbeit mit Rainbow Refugees seitens der professionell Tätigen also grundlegend vorhanden sein. Neben Interesse und Offenheit für einen Menschen sind Kulturverständnis und -sensibilität in diesem Kontext als Schlüssel zur Person zu begreifen. Folglich geht es also nicht ausschließlich darum, dass Rainbow Refugees in einer Coming-out-Beratung erfahren, was in Deutschland als LGBT*IQ alles „erlaubt" und „möglich" ist, sondern es geht vor allem darum, wie es ihnen – mit einer anderen kulturellen Sozialisation – damit geht, was ihnen daran gefällt, was seltsam anmutet, was nicht gefällt und/oder gewöhnungsbedürftig ist.

Dieser interkulturelle Dialog kann idealerweise ergänzt werden, indem der*die Berater*innen auch über Kenntnisse zu den jeweiligen Herkunftsländern verfügt. In den meisten Fällen erleichtert ein solches Wissen zusätzlich den Beziehungsaufbau, weil die Person dadurch merkt, dass ein grundsätzliches Interesse an ihr besteht. Diese Aspekte sind jedoch keine neuen Forderungen, sondern wurden im Rahmen einer interkulturellen Pädagogik bereits beschrieben (vgl. Mecheril 2004).

Darüber hinaus sollten Berater*innen eine gewisse Medienkompetenz mitbringen, da viele der Jugendlichen/jungen Erwachsenen mittels digitaler/sozialer Medien u. Ä. kommunizieren bzw. sich diese Medien gerade bei unbegleiteten minderjährigen Flüchtlingen anbieten, um Kontakt mit der Herkunftsfamilie aufzunehmen bzw. zu halten. Vielen Jugendlichen ist es ab einem gewissen Vertrauensverhältnis sehr wichtig, dass die Herkunftsfamilie „virtuell" vorgestellt wird. Auch aufgrund der ungünstigen Zuteilungspraxis von unbegleiteten minderjährigen Flüchtlingen in Bayern (diese werden meist nach der Aufnahme in ein Erst- bzw. Übergangswohnheim in München in ländliche Gebiete Bayerns verteilt) ist es von Vorteil, wenn mit den Jugendlichen mittels dieser digitalen Medien der Kontakt weiter aufrechterhalten werden kann.

Ein weiterer wichtiger Aspekt in der Coming-out-Beratung mit Geflüchteten ist ein reflektierter, sorgfältiger Umgang und Einsatz von Dolmetscher*innen (sofern diese aufgrund sprachlicher Barrieren vonnöten sind). Erfolgt eine Coming-out-Beratung mittels einer solchen Hilfe, dann muss im Vorfeld ein Gespräch mit Dolmetscher*in und Berater*in stattfinden. Dieses Vorgespräch dient dazu, Regeln für die Zusammenarbeit und das Beratungsgespräch festzulegen (z. B. Rollenklärung) und die Motivation und Haltung der dolmetschenden Person, gerade in Bezug auf LGBT*IQ, kritisch zu prüfen. Viele der Coming-out-Gespräche sind jedoch auf Englisch und ohne das Hinzuziehen eines*r Dolmetschers*in möglich. Berater*innen brauchen hierfür natürlich die nötigen englischen Sprachkenntnisse und die Flexibilität, Beratungsgespräche auf Englisch anzubieten.

6 Rainbow Refugees Munich – ein integratives Projektbeispiel

Im Jahr 2016 hat *diversity München e. V.* gemeinsam mit anderen namhaften LGBT*IQ-Einrichtungen und Vereinen Münchens *Rainbow Refugees Munich* (RRM) (www.rainbowrefugeesmunich.net) gegründet. Ziel dieses Zusammenschlusses ist es, für München ein einheitliches, internetbasiertes Portal zu schaffen, auf welchem LGBT*IQ-Flüchtlinge das passende Angebot je nach Alter, sexueller Orientierung und/oder geschlechtlicher Identität selektiert angezeigt bekommen. Um die Niedrigschwelligkeit des Portals zu gewährleisten, wird die Homepage in den Sprachen „Englisch" und „Arabisch" angeboten.

Über das RRM-Projekt sollen Rainbow Refugees in die bestehenden LGBT*IQ-Gruppen des Jugendzentrums integriert werden. Dies erfolgt mittels eines Buddy-(Kumpel-)Systems: ehrenamtlich engagierte Jugendliche/junge Erwachsene des Jugendzentrums kümmern sich um jeweils eine*n Rainbow Refugee. Ziel dieses Systems ist, dass sich LGBT*IQ-Jugendliche/junge Erwachsene ungeachtet ihrer Herkunft unterstützen und miteinander in Kontakt kommen.

Der Auftrag der Ehrenamtlichen besteht schwerpunktmäßig darin, dass sie Rainbow Refugees zu den Gruppenangeboten von *diversity München e. V.* begleiten. Der Tätigkeitsschwerpunkt der Ehrenamtlichen liegt folglich auf der regelmäßigen Freizeitgestaltung gemeinsam mit den Rainbow Refugees. Andere Aufgaben wie z. B. Behördengänge, Klärung von Ansprüchen, Coming-out-Beratung o. Ä. können nicht über dieses ehrenamtliche System abgedeckt werden. Deshalb werden weiterführende Beratung und Begleitung durch die Hauptamtlichen des Vereins übernommen. Alle ehrenamtlichen Buddys werden vor Beginn einer Patenschaft von den Hauptamtlichen geschult. Dies erfolgt in einer halbtägigen Schulungsmaßnahme, welche für die Situation von geflüchteten Menschen sensibilisieren will. Inhalte, die im

Rahmen dieser Schulung besprochen werden, sind: rechtliche Grundlagen zu den Themen „Flucht" und „Asyl", Traumatisierung(en), die spezielle Situation von unbegleiteten minderjährigen Flüchtlingen, Kommunikation und Beziehungsarbeit mit geflüchteten Menschen. Die Teilnahme an diesen Schulungen ist Voraussetzung für eine Tätigkeit als ehrenamtlicher Buddy bei *diversity München e. V.*

Kontakt und Austausch der Ehrenamtlichen und der Hauptamtlichen werden auch durch regelmäßig stattfindende Reflexionstreffen gefördert und stellen sicher, dass sich die Buddys erstens entsprechend begleitet fühlen, zweitens die Möglichkeit erhalten, sich mit anderen Ehrenamtlichen auszutauschen, und drittens Schwierigkeiten und Probleme ansprechen können. Im Rahmen des RRM-Projekts ist es gelungen, dass sich einige der Geflüchteten mittlerweile selbst als Ehrenamtliche in den Gruppen von *diversity München e. V.* engagieren. Viele unterstützen die Gruppenleiter*innen bei der Planung und Organisation von Veranstaltungen und helfen wiederum anderen Rainbow Refugees als Buddy dabei, sich im LGBT*IQ-Jugendzentrum einzuleben und zurechtzufinden.

Zusammenfassend wurde mit dem RRM-Projekt also ein Angebot etabliert, das alle Hilfen für Rainbow Refugees in München bündelt, sodass jede Anfrage des Portals bereits bei den richtigen Einrichtungen und Vereinen ankommt. Das *diversity Jugendzentrum*, welches sich u. a. auch einem intersektionalen Paradigma verpflichtet fühlt, versucht diesem Anspruch mithilfe des Buddy-Projekts für Rainbow Refugees gerecht zu werden. Dies verlangt den ehrenamtlich tätigen Jugendlichen und jungen Erwachsenen zwar viel ab, macht aber wiederum deutlich, dass die Integration von geflüchteten Menschen mit einem schlichten Konzept auch in einem ehrenamtlich geführten Jugendzentrum möglich ist.

7 Fazit

Ziel des Beitrags ist es, mit den Besonderheiten von Coming-out-Beratungen vertraut zu machen und dafür zu sensibilisieren, welche Themen Jugendliche und junge Erwachsene im Rahmen einer solchen Beratung einerseits nachfragen und welchen Einfluss die in Deutschland vorherrschenden gesellschaftlichen Rahmenbedingen andererseits hierbei ausüben. Anders als bei Jugendlichen und jungen Erwachsenen ohne Fluchterfahrung sind bei Rainbow Refugees Fluchtgeschichte und kultureller Hintergrund in der Coming-out-Beratung besonders zu berücksichtigen. Das im Beitrag beispielhaft vorgestellte Projekt will deutlich machen, dass die Integration von geflüchteten Menschen in Deutschland auch innerhalb eines ehrenamtlich geführten LGBT*IQ-Jugendzentrums nötig und möglich ist. Abschließend bleibt für die Zukunft nur zu wünschen, dass auch andere Einrichtungen der Jugendhilfe LGBT*IQ-Personen und damit auch Rainbow Refugees offener gegenüberstehen und diese Zielgruppe mitzudenken beginnen.

8 Vertiefungsaufgaben und -fragen

1. Auf welche andere Art und Weise könnten Rainbow Refugees im Rahmen eines LGBT*IQ-Jugendzentrums noch integriert werden?
2. Welche Besonderheiten ergeben sich für professionell Tätige in der Coming-out-Beratung mit Rainbow Refugees und wie unterscheiden sich diese von Coming-out-Beratungen mit Jugendlichen/jungen Erwachsenen ohne Flüchtlingshintergrund?
3. Sollten Coming-out-Beratungen von professionellen Berater*innen, die heterosexuell und cisgeschlechtlich sind, angeboten werden? Welche Argumente sprechen dafür, welche dagegen?

Literatur

Bauer, Rudolph (2005): Freie Träger. In: Thole, Werner (Hrsg.): Grundriss Soziale Arbeit. Ein einführendes Handbuch. 2. überarbeitete und aktualisierte Auflage. Wiesbaden: VS, S. 449–464.

Butler, Judith (1991): Das Unbehagen der Geschlechter. Frankfurt/Main: Suhrkamp.

Coleman, Eli (1982): Developmental Stages of the Coming Out Process. In: Journal of Homosexuality 7, S. 31–43.

Degele, Nina (2008): Einführung Gender/Queer Studies. München: Fink (UTB).

Deutsches Jugendinstitut e. V. (2015): Coming-out – und dann...?! Ein DJI-Forschungsprojekt zur Lebenssituation von lesbischen, schwulen, bisexuellen und trans* Jugendlichen und jungen Erwachsenen. München: Aigner.

diversity München e. V. (2017): Gruppenangebot. URL: https://diversity-muenchen.de/gruppen/ (Letzter Aufruf: 20.01.2017).

Gravelmann, Reinhold (2016): Unbegleitete minderjährige Flüchtlinge in der Kinder- und Jugendhilfe. Orientierungen für die praktische Arbeit. München: Ernst Reinhardt.

Hargasser, Brigitte (2014): Unbegleitete minderjährige Flüchtlinge. Sequentielle Traumatisierungsprozesse und die Aufgaben der Jugendhilfe. Frankfurt a. M.: Brandes & Apsel.

Herriger, Norbert (2014): Empowerment in der Sozialen Arbeit. Eine Einführung. 5. erweiterte, aktualisierte Auflage, Stuttgart: Kohlhammer.

Mecheril, Paul (2004): Einführung in die Migrationspädagogik. Weinheim: Beltz.

Nestmann, Frank (2007): Beratungsmethoden und Beratungsbeziehung. In: Nestmann, Frank/Engel, Frank/Sickendiek, Ursel (Hrsg.): Das Handbuch der Beratung. Band 2 Ansätze, Methoden und Felder. 2. Auflage, Tübingen: dgvt, S. 783–796.

Rauchfleisch, Udo (2001): Schwule, Lesben, Bisexuelle. Lebensweisen, Vorurteile, Einsichten. 3. Auflage, Göttingen: Vandenhoeck & Ruprecht.

Silbereisen Reiner K./Weichold, Karina (2012): Jugend (12–19 Jahre). In: Schneider, Wolfgang/Lindenberg, Ulman (Hrsg.): Entwicklungspsychologie. 7. vollständig überarbeitete Auflage, Weinheim, Basel: Beltz, S. 235–258.

Wiesendanger, Tim Kurt (2007): Beratung von Lesben und Schwulen. In: Nestmann, Frank/Engel, Frank/Sickendiek, Ursel (Hrsg.): Das Handbuch der Beratung. Band 1. Disziplinen und Zugänge. 2. Auflage, Tübingen: dgvt, S. 245–254.

Ibrahim Mokdad, Gundula Endemann, Marco Kammholz und
Falk Steinborn

„SOFRA heißt für mich Beisammensein"

Ein Angebot für LSBTI-Geflüchtete und Unterstützer*innen

1 Zivilgesellschaftliches Engagement von, mit und für LSBTI-Geflüchtete

Seit dem Jahr 2015 suchen wieder verstärkt Menschen Schutz vor Verfolgung, kriegerischen Konflikten und anderen Notlagen in ihren Heimatländern. Hier zeigen sich Flucht und Migration als Kristallisationspunkte der gesellschaftlichen Entwicklungen in Europa.

Während der Zuzug von Geflüchteten einerseits rassistisch grundierte Mobilisierungen auslöst und die Debatten um die Einschränkung des Rechts auf Asyl und Schutz befeuert, bildeten sich anderseits vielerorts Willkommensinitiativen und politische Projekte der Solidarität. Schwule, Lesben, Bisexuelle, Trans- und Intergeschlechtliche (LSBTI) ringen derweil weiterhin um vollständige rechtliche Gleichstellung und sind gegen Homo- und Transsexuellenfeindlichkeit aktiv. Dabei bringen sie auch die sexuelle Orientierung und Geschlechtsidentität als Themen in die Unterstützungsarbeit von Geflüchteten mit ein.

Als zivilgesellschaftliche und ehrenamtliche Struktur hat sich in Köln in diesem Handlungsfeld die Willkommensinitiative *Rainbow Refugees Cologne-Support Group* gebildet. Sie versteht sich als Unterstützungsangebot *von* Lesben, Schwulen, Bisexuellen, Trans- und Intergeschlechtlichen *für* LSBTI-Geflüchtete. Zugleich begegnen die psychosoziale Angebotslandschaft für LSBTI-Personen (Beratungszentren, Gesundheitsangebote, kulturelle Initiativen) und bestehende politische Interessenvertretungen (Flüchtlingsrat, Forum für Willkommenskultur) sexueller und geschlechtlicher Vielfalt als Thema in der Arbeit mit Geflüchteten.

Nicht zuletzt zeigen sich aber die von Geflüchteten selbst initiierten und getragenen Projekte von, mit und für LSBTI-Geflüchtete als zentraler Orientierungspunkt für die im zivilgesellschaftlichen und öffentlichen Sektor verorteten Projekte.

Spezifische Unterstützungsangebote werden erst in der Kooperation verschiedener zivilgesellschaftlicher Akteur*innen wirksam – dies soll im folgenden Beitrag am Beispiel des Projekts „SOFRA Dinner Cologne" (SOFRA) verdeutlicht werden.

https://doi.org/10.1515/9783110518351-021

2 Die Situation von LSTBI-Geflüchteten

Menschen, die aufgrund ihrer sexuellen Orientierung und/oder Geschlechtsidentität aus ihren Heimatländern fliehen mussten, sind in den Ländern, in denen sie Schutz suchen, mit vielfältigen Herausforderungen konfrontiert. Sie sind Einschränkungen unterworfen, die sich aus ausländerrechtlichen Bestimmungen ergeben und können von Diskriminierung betroffen sein, und zwar sowohl in ihren Herkunftscommunitys und den Unterkünften, als auch innerhalb der (deutschen) Mehrheitsgesellschaft. Darüber hinaus müssen sie im neuen Land Anschluss finden, Kenntnisse über das Bildungs- und Sozialsystem erlangen, sich neue Sozialkontakte suchen und häufig erlebte Traumata be- und verarbeiten.

Im Folgenden wird beschrieben, warum diese Gruppe Geflüchteter spezifische Angebote zur Unterstützung in diesem Prozess braucht. Hierzu wird zunächst auf die Situation in den Herkunftsländern, die Fluchtgründe sowie den Umgang mit dem Passus „sexuelle Orientierung" im deutschen Asylrecht eingegangen. Des Weiteren wird auf die Umstände eingegangen, unter denen LSBTI-Geflüchtete hier leben – bundesweit und speziell in Köln. So wird deutlich, vor welchem Hintergrund die Idee für SOFRA entstanden ist und ihre Umsetzung erfolgte.

2.1 Sexuelle Orientierung als Fluchtgrund

Mehr als zwei Drittel der seit Januar 2016 gestellten Asyl-Erstanträge entfallen auf Menschen aus Syrien, Afghanistan und dem Irak (vgl. BAMF 2016, 8). In eben diesen Ländern werden LSBTI-Personen verfolgt, kriminalisiert, inhaftiert und zum Teil mit dem Tode bestraft (vgl. ILGA Map 2016). Vor diesem Hintergrund ist davon auszugehen, dass für einige der in Deutschland Schutz suchenden Menschen die Verfolgung aufgrund ihrer sexuellen Orientierung und/oder ihrer Geschlechtsidentität ein Grund für die Flucht nach Deutschland war. Das zuständige *Bundesamt für Migration und Flüchtlinge* nennt die sexuelle Orientierung explizit als Verfolgungsgrund im Rahmen der Zugehörigkeit zu einer sozialen Gruppe (vgl. BAMF 2016) und folgt damit einem Grundsatzurteil des *Europäischen Gerichtshofs* (Aktenzeichen: C-199/12, C-200/12, C201/12). Dieses besagt, dass homosexuellen Menschen bei Verfolgung in jedem Land der *Europäischen Union* Asyl gewährt werden muss. Allerdings sind für diese Praxis enge Grenzen vorgesehen. Es reicht nicht aus, dass Betroffene Verfolgung fürchten, sondern diese muss individuell belegbar erfolgt sein (z. B. durch verhängte Haftstrafen) oder unmittelbar drohen.

Der Lesben- und Schwulenverband Deutschland beschreibt auf seiner Homepage den Umgang mit der Problematik in der Behörde folgendermaßen: „Das BAMF erkennt die Rechtsprechung des EuGH zwar an, legt den Entscheider*innen in einer Dienstanweisung ‚sexuelle Ausrichtung' aber nahe, wie sie bei unverfolgt ausgereisten Flüchtlingen Antworten produzieren können, die es [...] erlauben, die Asylgesuche abzulehnen" (Lsvd.de 2016). Die Bewertung der Entscheider*innen ist abhängig davon, ob die Geflüchteten ihre Situation glaubhaft und zweifelsfrei vermitteln können. Agnes Zauner beschreibt in ihrer Diplomarbeit anschaulich die Schwierigkeiten dieser „Beweisführung" im Asylverfahren (vgl. Zauner 2013, 53 ff.): Homosexualität kann nicht zweifelsfrei bewiesen werden, medizinische, psychologische und psychiatrische Gutachten sind oft wenig aussagekräftig. Mögliche Zeug*innen oder schriftliche Beweise (z. B. Mitgliedschaften in einschlägigen Organisationen) sind häufig im Herkunftsland verblieben. Sie verweist darüber hinaus auf die besondere Belastung der Befragungssituation: „Besonders für homosexuelle AsylbewerberInnen ist eine Befragung oft eine unangenehme oder einschüchternde Situation, da sie über ihre sexuelle Orientierung sprechen müssen. Dies könnte sich als problematisch erweisen, da es oft schwierig ist, die richtigen Worte zu finden oder einer/einem Fremden gegenüber, die eigene sexuelle Orientierung zuzugeben. Des Weiteren ist es auch möglich, dass sich die antragstellende Person erst im Prozess eines Coming out befindet" (vgl. Zauner 2013, 56). Zudem kann die Übersetzungssituation das Äußern des Fluchtgrunds Homo- oder Transsexualität erschweren. Zum Teil wird von homo- und transsexuellenfeindlichen Dolmetscher*innen berichtet, die nicht wortgenau übersetzen, zum Teil besteht Verunsicherung gegenüber den Dolmetschenden aufgrund deren möglicher Kontakte ins Herkunftsland oder in die jeweilige migrantische Community in Deutschland.

2.2 Die Situation nach Ankunft in Deutschland

LSBTI-Geflüchtete erhoffen sich im Ankunftsland ihre Sexualität und ihr Begehren frei von Gefahr und Diskriminierung ausleben zu können. Nicht selten sind sie jedoch schon auf der Fluchtroute verschiedenen Gewaltformen und Diskriminierung ausgesetzt gewesen, die sich im Ankunftsland häufig fortsetzen.

Günter Piening spricht im Hinblick auf Schwule und Lesben mit Migrationshintergrund von einer „Potenzierung" von Diskriminierungstatbeständen: „Als MigrantInnen werden sie von der Mehrheitsgesellschaft ausgegrenzt und auf ihren ‚Ausländer'- Status verwiesen; als Schwule und Lesben bekommen sie zusätzlich noch gewaltige Probleme mit ihren Familien und Herkunftscommunitys" (Piening 2004, 198).

Zudem begegnen LSBTI-Geflüchtete auch in Deutschland Homo- und Transsexuellenfeindlichkeit, die den Alltag von LSBTI-Personen in unterschiedlichen Lebensbereichen mit Einschränkungen und Diskriminierung belegen.

So berichten mehr als die Hälfte der Befragten in der Coming-out-Studie des Jahres 2016, dass sie in der Bildungs- oder Arbeitsstätte Belästigungen ausgesetzt waren, 63 % gaben an, dass ihre sexuelle Orientierung in der eigenen Familie nicht ernst genommen wurde (vgl. Krell/Odemeier 2015, 20 ff.). Homo- und transsexuellenfeindliche Übergriffe auf Geflüchtete werden in vielen Fällen von anderen Bewohner*innen der (Sammel-)Unterkünfte begangen. Sie sind oftmals verknüpft mit rigiden Geschlechtervorstellungen, religiösem Fanatismus und Abwertung von Weiblichkeiten.

Zugespitzt werden die Übergriffssituationen durch die Verschränkung mit den Unterbringungs- und Lebensbedingungen in den Unterkünften wie auch mit der fehlenden Sensibilisierung der haupt- und ehrenamtlichen Mitarbeiter*innen gegenüber sexueller und geschlechtlicher Vielfalt. So fehlen in aller Regel umfassende Konzepte zur Prävention von geschlechtsspezifischer Gewalt unter Berücksichtigung der sexuellen und geschlechtlichen Identität der Betroffenen.

Nicht zuletzt finden LSBTI-Geflüchtete auch innerhalb der schwul-lesbischen (Sub-)Kultur unterschiedliche Positionen und Haltungen vor. Während sich einerseits eine große Anzahl an Schwulen, Lesben und Transpersonen für Geflüchtete einsetzt und in den ehrenamtlichen Willkommensinitiativen engagiert ist, finden sich andererseits auch innerhalb der Community rassistische Vorurteile, die in der Ausgrenzung von Migrant*innen und Geflüchteten münden.

2.3 Die Situation in Köln

Köln besitzt eine vielfältige schwul-lesbische Ausgehkultur, ein gewachsenes Netz an Beratungs- und Hilfsangeboten speziell für LSBTI-Personen und richtet jedes Jahr die größte CSD-Parade[1] des Landes aus. Der Ruf als „Homohochburg" eilt der Stadt voraus und erklärt die große Anziehungskraft für Menschen, die sich abseits der heterosexuellen Mehrheitsgesellschaft positionieren. Auch viele homo- und transsexuelle Geflüchtete erhoffen sich nach ihrer Ankunft in der Stadt, sicher und selbstbestimmt leben zu können und zeitnah Anschluss in der Community zu finden.

Insgesamt waren in Köln im Oktober 2016 13489 Geflüchtete untergebracht (vgl. Stadt Köln 2016), diese leben über das Stadtgebiet verteilt in verschiedenen Unterbringungsformen (Notaufnahme in Turnhallen, Leichtbauhallen und Bürogebäuden, Containern und Häusern in Systembauweise, eigener Wohnraum).

Es liegen keine Zahlen darüber vor, wie viele LSBTI-Geflüchtete in Köln leben, alleine in einer von Geflüchteten gegründeten Messenger-Gruppe sind aktuell ca. 140 Menschen organisiert.

Die Übergriffe, von denen Betroffene berichten, ereignen sich in der Regel in den Unterkünften oder in unmittelbarer Umgebung. Die Palette an Übergriffen reicht von verbaler Gewalt über Drohungen bis hin zu körperlicher und sexueller Gewalt. Melden sich Geflüchtete nach Übergriffen direkt bei der Polizei, wird der Übergriff aufgenommen, Anzeige erstellt und die Betroffenen werden oftmals zurück in ihre Unterkünfte geschickt, in der sich in aller Regel der Aggressor weiterhin befindet.

---

1 CSD: Der Christopher Street Day (CSD) ist ein Fest- und Demonstrationstag von Lesben, Schwulen, Bisexuellen, Transgendern und Asexuellen. Die Bezeichnung ist nur in Deutschland, in Teilen von Österreich und der Schweiz üblich. In englischsprachigen und romanischen Ländern wird meist von Gay Pride oder Pride Parades gesprochen.

Betroffene berichten auch, dass ihnen empfohlen wurde, man solle sich „unauffällig" verhalten, d. h. seine sexuelle Identität verschleiern.

In der letzten Zeit kam es vermehrt zu Angriffen mit Waffengewalt, die zum Teil massive Verletzungen nach sich zogen (vgl. Queer.de 2016a; Queer.de 2016b), betroffen waren in der Regel schwule Männer und Transfrauen. Darüber hinaus berichten Betroffene über Zwangsoutings und damit verbundene Abwertung und Ausgrenzung durch einen Teil der Mitbewohner*innen. Viele werden von der Angst begleitet, dass ihre sexuelle Orientierung den Familien im Herkunftsland offenbart wird, zum Teil werden zu diesem Zweck ihre Profile in den sozialen Netzwerken genutzt. Aus diesen Gründen sind auch die regulären Angebote und Anlaufstellen für Migrant*innen und Geflüchtete für die Betroffenen oft nicht nutzbar.

Die Kommunalpolitik erkennt grundsätzlich die Problematik und die besondere Schutzbedürftigkeit der Zielgruppe an. Dennoch gab es über einen langen Zeitraum keine Zugeständnisse, insbesondere im Hinblick auf die Unterbringungssituation. Vor dem Hintergrund wiederholter schwerer Gewalttaten und dem damit verbundenen öffentlichen Interesse wurden aktuell 25 dezentrale Wohneinheiten für LSBTI-Geflüchtete zugesagt (vgl. Rainbow Refugees Cologne 2016).

Die Ereignisse der Kölner Silvesternacht im Jahr 2015/2016 haben deutschlandweit zu einer verschärften und zugespitzten Auseinandersetzung mit den aktuellen Fluchtbewegungen geführt. Obwohl der Fluchtstatus keineswegs das entscheidende Merkmal der Täter darstellt, mündet die Debatte im Ruf nach Abschiebungen, in Gesetzesänderungen zur Erleichterung von „Rückführungen in das Herkunftsland" und in der Infragestellung des Rechts auf Asyl und Schutz.

Die schwul-lesbische Community bildet in dieser Debatte keine Ausnahme: So gipfelte die Diskussion um die Sicherheit für Schwule und Lesben im Nachtleben bei einer Veranstaltung in einer Kölner Szenekneipe in der Aussage eines Podiumsteilnehmers, er habe sich einen kleinen Waffenschein und eine Schreckschusspistole gekauft (vgl. Mendyka 2016). Auch in den Kommentarspalten auf Szeneportalen wie z. B. *queer. de* sind vermehrt migrationskritische bis rechtspopulistische Töne zu vernehmen, sobald über Geflüchtete berichtet wird. Die Folgen dieser Debatten für männliche Geflüchtete (und alle Männer, die aufgrund ihres Äußeren als „potenziell gefährlich" eingestuft werden) sind in Köln unmittelbar: Sie berichten gehäuft von Racial Profiling, werden aufgrund ihres Äußeren von Sicherheitsbehörden kontrolliert, an Club- und Bartüren abgewiesen sowie insgesamt vermehrt mit Skepsis beäugt.

3 Darstellung des Projekts

Die vorangegangene Analyse zeigt die spezifischen Belastungen, denen LSBTI-Geflüchtete in Deutschland ausgesetzt sind: Neben ihrem häufig unsicheren Aufenthaltsstatus und allen damit verbundenen Schwierigkeiten ist es in der Regel schwer für sie, Zugang zur Community und damit verbundenen Angeboten z. B. der Gesundheitsversorgung und Freizeitgestaltung zu finden.

Im folgenden Kapitel soll die Entstehung, Konzeption und Durchführung des Projekts *SOFRA Dinner Cologne* geschildert werden, um exemplarisch zu zeigen, wie Unterstützungsarbeit von, mit und für LSBTI-Geflüchtete aussehen kann.

3.1 Von der Idee zur Umsetzung

Entwickelt wurde das Projekt *SOFRA Dinner Cologne* von Ibrahim Mokdad, der auch Mitautor dieses Beitrags ist. Seit seiner Ankunft in Deutschland suchte er unermüdlich den Kontakt zu anderen LSBTI-Geflüchteten und war von Beginn an aktivistisch tätig. Als Teil der für das Projekt vorgesehenen Zielgruppe ist er genau über deren Bedürfnisse informiert und insbesondere seinem Engagement ist es zu verdanken, dass von Beginn an eine große Anzahl an Menschen SOFRA besucht hat. Im Rahmen seiner Kontakte mit anderen LSBTI-Geflüchteten äußerten diese den Wunsch, Zeit mit Gleichgesinnten verbringen zu können und freundschaftliche Kontakte zu Herkunftsdeutschen zu knüpfen. Im Vordergrund stand das Bedürfnis, abseits des Drucks und der Belastungen im Alltag in einer sicheren, fröhlichen und entspannten Umgebung zusammen zu kommen.

Zudem wurde der Bedarf nach Kontakten zu Beratungsangeboten und Unterstützer*innen deutlich, um in Fragen des Wohnraums, der Arbeitserlaubnis, der Diskriminierung in Unterbringungen oder der Möglichkeit einer Geschlechtsangleichung für Transsexuelle Informationen zu erhalten.

Mit der Gründung der Willkommensintiative *Rainbow Refugees Cologne-Support Group* suchte sich Ibrahim Mokdad Unterstützer*innen innerhalb der ehrenamtlichen Struktur, um die entstandene Idee umzusetzen. Außerdem war er bereits regelmäßiger Besucher des bestehenden Treffpunkts *baraka* für LSBTI-Migrant*innen und -Geflüchtete. So konnten mit dem Jugendzentrum *Anyway* ein LSBTI-freundlicher Raum für die Durchführung der SOFRA-Abende gefunden werden.

Die Vorbereitung und Durchführung der Veranstaltung wird federführend von Ibrahim Mokdad und anderen Geflüchteten gestaltet. Als Unterstützung beteiligen sich Ehrenamtler*innen der Willkommensinitiative. Zu Beginn des Projekts finanzierte sich die Veranstaltung ausschließlich über die Spenden der Teilnehmenden und die Möglichkeit der kostenfreien Nutzung der Räumlichkeiten. Mittlerweile können die Ausgaben teilweise mit Förder- und Projektmitteln beglichen werden.

Der Kontakt zu den Geflüchteten erfolgt fast ausnahmslos über persönliche Kontakte und die sozialen Netzwerke. Weiterhin wird die Veranstaltung maßgeblich über Whatsapp und Facebook beworben.

3.2 Ablauf, Besucher*innen und Inhalte

Ausgangspunkt der SOFRA-Abende ist das gemeinsame Kochen und Essen. Zum einen stellt dies eine willkommene Abwechslung dar zu der häufig unbefriedigenden Essensversorgung in den Unterkünften, und folgt außerdem der Annahme, dass gemeinsame Mahlzeiten ein verbindendes Element zwischen Menschen und Kulturen darstellen können (vgl. Amlinger 2012, 38).

Für jedes SOFRA-Dinner finden sich Freiwillige zusammen, die sich für die kulinarische Versorgung der Gäste verantwortlich zeigen. Es werden Spezialitäten aus den Herkunftsländern der Teilnehmer*innen zusammen gekocht und serviert. Neben dem gemeinsamen Kochen und Essen wird ein inhaltlicher Schwerpunkt für den Abend gesetzt und durch Inputs (Vorträge, Diskussionen, audiovisuelle Medien) vermittelt.

Ibrahim Mokdad begrüßt zu Beginn des Abends die Gäste und gibt einen kurzen Überblick über Themen und Mitwirkende. Die Räumlichkeiten sind stets bis auf den letzten Platz besetzt und es herrscht eine lockere und fröhliche, wie auch belebte und unruhige Atmosphäre. Nach der Begrüßung wird meist zügig das Essen serviert und die Teilnehmenden sitzen beisammen und essen.

Nach den Vorträgen/Inputs wird in aller Regel Musik aus den Herkunftsländern der Geflüchteten gespielt und von einigen dazu getanzt. Manche der teilnehmenden Geflüchteten nutzen die anderen Räume des Jugendzentrums oder die des räumlich nahen Flüchtlingsrats für Beratung und Austausch mit Helfer*innen oder Fachkräften.

Im Anschluss an die Veranstaltung besuchen meist einige der Anwesenden schwul-lesbische Partys in der Umgebung des Veranstaltungsorts.

Adressat*innen des Projekts sind alle geflüchteten Menschen, die sich abseits der heterosexuellen Norm positionieren, sowie Interessierte aus der Community, die die Bereitschaft haben, sich auf neue Kontakte einzulassen und Geflüchtete bei ihrem Ankommen in Köln zu unterstützen. Eingeladen sind dabei auch die Freund*innen und Begleiter*innen der Geflüchteten und Helfer*innen. So nehmen immer wieder auch heterosexuelle Freund*innen und Begleiter*innen teil, die zum Freund*innenkreis gehören, in der gemeinsamen WG oder in derselben Unterkunft leben.

Um die Zusammensetzung und die Wünsche der Besucher*innen des SOFRA-Dinners exemplarisch darstellen und für die Weiterentwicklung der Arbeit nutzen zu können, wurde ein Fragebogen entwickelt und an einem der Abende verteilt. Es lagen Übersetzungen auf Englisch, Persisch und Arabisch vor, 48 von etwa 60 Personen haben sich der Fragen angenommen.

Etwas über die Hälfte der Befragten ist unter 35 Jahre alt, der älteste Besucher an diesem Abend ist Jahrgang 1960. Die Teilnehmer*innen sind überwiegend männlich (33 zu 15), vier Personen definieren sich als transweiblich. Nach ihrer sexuellen Orientierung befragt, beschreiben sich 26 Personen als schwul, der Rest verteilt sich recht gleichmäßig in lesbisch, hetero, bisexuell und andere, nicht näher definierte Orientierungen. 28 der Befragten sind in Deutschland geboren, 20 verfügen über eine Flucht- und/oder Migrationsgeschichte. Die Herkunft dieser Personen ist breit gefächert, es überwiegen jedoch arabisch geprägte Länder wie Irak und Syrien. Die meisten Besucher*innen sind aus verschiedenen Teilen Nordrhein-Westfalens angereist und nehmen zum Teil lange Fahrzeiten auf sich, um an diesem Abend dabei sein zu können.

Die Mehrheit der Besucher*innen lebt (inzwischen) in einer eigenen Wohnung oder Wohngemeinschaft, fünf befinden sich noch in einer Sammelunterkunft und drei gaben an, ohne festen Wohnsitz zu sein. Hier bleibt anzumerken, dass sich im Rahmen von SOFRA für einzelne Personen private Unterbringungsmöglichkeiten ergeben haben.

21 Personen sind an diesem Abend das erste Mal da, viele nehmen zum wiederholten Male teil. Die überwiegende Mehrheit wurde von Freund*innen auf das Projekt aufmerksam gemacht, auch über Facebook haben einige von dem Angebot erfahren. Das Projekt profitiert davon, regelmäßig in den sozialen Medien, aber auch im Fernsehen und in verschiedenen Zeitungen präsent zu sein. Die Motivation an SOFRA teilzunehmen, ergibt sich zum einen aus der Möglichkeit, Freunde zu treffen, gemeinsam zu essen und neue Leute kennenzulernen. Insgesamt 32 Personen geben darüber hinaus an, von den Vorträgen und Informationen zu profitieren. 16 Personen wünschen sich weitergehende Beratung.

Für die thematischen Inputs werden in der Regel externe Referent*innen eingeladen, die zu verschiedenen Themen informieren. Neben Fragen, die den Aufenthaltsstatus der Besucher*innen betreffen (Asylanhörung, Zugang zu Wohnraum und Arbeitsmarkt), werden auch zielgruppenspezifische Themen behandelt. In der Vergangenheit gab es z. B. Vorträge zu den Themen HIV/STI[2] und der Möglichkeit, sich in Köln umsonst testen zu lassen sowie der Nutzung chemischer Drogen im Zusammenhang mit Partykultur und Sex. Bisher konnten u. a. Mitarbeiter*innen des Kölner Flüchtlingsrats, des Jobcenters (insbesondere des Integration Point), des IQ Netzwerks, der AIDS-Hilfe Köln und der stellvertretende Bürgermeister Andreas Wolter als Vortragende gewonnen werden. Neben der Bereitstellung von Informationen werden im Rahmen von SOFRA außerdem gemeinsame Unternehmungen und Aktionen geplant und durchgeführt (Teilnahme am *Christopher Street Day*, Filmprojekte, *Queer Walk* in der Kölner Flora ...).

4 Kooperationen und partizipierende Projekte

Wichtig war den Initiator*innen bei der Implementierung eines neuen Angebots für die Zielgruppe der LSBTI-Geflüchteten die enge Zusammenarbeit mit bereits bestehenden Projekten. Im Folgenden sollen nun die beteiligten Akteur*innen vorgestellt und die Chancen, die sich aus einer engen Vernetzung ergeben, beschrieben werden.

---

2 HIV: Humane Immundefizienz Virus; STI: Sexually Transmitted Infections/sexuell übertragbare Infektionen.

4.1 anyway Jugendzentrum

Das SOFRA-Dinner findet in den Räumlichkeiten des *anyway Köln e. V.* statt. Das *anyway* ist das älteste und größte Jugendzentrum für schwule, lesbische, bisexuelle und trans* Jugendliche in Europa. Es wurde im Jahr 1998 gegründet und befindet sich mitten in der Kölner Innenstadt nahe dem Friesenplatz. Das *anyway* richtet sich an Jugendliche zwischen 14 und 27 Jahren. Jedes Jahr zählt es etwa 1400 Besucher*innen. Sie kommen hauptsächlich aus Köln, aber auch auf Jugendliche aus umliegenden Regionen hat das *anyway* eine große Anziehungskraft.

Als Jugendzentrum arbeitet das *anyway* nach den Grundsätzen der offenen Jugendarbeit, d. h. der Zugang zu den Angeboten wird möglichst niedrigschwellig gestaltet. Zu den Angeboten zählt in erster Linie das Café, welches an mehreren Tagen pro Woche für die Jugendlichen und jungen Erwachsenen geöffnet hat. Es wird von ehrenamtlichen Besucher*innen betreut. Ehrenamtler*innen bilden das sog. Gastro- und Eventteam und betreuen vor und hinter der Theke den Cafénachmittag und -abend. Im Café findet durch eine*n Pädagog*in ein niedrigschwelliges Beziehungs- und Beratungsangebot für die Besucher*innen statt.

Darüber hinaus bietet das *anyway* mehrere Projektteams an, die u. a. die Bereiche „Aufklärung für Schulklassen" („WiR – Wissen ist Respekt") und Peer-to-Peer-Beratung („anyway4u") sowie „Medien" („anyway.tv & KUNTERGRAU") und „Musik" („anyway-Band") bedienen. In diesen Teams engagieren sich die Besucher*innen meist in wöchentlichen Teamtreffen und erlernen und trainieren so über einen längeren Zeitraum spezifische Fähigkeiten des jeweiligen Projektbereichs. Darüber hinaus bietet das *anyway* jedes Jahr mehrere Sonderveranstaltungen an, u. a. eine eigene Partyreihe, mehrere Konzerte mit der Band des *anyway* sowie eine Filmpremiere und Diskussionsabende mit thematischem Schwerpunkt (u. a. zu intergenerativen Themen der Community, Safer Sex).

Das *anyway* ist als LSBTI-Treffpunkt für junge Menschen seit seiner Gründung gesellschaftspolitisch aktiv. Dazu zählen die Teilnahme an politischen Veranstaltungen und Demonstrationen (wie beim Christopher Street Day, dem Internationalen Coming-out-Tag oder dem Tag gegen Homo- und Trans*phobie) und das Aufgreifen von Themen, die Gesellschaft und Community bewegen. Dementsprechend wurde die Anfrage von SOFRA, einmal pro Monat ein Event im *anyway* zu veranstalten, begrüßt und die Caféräumlichkeiten wurden außerhalb der regulären Öffnungszeiten kostenfrei zur Verfügung gestellt.

SOFRA ist somit zunächst als externe Gruppe im Jugendzentrum aktiv gewesen und war alleine für die Durchführung der Veranstaltung und die ordnungsgemäße Nutzung der Räumlichkeiten zuständig, das *anyway* fungierte als Vermieter. Über die Zeit stellte sich heraus, dass eine engere Kooperation zwischen *anyway* und dem Projekt sinnvoll und wünschenswert erschien. Vor allem in organisatorischen und administrativen Fragen (z. B. Herrichtung und Bedienung von Videobeamer und Soundanlage, Verkauf von Getränken aus dem Angebot des anyway-Café, Anlegen eines eigenen Kontos zur Verwaltung von Spenden und Ausgaben, die Einhaltung des Lärmschutzes in den Räumlichkeiten u. v. m.) profitierte das Projekt von der Unterstützung der Mitarbeiter*innen des anyway. Aufgrund der hohen Akzeptanz des Angebots bei der Zielgruppe und der steigenden Besucher*innenzahlen erhöhte sich außerdem im Anschluss an die Veranstaltungen der Aufwand bei Aufräum- und Reinigungsarbeiten. Im Umkehrschluss bot eine engere Zusammenarbeit die Chance, den Zugang junger, queerer Geflüchteter zu den sonstigen Angeboten des *anyway* zu vereinfachen. Die Tatsache, dass die Angebotsstruktur für LSBTI-Personen mehrheitlich von Herkunftsdeutschen getragen und genutzt wird, kann sich in diesem Zusammenhang für Migrant*innen und Geflüchtete als Hemmschwelle darstellen. Durch die maßgeblich von Geflüchteten organisierten Abende ergibt sich die Möglichkeit, der noch immer unerfüllten Anforderung der interkulturellen Öffnung zu begegnen und die Nutzung und Gestaltung der Angebote durch Geflüchtete zu erleichtern.

Seit Juli 2016 befindet sich SOFRA Cologne in gemeinsamer Trägerschaft des *anyway e. V.* und der *Rainbow Refugees Cologne-Support Group*. Organisiert und durchgeführt wird das Projekt weiterhin von Ibrahim Mokdad.

Seitdem findet das *SOFRA-Dinner* immer am ersten Mittwoch des Monats im *anyway* statt und wird durch einen hauptamtlichen Mitarbeiter betreut. Dieser übernimmt organisatorische Aufgaben bei der Vor- und Nachbereitung sowie während des Events. Darüber hinaus ist Aufgabe dieser Stelle das Thema „queere Refugees" in das Angebot des *anyway* zu implementieren. Der Mitarbeiter soll jungen Geflüchteten als Ansprechpartner dienen und bei der Begleitung neuer Besucher*innen in das Regelangebot der offenen Jugendarbeit helfen.

Ein Beispiel für die erhofften Synergieeffekte zeigte sich zuletzt, als Geflüchtete bei der Renovierung der neuen Caféräumlichkeiten halfen. Nicht zuletzt bewerben nun mehrere Partner*innen die Veranstaltungen in den sozialen Medien und machen das Projekt somit einem größeren Adressat*innenkreis bekannt.

4.2 Willkommensinitiative Rainbow Refugees Support Group

Die Willkommensinitiative *Rainbow Refugees Cologne-Support Group* wurde im November 2015 gegründet und setzt sich aus Aktivist*innen verschiedener queer-politischer Projekte zusammen. Die Geflüchteten finden in der Regel über das Internet Zugang zu den Aktivist*innen, sie nutzen Facebook, E-Mail oder Dating-Apps zur Kontaktaufnahme. Die Initiative informiert auf einer eigenen Homepage über ihre Arbeit und weiterführende Angebote für Geflüchtete. Die Ehrenamtlichen der Initiative begleiten Geflüchtete zu Terminen und leisten konkrete Unterstützung bei bürokratischen Fragen. Sie erschließen der Zielgruppe LSBTI-freundliche Beratungsangebote, u. a. in den Bereichen „Gesundheit" und „Rechtsberatung". In diesem Zusammenhang fungieren insbesondere der Kölner Flüchtlingsrat und das Beratungszentrum Rubicon als verlässliche Partner. Ein weiterer Schwerpunkt der Arbeit liegt auf der Vermittlung von Wohnraum sowie Notschlafplätzen nach erlebten Übergriffen. In diesem Zusammenhang engagieren sich eine Vielzahl Menschen aus der Kölner Community und dem Umland, indem sie Wohnraum auf Dauer und übergangsweise zur Verfügung stellen.

In Fortbildungsveranstaltungen werden haupt- und ehrenamtliche Mitarbeiter*innen der Geflüchtetenhilfe durch in der Initiative aktive Pädagog*innen für die spezielle Situation der Zielgruppe sensibilisiert. Neben den konkreten Hilfsangeboten werden gemeinsame Unternehmungen angeboten (Ausflüge, Kulturveranstaltungen, Karneval ...), das SOFRA-Dinner stellt in diesem Zusammenhang das größte und wichtigste Projekt dar.

Die Initiative unterstützt die Geflüchteten auch bei der Bearbeitung erlebter Übergriffe und dokumentiert diese in Zusammenarbeit mit der Landeskoordination Anti-Gewalt-Arbeit für Lesben und Schwule. Die Mitarbeiter*innen der Initiative versuchen die Betroffenen nach erlebten Übergriffen zu begleiten und mit den Ordnungsbehörden sowie den Zuständigen in den Unterkünften eine sichere Unterbringung der Betroffenen sicherzustellen sowie dafür zu sorgen, dass die Täter*innen sich verantworten müssen.

4.3 baraka@rubicon

Das Kölner Beratungszentrum *Rubicon* bietet Unterstützung für LSBTI-Personen in allen Lebensbereichen. Seit mehr als einem Jahrzehnt besteht dabei mit dem Projekt *baraka* ein Treffpunkt für, von und mit LSBTI-Personen mit Migrations- und Fluchtgeschichte. Es handelt sich dabei um eines der wenigen Angebote, das sich an Migrant*innen und Geflüchtete richtet und von Menschen mit Migrations- und Fluchtgeschichte gestaltet wird.

Die wöchentliche Veranstaltung bietet selbstorganisierte Vernetzung, Beratung und Austausch. Seit dem letzten Jahr wird das Angebot verstärkt von Geflüchteten genutzt, die Besucher*innen von SOFRA und *baraka* überschneiden sich zum Teil. Die Integrationsagentur im Rubicon unterstützt darüber hinaus interkulturelles bürgerschaftliches Engagement.

5 Schwierigkeiten und Herausforderungen

Die Befunde der Umfrage lassen darauf schließen, dass überdurchschnittlich viele männlich sozialisierte Menschen SOFRA besuchen, die Beobachtungen seit Beginn des Angebots untermauern diesen Sachverhalt. Die Unterrepräsentation von (lesbischen) Frauen wurde von den Befragten zum Teil kritisch angemerkt. Über die Gründe dieser Entwicklungen lässt sich nur spekulieren: Die überwiegende Mehrheit der Menschen, die in Deutschland Asyl beantragen, sind junge Männer, viele von ihnen alleinreisend. (vgl. BAMF 2016, 7). Im Gegensatz dazu reisen Frauen häufig mit ihren Partnern und/oder Kindern ein. Diese Verteilung spiegelt sich auch in der Nutzung von Angeboten wider. Möglicherweise ist es für die alleinstehenden Männer „einfacher", ihre tatsächliche Identität und ihre Begehren auch offiziell zu leben und entsprechende Angebote zu nutzen. Vielleicht schreckt eine mehrheitlich männlich geprägte Veranstaltung auch manche Frauen ab, vor allem jene, die (sexuelle) Gewalt durch Männer erlebt haben. Im Treffpunkt *baraka* wurde auf diese Herausforderung mit der Schaffung eines eigenen Angebots für Frauen reagiert.

Ein weiterer Kritikpunkt in der Umfrage bezog sich auf die „arabische Prägung" der Abende, Geflüchtete aus anderen Ländern und Kulturkreisen würden weniger erreicht. Auch hier spiegelt sich zum einen die nominale Verteilung der Herkunftsländer insgesamt wider, zum anderen wurde das Projekt von arabischen Geflüchteten ins Leben gerufen und fand zunächst vor allem in dieser Zielgruppe Resonanz. Nun mag die Überrepräsentation dieser Gruppe Menschen aus anderen Herkunftsländern vermitteln, dass das Projekt sich nicht an sie richtet. In diesem Zusammenhang ist auch die sprachliche Verständigung ein Problem. Übersetzungen der Inputs werden in der Regel auf Englisch und Arabisch erbracht und ehrenamtlich geleistet. Übersetzungen in weitere Sprachen müssten organisiert werden, zusätzlich sollte darauf geachtet werden, dass die Vorträge sich nicht unnötig in die Länge ziehen. Insgesamt ist zu beobachten, dass die Menschen aus den gleichen Herkunftsländern eher „unter sich" bleiben und es weniger zu einer Durchmischung der Communitys kommt.

Es bleibt zu überlegen, wie diesem Phänomen begegnet werden kann und wie die Veranstaltungen in Zukunft weiter geöffnet werden können, z. B. für Frauen. Ungeachtet dieser Überlegungen wäre es wichtig, Informationsmaterial in allen relevanten Sprachen zur Verfügung zu stellen und im Bedarfsfall Beratungen mit Übersetzungen zu vermitteln.

Nicht zuletzt trifft beim SOFRA Dinner die schwierige Lebenssituation der Geflüchteten auf das Hilfsangebot durch die Organisator*innen und die anwesenden Unterstützer*innen. Dabei lässt sich, neben einzelnen Erfolgen (z. B. in der Frage nach Wohnraum oder bei der Organisation einer Begleitung zur Anhörung im BAMF), der grundsätzliche Widerspruch in der Lebensrealität der Teilnehmenden nicht auflösen. So wird in diesem Zusammenhang das Dilemma der Geflüchtetenhilfe deutlich: Den Wünschen, Erwartungen und berechtigten Forderungen der Geflüchteten nach eigenem Wohnraum, sicherer Bleibeperspektive oder einem Ende der Gewalt und Verfolgung kann nur beratend und begleitend begegnet werden und nur in Einzelfällen können gemeinsam Erfolge erzielt werden.

Die politische Realität und die ungleich verteilen Rechte bleiben, um deren Veränderung gemeinsam gestritten werden muss.

6 Ein Blick in die Zukunft

Aus den Rückmeldungen der Besucher*innen lässt sich die große Zustimmung der Zielgruppe zum Angebot erkennen. Viele der Teilnehmer*innen drücken ihren Dank aus und beschreiben, dass das Angebot einen hohen Stellenwert für sie besitzt, insbesondere das hohe persönliche Engagement von Ibrahim Mokdad wird benannt und anerkannt. Das anyway hat am Standort zusätzliche Räumlichkeiten für ihr Caféangebot angemietet, die momentan renoviert und ausgebaut werden. Diese werden in Zukunft deutlich mehr Platz für Besucher*innen bieten und somit auch dem SOFRA-Dinner zugutekommen.

Nachdem dem speziellen Hilfebedarf von LSBTI-Geflüchteten bisher fast ausschließlich durch ehrenamtliche Arbeit begegnet wurde, zeichnet sich außerdem eine Integration in bestehende Strukturen sowie eine Finanzierung durch öffentliche Mittel ab, die hoffentlich zu einer Professionalisierung des Angebots und einer besseren Versorgung der Zielgruppe führen werden. Aktuell werden in diesem Zusammenhang verschiedene landesfinanzierte Stellen in der LSBTI-Beratungslandschaft geschaffen.

Das Projektteam ist weiterhin damit beschäftigt, externe Vortragende und Kooperationspartner*innen für die SOFRA-Abende zu gewinnen. Für die kommenden Termine sind Inputs geplant zu den Themen „Resilienz", „Freiwilligenarbeit", „Islam" und „Homophobie", „Zugang zu Hochschulen" und „Bußgeldern" (in Kooperation mit der Polizei Köln) sowie zum „Sex-" und „Liebesleben" in Deutschland.

SOFRA lebt von dem unermüdlichen Einsatz der Organisator*innen und Teilnehmer*innen und hilft Geflüchteten und Helfer*innen, sich soweit möglich auf Augenhöhe zu begegnen. Die Abende bieten Betroffenen eine Auszeit von erlebter Diskriminierung und Gewalt. Der langfristige Erfolg des Projekts muss sich daran messen lassen, ob es zu einer wirklichen interkulturellen Öffnung bestehender Strukturen sowie zu gleichberechtigten Freund*innenschaften, Liebes- und Arbeitsbeziehungen zwischen Geflüchteten und der deutschen Community beiträgt.

7 Vertiefungsaufgaben und -fragen

1. Wie ist es um die Situation von LSBTI-Geflüchteten in Ihrer Stadt und Region bestellt? Gibt es spezialisierte Angebote für die Zielgruppe (Beratung, Unterbringung etc.)?
2. Wie positioniert sich die kommunale Politik zu diesem Thema? Wird die besondere Schutzbedürftigkeit der Zielgruppe berücksichtigt und werden entsprechende Schritte unternommen?
3. Stellen Sie sich vor, Sie wären Pressesprecher*in eines solchen Projekts. Verfassen Sie einen Artikel für die Lokalzeitung, der an die Durchschnittsbevölkerung

gerichtet ist und den Sinn dieser Arbeit sowie die Bedeutung für eine demokratische Gesellschaft hervorhebt.

4.   Welche Faktoren in der Konzeption von *SOFRA Cologne* machen aus dem Projekt ein gelingendes, integratives Projekt? Wo sehen Sie Hindernisse oder Herausforderungen? Welche Ansätze und Bedingungen ermöglichen ein Erreichen der Zielgruppe?

Literatur

Amlinger, Valentin (2012): „Wenn ich das esse, fühle ich mich zu Hause". Zur Bedeutung von Kochen und Essen für junge Flüchtlinge. Diplomarbeit. Universität Wien.

Blech, Norbert (2016): Szene-Talk über Rechtsruck ignoriert die Szene. Auf queer.de vom 29.05.2016. URL: www.queer.de/detail.php?article_id=26227 (Letzter Aufruf: 12.12.2016).

Bundesamt für Migration und Flüchtlinge (2016): Asylberechtigung. URL: www.bamf.de/DE/Fluechtlingsschutz/AblaufAsylv/Schutzformen/Asylberechtigung/asylberechtigung-node.html (Letzter Aufruf: 12.12.2016).

Bundesamt für Migration und Flüchtlinge (2016): Aktuelle Zahlen zu Asyl. Ausgabe Oktober 2016.

ILGA. International Lesbian, Gay, Bisexual, Trans and Intersex Association (2016): Sexual Orientation Laws 2016 URL: http://ilga.org/downloads/03_ILGA_WorldMap_ENGLISH_Overview_May2016.pdf (Letzter Aufruf: 12.12.2016).

Krell, Claudia/Oldemeier, Kerstin (unter Mitarbeit von Sebastian Müller) (2015): Coming Out und dann? Ein DJI-Forschungsprojekt zur Lebenssituation von lesbischen, bisexuellen und trans*Jugendlichen und jungen Erwachsenen. Deutsches Jugendinstitut e. V.: München.

Laugstien, Francis (2016): Coming out of the Heim. Tageszeitung vom 17.2.2016. URL: www.taz.de/!5276160/ (Letzter Zugriff 12.12.2016).

Lsvd.de (2016): Fragen und Antworten Geflüchtete – Ist Verfolgung aufgrund der sexuellen Orientierung oder Geschlechtsidentität ein Asylgrund? URL: www.lsvd.de/politik/asyl/fragen-und-antworten-gefluechtete.html#c11739 (Letzter Aufruf: 12.12.2016).

Mendyka, Marvin (2016): Sicherheit in der Szene: Schwule rufen nach mehr Polizei auf queer.de vom 30.04.2016. URL: www.queer.de/detail.php?article_id=26040 (Letzter Aufruf: 12.12.2016).

Piening, Günter (2004): Homosexualität und Integrationspolitik: Auf dem Weg zur Anerkennung. In: Lesben- und Schwulenverband in Deutschland; Bundeskongress türkeistämmiger Homosexueller: Muslime unter dem Regenbogen. Berlin: Querverlag.

Queer.de (2016a): Köln: Übergriffe auf LGBT-Flüchtlinge nehmen zu, vom 29.06.2016 URL: www.queer.de/detail.php?article_id=26484 (Letzter Aufruf: 12.12.2016).

Queer.de (2016b): Homophober Angriff mit Messer: Zwei schwule Flüchtlinge in Köln verletzt, vom 15.11.2016 URL: www.queer.de/detail.php?article_id=27559 (Letzter Aufruf: 12.12.2016).

Rainbow Refugees Cologne (2016): Pressemitteilung vom 9.11.2016: Stadt Köln steht im Wort: Geflüchtete Lesben, Schwule, Bi's, Trans* und Inter* brauchen sicheren Wohnraum. URL: www.frnrw.de/themen-a-z/infopool-lsbti/artikel/f/r/stadt-koeln-steht-im-wort-gefluechtete-lesben-schwule-bis-trans-und-inter-brauchen-sicheren-woh.html (Letzter Aufruf: 24.05.2017).

Stadt Köln (2016): Flüchtlinge in Köln URL: www.stadt-koeln.de/leben-in-koeln/soziales/koeln-hilft-fluechtlingen/fluechtlinge-koeln (Letzter Aufruf: 12.12.2016).

Zauner, Agnes (2013): Homosexualität als Asylgrund. Entstehung, Problematiken, Perspektiven. Diplomarbeit. Universität Wien.

Mathias Haase
Sexuelle Bildung und Migration in der Kinder- und Jugendhilfe

1 Institutioneller Rahmen und Ausgangslage

Das junikum – Gesellschaft für Jugendhilfe und Familien St. Agnes mbH ist ein Jugendhilfeträger mit Standorten im Ruhrgebiet und dem Münsterland. Die Einrichtung
begleitet Kinder und Jugendliche sowie deren Familien in schwierigen Situationen
und schafft gemeinsam neue Perspektiven, um das Leben wieder in Balance zu
bringen. Neben *„junits"* (Wohngruppen) bietet der Jugendhilfeträger mobile pädagogische Dienste (MoPäD), individualpädagogische Maßnahmen (IPM) am Standort
Polen, den JuMeGa®-Dienst (Junge Menschen in Gastfamilien) sowie weitere Leistungen und Angebote (vgl. junikum 2017). Bereits seit über 100 Jahren befindet sich
die Einrichtung in der Trägerschaft der katholischen Kirchengemeinde St. Josef in
Oer-Erkenschwick (vgl. junikum 2017).

Im stationären Bereich verfügt *junikum* aktuell über eine Kapazität von
120 Plätzen, verteilt auf dezentrale Wohngruppen im Ruhrgebiet und im südlichen
Münsterland. Im Mai 2016 eröffnete mit der *junitCREDO* in Recklinghausen eine
Wohngruppe für bis zu neun unbegleitete minderjährige Geflüchtete. In der zweiten
Hälfte des Jahres 2015 und der ersten Jahreshälfte 2016 fragten Jugendämter der
näheren und weiteren Umgebung sehr stark Plätze für diese Zielgruppe an. Die hohe
Zahl der Anfragen konnte aufgrund der vorhandenen Kapazitäten und der auch
zuvor guten Auslastung kaum bedient werden. Junge Geflüchtete wurden sowohl
vor als auch nach der Eröffnung der *junitCREDO* auf die übrigen Wohngruppen verteilt. Bei der Belegungsstruktur der Wohngruppen achtet *junikum* wie gewohnt auf
Faktoren wie Passgenauigkeit der Hilfe und Aus- und Belastung des Systems. Auf
diese Weise lag die Zahl an jungen Geflüchteten in der Gesamtbelegung im Durchschnitt bei maximal 20 %.

Auf die speziellen Bedürfnisse und Bedarfe der jungen Geflüchteten in der Einrichtung reagierte *junikum* ergänzend zu der Betreuung in den jeweiligen Gruppen-
systemen mit der Installation einer Stelle einer Fachkraft für unbegleitete minderjährige Geflüchtete. Diese Fachkraft koordiniert die pädagogische Arbeit mit diesen
jungen Menschen in der Gesamteinrichtung, schafft regionale Netzwerke, organisiert gemeinsame Aktivitäten und steht den Mitarbeiter*innen der Einrichtung
als Ansprechperson bei Fragen zu rechtlichen oder verfahrenstechnischen Sachverhalten zur Verfügung. Ebenso koordiniert die Fachkraft die Clearingverfahren
nach der Aufnahme in das *junikum*. Zusätzlich wurden bereits früh pädagogische
Mitarbeiter*innen mit Kompetenzen zur Sprachmittlung eingestellt.

https://doi.org/10.1515/9783110518351-020

2 Neue Herausforderungen durch Arbeit mit jungen unbegleiteten Geflüchteten

Mit der Aufnahme von jungen unbegleiteten Geflüchteten in den Wohngruppen und Diensten von *junikum – Gesellschaft für Jugendhilfe und Familien / St. Agnes mbH* sieht sich die Einrichtung der Kinder-, Jugend- und Familienhilfe vielfältigen Herausforderungen gegenübergestellt. Neben Unterbringung und Versorgung, Sprachbarrieren und oftmals unklaren Hilfeperspektiven stellt auch der Bereich der Sexualität dieser jungen Menschen ein Handlungsfeld mit vielen Fragezeichen dar. Die folgende Situation kann dafür ein Beispiel sein:

> Arif (Anmerkung des Autors: Alle Namen in diesem Beitrag sind geändert worden) kam Ende 2015 mit 16 Jahren aus Syrien nach Deutschland. Sein Weg führte ihn mithilfe von Schlepperbanden zunächst nach Dortmund. Das zuständige Jugendamt brachte ihn dann als jungen Geflüchteten in der Kinder- und Jugendhilfe unter. Im *junikum* bekam er einen Platz im Jugendwohnen in Oer-Erkenschwick. Arif präsentierte sich als freundlicher, aber zurückhaltender junger Mann. In Sprachkursen eignete er sich die deutsche Sprache immer besser an. Im Jugendwohnen wurde er schnell warm mit den zuständigen Mitarbeiter*innen. Der Kontakt zu Männern und Frauen gestaltete sich dabei gleichberechtigt und vorurteilsfrei. Bei den Jugendlichen hielt sich Arif jedoch lieber an die gleichaltrigen Jungen. Im Sommer 2016 setzte sich eine Jugendliche, die noch nicht sehr lange im Jugendwohnen untergebracht war, zu Arif an den Wohnzimmertisch. Sie stellte zwei Getränkeflaschen ab und suchte die Unterhaltung mit ihm. Arif sprang auf und verließ fluchtartig den Raum.

Was war geschehen? Nach einer Zeit der Beruhigung konnte eine Mitarbeiterin das Gespräch zu Arif suchen. Er wiederholte immer wieder ein Wort in seiner Heimatsprache, das sich letztlich als „verlobt" herausstellte. Das pädagogische Team hatte in den letzten Monaten intensiv zu verstehen versucht, aus welchem familiären, gesellschaftlichen, kulturellen und religiösen Hintergrund Arif kommt. Diese Form von Biografiearbeit hat zudem die Beziehung zwischen Arif und dem Team stark verbessert (Lattschar/Wiemann 2007, 35f.). Darauf konnte die Mitarbeiterin aufbauen, als sie mit dem jungen Mann darüber sprach, dass er nach deutschem Verständnis nicht mit der Bewohnerin verlobt ist, wenn er von ihr ein Getränk spendiert bekommt. Dieses Beispiel zeigt, in welch vielschichtiger Hinsicht die Mitarbeiter*innen von *junikum* gefordert waren und auch immer noch sind. Nur gegenseitiges Verstehen kann den Weg ebnen, den es in einer gelingenden sexuellen Bildung, auch und gerade mit Menschen mit Migrationshintergrund, zu beschreiten gilt. Ganz grundlegend stehen dabei die Haltung der Einrichtung und die der Mitarbeiter*innen im Vordergrund.

2.1 Eine sexualpädagogische Haltung reflektieren und konzeptionalisieren

„Wir begleiten die Kinder und Jugendlichen in allen Fragen ihres Lebens!" Diesen Satz prägte *junikum*-Geschäftsführer Thomas Kurth vor etwa sechs Jahren, als die

Mitarbeiter*innen sich zum ersten Mal intensiv und zielgeleitet mit einer sexualpädagogischen Haltung im Rahmen einer Konzeptionsarbeit in der Einrichtung beschäftigt haben. In diesem Satz steckt zum einen die Grundhaltung einer unbedingten Wertschätzung und Akzeptanz der durch *junikum* betreuten Kinder und Jugendlichen. Zum anderen spricht aus ihm das Verständnis, dass auch in der stationären und ambulanten Kinder- und Jugendhilfe sexualpädagogische Themen nicht an der Tagesordnung sind, weil die Fachkräfte eben dieser Ansicht sind, sondern weil sie diese bei den Kindern und Jugendlichen bewusst wahrgenommen haben und dazu im Gespräch sind.

Bei der Entwicklung einer sexualpädagogischen Haltung ist ein Blick in die jüngere Historie der Einrichtung sinnvoll. Nach den in den Jahren ab 2010 öffentlich gewordenen Vorfällen von Missbrauch und sexualisierter Gewalt in katholischen Einrichtungen der Kinder- und Jugendhilfe hat die *Arbeitsgemeinschaft der Erziehungshilfen in der Diözese Münster* (AGE) die Erstellung einer Arbeitshilfe für einen grenzachtenden Umgang, eine gewaltfreie Erziehung, Betreuung und Beratung sowie für den sicheren Umgang bei Fehlverhalten begonnen (vgl. Caritas Münster 2017). Als zugehörige Einrichtung war *junikum* von Beginn an mit insgesamt neun Mitarbeiter*innen in den verschiedenen Arbeitsgruppen vertreten. Die aktive Mitarbeit in der Arbeitsgruppe „Sexualpädagogik" kam *junikum* bei der weiteren Auseinandersetzung mit diesem Thema und der sich anschließenden Konzeptarbeit sehr zugute. Als Sexualpädagoge konnte der Autor diesen Prozess mitgestalten und innerhalb der Einrichtung moderieren. Die *Arbeitshilfe der AGE* bietet Einrichtungen der Kinder- und Jugendhilfe Hilfestellungen und Leitfragen zur Entwicklung einer eigenständigen Konzeption. Die Haltung von *junikum* findet sich dabei, auch bedingt durch die Mitarbeit in der Arbeitsgruppe, in einem Grundverständnis von Sexualität und einer grundsätzlichen Positionierung zu Sexualpädagogik und sexueller Bildung wieder.

Die Inhalte der Arbeitshilfe werden nun im vierten Jahr in regelmäßigen hausinternen Veranstaltungen geschult. Angesprochen werden dabei verpflichtend alle Mitarbeiter*innen der Einrichtung. Themen wie die Sexualität von Kindern und Jugendlichen, der Umgang mit dem Verdacht auf sexualisierte Gewalt und Missbrauch, die Strategien von Täter*innen, die Partizipation von Kindern, Jugendlichen und Familien oder auch der Umgang mit Opfern von (sexualisierter) Gewalt betreffen nicht nur die pädagogischen Fachkräfte aus den Wohngruppen oder den ambulanten Hilfen. Auch Haustechniker*innen, Hauswirtschaftskräfte und Mitarbeiter*innen der Verwaltung profitieren in ihrem Verstehen und ihrer Haltung von dieser inhaltlichen Auseinandersetzung.

2.2 Grundlagen der sexualpädagogischen Haltung bei junikum

Grundlegend für ein Verständnis von Sexualität ist bei *junikum* ein christliches Menschenbild. Ein ganzheitliches Verständnis von Sexualität nimmt dabei Körper, Geist und Seele als Einheit wahr. Wert und Würde des Menschen ergeben sich aus seiner Gottesebenbildlichkeit (Bartholomäus 2008, 157 f.). Ziel ist es, selbstreflexives ethisches Denken und Handeln zu fördern und die Wahrnehmung von Eigenverantwortung, Selbstachtung und Wertschätzung aller Beteiligten zu stärken. So kann Sexualität in ihrer Vielfalt zunehmend angstfrei gelebt und eine Haltung von Toleranz und Respekt entwickelt werden. Mädchen und Jungen, Frauen und Männer erfahren und lernen sich selbst als Person zu begreifen, die fähig und darauf angewiesen ist, in der eigenen Liebes- und Beziehungsfähigkeit zu wachsen und sich zu entwickeln (AGE 2013, 141 f.).

Sexualpädagogische Arbeit erfordert von allen Mitarbeitenden eine Haltung, in der sie sich und alle am Prozess Beteiligten als sexuelle Wesen wahrnehmen (Kluge 2008, 69 f.). Dazu gehört, aufmerksam auf Gefühle, Bedürfnisse und Motivation zu achten und diese regelmäßig zu reflektieren. Kindern, Jugendlichen und Erwachsenen wird sexuelle Selbstbestimmung zugetraut, ihre Individualität wird angenommen und respektiert. Sie haben ein Recht, zu lernen und sich auszuprobieren und dabei der Achtung ihrer Intimsphäre gewiss zu sein. Aus dieser Haltung heraus besteht eine besondere Herausforderung, Nähe und Distanz im Rahmen der individuellen Möglichkeiten und Grenzen der Kinder und Jugendlichen sorgfältig wahrzunehmen, zu reflektieren und zu regulieren. Dazu gehört die individuelle Beachtung von Schutz- und Risikofaktoren. Es gilt zu fragen, wie professionelle Nähe gestaltet werden kann, und wie es gelingt, positive Lernerfahrungen im Umgang mit Nähe und Distanz zu vermitteln. Die Begegnungen und Beziehungen auf der Ebene der Mitarbeitenden nehmen dabei eine Vorbildfunktion ein und sind reflektiert und pädagogisch begründet zu gestalten (AGE 2013, 142 f.).

2.3 Sexualpädagogische Fortbildungen – von der Haltung zur Handlung

Die Haltung von *junikum* zu Fragen rund um das Themengebiet der Sexualität speist sich ergänzend zu der Auseinandersetzung im Rahmen der Arbeitshilfe der AGE und der anschließenden sexualpädagogischen Konzeptarbeit innerhalb der Einrichtung noch aus weiteren Quellen. Die Mitarbeiter*innen wurden und werden nach dem Grundsatz „von der Haltung zur Handlung" intern und extern fort- und weitergebildet. Eine verbindliche interne Deeskalationsschulung mit jährlichen Refreshings schult die Mitarbeiter*innen in einer pädagogischen Haltung, die aggressionsauslösende Reize im Alltag minimiert und gleichzeitig den Blick auf die Primäremotionen der Kinder und Jugendlichen fokussiert. Auf diese Weise können Grenzüberschreitungen der Mitarbeiter*innen reduziert und tatsächliche Bedürfnisse des Klientels stärker in den Blick genommen werden (vgl. Professionelles Deeskalationsmanagement 2017). Als Einrichtung der Kinder- und Jugendhilfe hat *junikum* mit einer großen Anzahl an Mitarbeiter*innen auch an der bundesweiten Fortbildungsoffensive teilgenommen und sich dabei in Bezug auf Prävention von und Intervention bei sexualisierter Gewalt fortgebildet (vgl. Forum Sexualaufklärung 2017). Weiterhin nahmen Leitungskräfte der Einrichtung an internen Schulungsveranstaltungen durch die NRW-Fachberatungsstelle *„Gerne anders!"* teil und schärften dabei noch einmal den Blick auf eine sexuelle Vielfalt in der Kinder- und Jugendhilfe (vgl. „Gerne anders!" 2017).

Im Jahr 2015 hat *junikum* begonnen, Mitarbeiter*innen aus allen hierarchischen Ebenen der Pädagogik in traumazentrierter Fachberatung ausbilden zu lassen. In diesem Jahr startet auf dieser Grundlage nun eine hausinterne Schulung von Multiplikator*innen und eine breite Auseinandersetzung mit Traumata und ihren Belastungen sowie der entsprechenden pädagogischen und gegebenenfalls therapeutischen Bearbeitung. Die Notwendigkeit, auf mögliche Traumata und Belastungsstörungen bei Jugendlichen mit Kriegs- und Fluchterfahrungen professionell reagieren zu können, ist damit erkannt und gegeben. Zentral ist dabei jedoch die Konzentration auf eine dauerhafte und verlässliche Hilfeperspektive der jungen Menschen. Darin drückt sich die Haltung aus, dass Belastungen durch erlittene Traumata sich erst dann offenkundig zeigen können, wenn aus den jungen Geflüchteten endlich Angekommene geworden sind.

Die Einrichtung und ihre Mitarbeiter*innen zeigen sich demnach in ihrer Qualifikation und der Auseinandersetzung mit sexualpädagogischen Themen und Fragestellungen gut aufgestellt. Das *junikum* stellt ausreichende Ressourcen für die sexualpädagogische Arbeit in den Wohngruppen und Diensten bereit. Die Gestaltung der sexualpädagogischen Konzeptarbeit sieht so aus, dass die inhaltlichen Punkte der Ziele, der Zielgruppen, der Themen und Anlässe sowie der Rahmenbedingungen stets wiedervorgelegt und auf ihre Aktualität hin überprüft werden. Beispielsweise bedingen Neuaufnahmen von Kindern und Jugendlichen oder eine Fluktuation auf der Ebene der Mitarbeiter*innen immer wieder eine Auseinandersetzung mit dem Konzept jeder einzelnen Wohngruppe.

3 Einblicke in der Arbeit mit jungen unbegleiteten Geflüchteten

Im Rahmen der Arbeit mit den jungen Geflüchteten sahen sich die Mitarbeiter*innen mit der Frage konfrontiert, ob die sexualpädagogische Konzeption für die Gesamteinrichtung neu auszurichten ist. Eine Steuerungsgruppe aus Mitarbeiter*innen der pädagogischen Bereichsleitung, der Wohngruppen mit jungen Geflüchteten und ausgebildeten sexualpädagogischen Fachkräften setzte sich damit intensiv auseinander. Zentral waren dabei die Erfahrungen aus der Praxis.

3.1 Themen und Anlässe für sexualpädagogische Gespräche

Die Mitarbeiter*innen aus der Steuergruppe berichteten übereinstimmend, dass es in der sexualpädagogischen Arbeit zentral um ein gegenseitiges Verstehen gehe. Dieser

Prozess des Beziehungsaufbaus und des Gewinnens von Vertrauen als Voraussetzung für die Bearbeitung sexualpädagogischer Themen sei zwar durch die Barrieren Sprache und Kultur beeinflusst, doch sei dies in der Regel zeitlich begrenzt. Wenn es gelingt, Vertrauen herzustellen und eine belastbare Beziehung aufzubauen, können Themen angesprochen und gemeinsam bearbeitet werden. Darin unterscheiden sich Kinder mit und ohne Migrations- oder Fluchthintergrund in keiner Weise.

Auch die Themen und Anlässe, um über Sexualität ins Gespräch zu kommen, sind dabei ähnlich wie bei den Jugendlichen ohne Migrationshintergrund. So beschäftigen sich die jungen Geflüchteten unter anderem ebenso mit Körper- und Sexualaufklärung, Liebe und Verliebtsein, ihrem ersten Mal, dem äußeren Erscheinungsbild, Beziehungsgestaltung, ihrer sexuellen Identität und Orientierung sowie ihrer psychosexuellen Entwicklung (Schmid /Sielert 2012, 33f.). Unstrittig ist jedoch, dass die Zielgruppe Besonderheiten aufweist. Die jungen Menschen haben individuell biografische und auch kulturelle bzw. religiöse Spezifikationen, die eine gesonderte Auseinandersetzung erfordern. Dabei sind vor allem ihre Kriegs- und Fluchterfahrungen zu nennen. Die kulturellen und religiösen Hintergründe erfordern ein besonderes Verstehen und eine erhöhte Sensibilität aufseiten der Mitarbeiter*innen. Die Erfahrung hat auch gezeigt, dass die Ressourcenlage der jungen Geflüchteten in Bezug auf das Wissen zu Körper- und Sexualaufklärung, Erfahrungen in der Gestaltung von Liebes- und Paarbeziehungen und der generellen Offenheit zu sexualpädagogischen Themen als nicht selbstverständlich betrachtet werden darf und dass die Mitarbeiter*innen hier in ihrer Sensibilität besonders gefordert sind. Solche Anforderungen an die Sensibilität der Mitarbeiter*innen kann auch die Erfahrung mit Yunus manifestieren:

> Yunus würde sich selbst als Trans* bezeichnen. Der Jugendliche ist kein unbegleiteter Geflüchteter, sondern wanderte gemeinsam mit seinem Vater vor zwei Jahren vom Balkan ins Ruhrgebiet aus. Bereits in seinem Herkunftsland war Yunus mit der Frage seiner sexuellen Identität und Orientierung intensiv beschäftigt. Sein familiäres und kulturelles Umfeld, insbesondere die Einstellung seines Vaters zu Sexualität und Rollenverteilung zwischen Männern und Frauen, unterbanden jedoch ein öffentliches Ausleben und Experimentieren. In Deutschland ist Yunus auffällig geworden auf der Suche nach seiner Identität. Massiv aggressives sowie eigen- und fremdgefährdendes Verhalten führten zunächst zu einer ambulanten Begleitung der Familie durch das *junikum* und letztlich zur Fremdunterbringung von Yunus. Der Umzug in eine Wohngruppe erfolgte dabei auch ausdrücklich auf seinen Wunsch hin. In der Wohngruppe zeigte sich Yunus offen und freundlich. Wo er sich zuvor in seinem Elternhaus sehr konservativ kleidete, experimentierte er nun stark mit seinem äußeren Erscheinungsbild und ging sehr offensiv mit seiner Suche nach Identität und Orientierung um.

Die pädagogischen Fachkräfte lernten ihn kennen und versuchten zu verstehen, welche weiteren Unterstützungsbedarfe Yunus zeigt und benennt. Bei *SchLAu e. V. (Bildung und Schulaufklärung zu sexueller und geschlechtlicher Vielfalt)* beim *Gladbecker Verein zur Förderung der Jugendpflege e. V.* fand er Beratung und ein unterstützendes Netzwerk. Die Mitarbeiter*innen erhielten wertvolle Tipps für einen kultursensiblen Umgang. In vielen Gesprächen und Beratungseinheiten konnte Yunus für sich die schwierige Entscheidung treffen, sich von seinem Vater und den damit einhergehenden Normen und Geschlechterbildern zu lösen. Gruppendynamisch war dieser Prozess sehr spannend und oftmals belastend für die Mitarbeiter*innen, da Yunus mit seiner offensiven Identitätssuche gerade bei den deutschen Jugendlichen nicht immer auf Akzeptanz traf. Durch die fortlaufende Konzeptarbeit konnte das pädagogische Team die Themen der Gesamtgruppe und der einzelnen Jugendlichen gut im Blick behalten und in die Erziehungs- und Hilfeplanungen einfließen lassen (Wolf 2002, 631f.).

3.2 Spezifische Problemlagen in der Arbeit mit jungen unbegleiteten Geflüchteten

In der Steuerungsgruppe wurden ebenfalls erfahrungsbasiert die folgenden besonderen Problemlagen herausgearbeitet und adäquate Umgangsweisen ausgelotet.

- *Aufenthaltsstatus:* In der Kinder- und Jugendhilfe sind die Verläufe der Hilfeprozesse oftmals von diversen Faktoren abhängig. Der Faktor des Bleiberechts oder des Aufenthaltsstatus kommt nun bei den jungen Geflüchteten hinzu. Die Gestaltung des gesamten Prozesses und das Einlassen auf die Hilfe durch den jungen Menschen hängen dabei ganz entscheidend von seiner Lebensperspektive ab. In der sexualpädagogischen Arbeit stellt dieser Umstand eine erhebliche Barriere dar, trägt sie doch umfänglich zum Aufbau einer tragfähigen Beziehung und zu einem Vertrauen bei, auf deren Basis sich so private und zum Teil intime Themen besprechen lassen. Ein Jugendlicher, der tatsächlich und auch gefühlt nicht ankommen kann, der seine Fluchterfahrungen fortsetzt und auf gepackten Koffern sitzt, wird zentralere Themen haben als das Aneignen einer selbstständig und lustvoll gelebten Sexualität, die eigene und fremde Grenzen wahrt und deren Erlernen durch die Mitarbeiter*innen der Einrichtung wohlwollend begleitet wird. Hier wurden in der Vergangenheit Entscheidungen der (Jugendhilfe-)Politik und Verfahrenswege zu häufig als kontraproduktiv und schädlich für die weitere Entwicklung der Lebenswege der jungen Menschen erlebt. Gewünscht sind Verlässlichkeit und Orientierung an individuellen Hilfebedarfen, die in der Regel auch die Hilfeprozesse der Kinder und Jugendlichen ohne Migrationshintergrund prägen.
- *Sprache:* Gerade zu Beginn der Arbeit mit jungen unbegleiteten Geflüchteten stellte die Sprache eine enorme Barriere dar. Wo noch keine Mitarbeiter*innen mit fremdsprachlichen Kompetenzen oder ein Netzwerk aus professionellen Sprachmittler*innen zur Verfügung stand, wurde auf die Unterstützung von Übersetzungsprogrammen aus dem Internet zurückgegriffen. Viele der jungen Geflüchteten haben enorme Anstrengungen unternommen, um sich in kurzer Zeit in entsprechenden Kursen und im Alltag die deutsche Sprache anzueignen. Wo das Reden über Sexualität schwer fällt, stellt dieser Spracherwerb natürlich eine grundlegende Ressource dar. Für die Mitarbeiter*innen bei *junikum* waren Publikationen in Fremd- oder auch in reiner Bildsprache, z. B. die der *Bundes-*

zentrale für gesundheitliche Aufklärung und der *Kontakt- und Informationsstelle Zartbitter* (vgl. Kontakt- und Informationsstelle Zartbitter 2017) oder auch Portale wie *www.zanzu.de* sehr wichtig und sind es bis heute. Beispielsweise Körper- und Sexualaufklärung oder gezielt präventive Arbeit zur Vermeidung von Grenzverletzung und sexualisierter Gewalt können auf diese Weise auch trotz der Barriere „Sprache" gelingen. Entscheidend dabei ist die Auswahl der Methoden, eine Erkenntnis, die in der Kinder- und Jugendhilfe nicht neu ist, leben dort doch auch Kinder und Jugendliche ohne Migrationshintergrund, die über Sprache und konventionelle Bildungswege nicht oder nur kaum zu erreichen sind.

– *Kultur und Religion:* Lange und intensiv haben die Mitarbeiter*innen bei *junikum* darüber beraten, ob die Kultur und die Religion der jungen Geflüchteten für die eigene sexualpädagogische Arbeit eine Barriere darstellen. Zunächst ist zu sagen, dass es nicht die eine Kultur oder Religion gibt, sondern dass die Mitarbeiter*innen mit einer Vielzahl an Herkunftsländern und -regionen, unterschiedlichen gesellschaftlichen und kulturellen Sozialisationen sowie mit diversen Ausdrücken von gelebter, in der Regel muslimischer, Religion konfrontiert werden. Für sie bedeutet dies, dass sie jeden einzelnen jungen Menschen kennenlernen und verstehen, auch von ihm lernen müssen. Die jungen Geflüchteten werden wahrgenommen als Expert*innen in eigener Sache, ebenso wie alle anderen Kinder, Jugendlichen und Familien, mit denen in der Einrichtung gearbeitet wird. In der Auseinandersetzung mit der oben genannten Frage haben die Mitarbeiter*innen die Überzeugung gewonnen, dass trotz allen Verstehens und der gebotenen Sensibilität nicht das eigene grundsätzliche Verständnis von Sexualität und die Haltung zur sexualpädagogischen Arbeit aufgegeben werden. Dies schließt eine Gleichberechtigung der Geschlechter, die Akzeptanz der Vielfalt von Lebensweisen, das Ziel einer selbstbestimmen Sexualität sowie die unbedingte Achtsamkeit im Miteinander und das Wahren eigener und fremder Grenzen mit ein. Diese Haltung letztlich verleiht den Mitarbeiter*innen Handlungssicherheit und gibt darüber hinaus den jungen Menschen eine starke Orientierung.

3.3 Die Bedeutung der Familie für junge unbegleitete Geflüchtete

Das Beispiel von Myriam zeigt einen weiteren Umstand, mit dem das *junikum* sich in seiner Arbeit konfrontiert sah und auch weiterhin sieht:

> Myriam kam Anfang des Jahres 2016 mit 14 Jahren aus Afghanistan nach Deutschland. Auf ihrer Flucht über Griechenland ist sie zusammen mit anderen Flüchtenden mit einem Schlepperboot gekentert und musste um ihr Überleben schwimmen. Das *junikum* konnte sie in einer Wohngruppe für Mädchen in Datteln unterbringen. Myriam kam mit einem klaren Auftrag ihrer Familie nach Deutschland: Gestalte dein Leben maximal erfolgreich, verdiene viel Geld und sorge damit für den Wohlstand deiner gesamten Familie. Dieser Auftrag spiegelte sich in ihrem Engagement, ihrem Ehrgeiz zu lernen und ihrem Berufswunsch wider. Ein wirkliches Ankom-

men, ein ihrem Alter entsprechend die Freizeit gestalten und ein Kontakteknüpfen zu den gleichaltrigen Mädchen waren kaum denkbar. Nach Monaten der Unterbringung in der Wohngruppe
nahmen Myriams Kontakte zu den Bewohnerinnen zu und auch in der Schule kam sie immer
öfter in Gespräche mit Gleichaltrigen. In Gesprächen mit den Mitarbeiterinnen des pädagogischen Teams konnte sie benennen, dass mit dem räumlichen und zunehmend auch dem zeitlichen Abstand zu ihrer Familie der Auftrag immer weniger Raum einnahm. Myriam bekam mit,
dass andere Jugendliche nicht das Wohlergehen ihrer Familie auf ihren Schultern trugen und
dass es auch Spaß machen kann, jung und ungezwungen zu sein, indem sie sich beispielsweise
schminkte. Dieser Prozess war für Myriam mit starken inneren Konflikten behaftet. Die Schuld
und die Verantwortung ihrer Familie gegenüber konkurrierten zunehmend mit ihrem Wunsch,
ihr Leben ohne Zwänge und nach eigenen Wünschen und Vorstellungen zu gestalten.

Nach einem anfänglich recht zögerlichen Beziehungsaufbau konnten Myriam
und die Mitarbeiter*innen Vertrauen zueinander gewinnen, diese schwierigen
Themen gemeinsam angehen und sich ihren Herausforderungen stellen. Für die
Mitarbeiter*innen bestanden diese darin, ihre westeuropäisch geprägte Haltung
nicht als Maß aller Dinge anzusehen und zu verstehen, was Myriam motiviert, die
Traditionen und auch Konventionen ihrer Heimat aufrechtzuerhalten und vor allem
dem Auftrag ihrer Familie Folge zu leisten. Für Myriam bestand die Herausforderung
in einer Sortierung ihrer neuen Möglichkeiten, dem Konflikt zwischen der Tradition
ihres Heimatlands und den Normen und Werten in Deutschland und der Entscheidung, ob sie in ihrem jugendlichen Alter für das Wohlergehen ihrer Familie verantwortlich sein möchte. Dieser innere Konflikt besteht weiterhin und drückt sich bei
Myriam im wechselseitigen Tragen und Ablegen ihres Kopftuchs aus, das damit einerseits zum Symbol ihrer Entscheidungen wird, andererseits ihr Selbstverständnis und
ihre Rolle als junge Frau repräsentiert.

4 Fazit

Junge unbegleitete Geflüchtete haben den Weg ohne ihre Eltern antreten müssen und
verfügen in der Regel über keine familiären Kontakte in der näheren und weiteren Umgebung. Als eine Einrichtung, die eine aktive Familienarbeit als unabdingbaren Faktor für
das Gelingen von Hilfeprozessen betrachtet, bedeutete dieser Umstand zunächst eine
große Umstellung. Dennoch werden die Familie sowie Faktoren wie Herkunft, Kultur
und Religion aus einer systemischen Sichtweise heraus mitgedacht. Dort, wo persönlicher Kontakt, Telefonie, Videotelefonie oder Schriftverkehr nicht oder nur unzureichend möglich sind, wird gemeinsam mit den Jugendlichen durch einen entsprechenden Methodeneinsatz (Systemaufstellung, Lebensbuch etc.) über die Familie reflektiert.

Das *junikum* begegnet der Sexualität der jungen Geflüchteten in all ihren Themenfeldern und Ausdrücken mit einer sicheren und immer wieder reflektierten Haltung
aufseiten der Mitarbeiter*innen. Im Bewusstsein, dass es immer wieder Stolpersteine
geben wird und dass das Arbeitsfeld sicherlich kein leichtes ist, legen sie großen Wert

auf ein gegenseitiges Verstehen und schätzen die biografischen und kulturellen Besonderheiten wert. Der Sozialisation und dem Glauben der jungen Menschen begegnen sie mit Respekt und einem hohen Maß an Sensibilität. Der Barriere der Sprache und den kulturellen Unterschieden bringen die Kolleg*innen Zeit und Geduld entgegen, füreinander und im Aufbau gegenseitigen Vertrauens. Sie beziehen Positionen und machen die eigene Haltung deutlich, um den Jugendlichen damit eine Orientierung zu geben. Sie setzen sich für Selbstbestimmung ein und achten und wahren dabei eigene und fremde Grenzen. In der sexualpädagogischen Arbeit mit den anvertrauten Geflüchteten beobachten die Mitarbeiter*innen Themen und Anlässe und richten den Einsatz von adäquaten Methoden danach aus. Insbesondere die Ausgestaltung der Hilfeprozesse und ihrer dauerhaften Perspektive sowie die (Un-)Möglichkeit der Eltern- und Familienarbeit werden sie auch in Zukunft noch ausführlicher beschäftigen.

5 Vertiefungsaufgaben und -fragen

1. Sexualität ist ein wesentlicher Bestandteil des Lebens von Kindern und Jugendlichen. Nehmen Sie sich einen Moment Zeit und denken Sie darüber nach, welche Rolle die Sexualität im Leben der jungen Geflüchteten nach kurz zuvor erlebten Kriegs- und Fluchterfahrungen einnimmt.
2. Das Beispiel von Myriam hat aufgezeigt, in welchen Identitätskonflikt junge Mädchen geraten können, wenn sie sich von vertrauten Normen und Werten emanzipieren möchten. Stellen Sie in einem Rollenspiel ein Gespräch zwischen Myriam und ihrem Vater dar und tauschen Sie die zentralen Standpunkte aus.
3. Die Aktivierung und Beteiligung von Eltern stellt einen zentralen Aspekt in der Kinder- und Jugendhilfe dar und ist nicht selten ausschlaggebend für den Erfolg der Maßnahme. Unbegleitete minderjährige Geflüchtete mussten ihre Eltern in ihren Heimatländern zurücklassen. Wie kann es den Fachkräften dennoch gelingen, Eltern und Familie mitzudenken, gerade in Bezug auf das Themenfeld der Sexualität?

Literatur

Arbeitsgemeinschaft der Erziehungshilfen in der Diözese Münster (2013): Arbeitshilfe zum grenzachtenden Umgang, für eine gewaltfreie Erziehung, Betreuung und Beratung und zum sicheren Umgang bei Fehlverhalten. URL: www.erzbistum-koeln.de/kultur_und_ bildung/schulen/katholische_freie_schulen/freie_dokumente/praeventionsschulungen/ Schutzkonzept.Heft_3_V.pdf (Letzter Aufruf 10.02.2017).
Bartholomäus, Wolfgang (2008): Sexualität und Religiosität – Dimensionen einer Verstrickung. In: Schmidt, Renate-Berenike/Sielert, Uwe (Hrsg.): Handbuch Sexualpädagogik und sexuelle Bildung. Juventa Weinheim.

Caritas Münster. URL: www.caritas-muenster.de/diecaritas/dioezesanearbeitsgemeinschafte/age/ age (Letzter Aufruf: 08.02.2017).

Forum Sexualaufklärung. URL: https://forum.sexualaufklaerung.de/index.php?docid=1370 (Letzter Aufruf: 08.02.2017).

„Gerne anders!". NRW-Fachberatungsstelle. URL: http://gerne-anders.de/fortbilden-sensibilisieren/ (Letzter Aufruf: 08.02.2017).

Junikum. URL: www.junikum.eu/leistungen-angebote/ (Letzter Aufruf: 08.02.2017).

Kluge, Norbert (2008): Der Mensch – ein Sexualwesen von Anfang an. In: Schmidt, Renate-Berenike/Sielert, Uwe (Hrsg.): Handbuch Sexualpädagogik und sexuelle Bildung. Weinheim: Juventa, S. 71–79.

Kontakt- und Informationsstelle Zartbitter (2017). URL: www.zartbitter.de/gegen_sexuellen_ missbrauch/Aktuell/20160621_fluechtlingskinder_vor_gewalt_schuetzen.php (Letzter Aufruf: 08.02.2017).

Lattschar, Birgit/Wiemann, Irmela (2007): Mädchen und Jungen entdecken ihre Geschichte. Grundlagen und Praxis der Biografiearbeit. Weinheim: Juventa.

Professionelles Deeskalationsmanagement. URL: https://prodema-online.de/professionelles-deeskalationsmanagement/unser-konzept/was-ist-prodema/ (Letzter Aufruf: 08.02.2017).

Schmidt, Renate-Berenike/Sielert Uwe (Hrsg.) (2012): Sexualpädagogik in beruflichen Handlungs-feldern. Köln: Bildungsverlag EINS.

Wolf, Klaus (2002): Hilfen zur Erziehung. In: Schröer, Wolfgang/Struck, Norbert/Wolff, Mechthild: Handbuch Kinder- und Jugendhilfe. Weinheim: Juventa. S. 631–646.

Andrea Altenburg

Zur Konzeption eines sexualpädagogischen Workshops für Bundesfreiwilligendienstler*innen mit Fluchterfahrung

1 Der Bundesfreiwilligendienst (BFD) für Menschen mit Fluchterfahrung – Motive und Potenziale eines öffentlichen Sonderprogramms

Mit Artikel 5 (Änderung des Bundesfreiwilligendienstgesetzes) des Asylverfahrensbeschleunigungsgesetzes wurde das Bundesfreiwilligendienstgesetz um § 18 (BFD mit Flüchtlingsbezug) ergänzt (vgl. BFD a). So wurde seitens des *Bundesamts für Familie und zivilgesellschaftliche Aufgaben* (BAFzA) (vgl. BAFzA) der *Bundesfreiwilligendienst mit Flüchtlingsbezug* (BFDF) ermöglicht (vgl. BFD b 2017).

Hierbei handelt es sich um ein Sonderprogramm, das seit dem 01. Dezember 2015 durchgeführt wird und bis zum 31. Dezember 2018 befristet ist. Vorbehaltlich der Wirksamkeit der Haushaltsgesetze für die jeweiligen Haushaltsjahre stehen dem Bundeshaushalt hierfür jährlich zusätzlich 50 Millionen Euro zur Verfügung (vgl. BFD b 2017). Die Belegung der Plätze muss einen Bezug zur Flüchtlingshilfe haben, d. h. der Einsatz muss in der Flüchtlingshilfe erfolgen oder der Dienst muss durch Menschen mit Fluchterfahrung geleistet werden (vgl. BFD c 2017). Bis zu 10.000 Vereinbarungen mit Flüchtlingsbezug sind pro Jahr möglich. Die Plätze werden jeweils zur Hälfte von der *BAFzA -Zentralstelle* und den verbandlichen Zentralstellen vergeben und verwaltet. Das *BAFzA*-Kontingent von 5000 Vereinbarungen wird nach dem Königsteiner Schlüssel auf die verschiedenen Bundesländer verteilt. Daran sollen sich auch die verbandlichen Zentralstellen bei der regionalen Unterverteilung ihrer Plätze orientieren (vgl. BFD b 2017).

Das BAFzA kann eine Vereinbarung abschließen, wenn die Tätigkeitsbeschreibung des Einsatzplatzes einen Bezug zur Unterstützung von Asylberechtigten, Personen mit internationalem Schutz nach der Richtlinie 2011/95/EU oder Asylbewerber*innen erkennen lässt oder wenn Asylberechtigte, Personen mit internationalem Schutz nach der Richtlinie 2011/95/EU oder Asylbewerber*innen, bei denen ein rechtmäßiger und dauerhafter Aufenthalt zu erwarten ist, einen BFD absolvieren. Bei Asylbewerber*innen, die aus einem sicheren Herkunftsland nach § 29a des Asylgesetzes stammen, wird vermutet, dass ein rechtmäßiger und dauerhafter Aufenthalt nicht zu erwarten ist; diese können daher keine Vereinbarung abschließen. Die Teilnehmer*innen am BFDF müssen volljährig sein (vgl. BFD a).

https://doi.org/10.1515/9783110518351-023

Tätigkeitsfelder mit Flüchtlingsbezug für einheimische Freiwilligendienstler*innen sind z. B. die Betreuung und Unterstützung von Menschen mit Fluchterfahrung bei ihrer Unterbringung und die Versorgung, unmittelbare Unterstützung und Hilfe bei ihrer gesellschaftlichen Orientierung und Integration im Alltag, Betreuung und Unterstützung von Menschen mit Fluchterfahrung im Bildungsbereich und im integrationsorientierten Freizeitbereich sowie Koordinierung und Organisation von bürgerschaftlichem Engagement zugunsten von Menschen mit Fluchterfahrung. Freiwilligendienstler*innen mit Fluchterfahrung können ihren BFDF auch in den verschiedenen Tätigkeitsfeldern, in denen ein allgemeiner BFD möglich ist, ableisten – z. B. in der Behindertenhilfe, der Altenpflege, einer Kinder- und Jugendeinrichtung, einem Tierheim, einer Bildungseinrichtung oder einem Sportverein. Für sie muss eine Beschäftigungserlaubnis der zuständigen Behörde vorliegen. Die Teilnahme am BFD ist kostenlos. Leistungen aus dem BFD (Taschengelder und ggf. Sachleistungen) können auf andere Leistungen bzw. Ansprüche angerechnet werden, u. a. nach § 7 des Asylbewerberleistungsgesetzes.

Die Freiwilligendienstler*innen werden seitens der jeweiligen Zentralstellen eigenständig pädagogisch begleitet. Die Zentralstellen, die den BFDF organisieren, müssen Qualität und Umfang der pädagogischen Begleitung entsprechend der Ansprüche des generellen BFD umsetzen. Hierzu zählen u. a. eine fachliche Anleitung in der Einsatzstelle, eine einsatzorientierte Begleitung, ein verpflichtendes Reflexionsseminar sowie je nach Sprachniveau ein Deutschkurs für Freiwilligendienstler*innen mit Fluchterfahrung (vgl. BFD a 2017). Nähere Informationen hierzu finden sich in der Rahmenrichtlinie für die pädagogische Begleitung im BFD unter besonderer Berücksichtigung der Seminararbeit und des dabei eingesetzten Personals (vgl. BFD d 2017).

2 Anschlussfähigkeit und Umsetzungspotenziale bei einem zivilgesellschaftlichen Anbieter für Jugendaustausch und interkulturelles Lernen

Eine der verbandlichen Zentralstellen, die den BFDF anbieten, ist der *AFS Interkulturelle Begegnungen e. V.* (AFS). Der AFS ist die deutsche Länderorganisation des AFS International, ein gemeinnütziger Anbieter für Jugendaustausch und interkulturelles Lernen. Als gemeinnütziger Verein ist er als Träger der freien Jugendhilfe anerkannt und bietet neben Schüler*innenaustauschen, Freiwilligendiensten und Angeboten für Schulen zu interkulturellem Lernen auch Gastfamilienprogramme sowie verschiedene weitere Angebote an (vgl. AFS a 2016).

Im Rahmen des BFDF-Sonderprogramms vermittelt der AFS Menschen mit Fluchterfahrung aus Hamburg für die Dauer von zwölf Monaten in Einrichtungsstellen aus Bereichen wie Schule, Kindergarten, Altenpflege, Küchenarbeit, Gartenarbeit oder Hauswirtschaft. Dort arbeiten die Freiwilligendienstler*innen an fünf Tagen in der Woche für vier bis acht Stunden täglich mit. Der AFS setzt für die

Teilnahme am BFDF voraus, dass das deutsche Sprachniveau mindestens bei A2 liegt und die Schulausbildung abgeschlossen ist (vgl. AFS b 2016).

Die Freiwilligendienstler*innen mit Fluchterfahrung erhalten durch die Teilnahme am BFDF die Möglichkeit, erste Erfahrungen im Arbeitsalltag zu sammeln und sich in die Gesellschaft einzubringen. Durch die Tätigkeit verbessern sie ihre Chancen auf dem Arbeitsmarkt und stärken ihre Sprachkenntnisse und ihre Persönlichkeit (vgl. AFS b 2016).

Neben der Vermittlung der Freiwilligendienstler*innen in Einrichtungsstellen gestaltet der AFS die notwendigen Begleitseminare für die Teilnehmer*innen, die von ehrenamtlichen Teamer*innen durchgeführt werden. Diese Workshops vermitteln Kenntnisse über Deutschland und interkulturelle Kompetenzen (vgl. AFS b 2016). In diesem Rahmen nahm der AFS auch den Themenkomplex „Sexualität" in den Blick und bat um die Entwicklung eines sexualpädagogischen Konzepts für einen entsprechenden Workshop.

3 Zum Anlass eines spezifischen sexualpädagogischen Konzepts

Mit Blick auf Freiwiligendienstler*innen mit Fluchterfahrung als neue Zielgruppe des AFS sollte ein sexualpädagogischer Workshop entwickelt werden, in dem die nachfolgend genannten Inhalte mithilfe spezifischer, auf die Zielgruppe abgestimmter Methoden bearbeitet werden können und möglichen Besonderheiten in der Arbeit mit Menschen mit Fluchterfahrung Rechnung getragen werden kann. Der AFS betont, dass es sich bei dem angebotenen Workshop nicht um ein Seminar im Sinne eines Integrationsprojekts handeln soll; stattdessen soll sich mit der (kulturell-sexuellen) Vielfalt in Deutschland und auf der Welt auseinandergesetzt werden. In seiner Anfrage zur Entwicklung des sexualpädagogischen Workshops bat der AFS darum, die Themen „Beziehungsgestaltung", „Sexualität" sowie „Prävention von und Umgang mit sexualisierter Gewalt" in den Fokus zu nehmen.

Die Auseinandersetzung der Freiwilligendienstler*innen mit Fluchterfahrung mit den benannten Themenkomplexen wird seitens des AFS als wichtig angesehen, da hier eine besondere Schnittstelle mit Themen wie interkulturelles Lernen und Intersektionalität gesehen wird. Es wurden folgende sexualpädagogischen Inhalte im Konzept gewünscht:

Beziehungsgestaltung, insbesondere:
- Kennenlernen und Beziehungsaufbau in Deutschland
- Beziehungsgestaltung in Deutschland
- Geschlechterrollen in Deutschland
- LGBT*IQ vs. Heteronormativität

Sexualität, insbesondere:
–   Vermittlung eines positiv konnotierten Verständnisses von Sexualität
–   Ausleben von Sexualität in Deutschland

Prävention und Intervention sexualisierter Gewalt, insbesondere:
–   Konsens als Basis gemeinschaftlicher /partnerschaftlicher Sexualität
–   Nähe-Distanz-Verhalten
–   Wahrnehmung von und Umgang mit eigenen und anderen Grenzen
–   Bewusstseinsentwicklung für von sexualisierter Gewalt betroffenen Personen
–   Bewusstseinsentwicklung für Täter*innen sexualisierter Gewalt

4 Die Konzeptentwicklung

Da die den BFDF begleitenden Workshops beim AFS von ehrenamtlichen Mitarbeiter*innen durchgeführt werden, bestand die Notwendigkeit, ein sexualpädagogisches Workshopkonzept zu entwickeln, das Teamer*innen dazu befähigt, auch ohne tiefere sexualpädagogische Vorkenntnisse einen entsprechenden Workshop durchführen zu können.

Das Konzept geht aufgrund dieser Besonderheit z. B. sehr detailliert auf die einzelnen Methoden ein. Aufgrund der möglichen fehlenden sexualpädagogischen Vorerfahrung der Teamer*innen wurden nur solche Methoden gewählt, mithilfe derer die entsprechenden Inhalte auch ohne fachliches Vorwissen gemeinsam von Teamer*innen und Teilnehmer*innen erarbeitet werden können. Im Anhang des Konzepts finden sich u. a. Angaben zu vertiefender Literatur, um den Teamer*innen als Nutzer*innen des Konzepts die Möglichkeit zu geben, sich bei Interesse intensiv mit verschiedenen Themenbereichen im Kontext von Sexualität auseinandersetzen zu können.

Die Kompetenz der Teamer*innen, mit einer Gruppe intensiv zu einem Thema zu arbeiten und hierzu verschiedene interaktive Methoden anzuwenden, ist vorauszusetzen. Auch Moderationskompetenzen, die Fähigkeit zur Selbstreflexion sowie zur Anleitung entsprechender Reflexionsübungen in der Gruppe und die Fähigkeit, zu Beginn des Workshops gemeinsam mit den Teilnehmer*innen einen Gruppenkonsens zu entwickeln und eine positive Arbeitsatmosphäre zu schaffen, können vorausgesetzt werden.

Um das Konzept einfach, verständlich und für die Mitarbeitenden gut nutzbar zu gestalten, erhielten die Teamer*innen die Möglichkeit, während der Entwicklungsphase des Konzepts Feedback zu dem bisher entwickelten Konzept zu geben. Ein solch intensiver Austausch mit den zukünftigen Nutzer*innen hilft, das Konzept an deren Wünsche sowie an die Gegebenheiten der Praxis anzupassen und kann die Nutzungsmotivation des Konzepts steigern. Darüber hinaus bietet ein solches Vorgehen die Möglichkeit, einen multiperspektivischen Blick auf das Konzept zu erhalten sowie eine Vielzahl interkultureller Kompetenzen einfließen zu lassen.

Vor der Durchführung des ersten Workshops wurde für die Teamer*innen ein Briefing zum Konzept angeboten. Hier erhielten sie die Möglichkeit, offene Fragen zum Konzept zu klären, Methoden und Inhalte zu besprechen und Fallbeispiele zu diskutieren. In diesem Kontext wurde auch der Umgang mit möglichen traumatischen Erlebnissen der Teilnehmer*innen besprochen.

Da es sich bei den teilnehmenden Freiwilligendienstler*innen um eine stark heterogene Gruppe handeln kann, z. B. hinsichtlich ihrer Sprachkenntnisse oder ihres Erfahrungshintergrunds, wurde dies bei der Gestaltung des Konzepts besonders bedacht. Da das Konzept in der Arbeit mit verschiedenen Gruppenkonstellationen angewendet werden können soll, musste es so flexibel gestaltet werden, dass die darin enthaltenen Themen und Methoden stets an die konkrete Gruppe angepasst werden können. Dies kann z. B. hinsichtlich der Interessen und Wünsche der Teilnehmer*innen oder hinsichtlich der Gruppengröße relevant sein.

Mit Blick auf die verschiedenen Einsatzorte der Freiwilligendienstler*innen ist es auch notwendig, mögliche sexualitätsbezogene Besonderheiten in der jeweiligen Tätigkeit zu bedenken. Hier bietet der Workshop die Möglichkeit, sich bei Bedarf mit individuellen Bedürfnissen und Fragestellungen einzelner Teilnehmer*innen auseinanderzusetzen.

Für den Workshop wurde eine Vielzahl interaktiver Methoden gewählt, um durch die unterschiedlichen Herangehensweisen den individuellen Lernprozess der einzelnen Teilnehmenden zu unterstützen. Darüber hinaus erhalten die Teamer*innen durch die Methodenvielfalt die Möglichkeit, die entsprechende Thematik in einer Form zu bearbeiten, die ihnen selbst zusagt, mit der sie sich sicher fühlen und sie somit eventuellen Besonderheiten angemessen begegnen können.

Stets sollten bei der Erstellung eines sexualpädagogischen Veranstaltungskonzepts für die Arbeit mit Menschen mit Fluchterfahrung eventuelle Sprachbarrieren der Teilnehmer*innen bedacht und bei der Methodenwahl auf deren Sprech- und Sprachintensität geachtet werden. Arbeitsmaterialien der Teilnehmer*innen sollten in gängigen Sprachen entwickelt und zur Verfügung gestellt werden. Hier ist zudem die Zugänglichkeit zu Schriftsprache zu bedenken und möglicherweise Bildmaterial hinzuzuziehen. Je nach Gruppe sollte dabei auf explizite Darstellungen verzichtet werden; stattdessen können abstrahierte Bilder oder Symbole genutzt werden. Um den einzelnen Teilnehmer*innen gute Einstiegspunkte in die Thematik zu bieten, kann es hilfreich sein, während der Veranstaltung interaktive Methoden, die auch ohne Sprach- und Sprechkenntnisse auskommen, einzustreuen.

Es sollte auch bedacht werden, dass nicht nur die Sprach- und Sprechkenntnisse an sich von Belang sind, sondern auch die Sprach- und Sprechfähigkeit bezüglich sexualitätsbezogener Themen. Das offene Sprechen über verschiedene Aspekte von Sexualität kann für manche Teilnehmenden schwierig sein. Dies sollte je nach Gruppenkonstellation seitens der Teamer*innen eingeschätzt und dementsprechend eine passende Methodenauswahl getroffen werden. Im direkten Austausch über verschiedene Aspekte von Sexualität kann es je nach Gruppenzusammensetzung zeitweise hilfreich sein, geschlechtshomogene Gruppen zu bilden.

Mit Blick auf Herkunft und Erfahrungskontexte der Teilnehmenden wurden Methoden gewählt, mithilfe derer die gewählten Inhalte achtsam behandelt werden können. Ein besonderes Augenmerk wurde hierbei auf die Entwicklung einer positiven Arbeitsatmosphäre gelegt. So erfolgt zu Beginn des Workshops eine thematische Annäherung an sexualitätsbezogene Themen, um eine Atmosphäre der Offenheit zu entwickeln bzw. zu fördern. Die Freiwilligkeit der Teilnahme, auch an einzelnen Übungen, sollte hierbei als Grundvoraussetzung transportiert werden. Darüber hinaus wird in diesem Zusammenhang mit den Freiwilligendienstler*innen gemeinsam ein Gruppenkonsens als Grundlage der gemeinsamen Arbeit entwickelt. Zu Beginn intensiver Übungen sollte erneut der Hinweis auf Freiwilligkeit und Eigenverantwortung der Teilnehmenden stehen, auch wenn dies bereits in allgemeiner Form am Anfang des Workshops formuliert wurde.

Wichtig ist in diesem Zusammenhang auch eine stete Reflexion der einzelnen Übungen. In der Auseinandersetzung mit den verschiedenen Themenbereichen sollte bedacht werden, dass das Wissen zu den jeweiligen Sachverhalten unter den Teilnehmer*innen variieren kann. Grundlegendes Wissen sollte in den Übungen vermittelt bzw. ergänzt werden.

5 Das Konzept – ein Überblick zu Zielen, Inhalten und Methoden

Den Teilnehmer*innen soll im Rahmen der Begleitseminare des BFDF die Möglichkeit gegeben werden, sich mit sexualpädagogischen Inhalten mit Blick auf Sexualität im interkulturellen Kontext zu beschäftigen und sich mit den vielfältigen Thematiken methodisch auseinander zu setzen. Der Workshop legt einen thematischen Schwerpunkt auf Sexuelle Bildung.

Sexuelle Bildung kann sich auf jedes Lebensalter beziehen, da sie den Menschen ganzheitlich in seiner aktuellen Lebensphase anspricht und begleitet. Sexualität – in ihren verschiedenen Ausprägungen und Bedeutungen – ist stets Teil der lebenslangen Entwicklung eines Menschen. Die persönliche Auseinandersetzung mit körperlichen, psychischen und sozialen Gegebenheiten in Bezug zu Sexualität kann Menschen befähigen, eigene Bedürfnisse wahrzunehmen und diese reflektiert in den Lebensalltag zu integrieren (vgl. Altenburg 2017).

Durch die theoretische und praktische Bearbeitung verschiedener Thematiken, Biografiearbeit sowie unterschiedliche methodische Herangehensweisen erhalten die Teilnehmenden die Möglichkeit, sich nicht nur mit Blick auf ihre Tätigkeit im Rahmen des BFDF, sondern auch persönlich weiterzuentwickeln.

5.1 Ziele und Inhalte

Als Lernziele des Workshops wurden formuliert:
- Auseinandersetzung mit vielfältigen Thematiken bezüglich Sexualität, insbesondere bezüglich Sexualität im interkulturellen Kontext, Diversity, Heterogenität menschlicher Sexualität
- Behandlung und Reflexion theoretischer und praktischer Inhalte Sexueller Bildung
- Biografische, persönliche Auseinandersetzung mit eigenem Bild von und eigener Haltung zu Sexualität, Liebe und Partner*innenschaft; Reflexion eigener Erfahrungen sowie eigener wie gesellschaftlicher Normen und Wertvorstellungen
- Vermittlung eines positiv konnotierten Verständnisses von Sexualität
- Entwicklung einer professionellen Haltung im Umgang mit sexualitätsbezogenen Themen hinsichtlich der eigenen Tätigkeit im Rahmen des BFDF und Erlernen von Möglichkeiten professioneller Selbstreflexion

Inhaltlich soll der Workshop die Möglichkeit bieten, eine Vielzahl verschiedener Themenbereiche im Kontext Sexueller Bildung mithilfe unterschiedlicher Methoden zu behandeln. Die Inhalte orientieren sich an den Erwartungen, die der AFS im Vorfeld geäußert hat. Überdies werden weitere wichtige Themenbereiche Sexueller Bildung einbezogen. Das Konzept sieht im Workshop die Behandlung folgender Inhalte vor:
- Kennenlernen und Annäherung an das Thema
- Beziehungsformen/Partner*innenschaft
- Geschlechterrollen (in Gesellschaft und Sexualität)
- Sexuelle Identitäten und Orientierungen
- Ausleben von Sexualität
- Sexualitätsbezogene Werte und Normen
- Sexuelle Gesundheit
- Familienplanung und Schwangerschaft
- Rechtliche Grundlagen und Sexualität
- Prävention und Intervention sexualisierter Gewalt
- Wirkung von Sprache im Kontext von Sexualität
- Sexualität und Medien
- Körpergefühl und Sinnlichkeit
- Biografiearbeit

5.2 Exemplarische Vorstellung eines Themenbausteins

Am Beispiel des Themenbausteins „Sexualitätsbezogene Werte und Normen" soll kurz erläutert werden, wie die Arbeit mit dem Konzept aussehen kann und welche Besonderheiten es zu beachten gibt.

In der Auseinandersetzung mit gesellschaftlichen und persönlichen sexualitätsbezogenen Werten und Normen sollen die Teilnehmer*innen im Rahmen des Workshops einerseits die Gelegenheit erhalten, ihre eigene Haltung zu sexualitätsbezogenen Werten und Normen wahrzunehmen und zu reflektieren, andererseits die Möglichkeit wahrnehmen, verschiedene Standpunkte bezüglich der Vielfalt sexueller Verhaltensweisen und Einstellungen mit den anderen Teilnehmenden zu diskutieren.

Hierzu erhalten die Teilnehmer*innen zunächst mithilfe einer Übung zur Selbstreflexion die Möglichkeit, sich mit kulturellen und gesellschaftlichen Gegebenheiten im Kontext von Sexualität sowie ihrer eigenen diesbezüglichen Wahrnehmung auseinanderzusetzen und Erwartungen an die eigene sexuelle Rolle/Identität seitens des sozialen Umfelds und der Gesellschaft zu reflektieren sowie individuelle Erfahrungen einzuordnen.

Die Teilnehmenden füllen hierfür zunächst in Einzelarbeit ein Arbeitsblatt aus. Dieses ist sprachlich einfach gehalten und steht den Freiwilligendienstler*innen des AFS in englischer und deutscher Ausführung zur Verfügung. Ausgefüllt werden kann es von den Teilnehmer*innen in jeder Sprache. Im Anschluss werden die Ergebnisse im Plenum vorgestellt und reflektiert.

Nachfolgend erhalten die Teilnehmenden die Möglichkeit, gesellschaftliche, kulturelle und persönliche sexualitätsbezogene Werte und Normen intensiv und vertiefend im Plenum zu diskutieren. Hierzu wird eine Methode, die als „Werte-Normen-Kreis" bezeichnet werden kann, angewendet. Mit Kreppband werden zunächst drei ineinanderliegende Kreise auf den Boden geklebt (mittig der kleinste, um diesen herum ein größerer, um diesen herum der größte). Im kleinsten Kreis befindet sich eine Karte mit der Aufschrift „Finde ich gut", im Größeren eine mit der Aufschrift „Finde ich okay", im Größten eine mit der Aufschrift „Finde ich blöd". Zusätzlich wird außerhalb der Kreise eine Ecke eingerichtet, in der sich eine Karte mit der Aufschrift „Da möchte ich nichts zu sagen" befindet.

Nun wird verdeckt ein Stapel mit Karten, die mit sexualitätsbezogenen Werten und Normen beschriftet sind, neben die Kreise gelegt. Der Reihe nach zieht jede*r Teilnehmer*in eine Karte vom Stapel, liest sie vor und teilt sie gemäß der eigenen Meinung einem der Kreise (oder der Ecke) zu, ohne diese Zuteilung weiter zu erläutern. Auch die anderen Teilnehmenden geben in dieser Phase keine Kommentare oder Meinungen hierzu ab.

Wenn alle Karten vom Stapel verteilt sind, dürfen Karten von allen Teilnehmenden, die dies möchten, umgelegt werden. Dies muss mit Begründung geschehen. So entstehen oftmals gute und intensive Diskussionen zu den verschiedenen Themen.

Anschließend sollten die Teilnehmer*innen die Möglichkeit erhalten, über die Übung und ihre aktuelle Befindlichkeit zu reflektieren. Die Karten müssen im Vorfeld von den Teamer*innen beschriftet werden. Hierzu werden die Werte und Normen, die nach Einschätzung der Teamer*innen diskutiert werden sollten und in der Gruppe diskutiert werden können, einzeln auf Moderationskarten geschrieben.

Somit liegt die Auswahl der Themen in der Hand der durchführenden Teamer*innen. Auch die Wahl der Sprache und der Begrifflichkeiten ist flexibel und kann an das jeweilige Sprachniveau der Teilnehmer*innen angepasst werden.

Auf den Karten könnte z. B. stehen:

- Ehre
- Analverkehr
- Arrangierte Ehe
- Schwangerschaftsabbruch
- Jungfräulichkeit
- Männliche* Beschneidung
- Weibliche* Beschneidung
- Sex vor der Ehe
- Pornos gucken
- Miniröcke tragen
- Lesbische Liebe
- Schwule Liebe
- Single sein
- Selbstbefriedigung
- Mann*, der schon mit zehn Frauen* geschlafen hat
- Frau*, die schon mit zehn Männern* geschlafen hat
- Gehorsam
- Treue
- Untreue
- Mann*, der Hausarbeit macht
- Frau*, die Hausarbeit macht
- Flirten
- Sexualerziehung in der Schule
- Toleranz

Die beschriebene Methode ist so im Workshop eingebettet, dass eine langsame Annäherung an diese diskussionsintensive Übung erfolgt.

Wichtig für die Auseinandersetzung mit sexualitätsbezogenen Werten und Normen ist zunächst, dass eine Haltung der Offenheit erarbeitet bzw. seitens der Teamer*innen transportiert wird. Wenn deutlich ist, dass kein gemeinsamer Konsens gefunden werden soll, sondern die Möglichkeit eröffnet wird, unterschiedliche Meinungen zu einer Thematik haben und diese diskutieren zu können, ohne die*den anderen belehren zu müssen, können intensive Diskussionen zu den verschiedenen Themen entstehen.

Entsprechende Diskussionen müssen seitens der Teamer*innen gut moderiert werden. Bei einer sehr ruhigen oder stark meinungskonformen Gruppe können die Teamer*innen die Diskussion z. B. durch kritische Nachfragen anregen.

6 Fazit und Ausblick

Mit Blick auf die zunehmende Bedeutung, Menschen mit Fluchterfahrung einerseits in die Gesellschaft zu integrieren sowie andererseits die Öffentlichkeit für mögliche Besonderheiten, die Fluchterfahrungen mit sich bringen können, zu sensibilisieren, wächst auch die Notwendigkeit, spezifische sexualpädagogische Angebote für Menschen mit und ohne Fluchterfahrung zu entwickeln und umzusetzen, in denen der Fokus auf interkultureller Sexueller Bildung liegt.

Die Entwicklung des beschriebenen Konzepts als Grundlage für sexualpädagogische Workshops für Freiwilligendienstler*innen mit Fluchterfahrung zeigt, dass der

AFS die Relevanz dieser Auseinandersetzung erkannt und entsprechende Schritte eingeleitet hat.

Dies kann andere Institutionen, die mit Menschen mit Fluchterfahrung arbeiten, anregen, ebenfalls spezifische Bedarfe von Menschen mit Fluchterfahrung hinsichtlich Sexueller Bildung wahrzunehmen und einen entsprechenden Umgang damit zu suchen.

Die Entwicklung entsprechender Konzepte sollte stets professionell begleitet und die Umsetzung der jeweiligen sexualpädagogischen Angebote ebenso evaluiert werden, um deren Qualität zu gewährleisten. Sexualpädagogische Konzepte, die Sexualität im interkulturellen Kontext bzw. im Kontext von Flucht in den Blick nehmen, sollten, sofern möglich, in interkulturellen Teams entwickelt werden, um so eine Vielfalt verschiedener Sichtweisen, Erfahrungswerte und Kompetenzen nutzen zu können.

7 Vertiefungsaufgaben und -fragen

1. Diskutieren Sie (weitere) Besonderheiten, die ein sexualpädagogisches Veranstaltungskonzept für Menschen mit Fluchterfahrung als Zielgruppe beachten sollte.
2. Wählen Sie einen inhaltlichen Themenbaustein des Konzepts und entwickeln Sie zur Bearbeitung dessen eine geeignete sexualpädagogische Methode. Warum haben Sie diese Methode gewählt? Welche Besonderheiten gibt es in der Durchführung zu beachten?
3. Welche Inhalte halten Sie in der Auseinandersetzung mit sexualitätsbezogenen Themen für Menschen mit Fluchterfahrung für besonders wichtig? Warum?

Literatur

AFS a (2016): AFS Interkulturelle Begegnungen e. V. URL: www.afs.de/ (Letzter Aufruf: 13.12.2016).
AFS b (2016): AFS Interkulturelle Begegnungen e. V. URL: www.afs.de/bundesfreiwilligendienst-fuer-fluechtlinge.html (Letzter Aufruf: 12.12.2016).
Altenburg, Andrea: Sexuelle Bildung. URL: http://sexuellebildung.net/ (Letzter Aufruf: 11.02.17).
BAFzA (2016): Bundesamt für Familie und zivilgesellschaftliche Aufgaben. URL: www.bafza.de/startseite.html (Letzter Aufruf: 13.12.2016).
BFD a (2017): Bundesamt für Familie und zivilgesellschaftliche Aufgaben.
    URL: www.bundesfreiwilligendienst.de/fileadmin/de.bundesfreiwilligendienst/content.de/Service/Downloads/Downloads2/160215-Merkblatt_SK.pdf (Letzter Aufruf: 21.01.2017).
BFD b (2017): Bundesamt für Familie und zivilgesellschaftliche Aufgaben. URL: www.bundesfreiwilligendienst.de/news/bfd-mit-fluechtlingsbezug.html (Letzter Aufruf: 01.02.2017).
BFD c (2017): Bundesamt für Familie und zivilgesellschaftliche Aufgaben.
    URL: www.bundesfreiwilligendienst.de/aktuelles/news/detail/News/sonderprogramm-bundesfreiwilligendienst-mit-fluechtlingsbezug.html (Letzter Aufruf: 12.12.2016).
BFD d (2017): Bundesamt für Familie und zivilgesellschaftliche Aufgaben.
    URL: www.bundesfreiwilligendienst.de/fileadmin/de.bundesfreiwilligendienst/content.de/Service/Downloads/Rahmenrichtlinie_BMFSFJ.pdf (Letzter Aufruf: 30.01.2017).

Katrin Süßebecker

Sprachbewusstheit im Migrationsdiskurs

Ein Thema für die Hochschulausbildung

1 Institutioneller Rahmen

Am Institut für Pädagogik/Abteilung Sozialpädagogik an der Christian-Albrechts-Universität zu Kiel werden u. a. Studiengänge für das Lehramt, im Bachelor und Master für hauptamtlich tätige Pädagog*innen sowie ein interdisziplinär zusammengesetzter Masterstudiengang „Migration und Diversität" angeboten. Letzterer wird von den Instituten für Islamwissenschaften, Osteuropäische Geschichte, Soziologie und Pädagogik verantwortet und von vielen Studierenden mit Migrationshintergrund gewählt. Die Heterogenität der Studierendengruppe ist nicht nur aufgrund der verschiedenen Herkunftsländer besonders groß, sondern zusätzlich wegen der sehr unterschiedlichen Bachelorstudiengänge, die als Voraussetzung für dieses Masterstudium anerkannt werden. Für diese Lerngruppe werden im Wechsel Lehrveranstaltungen zu verschiedenen Themen konzipiert wie u. a. zu „Grundlagen der Migrationspädagogik" oder auch ein „Diversitytraining", für das die didaktischen Grundlagen der Themenzentrierten Interaktion (TZI) nach Ruth Cohn (vgl. Cohn 1991; Cohn/Terfurth 1997) und die „Pädagogik der Vielfalt" (vgl. Prengel 2006) maßgebliche Bezugspunkte darstellen. Inhaltlich spielt zudem der Aspekt der „Intersektionalität" (vgl. z. B. Winker/Degele 2010) eine große Rolle und führt in fast allen Veranstaltungen zu teils heftigen Auseinandersetzungen um Fragen der nationalen Identität und der sprachlichen Kommunikation miteinander.

Wenn auch im Pflichtangebot des Masterstudienganges das Studium einer für die Migrationsarbeit in Deutschland relevanten Fremdsprache erforderlich ist, kann – das zeigen Seminarerfahrungen von Dozent*innen – von migrationssensibler Sprachbewusstheit kaum die Rede sein. Auch taucht das Thema *Sprache bzw. Sprachbewusstheit* nicht als eigenes Seminarangebot auf. Allerdings ist es in einzelne Lehrveranstaltungen integriert; manchmal als gesonderte Seminarsitzung mit dem Titel „Sprache in der Migrationsgesellschaft", oft aber auch in Seminaren mit ganz anderen Schwerpunktthemen. So ging es z. B. in einem Seminar zur „Traumapädagogik" u. a. um die unterschiedlichen Ausdrücke für psychosomatische Beschwerden. Als Beispiele wären hier zu nennen die wörtlichen Übersetzungen aus dem Türkischen für Trauer: „Meine Leber ist groß" bzw. „meine Leber brennt", oder der Angst, verrückt zu werden: „Mein Kopf ist erkältet". Aus dem Bereich der Sexualpädagogik wären als weitere Beispiele folgende wörtliche Übersetzungen aus dem Türkischen zu nennen, wenn Mädchen ihre Tage haben: „Ayşe ist im Urlaub", „die Heimat/Anatolien brennt" oder „bei mir ist gerade Regenzeit". Für einen nächtlichen ungewollten Samenerguss heißt es „mein LKW ist umgestürzt", oder „er hat sie kaputtgemacht", wenn ein Junge/Mann ein Mädchen/eine Frau entjungfert hat.

https://doi.org/10.1515/9783110518351-024

2 Begriffliche Kontexte

Sprache ist nicht nur Gegenstand der allgemeinen Linguistik, sondern auch anderer Wissenschaftsdisziplinen wie der Psychologie und Philosophie, der Neurologie, der Kommunikations- und Medienwissenschaft, aber auch der Semiotik, Literaturwissenschaft, Religionswissenschaft sowie der Anthropologie und Ethnologie. Entsprechend vielfältig haben sich Auffassungen über die gesellschaftliche und individuelle Bedeutung von Sprache und Sprechen, ihre sozialen, kommunikativen und kognitiven Funktionen, ihre ethnonationalen Ausprägungen usw. entwickelt.

2.1 Was ist Sprache?

Sprache wurde in der Tradition antiker Philosophie lange als neutrales Handwerkszeug (*organon*) verstanden, das die Wirklichkeit objektiv widerspiegelt: Das Wort „Baum" bezeichnet einen Baum und weder einen Strauch noch Busch, das Wort „gehen" eine bestimmte Art der Bewegung, die weder „stehen" noch „laufen" ist, ein „Stern" einen Himmelskörper, der weder Mond noch Planet ist u. v. a. m. Mit diesem Sprachverständnis war die Vorstellung von einer Eindeutigkeit bzw. Objektivität der Welt verbunden, von der wir heute alle wissen, dass sie so nicht existiert.

Friedrich Wilhelm von Humboldt (vgl. Humboldt 2008) hatte in seinen Untersuchungen zu verschiedenen Fremdsprachen zwar schon festgestellt, dass Sprache und Weltansicht eng mit einander verwoben sind. Er verknüpfte dabei Sprache mit Nation und beschrieb den „Nationalcharakter" von Sprache(n). Im Zuge des wachsenden Nationalismus wurde Humboldts Sprachtheorie zu einer Theorie der Sprache als Ausdruck einer „Volksseele" uminterpretiert (ausführlich vgl. Karstedt 2004). Die deutsche Sprache als Ausdruck der „deutschen Volksseele" sollte dementsprechend vor Fremdeinflüssen geschützt und Fremdwörter sollten wieder „eingedeutscht" werden – eine Position, die auch heute noch bzw. wieder vertreten wird. Auch wenn diese Auffassung weitgehend linguistisch obsolet geworden ist, tauchen doch entsprechende begriffliche Verknüpfungen immer wieder auf, so wie in Seminaren des Studiengangs „Migration und Diversität", die dann zu natio-ethno-kulturell aufgeladenen heftigen Auseinandersetzungen zwischen diversen Studierendengruppen führen, die von der Seminarleitung moderiert werden müssen. Beispielhaft gab das Referat einer Gruppe russischstämmiger Studentinnen über nationale Identität und ihr Selbstverständnis einer „russischen Seele" Anlass zu heftigen Protesten bei einigen deutschstämmigen Student*innen. Durch diesen Konflikt wurde deutlich, wie verschiedene Begriffe, Konzepte, Konstruktionen und Dekonstruktionen (miss-)verstanden und gelebt werden können. Eine Metareflexion über den Sinn identitätsstiftender Konstruktionen und ihre möglicherweise besondere Stabilisierungsfunktion für Menschen in der Migration konnte in der konkreten Seminarsituation aus zeitlichen Gründen nur angerissen werden. Dennoch ist allen Teilnehmer*innen die Brisanz in der Spannung von Essenzialismus und Dekonstruktivismus deutlich geworden und wurde in den folgenden Veranstaltungen immer wieder problematisiert.

2.2 Sprachbewusstsein entwickeln

Eine andere Einsicht der Sprachforschung ist noch längst nicht bei allen Studierenden im Bewusstsein angekommen und führt ständig zu Diskussionen. Es geht um das Verhältnis von Sprache zur Wirklichkeit und die potenzielle Möglichkeit, durch Sprache Wirklichkeit sehr verschieden wahrzunehmen und ebenso zu beeinflussen.

Der Begriff „Sprachbewusstheit" (engl. *language* oder *linguistic awareness*) wird bislang vor allem in der Fremdsprachendidaktik verwendet und bedeutet, dass nicht nur Faktenwissen über die andere Sprache, wie Wortschatz oder Grammatik, vermittelt werden soll, sondern auch ein „Gefühl" für die Sprache, ein intuitives Erfassen von sprachlichen Bildern, Konnotationen oder auch Witz. Gemeint ist damit auch ein Nachdenken über Sprache und Sprachphänomene sowie die Reflexion über den eigenen Sprachgebrauch. Ein für die Entwicklung von Sprachbewusstheit impulsgebender Sprachforscher, der Sprache als gestaltendes, die Wirklichkeit erschaffendes Instrument verstand, und nach dem Jahre 1945 in Deutschland rezipiert wurde, war Benjamin Lee Whorf (vgl. Whorf 2008), der in den USA verschiedene indigene Sprachen untersuchte und feststellte, dass es in der Sprache der Hopi z. B. ein vollkommen anderes Verhältnis zu Zeit und Raum gibt, das sich in den grammatischen Strukturen dieser Sprache wiederfindet: Der Satz „Der Baum steht auf dem Hügel" wäre dort nicht sprechbar, weil eine solche Zergliederung der Landschaft in einzelne Elemente nicht vorkommt. Umgekehrt ist ein Hopi-Satz in der Grammatik der deutschen Sprache wegen ihrer spezifischen Zergliederungsstruktur nicht übersetzbar. Whorfs Untersuchungen wurden von der akademischen Sprachwissenschaft belächelt und abgelehnt, einerseits, weil er kein ausgebildeter Linguist war, und andererseits, weil die Übersetzungsproblematik seine Argumentation schwächte. Dennoch bestätigen heute auch Sprachphilosophen seine These, dass Sprache die Wahrnehmung der Welt lenkt sowie filtert und dadurch bzw. durch den jeweiligen Sprachgebrauch eine Wirklichkeit geschaffen wird, die durch einen anderen Sprachgebrauch anders aussehen würde.

Im Rahmen des sog. „linguistic turn", der etwa Mitte der 1960er-Jahre begann und besonders von John Austin (vgl. Austin 2002) und seinem Schüler John Searle angestoßen wurde, wurde das Sprechen nun vor allem als Handlung verstanden, als *performativer Akt*, mit dem eine Wirkung erzielt wird bzw. werden soll. Zunächst ging es um solche Sprachhandlungen, die tatsächlich mit dem Aussprechen eines Wortes eine Handlung vollziehen. Wenn gesagt wird: „Ich verspreche dir ...", gibt der*die Sprechende im selben Moment das Versprechen ab. Es kann nicht gesagt werden „ich verspreche dir ...", ohne die Handlung gleichzeitig zu vollziehen. Ob eine Sprechhandlung tatsächlich wirksam wird und etwas erzeugt, hängt zu einem großen Teil aber auch von gesellschaftlichen Konventionen ab: Wenn ein Pastor oder Standesbeamter sagt: „Hiermit erkläre ich euch zu Mann und Frau", ist die Ehe geschlossen. Wenn aber ein Bäcker sagt: „Hiermit erkläre ich euch zu Mann und Frau", ist keine Ehe geschlossen, weil ein Bäcker nicht die gesellschaftlich anerkannte Berechtigung hat, Ehen zu schließen.

2.3 Sprache und Macht – Wer spricht? Wer wird gehört?

> Im Wunderland traf Alice, die neugierige kleine Rationalistin, auch auf die Raupe. Diese nannte Schwarz Weiß, ein Wenig Alles und Gestern Morgen. Aber, protestierte Alice, es kommt doch darauf an, was Worte bedeuten. Nein, meinte die Raupe, und sie nahm einen tiefen Zug aus der Wasserpfeife, es kommt nicht auf die Bedeutung an, es kommt darauf an, wer die Macht hat. Zu dieser Behauptung fiel Alice absolut keine Erwiderung ein, denn sie hatte gelernt, dass auch die Mächtigen die Bedeutung der Wörter respektieren mussten. Und sie dachte daran, dass Raupen ja nur Zwischenstufen sind. Was würde wohl aus dieser Raupe werden? (Seeßlen 2017).

Ausgehend von dem in dieser Fabel deutlich werdenden Problem begannen verschiedene Philosoph*innen und Soziolog*innen sich darüber Gedanken zu machen, wer was wann sagen kann und darf und damit auch eine Wirkung erzielt. Das heißt, es tauchte die Frage nach dem Verhältnis von Sprache und Macht auf, die Pierre Bourdieu im Jahr 1982 in seinem Buch „Was heißt Sprechen?" (vgl. Bordieu 2005) stellt. Dies beinhaltet auch die Frage, wer *gehört* wird, die auch für die Gestaltung von Seminaren (z. B. mit der Methode der Themenzentrierten Interaktion) in Bezug auf eine Sichtbarmachung von gruppendynamischen Prozessen von Bedeutung sein kann: Auch in seminaristischen Diskussionen ergeben sich in der Regel Sprecher*innenpositionen, die mit der Zeit wie selbstverständlich Redeanteile und vor allem die Akzeptanz des Gesagten in bestimmter Weise festlegen. Nicht nur die Seminarleitung hat in der Regel ein besonderes Gewicht, sondern auch das Geschlecht, die Rhetorik und die Vorteile der Seminarsprache für einheimische Studierende spielen eine Rolle. Die Bewusstmachung solcher mikrosozialen Unterschiede schärfen in der Regel Einsicht und Bereitschaft, sich mit organisationalen oder auch gesamtgesellschaftlichen Machtdifferenzen zu befassen.

3 Sprache im medialen Kontext

Insbesondere den (Massen-)Medien kommt im Migrationsdiskurs eine herausragende Rolle zu. Über ihre („objektive") Informationsfunktion hinaus vermitteln sie eben auch Meinungsbilder, transportieren sie Standpunkte und Stimmungen. Die Wahl der Sprache ist dabei für die Charakterisierung von Medienberichten entscheidend.

3.1 Analyse aktueller Beispiele

Nach den Übergriffen auf Frauen in der Silvesternacht des Jahres 2015/16 wurde das Thema sexualisierter Gewalt plötzlich in einer breiten Öffentlichkeit diskutiert und verurteilt. Vergewaltigungen und sexuelle Gewalt gab es zwar schon lange vorher. Bisher allerdings wurde selbst in der Rechtsprechung Frauen oft mindestens eine Mitschuld gegeben, die Täter wurden, wenn überhaupt, nur gering bestraft. Seit Jahren kämpfen Frauen dafür, diese Missstände zu beheben, sie wurden aber nicht *gehört*, ihr Anliegen wurde nicht ernst genommen.

Vera Schroeder beispielsweise schrieb auf *Süddeutsche.de* vom 08.01.2016 dazu:

> Insofern ist es richtig, wenn Feministinnen jetzt beklagen, dass die Übergriffe in der öffentlichen Debatte vor allem politisch instrumentalisiert werden. Und zu wenig über die Opfer gesprochen wird und die Mechanismen sexualisierter Gewalt. Dass sich jetzt oft genau die Kommentatoren, die das Thema über Jahre lächerlich gemacht haben, zu Beschützern von Frauenrechten erklären, wäre fast schon lustig, wenn es nicht so schrecklich wäre. Und natürlich wird das Interesse am Thema sofort wieder hinter genervtem Augenrollen verschwinden, sobald es nicht mehr in den unmittelbaren Zusammenhang mit ‚nordafrikanisch oder arabisch aussehenden' Männern gebracht oder für die Forderung nach Grenzzäunen in Stellung gebracht werden kann (Schroeder 2016).

Die aktuellen Medienberichte über Vergewaltigung und Tötung von Frauen durch geflüchtete Männer wiederholen dieses Schema: Niemand würde ernsthaft fordern, „die schleswig-holsteinischen" oder „die mecklenburgischen" Männer kollektiv als frauenfeindliche Gruppe zu betrachten und zu behandeln, wenn ein einzelner Mann aus Schleswig-Holstein oder Mecklenburg eine Frau vergewaltigt und getötet hat, was ja durchaus auch schon vorgekommen ist. Einzelne Vorfälle mit Tätern mit Migrationshintergrund werden instrumentalisiert, um eine ganze Gruppe zu verunglimpfen und eine Atmosphäre von Angst und Bedrohung zu schaffen. Sprachlich geschieht das vor allem einerseits durch die Herausstellung eines einzelnen Merkmals („Flüchtling", „nordafrikanisch"), das mit der eigentlichen Tat nicht viel zu tun hat, andererseits durch die Verknüpfung mit anderen Themen und Kategorien („frauenfeindlicher Islam", „Sind Moslems überhaupt demokratie- und damit integrationsfähig?"), die bei Gewalttaten deutscher Männer gegen Frauen überhaupt keine Rolle spielen und in der Öffentlichkeit nicht ansatzweise diskutiert werden. Auch hier wäre ja die Frage zu stellen, ob einige deutsche Männer nicht auch das gleichberechtigte Geschlechterverhältnis ablehnen und ihre Frauen schlagen oder andere verletzen, weil sie ihr altes männliches Rollenbild von Dominanz und Stärke (bewusst oder unbewusst) aufrechterhalten wollen.

Einer Erhebung der EU Im Jahr 2014 zufolge gaben 55 % der Frauen an, schon einmal oder mehrfach sexuelle Belästigung erlebt zu haben (vgl. FRA 2014), wobei davon auszugehen ist, dass die Dunkelziffer noch höher liegt. Empörung oder gar öffentlichen Aufschrei hat diese hohe Zahl jedoch nicht ausgelöst. Als aber „nordafrikanisch aussehende" Männer als Täter ausgemacht wurden, wurde sexuelle Gewalt gegen Frauen zum Skandal. In der Konsequenz wird damit suggeriert, dass *nur „orientalische"* –

sprich muslimische – Männer Gewalt gegen Frauen ausüben, der weiße, europäische, christliche Mann wird dadurch gleichsam freigesprochen. Zu dieser Dynamik passt auch eine Meldung des Radiosenders *NDR Kultur* vom 08.01.2016, also genau aus der Zeit, als die Kölner Ereignisse täglich breit in den Medien behandelt wurden, dass bei den *Regensburger Domspatzen* für die Zeit von 1953 bis 1992 mit über 700 Fällen von sexuellem Missbrauch und Misshandlungen zu rechnen sei, weil die bisher bestätigten Fälle und Zahlen diese hohe Gesamtzahl sehr wahrscheinlich machten. Auch in der *ARD-Tagesschau* desselben Tages (08.01.2016) gab es dazu einen kurzen Bericht. Die Täter hier waren deutsche „christliche" Männer. Aufschrei? Skandal? Empörung? Bestrafung der Täter? Nichts dergleichen. Die Meldung verschwand als Randnotiz.

3.2 Medienkompetenz als hochschuldidaktischer Anspruch

Solche skizzierten unterschiedlichen Gewichtungen und entsprechende Aufmerksamkeitsdifferenzen in der medialen Darstellung lassen sich besonders im Migrationskontext sehr deutlich durch diskursanalytische Verfahren herausarbeiten (vgl. z. B. Landwehr 2009), die in den Lehr- Forschungsprojekten des Masterstudiengangs „Pädagogik" und den Abschlussarbeiten des Studiengangs „Migration und Diversität" zunehmend Anwendung finden. Beliebtes Thema solcher diskursanalytischen Studien ist der sog. Antigenderismus. Erst dieses „Learning by Doing", die ausführliche Beschäftigung mit der quantitativen und qualitativen Analyse von Medienberichten und anderen Diskursgegenständen nach diskurskritischen Gesichtspunkten, schafft bei den Studierenden ein hinreichendes Bewusstsein für den machtvollen und wirklichkeitsschaffenden Einfluss von Sprache.

Solche thematischen bzw. methodischen Schwerpunktsetzungen können auch Erkenntnisse über Sprechen und Sprache bzw. deren Wirkungen im *Kampf um die Definitionsmacht von Wirklichkeit* generieren. Es kann Fragen nachgegangen werden wie: Welche sprachliche Gestaltung von Wirklichkeit setzt sich durch, wird „mainstream"? Was kann und darf über bestimmte Sachverhalte gedacht und gesagt werden? Welcher Diskurs setzt sich durch? Als maßgebliche theoretische Grundlagen kann hier einerseits auf die Arbeiten von Michel Foucault (vgl. Foucault 1996 und 2007), in deren Folge der Forschungsansatz der *Diskursanalyse* entstand, zurückgegriffen werden. Andererseits ist es sinnvoll, sich z. B. mit Antonio Gramscis Theorie der „kulturellen Hegemonie" (vgl. Barfuss/Jehle 2014) auseinanderzusetzen. Seine Vorstellung, „geistige Vorherrschaft" bzw. Meinungsführerschaft sei Voraussetzung für die politische Machtübernahme und dafür gelte es, Gedanken und Weltanschauungen (in diesem Fall des Kommunismus) in den breiten gesellschaftlichen Meinungsstrom einzuspeisen, um dann von der Mitte aus die Gesellschaft zu verändern, wird heute in Europa von rechten bzw. demokratiefeindlichen Organisationen und Parteien als mediale Strategie verfolgt (vgl. u. a. Bar 2003). So versuchen sie, deutlich Einfluss auf die Darstellung und Definition von Wirklichkeit zu nehmen, u. a. durch gezielte Falschmeldungen, durch Übertreibungen oder durch Bedrohungsszenarien („Unsere deutschen Frauen sind in Gefahr, wenn junge muslimische Männer ins Land kommen"). Diese Strategie soll die Akzeptabilität von fremdenfeindlichen oder rassistischen Handlungen erhöhen, weil die Täter dann ja nur Opfer sind, die sich in vermeintlich legitimer Weise wehren.

> Der Krieg, den die Rechtspopulisten dieser Welt gegen die Demokratie, den Liberalismus und die politische Diskursfähigkeit führen, ist immer auch ein Krieg gegen die Sprache. Das heißt, es geht nicht allein darum, innerhalb eines sprachlichen Codes eine Hegemonie zu erringen, die Sprache der politischen Diskurse mit den eigenen Ansprüchen zu füllen, es geht vielmehr darum, diese Sprache selbst zu vergiften, und dazu sind viele Mittel recht (Seeßlen 2017).

Vor diesem Hintergrund machte z. B. ein studentisches Referat zu dem Thema „Die mediale Gestaltung von Flucht und Migration" deutlich, dass Verknüpfungen von Zuwanderung mit Ängsten bereits seit den 1970er-Jahren in der Presse zu beobachten sind. Viele Teilnehmer*innen waren geradezu erschrocken darüber, mit welcher Konstanz hier Ängste geschürt und Ablehnung von Migrant*innen sprachlich produziert wird. In der anschließenden regen Diskussion um mögliche Gegenstrategien wurde als eines der wichtigsten Momente die Aufmerksamkeit für und Aufdeckung von solchen Diskurstaktiken herausgearbeitet. Nach einem anderen Referat tauchte die Frage auf, ob die Bezeichnung „Fremdenfeindlichkeit" nicht eher hinderlich für eine Annäherung der Menschen sei und ob nicht besser der Begriff „Fremdenängstlichkeit" verwendet werden sollte. Zu einem abschließenden Ergebnis kam es in der Diskussion nicht, denn die Grade von Ablehnung sowie die dahinterstehenden Motive sind sehr verschieden. Dennoch zeigte die Reflexion über Sprache auch hier, dass insgesamt ein deutlich differenzierteres Bild entstehen konnte und die jeweils erforderlichen pädagogischen Maßnahmen ebenfalls entsprechend differenziert gestaltet werden sollten.

4 Konnotationen enthüllen – über den Kampf gegen die Vergiftung der Sprache

Jede geistes- und sozialwissenschaftliche Wissenschaftskultur, auch die erziehungswissenschaftliche Ausbildung, lebt vom Medium der Sprache. Die Popkultur, auch der politische Populismus, unterscheidet sich von der wissenschaftlichen Diskurskultur dadurch, „dass die Autorität der ‚Nachricht' (des äußeren Bildes) weder durch Logik noch durch Erfahrung, sondern durch Effekt und durch Emotion gebildet wird" (Seeßlen 2017). In der wissenschaftlichen Ausbildung von Pädagog*innen muss es also darum gehen, der schleichenden Vergiftung der Sprache auch in universitären Veranstaltungen entgegenzutreten. Kritische Studierende weisen gelegentlich sogar in Vorlesungen die Lehrenden darauf hin, dass ein von ihnen gerade benutzter Begriff eine sehr mehrdeutige oder gar rassistische Konnotation enthält. In Seminardiskussionen kommt es stark auf die Sensibilität der moderierenden Leitung an, in laufenden

Diskussionen gelegentlich auf die gerade benutzten Begriffe kritisch aufmerksam zu machen, ohne die Studierenden dabei auf abwertende Weise zu maßregeln.

Aber worum geht es genau? Das Wort „Baum" also bezeichnet einen Baum. Was aber bezeichnet ein Wort wie „Müllhalde", was ein „Entsorgungspark"? An diesen beiden Wörtern wird deutlich, dass es sich keineswegs um neutrale Benennungen objektiver Tatsachen/Gegenstände handelt, sondern bestimmte Bilder und Assoziationen mitschwingen. Diese mitschwingenden Bedeutungen und Bilder heißen *Konnotationen*. Manche sind unbewusst, andere werden gezielt geschaffen, z. B. dadurch, dass bestimmte Menschengruppen, Eigenschaften oder Merkmale permanent mit bestimmten (kriminellen) Handlungen verbunden werden, wie Homosexualität mit Pädophilie, Islam mit Terror oder Kopftuch mit Unterdrückung. Das Wort „Asylant" z. B. war in den 1980er- und 1990er-Jahren des letzten Jahrhunderts die übliche Bezeichnung für Asylbewerber oder Flüchtlinge, wurde zu einem Schimpfwort, das im heutigen offiziellen Sprachgebrauch nicht mehr auftaucht.

Wortbildungen wie „Asylantenschwemme" oder „Asylantenflut" haben zu negativen Konnotationen geführt, die nicht mehr rückgängig zu machen sind. Auch heute begegnen uns diese Wortverbindungen aus dem Wortfeld „Wasser" in Zusammenhang mit Geflüchteten: „Flüchtlingsstrom", „Flüchtlingswelle", „Flüchtlingsflut" permanent. Suggeriert wird damit eine unaufhaltsame Naturgewalt, eine Bedrohung, „die auf uns zurollt". Flucht wird quasi zu einer Naturkatastrophe, vor der „wir" uns schützen müssen. Das Wortfeld „Wasser" lässt folgerichtig an Dämme denken, die errichtet werden müssen, um die drohende Gefahr zu bannen.

Die von dem bayrischen Ministerpräsidenten Seehofer (CSU) dauernd wiederholte Forderung nach einer „Obergrenze" knüpft ebenfalls an die Gefahr eines möglichen „Überlaufens", an zu kontrollierende Pegelstände an; wobei hier das Moment des drohenden Kontrollverlusts den Großteil der Abwehrreaktion auszumachen scheint. Nur die schrecklichen Bilder des Krieges in Syrien machten klar, aus welchem Grund die Menschen von dort fliehen. Warum fordert niemand eine „Obergrenze" für Getötete, Verletzte, Vertriebene, Hungernde? Auch wenn viel über die Fluchtursachenbekämpfung gesprochen wird, bleibt das Sprechen über die Ursachen doch merkwürdig nebulös. Auch die deutsche Verstrickung in das Kriegsgeschehen, z. B. durch Rüstungsexporte nach Saudi Arabien und andere „problematische" Länder, spielt in der öffentlichen Debatte kaum eine Rolle. „Wir" fühlen uns bedroht, „wir" haben Angst, „wir" sind die Opfer – nicht etwa die Schutz suchenden Menschen aus Kriegs- und Hungergebieten.

Außerdem ist in den letzten Monaten zu beobachten, dass durch eine permanente Verknüpfung von Kriminalität und Geflüchteten eine weitere Bedrohungsatmosphäre geschaffen wird, die Ängste und Ablehnung schürt. Terrorakte einzelner radikaler Islamisten werden auf die ganze Gruppe der Muslim*innen übertragen. Schüler*innen benutzen immer häufiger das Wort „Islamist", wenn sie „Moslem" meinen; auch bei Studierenden konnte diese Verschiebung schon wahrgenommen und hinterfragt werden.

Die Einbruchszahlen steigen, es wird von Bandenkriminalität gesprochen. Dass diese Banden allerdings zum überwiegenden Teil aus Osteuropa kommen und keinerlei Zusammenhang mit den Geflüchteten besteht, wird nur selten erwähnt. Stattdessen wird die Tatsache zunehmender Einbrüche stetig mit der Frage verknüpft, ob die Kriminalitätsrate durch die Geflüchteten zugenommen habe, womit der Eindruck erweckt wird, es seien Geflüchtete, die für die gestiegene Zahl von Einbrüchen verantwortlich seien. Die vielen Toten, die nach wie vor aus dem Mittelmeer geborgen oder nie gefunden werden, sind den Medien kaum noch eine Randnotiz wert.

Die im Grundgesetz festgeschriebene Achtung der Menschenwürde wird selektiv verteilt. Die Integrationsforderung wird allein an die geflüchteten Menschen gestellt, obwohl es etliche „Eingeborene" gibt, die den Boden der Verfassung längst verlassen haben. Dass eine CDU-Abgeordnete des deutschen Bundestags auf *Twitter* von „Umvolkung" sprechen kann (Zeit.online 2016), ohne ernsthafte Konsequenzen befürchten zu müssen, ist nur eines von etlichen Beispielen, die hier genannt werden könnten und zeigen, dass die genannte Strategie der „kulturellen Hegemonie" greift. Anschläge auf Flüchtlingsunterkünfte werden nur selten als „Terror" bezeichnet. Oft wird noch geprüft, ob ein „fremdenfeindlicher Hintergrund" vorliegt. Was sonst sollte das Motiv dafür sein, Häuser anzuzünden, in denen Geflüchtete wohnen?

Es wird mit verschiedenen Maßstäben gemessen, wenn eine „nichtintegrationsfähige Mentalität" angeführt wird, um Eingliederungsprobleme, die die deutsche Gesetzgebung erst schafft, zu naturalisieren, als naturgegeben darzustellen. Damit wird das *Mentalitätskonzept* zu einem weiteren Baustein in der segregierenden Aufteilung von Menschen, die „hierher" oder „nicht hierher" gehören. Zunächst war es das Konzept der „Rasse", dann das der „Kultur" und nun scheint es das der „Mentalität" zu werden, die eigentlich ursprünglich Geistes- und Gemütsart bedeutet, eine besondere Art des Denkens und Fühlens, im Alltagsgebrauch aber meistens mit einem bestimmten Verhalten beschrieben wird.

5 Inhaltliche Konsequenzen und kritische Selbstreflexion im Hochschulalltag

Um in diesen Kämpfen um Definitionsmacht die Ziele und Inhalte demokratischer und humanistischer Pädagogik zu behaupten, sind mindestens zwei Schritte erforderlich: Zum einen sollten die hier zwangsläufig nur kurz angerissenen Theorien zu Sprache, Diskursen und den Kämpfen um Definitionsmacht von Wirklichkeit stärker in pädagogisches Denken und Handeln einfließen, damit auftretende Widerstände und Anwürfe analysiert und entsprechende Gegenstrategien entwickelt werden können. Dazu gehört auch, die eigene Verwicklung in aktuelle Diskurse kritisch zu reflektieren und die mediale Problematisierung besonders von muslimischen Einwander*innen zu hinterfragen. So sollten nicht zuerst muslimische Menschen als „Problemgruppe" für Sexualpädagogik im Einwanderungsland dargestellt werden. Vielmehr sind es doch aktuell deutsche Gruppierungen, wie die sog. „Besorgten Eltern" oder andere rechtsaffine Gruppen, die auf alten Rollenbildern beharren, Sexualaufklärung in der Grundschule für schädlich halten oder Sexualpädagog*innen sogar kriminalisieren und bedrohen. Sie sollten als Zielgruppe (sexual-)pädagogischer Interventionen stärker in den Blick genommen werden. Auch Eingewanderte aus Osteuropa teilen die Werte einer offenen Gesellschaft nicht immer. So ist z. B. Homophobie auch in Russland, Rumänien oder Bulgarien weit verbreitet und staatlich verankert, sodass kaum davon auszugehen ist, dass Einwander*innen aus diesen Regionen, die kaum eine demokratische Tradition haben, sich mühelos in die Pluralität unserer Gesellschaft einfügen können.

Hier sind die offensive Auseinandersetzung und genaues Zuhören gefordert. Dabei muss unterschieden werden, ob eine politische Motivation vorliegt, beispielsweise das Gender-Konzept abzulehnen, oder ob es einen migrationsbedingten Grund für das Auftreten unterschiedlicher Wissenswelten und Wertorientierungen gibt, die fremd und den „deutschen" Maßstäben nicht zu entsprechen scheinen. Obwohl die Autorin des Beitrags den Ansatz unterstützt, vermeintlich selbstverständliche Konstrukte und Begriffe zu hinterfragen und auch zu dekonstruieren, ist es andererseits auch wichtig, den Sinn solcher Konstruktionen zu berücksichtigen. Menschen benötigen Strukturen, Kategorien und Zuordnungen, um die zunehmende Komplexität der Welt und des Lebens, insbesondere auch Migrationserfahrungen bewältigen zu können. Sie geben Orientierung, Sicherheit und Schutz. Eine Dekonstruktion kann und sollte so erst dann erfolgen, wenn die Konstruktion als solche bewusst geworden ist und wenn sie aufgegeben werden kann, ohne Schaden, also Verwirrung, Abwehr, Scham oder gar Wut zu produzieren. Denn mit solchen Gefühlen ist die Offenheit für weitere Lernprozesse nicht mehr oder nur sehr eingeschränkt gegeben.

Die vermeintliche Bedrohung „unserer christlich-abendländischen Kultur" wird selten hinterfragt. Was aber ist das überhaupt? Was sind ihre Werte, die angeblich durch muslimische Einwander*innen bedroht sind? Eigentlich sind es die Werte von Nächstenliebe, Barmherzigkeit, Friedfertigkeit, Aufklärung, der Anerkennung der Menschenrechte als allgemeingültiger Grundlage politischen Handelns. Gerade aber die Beschwörer*innen der vermeintlichen Bedrohung dieser Werte vertreten sie nicht. Sie fordern stattdessen Aus- und Abgrenzung, Abschiebung und Abschottung und stellen sich – genau genommen – selbst außerhalb der Wertegemeinschaft des christlichen Abendlands. Dies sollte öffentlich konfrontiert und Humanistische Pädagogik und Sexualpädagogik als Teil dieser Wertegemeinschaft vertreten werden.

Neben der disziplinären Auseinandersetzung mit und Reflexion von Sprache und Wirklichkeitsdefinitionen gilt die Forderung nach *selbstkritischer Reflexion des eigenen Sprachgebrauchs* auch für Pädagog*innen im Hochschulbereich. Auch sie sind (machtvoller) Teil und Mitglieder aktueller Diskurse; sie sprechen im Beruf und privat tausende von Wörtern am Tag, benutzen Sprachbilder, Ausdrücke und Redewendungen, in der Regel, ohne besonders darüber nachzudenken. Sie verwenden Begriffe, die als Deutungsmuster angeboten werden und Sachverhalte in einer ganz bestimmten Art und Weise beschreiben. Das Wort „Flüchtlingskrise" etwa ist in aller Munde, obwohl nicht eigentlich klar ist, was damit gemeint ist. Suggeriert wird: Es gibt eine Krise, weil zu viele Schutz suchende Menschen ins Land kommen. Dabei wäre es angemessener von einer Wertekrise in der EU zu sprechen. Jedenfalls sind es nicht die vor Krieg und Zerstörung fliehenden Menschen, die eine Krise ausgelöst oder verursacht haben. Trotzdem verwenden viele ganz selbstverständlich diesen Begriff, weil er inzwischen wie oben skizziert Deutungshoheit erlangt hat. Auch das Wort „Flüchtling" selbst, von der Gesellschaft für deutsche Sprache im Jahr 2015 zum Wort des Jahres erklärt, obwohl die negativ mitschwingenden Konnotationen von „Eindringling", „Wüstling", „Feigling" oder „Schädling" durchaus erwähnt wurden (vgl. GfdS 2015), benutzen (fast) alle Diskursteilnehmer*innen.

Die immer wieder neuen Diskussionen um das „Gendern" in Haus- und Abschlussarbeiten sind ein weiteres Beispiel für diese Problematik. Viele Student*innen lehnen diese Anforderung allein deshalb ab, weil sie „verordnet" ist. Anderen ist die Notwendigkeit bzw. der Sinn nicht gleich einsichtig. Auch hier spiegelt sich im Kleinen die große gesellschaftliche Debatte. Einwände einer übertriebenen Political Correctness oder sprachlichen Umständlichkeit finden sich in den Äußerungen der Student*innen wieder, die zunächst nicht gendern. Mit einer Erklärung über Sprache als Wirklichkeit gestaltendes Instrument lassen sich diese Einwände meist auflösen und es entsteht eine Einsicht in die Praxis des Genderns und seinen Sinn sowie die Wichtigkeit sprachlicher Gestaltung.

Die eigene Sprachreflexion und das Bewusstmachen von Konnotationen, Wertungen und Umwertungen sollten selbstverständlicher Teil des professionellen Selbstverständnisses von Hochschuldozent*innen werden. Dabei geht es nicht um die politische Korrektheit einzelner Wörter oder Begriffe, sondern um die Wirklichkeit, die mit dem jeweiligen Reden in die Welt gesetzt wird, und das Nachdenken darüber, welche Wirklichkeit wir mit unserem Sprechen in die Welt setzen wollen. Sprechen ist Handeln und bedarf damit der gleichen Aufmerksamkeit, die wir dem pädagogischen Tun widmen.

6 Vertiefungsaufgaben und -fragen

1. Suchen Sie in der Ihnen zugänglichen Literatur und im Internet nach Beiträgen zum Thema „Hate Speech" und verfassen Sie einen Text dazu, wie der Hasssprache am Wirksamsten begegnet werden kann.
2. Sammeln Sie über die in diesem Beitrag schon genannten Worte hinaus weitere Begriffe und Redewendungen aus dem Migrations- und Geflüchtetenkontext, die Ihnen in der offiziellen Presse oder in sozialen Netzwerken begegnet sind. Beschreiben Sie für jedes Beispiel begriffliche Konnotationen, die Ihnen einfallen, und Bilder oder Gefühle, die dabei ausgelöst werden.
3. Setzen Sie sich mit mindestens drei verschiedenen Anleitungen für eine gendergerechte Sprache beim wissenschaftlichen Arbeiten auseinander, die auf diversen

Homepages von Hochschullehrenden Ihres Faches leicht zu finden sind. Stellen Sie aus diesem Material einen eigenen Leitfaden zusammen und begründen Sie Ihre Entscheidungen.

Literatur

Austin, John L. (2002): Zur Theorie der Sprechakte (How to do things with words. 1962). Stuttgart: Reclam.

Bar, Stefan Michael (2003): Fluchtpunkt Neonazi. Eine Jugend zwischen Rebellion, Hakenkreuz und Knast. Berlin: Tilsner.

Barfuss, Thomas/Jehle, Peter (2014): Antonio Gramsci zur Einführung. Hamburg: Junius.

Bourdieu, Pierre (2005): Was heißt Sprechen? Zur Ökonomie des sprachlichen Tausches. 2. erweiterte und überarbeitete Auflage. Wien: Braumüller.

Cohn, Ruth C. (1991): Von der Psychoanalyse zur Themenzentrierten Interaktion. Von der Behandlung einzelner zu einer Pädagogik für alle. 10. Auflage. Stuttgart: Klett-Cotta.

Cohn, Ruth C./Terfurth, Christina (Hrsg.) (1997): Lebendiges Lehren und Lernen. TZI macht Schule. 3. Auflage. Stuttgart: Klett-Cotta.

Foucault, Michel (1996): Diskurs und Wahrheit. Berkeley-Vorlesungen 1983. Berlin: Merve.

Foucault, Michel (2007): Die Ordnung des Diskurses. 10. Auflage. Frankfurt a. M.: Fischer.

FRA – European Union Agency For Fundamental Rights (2014): Gewalt gegen Frauen: eine EU-weite Erhebung. URL: www.fra.europa.eu/sites/default/files/fra-2014-vaw-survey-factsheet_de.pdf (Letzter Aufruf: 06.02.2017).

GfdS – Gesellschaft für deutsche Sprache (2015): Wort des Jahres. URL: http://gfds.de/aktionen/wort-des-jahres/ (Letzter Aufruf: 11.12.2016).

Humboldt, Wilhelm von (2008): Schriften zur Sprache. Frankfurt a. M.: Zweitausendeins.

Karstedt, Lars von (2004): Sprache und Kultur. Eine Geschichte der deutschsprachigen Ethnolinguistik. Dissertation zur Erlangung der Würde des Doktors der Philosophie der Universität Hamburg. URL: www.ediss.sub.uni-hamburg.de/volltexte/2005/2544/pdf/Karstedt_Sprache_und_Kultur_2004.pdf (Letzter Aufruf: 06.02.2017).

Landwehr, Achim (2009): Historische Diskursanalyse. Frankfurt/M./New York: Campus.

Prengel, Annedore (2006): Pädagogik der Vielfalt: Verschiedenheit und Gleichberechtigung in Interkultureller, Feministischer und Integrativer Pädagogik. 3. Auflage. Wiesbaden: VS.

Schroeder, Vera (2016): Unter Männern. URL: www.sueddeutsche.de/politik/gewalt-gegen-frauen-unter-maennern-1.2809654 (Letzter Aufruf: 11.12.2016).

Seeßlen, Georg (2017): Sprachattacke der Rechtspopulisten. Trompeten des Trumpismus. URL: www.spiegel.de/kultur/gesellschaft/donald-trump-sprachattacke-der-rechtspopulisten-trompeten-des-trumpismus-a-1133299.html (Letzter Aufruf: 04.02.2017).

Tagesschau vom 08.01.2016: URL: www.tagesschau.de/multimedia/sendung/ts-12015.html (Letzter Aufruf: 06.02.2017).

Whorf, Benjamin Lee (2008): Sprache – Denken – Wirklichkeit. Beiträge zur Metalinguistik und Sprachphilosophie. 25. Auflage. Reinbek bei Hamburg: Rowohlt.

Winker, Gabriele/Degele, Nina (2010): Intersektionalität: Zur Analyse sozialer Ungleichheiten. Bielefeld: transcript.

Zeit.online (2016): CDU-Abgeordnete spricht von „Umvolkung". URL: www.zeit.de/gesellschaft/zeitgeschehen/2016–09/cdu-bettina-kudla-nazi-sprech-umvolkung-twitter (Letzter Aufruf: 11.12.2016).

Autor*innen

Andrea Altenburg, M. A., Sexualwissenschaftlerin und Sexualpädagogin (gsp), freiberufliche Vortrags- und Seminartätigkeit im Kontext Sexueller Bildung sowie tätig als Beraterin und Sexualpädagogin in einer Beratungsstelle für Schwangerschaft, Sexualität und Familie.

Cindy Ballaschk, M. A. in Gender Studies, Promovendin, Stipendiatin der Hans-Böckler-Stiftung. Schwerpunkte: Queer Theory, Intersektionalität, Diskursforschung.

Dr. **Dorothee Beck**, freiberufliche Beraterin für Kommunikation und Politik. Schwerpunkte: Verhältnis von Politik, Geschlecht und Medienöffentlichkeit sowie Anti-Genderismus/Antifeminismus.

Mart Busche, Dipl. Pol., wissenschaftliche Mitarbeit im Projekt „VieL*Bar: Vielfältige geschlechtliche und sexuelle Lebensweisen in der Bildungsarbeit – Didaktische Potentiale und Heraus- forderungen museumspädagogischer Zugänge" an der Alice-Salomon-Hochschule Berlin. Schwerpunkte: vielfältige geschlechtliche und sexuelle Lebensweisen in der Bildungsarbeit, geschlechtsbezogene und intersektionale Pädagogik, Jugend und Gewaltdistanz.

Dr. **Zülfukar Çetin**, lehrt an der Alice-Salomon-Hochschule Berlin im Bereich Soziale Arbeit und arbeitet an der Universität Basel im Forschungsprojekt „HIV/AIDS-Aktivismus und Politik in der Türkei". Schwerpunkte: Homophobie und Islamophobie, Queer-Bewegung in der Türkei, schwule Sichtbarkeit, schwule Identität.

Bernd Christmann, M. A., wissenschaftlicher Mitarbeiter am Institut für Erziehungswissenschaft der Westfälischen Wilhelms-Universität Münster, AG Pädagogische Professionalität gegen sexuelle Gewalt – Prävention, Kooperation, Intervention. Schwerpunkte: sexuelle Gewalt in pädago- gischen Kontexten, Sexualpädagogik, Disclosure/Aufdeckung von sexueller Gewalt, Sexualität und Migration.

Dr. **Yasemin El-Menouar**, M. A. Soziologie und Islamwissenschaft, Projektleiterin bei der Bertelsmann Stiftung, verantwortlich für den Religionsmonitor. Schwerpunkte: Rolle des Islams für die gesellschaftliche Integration von Muslimen in Deutschland und Europa, religiöse Vielfalt und gesellschaftlicher Zusammenhalt.

Gundula Endemann, Diplom-Sozialarbeiterin, Leiterin des Stadtteilmütterprojekts der Christlichen Sozialhilfe Köln e. V. in Köln-Mülheim. Schwerpunkte: Beratung und Vertretung im Sozialen Recht, Migration und Flucht, Feminismus, Sexualität und Soziale Gerechtigkeit.

Dr. **Ergin Focali**, Diplompädagoge, Studienrat am Pestalozzi-Fröbel-Haus Berlin, Lehrbeauftragter an der Alice-Salomon-Hochschule Berlin. Schwerpunkte: Frühkindliche Bildung und Entwicklung, Zusammenarbeit mit Familien, Interkulturelle Pädagogik, Theorien der Transkulturalität.

Janosch Freuding, erste Staatsprüfung für das Lehramt an Gymnasien in der Kombination Deutsch/ Katholische Religionslehre, B. A. in den Fächern Theologische Studien, Germanistik und Islamischer Orient, Deutschlehrer für Flüchtlinge an einer bayerischen Berufsschule. Schwerpunkt: Othering und Transkulturalität im interreligiösen Lernen.

apl. Prof. Dr. **Christiane Griese**, Akademische Rätin am Institut für Erziehungswissenschaft der Technischen Universität Berlin. Schwerpunkte: Managementfunktionen im Bildungssektor, Schulentwicklung, Interkulturelle Kompetenz.

Frauke Gützkow, Politologin, Mitglied im Geschäftsführenden Bundesvorstand der Gewerkschaft Erziehung und Wissenschaft (GEW), verantwortlich für Frauen-, Gleichstellungs-, Geschlechter- politik.

Mathias Haase B. A. Bildungswissenschaft und Sexualpädagoge (gsp), Assistenz der Geschäfts- und Bereichsleitung junikum – Gesellschaft für Jugendhilfe und Familien/St. Agnes mbH. Schwerpunkte: Kinder- und Jugendhilfe, Projektmanagement, sexualpädagogische Fortbildungen, Öffentlichkeitsarbeit.

Prof. Dr. **Jutta Hartmann,** Professorin für Allgemeine Pädagogik und Soziale Arbeit an der Alice-Salomon-Hochschule Berlin. Schwerpunkte: vielfältige geschlechtliche und sexuelle Lebensweisen in der Bildungsarbeit, Verbindungslinien von Bildungstheorie und Queer Theory, partizipative Praxis(entwicklungs)forschung.

Prof. Dr. **Anja Henningsen,** Juniorprofessorin für Sexualpädagogik mit dem Schwerpunkt Gewaltprävention an der Christian-Albrechts-Universität zu Kiel, Sexualpädagogin (gsp). Schwerpunkte: Theorie der Sexualpädagogik, Gewaltprävention, Professionalisierungstheorien, Ethik, Diversity.

Prof. Dr. **Leonie Herwartz-Emden,** Universitätsprofessorin (i. R.) für Pädagogik der Kindheit und Jugend an der Philosophisch-Sozialwissenschaftlichen Fakultät der Universität Augsburg. Schwerpunkte: empirische Bildungsforschung mit Schwerpunkt Migration, Sozialisation und Akkulturation in Einwandererfamilien, Interkulturelle Pädagogik, geschlechtsspezifische Sozialisation in Kindheit und Jugend, Koedukation und Monoedukation.

Helge Jannink, Diplompsychologe, Dozent am Institut für Sexualpädagogik Dortmund (ISP), Gruppenanalytiker (IAG) und Supervisor. Schwerpunkte: Sexualität und Flucht, psychosexuelle Entwicklung von Kindern und Jugendlichen, Arbeit mit Gruppen.

Marco Kammholz, staatl. anerk. Jugend- und Heimerzieher und Sexualpädagoge (gsp), tätig in der Kinder-, Jugend- und Familienhilfe im Bereich der Hilfen zur Erziehung. Schwerpunkte: Bildungsangebote der Sexualpädagogik und zur sexuellen Talentförderung, Willkommensinitiative „Rainbow Refugees Cologne-Support Group", Flucht/Migration und sexuelle Vielfalt.

Diana Kostrzewski, M. A., Referentin der Bundeszentrale für gesundheitliche Aufklärung (BZgA). Schwerpunkte: Entwicklung und Umsetzung von Maßnahmen zur Prävention von HIV/AIDS und anderen sexuell übertragbaren Infektionen.

Torsten Linke, Dipl. Sozialarbeiter/Sexualwissenschaftler (M. A.), wissenschaftlicher Mitarbeiter im Forschungsprojekt „Schutz von Kindern und Jugendlichen vor sexueller Traumatisierung" an der Hochschule Merseburg, Schwerpunkte: sexuelle Bildung in der Kinder- und Jugendhilfe.

Inga Marie List, M. Sc., wissenschaftliche Mitarbeiterin im Institut für Pädagogik der Christian-Albrechts-Universität zu Kiel. Schwerpunkte: kollektiver Umgang mit Sexualität in pädagogischen Institutionen, intersektionale und feministische Sexualpädagogik.

Prof. Dr. **Helga Marburger,** Professorin für Interkulturelle Erziehung und Bildung am Institut für Erziehungswissenschaft der Technischen Universität Berlin. Schwerpunkte: Bildungsmanagement, Interkulturelle Öffnung, Theorien und Konzepte interkultureller Bildung.

Ibrahim Mokdad, Mitarbeiter in der Landeskoordination der Anti-Gewalt-Arbeit für Lesben und Schwule im LSBTI-Beratungszentrum Rubicon e. V. in Köln und Gründer des Projekts „SOFRA Cologne". Schwerpunkte: Dokumentation von Gewalt und Diskriminierung gegen LSBTI-Geflüchtete, Netzwerken von LSBTI-Geflüchteten.

Andreas Müller, Dipl.-Sozialarbeiter, Gestalttherapeut und Sexualtherapeut, Leiter der Beratungsstelle pro familia in Mettmann und Oberhausen.

Prof. Dr. **Uwe Sielert,** Universitätsprofessor (a. D.) im Institut für Pädagogik der Christian-Albrechts-Universität zu Kiel. Schwerpunkte: Sozialpädagogik, Diversity Education und Sexualpädagogik. Vorstandsmitglied der Gesellschaft für Sexualpädagogik (gsp) sowie der Deutschen STI-Gesellschaft (DSTIG), Wissenschaftlicher Beirat des Instituts für Sexualpädagogik Dortmund.

Falk Steinborn, studiert Journalistik, Germanistik und Filmwissenschaft, Mitarbeiter im LSBT*-Jugendzentrum „anyway". Schwerpunkte: Medienarbeit und Flucht, sexuelle und geschlechtliche Vielfalt in verschiedenen Kulturräumen, soziale und mediale Teilhabe von Minderheiten.

Katrin Süßebecker, M. A. und Studienrätin, tätig sowohl als Lehrerin für Philosophie, Deutsch und Deutsch als Zweitsprache (DaZ) an einer Gemeinschaftsschule als auch (mit Abordnung) am Institut für Pädagogik der Christian-Albrechts-Universität zu Kiel, Abt. Sozialpädagogik. Schwerpunkte: Migration und Diversität, Diskursanalyse in der pädagogischen Forschung, Entwicklung eines Trainingskonzepts zur Sprachbewusstheit für Pädagog*innen.

Prof. Dr. **Marc Thielen**, Professor für Erziehungswissenschaft mit dem Schwerpunkt Bildungsinstitutionen/-verläufe und Migration an der Universität Bremen im Institut Technik und Bildung (ITB), Fachbereich 12: Erziehungs- und Bildungswissenschaften. Schwerpunkte: Bildungsinstitutionen/-verläufe und Migration, migrationsbezogene Differenzen in Institutionen der vorberuflichen und beruflichen Bildung, Diversität in Bildungsinstitutionen.

Prof. Dr. **Elisabeth Tuider**, Professorin für Soziologie der Diversität unter besonderer Berücksichtigung der Dimension Gender an der Universität Kassel, Fachbereich Gesellschaftswissenschaften. Schwerpunkte: feministische und Queer Theory, Postcolonial und Cultural Studies, (Trans-)Migrationsforschung, Lateinamerikaforschung, qualitative Methoden (Biografie und Diskurs).

Dr. **Michael Tunç**, Dipl. Soz. Päd., Vertretung der Professur für Migration und Interkulturalität in der Sozialen Arbeit an der Hochschule Darmstadt. Schwerpunkte: Männlichkeit, Väterlichkeit, Intersektionen von Männlichkeit/Väterlichkeit und Migration/Ethnizität. Migrationsforschung und Migrationssozialarbeit. Diversität, Rassismuskritik und Antidiskriminierung, Väterarbeit und ihre Evaluation.

Annika Valentin, M. A., Forschungsreferentin am Zentrum für interdisziplinäre Gesundheitsforschung der Universität Augsburg; davor Sozialpädagogin bei diversity München e. V. Schwerpunkte: Sexuelle Aufklärungsmaterialien der BZgA, LGBT*IQ, Theorie und Geschichte der Sexualpädagogik, Prävention in pädagogischen Kontexten.

Prof. Dr. **Heinz-Jürgen Voß**, Professor für Sexualwissenschaft und sexuelle Bildung an der Hochschule Merseburg. Schwerpunkte: Fragen geschlechtlicher und sexueller Selbstbestimmung sowie zu Identität im Kontext von Herrschaftsverhältnissen.

Dr. **Christine Winkelmann**, Leiterin des Referats Prävention von HIV/AIDS und anderen sexuell übertragbaren Infektionen, Bundeszentrale für gesundheitliche Aufklärung (BZgA). Schwerpunkte: Konzeption und Steuerung von Maßnahmen im Bereich der HIV/ STI Prävention und Förderung der sexuellen Gesundheit.

Christina Witz, Diplompsychologin, Dozentin am Institut für Sexualpädagogik Dortmund (ISP), Leitung und stellvertretende Geschäftsführung ADEBAR (Beratung und Begleitung für Schwangere und Familien). Schwerpunkte: Sexualität und Flucht, psychosexuelle Entwicklung von Kindern und Jugendlichen, Sexualität und Medien.